경제학총서

화폐금융론

심경섭 고재철
김용재 이명훈
이장희 정상진

法 文 社

머 리 말

'경제학에 관한 저서를 집필한다는 것은 저자에게는 두말할 나위 없는 커다란 영광인 동시에 책임이 막중하며, 국가의 번영을 추구하는 데 있어서 경제학자들이 기여할 수 있는 방법 중의 하나이다' 라고 하버드 대학의 맨큐 교수는 말하였다. 여기에 더하여 본 저자들에게는 이 『화폐금융론』을 집필한다는 것이 생각 이상으로 어렵고 힘든 작업이었다. 급변하는 통화금융 환경과 그에 따라 변하는 주제의 다양성으로 인해 이 책이 다루어야 하는 범위를 어디까지 정해야 하고, 내용면에서 쉽고 어려운 정도는 어떻게 정할 것인가 하는 문제가 여간 어렵지 않았다.

저자들 자신은, 일반적인 대부분의 화폐금융론 교재가 내용을 구성함에 있어서 금융부문에 관련된 논의의 비중이 통화부문에 관련된 논의에 비하여 상대적으로 미흡하다고 늘 생각해 왔을 뿐 아니라 최근의 금융부문에 대한 이해증대의 필요성이 크게 강조되고 있다는 점 등을 고려하여 금융부문에 관련된 논의를 의도적으로 많이 취급하였다.

오늘날 은행산업의 변화에서 분명하게 나타나는 양상들 중의 하나인 'One Stop Banking' 을 지적할 수 있다. 즉 최근 세계 금융계는 은행업무와 증권업무 그리고 보험업무를 한 자리에서 동시에 취급하는 유럽형 겸업은행 체제로 이전되고 있는 것이 급격한 추세이다.

이 책의 기본목표는 화폐와 금융에 관한 기본개념과 이론들을 소개하고 이 이론들이 정책결정에 어떻게 이용될 수 있는가를 밝혀서, 경제정책을 이해하고 평가할 수 있는 기본 소양을 갖추게 함에 있다. 따라서 이 책은 학부과정의 전공과는 관계없이 주의 깊게 읽으면 대학생이면 누구나 혼자서도 충분히 이해할 수 있도록 평이하게 쓰고자 하였다. 또한 경제학 원론 수준의 기초가 닦여진 독자들에게는 화폐금융론을 이해하는 데 많은 도움이 되도록 하였다.

이 책의 내용은 그 동안 저자들이 학부와 대학원에서 배우고 강의하였던 '화폐금융론' 의 강의노트를 중심으로, 강의에 사용했던 교과서와 여러 전문서적 및 논문의 내용을 참고하였으며, 부분적으로 직접 인용하기도 하였다. 그러므로 저자들만의 저술이라기보다는 저자와 독자 그리고 여러 경제학자들의 공동노력의 소산이라 할 수 있다. 막상 집필하고 보니 당초에 생각했던 것보다 이론의 설명이나 표현이 많이 부족한 점, 저자의 능력부족을 시인하지 않을 수 없다. 앞으로 더욱 알찬 내용이 되도록 수정 · 보완하려고 한다.

어려운 출판업계의 환경에도 불구하고 출간을 허락해 주신 법문사의 배효선 사장님께 심심한 감사의 말씀을 전하고, 아울러 열정적인 협조를 해준 영업부의 정현성 부장과 고영훈 과장 그리고 편집부의 김제원 부장 및 관계 직원께 감사를 드린다.

2009년 2월

심경섭

고재철

김용재

이명훈

이장희

정상진

차 례

제 3 장

금융이란 무엇인가?

제 4 장

금융제도와 금융시장

제 5 장

이자율의 측정방법과 이자율의 구조

제 6 장

단기금융시장과 자본시장

제 7 장

화폐의 공급이론

제 8 장

중앙은행의 통화금융정책 수단과 독립성

제 9 장

화폐수요의 이론

제11장

화폐와 거시경제모형 Ⅱ

제12장

통화금융정책의 수행

01

chapter >>>>

서 론

C/H/A/P/T/E/R 01

서 론

제 1 절 화폐와 금융을 왜 공부해야 하는가?

화폐금융 이론이란 화폐와 금융에 대하여 연구하는 학문이다. 그렇다면 왜 화폐와 금융에 대해서 배워야 할 필요가 있는가? 그 이유는 화폐와 금융이 국가적으로 우리 경제의 운영에 대단히 중요한 기능과 역할을 담당하고 있으며, 개인적으로는 여러분의 자금관리와 깊은 관련이 있기 때문이다. 다시 말하면 화폐와 금융은 우리의 생활과 결코 분리시킬 수 없는 필수불가결한 존재이다. 그러나 다른 한편으로는 언제든지 우리를 위기에 몰아넣을 수 있는 위험천만한 존재이기도 하다.

주위사람들로부터 가끔 우리는 "화폐금융론이 어떤 학문이냐"라는 질문을 받는다. 참 대답하기 어려운 질문인 것 같다. 현실의 경제상황, 특히 화폐현상과 금융행위는 상아탑의 학사들이 따라가기에 숨이 찰 정도로 빠르게 변화하고 또 복잡해지고 있기 때문이다. 화폐금융론의 범위를 자로 재듯이 명확하게 정의하기란 쉽지 않다고 판단된다. 그래도 한가지 사실만은 분명하다. 화폐금융론은 현실생활과 밀접한 관련성을 갖고 있다는 사실이다. 노벨경제학상을 수상한 영국의 경제학자인 힉스는 이러한 점을 강조하였다.

우선 힉스는 19세기 초 나폴레옹 전쟁을 배경으로 한 리카도의 이론이나 20세기 초 대공황을 배경으로 나온 케인즈이론을 예로 들면서 각 시대의 특수한 화폐적 경험을 개별적이고도 구체적으로 이해하려는 과정에서 화폐이론이 생성된다고 말했다. 또한 힉스는 화폐의 진화를 금융제도의 발전이라는 보다 넓은 맥락 속에서 이해해야 한다고 강조하였다. 화폐현상과 금융현상은 떼어낼 수 없는 한 몸과 같다는 것이다. 특히 오늘날 금융은 과거에 비해 비약적으로 발전하였고, 화폐는 금융을 지지하는 주춧돌의 역할을 하고 있다. 이처럼 화폐와 금융은 늘 붙어다닌다. 그러다 보니 화폐금융론의 범위도 과거보다 크게 넓어졌고 그 깊이도 심오해졌다.

그렇다고 해서 화폐금융론이 모든 경제현상을 똑같이 주목하는 것은 아니다. 노동시장에서 여성 노동자보다 남성 노동자의 평균임금이 높은 현상을 연구하는 것이나, 소주에 부과하는 세금을 100원 올렸더니 소비자가격은 500원이나 오르는 현상을 분석하는 것까지 화폐금융론의 연구대상은 아닐 테니 말이다. 반면 3년 만기 회사채의 가격이 채권시장에서 어떻게 설명할지 등의 문제는 경제학의 다른 분야보다도 화폐금융론의 연구대상이라고 할 수 있다.

따라서 이 장에서는 화폐금융론의 범위와 내용을 불완전하게나마 정의하고, 화폐금융론이 중요한 의미를 갖는 이유가 무엇인지를 생각해 보자. 화폐금융 학자들이 무엇을 연구하고 있는지, 그리고 그것을 왜 연구하고 있는지를 살펴보기로 하자.

1. 화폐에 대하여 연구를 왜 해야 하는가?

경제행위와 관련된 많은 문제는 근본적으로 시간과 정보의 제약에서 비롯된다. 따라서 개인의 효용극대화 문제에서 '예산제약'이 존재하는 것은 노동시간이 제약되어 있기 때문이다. 만약 개인에게 시간이 무한히 주어진다면, 넉넉한 여가시간을 즐기고도 노동시간을 충분히 늘릴 수 있기 때문에 예산제약의 실질적 의미가 없어진다. 따라서 개개인에게 주어진 시간이 무한하지는 않다는 것이 경제문제의 출발점인 셈이다. 또한 제한된 시간은 정보 불완전성의 원인이 된다. 현실 경제는 불확실성으로 가득 차 있다. 불확실성이란 장래에 발생할 일들에 대한 정보가 완전하지 못하다는 뜻이다. 불확실성을 제거 또는 완화시키기 위해서는 폭넓은 정보수집이 필요한데, 시간제약으로 인해 이러한 정보수집에는 한계가 생긴다. 예를 들어 여러분이 외상거래를 하려 한다고 해보자. 거래상대방이 여러분의 신용에 관련된 여러 가지 정보를 갖고 있다면 외상거래가 쉽게 이루어질 것이다. 그러나 상대방이 여러분에 대한 정보를 갖고 있지 않다면 상대방은 외상거래를 거부할 것이다. 일반적으로 거래당사자들이 상대방에 대한 정보를 충분히 수집하기에는 시간제약이 너무 크다.

이처럼 시간제약은 정보제약을 낳고, 시간과 정보의 부족은 경제주체의 최적화행동에 장애물이 된다. 하지만 진보를 거듭하는 합리적 경제주체들은 계속되는 시행착오를 통해 시간과 정보의 제약을 완화시키기 위한 두 가지 사회적 발명을 하기에 이르렀다. 그 중 하나가 화폐이고, 다른 하나가 재화 및 서비스와 화폐를 연결시켜 주는 분배망, 즉 시장이다. 그렇다면 화폐와 시장, 특히 화폐금융론의 연구대상인 금융시장의 존재는 어떻게 시간과 정보의 제약을 완화시켜 주는 것일까? 이와 같은 시각에서 화폐금융시장의 역할에 대해 살펴보도록 하자.

화폐란 재화와 용역의 구매 또는 부채의 상환에 일반적으로 사용되는 것으로 정의할 수가 있는데, 화폐는 경제주체에게 영향을 주는 여러 경제변수와 밀접한 관련을 가지고 있을 뿐만 아니라 건전한 경제운용을 위하여 매우 중요한 수단이 됨으로써 경제활동의 거시경제 변수들 및 국가경제 전반에 걸쳐 지대한 영향을 미치게 된다. 예를 들면, 방송과 신문을 통해서 한국은행이 2/4분기에는 총통화의 규모를 7조원만큼 감소시켜 통화금융정책을 운영하겠다는 발표가 있었다고 하자. 이러한 통화량의 감소가 과연 소비자들의 내구재 구입을 위한 대출이자율 수준에 어떤 영향을 미칠 것이며, 다음해 기업들의 신규채용 규모에는 어떠한 영향을 미칠 것인가에 대한 의문이 제기될 수 있다. 이러한 의문에 대한 답을 구하기 위해서는 경제활동에서 화폐가 어떤 역할을 하는지, 금융기관들의 역할은 무엇인지, 금융시장은 어떻게 작용하게 될는지에 대한 이해가 필요하다.

구체적으로 통화와 국민소득(총생산)과의 관계, 통화와 물가수준과의 관계, 통화와 경기변동 간의 관계, 통화와 이자율 간의 관계, 그리고 통화금융정책의 수행 등이 어떻게 경제에 작용하는지에 대해서 명확하게 이해하는 것이 필요하다.

바람직한 제도적 틀을 발견하는 일은 쉽지 않다. 시대에 따라 여건과 상황이 달라지면 그 틀의 내용도 달라진다는 사실이 문제를 어렵게 만든다. 경제학자들이 늘 화폐와 금융을 연구하고, 정부가 공공의 이익이라는 명분으로 통화금융정책을 통해 통화량을 조절하고 금융시장을 안정화시키려고 늘 노력하는 이유가 여기에 있다.

화폐와 금융시장은 자본주의 경제에서 특히 중요한 역할을 수행하고 있다. 화폐와 금융은 잘만 운영·관리된다면 현대 정부가 목표로 하고 있는 완전고용·물가안정·경제성장 및 국제수지 안정에 도움을 줄 수 있으며, 적어도 이러한 목표를 달성하는 데 화폐금융제도가 저해요인으로 작용하지 않도록 할 수 있을 것이다. 그러나 화폐금융제도가 잘못 운영된다면 인플레이션이나 경기침체를 유발해 경제의 불안정성을 가중시킬 뿐 아니라 자본주의 경제의 존립 자체를 위협할 수도 있다.

2. 금융에 대한 연구를 왜 하는가?

우리는 매일 돈을 사용하면서 살고 있다. 노동의 대가로 임금을 받고 그 돈으로 시장에서 물건을 사고, 버스와 지하철을 이용하여 등하교, 출퇴근하고 세금을 내는 등 돈을 사용하여 대부분의 경제활동을 하고 있다. 그래서 돈은 마치 인체에 있어서 혈액과 같은 역할을 한다. 그 이유는 혈액이 인체의 각 부분을 순환하면서 영양분을 골고루 보내 주듯이 돈도 수많은 생산자와 소비자 사이에서 이루어지는 모든 경제거래를 매매하고 촉진하기 때문이다.

이러한 돈의 흐름에는 크게 두 가지가 있다. 하나는, 재화나 용역을 구입하고 대금을 지급하면서 재화의 흐름과 반대방향으로 흐르는 돈이다. 이러한 돈(또는 자금)의 흐름을 돈의 산업적 유통이라고 한다. 이 속에는 소비나 투자를 하기 위해 돈을 빌리거나 빌려주는 경우도 그것이 결국 소비재나 자본재를 구입하는 것이므로 포함된다. 다른 하나는 재화거래를 동반하지 않고 순전히 자산의 운용이나 저축을 위해 돈이 거래되는 경우이다. 이런 돈의 흐름(융통)을 돈의 금융적 유통이라고 한다.

지금 만약 물물교환의 세상으로 되돌아간다고 하면 엄청나게 불편할 것이다. 뒤집어 생각해보면 돈이란 경제거래에서 생기는 불편과 거래비용을 절감시켜 주는 매우 중요한 기능을 한다는 것을 알 수 있다. 이것이 바로 돈(화폐)의 본원적 기능인 것이다. 물물교환은 가치를 측정할 공통단위(가치척도)의 부재, 교환대상물에 대한 질과 양의 불일치문제로 인해 탐색비용이 매우 크다. 이런 의미에서 화폐는 시장과 함께 인류경제의 발전을 촉진시켜 온 중요한 제도적 산물이다.

왜 화폐와 금융을 잘 알아야면 하는가? 오늘을 살아가는 우리들은 저축과 투자에 관한 지식이 없으면 그만큼 세상에 뒤처지게 된다. 윤택한 삶과 노후대비에 필요한 여러 가지 수단들, 즉 보험, 저축상품, 투자상품, 부동산 등 여러 가지 자산들을 잘 선택하지 못하면 동일한 소득을 버는데도 불구하고 시간이 지나면서 부의 축적액이 크게 벌어지게 된다. 요즈음 대학가에서 부동산, 주식 등 재테크에 많은 관심과 열기가 고조되고 있다. 그 이유는 직장의 안정성이 낮아지고 미래에 대한 불확실성이 증대되면서 많은 사람들이 재테크에 관심을 가지게 되었기 때문이다. 경제에 커다란 구조적 · 인식적 변화가 일어나고 있는 탓이다. 이러한 문제에 현명하게 대처하기 위해서는 화폐와 금융의 맥을 정확하게 이해하는 것이 필수적이다.

길동이는 오늘 등교하기 전에 하루의 일과를 생각하며 오늘 하루에 필요한 돈이 얼마나 있어야 하는지 따져본다. 차비, 점심식사비, 데이트비용 등등이다. 그런데, 각 항목별로 대강의 소요금액이 있기 때문에 오늘은 2만원이 필요할 것이라고 계산할 수 있다. 그리고 점심식사로 학교식당에서 5,000원짜리 정식을 먹으면 5,000원을 지불하여여 한다. 점심식사라는 재화를 얻기 위해 5,000원이라는 돈이 지불되어야 하므로 이 경우 돈은 지급수단이 된다. 지하철 요금 역시 지하철 서비스를 얻은 대가이다.

이런 물건의 거래에 반드시 돈이 필요한가? 다른 물건이나 서비스를 지급하면 되지 않는가? 물론 돈이 없어도 거래는 성사될 수 있다. 역사적으로 돈이 없을 경우에도 거래는 물물교환의 형태로 간간히 성사되었다. 그러나 물물교환의 경우 많은 불편이 따랐다. 거래 상대방이 서로가 원하는 물건을 가지고 있는지를 탐색해야 했다(이것을 필요의 쌍방향 일치 또는 욕망의 이중적 일치라고 한다). 이런 과정에서 인류는 불편함을 제거하기 위해 어느 경우에나 통용되는 공통의 수단(교환의 매개수단)인 돈을 사용하기 시작했다.

인류는 물물교환의 불편함을 돈이라는 매개물을 통해 해소할 수 있었고 이 과정에서 돈은 진화 · 발전하여 왔다. 그리고 시장이라는 제도를 통해 시간과 정보의 제약을 완화시켜 오고 있다. 거래당사자를 찾고 서로간의 필요한 물건이 있는지를 탐색해야 하는 불편함과 시간과 자원의 낭비라는 거래비용을 화폐라는 교환의 매개물을 통해 해소할 수 있었다. 그리하여 생산, 소비, 투자 등 실물경제는 확대될 수 있었다. 금융시장도 시장이므로 금융행위를 하는 데 있어서 필연적으로 발생하는 거래비용과 정보비용을 절감시키는 역할을 한다. 금융거래에 있어서는 거래상대방에 대한 파악(특히 신용정도)이 힘들면 거래성사가 되기 어렵다. 금융기관은 사람들이 시장에서 거래를 안심하고 할 수 있도록 해주는 시장조성자(중개인, 경매인)의 역할을 하고 그 대가로 수익(예를 들어 예대마진, 수수료 등)을 얻는다. 일반적으로 시장이 불완전하듯이 금융시장 역시 완전하지는 못하다.

경제학자들은 돈(화폐, 통화)을 거래의 매개수단으로서 지급의 수단 또는 부채의 상환수단으로 일반적으로 받아들여지는 것으로 생각한다. 일반적으로 통용되는 지급수단(거래의 매개수단)이다. 물건을 사거나 식사를 하고 돈을 내면 거래가 성사된다. 외상의 경우는 신용이 있어야 하며 나중에 갚아야 한다(부채의 상환).

한 나라의 경제가 성장하기 위해서는 투자가 지속적으로 이루어져야 한다. 그런데 공장을 설립하고 새로운 기계를 도입하는 등 투자가 이루어지기 위해서는 공장설립과 기계구입에 자금이 필요하다. 그런데, 그 필요한 자금을 기업가의 개인 재산에만 의존해서 조달하려 한다면, 대단위 규모의 공장이나 고가의 기계장비를 구입할 수가 없기 때문에, 투자규모가 매우 제한적인 관계로 경제성장도 한계를 맞게 될 것이다. 그래서 개인의 저축자금을 동원해서 기업의 투자자금으로 전환해 주는 금융활동이 매우 중요하다.

더욱 중요한 것은 기업가가 공장을 설립하고 새로운 상품을 개발하는 행위는 매우 큰 위험을 감당해야 하는 행위이다. 왜냐하면 새로운 상품을 개발하여 생산한다 하더라도, 소비자들이 구매하지 않는다면 기업은 도산하기 때문이다. 그런데 신상품들을 소비자들이 선호할는지의 여부는 불확실하다. 그러므로 생산, 특히 대규모 공장이나 새로운 기계의 도입에는 커다란 위험이 따른다.

예금은행이란 여유자금을 보유하고 있는 고객으로부터 예금을 받아들이고, 자금을 필요로 하는 고객에게 대출해 주는, 즉 자금흐름의 원활화를 추구하는 금융기관이다. 우리는 예금은행에 대해 올바르게 이해해야 할 필요가 있는데, 이는 예금은행이 금융시장에서 자금의 수요자와 공급자를 효율적으로 연결시켜 자금의 흐름을 원활하게 촉진시켜 주는 중대한 금융중개 역할을 수행하는 것이다. 또한 예금은행들은 경제에 있어서의 통화량 수준을 결정하고 통화금융정책의 효과가 경제전반에 골고루 파급되도록 하는 데 중요한 역할을 담당하는 것이다. 그리고 오늘날과 같이 금융이 급속도로 개혁되어지고 있는 금융개혁의 주역이 되는 것이다. 최근의 금융 및 통화 부문의 주요 논점은 금융개혁이 통화제도의 안정성에 어떻게 영향을 미치는가이다. 다양한 금융기법 및 금융상품들의 개발 그리고 보다 높은 수익률을 가능하게 하는 금융기관들 차원의 개혁 등이 지속적으로 진행되고 있다.

3. 금융시장에 대한 연구를 왜 해야 하는가?

금융시장이란 여유자금을 보유하고 있는 자금의 공급자로부터 자금을 필요로 하는 수요자에게로 자금의 흐름이 이루어지는 구체적 또는 추상적인 장소를 말한다. 이러한 금융시장은 채권시장, 증권시장, 외환시장 그리고 파생금융상품시장으로 구분할 수 있다.

금융시장에서는 금융기관들이 국민소득 가운데 일부를 저축하려는 사람들로부터 자금을 조달해서 기업가들에게 자금을 융통해 주고 있다. 이러한 금융기능을 통해서 기업가는 자기 재산을 크게 상회하는 규모의 공장이나 기계를 도입할 수 있으므로, 그 결과에 의해서 경제는 지속적으로 성장하게 된다. 그러므로 금융에 관한 이론은 한 나라의 지속적인 성장발전을 이해하는 데 불가결하다.

아울러 신문과 방송에서는 매일 주식가격이 게재, 발표되고 있다. 우리 주위에서 주식시장에서 주식거래(투자)로 큰 이익을 얻거나 큰 손실을 입은 사람들의 이야기를 쉽게 들을 수 있다. 그러므로 개인의 입장에서 주식가격의 움직임은 주식거래를 통해 이득을 얻을 수 있는 기회를 제공한다. 뿐만 아니라 환율이 상승하기 전에 외환을 구입해 예치해 놓은 다음 환율이 상승하게 되면 이득을 얻을 수 있다. 이는 증권시장과 외환시장에 대한 이해가 개인의 이해득실과 직접 연계되어 있음을 뜻한다.

한 나라에 유통되고 있는 돈의 양이 너무 많거나 너무 적어도 바람직하지 않다. 그렇다면 한 나라에서 유통되고 있는 바람직한 돈의 양, 즉 적정 통화량은 얼마일 것인가? 그리고 그러한 규모의 돈의 양은 어떻게 공급할 것인가에 관한 통화금융정책은 한 나라의 경제운용에 매우 중요한 과제가 되고 있다.그러므로 돈, 또는 화폐에 대한 연구는 경제의 운용과 경제정책의 시행을 위한 이론적 기반을 제공하고 있는 것이다.

지난 1997년의 IMF 구제금융 이후 우리나라에서는 금융제도 및 환경이 급속히 변모해 가고 있다. 최근 우리나라 금융제도의 특징적 변화로는 금융 자율화와 개방화가 빠른 속도로 이루어지고 있다는 점을 들 수 있다. 또한 금융부문에 자율과 경쟁을 바탕으로 하는 시장원리가 도입되지 않고서는 금융산업의 국제경쟁력 강화와 금융시장의 효율성 제고는 물론 국민경제의 건실한 발전을 기대하기 어렵다는 인식이 확산되고 있다. 게다가 급속도로 변화하는 환경에 적응하기 위한 금융기관의 새로운 경영형태와 발전된 금융상품의 출현은 금융부문을 더욱 복잡하게 만들고 있다.

그 과정에서 시장기능의 원활한 작동에 의한 사적 규율, 즉 시장규율을 강조하는 입장과 정부나 공공기관의 시장 개입에 의한 공적 규율, 즉 규제규율을 강조하는 입장이 흔히 대립된다. 그런데 화폐와 금융은 각각 사적재의 측면과 공공재의 측면을 다같이 갖추고 있으므로, 화폐와 금융의 역기능이 발생하면 사적 비용과 공적 비용이 모두 수반된다. 따라서 화폐와 금융의 역기능이 발생하지 않도록 하려는 노력도 시장규율과 규제규율의 적절한 결합을 통해 이루어지는 것이 합리적이다. 이때 시장규율과 규제규율의 적절한 결합이 갖추어야 할 구체적 내용이 무엇인지에 대한 올바른 해답은 화폐금융 현상에 대한 정교한 이론을 바탕으로 현실 경제에 대한 냉철한 분석을 할 때에만 얻어질 수 있을 것이다. 이를 위해 무엇보다도 화폐금융론에 대한 올바른 이해가 필요하다.

금융행위는 금융기관을 통해 나타난다. 오늘날 대표적인 금융기관으로는 은행을 들 수 있다. 은행은 대규모의 설립자본에 근거한 신용을 바탕으로 다수의 자금공급자들로부터 예금받은 자금을 자금수요자에게 대출해 준다. 소규모의 자본을 통합하여 투자에 필요한 대규모의 자본으로 변환시키는 역할을 하는 것이다. 그러나 은행이든 다른 금융중개기관이든 그것을 설립 운영하는 데에는 상당한 비용이 소요된다. 그럼에도 불구하고 금융중개기관이 필요한 이유는 무엇인가?

예를 들어 설명해 보자. 자금 여유가 있는 자금공급자 입장에서는 자신이 투자할 기업의 장래성을 정확히 파악하려면 기업 내부의 고급정보는 물론 장래 시장동향에 대한 전문지식을 갖추어야 한다. 한마디로 방대한 양의 정보를 보유하고 있어야만 한다. 그러나 시간제약을 받는 한 개인이 양질의 정보를 얻고 이를 투자결정에 완전히 활용하는 것은 현실적으로 불가능하고, 가능하더라도 엄청난 정보 수집 비용이 필요하다. 그러나 시간제약을 받는 한 개인이 양질의 정보를 얻고 이를 투자결정에 완전히 활용하는 것은 현실적으로 불가능하고, 가능하더라도 엄청난 정보 수집 비용이 필요하다. 한편 경영자 입장에서도 자금대여 의사를 갖고 있는 다수의 자본주를 일일이 개별 접촉하여 해당 사업의 수익창출 능력을 설명하는 것이 쉬운 일은 아니다. 결과적으로 복잡해지는 자본주의 경제체제와 엄청난 정보수집 비용 등을 고려해 볼 때, 자금수요자와 자금공급자가 일대일로 직접 거래하는 방식은 화폐가 없는 물물교환만큼이나 비효율적이다.

바로 여기에 자본의 수요자와 공급자를 연결해 주는 금융중개사, 즉 조직화된 금융기관과 금융시장(채권시장이나 주식시장)의 필요성이 대두된다. 금융중개자는 적절한 신용과 대규모의 자금 동원력, 그리고 기업 투자안의 타당성 여부를 판별할 수 있는 정보 수집·분석 능력을 갖추고 있어야만 한다. 만일 유능한 금융중개업자가 존재한다면, 자금공급자는 일일이 정보 수집에 나설 필요가 없고 자금수요자 역시 손쉽게 자금을 차입할 수 있게 된다.

금융시장은 이러한 금융행위가 원활하게 이루어질 수 있도록 제도적으로 조직화된 시장을 말한다. 마치 화폐가 물물교환의 경직성을 완화시켜 거래를 활발하게 만드는 것처럼, 금융시장은 자금 수급과 관련된 불확실성을 완화시켜 실물부문의 성장을 뒷받침하는 역할을 한다.

한편 보다 넓은 의미의 금융제도(금융시스템)란 금융시장 및 금융중개기관과 이들을 통제·운영하는 법규와 관행을 총칭하는 것이다. 각국의 금융제도는 경제발전 단계, 법적·제도적 특성, 과거 전통 등의 차이에 따라 다양한 형태로 나타난다. 금융제도는 뒤에서 살펴보는 여러 가지 역할을 수행하는데, 그 중에서도 지급결제기능은 가장 기본적이고 중요한 기능으로 강조된다. 자본주의 경제에서 지급결제제도의 효율성과 안전성은 경제활동에 큰 영향을 준다. 전통적으로 은행이 지급결제제도의 중추적인 역할을 수행하였는데, 최근에는 은행이 아닌 다른 금융기관들도 일부 지급결제기능을 수행하고 있다.

제 2 절 화폐금융론의 중요성과 두 가지 접근방식

일반인들 중에는 화폐나 금융에 대해 잘 알지 못해도 여러 가지 경제문제를 해결하는 데 별 어려움이 없지 않겠냐고 생각하는 사람들이 많다. 경제문제란 원래 자원의 희소성에서 출발하는 것이고, 재화와 서비스 등 실물부문에서의 생산·분배와 관련된 것이기 때문이다. 경제문제의 본질은 실물부문에서 찾아야 하고, 화폐나 금융은 단지 실물부문의 외피에 불과하다는 것이다.

사실 이러한 생각은 일반인들뿐만 아니라 과거 경제학자들 사이에서도 폭넓게 받아들여졌다. 이른바 케인즈 혁명 이전의 고전학파 경제학자들은, 화폐란 실물부문의 베일에 불과하므로 그것 자체는 별로 중요하지 않다고 생각했다. 이러한 고전적 화폐관을 화폐중립성이라 부른다. 나아가 이들은 생산, 고용, 투자, 저축 등의 경제행위는 모두 화폐금융부문과는 무관하게 실물부문내에서 결정된다고 보았다. 고전적 이분성이라 불리는 이러한 사고는 오랜 시간 동안 경제학자들에 의해 받아들여졌다.[1)]

하지만 과연 그런가? 우리는 얼마 전 IMF 구제금융 이후 대기업이 도산하는 과정에서 금융부문에서의 충격이 실물부문의 부실을 증폭시키는 것을 지켜볼 수 있엇다. 실물부문의 여러 가지 현상들은 고용수준, 저축, 투자 등 실물변수뿐만 아니라 화폐부문의 변수들, 즉 화폐의 수요·공급이나 이자율 등에 의해서도 큰 영향을 받을 수 있다. 자본주의가 고도로 발달하면서 금융부문은 단지 실물부문을 뒷받침하기만 하는 것이 아니다. 다시 말해, 실물부문과 금융부문은 수레의 두 바퀴처럼 동시에 굴러가야만 제 기능을 할 수 있는 관계가 되었다.

케인즈는 바로 이러한 점을 간파했다. 거시경제학에 대한 케인즈의 가

---

1) 화폐중립성이란 화폐수량(화폐공급)의 변화가 궁극적으로 물가나 임금 등 명목변수에만 영향을 주고, 산출이나 고용 등 실물변수에는 영향을 주지 않는다는 것으로, 화폐수량설에 내재된 화폐관이다. 고전적 이분성이란, 실물변수는 전적으로 실물부문에서 결정되고, 명목변수는 전적으로 금융부문에서 결정된다는 고전학파의 시각을 가리킨다. 따라서 화폐의 공급은 물론 화폐에 대한 수요도 실물변수에 영향을 주지 않는다는 것이다. 그러므로 어떤 경제에서 고전적 이분성이 성립하는 경우 반드시 화폐중립성이 성립하지만, 화폐중립성이 성립한다고 해서 고전적 이분성이 반드시 성립하는 것은 아니다.

장 커다란 공헌은 현대 화폐경제에서 경제변수의 변화는 물물교환경제에서의 경제변수 변화와 그 성격이 근본적으로 다르다는 것을 체계적으로 밝힌 것이다. 그후 화폐금융론에서은 화폐부문과 실물부문의 상호관계 및 화폐와 금융에 관한 경제주체의 의사결정을 분석해 왔다. 이에 대한 자세한 설명은 이 책 전체에 걸쳐 이루어질 것이다. 여기서는 우선 화폐금융 현상에 대한 두 가지 접근방식인 미시적 · 거시적 접근법을 간략해 비교해 보자.

여러분이 이 책을 읽고 있는 바로 이 순간에도, 사업가들은 은행에서 좀더 좋은 조건으로 대출을 받기 위해 동분서주하고 있고, 증권회사 객장에서 개인 투자자들은 주가지수 전광판을 바라보며 보유하고 있는 주식을 팔아야 할지 아니면 조금 더 구매해야 할지를 고민하고 있다. 어디 그뿐이겠는가. 백화점에서 물건을 카드로 결제할지 현금으로 지불할지를 고민하는 아주머니, 자기 은행의 대출 이자율 수준을 결정하기 위해서 다른 은행의 전략을 연구하는 은행 간부, 신규 사업에 필요한 자금을 채권발생으로 조달할지 새로 주식을 발행해 충당할지를 분석하는 대기업 자금부 이사, 이들의 행동 하나하나가 모두 화폐금융 학자들의 연구대상이다. 이처럼 현실경제의 불확실성 속에서 개별 경제주체들이 어떻게 합리적 의사결정을 통해 금융행위를 영위하는가를 분석하는 것이 화폐금융론의 미시적 접근방식이다.

하지만 이러한 미시적 방법론은 최근에야 발전하기 시작했다. 17세기부터 연구되기 시작한 것으로 보이는 화폐금융이론은 전반적으로 거시총량적 지표를 중심으로 화폐금융 현상에 접근하였다. 다시 말해, 과거 이론들은 개별 경제주체의 금융행위를 분석하기보다는 거시지표를 중점적으로 분석하는 거시적 방법론으로 이루어져 있다. 최근에 미시적 방법론이 발전한 것은 사실이나, 과거부터 연구되어 온 거시적 방법론이 현재에도 중요하다는 것은 두말 할 나위가 없다. 그러면 화폐금융론의 거시적 접근방식이란 구체적으로 무엇인가? 돈이 많이 풀리는 선거철만 되면 제기되는 인플레이션에 대한 우려, 경기가 너무 과열되어 통화당국의[2] 저이자율 정책기조가 흔들린다는 신문기사, 환율 상승과 미국의 증시 활황이 국내 주가지수에 미치는 영향에 대한 분석 등은 모두 거시적으로 접근해야 할 사례들이다.

---

2) 일반적으로 미시경제학의 맥락에서는 '화폐'를, 거시경제학의 맥락에서는 '통화'를 각각 쓰는 경향이 있다. 또는 화폐보다 통화가 더 공식적인 용어라는 견해도 있다. 그러나 통화와 화폐는 궁극적으로 동일한 대상을 지칭하므로, 이 책에서는 '통화'와 '화폐'를 혼용하기로 한다.

어떤 독자들은 거시총량적 지표란 개별 경제주체들 행위의 총합으로 나타나는 것으로, 미시적 분석만 정확히 한다면 거시적 접근은 불필요한 것이 아니냐고 생각할지 모른다. 하지만 거시적 화폐금융 현상은 단순히 개별 화폐금융 행위의 총합으로만 볼 수 없는 측면이 있다. 개별 경제주체들이 화폐금융 관련 행위는 서로 상쇄되어 그 효과가 사라지거나 또는 특정 효과를 강화시키는 결과를 가져올 수 있기 때문이다. 이러한 차이는 미시적 분석뿐만 아니라 거시적인 이해가 충분히 뒷받침되어야만 설명될 수 있다. 두 가지 접근방식 중 어느 하나도 소홀히 할 수 없는 이유도 이 때문이다.

그러나 아직도 화폐금융론의 연구대상이 정확히 무엇인지 애매모호하게 느끼는 독자들도 있을 것이다. 화폐금융론의 핵심 주제는 다른 무엇보다도 '화폐'와 '금융' 두 가지일 수밖에 없다.

02

chapter >>>>

화폐란 무엇인가?

C/H/A/P/T/E/R 02

화폐란 무엇인가?

제 1 절 화폐경제 이론의 대상과 내용

1. 화폐경제란 어떤 분야인가?

우리 경제 사회에서 화폐가 지닌 역할을 배우는 하나의 이유는 화폐라는 것이 우리의 일상생활에 필수적인 요소라는 사실에서 찾아볼 수 있다. 참으로 돈 없는 세계란 상상하기조차 힘들다. 우리 일상생활의 모든 거래는 상품과 화폐의 교환을 의미하며, 모든 상품가격은 화폐가격에 의해서 표시되고 있다. 우리의 '부'라는 것은 화폐단위로서 나타내고 있으며, 우리의 소득 역시 화폐로 표시된다.

화폐가 발명된 시기는 인류 사회의 일상생활에서 처음으로 상품이 교환되기 시작했을 무렵과 거의 같을 것이라고 믿는다. 이러한 경제사적인 사실 여부는 고사하고라도 한 가지 분명한 사실은 경제지표가 이 세상에 나타났을 때에는 화폐라는 것이 존재했다는 점이다. 따라서 화폐에 의한 가격표시는 자료수집에 대한 용이성을 부여했을 뿐만 아니라 우리의 생활에 크나큰 편의를 가져다 준 것이다.

우리가 일상생활에서 거래하는 재화들은 실물재와 금융증권으로 나누어진다. 실물재란 우리의 소비와 생산에 쓰이는 재화와 용역을 말한다. 그런데 우리의 경제생활에서는 실물재만이 거래되는 것이 아니고 여러 가지 형태의 금융증권도 존재한다. 금융증권이란 실물재에 대한 청구권 또는 소유권을 표시한 증서를 말한다. 기업들의 자금 공급원이 되는 회사채는 약정된 원리금만큼 발행회사의 자산을 청구할 수 있는 권리를 나타낸 것이다. 은행에의 예금, 단자회사에서 구입되는 어음, 돈을 빌려주었을 때에 받는 차용증서, 물건을 외상으로 팔았을 때 받는 상업어음, 정부가 발행하는 공채들은 금융증권의 좋은 예가 된다.

실물재와 금융증권 거래의 이면에는 반대방향으로 향하는 화폐의 흐름이 수반된다. 물론 화폐가 개재되지 않은 실물재 간의 직접교환도 없지는 않으나, 이때에도 화폐는 교환의 가치기준으로 작용하면서, 그 역할을 확대해 나간다. 이러한 교환의 매개수단 및 가치척도 역할 등의 다양한 기능을 하고 있는 화폐와 금융증권을 분석의 대상으로 하는 것이 화폐금융 경제학이다. 즉 화폐와 금융증권의 생산자 공급, 화폐와 금융증권에 대한 수요, 화폐와 금융증권의 가격결정 그리고 화폐 및 금융증권과 국민소득 등을 분석하는 것이 화폐경제학의 과제이다.

경제주체를 기능적으로 분류하면 본원적으로는 기업과 가계 두 부분으로 나눌 수 있다. 그런데 경제학이란 이 경제주체의 부의 획득과 사용에 대한 영향이 사회에 어떻게 미치게 되는가를 개괄적으로 연구·분석하는 학문이라고 할 수 있으며, 전통적으로 다음과 같은 두 가지 큰 문제를 다루게 된다. 하나는 우리가 희소성의 세계에서 살아가는 데에서 야기되는 문제들이며, 다른 하나는 인플레이션이 없는 완전고용을 이룩하려는 우리의 노력에서 유래하는 문제들이다. 우리가 원하는 여러 가지 물자는 제한되어 있으며, 대부분의 사람들이 꼭 필요한 생활 필수품조차도 충분히 소비할 수 없으므로 우리는 다음과 같은 세 가지 중요한 사회적 의사결정을 하여야 한다.

첫째, 우리는 어떤 종류의 재화와 용역을 얼마만큼 생산할 것인가 하는 것을 결정하여야 한다. 다시 말해서, 어떤 종류의 물품에 있어 그 물품의 필요성이 얼마나 있는가를 결정하는 것이다. 이 과정이 각 물품에 대하여 가치를 부여하는 결과를 가져오게 한다.

둘째, 어떻게 생산을 할 것인가 하는 제한된 자원의 합리적 배분을 고려하여야 한다. 이와 같은 자원의 합리적 배분도 어떤 평가가 요구되게 된다. 각 기업이나 산업 간의 중요성을 평가해서 각 기업체의 효율화를 평가하여야 하는 것이다.

셋째, 위와 같은 생산수단에 대해서 얼마만큼의 돈을 지불하여야 하는가를 결정하여야 한다. 이러한 사회적 의사 결정과정을 분석하고 이론적 귀결을 설명해 주는 것이 경제학의 방향이라고 보아야 한다. 이와 같은 방향을 어떻게 파악하여야 할 것인가 하는 문제는 우리의 경제가 화폐에 의해서 움직여지고 있다는 데서 부분적으로 해결을 볼 수가 있다. 각각 개인이 재화와 용역을 구입하여 이들을 사용하고 기업은 생산을 영위하고 국가는 사회의 복지를 충족시키기 위하여 이들을 사용하게 된다. 그러나 이 화폐라는 것은 언제나 올바른 기능을 발휘하는 것이 아니기 때문에 수요와 공급에 차질이 생기고, 경기후퇴나 인플레이션이 나타나게 된다.

경제가 침체되었을 때는 충분한 소득이나 금융적 자원을 가지고 있지 않은 사람들은 그들의 지출을 줄이지 않으면 안 되며, 이것은 결과적으로 수요와 생산의 감소를 초래하게 되고, 고용의 축소를 의미한다. 반대로 인플레이션이 나타나게 되면 고용과 소득의 증대를 가져올 것이지만 가격상승에 의한 실질소득의 감소로 여러 가지 모순들이 개재하게 된다. 어찌하여 그와 같은 모순된 상태가 나타나는 것인가? 이러한 문제를 다루는 것이 화폐경제학의 골격이 되는 것이고 화폐경제 이론의 내용을 깨닫게 되는 길이다.

2. 화폐경제 이론의 등장

우리가 생활하고 있는 경제사회란 화폐 및 자금만이 순환되고 있는 것도 아니고, 그것에 의해서 표현되는 여러 가지 매개변수(가격, 금리 등)에 의해서 구성되어 있는 것도 아니다. 그 근저에는 재화 혹은 상품의 생산·유통·소비가 운영되고 있으며, 이들이 경제의 실체를 이루고 있음은 두말할 나위도 없다. 그 반면 상품의 생산·유통·소비가 실현되기 위해서는 화폐 내지 자금의 매개가 필요한 것이며, 교환의 수단이라는 변수가 작용하고 있다는 점도 간과할 수 없는 것이다. 이 때문에 경제학에서는 화폐의 도입이 시도되었고 케인즈 이후 우리가 말하는 화폐의 경제이론이라는 것이 등장하게 된 것이다. 구체적으로 말하면 상품의 생산도 화폐자본(자금)의 매개에 의해서 행해지고 유통은 화폐 혹은 넓은 의미의 통화의 매개에 의해서 실현되며, 나아가서 소비도 통화형태에 의한 소득에 의해서 영위되는 것이다.

이와 같은 사실은 경제가 단순히 실물적인 생산 · 유통 · 소비로서만 이루어지고 있는 것이 아니라는 점에서 화폐경제의 이론이 없어서는 안 된다는 것을 의미함과 동시에 종래의 화폐경제론, 금융경제론과 같이 화폐만을 혹은 자금만을 대상으로 한 이론에 머물러 있을 수 없게 된다는 것을 인식하지 않으면 안 된다. 경제의 변동과 정책의 분석을 위한 동태적 해명에 있어서 화폐 및 금융자산(증권)의 역할을 무시할 수 없게 되는 것이며, 경제의 변동 특히 성장이나 발전에 관한 여러 가지 현상이 모두 화폐 및 금융자산의 순환과정을 통해서 이루어지며 실현된다는 사실에 착안한 점이 화폐 및 금융경제 인식에 직접적인 동기가 된 것이다. 구체적으로 말해서 투자나 소득, 더 나아가서 소득의 배분으로서 나타나는 저축 및 소비 그리고 과거에는 교환의 과정에서만 포착한 상품의 유통 혹은 순환에 관한 대상도 모두 화폐와 금융자산의 매개 및 순환을 통해서 행해지고 있기 때문인 것이다.

이와 같이 보면 단순한 경제라고 말하는 것도 사실은 화폐경제로서 또는 금융경제로서 존재하게 되는 것이며 운영되어 가고 있는 것이기 때문에 금융 경제의 이론이 성립되지 않으면 안 되는 것이다.[1)] 그러나 통화 자체의 순환이나 그것에 의하여 표현되는 매개변수의 관계에 의하여 경제가 성립하는 것은 아니며, 그 근본이 상품 혹은 재화의 생산 · 유통 · 소비가 실현되는 실물면의 경제인 것은 의심할 여지가 없는 것이다. 이것이 가령 화폐적 균형이라고 하는 어떤 조건하에서 흔히 볼 수 있는 것과 같은 단순한 화폐와 자금면의 균형은 모든 경제의 균형을 설명할 수는 없으나, 경제의 균형이 구현되고 유지되는 과정의 일부는 이 화폐적 균형에 의해서 형성된다는 사실에도 그 의의를 찾을 수가 있다. 이러한 의미에서 경제를 구성하는 실물면과 화폐금융면과는 서로 분리할 수 없는 관계에 놓여 있다고 보아야 한다.

이러한 관점에서 볼 때 금융(통화 신용경제)이라는 자금의 유통대상이 실물경제와 최종적으로 연결되게 된다는 점에서 경제 전반의 변동을 초래할

1) 화폐경제라는 것은 화폐에 의한 매개 이전의 유통경제(물물교환 경제)와 구별해서 포착하여, 실제로는 경제사회의 성립논리로서의 화폐개념을 인정하는 경제개념을 화폐경제라고 한다. 경제사회가 각기 상이한 이용가치(사용가치)를 갖는 상품의 집합이면서도 하나의 매개의 논리형식으로서, 하나의 사회 혹은 세계(경제세계)를 구성하는 평가사회를 의미한다. 이 중에서 화폐를 보다 더 구체적으로 기능면에서의 형태로 포착한 것이 자본의 형태인데, 현대에 있어서 일반적으로 혹은 가장 지배적으로 작용하는 상태로 취급된 것이 금융경제라고 하는 신용경제를 가리키는 것이다.

수도 있는 기구의 역할 관계를 무시할 수 없게 된다. 그러나 이와 같은 관계를 명백히 하기 위해서는 경제사회 성립의 논리적 전제, 즉 경제사회와 그곳에서 생활하는 모든 사람들을 공통적인 유대로서 연결짓고 생산 · 소비 및 유통되는 상품을 같은 단위의 척도로 표현함으로써, 하나의 사회로서 성립되는 논리의 형식으로서의 화폐의 의미가 명백해져야 할 것이다. 더 구체적으로 말한다면 실물경제의 운행을 원활하게 하는 역할을 가지고 있는 화폐 및 자금의 공급 그리고 수요에 관한 제도와 이론이 명시되어야 할 것이다.

금융에 대한 이와 같은 제도 · 기구 및 논리의 기본적 해명이 금융현상과 경제실체를 연결짓는 관계를 설명해 줄 것이며, 이러한 실물경제와 화폐 및 신용의 수급관계인 금융현상과 상호 연결되는 대상이 화폐경제 이론의 골격으로서 등장하게 되는 것이다.

제 2 절 화폐의 정의와 기능

1. 화폐란 무엇인가?

어떠한 경제사회에도 계산단위로서의 화폐가 존재한다. 한 나라의 경제활동에 있어서 화폐란 인류의 장구한 역사적 발전과정에서 교환과 발전된 것이다. 만약에 경제가 단순히 이 실물경제의 운영을 화폐의 매개론을 뒷받침하는 소극적인 역할을 하는 것에 불과하다면 화폐의 문제는 간단하겠지만, 화폐가 적극적인 기능을 인정하게 되면 화폐문제는 아주 중요하게 되는 것이고, 이것을 제외하고서는 경제현상을 완전히 이해할 수가 없게 되는 것이다.

일반인들은 일상생활에서 화폐 또는 돈이라는 말을 자주 사용한다. 이러한 경우 화폐는 다양한 의미를 부여하고 있다. 먼저 혼란스러움을 피하기 위해 화폐(또는 돈)라는 용어에 대하여 경제학자들이 사용하는 의미와 일반 시민들이 일상생활에서 사용하는 것과 어떤 차이가 있는지를 구분해야 할 필요가 있다.

경제학자들은 화폐를 재화와 서비스에 대한 지불수단, 채무이행의 수단, 또는 가치저장의 수단 등으로 정의하고 있다. 이러한 관점에서 보면 현금은 화폐의 정의에 가장 잘 어울리는 유형 중의 하나이다. 일반인들이 돈을 말할 때에는 주로 지폐와 주화인 현금을 연상하며 화폐가 가지는 특성이나 경제적 기능의 복잡성을 생각하지 않는다. 사람들이 돈에 대해 언급할 경우 대부분 지폐와 주화인 현금을 말하는 것이다. 예를 들어, 어떤 사람이 다가와 "돈을 내놓을래, 목숨을 내놓을래?"라고 한다면 여러분은 정확히 "돈이 무슨 의미입니까?"라고 묻는 대신에 현금을 신속히 건네 줄 것이다. 그러나 경제학자들은 화폐를 단순히 현금으로 정의하지 않는다. 왜냐하면 화폐의 역할과 기능면에서 볼 때 수표도 재화와 서비스의 구입에 대한 지불수단으로 사용되며 요구불예금(예금자의 청구에 따라 언제든지 찾아낼 수 있는 예금의 총칭: 당좌예금, 보통예금)도 화폐로 간주되고 있다. 뿐만 아니라 저축성 예금도 사실상 화폐의 기능을 하고 있다. 즉 저축성 예금도 비교적 쉽게 현금화할 수 있고, 경우에 따라서는 요구불예금으로 전환할 수 있기 때문이다.

경제학자들도 때로는 화폐에 대하여 간단·명료하게 정의를 내리려고 하지 않는다. 그런가 하면 일반인들은 돈을 부와 동일한 의미로 사용하는 경우가 많다. 예를 들면, '길동이가 부자다' 라고 하면 일반인들은 곧장 돈이 많다는 의미로 해석한다. 경우에 따라서 길동이는 현금과 예금이외에 채권과 주식을 많이 보유하고 있으며, 고급 아파트를 비롯한 고급 승용차, 별장 등 사치성 소비재도 보유한 것으로 생각할 수 있다. 그러나 경제학자들은 화폐와 부를 분명히 구분하고 있다. 경제학자들은 화폐를 현금, 요구불예금, 기타 지불수단 및 재화와 용역의 구입에 대한 지불수단으로 인정하지만 부는 가치를 보유하고 있는 모든 재산의 총합계를 의미하다. 예를 들면 부는 화폐뿐만 아니라 각종 채권, 주식, 유명화가의 그림, 토지, 건물, 가구, 자동차 및 주차용 건물 등도 포함한다.

한편 일반인들은 경제학에서 자주 인용하는 소득을 화폐 또는 돈이라는 용어로 표시하는 경우가 있다. 예컨대 '미국에서 활약하고 있는 야구선수 「박찬호」는 많은 돈을 벌어들인다' 라고 할 때 이 때의 돈은 소득을 의미한다. 소득이란 일정기간 동안 벌어들이는 수입으로 유량의 개념이다. 이와는 대조적으로 돈(또는 화폐)은 저량개념이다. 즉 일정한 시점을 기준으로 그 때까지의 축적된 양을 의미한다. 만약 이웃에 사는 A씨의 소득이 1,000만 원이라 하자. 이러한 경우 A씨의 소득이 1년을 기준으로 한 것인지, 1개월 또는 일당 소득인지 알지 못한다면 A씨의 소득이 많은 것인지 적은 것인지를 알 수 없다. 이와는 대조적으로 H씨가 1,000만원을 가지고 있다고 하면, 이는 현재 H씨의 수중에 돈을 얼마만큼 가지고 있는가를 알 수 있다.

경제학 교과서를 비롯하여 학술지와 신문기사에서 '화폐와 통화' 그리고 '돈'이라는 경제용어가 혼동되어 사용되고 있다. 돈은 넓은 뜻으로의 화폐를 지칭하며, 화폐는 돈의 변천, 돈의 변질 및 돈의 기술적인 기능이 분석과 대상이 되었을 때 '화폐'로 표현된다. 즉 화폐란 재화와 용역에 대한 보편적인 지불수단, 채무이행의 수단, 가치척도의 수단 그리고 가치저장의 수단 등으로 널리 수용되는 경우를 말한다. 이는 분명히 소득 또는 부와 구분된다. 한편 통화는 돈이 물가와 소득 및 이자율과 같은 경제변수에 미치는 요인으로서, 동태적인 기능이 분석의 대상이 되었을 경우를 말한다.

화폐에 대한 정의는 여러 가지가 있으나, 상식적으로 생각해서 두 가지로 정의할 수 있다. 즉, 하나는 화폐 자체의 기능에 의한 정의이고, 다른 하나는 화폐 자체의 물질적 형태에 의한 정의이다. 화폐가 지니고 있는 교환의 지불 매개수단, 가치의 보유수단, 연지불의 표준 그리고 단위의 가치척도수단 등은 기능면에서 본 정의이고, 지폐, 주화, 당좌수표 등의 화폐의 종류에 의한 분류는 형태를 기준으로 한 화폐의 정의이다.

어떤 사람들은 화폐를 순수한 법적인 측면에서 정의하려고 한다. 법적으로는 "법이 화폐라고 하는 것"을 화폐라고 한다. 법적으로 금지된 어떠한 것도 지불수단으로서 수락될 수 없다. 법은 어떤 것을 화폐라고 선언함으로써 일반 대중이 수락하도록 할 수 있다. 법적으로 어떠한 것이 화폐라고 선언된다면 법적으로 선언된 화폐는 채무자가 채무를 상환할 때 사용할 수 있다. 그리고 채권자는 법적으로 선언된 화폐를 수락해야만 한다.

그렇지만 화폐의 법적인 정의는 경제분석의 목적을 위해서는 만족할 만한 것이 못 된다. 왜냐하면 법적으로 화폐로 선언된 것이 아니더라도 일반 대중에게 지불수단으로 수락될 수 있는 것이 있고 또한 실제로 그러한 것이 사용될 가능성이 존재하기 때문이다. 법적인 정의는 확실히 중요하다. 그러나 법적으로 선언된 화폐 외에도 화폐로서 이용될 가능성이 있는 것이 존재한다. 예를 들어서, 시중은행의 자기앞수표, 요구불예금, 여행자수표 같은 것이다. 일반 상업은행이 발행한 자기앞수표, 당좌수표, 여행자수표 등은 지불을 할 때에 실제로 사용되고 있다. 그렇지만 법적으로 화폐라고 선언된 것은 아니다. 법적으로 선언된 화폐는 현금화폐이다. 현금화폐에는 주화와 중앙은행이 법적으로 종이 위에 화폐라고 선언한 지폐가 있다.

경제분석의 목적으로는 화폐를 기능적으로 정의해야 한다. 기능적으로 볼 때 화폐의 기능을 수행하는 것이면 화폐에 포함된다. 그렇지만 화폐의 기능을 수행하는 모든 것들 중에서 어떤 기능을 수행한다는 것인지의 문제가 제기될 수 있다. 다음에서 살펴볼 화폐의 기능으로 다섯 가지를 설명한다.

화폐의 다섯 가지 기능 중에서 어느 기능을 수행해야만 화폐에 포함될 것인가라는 의문이 제기될 수 있다. 회계단위, 교환매체, 가치저장, 장래 지불표준 그리고 유동성 기능 중에서 어느 것을 수행해야만 화폐에 포함될 수 있을까? 화폐의 기능 중에서 회계단위와 장래 지불표준은 추상적인 단위에 관한 것이기 때문에 다른 많은 것과 상관될 수 있다. 그래서 어느 것이 화폐에 포함될 것인가를 결정하는 표준이 될 수 없다. 예를 들자면, 가치의 계산에 관한 한 화폐이든 화폐가 아니든 어떤 재화의 가치를 계산할 수가 있다. 그리고 계약을 할 때 지불할 물건의 성질을 말하지 않고도 계약을 할 수가 있다.

그런데 실제로 거의 모든 경제학자들은 재화와 서비스의 지불수단으로 수락될 수 있는 것이면 그것을 화폐에 포함시키고 있다. 실제로 어떤 것이 일반 대중에게 지불수단으로서 수락될 수 있고 또한 지불매체로서 일반적으로 사용된다면 그것의 법적인 지위가 어떻든 간에 화폐라고 할 수 있다. 이런 기준을 적용시키면 화폐란 주화, 지폐 그리고 은행의 요구불예금을 합한 것과 같다. 다시 말해서 화폐를 교환의 매개체 또는 일반적 지불수단으로 정의한다면 현금통화(민간 보유현금)와 예금통화(요구불예금)만이 화폐로 간주되어야 한다. 주화나 지폐는 지불수단으로서 수락될 뿐만 아니라 법적으로 화폐라고 선언되어 있다. 그런데 요구불예금은 법적으로 화폐라고 선언되어 있지는 않지만 채무자가 채권자에게 요구불예금을 수표의 형태로 이전함으로써 부채를 청산하고 있는 것이 일반적이다.

통화를 관리하고 책정하는 데 있어서, 만약 우리가 주화, 지폐 그리고 요구불예금에 국한한다면 우리는 통화를 좁은 의미로 정의했다고 한다. 이러한 좁은 의미의 화폐정의가 가장 많이 사용되었고 정부나 학계의 통계분석에서 M_1이란 부호로 표시되고 있다. 우리나라에서 통화(M_1)란 비은행 민간보유의 현금통화에 예금통화(요구불예금)를 합한 것이다.

다음으로 화폐를 가치의 저장수단 또는 구매력의 일시적 은신처로 정의한다면 현금통화와 예금통화는 물론이고 저축성 예금까지도 화폐로 간주하여야 한다. 우리나라에서 총통화(M_2)란 M_1에 저축성 예금을 합한 것을 말한다. 다시 말해서 화폐를 가치의 저장(수단) 또는 구매력의 일시적 은신처로 정의한다면 총통화(M_2)를 화폐로 보아야 하는 것이다.

마지막으로 화폐를 유동성으로 정의한다면 현금통화, 예금통화 및 저축성예금은 물론이고 비통화금융기관의 예수금, 금융채권 발행액, 양도성 예금증서 발행액, 상업어음 매출액까지도 합한 총유동성(M_3)을 화폐로 간주하여야 한다. 그런데 화폐의 기능 중 가장 본원적 기능인 교환의 매개수단으로서의 기능을 중시하여 화폐를 정의하는 것이 통설이다.

자유주의 경제조직 내에서 활동하는 경제단위는 가계, 기업 그리고 정부인데, 이러한 단위들은 생산자이고 소비자이다. 재화의 생산 · 유통 · 소비 및 그리고 투자의 물질 과정에 병행해서 화폐의 공급 · 유통 · 회수 과정이 이루어지고 있으며, 이 재화와 화폐의 끊임없는 순환, 즉 경제순환이 되풀이되고 있는 것이 우리의 경제사회이다.

이러한 경제순환 면에서 본 화폐의 정의는 다음과 같이 요약될 수 있을 것이다. 즉, 화폐란 일상적인 거래에서 상품을 매매하고 채권 · 채무관계를 청산하는 것, 즉 부채를 상환할 수 있는 수단으로서 일반적으로 언제나 받아들여지고 사용될 수 있는 것을 말한다. 부채상환이란 용어는 우리의 화폐정의에 있어서 불가결한 요소이다. 왜냐하면, 모든 경제적인 거래는 부채로서 이루어지고 실질적으로 이 부채의 상실로서 끝을 맺게 되기 때문이다. 기업이 재화와 용역의 지불을 즉각적으로 해결하는 일은 드물 것이고, 각 개인의 거래에서 현금지불로서 이 거래가 순간적으로 끝을 맺는다 하더라도 순간적이나마 화폐로 표시되는 부채가 개재하게 되는 것이다. 따라서 이 부채의 상환에 용납될 수 있는 어느 물건이나 돈으로 정의하게 될 때에, 우리는 화폐를 완전히 설명했다고 볼 수 있는 것이다.

2. 화폐의 기능

물물교환 경제의 단점을 극복하기 위해서 화폐는 상거래의 훌륭한 도구로서 또한 상거래 순환의 매개체로서 기본적인 역할을 한다. 앞에서 간단히 살펴본 화폐의 기능을 아래의 다섯 가지 기능면에서 보다 상세하게 설명하려고 한다. 다섯 가지 기능이란, 첫째로 가치의 단위 또는 회계단위, 둘째로 교환의 매개수단, 셋째로 장래 지불표준, 넷째로 가치의 저장수단, 다섯째로 유동성으로서의 기능을 하는 것이다. 가치단위와 교환의 매개수단으로서의 기능을 화폐의 본원적인 기능이라고 하고, 장래 지불표준과 가치의 저장수단으로서의 화폐기능은 가치단위와 교환매개체로서의 본원적 화폐기능으로부터 도출될 수 있기 때문에 2차적 기능 또는 파생적 기능이라고 한다.

그러면 화폐의 구체적 기능을 하나씩 설명해 보기로 한다.

첫째로, 가치단위 또는 계산단위로서의 화폐기능을 살펴보자. 첫째 기능인 계산단위는 여러 가지 이름으로 명명된다. 즉 가치단위, 가치표준, 회계단위, 가치의 공동척도 또는 가치의 공통분모 등으로 불린다. 따라서 화폐는 회계의 단위로 사용된다. 즉 화폐는 경제적 가치를 측정하는 데 사용된다.

모든 재화와 서비스의 가격을 표현하고 가치를 측정하기 위해서 우리는 화폐를 계산의 단위로 사용한다. 어떤 사회의 집단이 달러, 유로, 엔, 원 등을 사용할 때 모든 물건과 서비스를 그 사회의 화폐로 가격을 표시할 수 있다. 예를 들면 어떤 모자 1개의 가치는 $10 또는 구두 1켤레는 $30 등으로 말할 수 있다. 현재 우리가 살고 있는 사회는 화폐로서 모든 물건과 서비스의 가치를 표현하는 사회다. 모든 물건과 서비스의 가치를 화폐로 표시하는 사회에서 화폐는 모든 물건과 서비스의 가치를 표현해 줄 수 있으며 물건을 서로 교환하는 데 있어서 발생하는 문제를 간단하게 해준다.

화폐를 회계단위로 사용하는 사회에서는 모든 물건과 서비스를 상대적 가격으로 표현할 수 있다. 만약 우리나라의 화폐단위인 원이 당장 없어지고 물물교환으로 돌아간다고 상상해 보라. 물은 하루쯤 안나와도 큰 혼란이 일어나지 않을 수 있지만, 세계의 모든 돈이 단 하루라도 통용될 수 없다고 상상해 보라. 많은 혼란과 불편이 뒤따르게 될 것이다. 화폐는 회계단위로서 그 기능을 발휘하는데, 경제조직에서 필요한 단위는 cm, km, kg, ton, gallon 등 여러 가지가 있다. 이와 같은 단위는 길이, 무게 등을 재는 물리적 단위다. 이러한 물리적 단위는 일정한 단위이다.

그런데, 회계의 단위인 화폐는 구매력이라는 측면에서 볼 때 신축성이 있다. 5년 전의 1,000원이 오늘의 1,000원과 구매력이 동일하다고 볼 수 없다. 그렇지만 5년 전의 5kg은 오늘에도 역시 5kg이다. 그러한 면에서 화폐와 물리적 단위는 서로가 다르다. 물가가 5년 동안에 2배로 상승했다면 화폐의 가치 또는 구매력은 50% 감소한다. 예를 들어서, 5년 전에 1,000원이 있으면 떡을 2개 살 수가 있었는데, 가격상승으로 인하여 떡을 1개밖에 살 수 없다면 화폐의 가치는 50% 감소한 것이다.

두 번째 화폐기능인 교환의 매개체 기능을 살펴보자. 경제의 거의 모든 시장거래에서 현금이나 수표형태의 화폐는 교환의 매개수단이다. 즉, 화폐는 재화와 서비스에 대한 지급을 위해 사용된다. 교환의 매개수단으로서 화폐를 사용하는 것은 재화와 서비스의 교환에 걸리는 시간을 최소화 해주기 때문에 경제의 효율성은 증대시킨다.

이 때의 화폐기능도 여러 가지로 표현된다. 즉, 교환의 매개체, 지불의 매체, 순환매체 그리고 지불의 수단 등으로 사용된다. 물건과 서비스를 교환함에 있어서 사람들이 일반적으로 받아들일 수 있는 것은 화폐라고 보는 것이 교환매체로서의 기능이다. 물건과 서비스를 교환함에 있어서 사람들이 받아들이는 금, 동, 상아, 조개껍질 같은 것은 화폐로 사용될 수 있다.

어떤 사회의 사람들이 물물교환 때문에 화폐를 사용할 때는 시간과 노력을 불필요하게 사용하지 않아도 된다. 농부는 쌀을 팔 때에 가장 많은 돈을 지불하려는 사람에게 쌀을 팔고 자기가 필요한 것을 그 돈으로 구입할 수 있다. 화폐라는 교환의 매개체가 있기 때문에, 어떤 공장의 노동자는 자기가 수고한 대가를 돈으로 받아서 자기가 필요한 물건을 구입할 수 있다. 화폐는 장사하는 사람들에게 장사를 쉽게 하도록 해주는 교환의 매개체 역할을 한다. 때로는 화폐를 일반화된 구매력 또는 선택권자로 표현하는 이유는 화폐의 사용으로 사람들은 물건을 선택할 수 있는 선택의 자유를 누릴 수 있기 때문이다. 어떤 물건이나 서비스를 판매한 자는 화폐로 그 대가를 지불 받을 수 있고, 자기가 가장 필요한 때에 그리고 가장 이롭다고 생각되는 방향으로 화폐를 사용할 수 있다. 화폐는 그것이 상대적으로 안정된 구매력을 유지할 때에 교환의 매개체 기능을 적절히 발휘할 수 있다. 만약 돈의 구매력이 동일한 시간에도 같은 장소에서 변동한다면 교환의 매개체로서 혼동을 초래하게 된다.

세 번째인 장래 지불표준 기능을 살펴보자. 화폐의 본원적 기능인 가치단위와 교환의 매개체로부터 장래 지불표준 기능이 도출될 수 있다. 현대 경제조직에서는 미래에 지불할 것이라는 계약을 많이 한다. 이러한 계약은 수일간일 수도 있고 수십 년일 수도 있다. 물물교환 경제에서 미래에 지불할 물건의 가치는 상대적으로 변할 수가 있다. 예를 들어서, 어떤 농부가 소 1마리를 어떤 상인에게 팔면서 10년 후에 짚신을 2,000켤레 받기로 계약을 했다면 10년 후에 짚신의 상대적 가격은 심하게 변할 수가 있다. 그런가 하면 기계문명이 발달하여 짚신이 필요없게 될지도 모른다.

그런데 화폐가 연체된 빚의 지불표준으로 만족할 만한 표준이 되려면 시간이 변동되더라도 구매력을 일정하게 유지해야만 된다. 만약 시간이 변동함과 동시에 화폐의 구매력이 변동한다면 예상할 수 있는 방향으로 변동해야만 연체된 빚의 지불표준으로 사용될 수 있게 된다. 만약 화폐의 가치 또는 화폐의 구매력이 예상할 수 없는 방향으로 변동한다면 만족할 만한 지불표준으로 사용되기 힘들다. 예를 들어서, 가격이 예상할 수 없을 정도로 심하게 상승한다면 1,000만원이란 돈을 채무자로부터 3년 후에 받을 채권자는 3년 후에 1,000만원을 받게 되면 손해를 보게 되고, 채무자는 이익을 보게 된다. 그런데 1,000만원이란 돈을 3년 동안 채권자가 채무자에게 빌려 줄 때는 과거와 현재의 물가상승률을 감안하여 미래의 물가상승률을 예견하게 되며, 채권자는 예견된 물가상승률에 상응하는 이자를 계산할 것이다. 그래서 채권자와 채무자 사이의 계약이 미래에 연체된 빚을 갚는 것이라면, 원래의 채무와 이자를 화폐로 미래에 지불할 수 있게 된다. 즉, 화폐는 장래의 지불표준으로서 사용된다.

네 번째 화폐기능인 가치저장의 기능을 살펴보자. 화폐는 가치의 저장수단으로서의 기능을 한다. 즉 화폐는 시간을 두고 구매력을 저장하는 수단이다. 가치의 저장수단이란 소득을 수령한 시점부터 지출하는 시점까지 구매력을 저장하는 데 화폐가 사용된다는 것을 말한다. 사람들은 대부분 소득을 받는 즉시 지출하지 않고 쇼핑할 시간이나 욕구가 생길 때까지 기다리기 때문에 화폐의 저장기능은 유용하다. 가치저장으로서의 화폐기능도 화폐단위와 교환매체로서의 화폐기능으로부터 도출될 수 있다. 화폐가 회계단위 또는 교환매체로서 일반대중들에게 수락되었을 때 사람들은 화폐를 가치저장수단으로 사용하게 된다. 어떤 사람은 가치 저장수단을 부(재산)의 저장수단 또는 구매력의 일시적 은신처로 표현하기도 한다. 화폐가 정부와 일반대중에게 회계단위 또는 교환매체로서 인정될 때 비로소 사람들은 화폐를 부의 저장수단으로 보유하게 된다.

그래서 가치저장 또는 부(재산)의 저장수단으로서 화폐기능은 회계단위 또는 교환매체로서의 화폐기능에서 도출될 수 있다고 할 수 있다. 만약 우리나라의 원이라는 화폐가 회계단위 또는 교환매체로서 그 기능이 정부나 일반대중에게 인정되지 않는다면 누가 돈을 모으려고 하고 부(재산)의 일부로서 은행에 저축하려고 할 것인가? 우리나라에서 돈이 정부나 일반대중에게 회계단위 또는 교환매체로서 인정되고 또한 어떠한 시기와 장소에서도 수락될 것이라 믿기 때문에, 그리고 돈으로써 물건과 서비스를 구매할 수 있다고 믿기 때문에 사람들은 돈을 모으려 한다.

화폐는 부의 저장수단이다. 이 말은 화폐의 가치가 안정적이고 100% 만족할 만한 가치저장수단이라는 말은 아니다. 구매력이 감소하지 않을 때에만 가치저장기능을 다하게 된다. 실제로 화폐의 구매력은 변덕스럽게 변동되었다. 물론 화폐가 가치저장의 유일한 수단은 아니다. 가치저장 또는 부의 저장 수단으로서 어떠한 자산을 보유하든 관계가 없다. 주식, 공채, 부동산, 회사채, 귀금속 등과 같은 가치 있는 자산을 소유해도 가치 또는 부의 저장기능은 발휘된다. 화폐와 달리 이러한 자산을 가치 저장수단으로 소유할 때 발생하는 중요한 장점은 이러한 자산이 이자소득, 배당금, 임대소득, 가치의 상승 등으로 눈에 보이는 수익 또는 소득을 얻을 수 있다는 점이다. 화폐가 가치의 저장수단으로서 얼마나 좋은지는 물가수준에 달려 있다. 왜냐하면 화폐의 가치는 물가수준에 따라 정해지기 때문이다. 예를 들어, 모든 가격이 2배가 되면 화폐의 가치는 반으로 줄고, 가격이 반값이 되면 화폐의 가치는 2배가 된다. 인플레이션중에 물가수준이 급속히 상승할 때 화폐의 가치는 급속히 하락한다.

반면에 이들 자산을 소유하면 불리한 경우도 있다. 즉, 이들 자산을 보유하면 ① 보관비용이 드는 경우가 있고, ② 화폐를 소유하고 있을 때보다 평가절하되는 경우가 있으며, ③ 정부나 일반대중은 일반적으로 이들 자산을 화폐로서 수락하지 않기 때문에 비유동성의 문제를 가진다. 따라서 급하게 현금이 필요할 때에 손해를 보고서라도 이들 자산을 처분하지 않으면 안 된다. 이러한 이유 때문에 모든 개인이나 기업들은 눈에 보이는 소득, 안전성, 편리성, 유동성 등에 근거를 두고서 현금과 다른 자산을 적절히 배합하여 소유하고 있다. 현금을 얼마나 소유하고 다른 자산을 얼마만큼 소유하느냐의 결정은 예상물가, 예상이자율, 미래 경제전망 등에 의하여 좌우된다.

화폐를 일반적으로 지불수단 또는 교환의 매개체로 정의하는 견해는 화폐가 직접적인 지불수단으로서 지불되는 측면을 강조한 데 반하여, 화폐를 가치의 저장수단 또는 구매력의 일시적 은신처로 정의하는 견해는 화폐가 재화의 판매시점과 구매시점 사이에 보유되는 측면을 강조하는 것이다. 화폐경제에서 재화의 판매행위가 구매행위로부터 분리될 수 있기 위해서는 화폐가 일반적 수용성과 구매력의 일시적 은신처로서의 기능을 하여야만 가능하다. 화폐를 이와 같이 가치의 저장수단, 또는 구매력의 일시적 은신처로 정의한다면 현금통화와 예금통화는 물론이고 저축성 예금까지도 화폐로 간주하여야 한다.

다섯 번째, 화폐는 유동성의 기능을 한다. 화폐의 유동성 기능을 강조한 학자는 걸리(Gurley)와 쇼우(Shaw)인데, 이들의 견해는 영국의 금융제도를 분석 · 보고한 레드클리프 보고서에 잘 나타나 있다. 유동성이란 일정기간 내에 가치의 손실을 보지 않고 어떤 자산을 현금화할 수 있는 정도이다. 그러므로 현금은 그 자체가 유동성이다. 경제학에서 유동성이란 어떤 자산을 처분하거나 다른 자산으로 전환할 수 있는 시장이 존재하고 그 시장에서 가격의 큰 손실 없이 처분 또는 전환할 수 있는 성질을 의미한다. 그런데 화폐의 가격은 고정되어 있으며, 화폐는 교환의 매개수단이기 때문에 다른 자산으로 쉽게 전환할 수 있다. 그러므로 화폐는 가장 유동성이 큰 자산이다. 걸리와 쇼우는 화폐와 다른 경제변수 사이의 관계를 이해함에 있어서 비은행 금융기관의 유동성 부채를 무시해서는 안 된다고 본다. 그들은 레드클리프 보고서에서 "통화금융정책은 다름이 아니라 금융기관의 유동성 상태를 변경시키고, 가계와 기업의 실물자원(재화)에 대한 지출을 변경시킴으로써 총수요에 영향을 미칠 의도하에 수행되는 경제정책이다"라고 지적하였다.

3. 화폐의 자산성

화폐가 민간경제의 순수한 자산이냐 아니냐에 관한 의견은 완전히 통일된 것이 아니지만, 현재까지 일반적으로 인정된 학자들의 이론을 간단히 소개하기로 한다. 화폐를 대별한다면 외부화폐와 내부화폐로 나눌 수 있다. 외부화폐란 정부가 발행하는 화폐로서 법정 불환지폐와 같이 민간부문의 자산인 동시에 공공부문의 부채가 되는 화폐를 가리킨다. 내부화폐란 예금은행이 요구불예금을 창출함으로써 발생시키는 예금통화를 의미하는데 민간부문내 어느 경제 주체의 자산임과 동시에 민간부문내 다른 경제 주체의 부채가 되는 화폐이다. 예를 들면, 요구불예금은 가계나 기업에게는 자산이지만 은행의 입장에서는 부채이다.

페섹-세이빙(Pesek and Saving) 교수는 외부화폐는 소유자에게는 자산이며 발행자에게는 부채가 아니라는 견해를 주장하였다. 이들의 견해에 의하면, 외부화폐는 금과 같이 상품화폐이며, 외부화폐는 민간경제의 순수한 자산이라고 보고 있다. 외부화폐는 물건과 용역의 교환을 촉진시키는 서비스를 창출하므로 노동분산을 촉진시키며 노동의 생산성을 향상시킨다.

이들에 의하면 외부화폐는 발행자의 입장에서 보더라도 부채가 아니라는 것이다. 외부화폐는 금융산업에 의해서 매매되는 하나의 서비스 제공상품이라고 이들은 보고 있다. 금을 가장 쉬운 예로 들 수 있다. 페섹과 세이빙 교수에 의하면 금이 구입되었을 때 구매자에게 금은 자산이 분명하며, 또한 금을 판매하는 금광산의 입장에서 보더라도 금은 부채가 될 수 없다는 것이다. 그래서 금본위제도에서 외부화폐는 분명히 민간경제의 순수한 자산이다.

법정 불환지폐는 어느 민간경제의 순자산이다. 법정 불환지폐의 경우에는 생산비용이 있기는 하나 극히 적다. 법정 불환지폐란 정부에 의해서 생산되는 화폐로 금과 태환되지 않는 지폐를 말한다. 통상적으로 법정 불환지폐는 정부의 기관에서 독점적으로 생산하는 화폐이다. 법정 불환지폐는 소유자에게는 자산이며 생산자에게는 부채가 아니라는 것이 페섹-세이빙 교수의 견해이다. 정부는 화폐를 물건과 서비스의 교환 촉진상품으로 보거나 노동생산성 향상의 촉진제로 생각하기 때문에 부채로 보지 않는다는 것이 이들의 견해이다.

그렇다면 은행예금은 어떤가? 화폐정의에서 M_1은 현금과 요구불예금으로 보통 정의하고 있다. 그렇다면 요구불예금은 어떤 사회의 순수한 자산인가? 여기에 대해서는 의견이 통일되어 있지 않다. 걸리와 쇼우는 은행예금은 민간 경제의 순자산이 아니라고 한다. 그들에 의하면 은행예금 또는 내부화폐는 소유자에게는 순자산이지만 발행자에게는 부채라는 것이다.

이에 대하여 페섹과 세이빙 교수는 그렇지 않다고 주장한다. 그들에 의하면 은행예금 또는 내부화폐도 소유자와 발행자 모두에게 부채가 아니며 자산이라는 것이다. 또한 그들은 은행화폐가 생산비용이 극히 적다는 것이다. 그리고 은행화폐를 생산할 수 있는 경제단위가 제한되어 있기 때문에 은행화폐의 단위가격은 단위 생산비용보다 더 높다는 것이다.

페섹-세이빙은 은행예금이 현금 또는 다른 금융증권과 교환되어서 판매되고 구입된다고 주장한다. 또한 그들은 만약 은행화폐가 부채이고 은행의 자산이 아니라면 은행의 요구불예금자에게 이자를 지급해야 할 것이라고 주장한다. 요구불예금은 이자를 지급하지 않는 것이 통례이므로 요구불예금은 소비자에게는 자산이고 발행자에게도 부채가 아니라는 것이 페섹-세이빙의 주장이다. 그래서 요구불예금도 민간경제의 순자산이라고 주장한다.

그런데 정기예금은 이자를 지급한다. 그래서 정기예금은 은행의 부채라는 것이다. 그리고 요구불예금도 만약 얼마간의 이자를 은행이 지급해야 된다면 사정은 달라진다. 페섹과 세이빙은 은행이 요구불예금에 대해서 얼마간의 이자를 지급해야 한다면 요구불예금은 부분적으로 부채이고 또한 부분적으로 자산이 되는 합동상품이라고 주장한다. 요구불예금에 대해 지급하는 이자율이 증가할 때에 요구불예금의 통화성은 그만큼 감소되고 부채성은 증가한다. 만약 은행이 요구불예금에 대해 지급해야 하는 이자율이 시장의 이자율과 동일하게 된다면 요구불예금의 통화성은 중단될 수 있고 다만 부채성만 존재한다.

그런데 요구불예금에 대해서는 이자를 지급하지 않는 것이 통상적인 경우이다. 페섹과 세이빙의 이론에 의하면 어떤 자산이 화폐냐 아니냐는 시장이자율과 그 자산에 대한 이자율의 차이에 두고 있다. 차이가 전혀 없어서 금융시장의 이자율과 은행예금에 대한 이자율이 동일해지면 그 특정한 예금은 통화성을 상실하고, 만약 시장이자율과 은행예금에 대한 이자율의 차이가 많이 날 정도로 은행예금에 대한 이자율이 극히 낮아질 때는 그 특정한 예금의 통화성은 증가한다는 것이다. 요구불예금에 대한 이자율이 0이라면 요구불예금의 통화성은 극대화된다.

제 3 절 통화지표와 유동성지표

1. 통화지표

통화지표는 한 나라의 통화성 금융자산을 합계한 금액이다. 이때 중앙은행이 통화지표를 편제하기 위해 각 기업이나 가계 등이 보유하는 금융자산의 종류와 액수를 파악하기가 어렵다. 그런데 그들이 보유하고 있는 금융자산은 금융기관의 입장에서는 금융부채가 된다. 따라서 중앙은행은 금융기관의 대차대조표를 통해 금융부채를 집계함으로써 통화지표를 편제한다.

시중에 통용되고 있는 화폐를 어느 시점에서 측정한 총액을 통화량 혹은 통화라고 한다. 통화량의 크기와 변동을 측정할 수 잇는 지표를 통화지표라고 한다. 통화량은 특정시점에서 측정하는 저량의 개념이다. 현재 우리나라에서는 어디까지를 화폐로 보느냐에 따라 통화(M_1), 총통화(M_2), 총유동성(M_3) 등의 통화지표를 편성하여 사용하고 있다. 통화지표란 한 경제에 유통되는 화폐의 양을 나타내는 지표인데, 무엇까지 화폐의 범주 안에 포함시키는지에 따라 여러 가지 통화지표가 나올 수 있다.

통화(M_1)란 가장 일반적인 지불수단으로서의 기능을 중시하여 민간이 보유하고 있는 현금에다 은행의 요구불예금을 합한 것으로 정의된다. 현금은 지폐와 동전이다. 은행이 보유한 현금은 금고에 보관되어 있어서 시중에서 직접 일상거래에 지불수단으로 사용되는 것이 아니기 때문에 통화에서 제외된다. 예금은행을 제외한 민간이 보유한 현금을 현금통화 또는 민간보유현금이라고 한다.

요구불예금이란 고객이 요구할 때 은행이 즉시 지불해 주어야 하는 예금을 말한다. 그러므로 요구불예금은 예금자가 언제든지 자금을 회수할 수 있다. 요구불예금이 가장 좁은 의미의 통화량 개념인 M_1에 포함되는 이유는 사람들이 요구불예금을 기초로 수표를 발행하고 이 수표가 현금 대신 지불수단으로 광범위하게 사용되고 있기 때문이다. 요구불예금을 예금통화 또는 파생통화라고도 한다.

통화(M_1) = 민간보유 현금(현금통화)
+ 예금은행에 대한 요구불예금(예금통화)

총통화(M_2)는 통화는 물론이고 은행의 저축성예금과 거주자외화예금까지도 화폐로 보는 통화지표이다. 저축성예금과 거주자외화예금은 직접 지불수단으로 사용되지는 않는다. 그렇지만 저축성예금의 경우에 이자만 포기하면 현금통화나 요구불예금으로 쉽게 전환될 수 있고, 거주자외화예금도 언제든지 원화로 바꾸어 인출할 수 있다는 의미에서 저축성예금과 거주자외화예금을 통화(M_1)와 구분하여 준통화라고 한다.

총통화(M_2) = 통화(M_1) + 준통화
= 통화(M_1) + 저축성예금 + 거주자외화예금

요구불예금이 수표발행을 통해 모든 거래를 용이하게 한다는 의미에서 통화에 포함시켰듯이 다른 금융자산도 거래를 목적으로 현금과 수표로 쉽게 전환될 수 있다면 통화량에 포함되어야 한다. 저축성예금이란 이자수익이 높은 대신 약정된 기간이 경과된 후에야 찾을 수 있는 예금을 말한다. 그런데 저축성예금은 이자수익만 포기하면 원금은 언제라도 현금이나 수표로 찾아 쓸 수 있으며, 통화(M_1)로 아주 쉽게 바뀔 수 있고 가치저장수단의 기능을 훌륭하게 수행하는 것이다. 따라서 저축성예금을 넓은 의미의 통화량 개념에 포함시키는 것이다.

외환의 사용이 자유화되어 가는 우리나라에서 거주자의 외화예금도 언제나 현금이나 요구불예금 등과 같은 지불수단으로 전환될 수 있기 때문에 광의의 통화량 개념에 포함시킨다. 거주자외화예금이란 우리나라 사람이 외화를 우리나라 안에 있는 은행에 예금한 것을 말한다.

정책지표로서의 통화지표는 물가나 경제성장 등과 밀접한 관계가 유지되어야 하며 동시에 통화당국에 의해 조정 · 통제가 가능해야 한다. 따라서 통화당국은 이러한 조건을 가장 잘 충족시키는 통화지표를 선정하여 그것을 중심으로 통화정책을 실시하게 된다. 이같은 지표를 중심통화지표라고 한다.

비통화금융기관이 공급하는 여러 가지 저축수단들은 유동성이나 수익성 면에서 은행예금과 유사할 뿐만 아니라 수시로 현금이나 요구불예금으로 전환할 수 있다. 또한 전체 금융기관이 발행(매도)하는 각종 채권도 쉽게 M_1

으로 전환할 수 있다. 따라서 이것들까지도 화폐에 포함시키는 가장 넓은 의미의 통화지표로서 총유동성(M_3)을 편성하여 사용하고 있다.

총유동성(M_3) = 총통화(M_2) + 비통화금융기관 예수금
+ 금융채권 발행액 + 상업어음 매출액
+ 양도성예금증서 발행액 + 환매채 매도액

금융채권이란 은행이 발행하는 채권을 말한다. 채권이란 일정한 금액을 일정률의 이자와 더불어 일정기간이 지나면 지급할 것을 약속한 증권이다. 상업어음 매출액은 제 2 금융권이 기업으로부터 사들인 어음을 일반에 다시 판금액이다. 여기서 말하는 상업어음이란 상품을 구입한 사람이 대금결제를 약속한 진성어음이다. 실물거래 없이 자금조달을 위해 발행한 어음인 융통어음은 포함되지 않는다.

양도성예금증서(CD)는 만기 91일 이상 270일 이내의 정기예금을 무기명으로 발행하여 중도해약을 허용하지 않는 대신에 다른 사람에게 팔 수 있도록 한 것이다. 환매채 또는 환매조건부채권(RP)은 은행 · 증권회사 · 우체국 등이 보유하고 있는 채권을 고객에게 판매한 후, 고객이 원할 때 언제든지 일정한 수익을 가산하여 다시 사들이는 채권이다.

예금은행에 대한 저축성예금이 이자를 포기하면 언제라도 현금으로 전환될 수 있는 것과 마찬가지로 모든 금융자산도 기본적으로 금전적인 이익을 다소 포기하면 현금으로 전환될 수 있으므로 통화에 포함되어야 한다는 것이다. 다만 현금과 요구불예금은 유동성이 거의 완전한 데 비해 여타의 금융자산은 그 성격에 따라서 유동성이 상이하므로 유동성의 정도에 따라 가중치를 부여한 가중된 금융자산의 합계로서 통화의 개념으로 사용하고 있다.

최근의 통화 및 금융통계 편제기준은 지난 2000년 10월 IMF가 펴낸 『통화금융통계매뉴얼』에 담겨 있으며, 이 매뉴얼을 통해서 IMF는 금융기관 중심이 아닌 금융자산 중심으로 지표를 편제하도록 각국의 중앙은행들에게 권고하였다. 따라서 각국의 중앙은행은 IMF의 편제기준을 기본적으로 따르되 제각기 자국의 실정에 가장 잘 부합되는 통화지표를 작성하여 사용하고 있다.

국민경제의 안정적인 발전을 위해서는 시중에 유통되는 통화의 양을 적정수준으로 유지해야 한다. 이를 위해서는 무엇보다 통화량의 크기와 변동

을 적절하게 파악할 수 있는 통화지표가 작성되어야 한다. 통화의 유통량을 잘 나타내 주는 통화지표의 존재는 통화신용정책을 효과적으로 수립하고 진행하도록 도와주어 원활한 경제발전을 이끄는 데 기여한다.

과거에 우리나라에서도 통화를 금융기관의 금융상품을 기준으로 통화(M_1), 총통화(M_2), MCT 그리고 총유동성(M_3) 등의 형태로 정의하여 사용되었었다. 그러나 이러한 통화지표들은 금융기관의 제도적 형태를 중심으로 편제되어 있어 실제 유동성 수준을 정확히 반영하는 데 한계가 있었다. 이에 따라 한국은행은 IMF의 통화금융매뉴얼의 권고에 따라 금융기관의 유동성 정도를 기준으로 하여 2003년 통화지표체계의 개정작업에 따라 각종 통화지표의 이름에 약간의 변화가 생겼다. 예를 들어 새로운 통화지표로서 협의통화(신M_1)와 광의통화(신M_2), 총유동성(M_3)이 사용되고 있다. 그리고 2006년 6월부터는 통화지표보다 더 넓은 범위의 금융자산까지 포함하는 금융기관유동성(LF)과 광의유동성(L) 지표를 유동성지표로서 작성해 오고 있다. 이들 통화의 구체적인 개념은 다음과 같다.

협의통화(신M_1)는 화폐의 지불수단으로서의 기능을 중시하여 민간의 수중에 있는 현금(민간보유현금)과 예금취급기관의 결제성예금을 합한 것으로 정의되며, 이는 단기금융시장의 유동성수준을 파악하는 데 적합하다. 여기서 민간이란 예금취급기관이 아닌 민간을 뜻한다. 예금취급기관이 보유하고 있는 현금은 직접 일상거래에 지불수단으로 사용되는 것이 아니기 때문에 통화량에서 제외된다. 현금은 교환의 매개수단으로 직접 사용되는 지폐와 동전으로서 현금통화라고도 불린다.

이전의 통화(M_1)에서는 은행의 요구불예금만을 범주에 넣었으나 금융혁신으로 금융기관의 경계가 모호해짐에 따라 금융기관의 제도적 형태와 관계없이 수표발행 등을 통해 지급결제수단으로 사용되거나 즉시 현금화가 가능한 결제성 예금을 모두 포함시키고 있다. 수시입출식 저축성예금도 각종 자동이체 서비스 및 결제기능 등을 통해 요구불예금처럼 입출금이 자유로운 금융상품이기 때문에 결제성예금에 포함되어 있다. 수시입출식예금은 저축예금, 단기금융펀드(MMF) 등 입금과 출금이 자유로운 상품을 말한다. 현금통화와 대비하여 결제성예금을 예금통화라고 부르기도 한다. 협의통화는 유동성이 완벽하거나 매우 높은 결제성이 단기금융상품으로 구성되므로, 주로 거래적 목적으로 보유되며, 단기금융시장의 유동성 수준을 파악하는 데 적합하다.

협의통화(신M_1) = 민간화폐보유액(현금통화)
+ 예금취급 기관의 결제성예금(예금통화)
= 현금통화 + 요구불예금(당좌예금과 보통예금)
+ 수시입출식 저축성예금

광의통화는 화폐가 지급수단 및 구매력의 일시적 저장수단의 기능을 가지고 있다는 점을 중시하여 정의된 지표이다. 광의통화(신M_2)는 협의통화(신M_1)에 예금취급기관의 저축성예금과 각종 수익성 금융상품을 더한 것이다. 저축성예금이란 정기예금, 정기적금, 상호부금과 같이 일정한 기간이 지나야 찾을 수 있는 예금을 말한다. 요구불예금은 이자가 거의 붙지 않는데 비해 저축성예금은 이자가 조금 붙는다.

저축성예금과 각종 수익성 금융상품은 지불수단으로 직접 사용되지 않는다. 그러나 이자소득만 포기하면 언제든지 찾아 쓸 수 있다. 따라서 이것들도 결제성 예금과 유동성 면에서 별 차이가 없다고 보아 화폐개념에 포함시킨 것이 광의통화(신M_2)이다. 또한 광의통화(신M_2)는 협의통화(신M_1)에다 예금취급기관의 CD, RP, 표지어음 등 시장형 상품, 금전신탁, 수익증권 등 실적배당형 상품, 금융채, 투신사 증권저축, 종금사 발행어음 등을 추가하여 정의한 것이다.

다만 유동성이 낮은 장기(만기 2년 이상) 금융자산은 제외한다. 이하에서는 만기 2년 미만의 저축성예금과 각종 수익성 금융상품을 준결제성예금, 혹은 준예금통화라 부르기로 하자. 총통화(M_2)가 은행의 저축성 예금을 고려하였던 것에 비해 광의통화(신M_2)는 금융상품의 유동성을 기준으로 작성되었기 때문에 금융권 간의 단순 자금이동으로 지표가 왜곡되는 현상이 해결되는 등 시중의 유동성을 보다 더 적절하게 반영하고 있다. 과거 금융기관 간 유형의 차이를 반영하여 편제되었던 총통화(M_2)와는 달리, 광의통화는 금융상품의 유동성을 기준으로 편제되기 때문에 금융권 간 자금이동에 따라 지표가 왜곡될 가능성은 거의 없다.

광의통화(신M_2) = 협의통화(신M_1) + 예금취급기관의 저축성 예금
+ 기타 각종 수익성 금융상품
(단, 만기 2년 이상의 장기금융상품은 제외)
= 협의통화(신M_1) + 준결제성예금(준예금통화)

2. 유동성 지표

한국은행은 기존 유동성 지표인 총유동성(M_3)을 2006년 6월부터 금융기관 유동성(LF)이라는 새로운 명칭으로 계속 편제하고 있다. 금융기관유동성은 금융기관이 공급하는 유동성만을 측정하는 지표이다. 그리고 광의통화(신M_2)보다 더 큰 통화지표가 두 가지가 있는데, 이것은 2006년부터 편제하기 시작한 것으로서 전 금융기관의 유동성과 광의유동성이다. 금융기관 유동성(LF)은 광의통화(신M_2)에 준결제성 예금이 아닌 금융기관의 기타예수금을 포함한 것이다. 종전에 가장 광의의 통화지표로 사용한 총유동성(M_3)을 포괄범위를 조정하여 2006년에 개칭한 것이다.

광의유동성(L)은 우리나라 경제에 풀려 있는 전체유동성을 측정하는 지표로서 광의유동성(L)은 금융기관유동성에다 국채, 지방채, 화사채와 같은 채권, 그리고 기업어음과 같은 유동성 금융상품까지를 포괄한 가장 광의의 지표이다. 금융기관 유동성이 금융기관의 유동성 상품을 포괄하는 데 비해 광의의 유동성은 금융기관은 물론 정부와 기업이 발행하는 유동성 상품까지 포괄한다. 따라서 광의의 유동성은 국민경제 전체 유동성의 크기를 측정하는 지표이다.

금융기관유동성(LF) = 광의통화(신M_2) + 예금은행 및 비은행 금융기관 기타예수금
= 광의통화(신M_2) + 기타예금취급기관의 만기 2년이상 정기예금, 정기적금 및 금융채 + 생명보험회사(우체국보험포함) 보험계약 준비금 및 RP매도 + 농협 국민생명공제예수금 + 증권금융회사 예수금 및 금융채

광의유동성(L) = 금융기관유동성(LF) + 정부 및 기업이 발행한 유동성 금융상품(정부채, 화사채, 기업어음 등)

제 4 절 화폐의 속성과 변천

1. 화폐의 속성

화폐로서 사용되는 물품이 갖춰야 할 바람직한 속성은 다음과 같다.

첫째, 가분성이다. 소액거래를 위해서는 세분할 수도, 거액거래를 위해서는 대단위로 묶을 수도 있어야 편리하기 때문이다. 소나 말과 같은 가축은 세분하기가 어려운 반면에 담배는 낱개비로 세분할 수도 있고 거액거래에는 곽·보루 등으로 묶을 수도 있기 때문에 담배는 소보다는 가분성 면에서 보다 바람직한 화폐의 속성을 지니고 있다.

둘째, 동질성이다. 동질성을 지니고 있어야만 표준화가 가능하기 때문이다. 화폐로 사용되는 물품이 표준화하기가 어려우면 화폐의 진위 여부를 식별하기가 어렵기 때문에 위조화폐가 출현하기 쉬우며, 화폐의 질이 나빠질 가능성이 많다. 예를 들면 소는 연령, 건강상태 등의 차이 때문에 동질적이지 않아 표준화하기가 어려워서 바람직하지 못하다.

셋째, 내구성이다. 화폐는 손에 손을 거치는 동안 물품의 크기나 무게 그리고 품질이 변하지 않아야 한다. 그래야만 화폐로서 사용되는 물품의 가치가 안정적이어서 화폐의 기능을 원활하게 수행하기 때문이다.

넷째, 휴대의 편리성이다. 예를 들어, 돌이나 소는 휴대하기가 불편하기 때문에 화폐로서 바람직스러운 물품은 아닌 것이다.

다섯째, 저생산비이다. 화폐는 생산비가 낮고, 상품으로서의 수요가 적어 값이 저렴한 것일수록 좋다. 그 이유는 화폐생산에 소요되는 자원은 화폐 이외의 목적에도 사용할 수 있기 때문에 사회적으로 하나의 희생, 즉 사회적 비용을 발생시킨다. 그러므로 생산비가 낮고 상품으로서의 값이 저렴한 것일수록 바람직하다는 것이다. 그러한 의미에서 금화를 지폐로 바꿀 경우 금화생산에 소요될 뻔했던 금은 다른 용도(예: 의치, 결혼반지 등)로 쓰일 수 있으므로 지폐는 금화에 비해 사회적 비용이 낮아 바람직한 화폐이다.

2. 화폐의 변천

(1) 물품화폐

물물교환 경제에서 화폐경제로 탈바꿈할 때 제일 먼저 화폐로 쓰여진 물품이 생활 주변에서 쉽게 발견할 수 있었던 조개, 곡물, 피혁, 가축 등이었음은 자연스러운 것이었다. 이러한 화폐는 물품형태를 갖기 때문에 어떠한 물품을 화폐로 사용하였는가는 원시 경제사회의 주위 생활여건에 따라 다르다. 농경사회에서는 곡물, 유목사회에서는 피혁 등이 화폐로 사용되어 왔다. 물품화폐의 특징 가운데 하나는 화폐의 공급이 독점되지 않고 그 사회의 구성원 모두가 공급에 참여할 수 있다는 것이다.

물품화폐는 화폐의 기능을 원활하게 수행하기 위해서 갖추어야 할 속성 가운데 결여되는 점이 많다. 예를 들어 소나 말과 같은 가축을 물품화폐로 사용하는 경우, 소는 소액거래를 위해 세분할 수 없기 때문에 가분성이 없고 물질이 불균등하기 때문에 동질성에 문제가 있으며, 소나 말은 수명이 길기 때문에 내구성이 있는 것처럼 보이지만 나이에 따라 그 질이 변하므로 내구성에도 문제가 생기게 된다. 또한 휴대가 불편하다는 결점도 지니고 있다. 물품이 화폐로 사용되는 한 소비를 통해 인간의 효용을 증대시켜 주는 물품으로 사용되지 못하므로 그 만큼 기회비용이 발생하는 한계가 있다. 그래서 물품화폐는 이러한 한계점을 보완한 금화 또는 은화와 같은 금속화폐로 대치되었다.

(2) 금속화폐

물품화폐와 비교해 금속화폐는 어느 정도 세분화할 수 있고, 주조기술의 발달로 동질성을 유지할 수가 있어 표준화가 가능하다. 뿐만 아니라 모든 사람들이 누구나 쉽게 식별할 수 있고 잘 마모되지 않기 때문에 내구성도 좋으며, 물품화폐보다는 휴대하기도 편리하다는 속성을 갖는다. 금속화폐는 그 중량에 따라서 화폐가치가 결정되기 때문에 칭량화폐라 불리운다. 그런데 화폐를 사용할 때마다 무게를 측정한다는 것은 매우 번거로운 일이므로 일정한 규격(중량과 크기)을 갖춘 금화가 출현하게 되었다. 금화의 주조는 그 규격을 규제할 수 있으며 위조범을 처벌할 수 있는 정부가 대부분 전담하게 되었다.

금화나 은화와 같은 금속화폐를 주조하기 위해서는 금이나 은과 같은 금속이 있어야 하므로, 비록 화폐의 공급이 정부에 의해 독점이 되어 있어도 화폐의 실제 공급량은 금이나 은의 채광량과 제련기술에 의해 제한을 받는다. 그리고 금속화폐도 물품화폐와 마찬가지로 화폐로 사용되는 금속만큼은 민간의 효용을 증대시켜 주는 물품으로서는 사용할 수 없기 때문에 그만큼은 자원을 희생하는 사회적 비용이 발생한다. 그래서 금속화폐보다도 사회적 비용이 적은, 즉 물품으로서의 가치인 소재가치가 낮은 화폐를 찾게 되었다.

화폐의 명목가치와 소재가치가 다른 경우, 예를 들면 화폐로서의 가치인 명목가치보다 상품으로서의 가치인 소재가치가 높을 때 화폐는 유통과정에서 퇴장하고, 소재가치가 낮은 화폐만 통용되는데, 이를 그레샴(Gresham)의 법칙이라고 한다. 그레샴의 법칙이란 "악화는 양화를 구축하나 양화는 악화를 구축할 수 없다"는 법칙을 말한다. 같은 명목가치의 은화와 금화가 발행될 때 금화가 퇴장된다든지, 옛날 우리나라에서 삼베가 화폐로 쓰였을 때에 고급품질의 삼베는 퇴장되고 저질의 삼베만 유통되었다든지, 또는 올림픽 기념주화가 발행되어 유통되자마자 금방 퇴장된 것을 보았는데, 이 모두가 그레샴의 법칙이 적용되는 예이다. 물론 기념주화를 수요하는 만큼 공급한다면, 상품으로서의 가치가 낮아져서 명목가치와 일치하게 된다. 그러면 기념주화가 퇴장하지 않고 유통될 것이다. 500원 주화의 공급을 한국은행이 제한한 적이 있었는데, 그때는 이 동전이 거의 퇴장되었으나 그 후 한국은행이 공급을 늘리자 퇴장되었던 500원 동전이 다시 유통되기에 이르렀다. 이것도 그레샴의 법칙이 적용된 경우라 할 수 있다.

(3) 지 폐

금속화폐의 발달로 인하여 격지 간 상거래가 확대되었고, 이때 금 보관업자들이 금 보관증서를 발행하기 시작하였다. 이러한 것들이 휴대의 편리성 때문에 격지 간 자금결제를 할 때 금화 내용물로 이용되기 시작해서 결국 화폐로서 유통되기에 이르렀다. 그리하여 지폐가 탄생하게 된 것이다.

정부가 화폐를 발행하던 초창기에는 금화주조에 소요되는 비용이 크며, 유통되는 과정에서 금화가 마모될 가능성이 많고 무거워서 휴대가 불편하다는 것을 인식하게 되어 금화를 주조하지 않고 금을 지급준비금의 형태로 보관하는 대신 금의 지급을 보장하는 지폐를 발행하였는데, 이를 태환지폐라 한다. 그 후 정부가 정부의 공신력으로 화폐의 유통을 보장하는 한 화폐발행에 지급준비금이 전혀 필요 없다는 사실을 인식하였고, 급기야는 지급준비금 없이 지폐를 발행함으로써 불환지폐가 탄생하게 되었다. 이러한 불환지폐는 정부명령을 근거로 통용되는 것이기 때문에 명령화폐라 하며, 또한 국가신용을 근거로 발행하는 것이기 때문에 신용화폐라고도 한다. 신용화폐는 화폐의 사용가치와 소재가치가 완전히 괴리되어 있으므로 화폐로 쓰이는 지폐는 하나의 증표에 불과한 것이어서, 이를 명목화폐라고도 한다. 최초의 지폐는 주화나 귀금속으로 전환될 수 있는 보증이 있었다. 그러나 화폐는 법적인 지폐로서 정부가 통용을 선언한 지폐인 법화(fiat money)로 진화했다. 법화는 주화나 귀금속으로 전환되지 않는다.

화폐가 사회의 신용에 의해 일반적인 수용성을 갖게 되는 경우 화폐의 소재가치와 사용가치가 일치할 필요가 없고, 금을 준비하지 않아도 지폐발행이 가능하다는 사실은 지폐 발행으로 막대한 주조차익(seigniorage)을 볼 수 있다는 것을 의미한다. 그 이유로 화폐발행 비용이 종이값과 인쇄비에 불과한데 그 사용가치 또는 명목가치는 생산비의 수십 또는 수백 배에 달할 수가 있기 때문이다.

견물생심이 인지상정인데 이렇게 막대한 주조차익을 얻을 수 있는 지폐발행을 어찌 정부가 물실호기할까! 그래서 일반적으로 정부 또는 정부 대행기관에서 지폐의 발행을 독점하게 되었다. 우리나라의 화폐발행 차익은 중앙은행에 귀속되고 그것은 다시 정부에 환수되므로 국민 모두가 공유한다고 말할 수 있다. 특히 정부는 입법권을 발동해서 금을 준비하지 않아도 발행한 지폐를 사용자들이 원하든 원하지 않든 사용하도록 강제통용력을 부여하기 시작하였다. 이렇게 법으로 강제통용력을 부여받아 통용되는 화폐를 법화라 하는데, 오늘 우리가 사용하고 있는 한국은행권도 그 하나이다.

법화는 강제통용력을 갖기 때문에 상품거래나 금전대차시에 한국은행이 발행한 법화인 현금으로 지급하려고 할 때, 이를 거절하고 대신 금이나 외국화폐를 요구하는 행위는 위법행위로 처벌받게 된다. 물론 한 나라의 법화는 그 영토내에서만 법화이지 외국에서는 법화의 효력을 잃게 된다. 예를 들면 우리나라에서 상품거래시 미국의 법화인 달러로 지급하려고 할 때 이것을 거절하고 원화로 지급할 것을 요구하는 것은 합법적인 행위이다.

정부가 강제통용력을 부여해서 독점적으로 발행하는 화폐는 그 화폐의 질이 문제가 되지 않으므로 정부는 값비싼 소재가치를 갖는 재료 대신 가

급적 값이 싼 재료를 이용해서 화폐를 발행하게 되었다. 그것은 화폐발행 비용을 최소화해서 화폐발행에 따른 사회적 비용을 최소화하기 위한 것이다. 그래서 화폐의 기능을 원활히 수행할 수 있으면서도 동시에 재료값이 저렴한 지폐가 각광을 받게 된 것이다.

(4) 예금화폐(수표)

명목화폐의 대표격인 지폐는 화폐로서는 여러 가지 장점이 있지만 내구성과 휴대의 편리성 면에서 완전하다고는 볼 수가 없고 또한 지폐는 일정 금액 단위의 권종별로 발행되기 때문에 가분성 면에서 결점이 있다. 아울러 지폐는 분실하게 되면 되찾기가 어렵다. 그래서 수표 위에 표시금액을 자유로이 기재해서 사용할 수 있는 예금화폐가 출현했다. 예금화폐도 관습에 의해 화폐의 기능을 수행하므로 관습화폐라고도 한다. 관습화폐는 법화는 아니므로 강제통용력이 없어, 상품의 거래시 관습화폐인 수표로 지급하려 할 때 이를 거절할 수 있다. 수표란 상대방이 수표를 입금할 때 거래은행에게 수표를 발행한 사람의 은행계좌에서 상대방의 은행계좌로 자금을 이전시킬 것을 지시하는 수단이다.

예금화폐는 기분성, 휴대의 편리성과 내구성에 문제가 없으며 위조와 분실위험이 적고 수표는 뒷면에 이서하여 통용되므로 영수증 역할도 할 수 있고 또한 화폐의 발행비용 면에서 지폐보다도 저렴할 가능성이 많아 화폐발행에 따른 사회적 비용을 더욱 절감시킨다는 장점이 있다. 그러나 법화가 아니기 때문에 강제통용력이 없어서 낯선 지역에서는 사용허가가 어려워 통용범위가 제한된다는 단점이 있다. 또한 수표를 받은 물품판매자가 상품대금으로 받은 수표를 은행에 추심을 의뢰해서 현금으로 찾기까지 하루 또는 며칠의 기간이 걸리고 만약 잔고가 없는 수표, 즉 부도수표인 경우 판매대금을 회수하는 데 시간낭비 등 여러 가지 손해를 볼 가능성이 있다.

소득수준이 높아지고 거래기록을 보유해야 할 필요가 점차 높아짐에 따라서 현금지폐 거래는 수표거래로 대치되어 가고 있어서 머지 않아 '현금 없는 사회'에 이를 가능성이 있다. 수표를 이용해서 물품매입자의 은행 예금계좌로부터 판매자의 예금계좌로 거래액만큼 예금을 이체함으로써 거래 쌍방간의 결제가 끝나게 되고, 이때 은행장부상의 당좌예금 잔고가 예금화폐인데 이것은 하나의 숫자기록에 불과해 구체적인 형태를 가지고 있지 않기 때문이다.

수표에 근거한 지급 시스템에는 두 가지 문제점이 있다. 첫째, 수표를 한 장소에서 다른 장소로 운송하는 데는 시간이 걸린다. 더구나 당좌예금이 개설되어 있는 경우 입금한 수표를 현금화하여 사용하는 데는 보통 익일영업일이 걸린다. 둘째, 수표를 처리하는 데 필요한 장표 분류작업은 비용이 많이 든다.

(5) 전자화폐

전자화폐란 기존 화폐의 신용력에 기반을 두고, 지금까지 화폐가 지니고 있는 불편함을 해소시키기 위해 원격지 이송에 따른 통신기능, 휴대 및 보관관리의 편의기능, 위조 방지기능 등을 추가한 새로운 전자적 결제방법이라고 정의할 수 있다. 즉 전자화폐란 은행 등 발행자가 IC칩이 내장된 카드나 공중정보통신망과 연결된 PC 등에 일정 화폐가치를 전자기호로 저장하고 이의 지급을 보장함으로써 통신회선으로 자금결제가 이루어지도록 하는 화폐를 말한다. 그러므로 전자화폐는 정보기술을 응용하여 기존의 화폐가 수행하는 기능과 역할을 보다 효율적으로 편리하게 개선하기 위해 네트워크상으로 옮겨 디지털화 함을 목적으로 한다. 전자화폐는 돈의 개념을 '종이돈' 으로부터 '전자돈' 으로 바꾸어 놓으면서 새로운 돈의 혁명을 빠르게 진행시키고 있다.

전자화폐는 기존의 모든 지불수단을 대체하는 차세대 지불 결제수단이라는 점에서 그 기능이 다양할 뿐만 아니라 여러 가지 장점을 가지고 있다. 먼저 일정한 금액의 가치를 현금과 동일하게 사용할 수 있는 '현금지갑카드' 의 기능을 지니고 있다. 기존의 선불카드와는 달리 자신의 은행계좌에 현금을 재입금함으로써 반복적으로 사용할 수 있으며, 백화점 등에서 일시에 거액을 지출할 수도 있다. 또한 사용자의 선택에 따라 현금 · 신용 · 직불카드로 사용될 수 있으며, 하나의 카드에 여러 나라의 화폐를 동시에 입금시킬 수 있기 때문에 이를 이용한 외환거래도 가능하다. 한편 화폐로서의 기능뿐만 아니라 카드 내에 많은 정보를 저장할 수 있어 여러 가지 통장을 한꺼번에 수용할 수 있으며, 통장과 도장을 소유하지 않고도 입출금 거래가 가능한 전자 종합통장의 역할을 부수적으로 수행할 수가 있다.

또한 전자화폐로 고액을 사용할 때 반드시 자신만이 알고 있는 비밀번호를 직접 입력하게 되어 있어 분실 · 도난시 부정사용을 줄일 수 있는 한편, 철저한 익명성이 보장되기 때문에 거래정보의 노출을 방지할 수 있다.

특히 IC카드형 전자화폐는 자체에 마이크로프로세스를 내장하고 있어서 위·변조 및 정보해독을 통한 부정사용이 거의 불가능하다는 장점을 지니고 있을 뿐만 아니라, 고도로 발달된 암호기술로 인해 현재의 지폐 또는 마그네틱 선불카드 등과는 비교가 안될 정도로 위조가 어려운 특징을 지니고 있다.

한편 사용자 입장에서는 부피가 있는 현금을 휴대하지 않아도 되는 편익이 있으며, 물품구입시 거스름돈을 주고받는 번거로움도 전혀 없어지게 된다. 또한 지갑 속에 여러 가지 카드를 소지할 필요가 없게 되며, 은행거래시 수반되는 여러 종류의 통장, 인감 등을 보관해야 하는 불편도 해소할 수 있다. 특히 네트워크형 전자화폐는 금융거래에 있어서 시간적·지역적 제약을 완화시켜 먼 곳에 있는 사람에게 송금할 때도 굳이 은행에 가지 않고 자택에서 전용전화기 또는 PC를 사용하여 언제라도 송금할 수 있게 된다. 뿐만 아니라 앞으로는 소비자들이 자신의 집에서 인터넷상의 가상상점을 통해 물품을 구입한 후, 자신의 전자화폐를 컴퓨터 단말기에 입력하여 결제할 수도 있게 된다.

ATM은 은행 내부에서 설치해 은행원을 통하지 않고, 예금, 출금, 자금이체 등의 서비스를 이용하려는 고객들이 직접 기계를 조작해서 그러한 서비스를 받도록 하고 있다. 고객은 은행거래의 비밀을 유지하며 편리하게 거래할 수가 있다. 이외에도 병원, 백화점, 지하철역 등 사람의 왕래가 잦으나 은행지점을 설치하는 것이 곤란하거나 비효율적인 장소, 영업시간 이후에 영업장을 개방하는 야간은행이 비효율적일 때 ATM을 설치해서 은행서비스를 제공하고 있다. ATM을 이용할 때에는 ATM 카드를 이용하는데 일반적으로 암호 또는 비밀번호를 통해 정당한 거래여부를 확인하며, 이때 사용하는 카드를 직불카드 또는 데빗카드라 부른다.

데빗카드에는 폭 1cm 넓이의 자기띠가 붙어 있어서, 컴퓨터 단말기에 꽂으면, 예금주의 주소, 성명, 직업, 계좌번호 등을 알 수 있게 한 것이었으나, 이제는 발전해서 IC(integrated circuit)카드로 바뀌고 있다. IC카드는 명함만 한 플라스틱 카드 속에 손톱 크기의 대규모 집적회로로 된 기억장치와 마이크로 프로세서라는 IC칩을 넣어둔 카드이다. 이 IC칩은 하나의 컴퓨터 기억장치로서 예금잔고, 예입과 인출명세, 이자계산 등을 자동적으로 기입하고, 또 수첩크기의 판독기를 이용해 언제든지 그 내용을 읽어 볼 수 있게 되어 있다.

2000년대 초반부터 IC카드는 은행의 통상적인 예금통장 겸 현금카드의 역할을 하고 있다. 고객은 이 카드를 이용해 상품대금을 지급하는 것은 물론, 집에서는 홈뱅킹, 회사에서는 펌뱅킹[1] 단말기에 꽂고, 비디오텍스 시스템을 이용해 시장정보를 비롯한 다양한 생활정보와 비행기 및 기차표 예약 등도 할 수 있다. 나아가서 IC 카드는 의료보험 카드, 공중전화 카드, 신분증명서로 쓰일 것이고, 또한 여권으로도 이용될 것이다. 그렇게 되면 전자화폐는 현재의 종이 화폐(지폐 및 수표)보다는 훨씬 더 다양하게 활용될 것으로 보인다.

전자화폐의 보다 발전된 형태는 가치저장카드이다. 가장 간단한 형태의 가치저장카드는 선불 전화카드와 같이 소비자가 현장에서 지불할 수 있는 것으로서 정액단위로 구입할 수 있다. 이 카드는 필요할 때 소유자의 은행계좌에서 현금을 충전시킬 수 있게 해주는 컴퓨터 칩이 내장되어 있다. 전자화폐의 또 다른 형태는 인터넷에서 재화와 서비스를 구매하는 데 사용하는 전자현금(e-cash)이다. 소비자는 인터넷을 통해 은행계좌를 설치함으로써 전자현금을 가질 수 있다. 전자현금으로 물건을 사고자 할 때 웹사이트에 있는 상점들을 둘러보면서 특정품목에 대해 '구매(buy)' 옵션을 클릭하면 전자현금이 자동으로 구매자의 컴퓨터에서 판매자의 컴퓨터로 전송된다. 판매자는 물건이 배송되기 전에 소비자의 은행계좌에서 판매자의 은행계좌로 전송된 대금을 받을 수 있다.

(6) 정보통신기술 혁신과 통화금융정책

전자화폐의 도입이 일반화되면 통화금융정책이나 금융산업 등 금융시장 전반에 미치는 파급효과는 상당히 클 것으로 예상된다. 첫째, 전자화폐가 널리 보급되어 주된 지불수단으로 자리잡게 되면, 한 나라의 통화량 및 통화 관리정책에 커다란 변화가 초래될 것이다. 즉 전자화폐가 지니고 있는 편리성으로 인해 수표 및 신용카드 등 기존의 지불수단이 크게 위축될 뿐만 아니라 일반인들의 현금수요가 현저히 감소하게 될 것이다. 이로 인해 경제 전체의 현금보유 비중이 낮아지는 대신 금융기관의 예금은 늘어나게 될 것이다.

1) 홈뱅킹 또는 펌뱅킹이란 각 가정의 개인용 컴퓨터 또는 각 회사의 컴퓨터가 은행과 온라인 시스템으로 연결되어 있어서, 가정이나 회사의 컴퓨터 단말기를 이용하여 은행에 가지 않고 예금잔고 조회, 계좌간 자금이체 등을 할 수 있는 제도이다.

따라서 한 나라의 본원통화의 비중은 줄어드는 대신 금융기관의 신용창조로 발생하는 파생통화의 비중이 높아지게 되어 통화금융당국의 통화금융정책 수단에도 큰 영향을 미칠 것이다. 즉 통화금융당국이 공개시장 조작 등 본원통화의 조절을 통하여 행하는 통화금융정책의 효과가 줄어들게 되어 통화량 관리에 어려움이 따르게 될 것이다. 또한 전자화폐를 사용할 때 공중회선망을 통하여 국가간에 자금이 이체되는 경우, 통화금융당국의 추적이 곤란해져 외환 관리에도 커다란 어려움이 발생할 것으로 고려된다.

둘째, 전자화폐의 도입은 은행 등 금융기관의 경영에 커다란 변화를 줄 것으로 예상된다. 즉 전자화폐의 사용으로 은행이 전자화폐의 발행자로 결정될 경우 전자화폐 발행에 따른 새로운 수입을 창출할 수 있다. 또한 은행은 고객의 현금보유 감소에 따라 증대된 예금 수신고를 그 전자화폐가 인출될 때까지 자금으로 운용할 수 있다. 그리고 은행서비스의 전달채널이 은행 본사와 이용자간에 직접 연결됨으로써 지점의 기능과 점포 운용비용이 크게 감소될 것이다. 이에 따라 은행 경영은 금융상담 서비스 등을 통한 고객유치에 더욱 큰 비중을 두는 방향으로 전환될 것이다.

셋째, 금융산업 내에서의 구조변화가 예상된다. 즉 네트워크상에서 제3자에게 결제서비스 및 가공된 정보의 제공 등을 위주로 영업을 하는 부가가치 은행의 출현이 예상되며, 동시에 정보통신 및 유통업체들의 금융업 진출 또는 전략적 제휴가 활발할 것으로 보인다. 그리고 은행간 및 제휴그룹 간 경쟁이 심화되고 차별화가 심화될 가능성이 크다.

넷째, 부정적인 영향도 배제할 수 없는데, 예를 들면 익명성을 완비하고 있는 전자화폐는 탈세, 돈세탁 등 범죄에 악용될 소지가 높다는 점이다. 그리고 컴퓨터 해커의 침입으로 전산망이 와해되어 금융질서에 혼란을 야기시킬 수 있는 위험성도 배제할 수 없다.

전자화폐는 가치기능의 변화과정에서 시장가치와 시간의 함수로서의 특성을 지니게 되었으며, 교환 · 지불 기능의 변화로 시장간 변동과 다른 종류의 금융자산의 재정거래를 용이하게 함으로써 화폐의 시장상품화를 더욱 촉진시킨다. 따라서 전자화폐의 가치척도기능은 소재가치나 법적 · 강제적인 어느 수단에도 의존하지 않고, 오직 시장가치에만 바탕을 둔 가치관리를 목적으로 하는 것이라 할 수 있다.

정보통신(IT)의 발달은 금융중개의 다양화, 금융기관간의 합병과 제휴를 통한 금융기관의 전문화를 촉진하였다. 이러한 금융구조 및 행태에 영향을 미쳐 전통적 통화금융정책 수행과 효과에 영향을 미친다. 먼저 IT발달은 금융중개에 어떤 영향을 미치는가에 대해 설명하기로 하자.

금융기관이 제공하는 상품과 서비스의 기능이 더욱 확대된다. 기존의 전통적인 예금, 대출, 증권 및 보험상품은 물론 여러 가지 금융공학적인 위험회피 수단인 선물, 옵션 등의 파생금융상품이 널리 보급된다. 전자화폐의 발행 및 보급과 전자 결제시스템의 구축 등을 통해 중앙은행의 독점적 발권력으로 공급되는 현금을 대체하고 있다. 중앙은행의 개입 없이 은행상호간의 자율적인 결제방식이 가능하게 된다. 이로 인해 본원통화와 통화승수에 영향을 미친다. 다만 전자화폐는 아직 우리나라는 보급이 미미하여 당분간은 현금대체의 정도가 크지 않고 발행주체도 은행중심으로 제한될 것이므로 통화금융정책 면에서의 영향은 크지 않을 것으로 보인다. 그러나 장기적으로 본다면 IT가 더욱 발전하여 전자화폐가 현금통화를 상당 부분 대체하고 지급결제 면에서도 중앙은행을 배제한 은행간 직접결제 방식이 도입될 것으로 예상된다.

위와 같은 IT의 발전이 미치는 경제의 상황변화로 인해 중앙은행의 통화정책이 무력화될 것이라는 주장은 프리드먼(B. Friedman, 1999)에 의해 제기되었다. 그는 전자화폐의 사용이 보편화되면 현금통화의 대체는 물론 비금융기업이 전자화폐 발행에 가세하여 결제성예금에 대한 수요(거래적 화폐수요)와 지불준비금이 줄어들 것이므로 중앙은행의 통화금융정책 수행능력이 상당히 약화될 것으로 보았다. 또한 영국 중앙은행 부총재인 킹(M. King, 1999)도 전자화폐의 보급으로 민간경제 주체들 간에 직접적인 결제가 가능하게 되면 중앙은행이 본원통화를 공급할 필요가 없어지므로 중앙은행의 통화금융정책 기반이 무너질 수 있다고 지적하였다.

반면 굿하르트(A. C. Goodhardt, 2000)는 먼저 전자화폐가 익명성을 보장하는 단계로까지 IT가 발전한다 하더라도 현금통화가 제공하는 거래의 익명성에는 도저히 미치지 못할 것이므로 현금통화가 결코 사라지지 않을 것이라고 주장한다. 나아가 현금통화는 그 나라의 법화로서 이미 사회적 비용(고정비용)을 지불하여 추가 발행에 따른 비용(한계비용)이 거의 없는 반면 법화가 아닌 전자화폐는 막대한 보급비용과 인력 등의 신규투자가 필요하고 통용을 위한 사회적 비용도 클 것이라는 점을 생각하면 통화금융정책의 유효성에 크게 제약을 가하지 못할 것이라고 주장한다. 캐나다은행 부총재인 프리드먼(C. Friedman, 2000)도 전자화폐는 현금, 수표, 신용카드 등 여러 결제수단과 공존하면서 각각의 특성에 맞는 전문화된 영역에서 사용될 것이므로 은행간 결제가 중앙은행의 당좌계정을 통해 이루어지는 한 중앙은행의 단기금리 조절능력은 계속 유지될 것이라고 보고 있다.

한편, 최종대부자 기능을 수행하고 있는 중앙은행이 운영을 책임지고 있는 전자결제시스템은 전자화폐의 보급, 인터넷금융의 확산 등으로 인해 결제시스템의 안정성이 위협받을 수 있다. 각국의 중앙은행은 전자결제시스템의 구축 및 발전과 더불어 그 동안 안정성을 확보할 수 있는 대처방안들을 강구해 왔으나 IT에 크게 의존하고 있는 전자결제의 특성상 금융기관에서 기능장애가 발생할 경우 복잡하고 정교한 하드웨어 및 소프트웨어의 복구에 상당한 비용과 어려움이 예상된다.

chapter 03

금융이란 무엇인가?

C/H/A/P/T/E/R 03

금융이란 무엇인가?

제 1 절 금융의 의의와 기능

1. 금융의 의의

인간이 한평생을 살아가면서 접하게 되는 단어 중 가장 빈도가 높은 것들을 꼽는다면 어떤 것들이 상위를 차지할까? 먹을 것, 입을 것, 잠자리, 사랑, 행복, 추억, 성적, 성공, 경쟁 등등 그 빈도에 따라 순서를 정하기란 그리 쉽지 않을 것이다. 그러나 이 많은 것들과 연관하여 빼놓을 수 없는 것이 있다면 그것은 돈이라는 단어일 것이다. '돈 때문에 울고, 돈 때문에 웃는다'는 속언도 있지만 돈이 없는 세상이란 상상하기가 쉽지 않을 것이다.

이와 같이 돈에 관한 문제가 금융이다. '돌고 도는 것이 돈이다'라는 속언처럼 돈이 돌고 도는 것이 금융이다. 금융이라는 한자어휘에서 뜻하는 바와 같이 금융이란 우리말로 '돈'의 융통을 의미한다. 영어로도 금융이란 돈의 순환을 의미하는 'circulation of money' 또는 'finance'라는 용어가 사용된다.

이때 '돈'은 단순히 현금만을 지칭하는 것이 아니다. 가장 넓은 의미로 해석을 한다면 돈이란 거래관계를 청산할 수 있고 가치의 안정성이 보장되어 일반적인 수용성이 있는 가치를 지닌 모든 자산을 포함한다.

그렇다면 돈은 왜 돌고 도는 것일까? 돈이 순환되는 내역을 살펴보면 크게 두 가지이다. 첫째는 생산자(또는 유통업자)로부터 재화와 서비스를 구매한 소비자가 상품구매의 대가로 돈을 지불한다. 이러한 과정을 통해 돈은 돌고 돈다. 둘째는 돈의 잉여를 보이는 경제주체로부터 돈의 부족을 보이는 경제주체로 돈이 오고가는, 즉 돈을 빌려주고 빌려 쓰는 과정 속에서 돈은 돌고 돈다. 전자를 실물적 유통이라 하고, 후자를 금융적 유통 또는 좁은 의미의 금융이라고 한다.

금융이란 화폐를 빌려주거나 빌려쓰는 자금의 융통을 말한다. 즉, 재화나 서비스가 개입되지 않고 이자를 매개변수로 하는 화폐 그 자체의 수요와 공급에 의해 이자를 발생시키는 화폐만의 독립적 유통이 금융이다. 예를 들어 사람들이 은행에 예금을 하거나 은행이 대출을 하는 경우와 같이 한쪽으로 화폐가 흘러 들어가면 일정기간이 지난 후에 원금과 이자가 되돌아 오는 화폐자체의 흐름을 금융이라 한다. 금융에는 화폐를 제공하고 이자 수익을 얻으려는 공급자와 이자를 지불하고 자금을 차입하려는 수요자가 중요한 구성요소가 된다. 그러므로 금융은 이자를 중심으로 이루어지는 화폐의 수요와 공급을 의미한다. 금융을 통하여 금융자산이나 또는 금융부채가 형성된다. 자금 차입자가 자금을 받는 대신 각종 채권이나 증서를 자금 대출자에게 주는 바, 이는 차입자 입장에서는 금융부채가 되고, 대출자 입장에서는 금융자산이 되는 것이다.

금융저축은 저축자에게는 다양한 저축기회를 제공하고, 차입자에게는 다양한 차입방도를 제공함으로써 실물투자를 촉진한다. 그 결과 한 나라 경제의 자본형성을 제고시켜 경제발전에 기여한다. 대출은 대여자 입장에서 보면 금융자산이고, 차입자 입장에서 보면 금융부채이다. 다시 말하면, 금융자산이란 그것을 구입한 측의 입장에서 본 것이고, 그것을 발행한 측의 입장에서 보면 금융부채이다. 그러므로 한 나라 전체로 보면 금융자산과 금융부채는 서로 상쇄되어 순금융자산 또는 순금융부채는 언제나 0이 된다. 이것이 금융자산과 실물자산이 다른 점이기도 하다. 그리고 금융자산, 특히 주식, 회사채 등과 같이 물리적 실체를 갖는 자산은 금융거래를 할 때 직접 거래수단으로 사용되기도 하므로 이를 금융수단이라 부르기도 한다.

재화와 서비스를 구매하고 그 반대 방향으로 돈이 순환되는 것은 쉽게 이해할 수 있으니 돈을 빌려 주고 빌려 쓰는 일이 왜 일어나는지에 대해 더 자세히 알아보자. 예를 들어, 부모로부터 유산을 상속받은 R씨와 기업을 경영하면서 자금조달에 힘쓰는 K씨의 경우를 고려해 보자. 이 경우 유산상속으로 여유자금을 가지고 있는 R씨가 기업을 경영하는 K씨에게 1년 동안 자금을 빌려 주고, 1년 후에 원금과 이자를 상환 받는 거래가 성립할 수 있다. 이때 R씨는 자신이 쓰고 남은 자금을 공급하는 흑자경제주체가 되고, K씨는 필요한 자금을 수요하는 적자경제주체가 된다. 이처럼 금융은 자금에 여유가 있는 흑자경제주체로부터 자금을 필요로 하는 적자경제주체로 자금이 이전되는 것이다.

그런데 이와 같은 금융이 존재하지 않는다고 해 보자. 그러면 R씨는 쓰고 남는 돈을 장롱 속에 넣어두거나 땅 속에 묻어 두어야 할 것이다. 그렇게 되면 도둑이 들어 내 돈을 훔쳐가지는 않을까 하는 걱정에 시달리는 것 이외에도 물가가 올라 돈의 가치가 떨어지게 되면 갖고 있던 돈으로 살 수 있는 재화와 서비스의 양이 점차로 줄어들게 될 것이다. 그러나 R씨가 돈을 빌려 주어 원금과 이자를 받게 되면 돈의 가치가 급락하지 않는 한 미래의 시점에서 현재의 시점보다 더 많은 재화와 서비스를 구매할 수 있게 된다. 한편, K씨는 좋은 아이템을 갖고 밤낮으로 열심히 일을 하지만, 공장을 세우고, 새로운 기계 설비를 하며, 원재료를 구입하고 사람을 고용하여 더 많은 물건을 만들 수 있는 돈이 부족한 경우, 새로운 부가가치를 창출할 수 없게 된다.

따라서 돈을 빌려 주고 빌려 쓸 수 있는 금융이 존재하고, 특히 금융이 효율적으로 일어난다면 R씨나 K씨 모두 보다 경제적으로 풍요로운 결과를 얻게 되는 것이다. 이와 같이 R씨와 K씨의 사례에서 보듯이 금융을 통해 희소한 자원인 자금을 효율적으로 배분할 수 있게 되면 흑자경제주체나 적자경제주체 모두 경제적 후생이 증대하게 된다. 이와 같은 차원에서 금융의 중요성이 강조된다.

흔히 복잡한 경제문제를 쉽게 설명하기 위해 경제를 인체에 비유하고 이때 금융은 인체의 심장에 비유된다. 이러한 비유를 통해 금융의 중요성을 설명해 보면 다음과 같다. 심장이 생명의 흐름인 혈액을 온 몸에 적절히 공급해 줌으로써 인체가 균형적으로 성장하고 효과적인 기능을 발휘하는 것과 마찬가지로, 금융은 경제의 각 부문에서 혈액의 역할이 되는 돈을 동원하고 각 부문에 효과적으로 배분함으로써 국민경제가 건전하게 성장하고 제 기능을 발휘하게 한다.

그러나 현대와 같이 복잡한 경제사회에서는 금융이 단순히 돈을 빌려주고 빌려 쓰는 것 이상의 의미를 갖고 있다. 현대적 의미의 금융은 보다 광범위한 의미로 사용되는 것이다. 즉 금융은 자금의 직접적인 융통뿐만 아니라 이와 관련된 모든 서비스를 통칭하는 것이다. 따라서 흑자경제주체와 적자경제주체간의 자금융통을 전문으로 하는 은행과 같은 금융기관이 발생하고, 이들 금융기관은 흑자경제주체와 적자경제주체간의 직접적인 자금의 융통뿐만 아니라 부수적인 각종 서비스를 공급한다. 또한 자금의 융통에 필요한 각종 정보생산활동 역시 금융에 포함된다. 즉 대출을 원하는 자금수요자의 신용을 평가하거나 대출자금의 사용에 대해 감시하고, 경제전체 및 개별 산업에 대한 전망 등의 정보를 생산하는 활동 역시 자금의 융통을 원활히 하기 위한 것이기에 금융의 범주에 속한다.

결론적으로 금융이란 자금의 이전을 비롯하여 이에 관련된 여러 가지 정보생산활동과 위험의 인수, 데이터 통신 및 처리 등 복잡한 기능을 수행하는 집합체를 의미한다. 따라서 금융기관은 위의 기능을 담당하는 기관으로 여러 가지 정보를 생산하고, 복잡하게 얽혀진 위험을 인수하며 결제서비스를 제공하는 등 각종 데이터를 처리 · 기록한다.

2. 금융의 구체적 기능

금융이란 자금의 실물적 및 금융적 유통과 이에 관련된 각종 서비스를 총칭하는 것이다. 그렇다면 경제주체의 경제행위와 금융이 구체적으로 어떻게 연관되어 있는가를 자세히 살펴보도록 한다. 또한 금융이 경제주체의 경제행위와 어떠한 연관성을 갖고 있는지를 살펴보도록 하자. 금융은 실물적 유통과 금융적 유통으로 대별된다. 따라서 이에 대해 구체적으로 살펴보자. 이는 금융의 결제기능과 금융의 중개기능으로 분류되기도 한다.

(1) 금융의 결제기능

기업과 가계 등 경제주체들은 경제활동 과정에서 재화와 서비스 및 금융상품을 거래한다. 이러한 거래에서 상품 수요자는 공급자에게 상품의 대가를 지급하는데, 이를 대금결제라 한다. 그리고 지급을 위해 사용되는 수단이 결제수단이며, 금융기관이 결제수단을 제공하는 기능을 금융의 결제기능이라고 한다. 이런 점에서 금융의 결제기능은 고객간의 자금거래를 매개하는 셈이다. 과거에 금융기관은 개별 거래마다 현금을 운송하여 결제기능을 수행하였으나, 최근에는 정보기술의 발달로 전자자금이체를 통하여 결제기능을 수행하고 있다. 예를 들어, 어떤 은행에 예금계좌를 개설한 고객은 은행간(또는 은행 내)에서 온라인 네트워크를 통하여 자금을 이체함으로써 결제를 완료하게 된다. 현재 결제수단으로 사용되는 금융상품으로는 여러 가지가 있으나, 그 중 가장 대표적인 결제수단은 현금이다. 현금은 법정화폐로서 강제적 통용력을 가진 결제수단으로, 어떠한 결제에도 사용된다. 더욱이 현금을 거래당사자간에 주고받음으로써 지불이 완료되는 특징을 지니고 있어, 소액거래의 결제수단으로 널리 사용되고 있다.

그러나 현금에 의한 결제는 여러 가지 결점을 지니고 있다. 우선 대량의 현금을 운반할 때 상당한 수고와 비용이 소요되고, 익명성을 갖고 있기 때문에 분실과 도난의 위험이 항상 존재한다. 이러한 결점을 보완하는 대체적인 결제수단은 각기 사용방식이나 대상이 조금씩 다르다. 예금자의 지시에 의해 즉시 인출이 가능한 요구불예금에 기초한다는 특징을 갖고 있다. 즉 결제수단은 예금자가 은행에게 해당 예금으로부터 지불을 지시하는 것으로, 자금의 이전이나 대체가 발생할 때 비로소 지불이 완료된다. 예를 들어, 어느 기업이 원자재를 구매하고 당좌수표를 발행한 경우를 고려해 보자. 이 기업이 발행한 당좌수표를 받은 수취인은 이 수표를 거래은행의 당좌예금계정으로 입금한다. 그러면 수취인 은행은 해당수표의 발행기업이 거래하는 은행에게 지불을 요구하고, 발행인 거래은행은 발행기업의 당좌예금(요구불예금) 계정에서 수표금액을 인출하여, 중앙은행을 통해 수취인 은행에 지불한다. 이러한 과정을 거쳐 결제가 완료된다.

이와 같이 요구불예금을 매개로 한 결제기능은 은행의 고유기능이다. 또한 은행이 중개하는 자금결제는 결제네트워크를 통해, 각 은행이 중앙은행에 예치해 둔 지급준비예치금 계좌에서 대차결제가 이루어짐으로써 종료된다. 한편 금융 및 경제활동의 결과로서 발생하는 채무관계가 화폐가치의 이전에 의해 해결되는 이와 같은 구조를 지급결제시스템이라고 한다. 최근에는 실물경제의 거래규모가 방대하기 때문에 결제기능의 수행에 막대한 규모의 결제데이터 전송, 처리, 기록 등 복잡한 사무처리가 요구되고 있다. 그러나 현재 정보기술의 비약적인 발전으로 이러한 결제업무는 신속 · 정확하게 처리되고 있다.

(2) 금융의 중개기능

어느 경제주체가 생산과 소비활동을 하다 보면 어떤 기간에는 소득보다 지출이 많을 수가 있고 또 어떤 기간에는 소득보다 지출이 적을 수도 있다. 지출을 초과하는 소득의 크기를 저축이라고 한다. 물론 지출이 소득을 초과하는 경우에는 부의 저축이 있게 된다. 이러한 저축은 흔히 뭉돈으로 사용될 수 있기 때문에 자금이라고도 한다. 저축을 하는 경제주체는 그 저축(자금)을 빌려 주고자(대여하고자) 하며 부의 저축을 하는 경제주체는 자금을 빌리고자(차입하고자) 한다. 따라서 금융현상이 나타나려면 자금을 수요하는 차입자와 자금이 공급하는 대부자가 존재하여야 한다. 그런데 이들이 서로 연결되어야 비로소 금융이 가능하다. 이들 차입자와 대부자가 연결되는 형태에는 두 가지가 있다. 그 중의 하나는 직접금융이며 다른 하나는 간접금융이다.

직접금융이란 차입자와 대부자가 자기 명의로 직접 자금을 거래하는 것을 말한다. 예컨대, 기업이 주식이나 회사채를 발행하여 자금을 조달하는 경우 자금의 차입자인 기업이 주식이나 회사채를 구매한 대부자로부터 직접 자금을 빌리는 것이므로 직접금융에 해당된다. 이 경우 차입자가 자금을 빌리기 위하여 직접 발행하는 증서를 본원적 증권 또는 직접증권이라 하고 이 직접금융이 잘 이루어지도록 도와주는 기관을 직접금융기관이라고 한다. 간접금융이란 차입자와 대부자가 직접 자기 명의로 빌리고 빌려 주는 것이 아니라 이들 사이에 금융중개기관이 개입하여 금융기관이 예금 등의 형태로 자기의 명의와 책임 하에서 대부자로부터 여유자금을 빌려서 확보한 자금을 그 금융기관이 자기책임 하에 차입자에게 자금을 제공하는 것을 말한다. 기업이 은행융자를 받거나 개인이 집을 사기 위해 은행에서 돈을 빌리는 것은 모두 간접금융이다.

이러한 간접금융에 있어서 자금 흐름의 반대방향으로 자금을 빌렸다는 증서를 주는데 차입자가 발행한 증서를 본원적 증권이라 하고 금융기관이 발행하여 대부자에게 준 증서를 이차증권 또는 간접증권이라 한다. 이러한 금융기관을 간접금융기관 또는 금융중개기관이라고 하는데 대표적인 것이 은행이다. 이러한 직접금융과 간접금융의 관계를 나타낸 것이 [그림 3-1]이다. 이와 같이 직접금융과 간접금융을 통해 돈이 융통되는 것이 금융의 중개기능이다. 금융의 중개기능은 개인예금자 등과 같은 최종적인 자금공

그림 3-1 금융의 기능

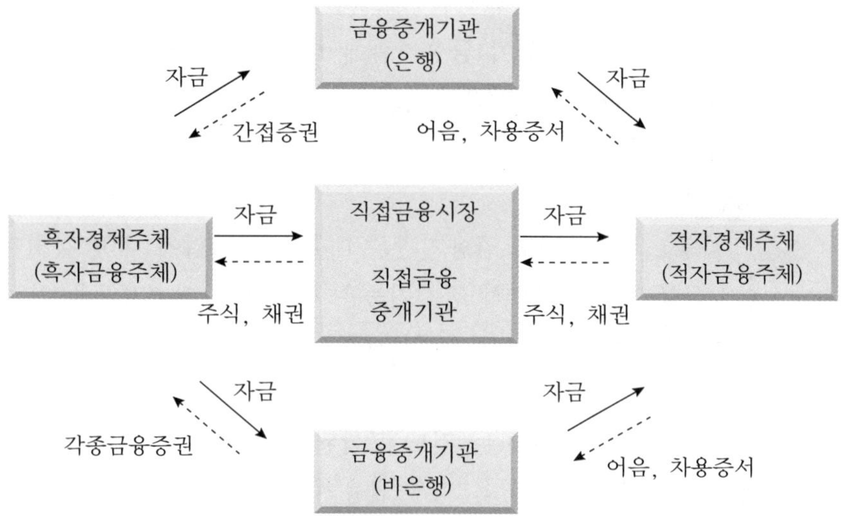

급자와 기업 등 최종적인 자금수요자 사이에서, 양자간의 이해차이와 보유 정보의 격차를 조정함으로써 자금의 수요와 공급을 일치시키는 기능이다.

금융중개기능을 세분화하면 변환기능과 여신기능으로 구분된다. 이때 변환기능은 금융기관이 자금규모를 소액에서 거액으로, 혹은 거액에서 소액으로 변환하고, 차입기간을 단기에서 장기로, 혹은 장기에서 단기로, 즉 자금의 규모와 기간을 변환시키는 기능이다. 이를 설명하기 위해 금융기관이 소액자금을 거액자금으로 변환하는 경우를 고려해 보자. 금융기관은 각각의 예금자로부터 소규모의 자금을 모아 대규모의 자금을 형성할 수 있다. 즉 수많은 예금자들이 자신의 소득 일부를 저축할 때, 이들 각각의 예금액은 소액에 불과하다. 그러나 금융기관이 소액인 다수의 저축을 합하면 총 저축규모는 매우 커질 수 있다. 예를 들어, 어느 은행이 1,000만명의 개인들로부터 각각 1만원씩의 저축을 받으면 총 1,000억원의 자금이 형성된다.

반면에 여신기능은 금융기관이 예금자를 대신하여 대출자의 신용위험을 평가하고, 위험을 부담하는 기능이다. 이는 사전 및 사후의 심사와 감시기능, 신용위험 부담기능, 그리고 다양한 형태의 자금제공기능으로 구분된다.

사전 및 사후 심사기능과 감시기능은 금융기관이 대출이나 투자결정을 내리기 이전이나 이후, 대출이나 투자의 타당성을 분석하는 것이다. 이 기능은 본질적으로 금융기관이 정보생산활동을 담당하고 있음을 의미한다. 예를 들어, 어느 기업이 금융기관에 대출을 신청하는 경우를 고려해 보자. 이때 금융기관은 사전적인 심사로 대출신청자의 경영상태, 즉 재무내용, 거래처, 실적 등과 대출자금의 대출금 상환가능성이 높을 경우 대출을 결정한다.

대출 결정 후에도 금융기관은 대출 대상기업에 대해 감시기능을 수행한다. 금융기관의 사후적 감시기능은 대출자가 대출자금을 약정한 내용대로 사용하였는가, 대출자의 경영상태는 안정되었는가 등을 감시하는 것이다. 금융기관의 사후적 감시기능에는 이들 기업에게 문제가 발생할 때, 그에 상응하는 조치를 취하는 것도 포함된다. 예를 들어, 대출자금이 약정한 내용대로 사용되지 않았을 경우 금융기관은 대출금을 조기에 회수하거나, 추가적인 대출을 중단하게 된다. 결국 금융의 사전 및 사후 심사와 감시기능은 금융기관이 각종 정보를 수집하여 이를 분석하고, 정보를 생산하는 기능에 해당한다.

신용위험 부담기능과 자금제공기능은 생산된 정보에 기초하여 금융기관이 위험을 부담하거나 자금을 제공하는 기능이다. 금융의 신용위험 부담기능은 금융기관이 자금수요자가 대출자금을 상환하지 않을 경우 발생하는 신용위험을 자금공급자를 대신하여 인수하는 기능이다. 금융기관은 신용위험 부담기능을 통해 금융시장의 역선택[1]이나 도덕적 해이[2]로 인하여 자금공급자가 부담하게 될 위험을 감소시키며, 채권보전장치를 통해 자금공급자가 안심하고 금융기관에 자금을 예치할 수 있도록 한다.

---

1) 역선택이란 나쁜 선택, 잘못된 선택을 의미하며, 오늘날 보편화되어 통상적으로 사용되고 있다. 역선택 현상은 금융시장에서만 발생하는 것이 아니며, 정보의 비대칭성이 존재하는 경우 항상 발생할 수 있다. 예를 들어, 어느 회사에서 명예퇴직을 시키는 경우에 대해 생각해보자. 회사에서 명예퇴직을 시도할 때는 회사에 큰 도움이 되지 않는 사람들이 나가 주기를 바라고 시도하는 게 일반적이다. 그런데 실제로는 회사에 남아서 기여를 할 만한 사람들은 다른 직장에 갈 수 있기 때문에 퇴직을 하고, 나가 주었으면 하고 바라는 사람들은 끝까지 남아있게 되어 명예퇴직의 목적을 달성할 수 없게 된다. 바로 역선택 현상이 발생하는 것이다.

2) 도덕적 해이는 도덕적 불성실, 도덕적 모험 등으로도 불리고 있다. 그러나 가장 통상적인 용어는 도덕적 해이라고 하므로 여기서도 이렇게 부른다. 그리고 이러한 도덕적 해이문제는 금융시장에서만 나타나는 것은 아니며 손실이 발생하더라도 자기가 부담해야 할 책임이 없거나 크지 않는 경우에 흔히 나타난다. 예를 들어, 자동차보험을 든 경우에는 사고가 나더라도 보상이 되므로 자동차를 조심스럽게 운전하지 않고 과감하게 운전하게 되는 것도 도덕적 해이라고 볼 수 있다.

예를 들어, 부동산업을 하는 기업에게 자금공급자가 자금을 직접 빌려 줄 경우와 금융기관을 경유하는 경우를 고려해 보자. 자금공급자가 자금수요자인 기업에게 자금을 직접 빌려 줄 경우, 자금공급자는 이 기업이 제공하는 담보의 종류와 가치, 기업의 신용도, 부동산업의 전망 등에 대해 자신이 스스로 분석하여 자금을 빌려 줄지 여부를 결정한다. 그리고 자금공급자가 자금을 빌려 준다면 자금수요자가 정해진 날짜에 원금과 이자를 상환하지 않을 경우 발생하는 채무불이행 위험을 자신이 모두 부담하게 된다. 그러나 자금공급자가 금융기관을 경유하는 간접금융을 통해 자금을 공급한다면, 자금공급자는 신용위험을 상당 부분 줄일 수 있다. 왜냐하면 금융기관은 다수의 자금공급자로부터 자금을 모집하여 이를 분산하여 공급하기 때문에, 어느 한 자금수요자가 채무를 불이행하더라도 그 손실을 다수의 자금공급자들이 나누어서 부담하므로 개개인의 손실부담은 크지 않을 수 있다.

금융의 자금제공기능은 금융기관이 소비자의 원활한 소비지출 수요와 기업의 다양한 투자지출 수요를 만족시키는 다양한 형태의 신용을 공급하는 것이다. 예를 들어, 어느 소비자가 자동차를 구입하는 경우를 고려해 보자. 이 소비자는 자동차 구입자금을 친구나 친척 등을 통해 직접 조달할 수도 있다. 그러나 이 경우 이 소비자는 친구나 친척들이 원하는 기일에 원금과 이자를 상환하여야 하기 때문에 매우 제한된 조건 하에서 자금을 공급받게 된다. 그러나 금융기관은 수많은 대출자를 상대하고, 대규모의 자금을 보유하고 있기 때문에 다양한 종류의 금융상품을 공급할 수 있다. 특히 이 소비자가 금융기관과 지속적인 거래관계를 유지하고 있다면, 금융기관에서 자동차 구입자금을 빌리는 것이 훨씬 용이할 것이다. 이처럼 금융기관은 고객의 소비와 투자지출을 위한 자금을 다양한 신용의 형태로 제공한다.

제 2 절 금융시장의 효율성과 금융혁신

1. 금융시장의 속성과 의의 및 기능

(1) 시장의 속성

시장은 어느 날 갑자기 하늘에서 떨어진 것이 아니라 인간에 의해 고안된 것이다. 인간은 거래의 필요를 느껴 적절한 방법으로 시장을 조직화하고, 거기에 참여하여 시장거래를 통해 누릴 수 있는 혜택을 최대한 누려왔다. 금융시장도 예외가 아니다. 그런데 잘 조직화된 시장을 보고 있노라면, 마치 시장의 이면에 굉장한 능력을 갖춘 어떤 사람이 가격을 조절하고, 초과 수요 · 공급을 해결하고, 거래를 성사시키는 듯이 보인다. 아담 스미스가 지칭한 '보이지 않는 손'이 느껴지는 것이다. 여기서는 이러한 보이지 않는 실체로서 시장조성자가 존재한다고 이해한다. 이제 이 시장조성자가 어떤 목적에서 어떻게 주어진 임무를 수행하는지 살펴보자.

시장조성자는 시장에서 거래를 성사시키기 위하여 가격을 공시하거나 자신의 책임 하에 매매거래를 주선하는 데 특화된 경제주체이다. 이 개념을 이해하기 위해서 우선 시장조성자의 초보적 형태인 경매인에 대하여 생각해 보자. 경매인은 공개경매시장에서 경매에 대한 정보를 제공하고, 또 경매에 참여하는 사람들을 대신하여 모든 경매과정을 처리해 준다. 즉, 경매인은 정해진 시간, 정해진 장소에 사람들을 모이게 한 후 물건을 사고자 하는 사람들이 부른 가격과 물건을 팔고자 하는 사람들이 요구하는 가격을 종합하고, 이를 근거로 적절한 가격에 거래가 이루어지도록 중개하는 역할을 한다. 농산물시장이나 주식시장에서는 여러 사람들이 동시에 모여 경매인을 중심으로 거래를 하는 광경을 쉽게 볼 수 있다. 만약 경매인이 없다면 어떻게 될 것인가. 사람들은 언제 어디에 가서 어떻게 물건을 경매해야 할지 고민하게 될 것이고, 혹시 우연히 경매를 하게 되더라도 충분히 많은 사람들이 참여하지는 못할 것이다. 이 때문에 경매인이라는 전문가가 시장형성에 매우 중요한 역할을 수행한다.

한편 시장참여자의 수가 늘어나고 경제행위가 복잡해지면서 시장조성자는 시장에서 자신이 직접 물건을 사고파는 역할도 담당한다. 예컨대 중고차시장처럼 사려는 사람과 팔려는 사람이 항상 대기하고 있지 않은 시장을 생각해 보자. 중고차시장에서 특정 연식의 특정 종류의 차가 필요한 바로 그 시점에서 정확히 그러한 조건을 가진 차를 파려고 내놓는 사람을 만나기란 쉽지 않다. 따라서 중고차 딜러는 여러 종류의 중고차를 자기 계산 하에 미리 사두었다가 나중에 그것을 필요로 하는 수요자들에게 판매한다. 즉, 딜러는 시장조성자로서 일시적인 초과수요와 초과공급을 조절하여 가격의 급격한 변동을 완화하고 또 거래가 활발히 이루어지도록 하는 역할을 한다.

이러한 관점에서 시장조성자의 역할을 정리하면 다음과 같다. 첫째, 시장조성자는 거래를 성사시키는 가격을 공시한다. 둘째, 시장조성자는 자신의 책임 하에 단기적인 시장불균형을 해소한다. 금융시장에서는 금융기관들이 바로 이러한 시장조성자의 역할을 수행한다. 예컨대 은행은 예금자와 차입자의 거래요구를 만족시키는 역할을 하는 시장조성자이다. 예금자에게는 예금금리를 지불하면서 예금을 유치하고, 차입자에게는 대출금리를 받으면서 대출을 해준다. 예금자와 차입자가 거래를 원하는 시기와 자금량이 각기 상이하므로 은행이 나서 시장조성자로서 예금시장과 대부자금시장을 형성하고 있는 것이다. 이 경우에 대출금리와 예금금리의 차이, 즉 예·대마진이 은행에게는 시장조성자로서의 역할을 하는 대가로 발생하는 매매스프레드가 된다.

뿐만 아니라 시장조성자는 정보의 불완전성 문제도 어느 정도 해결해준다. 예컨대 은행은 차입자의 신용을 평가해 적절한 금리를 부과하고, 중고차 딜러는 중고차를 수리해 적절한 품질을 보장해 준다. 즉, 정보의 비대칭성을 완화시켜 거래를 촉진시키는 것이다. 이와 같이 금융시장은 금융기관이라는 시장조성자들에 의해 조직화되어 있으며, 각국의 역사와 제도 등에 따라 다양한 모습으로 나타난다.

(2) 금융시장의 의의와 기능

금융시장이란 금융행위가 이루어지는 장소이다. 이때 금융시장은 반드시 어떠한 물리적으로 존재하는 시장뿐만 아니라 금융행위가 발생할 수 있는 가상적인 공간을 모두 포함한다. 다시 말해서, 여유자금이 많은 R씨와 기업을 경영하는 K씨의 예와 같이, R씨와 K씨가 일정한 장소에서 만나 자

그림 3-2 금융시스템 내의 자금흐름

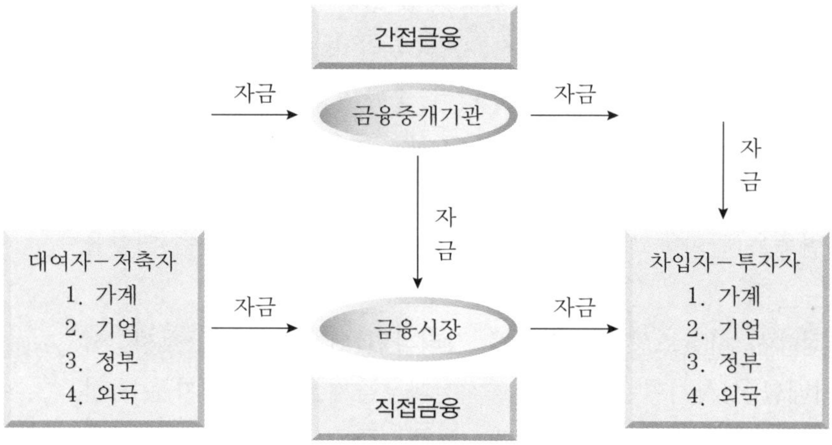

금을 빌려주는 계약을 체결하였다면, 이곳이 바로 금융시장이 된다. 그러나 현대에서 이러한 금융행위는 언제, 어느 곳에서나 발생할 수 있다. 전화나 팩스를 사용하여 흑자경제주체와 적자경제주체가 쉽게 접촉할 수 있고, 자금차입과 결제도 전자적 수단을 활용하여 쉽게 수행할 수 있기 때문이다.

금융시장은 잉여자금이 있는 사람이 수입보다 더 많이 지출해야 하는 사람에게 자금을 빌려 줄 수 있는 경로를 제공하는 것이 기본적인 기능이다. [그림 3-2]는 이를 잘 보여 주고 있다. 금융시스템은 금융거래와 관련된 총제적인 제도와 규범을 의미하며 구체적으로는 금융기관, 금융시장, 그리고 금융상품 등으로 구성되어 있다. 대여자(또는 저축자)는 왼쪽에, 차입자(또는 투자자)는 오른쪽에 위치해 있으며 자금의 흐름은 왼쪽에서 오른쪽으로 이동한다. 이때 가계는 주로 대여자(또는 저축자), 기업은 주로 차입자(또는 투자자)이다. 왜냐하면 가계는 생산요소의 소유자이며 소비의 주체이고 기업은 생산요소의 수요자이며 투자의 주체이기 때문이다. 정부는 대여자가 되기도 하고 차입자가 되기도 한다. 화살표는 대여자에게서 차입자로의 자금흐름에 대해 두 가지 경로를 통해 표시하고 있다.

직접금융은 차입자의 미래 수입이나 재산에 대한 청구권인 유가증권(금융수단)의 판매를 통해 금융시장에서 대여자와 직접적으로 자금을 움직이는 것이다. 유가증권은 그것을 판매하는 개인이나 기업을 위해 부채를 사는 사람들의 자산이다. 한 예로, 자동차생산회사가 신차를 생산할 새로운 공장을 짓기 위해 자금을 빌릴 필요가 있다면, 아마도 명확한 기간 동안 정기적으로 갚는다는 약속을 지닌 채권이나 유가증권을 판매함으로써 자금잉여자로부터 자금을 빌릴 수 있을 것이다. 왜 금융경제에서는 대여자에게서 차입자에로의 자금경로가 중요한가? 그 답은 이익이 될 수 있는 모든 투자기회를 가지는 기업가와 자금의 잉여를 가진 사람이 일치하지 않기 때문이다.

다음과 같이 금융시장이 존재하지 않는 경우를 생각해 보자. 당신은 연간 1,000만원을 저축한다고 하자. 그러나 당신은 저축으로 모은 1,000만원을 증식시킬 수 있는 좋은 투자기회나 투자능력을 갖지 못한다면 당신은 1,000만원만 가지고 있고 더 이상의 이윤은 없을 것이다. 한편 1,000만원짜리 새로운 도구를 구입하면 일년에 300만원씩을 추가적으로 더 벌 수 있는 목수가 있다고 해 보자. 그러나 그 목수는 새로운 도구를 살 돈이 없다. 또한 금융시장도 존재하지 않는다. 이러한 상황에서는 당신도 목수도 추가적인 수입을 기대할 수가 없다. 이제 금융시장이 존재한다고 해 보자. 그러면 목수는 1,000만원짜리 새 기계로 300만원의 추가수입을 올려 당신에게 원금과 이자로 매년 200만원씩을 지급하고도 추가적인 100만원의 수입을 얻을 수 있다. 당신도 물론 원금 1,000만원 이외에 이자로 받은 100만원의 추가적인 수입을 얻을 수 있다.

만약에 금융시장이 존재하지 않는다면 당신과 목수는 결코 추가적인 수입을 창출할 수 없을 것이다. 금융시장 없이 자금이 이동하는 것은 매우 어려울 것이기 때문이다. 그러므로 금융시장은 경제의 효율성 증진에 필수적이라고 할 수 있다. 금융시장의 존재는 부가가치를 창출하는 경제주체에게만 후생을 증대시키는 것이 아니다. 당신은 최근에 결혼을 했고, 좋은 직업도 가졌다. 그리고 집을 사기를 원한다고 말한다. 당신은 월급을 받을 것이다. 그러나 당신은 이제 겨우 취직을 했기 때문에 집을 장만할 돈을 아직 모으지는 못했을 것이다. 당신이 꿈에 그리던 집을 사기에 충분할 정도의 금액을 저축한다면 문제는 없다. 그러나 그렇게 하려면 시간이 너무 많이 소요되어 당신은 너무 늙어서 일을 할 수 없게 될 때에야 집을 장만할 수 있다고 해 보자. 이러한 상황에서 금융시장이 없다면 당신은 집을 살 수 없고 자그마한 월세방에서 계속 살아야 할 것이다.

그러나 집을 구하기 위해 당신이 금융기관에 저축한 사람으로부터 돈을 차입한다면 당신은 집을 사서 즐겁고, 행복하게 지낼 수 있어, 약간의 이자를 지불하는 것보다 더 높은 경제적 효용을 얻을 수 있다. 그리고 당신이 돈을 충분히 저축하였을 때 금융기관으로부터 빌린 돈을 돌려주면 된다. 당신에게 돈을 빌려 준 사람 역시 경제적으로 효용을 얻게 된다. 그들은 지금 약간의 이자를 벌고 있지만 금융시장이 존재하지 않는다면 불가능했을 것이기 때문이다.

지금까지 우리는 경제에서 금융기관과 금융시장이 어떠한 기능을 수행하는지를 살펴보았다. 우선 금융시장은 투자기회가 없는 사람으로부터 투자기회가 있는 사람에게로 자금의 이동을 도와준다. 따라서 금융시장은 경제 전반에 걸쳐 높은 생산성과 효율성을 가져오는 데 기여한다. 또한 사람들이 더 좋은 집이나 자동차 등을 구입함으로써 소비자에게 직접적인 이익을 가져다준다. 결국 금융시장은 사회의 모든 사람들에게 경제적 복지를 효율적으로 증진시키는 작용을 한다.

2. 금융시장의 효율성과 효율적 시장가설

(1) 금융시장의 효율성

사람들이 필요로 하는 재화와 용역의 시장이 모두 존재하는 완전시장하에서 완전경쟁이 이루어지는 시장경제의 일반균형은 항상 파레토 최적을 달성한다고 한다. 이러한 조건을 갖추어져 있는 시장경제는 정부의 간섭 없이도 한 경제의 자원을 효율적으로 배분하는 기능을 수행한다는 것이다. 일반균형이란 한 경제를 구성하는 개별 시장들 간의 상호작용이 모두 반영된 결과, 모든 시장에서 동시에 수요와 공급이 일치하는 상태로, 이러한 시장경제는 자원 배분의 측면에서 가장 바람직한 것으로 알려져 있다. 시장경제의 일반균형은 개별 경제주체들이 자신의 효용 및 이윤의 극대화라는 목표 하에서 수요와 공급을 형성하고 이렇게 형성된 개별 수요와 공급으로부터 형성된 시장수요와 시장공급에 가격체계가 패러미터로서 기능을 수행하여 수요와 공급을 일치시킨다.

금융시장이 이러한 균형시장이 되기 위해서는 배분효율성과 운영효율성을 전제로 한다. 배분효율성이란 주어진 자원이 효율적으로 배분되어 교환 및 생산을 포함한 경제전체의 효율이 극대화된 상태를 말하며 이는 시장의 가격이 충분하게 기능하여야만 달성이 가능하다. 이런 의미에서 배분효율성을 가격효율성이라고도 한다. 따라서 배분효율성이 큰 시장일수록 자원배분을 보다 최적에 가깝도록 한다. 운영효율성이란 일정한 교환거래를 이행하는 데 있어 자원을 얼마나 경제적으로 이용하였느냐를 말하는 것으로 완전한 운영효율성은 이론적으로는 모든 금융자산의 거래비용이 0이 되고 거래가 즉시에 이루어질 때 달성된다. 따라서 자원이 가능한 한 신속하고 저렴하게 이전될수록 운영효율성이 크다고 할 수 있으며 운용효율성이 클수록 자원배분의 효율성을 증대시키게 된다.

완전경쟁상태하에서는 시장에 다수의 영세거래자가 존재하여 경쟁적으로 거래함으로써 독점이나 담합 등 시장의 교란이나 마찰이 없어지게 되어 모든 거래자는 시장에서 결정되는 가격을 받아들일 수밖에 없는 가격추종자가 된다. 금융시장이 이와 같이 되기 위해서는 다음과 같은 조건을 갖추어야 한다.

(1) 어느 누구나 금융시장에의 접근이 자유로울 뿐 아니라 시장이 수많은 금융자산의 수요 및 공급자로 구성되어 어느 한 수요자나 공급자도 단독으로 금융자산의 가격에 영향력을 행사할 수 없다.

(2) 모든 금융자산관련 정보는 시장참가자 누구에게나 동시에 비용의 부담 없이 이용될 수 있다.

(3) 금융자산에 대한 거래비용이 존재하지 않음으로써 금융자산을 공급하는 측은 언제라도 발행비용의 부담 없이 금융자산을 발행하여 자금을 차입할 수 있고 수요자측도 중개수수료나 판매구전의 부담 없이 서로 다른 금융자산에의 투자나 또는 투자의 전환이 가능하다.

(4) 재화는 서로 다른 당사자에 의해 생산되더라도 동질적이다.

(5) 모든 실물자산과 금융자산은 보다 적은 거래단위로 완전히 분할될 수 있다는 것 등이다.

이러한 조건이 성립하는 완전경쟁시장 하에서는 생산자는 초과이윤이 배제된 적정이윤만 보장받게 되며 개인과 사회전체의 복지가 극대화 된다.

이에 반해 독점시장의 경우 독점자는 그들의 이윤을 극대화할 수 있도록 생산량과 가격을 조절할 수 있기 때문에 완전경쟁시장에 비해 생산량은 감소하고 소비자 개인은 물론 경제전체의 복지가 감소하게 된다. 그러나 이러한 조건을 가진 완전시장이란 지극히 이론적 개념으로 현실적으로 어느 곳에도 존재하지 않는다. 그렇다면 완전시장에 근거한 금융시장의 논리는 어떻게 설명되어야 하는가.

그것은 현실적 금융시장이 나라에 따라 그 정도는 다르지만 대부분 효율적 시장이거나 또는 그에 근접하여 있다는 사실 때문이다. 현실적으로 금융시장이 효율적이거나 또는 시장의 효율성이 어느 정도 충족되고 있다는 것은, 시장의 불완전성이 지금까지 논리전개의 기본과정을 부정할 만큼 심하지는 않다는 것을 의미한다.

효율적 금융시장은 완전시장보다 그 가정이 덜 제한적이다. 금융시장에서 보통 효율적 시장이라고 할 때는 정보의 효율성만을 요구한다. 정보의 효율성이란 금융자산의 가격이 이용 가능한 정보를 충분히 그리고 신속하게 반영하여 주는 상태를 말하며 이는 완전시장에서 요구하는 여러 가지 전제가 과도하게 위배되지 않는 한 완전시장을 전제로 논의된 이론들이 크게 무리 없이 적용될 수 있음을 의미한다.

예컨대, 상품시장에서 한 기업이 독점적 위치에 있다 하더라도 동 기업에 대해 기대되는 독점적 이윤에 관한 정보가 충분히 주가에 반영될 수만 있다면 비록 상품시장에서 배분의 비효율성이 존재하더라도 금융시장에서는 가격의 효율성이 존재하게 된다.

(2) 효율적 시장가설의 이론적 기초

주식시장이 효율적이면 주식가격은 그 회사가 갖는 내재가치를 정확하게 반영한다. 이때 내재가치란 그 회사의 미래 현금흐름을 할인해 얻어지는 순현재가치를 말한다. 또한 주식시장이 효율적이면 그 회사의 내재가치 변화에 관련된 새로운 정보가 창출되었을 때 주식시장이 효율적이면 그 회사의 내재가치 변화에 관련된 새로운 정보가 창출되었을 때 주식가격은 이를 즉각 반영한다. 그러므로 파마(E. Fama)에 따르면 효율적 주식시장이란 모든 관련 정보를 완전하고 정확하게 반영하여 주가가 결정되는 시장이다.

슐라이퍼(A. Shleifer)는 효율적 시장이 성립할 수 있는 상황, 특히 주가가 회사와 관련된 정보를 정확하고 빠르게 반영할 수 있는 상황을 다음과 같이 세 가지로 나누어 정리한다. 우선, 주식시장에서 수많은 합리적 투자자가 경쟁하는 상황이다. 이들은 주식의 내재가치에 영향을 주는 새로운 정보(뉴스)에 매우 민감하다. 따라서 주식의 내재가치는 투자자가 얻을 수 있는 모든 정보를 항상 정확히 반영한다. 만약 시장에서 형성된 주가가 투자자들이 합리적 기대에 의해 예측한 회사의 내재가치를 제대로 반영하지 못한다면, 이들은 즉각 차익거래를 시작한다. 그 결과 주가는 기업의 내재가치와 항상 정확히 일치한다. 이와 같이 주식시장에서는 합리적 투자자들의 차익거래로 수익기회가 순간적으로 소진되기 때문에 합리적 주식 투자자가 정보를 이용해 수익을 얻기란 불가능하다.

주식시장의 일부 투자자들이 비합리적이라도 주식시장은 효율적인가? 효율적 시장론자들은 그런 경우에도 주식시장이 여전히 효율적이라고 본다. 비합리적 투자자들이 다수 존재해도 이들이 불규칙적으로 거래한다면 거래들 사이에 아무런 상관성도 없을 것이다. 그러므로 다수의 비효율적 투자자들이 대규모 거래를 한다 해도 이들 거래는 서로 상쇄되어 주가에 미치는 영향은 결국 미미할 것이고, 주가는 내재가치를 정확히 반영할 것이다. 이것이 효율적 시장의 성립을 가능케 하는 두 번째 상황이다.

만약 주식시장의 일부 비합리적 투자자들의 거래가 상관성을 갖고 한 방향으로 쏠리는 경우에도 주식시장은 여전히 효율적일 것인가? 여기에 대해서도 효율시장론자들은 그렇다고 본다. 비합리적 투자자들의 거래와는 반대방향으로 거래하는 차익거래자들이 시장에 존재하기 때문이다. 이것이 효율적 시장의 성립을 가능케 하는 세 번째 상황이다. 종합적으로 살펴보면 투자자의 합리성(즉, 투자자의 합리적 기대)과 차익거래와 같은 시장의 힘이 작용하는 덕분에 주가가 내재가치를 시시각각으로 정확히 반영하게 된다는 것인데, 이것이 효율적 시장가설의 이론적 기초이다.

(3) 효율적 시장가설

주식은 하루 중 어느 때나 시장에서 쉽게 거래될 수 있다. 대부분의 대규모 기업이나 중소규모 기업의 주식인 경우, 항상 사려는 사람과 팔려는 사람이 있다. 사람들은 인텔이 자신의 이윤을 증가시킬 수 있는 발명을 했다는 것을 들으면 인텔의 주식을 사려고 달려갈 것이다. 만약 갑자기 한 회사의 이윤이 감소한다거나 손실이 발생한다는 사실이 알려지면, 그 회사의 주식 소유자들은 그 기업의 주식을 팔려고 달려갈 것이다. 이렇게 빨리 사거나 팔고자 하는 것에 의하여 좋은 소식과 나쁜 소식이든, 그에 대해 가격이 빨리 반응한다는 것은 미래를 예상하는 특별한 능력을 갖고 있지 않거나, 남이 모르는 내부정보도 갖고 있지 않은 일반 투자자들은 주식투자를 통해 추가적인 이윤기회를 거의 가지지 못한다는 것을 의미한다. 효율적 시장가설이란 시장은 초과이윤을 얻을 수 있느 기회를 바로 제거할 만큼 빠르게 반응한다는 개념으로써 새로운 정보에 주식가격이 즉각적으로 반응하므로 금융시장에서는 체계적 위험에 대한 보상으로 주어지는 이윤보다 더 큰 이윤을 낼 기회가 없다고 예측하고 있다.

가격에 영향을 주는 모든 정보가 즉각적이고 완전하게 반영되어 가격이 결정되고 변할 때 시장에는 정보의 효율성이 있으며, 정보의 효율성이 있는 시장을 효율적 시장이라 한다. 효율적 시장에서는 가격에 영향을 주는 정보들이 낭비되거나 무시되지 않고 전부 활용되므로 가격수준은 언제나 정보의 가치를 충분히 반영하게 된다. 시장이 효율적이면 가격은 시장참여자들의 행동결정을 유도하는 정확한 신호 역할을 하며 가격을 통한 효율적 자원배분이 가능해진다. 효율적 시장에서는 배분의 효율성이 이루어진다. 시장이 효율적이지 못해서 가격이 정보를 제대로 반영하지 못한다면 가격은 올바른 신호 역할을 하지 못하고 문제를 유발한다. 주가가 기업의 내재가치에 관한 정보를 정확하게 반영하지 못하여 너무 낮은 수준이라면 기업의 자본 조달이 어려워진다. 반대로 너무 높다면 자원이 이 기업에 지나치게 많이 투자되어 경제 전체로 보아 투자의 효율성이 떨어진다.

오랜 기간에 걸친 많은 실증분석들은 효율적 시장가설이 실제 증권시장에서 증권가격이 결정되는 것을 상당히 잘 설명하고 있다는 것을 알게 되었다. 이러한 실증분석의 결과는 지수기금을 투자자들이 많이 이용하도록 하는 결과를 가져왔다. 이러한 지수기금을 이용함으로써 투자자들은 투자상담자에게 어느 때 주식을 사고 팔 것인가에 대한 자문을 할 필요가 없으며 따라서 자문료도 지불할 필요가 없다.

효율적 자본시장이란 이용 가능한 정보를 즉각적이고도 충분히 반영하여 증권가격이 결정되고 변화하는 시장을 말한다. 자본시장이 효율적이면 금융수단의 시장가격은 증권의 본질가치를 정확히 반영하여 본질가치에 대한 최적 예측치와 같아진다. 예를 들어 기업의 주가는 미래 수익의 현재가치와 같아진다. 자본시장에서 거래는 증권을 매개로 하여 이루어지므로 증권가격이 증권의 본질가치를 정확히 반영할 때 자본시장을 통한 자원배분이 효율적으로 이루어진다. 주가가 주식을 발행한 기업의 가치를 정확히 반영한다면 투자의 수익성이 높은 기업일수록 자본시장을 통한 자금조달이 쉬워지고 주주와 투자자도 최대의 수익을 얻게 된다.

이용가능한 모든 정보를 효율적으로 반영하여 가격이 결정되고 변하는 것을 효율적 시장가설이라 한다. 시장이 효율적이면 증권가격은 증권의 근본가치를 정확히 반영한다. 자본시장이 효율적인 경우 증권가격의 변화도 다음과 같다.

첫째, 증권가격은 새로운 정보가 있어야만 변화한다. 기존의 정보는 이미다 반영되었기 때문에 가격변화에 아무런 영향을 주지 못한다.

둘째, 새로운 정보란 미래 상황에 관한 것이므로 정확히 예측할 수 없다. 따라서 증권가격의 변화를 예측하는 것 또한 어렵다. 주식시장이 효율적이라면 주가는 다음과 같이 임의보행과정에 따라 변한다.

$$P_{t+1}=P_t+e_{t+1} \qquad (3-1)$$

식 (3-1)에서 $P_{t+1}=t+1$기의 주가, $P_t=t$기의 주가, e_{t+1}=확률적 오차항을 나타낸다. 주가가 식 (3-1)과 같이 임의보행과정에 따라 변화하면 주가의 변하에도 규칙적인 양상이 나타나지 않고 미래의 주가변화를 예측하는 것이 불가능하다. 효율적 시장에서 자산가격이 식 (3-1)과 같은 형태로 변하는 것을 임의보행가설(불규칙보행가설)이라고 한다. 임의보행가설에 따르면 주가는 예측불가능한 불규칙 행보의 양상을 보이므로 주가예측이 불가능하다는 것이다. 불규칙보행가설이 시사하는 주가예측불가론을 다음과 같은 비유를 통해 직관적으로 이행할 수 있을 것이다. 지금 만취한 사람이 어떤 한 지점에 서 있다고 해보자. 십분 뒤에 그 사람을 찾으려면 어디로 가는 것이 좋을까? 불규칙행보가설에 의하면 그 사람이 처음에 서 있던 바로 그 지점에서 찾는 것이 가장 좋다. 왜 그런지는 술에 취한 사람의 발걸음을 따라가 보면 알 수 있다. 일단 술 취한 사람이 첫 번째 발자국을 앞으로 내디뎠다고 하자. 이때 이 사람이 다음에 어디로 발을 내디딜지는 아무도 예측할 수 없다. 한 번 더 앞으로 갈지, 반대로 뒤로 갈지, 옆으로 갈지를 자기자신도 알 수 없다. 이렇게 비틀거리다 보면, 앞으로 갔다 뒤로 갔다 좌우로 움직이기도 하면서 결국 자신이 출발했던 바로 그 지점에 다시 돌아와 있을 가능성이 가장 크다.

주가예측불가론은 아주 강력한 의미를 내포한다. 예를 들어 주식업계에서 잔뼈가 굵은 노련한 주식 애널리스트가 연구에 연구를 거듭해 4개의 주식을 선택했다고 하자. 그리고 서커스단의 원숭이에게 주식의 이름들이 적혀 있는 다트판에 화살을 던지게 해서 4개의 주식을 무작위로 선택했다고 하자. 여기서 주식 애널리스트는 이용 가능한 모든 기법과 정보를 사용해 앞으로 수익률 상승이 기대되는 주식을 선택한 것이고, 원숭이는 그야말로 무작위로 주식을 선택한 것이다.

그런데 만약 불규칙행보가설이 맞다면, 애널리스트가 선택한 주식들의 포트폴리오 수익률이 원숭이가 선택한 주식들의 포트폴리오 수익률에 비해 높다는 보장이 없다. 왜냐하면 애널리스트들이 값이 오를 가능성이 있다고 판단한 주식들의 주가는 현재의 시점에서 그러한 정보를 모두 다 반영한 상태이므로, 이미 주가가 올라야 하는 만큼 정확히 올라 있기 때문이다. 실제로 주식 수익률 경쟁에서 애널리스트와 원숭이는 막상막하의 승부를 펼쳤다는 기록이 있으며, 이러한 예는 효율시장가설의 타당성을 뒷받침하는 증거로 많이 인용된다. 이와 같이 불규칙행보가설은 효율시장가설의 또 다른 표현으로서, 주가나 그 수익률의 불규칙성에 초점을 맞추어 주가예측 불가론을 강조하는 명제로도 볼 수 있다.

주가가 임의보행한다는 것의 의미는 무엇인가? 시장에 이미 맡겨진 정보를 의미하는 P_t에 의해 식 (3–1)의 기대치를 구해 보면 다음과 같다.

$$E(P_{t+1}|P_t)=P_t \tag{3-2}$$

현재의 주가에 관한 정보만을 가지고 미래의 주가를 예측할 때 최적의 예측치는 현재의 주가가 된다는 것을 식 (3–2)는 나타내고 있다. 미래의 주가가 현재의 주가와 같아진다고 예상할 때 이러한 예상에 따라서 투자할 경우 무슨 이득을 얻을 수 있겠는가? 따라서 다음의 특징이 성립된다.

셋째, 주식시장이 효율적이라면 주식투자를 통해서 그 누구도 남보다 더 높은 추가적인 수익을 얻는 것은 불가능하다. 주가에 영향을 주는 새로운 정보를 예측할 수가 없고 새로운 정보가 등장하면 모두가 그 정보를 같이 이용하므로 등장하는 즉시 그 영향이 가격에 이미 반영되어 버리기 때문이다. 그리고 이러한 의미에서 특정의 이론에 입각한 주식투자나 투자자문회사와 같은 전문가를 이용한 주식투자의 수익과 무작위 주식투자를 통해 얻는 수익 간에는 아무런 차이가 없게 된다.

넷째, 효율적 시장가설은 시장참여자 모두가 이 가설을 믿지 않기 때문에 성립된다. 모두가 세 번째 특징을 부정하고 새로운 정보에 의해 이들을 볼 수 있다고 판단하여 실제로 행동할 때 가격은 새로운 정보에 따라 이미 변해버리므로 그 누구도 새로운 정보를 이용하여 추가적인 이득을 볼 수 없고 결국 이 가설은 타당성을 갖게 된다. 예를 들어 보자.

현재시점 t_1에서 주식가격이 P_1이라 하고 이 시점에서 주가에 영향을 줄 수 있는 새로운 정보가 시장에 나타났다고 하자. 새로운 정보에 따라 모든 투자자들이 주식가격이 t_2기에 가서 P_2로 상승할 것으로 예상한다면 모두는 이득을 얻기 위해 정보가 등장한 현재시점에서 주식을 사려고 할 것이다. 이에 따라 주가는 현재시점에서 P_2로 상승해 버리므로 모두는 주식을 P_2의 가격에 사게 되고 결국 아무도 이득을 얻지 못하게 되는 것이다. 다시 말해 새로운 정보를 이용하여 이득을 볼 수 있다고 판단하여 행동하기 때문에 주가는 미리 상승하고 아무도 추가적인 이득을 볼 수 없게 되는 것이다.

이와는 반대로 시장참여자들이 이 가설을 믿는다고 해보자. 이 경우 주가를 상승시키는 새로운 정보가 등장하더라도 사람들은 주식을 사지 않을 것이다. 그래봐야 이익을 얻을 수 없다고 생각하기 때문이다. 모두가 이렇게 행동한다면 $t+1$기의 주가는 t기의 주가와 같아진다. 따라서 새로운 정보는 주가에 반영되지 못하고 시장의 효율성은 깨지게 된다. 이런 상황에서 주식을 사는 사람이 있다면 언젠가는 추가적인 이익을 볼 수 있을 것이다. 시간이 지남에 따라 주가가 정보를 반영하여 상승할 것이기 때문이다.

(4) 효율적 시장가설과 주식수익률

효율적 시장가설을 지지하는 학자들은 실제 주식들 간의 주가 수익률 차이를 어떻게 설명하는가. 그들은 주가 수익률의 차이가 대부분 그 주식의 위험을 반영하는 것이라고 설명한다. 개별주식의 위험은 증권시장선의 β_i(위험)값에 따라 결정된다. 즉, β_i값이 크면 위험이 큰 주식이고 β_i값이 작으면 위험이 작은 주식이다. 증권시장선이란 개별주식 i의 위험(β_i)과 개별주식 i의 위험프리미엄간의 관계를 나타내는 것이다. 따라서 증권시장선은 개별주식의 기대수익률이 시장포토폴리오 수익률과 개별주식 수익률간 공분산의 크기를 나타내는 개별주식의 위험이 크기 β_i에 비례하여 결정됨을 나타낸 것이다. 따라서 현실에 존재하는 주식들 사이의 수익률 차이는 대부분 β_i값의 차이에 따라 결정된다는 것이다. 이때 위험한 주식일수록 주가가 더 낮아야 한다. 그래야만 위험이 큰 주식을 보유하려는 인센티브가 위험기피적 투자자들에게 생길 수 있기 때문이다. 이때 현재의 낮은 주식가격은 미래에 보다 큰 수익을 낳을 수 있는 기회를 의미하므로, 주가가 낮을수록 그 주식의 예상수익률은 그만큼 더 높아진다.

따라서 효율시장가설을 지지하는 학자들은 개별 주식의 위험도를 고려해 이것을 동일하게 처리해 주면, 현실에 존재하는 주식 수익률의 차이는 대부분 사라진다고 주장한다. 예를 들어 A사와 B사 주식의 연간 평균수익률이 각각 12%와 8%라 하자. 이때 A사 주가가 B사 주가보다 4% 정도 높은 수익률을 보이는 것은, A사 주식이 B사 주식보다 위험한 것에 대한 보상이라는 것이다. 다시 말해, 이 4%는 A사 주식에 대한 위험프리미엄이라는 것이다. 따라서 A와 B의 주식수익률 사이에 4%의 차이가 나는 것처럼 보여도 위험프리미엄을 고려한 실질수익률은 둘 다 8%로 동일하므로 차익거래가 발생할 이유는 없다.

한편 주가 수익률의 차이를 설명하는 또 하나의 요인으로 유동성을 들 수 있다. 예를 들어 생각해 보자. 주식을 보유하고 있다가 갑자기 현금이 필요하여 주식을 팔아야 하는 상황에 처한 투자자가 있다고 하자. 이때 거래가 항상 활발한 주식은 시장에서 손쉽게 팔 수 있다. 하지만 거래가 활발하지 못한 주식을 빨리 팔기 위해서는 제 가격보다 싼 값에 팔아야 할 것이다. 따라서 비유동적인 주식은 급히 현금이 필요할 때 가격 하락에 의한 손실에 더 크게 노출되어 있다. 일반적으로 유동성이 낮은 주식은 유동성이 높은 주식에 비해 수익률이 더 높다. 이것은 유동성이 낮은 데 대한 보상으로 유동성 프리미엄이 수익률의 형태로 추가되기 때문이다.

새로운 정보에 대해 가격이 신속하고 정확하게 반응한다면, 묵은 정보를 이용해 투자자가 돈을 벌기란 불가능하다. 여기서 돈을 번다는 것은 리스크와 유동성을 감안한 초과수익을 얻는다는 것을 의미한다. 그러므로 묵은 정보를 기초로 일정 기간 동안 평균적으로 양의 수익을 얻는다는 사실 자체가 시장비효율을 말해 주는 증거는 아니다. 그런 이윤은 투자자의 위험부담과 유동성 희생에 대한 공정한 시장보상일 수 있기 때문이다. 문제는 특히 위험을 측정하는 일이 어렵고 논쟁적이라는 점이다. 위험 측정에는 위험과 수익률 간의 관계에 대한 모형이 필요하다.

3. 금융혁신

(1) 금융산업의 변화

최근 금융산업은 금융혁명 또는 금융혁신이라고 불리울 정도로 빠르고 구조적인 변모를 진행하고 있다. 인플레이션, 이자율, 환율, 조세구조, 경제활동 등의 격심한 변화로 금융환경이 크게 바뀌고 있는데다 금융산업에 대한 규제완화와 기술발전이 금융산업의 혁신을 가속화하고 있는 것이다.

금융혁신은 특히 새로운 금융상품의 개발과 금융경로, 즉 금융기관이 고객에게 상품을 제공하는 과정상의 혁신을 가져왔다. 금융상품 면에서의 혁신은 유동성과 수익성이 높으면서 효율적인 위험관리기능이 강화된 신상품의 개발이나 기존상품의 질적 심화를 말하고, 금융경로면의 혁신은 기술혁신에 따른 거래비용의 절감이 가져온 결과로 금융서비스 매체의 발전, 금융기관간의 연계체계 강화 등을 통한 다양한 서비스의 결합 등 거래과정의 혁신을 의미한다.

이와 같은 금융혁신이 일어나게 된 근인은 크게 적응적 혁신과 기술적 혁신으로 나누어 볼 수 있다. 적응적 혁신은 금융기관들이 금융환경과 구조의 변화에 효과적으로 적응하기 위해 새로운 금융상품과 시장영역을 개발하는 과정에서 창출된 것이다. 적응적 혁신은 과거 금융산업에 대한 규제가 지속될 때에도 이를 효과적으로 우회하거나 회피하기 위해 여러 형태로 존재하여 왔었다. 미국의 경우 금리나 업무영역에 대한 정부의 규제를 회피하기 위해 만든 CD나 RP, MMMF 등의 금융상품과 은행지주회사의 설립 운용 등이 그것이다.

그러나 적응적 혁신이 본격적으로 전개된 것은 금융산업에 대한 규제의 완화, 즉 자유화가 진전되고서부터라고 하겠다. 금리, 환율 등 금융상품의 가격이 자유화되고 금융기관간 업무영역에 대한 제한이 완화됨에 따라 각종 금리 및 가격변동위험을 회피하기 위한 위험헤징상품과 금융기관들의 업무영역의 확대와 제휴 등에 따라 결제기능과 투자기능이 혼합된 상품 등 다양한 복합 및 제휴상품 등이 개발되고 있다. 특히 금융공학과 정보기술의 발달은 전통적인 금융기능의 분해와 재구성이 일어나면서 금융권역이 애매한 금융상품과 금융회사의 출현을 가속화하고 있다. 전통적인 금융상품의 현금흐름과 리스크를 재분배하는 파생금융상품의 등장과 전통적 금융기능 중 일부를 분해해서 비금융회사가 담당하는 것이 그 예이다. 규제완화는 특히 금융산업의 경쟁을 심화시켜 경쟁에서 살아남기 위해 금융기관들이 경쟁적으로 금융혁신을 가속화시키고 금융혁신은 기존의 규제의 실효성을 저하시킴으로써 다시 규제완화를 촉진시키는 상호인과 관계적 변모를 거듭하고 있다.

기술혁신은 컴퓨터와 통신 및 정보기술의 혁신에서 그 원천을 찾을 수 있다. 컴퓨터와 통신 및 정보기술이 결합된 새로운 정보체계는 금융기술의 변화, 즉 정보를 수집하고 생산하고 전달하는 기술발전의 결과 생산비용을 획기적으로 절감하는 동시에 시간과 공간적 거리를 크게 단축하여, 이를 이용한 금융상품과 금융경로를 창출함으로써 금융거래의 일대 혁신을 가져왔다. 전자자금이체제도(EFTS)와 전자은행으로 대표되는 금융경로의 발전과 이들을 이용한 각종 금융상품개발이 그것이다. 전자자금이체제도란 전표나 수표 등의 사용 없이 전화나 컴퓨터 등 전자적 수단을 이용하여 입금, 지급 또는 자금이체를 하는 것을 말한다. 전자은행이란 금융서비스의 전달경로를 전자화한 것으로 이를 통해 금융기관은 현금이나 서류 등을 직접 이동시키는 대신에 전자정보의 교환만으로도 금융거래를 수행하는 것으로 자동텔러기(ATM), 카드, PC뱅킹, 폰뱅킹 등과 최근 개발이 급진전되고 있는 가상 은행 등이 그 예이다.

인터넷과 같은 가상금융경로는 전통적인 거래경로는 말할 것도 없고 PC뱅킹이나 폰뱅킹보다 훨씬 낮은 거래비용으로 다양한 서비스를 제공함으로써 시장의 유동성을 더욱 제고시키는 동시에 쌍방적인 커뮤니케이션을 통해 정보의 생산 · 유통이 비약적으로 증가하면서 정보의 비대칭이 완화되어 시장참가자들을 크게 늘어나게 하고 있다. 앞으로는 인터넷이라는 가상공간과 실존하는 물리공간간의 결합으로 언제 어디서나 다양한 정보기기로 네트워크에 접속하여 필요한 정보를 얻는 이른바 'ubiquitous computing' 기술이 주류를 이룰 전망이며 이렇게 되면 금융기업의 핵심경쟁력이 종래의 영업 인력이나 점포망에서 정보통신기술 및 상품개발능력과 이를 이용한 이익창출 모형으로 이동될 것이다. 최근 빌 게이츠(Bill Gates)는 이와 같은 현상, 특히 영업점포의 무용성을 강조하여 앞으로 금융업은 필요하지만 금융기관은 필요없게 될 것이라고 말한 바 있다.

금융혁신은 금융시장의 효율성과 소비자잉여를 증대시키는 데 크게 기여하였지만 그 부작용도 적지 않다. 금융혁신을 남용한 데 대한 대가, 즉 금융혁신이라는 이름하의 거품과 심각한 투기현상의 발생이나 금융혁신으로 소비자들에게 돌아가야 할 이득을 금융전문가들이 차지하는 예 등이 그것이다. 오늘날 컴퓨터통신망을 통해 빛의 속도로 움직이는 국제금융시장은 직업적 금융투기꾼들의 환상적인 머니게임의 장이 되고 있다.

한편 최근에 들어 금융기업들이 추구해온 수익추구행태에 대한 비판도 증가하고 있다. 지금까지 금융기업들이 추구해온 수익추구행태에 대한 비판도 증가하고 있다. 지금까지 금융기업들이 추구해온 주요 수익모형, 즉 수수료 수입 증대 등을 통한 수익선 다변화, 효율성 및 비용절감을 위한 합병 그리고 유동성 및 리스크관리를 위한 자산유동화 및 증권화 등은 고객의 희생을 바탕으로 하고 있다는 것으로 앞으로는 고객 중심적이고 고객의 충성도를 확보하는 수익모형으로 바뀌어야 한다는 것이다. 지금까지 수익선 다변화는 고객에게 과다한 수수료 부담을 안겼고 합병이 과연 주주가치 증대에 기여하였는가에 대한 의문과 함께 합병으로 인한 인원삭감으로 대고객 서비스의 질이 낮아졌으며 자산유동화는 고객에게 유동화자산의 리스크를 전가하고 유동화 자산과 관련된 고객과의 관계가 단절되는 부작용을 낳았다는 것이다.

(2) 금융혁신의 특성

1) 자유화

금융자유화는 금융산업에 대한 각종 규제의 완화를 의미한다. 이러한 규제에는 금융상품의 가격에 대한 규제, 업무영역에 대한 규제, 금융기관 자산부채관리 및 각종 경영에 대한 규제 등이 포함되며, 금융기관의 경영환경과 경제정책의 효과 등에 지대한 영향을 미친다.

우선 금융자유화가 금융기관의 경영에 미치는 영향을 보면, 첫째 각종 금리와 수수료의 자유화는 가격경쟁을 유발하여 종래 예금과 대출마진에 의존하던 금융기관들의 수익성악화를 초래할 것이며, 또 대부분의 금융상품들이 시장의 실세금리에 연동됨으로써 금융자산의 금리변동성이 증대되어 금융기관들이 보다 큰 금리 변동위험에 노출될 것이다. 둘째, 컴퓨터와 통신 및 정보기술의 발달은 금융시장을 확대하고 심화시킬 뿐만 아니라 금융상품들의 새로운 유통시장을 촉진하게 되어 이른바 종합금융체제가 가속화될 것이다. 셋째, 정부가 금융기관에 대한 간섭을 배제하고 자율성을 보장하므로써 책임경영체제의 확립과 위험관리가 중요한 과제로 등장할 것이다. 넷째, 업무영역의 확대로 투자자산에 대한 가격변동위험이 증대되고 급변하는 금융환경에 신축적으로 대응하기 위해 자산부채관리기법을 도입함으로써 이에 따른 유동성위험 및 안전성위험에 대한 관리의 필요성이 크게 부각될 것이다.

금융자유화의 거시경제적 영향으로는 첫째, 금융자유화는 시장가격의 변동성과 왜곡을 증대시킬 가능성이 크다. 둘째, 정보의 불안정성 및 비대칭성이 존재할 경우에는 신용배분에 있어서 역선택과 도덕적 해이를 야기시킬 가능성이 있다.

2) 기계화

금융산업의 기계화란 기술혁신이 가져온 금융산업의 변화를 말하는 것으로 금융기술혁신은 금융산업을 종합정보산업으로 변모시켜 나갈 것이다. 지금까지 금융산업에 가장 큰 변화를 가져온 기술혁신분야는 자동이체제도와 전자은행제도라 할 수 있다.

3) 증권화

금융의 증권화란 종래 금융거래의 주류를 이루었던 대차형식의 채권·채무관계를 증권화하여 증권거래 형식으로 변모한 것을 말한다. 즉, 유동성이 부족한 금융자산을 유동성과 수익성을 동시에 충족하는 자본시장 증권으로 전환시키는 과정이다. 금융의 증권화는 예금 및 대출시장으로 나누어 볼 수 있다. 예금시장의 예로는 CD를, 그리고 대출시장의 경우 저당대출담보증서나 기타 일반대출증서를 집합하여 만든 각종 담보부증권 등을 들 수 있다.

4) 범세계화

금융의 범세계화는 전산정보망을 통하여 금융업을 영위하는 것을 뜻하는 것으로 이는 곧 금융의 국제적 통합을 가속화하는 요인으로 작용한다. 최근에 이르러 금융시장의 범세계화는 그 속도가 더욱 빠르게 진행되고 있다. 예컨대 국제금융시장이 금융기관들에게 옵션 및 선물거래 등 각종 위험을 관리할 수 있는 시장을 제공하고 각국의 시장에서 거래되는 유사한 상품들의 가격이 비슷한 방향으로 움직이는 이른바 금융상품거래의 동조화 현상이 두드러지게 증대하고 있다.

한편 최근에 들어서는 범세계화와 현지화의 합성어인 국지화라는 용어가 등장하고 있는데 이는 국경을 넘어 전개되는 금융의 범세계화와 진출지역에 특화된 현지화업무가 동시에 추구된다는 것을 의미한다.

5) 개방화

최근 자유무역실현을 위한 국제간 협력의 움직임은 각국의 금융시장개방을 더욱 촉진할 것이다. 특히 최근 WTO체제의 출범이후 국가간의 실질적인 개방을 추진하기 위하여 다음과 같은 주요 의제에 대한 원칙을 규정한 부속서를 제정하였다.

① 시장접근

금융서비스의 자유로운 교역을 위해 지점, 현지법인, 기존 금융기관의 인수 및 합병 등 모든 형태의 금융기관 설립과 서비스 공급기관이 원하는 공급형태로 국내시장 진출을 목표로 하고 있다.

② 내국인대우

내국인대우란 국내에 진출한 외국금융기관에 대해 국내금융기관과 동등한 대우를 부여하는 것을 말한다.

③ 금융서비스의 국가간 이동

금융서비스의 국가간 이동이란 특정국가의 금융기관이 다른 나라에 금융기관을 설립하지 않고도 다른 나라의 거주자에게 금융서비스를 공급할 수 있다는 것이다.

④ 최혜국대우와 무차별주의

최혜국대우란 한 국가가 일단 특정국에 자유화한 양허혜택을 조건 없이 모든 체약국에 동등하게 적용해야 한다는 원칙이다. 무차별원칙은 한 체약국이 특정 서비스분야에 대한 진입조건을 부과함에 있어 모든 체약국의 서비스공급자에게 차별을 두지 않고 취급해야 한다는 것으로 최혜국대우에 비하여 소극적인 개념이다. 지금까지 금융산업은 전형적으로 상호주의에 입각한 쌍무계약에 의해 개방이 이루어져 왔는데, 동 원칙이 적용될 경우 쌍무협상에 의해 특정국에게 제공한 자유화 혜택이 체약국 모두에 적용됨으로써 개방이 더욱 가속화하게 된다.

⑤ 공개주의

공개주의란 외국금융기관의 시장접근 및 영업활동과 관련되는 모든 법과 규정이 공개되어야 한다는 것이다.

⑥ 대중화

최근 금융산업의 중요한 변모 중의 하나는 기업을 주요 고객으로 하던 종래의 도매금융형태에서 소비자대출, 주택금융, 이 밖에 개인에 대한 결제서비스나 금융자문서비스를 제공하는 이른바 소매금융으로 확대되고 있다는 것이다. 이와 같은 변모의 주요원인으로는 직접금융시장의 발달로 대기업들이 은행 등 간접금융기관에의 의존도가 상대적으로 감소하였고, 경제 및 사회발전과 함께 소비자들의 주권의식이 제고되었으며, 기술혁신으로 소비자들의 다양한 욕구에 부응할 수 있는 상품을 개발할 수 있었다는 점 등을 들 수 있다.

⑦ 양극화

향후 금융산업은 규모의 경제와 범위의 경제를 추구하는 대형화된 금융기관과 전문화를 추구하는 소형전문화 금융기관으로의 양극화 현상이 두드러질 것이다.

제 3 절 금융시장의 유형과 특징

금융시장은 금융상품의 만기나 특징, 거래단계 및 거래장소 등을 기준으로 여러 유형으로 분류된다. 이에는 단기금융시장과 자본시장, 채무증서시장과 주식시장, 발행시장과 유통시장, 거래소시장과 장외시장 등이 있는데 이 절에서는 이들의 주요특징을 살펴보기로 한다.

1. 단기금융시장과 자본시장

금융시장은 거래 금융상품의 만기를 기준으로 단기금융시장과 자본시장으로 구분된다. 단기금융시장은 보통 만기 1년 이내의 금융자산이 거래되는 금융시장을 말하며 자본시장은 만기 1년 이상의 장기채권이나 만기가 없는 주식이 거래되는 시장을 의미한다. 단기금융시장은 기업, 개인 또는 금융기관이 일시적인 여유자금을 운용하거나 부족자금을 조달하는 등 개별 경제주체들의 유동성 보유에 따른 기회비용을 최소화하는 데 활용된다. 우리나라의 단기금융시장으로는 콜시장, 기업어음시장, 양도성예금증서시장, 환매조건부채권매매시장, 표지어음시장, 통화안정증권시장이 있다. 한편 자본시장은 주로 기업, 정부 등 자금부족 부문이 자금잉여부문으로부터 장기적으로 필요한 자금을 조달하는 데 활용되고 있어 장기금융시장이라고도 부른다. 우리나라의 자본시장에는 주식이 거래되는 주식시장과 국채, 회사채 및 금융채 등이 거래되는 채권시장이 있다.

단기금융상품은 채권이나 주식에 비해 거래가 대규모로 이루어지고 유동성이 높을 뿐만 아니라 만기가 짧아 금리변동에 따른 자본손실위험이 작다. 반면에 채권은 단기금융 상품에 비해 상대적으로 유동성이 낮을 뿐 아니라 금리변동이 금융자산 가격에 미치는 영향이 커서 시장위험이 크다. 또한 채권은 정부, 금융기관, 우량기업은 물론 신용도가 낮은 기업도 발행할 수 있기 때문에 신용위험이 크다. 한편 주식은 기업자산에 대한 청구권이 일반채권보다 후순위에 있을 뿐만 아니라 가격변동의 폭이 커서 투자위험이 더욱 크다. 따라서 이들 장기자산은 주로 미래의 자금지출에 대한 불확실성이 낮은 금융기관이나 개인들이 장기적인 관점에서 투자하는 경우가 많으며 투자에 따른 위험을 회피하기 위해 선물, 옵션, 스왑 등 파생금융상품에 대한 투자를 병행하는 경우가 대부분이다.

한편 단기 금융시장과 자본시장은 중앙은행의 통화금융정책과 밀접한 관계를 가지고 있다. 우선 단기금융시장은 금리조정 또는 유동성조절 등 중앙은행의 통화금융정책이 일차적으로 영향을 미치는 시장으로 통화금융정책의 변화에 가장 민감하게 반응한다. 이러한 단기금융시장의 변화는 장기채권 수익률과 주가 등 자본시장의 주요변수에 파급되고 최종적으로 기업의 차입비용과 투자결정, 그리고 가계소비에 영향을 미침으로써 실물경제활동과 물가를 변동시키게 된다. 이러한 점에 비추어 자본시장은 통화금융정책이나 단기금융시장의 변동이 실물경제나 물가에 영향을 미치는 과정에서 중간다리 역할을 수행하고 있다고 볼 수 있다. 그러나 자본시장은 통화금융정책 이외에도 예상 실질성장률, 기대 인플레이션, 재정수지, 기업수익성, 시장수급여건 등 다양한 용인에 의해 영향을 받기 때문에 통화금융정책과의 관계가 단기금융시장에 비해 간접적이고 복잡하다는 점이 특징이다.

2. 채무증서시장과 주식시장

금융시장은 증권 또는 증서의 발행자가 부담하는 의무와 소유자가 누리게 되는 권리를 기준으로 채무증서시장과 주식시장으로 구분된다. 채무증서시장이란 기업이나 가계 등 자금부족부문이 만기까지 일정한 이자를 정기적으로 지급할 것을 약속하고 발행한 채무증서가 거래되는 시장으로서 증서소유자는 이자와 원금에 대한 청구권을 갖는다. 채무증서는 만기 1년 이내의 단기, 1년과 10년 사이의 중기, 10년 이상의 장기로 구분된다. 우리나라의 채무증서시장으로는 기업어음, 양도성예금증서, 표지어음, 통화안정증권, 국채, 회사채, 금융채 시장 등이 있다.

주식시장이란 주식이 거래되는 시장으로서 주식은 기업의 순이익과 자산에 대한 주주의 지분을 나타낸다. 주주는 주식소유자로서 기업 순이익에 대한 배당청구권뿐만 아니라 기업 청산 시 채무를 뺀 잔여재산에 대해 지분청구권을 행사할 수 있다. 우리나라의 주식시장에는 거래소시장, 코스닥(KOSDAQ)시장 등이 있다. 주식 및 채무증서의 가장 큰 차이는 기업이 부도가 나서 청산할 경우 채무증서 소유자는 우선변제권을 행사할 수 있는 반면 주주는 모든 기업채무를 정산한 다음 잔여자산에 대하여 지분권을 행사할 수 있다는 점이다.따라서 주식은 채권보다 기업부도발생에 따른 위험이 크다. 또한 채무증서 소유자는 이자 및 원금 등 고정된 소득을 받게 되므로 미래의 현금흐름이 안정적[3]인 데 비하여, 주주의 경우 기업의 자산가치나 손익의 변동에 따라 이익을 볼 수도 있고 손해를 입을 수도 있다. 따라서 주식은 채무증서보다 자산가치의 변동성이 크다.

한편 채무증서와 주식의 성격을 복합적으로 가지고 있는 금융상품으로 전환사채와 우선주를 들 수 있다. 전환사채는 주식전환권을 부여하는 회사채로서 일정한 조건이 충족되면 언제든지 주식으로 전환할 수 있다.우선주는 의결권이 없는 대신 이익배당 및 잔여재산 분배 시 보통주에 비해 우선권이 인정되는 주식을 말한다. 이들 전환사채와 우선주는 일정한 소득을 지급받을 수 있다는 점에서 일반적으로 고정소득증권으로 분류된다.

3. 발행시장과 유통시장

금융시장은 거래단계에 따라 발행시장과 유통시장으로 구분된다. 발행시장은 단기금융상품이나 채권, 주식 등 장기금융상품이 새로이 발행되는 시장이며 유통시장이란 이미 발행된 장단기 금융상품이 거래되는 시장을 의미한다. 대표적인 발행시장으로 국채, 회사채 등 채권발행시장과 주식발행시장을 들 수 있다. 발행시장에서 증권은 직접발행이나 간접발행 방식으로 발행되는데 간접발행시 발행과정에서 인수기관이 중심적인 역할을 수행하게 된다.[4] 인수기관은 해당증권의 발행사무를 대행함은 물론 발행위험의

---

3) 변동금리부 채권의 경우에는 이자가 시장금리에 따라 변할 수 있으나 주식에 비해서는 현금흐름이 안정적이라 할 수 있다. 한편 채권을 만기까지 보유할 경우 채권소유자의 소득은 이자 및 원금 등으로 고정되어 있으나 만기전 매각시에는 시장금리 변동에 따른 자본손실 위험이 발생하게 된다.

4) 유가증권 발행은 발행위험과 발생사무의 부담주체를 기준으로 직접발행과 간접발행으로 구분되는데 직접발행이란 발행기관이, 간접발행이란 인수기관 등이 발행사무와 발행위험을 부담하는 것을 말한다. 여기서 발행위험이란 발행된 유가증권이 최종투자자에게 전액 매각되지 못할 경우 발생하는 비용을 의미한다.

전부 또는 일부를 부담하며 시장조성 기능을 수행한다. 우리나라의 경우 주식이나 회사채를 공모할 때 증권회사가 인수기능을 수행하고 있으며 정부가 국고채를 발행할 때에는 국채전문딜러가 경쟁 입찰에 독점적으로 참여하고 매수매도호가 공시 등 시장조성 의무를 담당하고 있다.

한편 유통시장에는 상장 주식 또는 채권이 거래되는 증권거래소나 선물, 옵션 등 파생금융상품이 거래되는 선물거래소, 그리고 주로 비상장 주식이나 채권이 거래되는 장외시장 등이 있다. 유통시장은 이미 발행된 회사채나 주식을 쉽게 현금화할 수 있게 함으로써 해당 금융상품의 유동성을 높여준다. 아울러 유통시장은 금융상품의 발행가격을 결정하는 데 중요한 역할을 한다. 투자자들은 발행시장과 유통시장의 가격을 비교하여 보다 낮은 가격에 상품을 매입하게 되므로 유통시장은 해당 금융상품의 발행시장에 커다란 영향을 미치게 된다. 즉 유통시장의 가격이 높을수록 발행가격이 높아지며 발행기업은 낮은 비용으로 필요한 자금을 조달할 수 있게 된다. 그러나 유통시장의 비효율성 등으로 낮게 형성되거나 불안정하면 기업의 자금조달비용이 늘어나게 된다.

4. 거래소시장과 장외시장

금융시장은 금융상품의 거래장소와 거래방법에 따라 거래소시장과 장외시장으로 구분된다. 거래소시장은 시장참가자가 특정 금융상품에 대한 매수매도 주문을 중앙 집중적 장소인 거래소에 보내고 거래소는 이를 경쟁입찰원칙 등 표준화된 규칙에 의해 처리하는 조직화된 시장으로 장내시장이라고도 부른다. 거래소시장은 시장참가자들 간의 거래관계가 다면적이고 거래소에 집중된 매수매도주문의 상호작용에 의해 가격이 결정된다는 점을 특징으로 한다. 따라서 거래상대방을 알 수 없으며 거래정보가 투명하다는 점이 특징이다. 우리나라의 거래소시장에는 증권거래소, 선물거래소가 있으며 이 거래소에 증권회사 또는 선물회사가 회원으로 가입하여 상장 주식, 채권, 선물 및 옵션 상품을 거래하고 있다.

장외시장은 거래소 이외의 장소에서 상장 또는 비상장 유가증권의 거래가 이루어지는 시장을 말하며 크게 직접거래시장과 딜러/브로커[5] 등이 거

5) 딜러는 공시한 매수매도호가로 자기계산과 책임하에 금융상품을 매매하는 자기매매기관으로 매수매도호가 스프레드를 수익기반으로 하며 브로커는 매매사무를 단순 대행하고 그 대가로

래를 중개하는 점두시장으로 구분된다. 직접거래시장은 매매당사자간의 개별적인 접촉에 의해 거래가 이루어지므로 동일한 시간에 동일한 상품의 가격이 서로 다르게 결정되는 등 비효율적인 면을 지니고 있다. 한편 점두시장은 딜러/브로커 간 시장과 대고객시장으로 구분되는데 모두 딜러/브로커 상호간 또는 딜러/브로커와 고객간의 쌍방거래로 이루어진다. 또한 거래가격도 딜러/브로커가 고시한 매수매도호가를 거래상대방이 승낙하여 결정되기 때문에 거래정보의 투명성이나 거래상대방의 익명성이 낮은 것이 특징이다. 우리나라의 대표적인 장외시장으로는 장외 채권시장과 장외주식의 호가중개시장인 제 3 주식시장 등이 있으며 콜, 양도성예금증서, 기업어음 등 단기금융시장은 물론 외환 및 외환 파생상품시장, 이자율 및 통화 스왑시장 등도 이에 속한다.

제 4 절 금융기관의 역할과 경영원칙

1. 금융 중개기관의 역할

금융시장에서 자금의 수요자와 공급자 간에 자금의 흐름을 중개하는 경제주체를 금융 중개기관 또는 금융기관이라 한다. 이들 금융 중개기관들은 그들이 매입한 자산을 근거로 자신의 명의와 책임하에 새로운 금융자산을 창출하여 금융시장에 판매하는데, 이렇게 금융 중개기관이 자신의 명의로 새로운 금융청구권을 창출하여 이를 널리 매각하는 행위를 금융중개라 한다. 금융 중개기관들은 다양한 서비스를 제공하는데 이 중 가장 기본적인 것은 투자관리로서의 역할을 수행하는 것이다. 이러한 역할을 효율적으로 수행하기 위해서는 나름대로의 독특한 금융서비스를 제공해야 하는데, 이는 시장의 불완전성을 전제로 하는 금융중개를 통하여 달성할 수 있으며 이의 요인에는 거래비용, 정보비용 그리고 정보의 비대칭성이 있다.

(1) 거래비용 절감기능

금융 중개기관은 분산투자를 통하여 소규모 투자자들이 현실적으로 당

수수료를 지급받는 위탁매매기관을 의미한다.

면하고 있는 높은 거래비용과 증권의 불가분성에서 발생하는 문제들을 해결하면서 이익을 추구한다. 이렇게 금융 중개기관이 이익을 추구할 수 있는 것은 규모의 경제를 통해 거래비용을 절감할 수 있고 또한 거래비용을 낮출 수 있는 전문적인 지식을 가지고 있기 때문이다. 금융거래 비용은 자금거래와 관련한 정보를 획득하는 비용에는 탐색비용과 위험비용이 있다.

대체적으로 금융 중개기관들은 개인들에 비해서 낮은 비용으로 정보를 획득할 수 있다. 대출과 같은 금융상품 창출에 관련된 정보비용 측면에서도 금융중개기관은 업무영역을 전문화하여 규모의 경제를 달성할 수 있으며, 거래당사자의 탐색이라는 측면에서도 비용을 줄일 수 있다. 위험비용이란 자금수요자의 신용상태를 분석하고 또 자기 책임하에 자금을 제공함에 따라 발생할 수 있는 위험을 말한다.

(2) 정보의 불완전성 완화기능

거래당사자 중 어느 일방이 정보의 불평등 상황하에 처해 있는 경우를 비대칭정보라 한다. 즉, 비대칭정보란 거래당사자 중 어느 일방에 정보가 집중되어 공정한 경쟁을 할 수 없는 상황을 일컫는다. 이러한 정보의 비대칭문제를 금융시장에 적용하면 역선택과 도덕적 해이라는 문제가 제기된다. 통상 자금공급자는 자금수요자에 대하여 합리적인 의사결정을 내리는데 필요한 만큼의 정보를 가지고 있지를 못한다. 자금 수요자에 대한 정보부족은 역선택과 도덕적 해이라는 문제를 제기하며, 이는 금융시장의 비효율성을 초래하는 주요 원인으로 적용한다. 따라서 정보의 비대칭성과 같은 정보의 불완전성이 존재하는 경우에는 자금의 원활한 거래가 저해받으며, 궁극적으로는 자금배분의 효율성이 저하되며 다음과 같은 문제들이 발생할 수 있다.

1) 역선택 문제의 발생가능성

역선택이란 품질이 나쁜 상품이 거래되는 현상으로서 흔히 레몬문제라고도 한다. 여기서 레몬이란 품질이 형편없는 중고차를 의미한다. 역선택 문제가 발생하는 이유는 거래 쌍방간에 존재하는 정보의 비대칭성이다. 역선택 현상은 우리의 생활주변에서 흔히 찾아볼 수 있다. 예로 중고 자동차를 사려고 하는 경우, 우리는 당연히 결함이 없는 차를 선택하려고 한다. 그러나 자동차의 상태를 정확히 판단할 수 있는 능력이 없다면 상태가 좋은 자동차는 값이 비싸기 때문에 선택하지 않고 값이 싸게 나온 자동차를 선택할 가능성이 높다. 이 경우 우리는 상태가 좋은 자동차를 선택하려 했음에도 불구하고 자동차 상태에 대한 정보를 가지고 있지 않기 때문에 결과적으로 상태가 나쁜 자동차를 선택하는 잘못을 범하게 된다.

역선택의 문제는 상대방에 관한 감추어진 정보를 사전에 알 수 없다는 사실에서 기인한다. 금융시장에서 가장 신용위험이 높은 자금수요자들은 적극적으로 대부를 받고자 모든 노력을 기울이는 것이 일반적이다. 따라서 신용위험이 낮은 자금수요자에 비하여 이들이 차입자로 선정될 가능성이 높다. 이와 같이 신용위험이 높은 자금수요자가 실제로 차입자로 선정되는 경우를 금융시장에서 역선택이 발생한다고 말한다. 역선택은 신용위험이 높은 차입자에게 자금이 대출될 가능성을 크게 하므로 자금공급자는 신용위험이 낮은 자금수요자에게조차도 자금지원을 기피하게 한다. 즉, 역선택은 금융시장에서 자금흐름을 왜곡시키는 결과를 초래하며, 결국에는 신용시장을 붕괴시킬 수도 있다.

예를 들어 설명해 보자. 대부자가 우량한 차입자와 불량한 차입자를 정확히 구별할 수 있는 정보가 없는 경우, 모든 차입자들을 불량한 차입자로 간주하고 대부조건을 결정함으로써 결과적으로 자신의 의도와는 반대로 불량한 차입자를 선택하게 된다. 예로 파산위험이 5%인 갑은 연리 10% 금리로 차입하려 하고, 파산위험이 30%인 을은 연리 15% 금리로 차입하려 한다고 하자. 이 경우 대부자가 갑과 을의 파산위험을 판단할 수 있는 신용정보를 가지고 있지 않다면 대부자는 당연히 연리 10% 금리를 지불하려는 갑보다 연리 15%를 지급하려는 을을 선택하게 될 것이다. 결국 대부자는 우량한 차입자에게 자금을 공급하고자 했던 자신의 의도와는 달리 불량한 차입자인 을을 선택하는 잘못을 범하게 되는 것이다.

2) 도덕적 해이의 발생가능성

도덕적 해이는 거래의 일방이 거래 상대방의 이기적인 행동을 관찰할 수 없다는 데에서 기인하는 것이다. 이는 차입자가 대부자에게 불리한(비도덕적인) 결과를 초래할 수 있는 행동을 취하는 경우이다. 여기서 불리한 행동이란 대출금이 상환될 가능성을 작게 하는 행동을 말한다. 어느 중소기업체의 사장이 직원들 임금지급 명목으로 은행에서 대출을 받아 실제로는 도박하는 데 탕진한 경우가 도덕적 해이의 전형적인 예이다. 따라서 역선택의 경우와 마찬가지로 도덕적 해이의 발생은 신용시장의 붕괴를 초래할 수도 있다.

정보 비대칭으로 인한 금융거래상의 문제는 자금거래가 이루어지고 난 후에도 도덕적 해이라는 형태로 나타난다. 도덕적 해이란 상대가 알지 못한다는 점을 이용하여 의도적으로 당초의 약속과는 다른 방향으로 행동하는 것을 말한다. 예를 들어 위험을 축소하고 배분하기 위해 가입하는 보험으로 인해 보험가입자의 위험이 더욱 증가하는 현상이 이에 속한다. 금융시장에서 도덕적 해이의 문제란 차입자가 대부자의 의도와는 달리 행동하여 대출자금의 효율적 이용이 저해되는 현상을 의미한다. 정보가 비대칭적인 경우 대리인(자금수요자)이 주인(자금공급자)의 이해에 반하는 선택과 행동을 할 수 있으며 이로 인해 양자간에 이해상충과 갈등이 발생하는데, 이를 흔히 주인-대리인 문제라 한다.

이러한 문제를 피할 수 없는 상황에서 대부자들은 차입자들을 선별하고 감시하는 데 따르는 비용, 즉 대리인 비용을 부담해야 한다. 대리인 비용으로 인해 주인은 대리인의 행동을 사무적으로 충분히 파악하고 감시하기가 어려워지며 대리인은 신의 · 성실의 원칙을 위배하여 도덕적 해이를 범할 유인을 갖게 된다. 주식발행을 통한 금융거래의 경우 주인은 주주 혹은 자산의 소유자를 의미하며 대리인은 경영자 혹은 자산의 관리자를 의미한다. 이 경우 주인과 대리인 문제란 대리인이 경영자가 주인인 주주의 의사와 달리 행동하는 것을 의미한다.

간접금융의 경우도 마찬가지다. 자금의 대부자인 주인의 의사와는 다르게 차입자인 대리인이 행동할 수 있기 때문이다. 비록 채권발행을 통한 자금조달은 고정된 원리금 부담을 발생시키므로 주식발행의 경우에 비해 도덕적 해이에 따르는 감시비용이 낮아지지만 위험 자체를 피할 수는 없다. 간접금융의 경우에도 차입자는 고정된 원리금 이외의 투자수익을 얻기 위하여 대부자에게 약정한 내용과는 달리 투자사업을 고위험 · 고수익을 추구하는 방향으로 운영할 유인을 가지고 있기 때문이다. 그 이유는 차입자의 경우 원리금을 넘는 이윤은 자신의 몫이 되므로 모험적 경영을 할 수 있고, 결과적으로 파산의 가능성이 상존하기 때문이다.

특히 순자산의 가치가 낮고 위험이 큰 투자를 계획하고 있는 차입자의 경우 일단 대출을 받고 난 후에는 모험적인 투자를 감행하여 높은 수익을 추구하는 것이 손실을 줄일 수 있는 방안이 된다. 투자가 성공하면 수익은 기업에 돌아오지만 파산하는 경우 기업이 보유하는 자산가치가 매우 줄어들어 기업은 손실이 미미한 반면에 투자실패로 인한 손실의 대부분을 자금의 공급자(채권자)가 떠맡을 수밖에 없기 때문이다.

이에 따라 기업은 차입규모를 더욱 확대하면서 모험적인 투자를 하게 되므로 투자의 위험성이 증대되고 파산가능성이 증대한다. 다시 말해서, 기업들은 부채규모가 커질수록 은행이 추가적인 대출을 더 해줄 수밖에 없다고 예상하고서 계속해서 부채를 확대해 나간다. 소위 말하는 대마불사(too big to fail) 현상이 발생하는 것이다. 이로 인해 대부자의 예상수익도 하락하게 된다. 따라서 금융시장에서 이러 문제들을 피할 수 없는 한 자금공급이 축소되고 결과적으로 투자와 실물 경제활동도 위축될 것이다.

도덕적 해이 현상이 발생하는 이유는 두 가지이다. 첫째는 정보 비대칭성으로 인해 대부자가 차입자의 숨겨진 정보와 행동을 알 수 없다는 점이다. 이 경우 차입자는 자금사용의 실제용도를 숨기고 대출을 받거나 혹은 대출을 받고 난 후에도 앞에서 설명한 바와 같은 이유로 인하여 더욱 위험이 큰 투자를 감행할 유인이 있다. 둘째는 세부적 계약 체결의 어려움 때문에 발생하는데, 이는 비용상의 문제와 제도적 요인 등이 원인이 된다.

정보의 비대칭성이 없다면 역선택의 문제나 도덕적 해이의 문제도 발생하지 않는다. 따라서 이 문제에 대한 원칙적 해결방안은 비대칭정보를 제거하여 거래 당사자에게 보다 정확한 정보를 제공하는 것이다. 예컨대, 민간기업(예, Standard & Poor's, Moody's 등) 정보를 수집하여 판매하기도 하는데, 이 경우에 정보취득 대가를 치루지 않은 자가 정보 취득 대가를 치른 자의 행동을 모방하는 데에서 발생하는 정보가치의 하락과 정보 판매시장의 몰락을 초래하게 하는 무임승차의 문제 그리고 정보 이용자가 좋은 정보와 나쁜 정보를 구별하지 못할 가능성과 관련된 신뢰성의 문제 등이 부수적으로 발생하게 된다.

그러나 금융 중개기관은 자신이 수집한 전문적인 정보에 근거하여 자산을 매입하고 보유함으로써 위의 두 가지 문제를 해결할 수 있다. 즉 금융중개기관은 자신이 수집한 정보를 포트폴리오 수익률에 반영할 수 있기 때문에 무임승차의 문제를 해결할 수 있고 또한 투자자산에 대한 금융기관 발기인들의 주식소유비율과 같은 신호를 통하여 정보의 신뢰성을 증대시킬 수가 있다. 즉, 금융기관은 정보획득의 용이성과 우월한 정보 분석능력을 갖추고 있기 때문에 자신이 가지고 있는 정보수집 및 정보 생산능력을 통해 보다 저렴한 비용으로 정보를 시장에 제공함으로써 정보의 비대칭성과 이에 따른 부작용을 감소시킬 수 있는 것이다.

공공재인 정보는 규모의 경제가 존재하며, 금융기관은 규모의 경제효과를 살려 결과적으로 저렴한 비용으로 보다 많은 자금의 거래를 가능하게 한다. 그리고 거래비용이 적을수록 자금이 증대하고 이자율이 낮아지므로 금융시장의 운영효율성을 증대시킨다.

(3) 자본 축적기능

금융기관은 다수의 소액 저축자로부터 자금을 축적하여 이를 투자자에게 투자자본으로 연결시키는 자본축적의 기능을 수행한다. 이러한 기능은 먼저, 변환 기능에서 기인하는 것으로 금융기관은 자금공급자의 기호에 맞는 조건으로 다양한 간접증권을 발행하여 자금을 조성하고, 이렇게 조성된 자금으로 자금수요자의 기호에 맞는 조건의 직접증권을 구입함으로써 자금을 공급하는 것이다.

다음으로는 위험절감 기능에서 기인하는 것으로, 금융기관은 금융기관의 중개가 없는 경우에 자금공급자가 부담해야 될 위험을 감소시켜 주는 기능을 갖고 있다. 여기에서 자금공급자기 부담해야 될 위험으로는 유동성 위험이 있는데 첫째, 금융기관은 유동성이 큰 상품을 제공하여 유동성 위험을 감소시켜 준다. 둘째, 대손위험으로 금융기관은 역선택을 방지하고 도덕적 해이를 감소시키며, 채권 보전장치를 통해 자금공급자가 안심하고 금융기관에 자금을 맡길 수 있도록 해준다. 셋째, 포토폴리오 위험으로 금융기관은 충분한 분산투자를 통해 자금공급자의 위험을 절감시킬 수 있다.

(4) 지불수단의 창출기능

금융기관은 수표의 발행을 통해 거래를 구체적으로 실행시키는 지불수단을 제공함으로써 거래를 활성화시키고 생산과 소비를 촉지시켜 경제성장에 기여한다. 이러한 지불수단의 예로는 각종 신용카드, 자동이체제도(EFTS) 등이 있다.

2. 금융기관의 경영원칙

금융기관의 경영토대가 되는 공신력을 확보하기 위해서 단기적으로 적절한 유동성을 확보하면서 장기적으로는 적정규모의 수익성을 확보하는 것이 필수적이다. 더불어 안전성과 건전성을 유지하는 것도 공신력을 확보하는 데 필요하다. 따라서 금융기관의 경영원칙으로는 유동성 원칙, 수익성 원칙, 안전성 원칙, 건전성 원칙 그리고 공공성 원칙 등이 제시된다.

(1) 유동성 원칙

금융기관의 유동성이란 고객의 예금인출 등과 같은 현금지급 요구에 언제나 부응할 수 있는 능력을 말한다. 통상 금융기관의 부채는 예치금으로 이루어져 있는데, 이 예치금은 고객이 언제든지 예금인출을 요구할 경우에 즉시 인출해 주어야만 한다. 그러나 금융기관의 자산은 즉시 현금으로 전환하기 어려운 대출금, 채권, 주식 등이 주종을 이루고 있어 충분한 유동성을 확보하기가 쉽지 않다. 만약 유동성이 부족하여 고객의 현금지급 요구에 즉각적이면서도 적절한 반응을 하지 못하는 경우 금융기관의 공신력은 치명적인 손상을 입을 수 있다. 그런데 금융기관의 유동성 확보는 수익성 등 또 다른 경영원칙상의 목표와 상충되는 경우가 일반적이어서 신중한 자산관리와 부채관리가 요구된다.

다시 말하면, 유동성 원칙은 예금의 인출에 대비한 적정규모의 유동성, 즉 현금통화 또는 현금통화에 준하는 금융자산을 보유해야만 한다는 것이다. 이를 위해 중앙은행은 법정 지급준비 제도를 부과하여 각 금융기관으로 하여금 유동성 확보를 의무화하고 있으며 자금부족의 발생에 대비한 재할인제도를 확립하여 금융위기를 미연에 방지하고 있다. 그러나 오늘날 법정 지급준비 제도와 재할인제도는 유동성 확보라는 본래의 목적보다는 통화금융정책의 수단으로 활용되고 있는 상황이다. 유동성을 평가하는 지표로는 예·대비율, 유동성 자산비율 그리고 고정자산 투자비율 등 각종 재무비율이 이용되고 있다.

(2) 수익성 원칙

금융기관이 기업으로 존속하고 또 영속적인 기업활동을 위해서는 적절한 수익성이 확보되어야 한다. 금융 중개기관은 간접증권의 발행을 통하여 조성된 자금을 직접(본원)증권에 투자함으로써 수익과 비용을 발생시키는데, 이때 금융 중개기관의 주주 및 관련자들의 요구를 충족시킬 수 있는 충분한 수익률이 보장되는 자산에 투자되어야 하며 이를 위해 적절한 자산관리 및 부채관리가 필요하다. 금융기관의 수익성을 평가하는 지표로는 총자산수익률(세후순이익/총자산)과 자기자본 이익률(세후순이익/자기자본) 그리고 총 자본이익률[(영업수익－영업비용)/총지급]이 있다.

(3) 안정성 원칙

금융기관의 안전성은 금융기관의 공신력 유지를 위해서 지불능력이 갖추어져야 한다는 것을 의미한다. 즉, 금융기관의 공신력을 유지하기 위하여, 보다 근원적인 지불능력 또는 청산능력을 갖추어야 한다는 원칙이다. 이 경우 지불능력이란 금융기관의 자산가치 규모가 부채가치의 규모보다 높아 부채를 완전하게 변제할 수 있는 능력을 말한다. 금융기관의 경우 특히, 자본금의 규모가 낮기 때문에 자산가치의 변동에 매우 민감하다. 이러한 금융기관의 자산가치를 감소시키는 위험의 원천으로는 이자율의 변화로 인해 금융 투자자산의 손실이 초래되는 이자율 위험과, 대출금의 상환 불능사태 발생 또는 보유하고 있는 금융증권의 질적 저하 및 채무 불이행으로 야기되어 투자손실이 발생하는 신용위험이 있다.

금융기관의 청산능력은 사내보험의 축적 등을 통한 자기자본의 충실화 정도, 총자산 가운데 불건전 자산의 비율 정도와 같은 부채의 정도와 이들의 질적 구성 등으로 평가된다. 그리고 안정성을 평가하는 기준으로는 예금의 자기자본 비율[자기자본/(예금＋저축채권)], 예금에 대한 내부 유보비율, 대손 및 퇴직급여 충당금비율, 적립금비율(＝적립금/납입자본금), 외부부채비율[순외부부채/(예금＋저축채권)] 등이 있다.

(4) 건전성 원칙

건전성 원칙이란 금융기관이 위험을 부담하되 그것이 금융기관의 건전경영으로부터 벗어나서는 안 된다는 것을 의미한다. 건전성을 확보하기 위해서는 대출기업의 수익성, 차입자의 인격 등에 관한 철저한 신용조치를 우선적으로 고려해야 하며 필요한 경우에는 담보설정 등을 통하여 대출금의 신용위험을 최소화하는 것이 하나의 방법일 수 있다. 건전성을 측정하는 지표에는 위험자산 비율[(불건전 대출금＋불건전 지불보증)/(총대출금＋지불보증)], 대출금 연대율, 대지급률 등이 있다.

(5) 공공성 원칙

일반기업과는 달리 금융기관에 대해서는 유동성 원칙과 안전성 원칙이 특히 강조되고 있는 것은 금융기관의 존립기반을 공신력에 두고 있다는 사실에 기인하며 동시에 금융기관의 형태가 전체경제에 지대한 영향력을 행사하기 때문이다. 이러한 금융기관의 특성 때문에 정부와 통화금융당국은 금융기관의 행위는 신용질서의 유지, 예금주의 보호, 자금의 조달과 배분의 공정성 등에 막대한 영향력을 행사하므로 금융기관의 경영방침과 경영결과가 공익에 부합되어야 한다는 것이다.

공공성 차원에서 금융기관의 규제에는 여러 종류가 있다. 먼저 금융기관의 기능을 제한하거나 전문화시키기 위한 규제로 은행업무화 증권업무를 분리한다든가 부동산저당 대출에 대한 최저비율을 설정하는 것 등이 있다. 둘째, 금융기관의 위험에 대한 규제로 최저 법정자본금, 법정 지불준비금, 개별 투자자산의 등급에 대한 제한, 동일인 여신한도, 부동산 취득에 대한 제한, 타사주식의 매입제한, 부동산저당 대출에 대한 최고한도, 규제당국에 의한 외부감사 그리고 예금보험제도 등이 있다.

셋째, 합병이나 지점설치 혹은 신설을 통제하는 것으로 일종의 금융산업구조에 대한 규제를 들 수 있다. 넷째, 금융기관의 여수신 이자율에 대한 규제를 들 수 있는데 여기에는 각종 예금에 대한 최고 이자율과 대출금에 대한 최고 이자율의 제한, 소비자 보호를 위한 금융기관의 차입 및 대출행위에 대한 제한 등이 있다.

공공성의 원칙을 은행부분에 국한할 경우 은행에 부과하는 규제로 다음과 같은 것들이 있다. 첫째, 은행은 예금주들을 보호해야 하며 이를 위해 법정 지불준비제도와 예금보험제도 등을 보호장치로 사용하고 있다. 둘째, 신용거래의 유지에 기여해야 하는데 이는 신용제도 정착을 위한 효율적인 결제조직망의 확충과 신용평가 기능의 확충을 통해 신용거래 질서를 발전시켜야 할 책임이 있다는 것을 의미한다. 셋째, 자금의 조달과 배분과정이 엄정해야 한다. 즉 은행이 자금을 필요로 하는 고객에게 적기에 적량의 자금을 공급해야 한다는 것이다.

04

chapter >>>>

금융제도와 금융시장

C/H/A/P/T/E/R 04

금융제도와 금융시장

금융제도는 금융시장과 금융기관을 물론 이들의 형성 · 운영에 토대가 되는 관련 법규와 관행 등의 금융하부구조를 총칭한다. 즉, 금융제도란 궁극적으로 가계부문의 저축활동(자금의 공급)과 기업부문의 투자활동(자금의 수요)을 효율적으로 연결시키는 동시에, 두 부문 간 자금흐름을 촉진 · 조정하여 실무거래를 뒷받침하는 금융의 운영시스템이다.

장기적으로 볼 때 어느 나라에서나 금융제도는 효율성을 향해 진화해 왔다. 그러므로 각국의 금융제도는 어느 정도 수렴하는 경향을 보인다. 그렇다고 해서 각국의 금융제도가 가까운 미래에 일반적 · 보편적인 하나의 특정 유형으로 수렴할 것이라 단언하기란 어렵다. 금융제도의 발전에는 경로의존성과 제도보완성도 중요하게 작용하기 때문이다. 경로의존성이란 일국 금융제도의 발전방향이 그 초기 여건이나 특수한 역사적 사건의 전개에 의해 영향을 받는 특성을 의미한다. 또한, 제도보완성이란 금융제도가 그와 관련된 기존의 다른 제도를 거스르기보다는 그와 조화되는 방향으로 변화하는 특성을 의미한다. 결국 금융제도는 각 나라의 경제 · 사회적 여건의 제약 아래 효율성을 향해 진화하는 것이다. 따라서 각국의 금융제도는 공간적 · 시간적으로 독특한 성격을 가지며 그 나라 고유의 개별성과 특수성을 갖게 마련이다. 이와 같이 세계 각국의 역사적 경험과 초기 여건의 차이로 인해 세계 각국의 금융제도는 일반적으로 미국 · 영국의 시장중심제도와 독일 · 일본의 은행중심제도로 유형화되어 왔다.

하지만, 최근 들어 시장중심제도와 은행중심제도 사이의 차이는 두드러지게 줄어드는 모습을 보이고 있다. 예를 들어, 일본과 독일에서는 기업금융에서 은행이 차지하는 비중이 감소하는 반면 미국에서는 「금융서비스현대화법」의 제정 이후 은행의 경쟁력이 크게 강화되었다.이러한 제도 간 수렴은 지난 수십 년간 세계적으로 확산된 금융자유화와 금융혁신, 금융시장 개방과 통합화 등으로 국가간 금융경쟁이 심화되면서 시장과 은행이 둘 다 중요하다는 사실을 각국이 인식하고 두 제도의 장점을 다 같이 조화시키려는 과정에서 나타나는 현상이다. 또한, 국제통화기금과 국제결제은행 등 국제금융기구에 의한 금융부문 국제표준의 보급도 이와 같은 수렴현상에 기여하는 측면이 있다.

최근 금융제도의 수렴 경향이 전보다 두드러졌다고 해도, 그와 같은 수렴과정에서 각국의 금융제도를 형성하는 데 토양이 된 자본주의의 구체적 발전경로와 정치 · 경제 · 사회적 특성은 여전히 존중되어야 한다. 한 나라의 금융제도의 개별성 · 특수성에 대한 고려 없이 경제여건에 걸맞지 않은 제도를 외생적으로 정착시키려 한다면, 사회 전체적으로 효율성이 떨어져 후생이 감소하기 십상이기 때문이다. 이는 마치 몸에 좋은 약이라도 자신의 현재 몸 상태나 체질, 병력 등과는 상관없이 마구 먹는 경우 오히려 몸을 망치기 쉬운 것과 다를 바 없다. 요컨대 우리나라 금융현실에 대한 구체적인 인식이 없다면 화폐금융론에 대한 이론 학습은 사상누각이 될 수 있음을 독자들은 명심해야 할 것이다.

제 1 절 금융제도의 의의와 유형

1. 금융제도의 의의

금융은 타인에게서 자금을 빌리거나 타인에게 자금을 빌려주는 행위이다. 이러한 금융거래는 일시적인 자금잉여 및 부족으로 인한 지출변동을 줄임으로써 소비나 기업경영을 안정화하는 기능을 한다. 또한 인적 · 물적 자본에 대한 투자기회를 확대함으로써 개인에게는 소득증대의 기회를, 기업에게는 생산성 향상의 기회를 제공하기도 한다. 예를 들어 대학생 개인이 졸업 후 소득을 담보로 학자금을 조달하여 교육수준을 높임으로써 자신의 미래소득을 증대시키거나 기업의 경우 초기 투자규모가 커 내부자금만으로 추진할 수 없는 대규모 투자를 가능하게 한다.

그러나 금융거래에는 실물거래에 비해 역선택이나 도덕적해이 등[1] 정보의 비대칭으로 인한 문제가 심각하다. 이는 재화나 용역의 제공이라는 반대급부 없이 차입자의 미래상환 약속을 전제하여 자금이 일방적으로 이전되는 금융거래의 특성에 기인한다. 금융거래가 성사되려면 차입자가 상환의무를 성실히 지킬 것이라는 믿음이 전제되어야 하는데 차입자의 상환능력에 관한 정보가 금융시장에 원활히 공급되고 채무상환을 유인하는 제도적 장치가 마련되어 있어야 한다.

금융제도는 금융거래에서 이러한 정보의 비대칭성 문제를 완화하고 거래비용을 줄임으로써 거래를 원활화하는 제도적 장치를 말한다. 금융제도는 금융거래가 구체적으로 이루어지는 방식과 이에 관한 제반 규칙 등을 모두 포괄하는데 보통 ① 금융거래가 이루어지는 금융시장과 ② 금융거래를 중개하는 금융기관, ③ 금융거래를 지원하고 감시하는 금융하부구조의 세 가지로 구분할 수 있다.

먼저 금융시장은 자금의 수요자와 공급자가 금융거래를 하는 조직화된 장소를 말한다. 금융시장은 만기 1년 이내의 단기금융상품이 거래되는 단기금융시장과 장기금융상품이 거래되는 자본시장으로 구분된다. 또한 증권거래소처럼 다수의 자금공급자와 수요자가 구체적인 장소에 모여 거래하는 장내시장과 전화나 전산망을 통해 거래하는 장외시장으로 나누어 볼 수도 있다. 아울러 자금공급자와 수요자 간에 직거래가 이루어지는 직접금융시장과 금융기관을 통해 거래가 이루어지는 간접금융시장으로 구분되기도 하며, 거래하는 금융상품 종류에 따라 주식시장, 채권시장, 파생금융상품시장 등으로 분류되기도 한다. 이러한 금융시장은 금리라는 가격변수를 통해 자금의 수요와 공급을 조절하는 중요한 기능을 한다.

금융기관은 자금공급자와 수요자간에 거래를 성립시켜 주는 것을 목적으로 하는 사업체를 말한다.[2] 자금공급자와 수요자가 직접 거래할 경우

---

1) 여기서 역선택은 관찰 불가능한 차입자의 상환능력이나 상환의사로 인해 양질의 차입자를 선별하는 것이 쉽지 않음을 의미한다. 그리고 도덕적 해이는 차입자가 실패확률이 높지만 성공할 경우 수익이 높은 위험자산에 자금을 운용함으로써 결과적으로 부채상환 가능성을 낮추는 행동을 말한다.

2) 금융기관은 은행과 같이 자기명의로 자금(예: 예금)을 조달하여 자기판단하에 투자대상을 결정(예: 대출)하기도 하지만 증권사처럼 금융거래에 수반되는 위험을 취하지 않은 채 자금공급자와 수요자를 단순히 연결하는 기능만을 수행하기도 한다.

높은 탐색비용으로 거래 자체가 불가능할 수 있지만 금융기관은 거래비용을 절감시켜 소규모 금융거래도 가능하게 함으로써 금융거래를 활성화한다. 그리고 금융기관은 다수로부터 거액의 자금을 모아 다양한 자산에 운용함으로써 투자자로 하여금 간접적으로 분산투자하는 혜택을 누릴 수 있게 해준다. 또한 차입자의 신용도 분석에 관한 전문적인 노하우를 축적하고 지속적·반복적 거래를 통해 획득한 차입자에 대한 정보를 활용하여 정보의 비대칭성 문제를 완화함으로써 자금공급의 효율성을 높이는 역할도 수행한다.

금융하부구조란 시장의 거래준칙이나 금융기관 인가 및 경영, 재산권 보호 등을 규정하는 법률체계와 금융거래에 직접 참여하지는 않지만 금융거래와 금융기관 업무를 지원하고 감시하는 각종 기구를 말한다. 금융거래는 정보의 비대칭성 문제를 수반하기 때문에 이를 악용한 불공정·불건전 금융행위를 금지하고 금융기관의 과도한 위험 추구행위를 제한하는 법률과 이러한 법률이 제대로 시행되는지를 감시하는 장치(예: 법원, 금융감독기구)가 필요하다. 아울러 금융하부구조에는 통화량을 조절하여 물가안정을 기함과 아울러 경제활동에 수반한 자금이전이 원활하게 이루어지도록 하는 지급결제제도를 관리하는 중앙은행과 은행도산시에 일정한도 내에서 예금자에게 원리금 지급을 보장하는 예금보험 관련 기구 등도 포함된다.

이러한 금융제도는 자금공급자와 수요자간 자금이전을 원활하게 함으로써 금융 및 실물거래를 활성화하고 나아가 개인 후생과 기업 이윤의 증대뿐 아니라 경제 전체의 발전을 촉진한다. 또한 자금이 최적이용자에게 배분되도록 하여 자원배분의 효율성을 높인다. 그리고 금융거래에 수반되는 각종 위험을 축소함으로써 개인의 저축동기를 유발하는 기능을 수행한다.

여기서 금융과 화폐의 관계를 정립해 보고 다음 절로 넘어가기로 하자.

금융은 앞에서 언급하였듯이 타인에게서 자금을 빌리거나 타인에게 자금을 빌려주는 행위로써 '자금의 융통'을 말한다. 반면 화폐는 경제주체가 지출행위에 사용할 수 있는 구매력, 즉 법정화폐인 현금과 현금으로 손쉽게 전환할 수 있는 금융자산의 합으로 정의된다.

이처럼 화폐와 금융은 서로 다른 개념이지만 양자는 동전의 양면처럼 불가분의 관계가 있다. 즉 은행과 기업간의 대출계약에 있어 기업이 서명날인한 대출계약서를 은행에 제출하면 은행이 기업에게 대출계약서상의 금액만큼 화폐를 이전하듯이 대부분의 금융행위는 그 반대방향으로 화폐(구매력)의 이전을 수반한다.

이러한 화폐의 이전행위는 금융거래에만 국한되는 것이 아니고 재화와 용역을 사고 파는 실물거래에서도 마찬가지로 일어난다. 즉 화폐는 현금으로 전환하기 쉬워 향후 예상되는 지출에 대비하여 유동성을 비축하기에 가장 적합하기 때문에 구매력의 합으로서 소비, 투자 등 실물거래 행위와 밀접한 관계를 갖고 있다. 따라서 통화량은 경제주체들의 향후 지출규모를 예측할 수 있는 체온기와 같은 역할을 한다고 할 수 있다.

통화금융정책이란 이와 같은 통화와 실물거래간의 관계를 이용하여 경제주체들이 보유하고자 하는 통화량을 조절함으로써 간접적으로 경제주체들의 지출행위를 조절하고 이를 통해 물가안정을 도모하는 정책이다. 그러므로 통화금융정책이 효과를 가지려면 화폐의 이전행위가 원활히 이루어질 필요가 있으며 이는 효율적인 금융제도의 바탕위에서 가능하다. 즉 통화를 구성하는 금융자산이 금융기관의 부채인 만큼 금융기관의 건전성이 전제되어야 하며 화폐의 이전이 계좌이체 등 지급결제망을 통해 이루어진다는 점에서 적절한 지급결제제도의 구축도 필요하다.

2. 금융제도의 유형

금융제도는 국가마다 다르다. 기업자금 조달에 있어 미국은 채권이나 주식 등 직접금융 의존도가 높은 반면 일본이나 독일은 은행대출과 같은 간접금융이 더 중요한 역할을 담당한다. 금융기관의 업무영역 면에서도 독일의 은행들은 전통적인 은행업무인 예금 · 대출업무 외에 증권업무도 함께 영위하고 있지만 미국과 일본의 경우는 은행업무와 증권 · 보험업무의 겸영을 제한하는 전업주의 전통을 유지하고 있다.

(1) 시장중심 금융제도와 은행중심 금융제도

금융제도는 직접금융과 간접금융의 상대적 중요성을 기준으로 시장중심 금융제도와 은행중심 금융제도로 분류된다. 직접금융은 자금의 공급자와 수요자가 계약당사자로서 직접 금융거래를 하는 형태이며 간접금융은 금융기관이 자금공급자나 수요자를 대신하여 계약의 일방이 됨으로써 자금의 공급자와 수요자를 연결하는 금융형태를 말한다. 예를 들어 대표적인 직접금융수단인 회사채의 경우 자금수요자인 기업이 자금공급자로부터 자금을 직접 조달[3])하는 데 비해 간접금융수단인 은행대출에서는 은행이 예금 등을 통해 자금공급자로부터 조달한 자금을 대출계약을 통해 기업에 공급한다. 그리하여 시장중심 금융제도에서는 주식과 채권이 거래되는 자본시장이 중요한 역할을 하고 은행중심 금융제도에서는 은행이 중추적인 기능을 한다.

시장중심 금융제도와 은행중심 금융제도는 기업감시에 있어서도 차이가 있다. 시장중심 금융제도에서는 주가 변동과 적대적 인수합병이 기업 감시에 중요한 역할을 하기 때문에 기업회계의 투명성과 투자자 보호가 중시된다. 반면 은행중심 금융제도에서는 주가 변동보다는 은행과 기업간 장기적 관계를 통해 기업감시가 이루어진다.

국가별로는 시장중심 금융제도가 발달한 나라로 미국과 영국을, 은행중심 금융제도가 발달한 나라로 독일과 일본을 들 수 있다. 금융이 발달한 선진국들도 이렇게 금융제도가 서로 다름에 따라 지난 20년간 시장중심 금융제도와 은행중심 금융제도의 상대적 우월성에 대한 논쟁이 꾸준히 있어왔으며 이를 뒷받침하기 위한 이론 및 실증분석 연구들도 많이 이루어졌다. 그동안의 연구 결과를 종합해 보면 특정 금융제도의 선택이 경제성장이나 기업의 외부자금 조달능력에 영향을 주지 않는 것으로 나타났다. 오히려 금융의 전반적인 발달 상황, 계약관련 법체계의 발전 정도 그리고 투자자 권리의 보호 정도가 영향을 미치는 것으로 나타났다. 이는 금융방식의 차이보다 금융 하부구조의 효율성이 전체 금융제도의 효율성을 결정하는 중요한 요소임을 말해주는 것이다.

은행중심 금융제도가 효율적인가, 시장중심 금융제도가 효율적인가에 관한 과거의 논쟁은 기본적으로 직접금융과 간접금융이 상호 경쟁 관계에 있다는 인식에 바탕을 두고 있다. 그러나 최근에는 직접금융과 간접금융이 상호 경쟁적일 뿐 아니라 보완적이기도 하다는 인식이 높아지면서 금융제도간 비교우위 논쟁은 예전에 비해 열기가 크게 식었다. 오히려 직접금융과 간접금융 모두가 필요하며 두 금융방식이 균형적으로 발전하여야 한다는 쪽으로 의견이 모아지고 있다.

---

3) 직접금융의 경우에도 금융기관의 중개서비스가 필요하다. 예를 들어 주식투자의 경우 주식을 사기 전에 증권사 직원에게 어느 주식이 유망한지에 대해 자문을 받고 실제 주식을 사고파는 것도 증권사에게 위탁하는 것이 일반적이다. 다만 이러한 금융중개 서비스는 금융기관이 해당 금융행위에 따른 위험을 부담하지 않는다는 점에서 은행대출과 같은 간접금융과 구분된다.

이러한 견해는 두 금융방식이 자금 지원에 있어 비교우위가 있는 부문이 서로 다르다는 점에 근거를 두고 있다. 직접금융은 시장인지도가 높고 회계정보가 잘 갖추어져 있어 경영정보를 얻기 쉬운 대기업에 유리한 반면 간접금융은 시장인지도가 낮고 회계정보가 불충분한 중소기업에 유리하다. 일반적으로 직접금융수단인 시장성 자산은 무임승차 문제[4]로 인해 정보생산의 유인이 약하기 때문에 중소기업에게 적절하지 못한 반면 은행을 이용하면 장기간 거래로 축적된 기업정보가 정보의 비대칭 문제를 완화할 수 있는 이점이 있기 때문이다.

또한 직접금융과 간접금융은 성과구조가 달라 위험에 대한 투자자의 인식에도 큰 차이가 있다. 대표적인 직접금융수단인 주식의 경우 투자수익이 기업의 경영성과에 비례하기 때문에 투자자는 기업이 좀 더 많은 위험을 감수하는 것을 용인하는 경향을 보인다. 반면 간접금융수단인 은행대출의 경우 투자성과가 사전에 정해지는 반면 기업이 부도가 나면 이자는 물론 원금마저 회수할 수 없는 위험에 빠질 수 있으므로 대출기업의 자산운용에 대하여 보수적인 입장을 취하게 된다. 따라서 직접금융은 투자위험이 큰 산업에 대한 자금공급에, 은행대출 등 간접금융수단은 수익이 낮지만 상대적으로 안전한 산업에 대한 자금공급에 유리하다.

직접금융과 간접금융은 투자자들의 의견 수용 면에서도 산업간 비교우위에 차이가 있다. 은행대출은 다수의 투자자로부터 모은 자금을 운용하는 만큼 투자자들의 견해 일치에 무리가 없는 전통산업에 적절한 반면 직접금융론은 투자자들의 견해가 일치할 필요가 없는 혁신산업에 유리하다. 즉 직접금융은 주가를 매개로 투자자와 기업간 의사소통이 끊임없이 이루어지기 때문에 경영방식에 대한 경험이 축적되지 않은 혁신산업의 감시 및 자금지원에 유리하다.

직접금융과 간접금융이 균형적으로 발전해야 하는 또 다른 이유는 양자가 서로의 발전을 촉진한다는 점에 있다. 먼저 자본시장은 금융기관의 금융중개 업무를 감시하는 역할을 수행한다. 금융기관은 정보생산 능력을 토대로 기업정보 비대칭 문제를 완화할 수 있으나 자신의 경영의 불투명성을 해결하지는 못한다. 경영의 불투명성은 정보 독점을 가능하게 하여 정보취

4) 여기서 무임승차 문제란 생산된 정보에 대한 배타적 사용이 불가능한 경우 어느 누구도 정보 생산에 소요되는 비용을 지급하려 하지 않기 때문에 정보 생산 자체가 원활히 이루어지지 않는 것을 말한다.

득의 동기를 부여하는 면이 있으나 금융기관의 위험추구 행동을 외부인이 감시하기 어렵게 하는 문제를 갖고 있다. 그런데 자본시장이 효율적으로 기능을 한다면 금융기관이 발행한 주식이나 채권의 가격변동을 통해 금융기관의 위험추구 행동을 통제할 수 있게 되는데, 이를 시장규율이라고 말한다. 반대로 금융기관의 금융중개기능 발전 역시 자본시장의 발전을 촉진하는 역할을 수행한다. 즉 금융기관은 축적된 정보를 토대로 자금차입자의 신용위험 등에 대한 정확한 정보를 생산·공급함으로써 자본시장이 해당 기업의 주식가격 등을 더 정확히 책정하도록 하는데 도움을 준다.

이상에서 금융제도의 효율화를 위해 직접금융과 간접금융이 발전하여야 함을 살펴 보았다. 그러나 직접금융과 간접금융의 상대적 비중이 어느 정도이어야 이상적인지는 해당 국가의 경제발전단계나 경제구조에 따라 달라질 수밖에 없다. 일반적으로 대기업보다 중소기업의 비중이 높은 국가일수록 정보의 비대칭성 문제를 완화하기 위해 간접금융이 더 중요하고, 혁신산업에 의해 주도되는 경제일수록 동 산업 지원에 유리한 직접금융의 역할이 더 중요할 것이다.

(2) 전업주의와 겸업주의

금융제도는 금융기관의 업무영역을 제한하는 정도에 따라 전업주의 금융제도와 겸업주의 금융제도로 분류되기도 한다. 전업주의 금융제도에서는 한 금융기관이 은행, 증권, 보험 등 여러 금융서비스를 함께 취급할 수 없으며 각 금융서비스가 해당 전문 금융기관에 의해서만 제공될 수 있다. 반면 겸업주의 금융제도에서는 이러한 제한이 없을 뿐만 아니라 이사회 활동 등을 통해 비금융 기업의 경영에 참여하는 것이 허용되기도 한다.

전업주의 금융제도와 겸업주의 금융제도는 근본적으로 금융기관 업무범위에 대한 규제 형태에 달려 있다. 미국의 경우 1933년 은행업과 증권업의 겸영 규제를 골자로 하는 글래스-스티걸법(Glass-Steagall Act)을 제정한 것이 전업주의 도입의 근거가 되었다. 동 법 제정에는 은행업과 증권업 겸영이 이익상충 문제를 심화시켜 1930년대 초 금융공황으로 발전하였다는 판단이 크게 작용하였다. 여기서 이익상충이란 금융기관이 여러 고객과 거래하면서 한 고객의 이익을 위해 다른 고객을 희생시키거나 고객의 이익보다 금융기관 스스로의 이익을 위해 거래하는 것을 말하는 것으로 겸업주의에서 나타나는 부작용으로 널리 거론되고 있다.[5]

이익상충의 문제 이외에 겸업을 반대하는 또 다른 이유는 겸업이 금융제도의 불안정성을 높인다는 것이다. 즉 일반적으로 겸업 금융기관은 그렇지 않은 금융기관보다 규모가 크기 때문에 도산시 전체 금융제도가 불안정해질 수 있는 가능성이 높다는 것이다. 또한 지급결제에 있어 중추적 역할을 하는 은행의 특성 때문에 은행이 위험성이 높은 증권업무를 함께 취급할 경우 증권부문의 부실이 은행부문으로 전이되어 금융부문 전체가 위기에 빠질 수 있다는 점도 지적되었다. 아울러 겸업주의는 대형화에 따른 대마불사(too-big-fail) 등을 통해 금융기관의 위험추구 유인을 강화하여 금융불안 가능성을 높일 수 있다.[6)]

이제 법률체계와 금융제도의 관계에 관해서 살펴보자. 세계 주요 국가들의 법체계는 대체로 영국법이나 프랑스법 전통을 따르고 있으며 전자에 기초한 법체계는 보통법이라고 하고 후자에 기초한 법체계를 시민법이라고 부른다. 보통법 체계에서는 법의 원칙과 판례를 중시하는 반면 시민법 체계에서는 법조문에 의존하는 것이 특징이다. 이러한 특성은 양 체계의 투자자 보호 정도에 차이를 유발함으로써 법체계에 따라 각기 다른 금융제도가 발달하게 되는 요인을 제공한다. 이를 좀 더 구체적으로 살펴보면 다음과 같다.

보통법 국가의 법원은 특수한 상황을 해결할 수 있는 법조문이 없을 경우 법을 만들어 낼 수 있는 권리를 가지고 있기 때문에 투자자 보호와 관련한 분쟁을 더 효과적으로 해결할 수 있다. 반면 시민법 국가의 경우 법원이 법조문을 보수적으로 해석하는 경향이 있기 때문에 금융시장 참여자들 사이에 발생하는 각종 분쟁을 효과적으로 해결하지 못하는 경우가 많다. 이는 보통법 체계가 주주의 권리와 채권자의 권리를 더 잘 보호할 수 있다는 것이다. 그리하여 투자자의 권리 보호가 미흡한 시민법 체계에서는 법원의 개입 없이 분쟁을 해결하고 계약을 집행하는 기관으로 은행이 등장하게 된다.

결국 투자자 보호가 효과적인 보통법 국가의 경우 주식, 채권투자에 유

---

5) 이와 관련된 겸업주의 옹호론자들은 전업주의 체제에서도 금융기관의 취급업무가 하나 이상이면 이익상충 문제가 발생하며 금융기관간 경쟁이 활발하고 시장과 감독당국에 의한 감시가 효율적으로 이루어질 경우 겸영을 허용하더라도 이익상충 문제가 심각하지 않다고 주장한다.

6) 이에 대해 겸업주의 옹호론자들은 겸영 허용은 분산투자를 통해 투자위험을 줄일 수 있으며 국지적인 충격에 대해서도 지역간 분산투자 등을 통해 대처 가능하므로 전업주의보다 금융위기 가능성을 줄인다고 주장한다.

입되는 자금이 상대적으로 풍부한 데다 기업도 은행대출보다 조건이 유리한 주식, 채권발행을 선호하므로 시장중심의 금융제도가 발달할 가능성이 커진다. 반면 시민법 전통을 가진 국가의 경우 투자자산 관리 및 기업 감시를 수행할 은행의 존재가 필요하므로 상대적으로 은행중심 금융제도가 발달하게 된다. 이와 같이 한 나라의 법률 체계는 금융제도 형성에도 영향을 미친다.

반면 겸업주의의 장점으로는 정보생산의 우월성이 주로 거론된다. 즉 여러 금융업무를 취급하는 겸업 금융기관은 다양한 금융서비스를 통해 거래기업과 폭넓고 영속적인 관계를 유지할 수 있어서 거래기업의 경영실태를 좀 더 정확히 파악할 수 있다는 것이다. 기업과의 폭넓은 거래관계가 기업경영실태 파악에 도움이 되는 이유는 거래기업의 차입행위는 물론 주식발행에 대한 정보를 취득함으로써 기업의 자금조달 및 운용실태를 종합적으로 관찰할 수 있기 때문이다. 또한 겸업주의는 기업의 설립에서 성숙에 이르는 과정에 필요한 여러 가지 자금조달행태에 부응할 수 있기 때문에 기업과 영속적으로 거래관계를 유지할 수 있다. 기업의 자금조달 행태를 보면 시장인지도가 낮은 설립 초기단계 및 성숙단계의 기업과 주로 거래하게 되지만 겸업주의 금융제도하에서는 하나의 금융기관이 직 · 간접금융을 모두 취급하므로 기업의 설립 초기단계부터 성숙단계에 이르기까지 장기간에 걸쳐 거래관계를 유지할 수 있게 된다.

겸업주의 금융제도의 또 다른 장점으로는 범위의 경제가 있다. 범위의 경제란 여러 업무를 동시에 취급할 경우 따로 취급할 때에 비해 업무취급 비용을 절감할 수 있음을 의미한다. 범위의 경제가 발생하는 원인은 생산과 소비 측면으로 구분해 볼 수 있음을 의미한다. 생산면에서는 먼저 정보취득에 있어서의 범위의 경제를 생각할 수 있다. 예를 들어 기업에 대출하거나 유가증권을 인수할 경우 해당 기업의 경영상태에 대한 조사가 필요한데 각각을 별도의 금융기관에서 취급할 경우 금융기관별로 기업경영실태조사가 필요하지만 대출과 유가증권 인수를 한 금융기관에서 취급할 경우 한 번의 경영실태 조사만이 필요하다. 생산면에서의 범위의 경제는 지점망 등 고정적인 투입요소를 여러 금융업무에서 공동으로 사용함으로써도 누릴 수 있다. 또한 기존 업무에서 시장인지도를 쌓은 만큼 신규업무 취급시 마케팅비용을 절감할 수도 있다. 한편 소비면에서는 한 금융기관이 여러 종류의 금융서비스를 함께 제공함으로써 금융소비자의 탐색비용을 절감하는 효과가 있다.

지난 수십년 동안 학계에서는 이상에서 언급된 겸업주의의 장점과 단점을 실증분석을 통해 입증하려고 노력하여 왔다. 그 결과를 종합하면 은행의 증권업 겸영이 이익상충 문제를 심화시켰다는 증거는 찾지 못했으며 겸영에 따른 금융위기 가능성 증가나 겸영에 따른 범위의 경제 여부에 대해서는 통일된 결론에 이르지 못하였다.

이러한 연구 결과는 전업주의나 겸업주의의 어느 한 쪽에 반드시 유리한 것은 아니지만 최소한 겸업시 나타나는 부작용이 크지 않음을 보여 준다. 더욱이 금융혁신과 금융기관간 경쟁 격화 등으로 업무범위에 대한 규제의 실효성이 저하되고 있는 상황에서 겸업을 허용하더라도 시장규율이나 적절한 규제장치를 통해 이익상충 등의 부작용을 완화할 수 있다는 인식이 확산되게 되었다. 그 결과 1990년대 이후 각국의 금융제도는 업무영역규제를 완화하는 방향으로 변화하고 있다. 다만 이익상충 문제를 최소화하고 이종업무간 위험 전염을 차단하기 위해 한 금융기관이 모든 금융업무를 취급하는 독일식 겸영방식보다는 자회사나 지주회사 형태를 통해 겸영을 허용하는 것이 일반적인 추세이다.

제 2 절 우리나라의 금융제도의 개요

1. 금융하부구조

금융하부구조란 금융거래가 원활히 이루어지도록 금융시장 및 금융기관을 지원하고 감시하는 법률체계 또는 기관을 의미하며 중앙은행제도, 지급결제제도, 금융감독제도, 예금보호제도 등이 여기에 해당된다. 중앙은행제도는 중앙은행과 그 조직 및 의사결정체계, 업무범위 등을 포괄한다. 중앙은행은 발권력을 가진 최종대부자로서 금융기관 예금에 대하여 지급준비금을 부과하고 필요시 금융기관에 부족자금을 공급하는 기능을 수행한다. 이러한 기능은 금융제도 안정뿐만 아니라 물가안정에도 기여한다. 우리나라에서는 1950년 6월 12일 설립된 한국은행이 이러한 중앙은행 역할을 담당하고 있다.

지급결제제도는 실물 및 금융 거래에서 발생한 채권·채무를 완결시키는 기능을 수행하며 지급수단, 참가기관 및 결제시스템으로 구성된다. 지급수단에는 현금과 비현금 지급수단인 어음, 수표, 신용카드 등이 있다. 참가기관은 은행, 우체국, 신용카드회사 등 비현금 지급수단을 제공하는 금융기관, 금융기관간 채권과 채무를 상계 처리하는 금융결제원 등 청산기관, 그리고 금융기관의 당좌계정간 차액이체를 통해 지급결제를 완결시키는 한국은행 등이 있다. 결제시스템은 결제방식에 따라 차액결제시스템과 총액결제시스템으로, 대상거래에 따라 소액결제시스템과 거액결제시스템으로 나누어지는데 거래 특성상 소액결제는 차액결제시스템으로, 거액결제는 총액결제시스템으로 운영되는 것이 일반적이다. 우리나라의 경우 총액·거액결제시스템으로 한국은행이 운영하는 한국은행금융결제망(BOK-Wire)이, 소액·차액결제시스템으로 금융결제원이 운영하는 어음교환시스템, 지로시스템, 은행공동망 등이 있다.

금융감독제도는 금융기관으로 하여금 금융중개를 공정하게 하고 경영건전성을 유지하도록 함으로써 금융소비자의 재산을 보호하고 금융거래를 활성화하는 것을 목적으로 한다. 금융감독기관은 이를 위해 금융기관의 설립을 인가하고 금융기관이 업무수행시 지켜야 할 각종 규칙을 제정하며 이의 준수 여부를 감시하는 기능을 수행한다. 우리나라의 금융감독제도는 금융위원회 및 금융감독원이 거의 모든 금융기관을 감독하는 통합형 금융감독제도이다. 금융위원회는 금융감독 관련 정책 및 금융기관 인·허가 등 금융감독과 관련한 중요사항을 심의·의결하고 금융감독원은 금융위원회가 결정한 사항을 집행하고, 금융기관을 검사·감독하는 업무를 수행한다. 이 밖에 금융관계법령의 제·개정업무를 관장하는 재정경제부, 금융감독원에 대한 검사 요구나 공동검사 참여 등을 통해 제한적인 금융감독기능을 보유하는 한국은행과 예금보험공사 등도 부분적으로는 금융감독기능을 수행하고 있다.

예금보험제도는 금융기관이 경영부실 등으로 예금원금이나 이자를 지급할 수 없을 때 예금보험기구가 해당 금융기관을 대신하여 예금주에게 원리금의 전부 또는 일부를 지급하는 일종의 보험제도이다. 예금보험제도는 소액 예금주들을 금융기관의 경영부실로부터 보호하고 예금인출 사태가 발생하지 않도록 방지하는 금융안전망 구실을 한다. 우리나라의 예금보호제도는 1996년 예금보호공사의 설립을 계기로 체계화되었는데 은행예금은 물론 증권사, 보험회사 등의 일부 금융상품도 예금보호대상에 포함되어 있다. 한편 신용협동조합, 새마을금고, 농협협동조합, 수산업협동조합, 산림조합 등의 서민금융기관은 조합원간 상호부조를 목적으로 하는 기관이라는 점에서 금융권별로 자체 예금보호제도를 두고 있다. 그리고 우체국예금 · 보험은 관련법령에 의해 국가가 지급을 보장하고 있어 예금보험공사의 보호대상에는 포함되지 않는다.

2. 금융기관

금융기관이란 통화(M_1)를 공급하고, 요구불예금과 같은 신용을 창조하는 기관이다. 즉 예금취급금융기관은 현금통화를 공급하거나, 요구불예금을 받아들이는 금융기관을 말한다. 예금취급금융기관을 흔히 제1금융권이라고도 한다. 중앙은행과 예금은행 등이 예금취급금융기관에 속한다.

(1) 중앙은행

중앙은행은 통화가치와 신용질서의 안정을 위해 설립된 은행이다. 중앙은행은 통화공급에 관한 최고의 결정기관으로서 다음 다섯 가지의 주요기능을 가지고 있다. 첫째, 법적인 통용력을 갖는 지폐와 주화를 발행하는 발권은행으로서의 기능을 수행한다. 둘째, 여타의 통화금융기관에 대한 여신과 수신기능을 수행하고 또한 이들 금융기관을 감독하는 「은행의 은행」으로서의 기능을 갖는다. 셋째, 통화금융정책의 집행기관으로서 통화량을 조정한다. 넷째, 정부에 대한 여신공여 및 국채의 발행, 그리고 국고금의 출납 등을 대행하는 정부의 은행으로서의 기능을 갖는다. 다섯째, 외환관리업무를 수행한다. 국제수지 불균형을 조절하고 자국통화의 대외가치인 환율을 안정시키기 위해서 외환을 보유하고 관리한다.

중앙은행의 가장 중요한 임무는 통화가치의 안정을 도모하는 것인데, 이를 달성하기 위하여 각종 통화금융정책을 사용할 권한을 가지고 있다. 이러한 의미에서 중앙은행을 통화당국이라고도 부른다.

(2) 기타예금취급기관

1) 예금은행

예금은행은 저축자로부터 조달한 자금 중에서 요구불예금의 비중이 높아서 예금통화의 창출을 주요 기능으로 하는 금융기관으로서 우리나라의 은행금융기관은 일반은행과 특수은행으로 구분된다. 일반은행은 방대한 점포망과 조직을 가지고 일반대중으로부터 예금 등의 형태로 획득한 자금을 장·단기 대출형식으로 자금 수요자에게 자금을 공급하는 것을 주 임무로 하고 있다. 일반은행은 '은행법'에 따라 설립하여 업무를 영위하는 금융기관으로서 단기의 예금수입·대출 및 지급결제업무를 고유업무로 하고 있으므로 상업은행으로도 불리운다. 시중은행, 지방은행 및 외국은행 국내지점이 일반은행이다.

우리나라 일반은행제도의 특징은, 첫째 지점은행제도를 채택하고 있으며, 둘째 장·단기금융업무를 겸업하고 있으며, 셋째 신탁업 등 은행업 이외의 업무로 겸업하고 있으며, 넷째 자금조달면에서는 한국은행차입에 크게 의존하고 있다.

특수은행은 특별한 설립목적을 수행하기 위하여 '특별법'에 의하여 설립된 금융기관으로서 대부분 정부의 직접적인 감독하에 있으며, 운영자금의 대부분을 정부출자에 의존하고 있다는 점이 일반은행과 구별되는 큰 특징이다. 특수은행은 일반은행이 재원, 채산성 또는 전문성 등의 제약으로 인해 필요한 자금을 충분히 공급하지 못하는 국민경제의 특정부분에 대하여 자금공급을 원활히 함으로써 일반상업금융의 취약점을 보완하고 아울러 국민경제의 균형적 발전을 도모하기 위하여 설립된 것이다. 특수은행은 주로 정책금융자금을 공급하는 일종의 정책은행이다. 일반은행이 영리성만을 기준을 자금을 공급할 때 소외당하기 쉬운 부문에 자금을 배분하여 국민경제의 균형있는 발전을 도모하는 것이 특수은행의 목적이다. 특수은행은 일반은행과 거의 동일한 업무를 취급하므로 특정부문에 대출이 집중된다는 점을 빼고는 일반은행과 성격상 차이가 별로 없다.

우리나라의 경우 중소기업의 지원을 위한 중소기업은행, 주요 산업에 장기자금을 공급해 주기 위한 산업은행, 농수산금융을 전담하는 두 협동조합(농업협동조합과 수산업협동조합)의 신용사업부문이 특수은행에 속한다. 특수은행은 특정부문에 대출이 집중된다는 점을 빼고는 일반은행과 업무면에서 차이가 거의 없다.

수출입금융을 전문적으로 취급하는 수출입은행은 소요자금의 대부분을 정부 혹은 해외로부터의 차입이나 채권발행에 의존하고 있어 예금은행이 아닌 별도의 예금취급기관으로 분류하고 있다.

그림 4-1 우리나라의 금융기관 (2006년 6월말 현재)

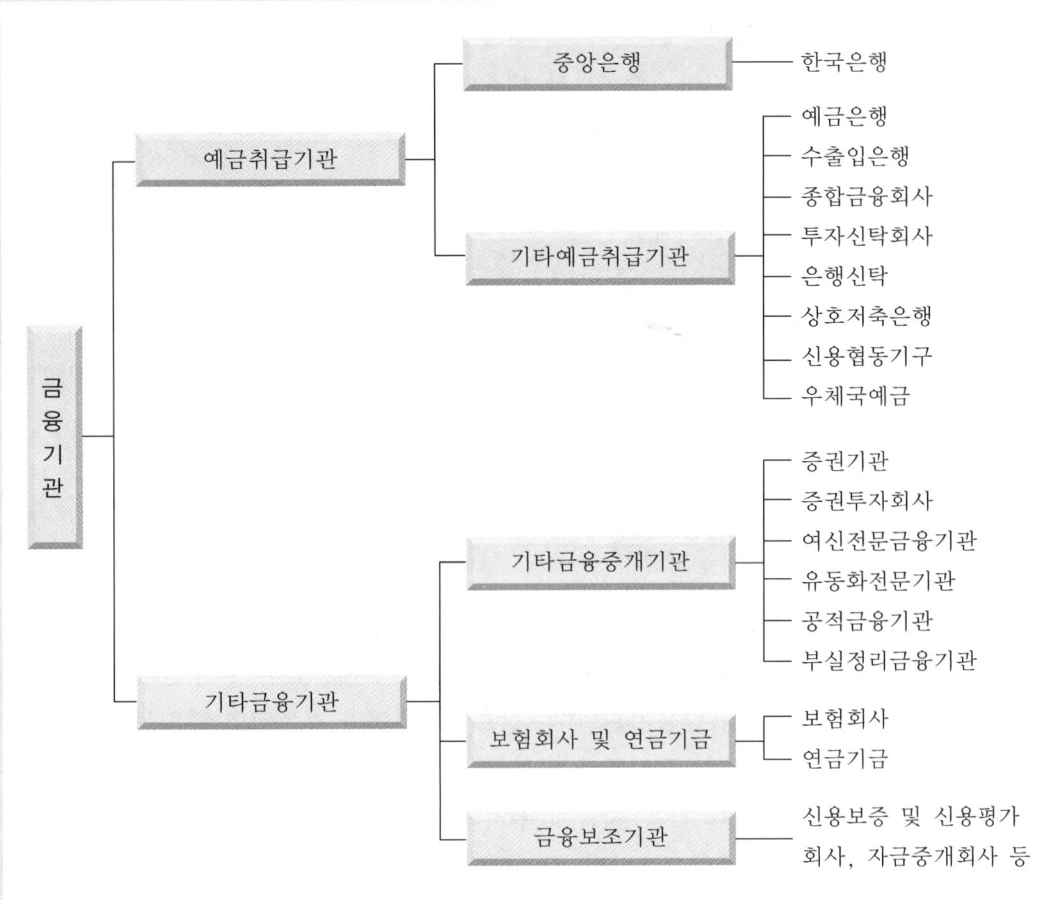

2) 종합금융회사

종합금융회사는 다양한 기업금융수요에 부응하여 종합적인 금융서비스업을 취급할 목적으로 설립된 '금융백화점'이다. 주요 업무로는 외자도입의 주선과 외자의 차입, 기업운영자금의 단기융자와 설비자금의 장기융자, 기업이 발행한 어음의 할인 · 매매 · 인수 및 보증, 시설대여업무, 증권투자신탁업무 및 외환업무 등이다.

3) 투자신탁회사

고객의 돈을 맡아 주식 · 채권 등 유가증권에 투자하여 얻은 수익금을 고객에게 분배하는 것을 증권투자신탁이라 한다. 투자신탁회사는 증권투자신탁업무를 전담하는 증권투자 대행기관이다. 고객이 맡긴 돈을 효율적으로 운용하기 위해 일정규모의 자금단위로 묶는데 이 운용단위를 펀드 혹은 수익증권이라고 부른다. 고객은 펀드를 사는 형식을 취하여 투자신탁회사에 돈을 맡긴다. 주식투자 비중이 높은 펀드를 주식형 펀드, 채권투자 비중이 높은 펀드를 채권형 펀드라 한다.

4) 은행신탁계정

원래 신탁이란 금전이나 부동산 등의 자산을 위탁받아 대신 관리해 주는 것을 말한다. 현재 우리나라에서는 금전신탁과 증권투자신탁의 두 종류가 있다. 증권투자신탁은 앞에서 설명한 종합금융회사와 투자신탁회사가 맡고, 금전신탁은 은행에서 취급한다. 금전신탁을 기록하는 계정이 은행신탁계정이다. 예금은행이 취급하는 신탁계정은 은행이 일반고객으로부터 받는 예금과는 다르다.

5) 상호저축은행

상호저축은행은 주로 일반 서민과 영세기업의 금융편의와 저축증대를 위해 설립된 금융기관이다. 상호저축은행의 전통적인 주업무는 신용부금업무이다. 신용부금업무란 일정한 기간을 정하여 매월 일정액을 불입케 하고 만기일에 원리금을 지급해 주며 계약금액 내에서 대출도 해주는 업무이다. 최근에는 예금은행처럼 보통예금, 정기예금의 수신업무와 일반자금대출, 어음할인의 여신업무 비중이 커지고 있다. 예전에는 상호신용금고로 불리어 오다가 2002년 3월부터 상호저축은행으로 이름이 바뀌었다.

6) 신용협동기구

조합원에게 저축 편의를 제공하고, 조합원에 대한 저리융자를 통하여 조합원 상호간의 공동이익을 추구할 목적으로 설립된 기관이다. 직장단위의 신용협동조합과 지역단위의 새마을금고, 그리고 농협 · 수협의 농어민을 위한 상호금융 등이 있다.

7) 우체국예금

정보통신부의 우체국에서 취급하는 각종 예금을 말한다. 취급하는 금융관련 업무로는 우체국예금 이외에 우체국보험, 우편환, 우편대체가 있다.

우편환은 온라인 또는 증서의 이동에 의한 송금수단으로 금융기관의 온라인망이 설치되지 않은 지역에 대한 송금수단으로 이동된다. 우편대체는 우체국에 개설한 우편대체계좌를 통하여 자금결제를 할 수 있는 제도로서 이를 통하여 세금, 공과금수납, 각종 연금지급, 공과금 자동이체 및 자기앞수표 발행 등의 서비스가 제공된다.

(3) 기타 금융중개기관

1) 증권기관

증권기관으로는 주식과 채권을 인수하여 팔거나 고객에게 주식을 알선하고 주식매매를 대행하는 증권회사, 증권의 취득 · 유통과 관련된 자금을 공급해 주는 증권금융회사가 있다.

2) 증권투자회사

회사형 증권투자신탁으로서 자산을 유가증권에 투자하여 수익을 주주에게 배분하는 업무를 영위하는 회사이다. 투자신탁회사의 펀드는 투자신탁회사가 고객의 돈을 운용한 뒤 그 성과를 되돌려 주겠다고 고객과 계약을 맺는 계약형 투자신탁이다. 이에 반해 뮤추얼펀드는 고객들이 계약자가 아니라 주주로 참여하여 독립된 하나의 회사로 존재한다. 회사형 증권투자신탁이라고도 부르는 것은 이 때문이다.

3) 여신 전문금융기관

수신기능이 없이 여신업무만을 취급하는 금융기관이 여신전문금융기관이다. 신용카드업, 리스, 할부금융업, 신기술사업금융업의 네 가지가 있다.

① 신용카드회사: 카드 소유자가 물건을 사고 카드를 쓰면 그 대금을 갚아 준 다음 나중에 카드 소유자로부터 물건 대금에 이자를 덧붙여 받는 형식으로 여신을 취급하는 회사이다.

② 리스(시설대여)회사: 기업이 필요로 하는 시설을 자체 자금으로 구입하여 기업에 장기간 임대해 주는 회사이다. 리스회사를 이용함으로써 많은 자금을 필요로 하는 기업은 생산설비를 자기자금의 부담없이 조달하고 조금씩 갚아 나갈 수 있는 장점을 갖는다.

③ 할부금융회사: 할부금융업이란 물품의 구매자 및 판매자와 약정을 체결하여 회사가 구매자 대신 물품구입자금을 판매자에게 지급하고

구매자로부터 그 원리금을 분할하여 받는 금융방식이다. 할부금융업을 담당하는 회사가 할부금융회사이다.

④ 신기술사업금융회사: 신기술사업자에 대한 투자 · 융자 및 경영 · 기술의 지도를 주업무로 하는 금융회사로서 소위 벤처캐피탈회사와 같은 개념이다.

4) 유동화전문기관

채권 · 토지 · 주택 등의 자산(유동화자산)을 기초로 채권이나 수익증권(유동화증권)을 발행하는 것을 자산유동화라 한다. 유동화전문기관이란 자산유동화를 전업으로 영위하는 기관을 말한다. 유동화자산을 사거나 신탁받아 이를 기초로 유동화 증권을 발행하고, 유동화자산을 관리 · 운용 · 처분하는 수익으로 유동화증권의 원리금이나 배당금을 지급하는 것을 주업무로 한다.

5) 공적 금융기관

정부가 저소득층을 위한 주택건설에 필요한 자금을 조달하고 운용하는 국민주택기금을 말한다.

6) 부실정리금융기관

부실금융기관을 정리하는 기관이다. 한국자산관리공사와 예금보험공사가 이 기관에 속한다. 이 기관들은 부실채권정리기금을 조성하여 채권을 구입함으로써 금융중개기능을 수행한다.

(4) 보험회사 및 연금기금

1) 보험회사

생명보험업무를 취급하는 생명보험회사를 말한다. 생명보험회사는 저축의 성격이 강한 업무를 주로 취급하기 때문에 총유동성을 공급하는 비은행금융기관으로 취급된다. 그러나 손해보험업무를 취급하는 손해보험회사는 위험의 보장을 주업무로 하기 때문에 금융기관유동성과 광의유동성을 공급하는 기타금융기관으로 취급되지 않는다.

2) 연금기금

공무원연금 · 군인연금 · 사립학교교원연금 등 특정 피고용자 그룹에게 은퇴 후 연금을 주기 위하여 설립된 기관을 말한다. 연금기금은 자신의 자산과 부채를 가지며 자가계정으로 시장에서 금융거래에 참가하기 때문에 기타 금융기관에 포함된다.

(5) 금융보조기관

금융보조기관은 금융중재와 밀접한 관련이 있는 활동을 하는 금융기관이다. 지금까지 설명해 온 금융기관들은 자가계정에 부채를 발생시켜 위험을 부담한다는 점에서 금융중개기관이다. 금융보조기관은 자가계정에 부채를 발생시키지 않고 따라서 위험을 부담하지 않는다는 점에서 금융중재기관과 차이가 있다. 신용보증기관, 신용평가회사, 자금중개회사, 금융중개결제원, 한국증권선물거래소, 투자자문회사, 금융감독원 등이 금융보조기관에 속한다.

3. 금융시장

금융시장은 경제주체들이 금융상품거래를 통하여 필요한 자금을 조달하고 여유자금을 운용하는 조직화된 장소를 말하는데 금융상품만기를 기준으로 단기금융시장과 자본시장으로 구분하는 것이 일반적이다. 여기에 금융상품의 특성을 고려하여 외환시장과 파생금융시장을 별도로 구분하기도 한다.

단기 금융시장은 단기자금의 수요자와 공급자간 수요와 공급의 불균형을 조절하기 위하여 통상 만기 1년 이내의 금융상품이 거래되는 시장이다. 현재 우리나라에서는 단기금융시장으로 콜시장, 기업어음시장, 양도성예금증서시장, 환매조건부채권매매시장, 통화안정증권시장, 표지어음시장 등이 있다.

자본시장은 장기자금의 조달수단인 주식, 채권이 발행되고 유통되는 시장으로서 주식시장과 채권시장으로 구분된다. 주식시장 중 유통시장은 상장주식이 거래되는 유가증권시장 및 코스닥시장과 비상장주식이 거래되는 제 3 시장으로 구분된다. 채권시장은 만기 1년 이상 장기채권이 발행되고 유통되는 시장이다. 채권시장 중 유통시장은 상장채권이 거래되는 장내시

그림 4-2 우리나라 금융시장의 구조

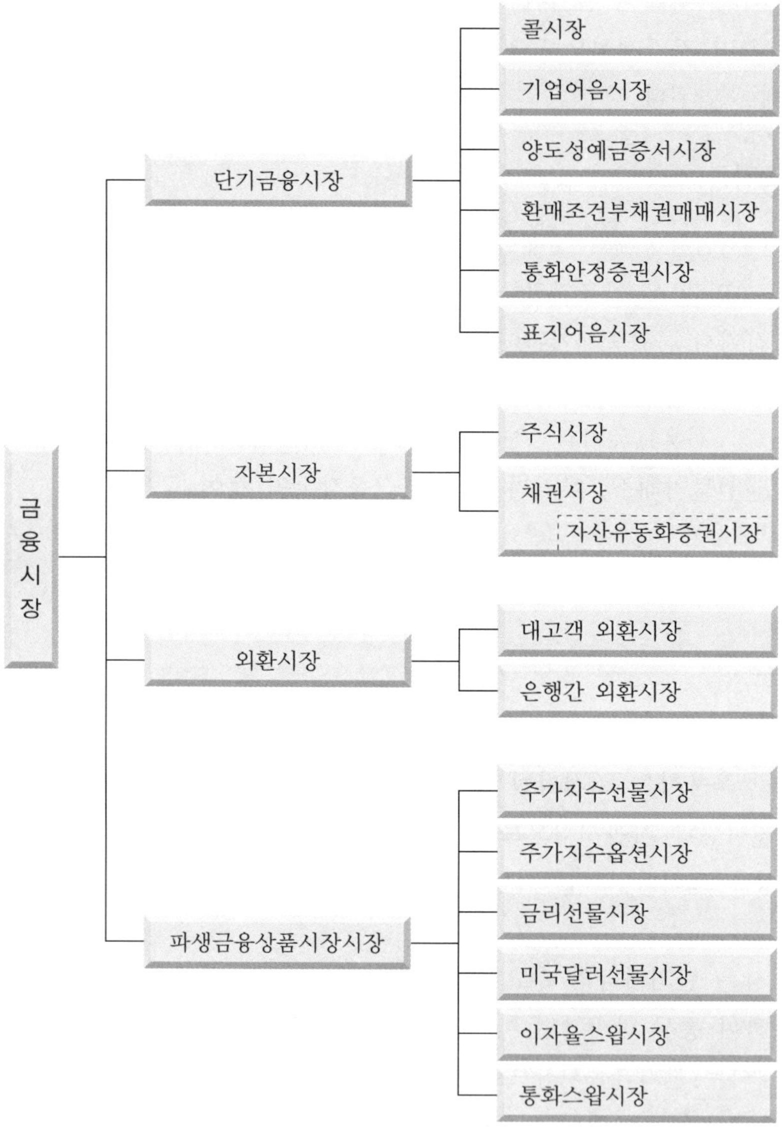

장(유가증권시장)과 비상장채권을 포함하는 모든 채권이 거래되는 장외시장으로 구분된다. 자본시장에는 최근 기업 및 금융기관의 자금조달수단으로 새롭게 부각되고 있는 자산유동화증권시장도 포함된다. 자산유동화 증권시장은 부동산, 매출채권, 주택저당채권 등과 같이 유동성이 낮은 자산을 기초로 발행되는 자산유동화증권(ABS)이 거래되는 시장이다.

외환시장이란 외환의 수요자와 공급자간에 외환거래가 정기적 또는 지속적으로 이루어지는 시장을 가리킨다. 외환시장은 일반고객과 외국환은행간 외환거래가 이루어지는 대고객 시장과 외국환은행간 외환거래가 이루어지는 은행간 시장으로 나누어진다. 그러나 매매기준율이 은행간 시장에서 결정됨에 따라 일반적으로 외환시장은 은행간 시장을 의미한다.

파생금융상품시장은 기초금융자산의 가치변동에 따른 위험을 회피하기 위한 파생금융상품이 거래되는 시장을 말한다. 우리나라의 파생금융시장에는 주가지수선물시장, 주가지수옵션시장, 금리선물시장, 미국달러선물시장, 이자율스왑시장, 통화스왑시장 등이 있다.

한편 우리나라 금융시장의 규모는 경제성장, 경제주체들의 자금조달 및 운용기법 개선, 자본시장 육성 및 대외개방정책, 금융 · 외환위기 이후 금융하부구조의 정비 등으로 지속적으로 확대되었다. 2005년 6월말 기준으로 단기금융시장과 자본시장을 합한 우리나라 금융시장의 규모는 총 1,469조원으로 1990년말 172조원의 8.5배에 달하고 있다. 금융시장 규모의 GDP 대비 비율도 1990년 0.92에서 2005년 6월말 1.89로 높아졌다. 우리나라 금융시장의 규모가 이처럼 확대되었지만 선진국에 비해서는 여전히 영세한 편이다.

제 3 절 금융위기

1997년 우리나라는 금융위기에 직면해 IMF로부터 조건부 구제금융을 지원받았고, 이른바 'IMF관리체제'에 들어갔다. 일반적으로 금융위기란 대내외 경제충격으로 금융시스템이 제대로 작동하지 않거나 마비되는 상태를 말하는 것으로서 금융시장에 커다란 교란이 발생해 많은 금융기관이 도산하거나 금융자산가격이 폭락하는 현상을 말한다. 금융위기는 은행위기와 외환위기를 포괄하는 개념으로서 단순히 금융산업의 어려움으로 끝나는 것이 아니라 실물경제활동에 막대한 지장을 초래한다는 것을 우리나라는 1997~1998년도 금융위기로부터 경험하였다. 이와 같이 우리나라가 IMF 구제금융을 받게 되는 위기에 직면하게 된 까닭은 금융기관의 부실채권이 급격하게 증가했기 때문이다. 은행위기는 예금 인출사태, 금융기관의 폐쇄, 금융기관의 인수·합병, 정부에 의한 대규모의 금융기관 인수 등으로 연결되는 사태를 말한다.

1. 금융위기의 발생원인

금융위기란 금융시스템 전체에 극심한 혼란이 발생하여 금융기관이 연쇄적으로 파산하는 경우를 말한다. 금융시스템이란 금융기관과 금융시장을 통칭하는 말이다. 따라서 금융위기는 금융기관의 파산 등에 따른 금융기관의 불안정과 금융시장의 참여자들의 불안한 심리 등에 따른 금융시장 불안정을 모두 포함한다. 개별은행의 파산이나 일부 금융시장의 혼란, 외환시장의 부분적인 충격으로 인한 환율의 극심한 변동은 이 범주에 속하지 않는다. 은행과 외환시장의 동시적 위기가 나타나는 경우가 보통이다.

환율과 금리가 급등하고, 주가가 폭락하며 국가와 금융시스템에 대한 대외신인도가 크게 추락하게 된다. 은행파산 가능성을 우려한 급격한 예금인출이 나타나거나 급격한 해외자본의 유출이 나타난다. 대체로 이러한 위기가 발생하기 직전에는 금융시장 개방이 선행하고 이에 따른 해외자본이 급격히 유입되어 자산가격(부동산가격, 주식가격 및 채권가격)이 이상과열 현상을 보여 급등한다. 과다한 투자에 따른 과잉설비가 나타나고, 시장환율이 고평가되며, 교역조건의 악화에 따른 무역수지가 악화된다.

어떤 이유로 국내경제가 점차 악화되는 시점에 접어들 때 약간의 충격이 자본유출을 촉발하게 되면 급속한 자본의 유출이 나타나고 기존의 경제구조가 나빠지지 않았음에도 불구하고 위기가 발생할 수 있다. 금융위기를 직접 촉발시키는 원인으로는 해외 금융투자자들의 신뢰도 상실, 이자율 급등, 주식가격 붕괴, 예상치 못한 물가하락, 은행공황 등이다. 이를 보다 구체적으로 살펴보자.

(1) 국제신뢰도 상실과 투명성 결여

여러 개 국내 대기업들이 연속적으로 도산하면 국내기업이나 금융기관에 자금을 공급한 국제금융 투자자들이 부실대출 위험을 걱정하게 된다. 이때 개별 금융기관이나 기업의 경영상태에 관한 정보가 투명하면 부실기업 또는 부실 금융기관에 대한 자금회수 노력이 시도될 뿐 건전 기업과 금융기관에 대한 자금회수는 없다. 그런데 경영상태에 대한 투명성이 확실하지 않을 경우 해외 투자자들이 건전기업과 불건전기업을 구별할 수 없어 모든 국내기업과 금융기관을 불신하게 되어 무차별적으로 자금을 회수하게 된다. 그러면 국내 금융시장에 심각한 신용경색을 초래한다. 신용경색이란 주어진 대출 금리하에서 은행의 대출여력이 감소하거나 대출여력이 있음에도 불구하고 은행이 대출을 기피하는 현상을 말한다. 이것이 바로 1997~1998년도 우리나라 금융위기의 중요한 원인이기도 하다.

(2) 자산 디플레이션

자산 디플레이션이란 채권이나 주식 같은 금융자산과 건물, 토지 등과 같은 실물자산의 가격이 급격히 하락하는 현상이다. 예컨대 주식가격이 폭락하면 역선택과 도덕적 해이[7] 문제가 더욱 심각해진다. 그 이유는 주가하락은 기업의 자본금 감소를 초래해 은행과 같은 금융기관들로 하여금 대출을 꺼리게 만든다. 그 이유는 기업의 자본금이 은행대출금에 대한 담보물과 같은 기능을 수행하는데, 주식가격의 하락으로 담보물 가치가 하락하기 때문이다. 그렇게 되면 은행은 역선택에 노출될 위험이 커지므로 대출을 꺼리게 된다. 또한 주식가격 하락으로 자본금의 비중이 낮아지면, 차입기업이 도덕적 해이에 빠질 우려는 커진다. 실물투자가 잘못되었을 때 자기가 부담해야 하는 손실이 상대적으로 줄어들기 때문이다. 아울러 물가가 하락하면 명목 금융부채의 실질 부담이 증가한다. 자본금은 자산에서 부채를 뺀 나머지로 정의하는데, 실질 자산가치는 변동하지 않는데 실질기준으로 부채는 증가하였기 때문이다. 실질자본금 비중이 상대적으로 작아지므로, 역선택과 도덕적 해이 문제의 여지가 커진다. 부동산 가격하락도 기업의 담보물 가치를 하락시킴으로써 부실대출 위험을 증대시켜 은행이 신규대출을 꺼릴 뿐만 아니라 기존대출도 만기가 되면 회수하려 한다. 이 모든 것이 금융기관으로 하여금 대출을 꺼리게 해서 신용경색으로 실물부문의 경기 침체가 발생한다.

미시킨은 도덕적 해이 및 역선택 문제에 기초하여 금융위기의 원인을 ① 금리상승, ② 주식시장 침체, ③ 불확실성의 증대, ④ 재무구조의 악

---

7) 역선택이란 은행이 대출할 때 신용위험이 큰 차입자에게 자금을 공여하는 것과 같은 잘못된 선택을 의미하며, 도덕적 해이란 상대방의 신뢰를 저버리는 또는 자신의 이익을 위해 상대방의 신뢰를 악용하는 행위를 말한다.

화, ⑤ 은행파산 등을 들고 있다.

(3) 과도한 고금리

신용위험이 높은 사람들은 금리를 지급하면서도 높은 위험을 부담해서 고수익을 꾀하려는 사람들이다. 그러므로 금리가 과도하게 높아지면, 신용위험이 높은 사람들만 대출신청을 하고, 신용위험이 낮은 사람들은 대출신청을 아예 기피하게 된다. 그러면 금융기관은 역선택 가능성이 높아지기 때문에 아예 대출을 꺼리게 된다. 그러면 극심한 신용경색으로 부도가 속출하고, 실물투자의 감소를 통해 국민 경제활동에 위기를 초래할 수 있다.

(4) 은행공황

예금고객 입장에서는 부실대출 등 은행경영에 대한 정보를 얻기가 어렵기 때문에 거래은행의 도산위험이 조금만 감지되거나 루머만 돌아도 곧바로 예금을 인출하는 것이 유리하다. 그러므로 은행은 부실경영으로 조금만 위기에 직면해도 곧 도산하기 쉽다. 더욱이 한 은행이 도산할 때 해당은행의 도산으로만 그치지 않고 다른 은행으로 파급되기 쉽다. 그렇게 되면 한 부실은행의 도산이 다른 건전은행의 도산을 초래하고 그것이 다른 여러 은행에도 파급되는 이른바 '은행공황'이 발생할 수 있다. 이것은 은행예금 고객과 은행 사이에 정보의 비대칭으로 인해 발생하는 문제이다.

(5) 외생적 충격

경제 기초여건이 취약한 상황하에서의 외생적 충격을 들 수 있다. 경기침체, 국제수지 악화, 외환보유액 부족, 환율의 고평가, 경제구조의 왜곡 등 경제 기초여건이 취약한 상태에서 교역조건의 급격한 하락 또는 국제금리의 급등, 단기자본의 신속한 유출입 등과 같은 외생적 충격이 발생하면 시장참여자들은 정부, 중앙은행, 일반은행들의 지불능력을 재평가하고 그들 기대수준에 미치지 못할 경우 대규모의 자금인출로 금융위기를 유발할 수 있기 때문이다.

(6) 자기실현적 기대

자기실현적 기대란 시장참여자들이 당면하고 있는 불확실한 경제여건에 기초하여 장래에 대한 기대를 형성하고 그에 따라 경제행위를 할 때 모든 또는 대부분의 시장참여자들의 기대가 일치하여 그들의 기대가 실제로 실현 또는 성취되는 상황을 말한다. 예를 들어 국내통화가 고평가된 상태에서 대량실업이 존재하는 경우 시장참여자들은 중앙은행이 실업을 줄이기 위해 조만간 평가절하를 단행할 것으로 기대하고 사전에 통화공격(약세통화 매각, 강세통화 매입)을 시작하면 궁극적으로는 평가절하가 이루어지는데 이 같은 자기실현적 기대는 외환위기를 초래한다. 또한 은행이 단기부채와 장기자산 형태로 만기불일치상태는 금융 중개업무를 수행하는 경우가 일반적인데, 은행예금자들이 단기에 은행이 자금인출을 위한 충분한 자금을 보유하고 있지 못한다고 믿는다면 실제로 동시에 대규모 인출사태가 발생하여 은행위기로 초래할 수 있다.

(7) 부적절한 금융관행과 책임경영

은행 임직원, 주주 및 은행경영 기업 등에 대한 관계인 대출 또는 내부자 대출, 관치금융 등은 은행 부실화를 초래하기 때문에 은행위기로 이어질 수 있다. 기업의 수익성이나 대출 및 담보의 건전성에 대한 평가가 제대로 이루어지지 않은 상태에서 정부의 입김에 의해 크게 좌우되는 정책금융이 이루어지는 경우에는 은행의 책임경영 소재가 불투명해질 뿐만 아니라 책임경영 의식의 결여로 여신 후 사후관리를 소홀히 하는 등 은행의 부실채권이 증가할 수 있다.

(8) 금융위기의 모형

1) 제 1 세대 모형: 정책실패모형

금융위기가 국제수지 악화와 외채위기가 주로 나타난 1970년대 후반에 개발된 모형이 크루그만(Krugman, 1997)의 모형으로 제 1 세대 모형이라 부른다. 고정환율제도하에서 국제수지의 악화로 촉발되는 외채위기는 정부의 과도한 재정, 통화금융팽창정책으로 인한 인플레이션과 그에 따른 무역수지 악화가 위기를 불러온다고 본다. 고정환율제도하에서는 환율을 유지해야 하므로 시장의 환율보다 크게 고평가된 환율을 노리는 환투기 공격에 취약한 면을 그대로 드러낸다. 중앙은행은 부족한 외환을 가지고 방어에 나서지만 결국 무너지게 되는데, 이로 인해 급격한 환율인상(평가절하조치)이 나타나 혼란에 빠진다. 따라서 국내정책의 실패가 주원인이 되며 당사국이 책임의 주체가 된다.

다시 말하면, 전통적 외환위기 1세대모형에서는 외환위기의 원인을 과도한 재정적자와 고정환율제도의 유지라는 정책의 일관성 결여에서 찾고 있다. 그결과 환율이 기존수준에서 유지될 수 없다고 생각되면 외환에 대한 투기적인 공격이 일어나면서 외환위기가 발생한다는 것이다. 특히 공식적 외환보유고가 환투기를 막기에 부족하다고 생각되면 환투기가 가속화된다는 것이다.

2) 제 2 세대 모형: ERM의 정책협조 실패로 인한 위기

1990년대 초 유럽의 통화위기를 설명하기 위한 모형이다. 유럽의 환율안정을 위한 정책기구(ERM)가 환율유지에 실패한 상황을 설명하기 위한 모형이다. 이 기구는 변동환율제도하에서 과도한 환율의 불안정성이 상호도움이 되지 않는다는 인식하에 유럽의 다수 국가들이 환율의 안정에 협력하기 위해 만든 기구이다.

이 모형은 예상되는 정책변화가 환투기를 가져와 금융위기를 발생시킨다고 본다. 옵스펠드(Obsfeld, 1994)에 의한 이 모형은 자기실현적 예언에 기초한 것이다. 외환시장에 참여하는 참가자들이 주관적 예상이 실현되는 투기적 과정에서 거시적 기초여건과 무관하게 위기를 초래할 수 있다는 것이다.

이는 금융시장이 정보비대칭성과 심리적 불안감 등에 따라 매우 불안정한 내재적 속성을 지닌 것에 논점을 맞춘 모형이다. 구체적으로 서술하자면, 실업이 경제현안으로 등장한 상황에서 실업률이 상승하면 언젠가 부양책을 실시할 것이라는 예상이 시장의 지배적인 분위기가 된다. 그런데, 팽창적인 통화금융정책을 실시하면 이자율이 낮아질 것인데 이에 따라 환율유지는 불가능하게 된다. 결국 실업률이 상승하면 환율은 평가절하될 것이고, 이때를 노린 환투기가 극성을 부리면 외환, 금융위가가 발생하게 된다. 예상한 자기실현적 과정이 위기의 핵심적 경로가 되는 것이다.

3) 제 3 세대 모형: 아시아의 금융위기

아시아의 경우, 위의 상황과 다른 측면을 지니고 있어서 새로운 모형이 필요하다는 주장이 보편적 설득력을 지니고 있다. 중남미와 같은 재정적자와 방만한 팽창, 고인플레이션을 겪지 않았고, 유럽과 같이 변동환율제도가 보편적인 것도 아니였다. 문제는 기업의 대출이 부동산 등을 담보로 하여

이루어진 은행중심의 금융시스템이어서 자산가격의 급락은 경제전반의 금융과 실물경제를 동시에 미비시킬 수 있음을 간과한 것이다. 흔히 자산과 부채라는 저량변수 중심의 접근이 이 모형의 핵심을 이룬다.

크루그만은 아시아 외환 · 금융위기를 1, 2세대모형으로는 설명할 수 없다고 보면서 정부의 암묵적 지급보증이 가져오는 도덕적 해이에서 그 원인을 찾고 있다. 투자를 하는 데 가장 중요한 고려사항은 기대수익과 위험에 대한 평가이다. 그런데 아시아 금융기관들은 기업에 대한 정부의 암묵적 지급보증을 믿어서 자유시장경제에서보다 기업들의 파산가능성을 낮게 평가한다는 것이다. 그 결과 위험에 대한 고려를 제대로 하지 않고 기대수익만 높은 자산에 투자를 하게 된다.

그래서 정부의 암묵적 지급보증이 외국계 금융기관이 아시아 국가의 기업및 금융기관에 쉽게 대출을 하게 되었다고 본다. 왜냐하면 위험이 예방되므로 실제의 위험보다 매우 낮게 평가되기 때문이다. 이것이 도덕적 해이를 야기하여 막대한 차입, 과잉투자 및 중복투자를 가져오게 되었다는 것이다. 이것이 자산가격의 과도한 상승을 불러 일으켰다.

이런 상황은 은행에 대한 정부의 암묵적 지급보장이 유효하다고 믿는 시점까지만 지속되는데, 지급보장의 유효성이 의심받기 시작하여 상실될 때는 자산시장에서 거품이 붕괴되기 시작한다. 그런데 자산가격의 거품붕괴는 부동산 등을 담보로 대출을 실시한 은행의 자산의 질이 낮아지고 회수불가능한 자산이 되므로 은행부실을 가져온다. 중앙은행이 더 이상 구제될 수 없다고 판단될 때 통화가치의 하락에 대한 자기실현적 예상이 발생한다. 자산과 증권가격의 하락이 나타나는 징조가 발생하자마자 급격히 자본이 해외로 유출되면서 자산가격의 급락이 가속화되고 환율이 급등하며, 금리 역시 급등하는 위기가 구체화된다.

이는 국내기관의 도덕적 해이라는 요인에서 그 원인을 찾으므로 책임도 주로 국내기관이 져야 한다고 본다. 이러한 분석이 지니는 시사점은 다음과 같다.

① 아시아 금융위기의 주원인은 정부부문의 방만한 정책실패 탓이 아니므로 IMF 처방에 따른 단기해결이 어렵기 때문에 금융위기의 신속한 회복도 가능하지 않다.

② 자산가격의 거품은 정부의 보호에 대한 그릇된 기대에 기초한 것이므

로 자산가격이 회복되더라도 이전보다는 낮은 수준에 머무를 것이다.

③ 은행부문에 대한 중앙은행의 통화공급 증대 가능성과 경상수지 흑자를 위한 환율정책을 택할 가능성을 고려할 때 통화가치 역시 위기 이전보다 낮은 수준에서 균형이 이루어질 것이다. 현재의 환율 수준에서는 큰 폭의 경상수지 흑자가 가능하므로 국제신인도와 국제유동성이 회복되기만 하면 위기국들의 통화가치는 회복될 것이다.

④ 통화위기를 해결하는 중요한 요소는 은행과 기업의 부실을 하루빨리 해소하는 것이다.

2. 금융위기의 발생경로

금융위기는 위에서 열거한 요인에 의해 촉발되지만, 결국은 실물경제의 기초가 취약해 있기 때문에 발생한다. 그러면 금융위기의 발생경로를 살펴보자. [그림 4-3]에서 보듯 금융위기를 초래하는 몇 가지 경로가 있다.[8)] 정부의 금융 및 자본 자유화 조치, 해외자본 유입의 증가, 국내신용의 과다공급, 경기위축으로 인한 부실대출 증가 등이다. 첫째, 금융 및 자본 자유화는 금융기관을 통한 해외자본 유입을 촉진시키고 단기외채 증대는 국가경제의 환위험에 대한 노출폭을 증대시키며, 그것은 대외신인도를 하락시켜 해외자금의 이탈로 외채문제를 발생시킨다. 둘째, 해외자본의 유입증가는 실질환율을 하락시키고, 그것은 해외자금의 차입을 확대시켜 외채를 증대시킨다. 그로 인해 국가경제는 환위험에 노출되고 대외신인도를 하락시키며, 그에 따라 역시 외채문제가 발생한다. 셋째, 정부가 국내신용을 과다공급하거나 해외자본 유입에 다른 신용팽창으로 투자증가 등 총수요 증가에 따라 수입수요가 증가하면 경상수지를 악화시킨다. 그 결과 외환보유고가 감소해서 한편으로는 외환위기를 발생시키고 그것은 대외지급 불능 사태를 야기한다. 더욱이 단기외채 증대와 경상수지 적자 누적으로 외채상환 불이행 위험이 높아지면 대외신인도가 급격하게 하락해서 민간자본의 급격한 해외이탈로 외환위기 및 외채상환 불이행 위험이 높아지면 대외신인도가 급격하게 하락해서 민간자본의 급격한 해외이탈로 외환위기 및 외채상환 문제를 야기한다. 더욱이 외환당국이 환율 방어에 나서면 환율 방어정책을 포기하기 직전에 이를 예상한 환투기가 발생한다. 넷째, 경기위

8) 손정식, 『화폐금융론』, 법문사, 2000, pp.37~38 참조.

그림 4-3 금융위기의 발생경로

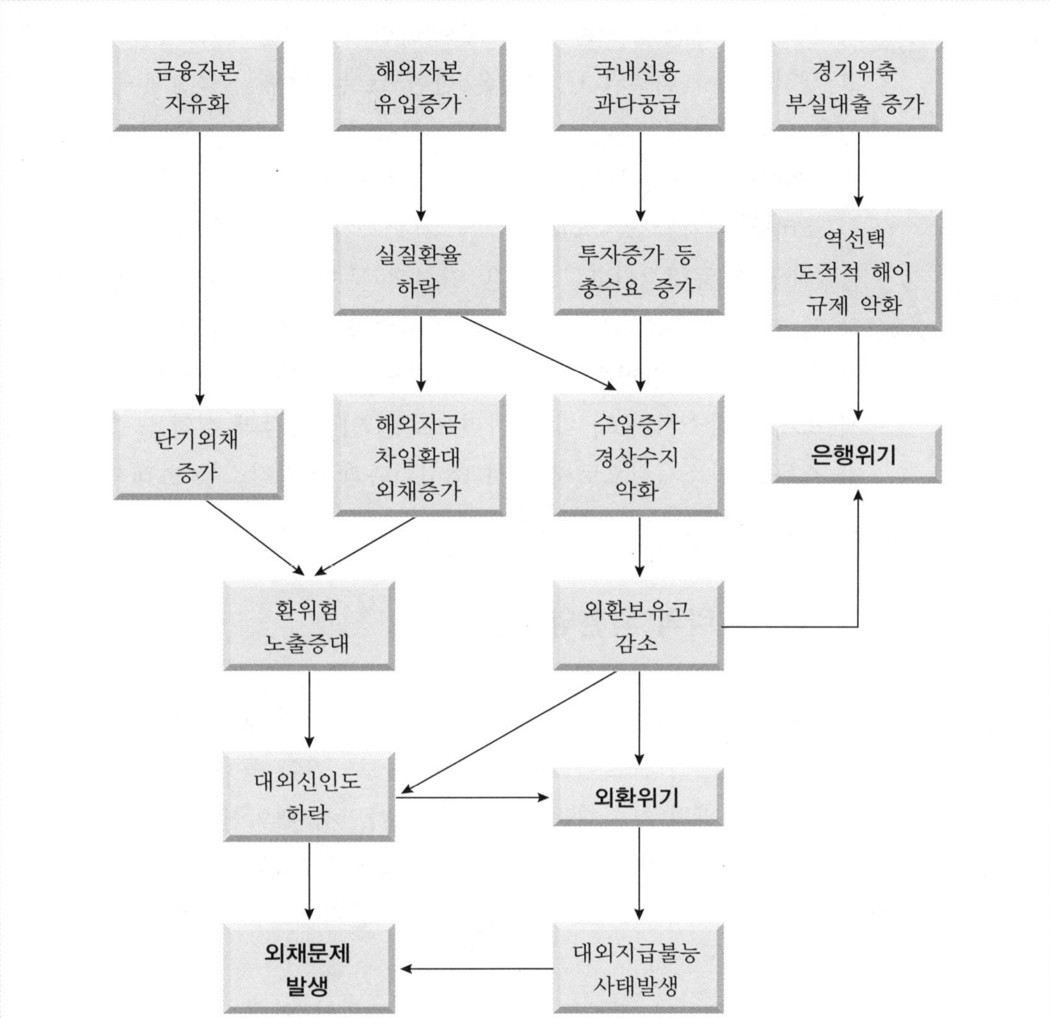

축이나 신용경색 등으로 부실대출이 증가하면 역선택 문제와 도덕적 해이 문제가 만연하며, 그로 인해 은행의 예금 및 대출시장에서 문제가 발생해서 은행위기가 발생한다. 그것은 해외금융 투자자들의 국내은행에 대한 단기대출 만기연장의 거부와 대출금 회수시도를 통해 외환보유고를 감소시켜 외환위기를 초래한다. 물론 그 결과 국가경제는 대외지급 불능사태에 돌입할 수 있다.

지금까지 금융위기를 초래하는 몇 가지 요인을 개별적으로 파악했는데,

현실적으로는 한 가지 또는 몇 가지 요인에 의해서 금융위기가 발생하면 그 것이 다른 요인에 영향을 미쳐 금융위기가 증폭될 수 있다는데 문제의 심각성이 있다. 예컨대 외환위기가 발생하면 실물부문에서 기업도산이 증가하고 생산활동이 위축된다. 그것은 한편으로는 향후 실물경제에 대한 불확실성을 증대시키고, 다른 한편으로는 물동량의 공급차질을 초래해 일시적인 인플레이션을 야기한다. 그에 따라 소비가 위축되며 투자가 감소한다.

소비와 투자감소는 한편으로는 자산가치를 하락시킴으로써 금융기관의 불량채권을 증대시키고, 그것은 역선택 문제를 야기시켜 신용경색을 초래하고, 다른 한편으로는 물가를 하락시킨다. 이는 기업의 경영수지를 악화시킨다. 기업의 경영수지 악화는 한편으로 투자를 직접적으로 위축시켜 다시 소비를 감소시키고, 다른 한편으로는 임금삭감과 실업을 증대시킴에 따라 소득을 감소시킴으로써 다시 소비위축과 투자감소를 초래시키는 상승작용이 발생한다.

3. 우리나라의 외환위기

우리나라가 겪었던 외환위기 상승을 총수요와 총공급의 모형에 의해 분석해 보자. 우리나라는 1997년 들어 한보, 기아 등 대기업의 부도가 이어지고 금융기관의 부실채권이 크게 늘어나면서 대외신인도가 낮아지게 되었으며 이에 따른 외국인의 투자자금의 회수로 1997년 11월경에는 외환보유액이 100억달러 이하로 급락하는 등 외환지급불능의 위기에 직면하게 되었다.

이에 대응하여 정부는 일일환율 변동폭의 확대 등 금융안정화 대책을 강구하였으나(1997년 11월 19일) 환율이 변동제한 폭까지 치솟는 등 외환시장의 불안이 더욱 심화됨에 따라 1997년 11월 21일 IMF에 긴급자금지원을 요청하였으며 1997년 12월 3일에는 IMF와 자금지원을 받는 조건으로 경제안정화 및 경제구조개혁을 강력히 추진하기로 합의하였다.

이와 같은 외환위기의 충격과 이를 극복하기 위한 구조조정의 영향으로 1998년 중 우리나라 경제는 1980년 이후 처음으로 −5.8%라는 큰 폭의 부(−)의 경제성장을 기록하였으며, 물가수준 역시 1997년에 소비자물가상승률이 4.5%에서 1998년 7.5%로 크게 높아졌다. 다만 경상수지는 내수부진에 따른 수입급감에 주로 기인하여 사상 최대의 400억 달러 흑자를 기록

그림 4-4 외환위기 이후의 우리나라의 경제상태

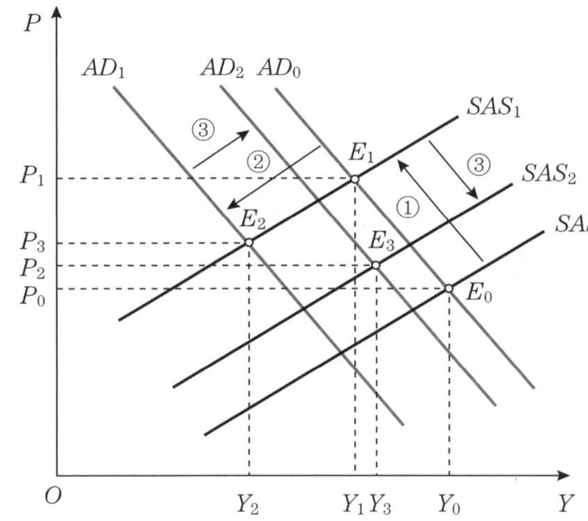

하였다. 이러한 외환위기상황 이후의 우리나라의 경제상태는 어떠했는가를 살펴보기로 하자.

[그림 4-4]에서와 같이 외환위기가 일어나기 전의 우리나라의 거시경제 균형은 E_0점으로서 생산량은 Y_0이고 물가수준은 P_0였다고 하자.

첫째, 외환위기 직후 원화환율의 급등, 금융경제시스템의 마비 등으로 단기총공급곡선이 왼쪽으로 이동하여 생산량이 감소($Y_0 \rightarrow Y_1$)하고 물가가 상승($P_0 \rightarrow P_1$)하였다. 이때의 거시경제균형점은 E_1이다.

둘째, 경제의 불확실성의 증대에 따른 투자와 소비심리의 급속한 위축 등으로 총수요곡선이 왼쪽으로 이동하여 생산량이 감소($Y_1 \rightarrow Y_3$)하고 물가가 하락($P_1 \rightarrow P_3$)하였다. 이때의 거시경제균형점은 E_2이다.

셋째, 공급충격요인의 완화와 소비 등 수요의 회복으로 총공급곡선 및 총수요곡선이 오른쪽으로 이동한 결과, 생산량이 증가($Y_2 \rightarrow Y_3$)하고 물가가 하락($P_3 \rightarrow P_2$)했다. 이때의 거시경제균형점은 E_3이다.

4. 미국의 금융위기와 신흥시장국의 금융위기

(1) 미국의 금융위기

금융위기란 금융시장이 대규모로 붕괴하여 자산가격이 급격하게 하락하고 금융기관과 비금융회사가 연쇄적으로 도산하는 것을 말한다. 금융위기는 대부분의 나라에서 공통적으로 발생하였다. 금융위기는 과거 심각한 경제적 후퇴를 초래하였으며 앞으로도 그럴 가능성이 있기 때문에 금융위기를 연구하는 것은 충분히 가치 있는 일이다. 미국은 은행위기와 금융위기를 무수히 겪었다. 이와 같은 위기도 19세기와 20세기 초에 걸쳐 거의 20년마다 한번씩 이러났다. 미국의 금융위기에서 어떤 일이 일어났는지를 이해하기 위해서는 이자율의 상승, 불확실성의 증가, 대차대조표에 대한 자산시장의 영향, 은행부문의 문제 등 각 요인이 왜 역선택과 도덕적 위험의 문제를 증가시키고 경제활동의 위축을 초래하는지를 설명할 수 있어야 한다. 이들 위기에 대한 이해를 돕기 위해 미국의 금융위기에서 사건의 흐름을 추적한 [그림 4-5]를 참조하여 설명하기로 하자.

그림에서 금융위기를 초래하는 요인으로서는 은행대차대조표의 악화, 급격한 이자율의 상승, 급격한 주식시장침체, 주요금융 및 기업의 도산에 따른 불확실성의 증가이다. 금융위기 동안 은행대차대조표의 악화, 불확실성의 증가, 이자율의 상승, 주식시장의 침체가 신용시장에서 역선택의 문제를 심화시켰다. 주식시장의 침체, 은행대차대조표의 악화, 기업의 현금흐름을 감소시킨 이자율의 상승은 또한 도덕적 해이의 문제도 증대시켰다. 역선택과 도덕적 해이의 문제가 증대되면서, 대부자가 대출하기를 꺼리게 되고 투자와 경제활동이 위축되었다.

악화되는 기업 여건과(혹시 은행이 파산하지 않을까) 은행의 건전성에 대한 불확실성 때문에 예금자들이 은행에서 예금을 인출하기 시작했으며 이로 인해 은행공황이 발생하였다. 은행수가 감소함에 따라 이자율이 더욱 상승하였으며 은행에 대한 금융중개가 감소하였다. 역선택과 도덕적 해이에 의해 초래된 문제들의 악화로 경제침체가 더욱 심화되었다.

마침내 파산절차에 따라, 순자산이 음(−)이고 도산을 함으로써 지급불능의 상태가 된 기업이 건실한 기업과 구분되었다. 이와 같은 파산절차가 종종 공공기관 및 민간기관의 도움을 받으면서 은행부문에서도 일어났다.

그림 4-5 미국의 금융위기의 사건 흐름

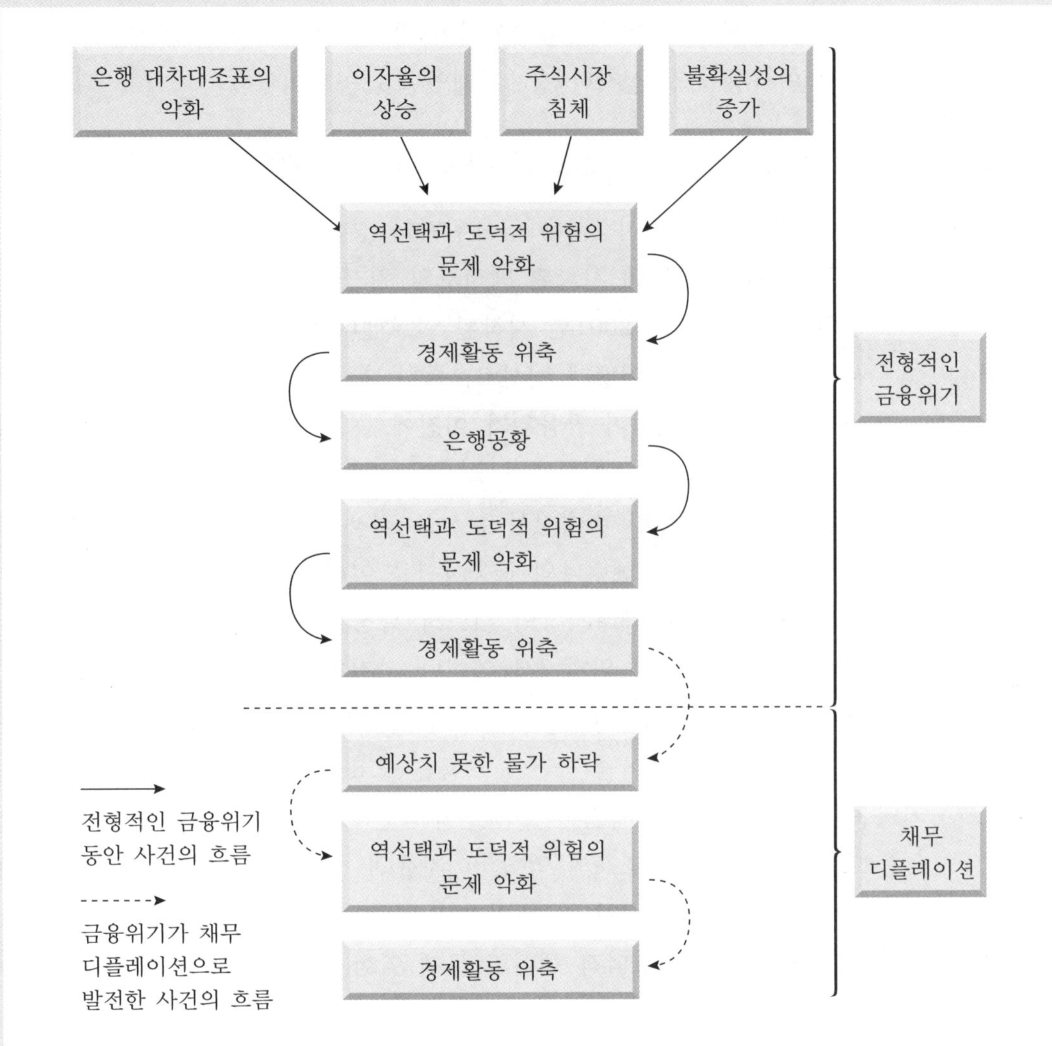

이러한 구분작업이 완료되자, 금융시장에서의 불확실성이 감소하고 주식시장이 회복되었으며 이자율이 하락하였다. 그 결과 전반적으로 역선택과 도덕적 해이의 문제가 감소하였으며 금융위기가 가라앉았다. 그리하여 금융시장이 제대로 작동하면서 경제가 회복국면으로 돌아섰다.

그러나 만일 경제침체로 물가가 급격히 하락한다면, 회복과정은 짧게 끝나고 만다. 이러한 상황하에서는 [그림 4-5]에서와 같이 채무디플레이션이 발생하는데, 물가의 상당한 하락으로 인하여 채무의 부담이 증가하기 때문에 기업의 순자산이 더욱 악화된다. 채무디플레이션이 발생하면 역선택과 도덕적 해이의 문제가 계속 증대되어 대출, 투자지출, 경제활동이 오랜기간 침체된다. 채무디플레이션이 함께 일어난 가장 심각한 금융위기가 미국 역사상 가장 심각한 경제침체였던 대공황이었다.

(2) 신흥시장국의 금융위기: 멕시코, 동아시아, 아르헨티나

최근 많은 신흥시장국은 금융위기를 경험했다. 그중 가장 심각했던 것으로 1994년 12월에 시작된 멕시코의 위기, 1997년 7월에 시작된 동아시아의 위기, 그리고 2001년 시작된 아르헨티나의 위기를 들 수 있다. 여기서 중요한 퍼즐은 어떻게 멕시코, 특히 태국, 말레이시아, 인도네시아, 필리핀, 한국 등과 같이 금융위기 이전에 높은 경제성장을 구가하던 개발도상국들이 급반전해 경제활동이 급격히 침체할 수 있는가이다. 우리는 금융위기에 대한 정보의 비대칭성 분석을 적용해 이런 퍼즐을 설명하고 멕시코, 동아시아, 아르헨티나의 금융상황을 이해할 수 있다.

각 신흥시장국 채무시장의 제도적 특징이 다르기 때문에 멕시코, 동아시아, 아르헨티나의 위기에서 일어난 사건의 흐름은 19세기와 20세기 미국에서 일어난 사건들과는 차이가 있다. [그림 4-6]은 멕시코, 동아시아, 아르헨티나에서 일어난 사건이 흐름을 도표로 그린 것이다. 그림에서 화살표는 금융위기동안 사건이 흐름을 추적한 것이다. 금융위기를 초래한 요인으로서 은행대차대조표의 악화, 이자율의 상승, 주식시장의 침체, 불확실성의 증가, 재정불균형, 은행위기가 있다. 그리고 요인의 변화에 따른 결과로서 역선택과 도덕적 해이의 문제 악화, 외환위기, 경제활동위축 등이 있다.

멕시코, 동아시아에서 금융위기를 이끈 중요한 요인은 대출 손실의 확대로 인한 은행 대차대조표의 악화였다. 이들 국가의 금융시장에서 1990년대 초 규제완화가 진전되자, 민간 비금융 기업부문에 대한 은행여신이 급격히 확대되는 대출붐이 계속 일어났다. 은행규제당국의 감독이 취약하고 차입자를 심사하고 감시할 은행의 전문성이 부족했기 때문에 대출의 손실이 늘어나기 시작하여 결국 은행의 순자산, 즉 자본이 잠식되었다. 이런 자본 잠식의 결과 은행은 대출할 재원이 부족해졌고 대출의 부족으로 경제활동이 위축됐다.

아르헨티나도 역시 은행 대차대조표의 악화가 위기로 발전하는 것을 경

그림 4-6 멕시코, 동아시아, 아르헨티나의 금융위기

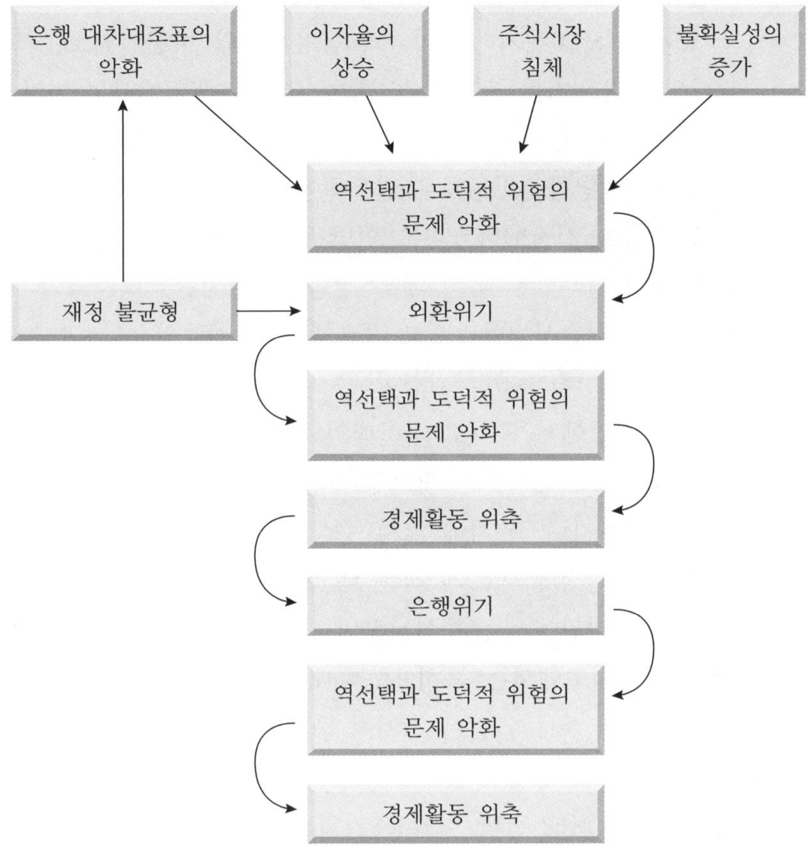

험했지만, 대차대조표가 악화된 원인은 상당히 다르다. 멕시코 및 동아시아의 금융위기 국가와는 달리 아르헨티나는 은행시스템이 잘 감독되고 있었고 위기 이전에 대출붐도 일어나지 않았다. 반면 1998년 아르헨티나는 경제침체에 진입했는데 이로 인해 약간의 대출 손실이 발생했다. 그러나 은행 대차대조표의 심각한 악화를 초래한 것은 아르헨티나 정부의 재정 문제였다. 멕시코와 동아시아 국가들과는 대조적으로 위기 이전의 아르헨티나는 상당한 재정적자를 겪고 있었는데, 이를 해외 치입으로 조달할 수 없었다. 이런 재정 문제를 해결하기 위해 아르헨티나 정부는 은행들이 막대한 규모의 정부 채무를 소화하도록 강제했다. 투자자들이 아르헨티나 정부의 채무 상환 능력을 불신하게 되자, 이들 채무증권의 가격이 폭락했으며,

상업은행의 대차대조표에 거대한 손실이 발생했다. 이런 은행 대차대조표의 악화는 멕시코와 동아시아에서와 같이 경제활동을 위축시키는 데 일조했다.

19세기와 20세기 초 미국의 금융위기와 마찬가지로, 멕시코와 아르헨티나의 금융위기를 촉진한 또 다른 요인은 해외에서의 이자율 상승이었다. 멕시코 위기 전인 1994년 2월, 그리고 아르헨티나 위기 전인 1999년 중반, 미국의 연방준비은행은 인플레이션 압력을 막기 위해 페더럴펀드 이자율을 올리기 시작했다. 비록 연방준비은행이 취한 통화금융정책은 미국의 인플레이션을 막는 데는 매우 성공적이었지만, 멕시코와 아르헨티나에는 이자율에 대한 상승압력으로 작용했다. 멕시코와 아르헨티나에서는 이자율이 상승함에 따라 가장 위험이 큰 사업을 하려는 자들이 대출을 받으려 했고, 금융시장에서 곧바로 역선택의 문제가 증가했다.

멕시코, 태국, 한국, 아르헨티나에서는 19세기와 20세기 초 미국의 경험과 마찬가지로, 위기에 앞서 주식시장의 침체와 불확실성의 증가가 나타나 위기를 절정에 이르게 하는 데 한 몫을 했다. 반면에 말레이시아, 인도네시아, 필리핀에서는 주식시장의 침체가 위기의 시작과 동시에 발생했다. 1994년 멕시코에서는 특히 여당 대통령 후보의 암살과 남부 치아파스 주에서 일어난 폭동과 같은 정치적 충격이 불확실성을 초래했고, 아르헨티나에서는 당시의 경기침체가 불확실성을 증가시켰다. 태국과 한국은 위기 직전에 주요 금융기관과 비금융 기업의 도산으로 인해 금융시장의 불확실성이 증가했다.

불확실성의 증가와 주식시장의 침체로 인한 순자산의 감소는 정보의 비대칭성 문제를 증대시켰다. 우량 기업과 불량 기업을 구분해내는 것이 더욱 어려워졌으며, 순자산의 감소는 기업의 담보 가치를 낮추었고, 이제 기업은 투자에 실패하더라도 잃을 지분이 적어졌기 때문에 위험한 투자를 감행할 인센티브가 커졌다. 위기 전에 발생한 불확실성의 증가와 주식시장의 침체는 은행 대차대조표의 악화와 더불어 [그림 4-6]의 윗부분에서 제시한 대로 역선택과 도덕적 해이의 문제를 악화시켰으며, 경제를 심각한 금융위기에 빠뜨렸다.

멕시코와 동아시아 채무시장의 제도적 구조는 당시 화폐가치의 절하와 상호작용을 하며 경제를 완전히 금융위기로 몰아넣었다. 이들 국가에서는 상당수 기업의 부채가 달러화나 엔화와 같은 외국화폐로 표시되어 있었기 때문에, 국내화폐가치의 하락은 비록 자산가치가 변하지 않고 남아 있었을지라도 국내화폐를 기준으로 한 채무 부담의 증가를 가져왔다. 페소화가 1995년 3월까지 절반 수준으로 절하되고 태국, 필리핀, 말레이시아, 한국의 화폐가 1998년 초까지 3분의 1에서 절반까지 그 가치가 하락함에 따라 기업의 대차대조표가 심각한 타격을 입게 되어 역선택과 도덕적 위험의 문제가 급격히 증가했다. 이런 부정적인 충격은 특히 인도네시아와 아르헨티나에서 심각했는데, 이들 국가의 화폐가치는 70% 이상 하락하여, 그 결과 외국화폐로 표시한 채무를 상당량 지닌 기업들의 지급불능 사태가 초래되었다.

화폐가치의 붕괴는 또한 이들 국가에서 인플레이션 및 기대인플레이션을 높였으며, 시장이자율이 멕시코와 아르헨티나에서는 100% 가까이 치솟았다. 이에 따른 이자지급액의 증가로 가계와 기업의 현금흐름이 줄어들었고, 이로 인해 대차대조표는 더욱 악화되었다. 멕시코, 동아시아, 아르헨티나와 같은 신흥시장국 채무시장의 특징은 채무계약의 만기가 대개 1개월 이하로 매우 짧다는 것이다. 따라서 이들 국가에서는 단기이자율이 상승하면 현금흐름과 대차대조표에 미치는 영향이 상당하다. 정보의 비대칭성 분석이 시사하듯, 가계와 기업의 대차대조표 악화는 신용시장에서 역선택과 도덕적 위험의 문제를 증가시켰으며, 국내 및 해외 대부자들이 대출을 꺼리게 만들었다. 금융위기의 이론에 따라, 대출의 급격한 감소는 경제활동을 붕괴시키고 실질 경제성장률을 크게 하락시켰다.

[그림 4-6]에서 볼 수 있듯이 경제활동의 붕괴, 가계와 기업의 대차대조표와 현금흐름의 악화로 인해 은행위기가 심화되었다. 다수의 가계와 기업은 더이상 채무를 상환하지 못하게 되었고, 결국 은행이 상당한 손실을 입었다. 더욱 문제가 되었던 것은 은행들이 외국화폐로 표시한 단기부채를 많이 지니고 있었고, 화폐가치 하락으로 인해 부채의 급격한 증가가 은행의 대차대조표를 한층 악화시켰다는 것이다. 이런 상황에서 정부의 안전망이 없었다면 대공황 때 미국에서 그러했듯이 은행시스템이 붕괴했을 것이나, 국제통화기금의 도움을 받아 이들 국가는 경우에 따라 예금자를 보호하고 은행공황을 피할 수 있었다. 그러나 은행의 자본이 손실되었고 정부가 은행을 지탱해주기 위해 개입할 필요가 생긴 상태에서 은행의 대출 능력은 크게 감소했다. 앞에서 보았듯이, 이런 유형의 은행위기는 은행의 대출 능력을 떨어뜨려 은행의 전통적인 금융중개 기능을 약화시킨다. 이는

곧 금융시장에서 역선택과 도덕적 위험 문제의 심화로 이어진다. 멕시코, 동아시아, 아르헨티나의 신용시장에서 역선택과 도덕적 위험의 문제를 확대시킨 은행위기와 여타 요인들은 대출을 붕괴시키고 그 여파로 경제활동을 붕괴시켰다.

위기 직후 멕시코는 1996년부터 회복되기 시작했으며, 동아시아 위기 국가들은 1999년부터 회복의 기운을 얻기 시작했다. 아르헨티나는 2003년까지도 심각한 침체에 빠졌다. 이들 국가에서 금융위기에 의해 초래된 경제적 어려움이란 엄청난 것이었다. 실업률이 급격히 상승하고, 빈곤이 매우 심각해졌으며, 사회 조직이 약화되었다. 멕시코시티와 부에노스아이레스에서는 범죄가 들끓기 시작했으며, 인도네시아는 인종 분쟁의 파고를 겪었다.

chapter 05

이자율의 측정방법과 이자율의 구조

/H/A/P/T/E/R 05

이자율의 측정방법과 이자율의 구조

이자율은 경제에서 가장 주목을 받은 변수 가운데 하나이다. 이자율의 움직임은 직접적으로 우리의 일상생활에 영향을 미치고, 경제의 건실함을 유지하는 데 중대한 결과를 초래하기 때문에 언론매체를 통해서 거의 매일 보도되고 있다. 이자율은 개인들이 소비할 것인가, 저축할 것인가, 아파트를 살 것인가, 채권을 구입할 것인가, 저축예금을 들 것인가 등의 결정을 내리는 데 영향을 미친다. 이자율은 또한 공장의 새로운 장비투입에 투자할 것인가, 은행에 저축을 할 것인가 등 기업과 가계의 경제적 의사결정에도 영향을 미친다. 따라서 이자율은 가계와 기업의 의사결정에 매우 중요한 영향을 미치며 경제전체의 건강에도 중요한 영향을 미친다. 만기수익률이 가장 정확한 이자율의 의미를 나타내므로 이 장에서 우리는 만기수익률이 이자율을 측정하는 가장 정확한 개념임을 배우게 될 것이다. 경제학자들이 사용하는 이자율이란 바로 만기수익률을 의미한다.

제 1 절 이자율의 개념과 측정

1. 이자율의 개념

이자율(금리)이란 자금(신용)을 사용하는 대가로 지급하는 이자를 원금으로 나눈 비율을 말한다. 즉 이자율은 자금을 빌린 차입자가 대여자에게 지급하는 임차료이다. 오늘날 화폐경제하에서 원금과 이자는 모두 돈으로 표현되고 돈으로 거래가 이루어지므로 이자율(또는 이자)을 '돈을 빌려준 대가'라는 '화폐이자율' 개념으로 사용한다. 그러므로 이자는 주로 금리라고 부른다.

이자율은 자금에 대한 수요와 공급의 시장원리에 의해 결정된다. 즉 자금수요가 공급에 비해 상대적으로 늘어나면(줄어들면) 이자율은 상승(하락)한다. 이자율이 10%라는 것은 현재 100만원을 갚아야 하는데 1년 후에 연기한다면 110만원을 갚아야 한다는 것이므로 지불연기(신용)에 대한 가격이고, 현재 100만원을 빌려준다면 자신이 현재 소비를 위해 사용할 수 있는 것을 기꺼이 포기하는 것이므로 1년 후 110만원의 소비를 가능케 하여야 한다. 이 경우 이자율은 현재소비 포기에 대한 가격 또는 유동성 포기에 대한 가격(대가, 기회비용)이다.

위에서 이자율의 속성은 현재가치와 미래가치의 비교를 가능케 하는 할인율이고, 현재와 미래간의 자원배분에 관한 의사결정인 저축과 투자를 조절하여 자원배분에 영향을 미치는 가격변수이다. 저축이란 현재 소비를 미래로 연기하는 것이고 투자는 미래의 생산을 위한 현재의 지출행위이다. 그리고 이자율은 실물부문과 금융부문을 연결하는 매개고리이다. 금융상품들은 저마다 서로 다른 시기에 서로 다른 금액의 현금흐름을 지급한다. 따라서 우리는 이자율을 측정하는 방식을 배우기 전에 한 금융상품의 가치를 다른 금융상품과 어떻게 비교할 것인지를 살펴보아야 한다. 이를 위해 우리는 현재가치란 개념을 이용한다.

2. 이자율의 측정

(1) 미래가치

상이한 시점에서 지급되는 금액의 가치를 비교하기 위해서는 미래가치와 현재가치라는 개념이 필요하다. 이 개념을 이용하여 어느 날 지급하기로 한 약속이 다른 날에 지급하기로 한 약속보다 왜 가치가 낮은지 알아보기로 한다. 예를 들어 1만원을 이자를 지급하는 은행계좌에 넣어 둔다면 미래가치는 얼마가 될 것이가. 미래가치는 오늘 투자한 금액의 미래 어떤 시점에서의 가치를 의미한다. 예를 들어 이자율이 연 5%인 은행의 저축예금에 100만원을 오늘 투자했다면 1년 후에는 105만원이 될 것이다. 따라서 이자율이 5%인 경우 100만원의 1년 후 미래가치는 105만원이 된다. 이 예는 다음과 같이 나타낼 수 있다.

100만원+100만원×(0.05)=105만원
투자의 현재가치+이자=1년 후의 미래가치

위 식은 이자율이 높을수록 미래가치도 높아진다는 것을 보여 주고 있다. 만일 이자율이 7%로 상승한다면 100만원의 미래가치는 107만원이 된다.

100만원+100만원×(0.07)=107만원

따라서 현재가치가 PV이고 이자율이 i인 투자의 미래가치(FV)는 다음과 같은 일반형으로 나타낼 수 있다.

$$FV=PV+PV\times i=PV(1+i) \qquad (5-1)$$

1년 후의 미래가치=투자의 현재가치×(1+이자율)

위 식에서 이자율이나 투자금액이 높을수록 미래가치도 높아진다는 것을 알 수 있다. 그러나 모든 금융자산이 1년 후 한번만 지급되는 것은 아니기 때문에 여러 번에 걸쳐 지급되는 경우를 보기로 하자. 먼저 2년 후 상환되는 투자의 미래가치를 계산해 보기로 한다. 상환시점이 1년보다 더 장기인 경우에 1년 이자율을 이용하여 투자가치를 계산하려면 이자에 대해 이자를 부과하는 복리개념을 적용할 필요가 있다. 왜냐하면 만일 이자를 지급하는 은행계좌에 2년간 예금해 두면 두 번째 해에는 초기 투자에 대한 이자뿐만 아니라 첫해에 받은 이자에 대한 이자도 받게 되기 때문이다.

위에서 본 예와 같이 연 5%의 이자를 받는 조건으로 100만원을 2년간 은행에 예금한다고 가정하자. 이 투자의 미래가치는 네 가지로 구성된다. 즉 초기 투자(예금) 100만원, 투자에 대한 첫해 이자, 투자에 대한 두 번째 해 이자, 첫해에 받은 이자에 대한 두 번째 해의 이자 등이다.

100만원+100만원(0.05)+100만원(0.05)+5만원(0.05)=110.25만원

위 식은 100만원$(1+0.05)(1+0.05)$=100만원$(1+0.25)^2$로 바꾸어 쓸 수 있다. 예금기간이 3년, 4년, 5년으로 길어지는 경우에는 $(1+0.05)$를 햇수대로 곱하면 된다. 예를 들어 3년인 경우에는 100만원$(1+0.05)^3=115.76$

만원이 된다.

지금까지 본 예를 기초로 일반화된 미래가치식을 구할 수 있다.

$$FV = PV \times (1+i)^n \qquad (5-2)$$

n년 후의 미래가치 = 투자의 현재가치 × (1 + 이자율)^n

미래가치를 계산하는 식 (5-1)의 양변을 $(1+i)$로 나누면 다음과 같은 현재가치식을 얻게 된다.

$$PV = \frac{FV}{(1+i)} \qquad (5-3)$$

그리하여 식 (5-3)으로부터 현재가치는 다음과 같이 구할 수 있다.

$$\frac{FV}{(1+i)} = \frac{110}{1+0.10} = \frac{110}{1.10} = 100\text{만원}$$

즉 이자율이 10%인 경우 1년후 110만원의 현재가치는 100만원이 된다.

(2) 현재가치(현재할인가치)

우리는 미래에 지급하기로 한 금액이 오늘은 얼마의 가치가 있는지를 알고 싶다. 예를 들어 대여자가 225만원을 빌려주고 차입자는 3년간 매년 100만원씩 상환하거나 2년간 매년 125만원씩 상환할 것을 제안한다고 하자. 대여자는 어느 것을 선택하여야 할까. 이 질문에 답하기 위해서는 정한 날짜에 지급할 금액의 현재가치를 산출해야 한다. 현재가치는 미래에 지급받기로 약속한 금액의 오늘의 가치이다.

현재가치 혹은 현재할인가치 또는 할인된 현재가치라 불리는 개념은 1년 후에 받을 1만원이 오늘 받는 1만원보다 가치가 낮다는 일반 상식적인 인식에 기초하고 있다. 이러한 인식은 오늘 1만원을 은행에 저축하면 1년 후에는 이자를 합쳐 1만원 이상을 받게 되므로 당연하다고 할 수 있다. 단순대출이라 불리는 가장 단순한 형태의 금융상품을 살펴보자. 이런 대출은 대출자가 차입자에게 일정한 원금을 빌려주고 만기일에 이자를 합쳐 상환받는 형태를 띤다. 예를 들어보자. 당신은 길동이라는 친구에게 100만원을 1년간 단순대출의 형태로 빌려주면서, 1년 후에는 원금 100만원에 이자 10만원을 덧붙여 상환받는다고 하자. 이런 단순대출의 경우, 이자를 대출

원금으로 나누는 것이 이자율을 측정하는 자연스럽고 적절한 방식이다. 단순이자율이라 불리는 이자율은 $i=10/100=0.10=10\%$이다. 이런 식으로 지금 100만원을 빌려주면 1년 후 110만원을 받게 되는데, 이는 다음과 같이 계산할 수 있다. $100\times(1+0.10)=110$만원이다. 그리고 다시 110만원을 빌려준다면 이듬해에 당신이 받게 되는 금액은 121만원이 된다. $110\times(1+0.10)=121$만원 또는 $100\times(1+0.10)\times(1+0.10)=100\times(1+0.10)^2=121$만원이다.

이런 식으로 계속하면 3년째 되는 해에는 133만원이 된다. 즉 $121\times(1+0.10)=100\times(1+0.10)^3=133$만원이다. 이를 일반화하면, n년 후에는 처음의 100만원이 다음과 같이 된다. $100\times(1+0.10)^n$이다. 지금 100만원을 빌려주고 나서 매년 말 받게 되는 금액은 다음과 같다.

현재	1년 후	2년 후	3년 후	n년 후
100	110	121	133	$100\times(1+0.10)^n$

물론 이러한 일정표는 길동이가 1년 후 확실히 돈을 갚을 것이란 전제가 필요하지만, 당신이 현재의 100만원과 1년 후의 110만원을 동등한 가치로 느끼고 있음을 의미한다. 마찬가지로 당신은 현재의 100만원을 2년 후 121만원, 3년 후 133만원, 혹은 n년 후 $100\times(1+0.10)^n$만원과 동등하게 생각한다는 것이다. 위의 일정표를 역이용하면 미래의 어떤 금액을 현재의 가치로 환산할 수 있다. 예를 들면 미래의 133만원은 $133=100\times(1+0.10)^3$이므로, 현재 100만원의 가치를 지닌다고 할 수 있다. 즉, $100=133/(1+0.10)^3$이다.

앞에서와 같은 방식으로 미래에 받게 되는 현금흐름의 현재가치를 계산하는 과정을 '미래를 할인한다'고 한다. 과정을 일반화하여 현재가치를 PV(현대가치), 미래가치를 FV의 이자율을 i라 놓으면 다음 공식을 도출할 수 있다.

$$PV=\frac{FV}{(1+i)^n} \qquad (5-4)$$

식 (5-4)는 간단하지만 현재가치의 중요한 특성을 말해주고 있다. 지급액의 미래가치(FV)가 높을수록, 지급기간(n)이 짧을수록, 이자율(i)이 낮을

수록 현재가치는 높아진다는 것이다.

직관적으로 말하면, 식 (5-4)는 당신이 만약 10년 후에 1만원을 받기로 약속되어 있다면 그 돈의 가치는 현재의 1만원보다 작다는 것을 의미한다. 왜냐하면 당신이 현재 1만원을 갖고 있어 그 돈을 투자하면 10년 후에는 1만원보다 큰 돈을 받을 수 있기 때문이다.

미래가치에 관한 예에서 이자율이 5%인 경우 오늘 투자한 100만원의 1년 후 미래가치는 105만원이라는 것을 보았다. 이것은 이자율이 5%인 경우 1년 후의 105만원의 현재가치는 100만원이라는 것을 의미한다. 식 (5-3)으로부터 현재가치는 $FV/(1+i)=105/1.05=100$만원임을 알 수 있다. 즉 이자율이 5%인 경우 1년 후 105만원의 현재가치는 100만원이 된다.

현재가치의 개념은 매우 유용하다. 어떤 금융상품을 보유하면서 미래에 받게 되는 각각의 지급액에 대한 개별적인 현재가치를 모두 합하면 주어진 이자율 수준에서 그 금융상품의 현재가치, 즉 가격을 계산할 수 있기 때문이다. 이러한 정보를 이용하면 미래의 서로 다른 시점에 일정 금액을 지급하는 두 금융상품의 가치를 비교할 수 있다.

현재가치인 식 (5-4)는 금융자산에 관한 극히 중요한 관계를 나타내고 있다. 미래지급액의 현재가치를 계산할 수 있으면 우리는 채권, 대출, 주식 등 모든 금융자산의 기본가치를 파악할 수 있다. 현재가치 산출식에서 이자율(i)을 할인율이라고도 부른다. 그것은 현재가치를 산출하는데 미래의 지급액을 오늘의 현재가치로 감소시키기 위하여 할인하는 과정이 있기 때문이다. 이자율 대신 사용하는 용어로 수익률이 있는데 채권을 보유하면 생기는 수익을 나타내기 위하여 사용된다. 일반적으로 이자율, 할인율, 수익률을 모두 같은 의미로 사용된다.

현재가치의 개념이 어떻게 이용되는지에 관한 일례로, 당신이 2,000만원이 걸린 복권에 당첨되었다고 가정해보자. 그런데 그 당첨금은 1년에 100만원씩 20년간 지급된다고 하자. 당첨된 사실은 분명 흥분할 만한 일이지만, 당신은 정말 2,000만원을 번 것일까? 아니다. 현재가치란 관점에서 볼 때, 그 당첨금 2,000만원은 훨씬 적은 금액이 된다. 앞의 예에서와 같이 이자율이 10%라 가정하면, 오늘 처음 지급되는 100만원은 분명 100만원의 가치를 지니지만, 1년 후 지급되는 100만원의 가치는 100만원보다 훨씬 적은 $1{,}000{,}000/(1+0.10)=909{,}000$원에 불과하다. 그리고 그 다음해에 지급되는 100만원은 $1{,}000{,}000/(1+0.10)^2=826{,}446$원의 현재가치만을 갖는다. 20년동안 이들 금액을 모두 합하면 940만원이 된다. 누가 보더라도 흥분할만한 액수이지만, 현재가치의 관점에서 보면 당신은 잘못된 광고의 피해자임을 알 수 있다. 당신은 2,000만원이 아니라 그 절반도 안되는 (940만원) 당첨금을 받은 것이다.

3. 만기수익률

이자율을 계산하는 여러 가지 방식 가운데 가장 중요한 것은 만기수익률이다. 만기수익률은 가장 대표적인 이자율이다. 일반적으로 시장이자율 또는 채권의 유통수익률이라고 할 때는 만기수익률을 의미한다. 만기수익률은 원금이 지급되는 만기까지 채권을 보유하면 받게 되는 수익률을 가리킨다. 만기수익률은 금융상품이 미래에 지급하는 금액의 현재가치를 지금 현재의 가치(가격)와 일치시키는 이자율로서 내부수익률이라고도 한다. 만기수익률 계산의 배후에 있는 개념은 경제학적으로 타당한 의미를 지니고 있기 때문에 경제학자들은 만기수익률이 이자율을 측정하는 가장 정확한 방식이라고 간주한다. 다시 말하면 자산의 현재가격과 미래수익의 현재가치가 일치되도록 하는 할인율이다.

(1) 단순대출

현재가치의 개념을 이용해 단순대출에 대한 만기수익률을 구하는 것은 어렵지 않다. 앞서 논의한 1년 만기 대출에서 지금 현재의 가치(가격)는 100만원이며, 1년 후 지급액은 원금 100만원과 이자 10만원을 합해 110만원이다. 이들 정보를 이용해 지금 현재의 가치와 미래지급액의 현재가치를 일치시키는 만기수익률 i를 구할 수 있다. 즉 지금 현재의 대출금 100만원과 1년 후 지급액 110만원의 현재가치가 같다고 하면, 다음과 같이 $100=110/1+i$ 이 된다. 이 식을 i에 관해 풀면, $i=(110-100)/100=10/100=0.10=10\%$이다.

만기수익률의 이런 계산방식은 낯익은 것으로 보인다. 왜냐하면 이는 이자지급액 10만원을 원금 100만원으로 나눈 것과 같으며, 따라서 대출에 대한 단순이자율과 같기 때문이다. 여기서 알아둘 중요한 점은, 단순대출의 경우 단순이자율과 만기수익률이 같다는 것이다. 따라서 i라는 동일한 기호가 만기수익률과 단순이자율을 표시하는 데 모두 사용된다. 예금의 경우에도 마찬가지이다. 현재 1,000만원을 예금하고 예금이자율이 10%이므로 1년 후에 1,100만원을 받는 경우라면, 현재의 예금의 가격(예금상품의 가격 1,000만원)과 1년 후의 미래지불의 현재가치를 동일하게 하는 만기수익률은 10%이다. 즉 통상적인 예금이자율이다. 그 이유는 예금이나 대출상품의 가격은 변하지 않는 것이므로 자본이득이나 손실이 없기 때문이다.

(2) 분할상환대출

분할상환대출은 대출금을 받은 차입자가 매월 또는 매기간 일정한 상환액을 대부자에게 지급하는 방식으로, 그 상환액은 이자와 일부 원금으로 구성된다. 예를 들어, 분할상환대출방식으로 1,000만원을 빌리면 25년간 매년 126만원씩 내는 것이다. 자동차대출과 같은 시설대출이나 모기지(주택저당대출)가 종종 분할상환대출방식을 취한다.

분할상환대출이란 만기까지 매기간 일정 금액을 상환하는 대출 형식임을 기억할 것이다. 예컨대 고정이자율 모기지에서 차입자는 그 대출금을 완전히 상환하는 만기일까지 은행에 매달 일정 금액을 지급한다. 분할상환대출에 대한 만기수익률을 계산할 때도 단순대출에서 사용한 원리가 똑같이 적용된다. 즉 대출의 지금 현재의 가치를 현재가치와 일치시키는 것이다. 그런데 분할상환대출은 한 번 이상 지급하기 때문에 그 현재가치는 식 (5-4)를 이용하여 모든 지급액의 현재가치를 합산하여 계산된다.

앞의 예를 보면, 1,000만원의 대출에 대해 25년간 매년 126만원씩 지급한다. 이 경우 현재가치는 다음과 같이 계산된다. 1년 후 지급하는 126만원의 현재가치는 $126/(1+i)$이며, 2년 후 지급하는 126만원의 현재가치는 $126/(1+i)^2$이며, 이런 방식으로 만기까지 계속하면 25년 후 마지막 지급액 126만원의 현재가치는 $126/(1+i)^{25}$가 된다. 연간지급액에 대한 현재가치의 합계를 대출의 지금 현재의 가치 1,000만원과 같다고 놓으면, 다음과 같다.

$$1000=\frac{126}{1+i}+\frac{126}{(1+i)^2}+\frac{126}{(1+i)^3}+\cdots+\frac{126}{(1+i)^{25}}$$

일반적으로 어떤 분할상환대출에 대해서도 다음과 같이 계산할 수 있다.

$$LV=\frac{FP}{1+i}+\frac{FP}{(1+i)^2}+\frac{FP}{(1+i)^3}+\cdots+\frac{FP}{(1+i)^n} \qquad (5-5)$$

여기서 LV=대출금액, FP=고정된 연간지급액, n=만기까지 남은 햇수이다.

분할상환대출에 대해 고정된 연간지급액과 만기까지 남은 햇수(잔여만기)는 알려진 변수이며, 만기수익률만 미지수이다. 따라서 위 식 (5-5)에서 만기수익률을 구할 수 있다. 그런데 이 계산이 쉽지 않아 LV, FP, n의 값을 대입하면 만기수익률을 계산해주는 프로그램이 내장된 휴대용 전자계산기를 사용한다. 예를 들면, 매년 126만원씩 내는 25년 만기 대출의 경우 식 (5-5)를 풀면 만기수익률은 12%가 된다.

(3) 이표채(쿠폰본드)

이표채는 채권소유자에게 만기까지 매년 정해진 금액의 이자(이표)를 지급하고 만기일에 액면가에 해당하는 약정금액을 최종적으로 지급한다. 이표채(채권에 지급되는 이자)의 만기수익률을 계산할 때도 분할상환대출과 동일한 방법을 사용하면 된다. 즉 채권의 지금 현재의 가치(가격)를 그 현재가치와 일치시키는 것이다. 이표채도 한 번 이상 원리금을 지급하기 때문에, 채권의 현재가치는 모든 이표지급액의 현재가치와 최종적으로 지급되는 액면가의 현재가치를 합한 것으로 계산된다.

10년 만기, 연간 이표지급액 100만원의 액면가 1,000만원짜리 채권의 현재가치는 다음과 같이 계산된다. 1년 후 지급되는 100만원 이표 지급액의 현재가치는 $100/(1+i)$, 2년 후 지급되는 100만원 이표지급액의 현재가치는 $100/(1+i)^2$의 방식으로 계속 계산된다. 그리고 만기일에 지급되는 100만원 이표의 현재가치는 $100/(1+i)^{10}$이고, 그와 동시에 지급되는 액면가 1,000만원의 현재가치는 $1,000/(1+i)^{10}$가 된다. 이들 모든 지급액의 현재가치의 합계가 그 채권의 지금 현재의 가치, 즉 현재가격 P와 같아야 한다. 따라서 현재가치식을 이용하여 이표채의 가치를 추정(평가)할 수 있다.

$$P=\left[\frac{100}{1+i}+\frac{100}{(1+i)^2}+\frac{100}{(1+i)^3}+\cdots+\frac{100}{(1+i)^{10}}\right]+\frac{1000}{(1+i)^{10}}$$

일반적으로, 어떤 채권에 대해서도 다음과 같이 계산할 수 있다.

$$P=\left[\frac{C}{1+i}+\frac{C}{(1+i)^2}+\frac{C}{(1+i)^3}+\cdots+\frac{C}{(1+i)^n}\right]+\frac{F}{(1+i)^n} \quad (5-6)$$

여기서 P=이표채의 가격, C=연간 이표지급액(쿠폰이자), F=이표채의 액

표 5-1 액면가 1,000만원, 이표율 10%인 이표채만기수익률

채권가격	만기수익률(%)
1,200	7.13
1,100	8.48
1,000	10.00
900	11.75
800	13.81

면가, n=잔여만기이다.

식 (5-6)에서 이표지급액, 액면가, 잔여만기, 채권가격은 알려진 수치이며, 만기수익률만 미지수이다. 따라서 이 식에서 만기수익률을 계산해낼 수 있다. 분할상환대출의 경우와 마찬가지로 이 계산도 쉽지 않다.

이표율 10%의 10년 만기 채권에 대해 만기수익률을 구한 결과를 살펴보자. 만약 채권가격이 1,000만원이라면 프로그램이 내장된 계산기를 이용하든 채권표를 찾아보든 만기수익률이 10%임을 알 수 있다. 만약 채권가격이 900만원이라면, 만기수익률은 11.75%임을 알 수 있다. [표 5-1]은 몇몇 채권가격에 대해 계산한 만기수익률을 보여주고 있는데 다음과 같은 세 가지 흥미로운 사실을 시사하고 있다.

1) 이표채의 가격이 액면가와 같은 경우 만기수익률은 이표율과 같다.
2) 이표채의 가격과 만기수익률은 서로 역(-)의 관계를 갖는다. 즉 만기수익률이 상승하면 채권가격은 하락한다. 반대로 만기수익률이 하락하면 채권가격은 상승한다.
3) 채권가격이 액면가 이하일 때는 만기수익률이 이표율보다 커진다.

이들 세 가지 사실은 어떤 이표채의 경우에도 항상 성립하는데, 만기수익률의 계산 과정을 생각해보면 그리 놀랄 만한 일은 아니다. 당신이 만약 1,000만원을 이자율이 10%인 은행예금에 넣어둔다면, 매년 이자 100만원을 꺼내 쓸 수 있으며 10년 후에 1,000만원은 그대로 남아 있다. 이는 [표 5-1]에서 이표율 10%의 1,000만원짜리 채권을 구입하여 매년 이표 100만원과 10년 후에 1,000만원을 지급받는 것과 비슷하다. 만약 그 채권을 액면가 1,000만원에 구입했다면 만기수익률은 10%가 되며, 이표율 10%와도 같아진다. 이런 논리를 응용하면, 어떤 이표채를 액면가로 구입할 경우 만

기수익률은 이표율과 같음을 증명할 수 있다.

채권가격이 만기수익률과 역의 관계를 갖는다는 사실을 보이는 것은 어렵지 않다. 만기수익률 i가 오르면, 채권가격을 계산하는 식에서 모든 분모가 커진다. 따라서 만기수익률로 측정된 이자율의 상승은 채권가격의 하락을 의미한다. 높은 이자율은 현재가치로 환산할 때 미래 이표지급액과 최종지급액의 가치를 낮게 만들고, 그 결과 채권의 가격이 낮아진다.

만기수익률을 쉽게 계산할 수 있는 특별한 형태의 이표채가 있다. 콘솔 혹은 영구채라 불리는 채권이다. 이는 만기일이 없고 원금을 상환하지 않으며, 이표지급액으로 C원만큼을 계속해서 지급하는 영구적인 채권이다. 식 (5–6)의 공식으로 영구채 가격(콘솔의 가격) P를 구하면 다음과 같다.

$$P=\frac{C}{1+i}+\frac{C}{(1+i)^2}+\frac{C}{(1+i)^3}+\cdots=\frac{C}{i} \qquad (5-7)$$

여기서 P=콘솔의 가격, C=연간지급액(쿠폰이자)이다.

콘솔의 특징은 이자율이 오르면 채권가격이 하락한다는 사실을 곧바로 보여준다는 것이다. 예를 들어, 매년 100만원을 지급하는 콘솔에 대해 이자율이 10%라면 콘솔의 가격은 1000=100/0.10가 된다. 만약 이자율이 20%로 상승하면, 이 콘솔의 가격은 500=100/0.20로 하락한다. 식 (5–7)의 공식을 다음과 같이 쓸 수도 있다.

$$i=\frac{C}{P} \qquad (5-8)$$

콘솔의 경우는 만기가 영원히 돌아오지 않음에도 만기수익률을 간단히 계산할 수 있는 것이다. 예를 들어, 어떤 콘솔이 매년 100만원을 지급하고 그 가격이 2,000만원이라면, 만기수익률은 5%(=100/2000)임을 쉽게 알 수 있다. 그러므로 콘솔의 경우 만기수익률을 간단히 계산해 낼 수 있다. 이자율 i가 상승함에 따라 채권의 가격은 하락한다는 것을 알 수 있다. 결론적으로 이표채의 가격과 만기수익률은 서로 역의 관계에 있다. 위 식 (5–8)에서 i가 증가함에 따라 오른쪽의 모든 분모가 커지므로 채권가격이 하락한다.

(4) 할인채

할인채의 만기수익률에 대한 계산은 단순대출과 비슷하다. 1년 후 액면가 1,000만원을 지급하는 재정증권과 같은 할인채를 생각해보자. 만약 이 채권의 현재 구입가가 900만원이라면, 이를 식 (5-4)를 이용해 1년 후 1,000만원의 현재가치와 같도록 놓고, 즉 $900=1{,}000/1+i$로 놓고 이를 i에 관해 풀면 다음과 같다. $(1+i)\times 900=1{,}000$ 또는 $900+900i=1{,}000$이다. 다시 정리하면 $900i=1000-900$이다. 이로부터 만기수익률에 관하여 정리하면, 만기수익률은 $i=\frac{1000-900}{900}=0.111=11.1\%$가 된다.

만약 현재가격이 액면가와 동일하다면 당연히 이자율은 0%이다. 일반적으로 표현하면, 어떤 1년 만기 할인채의 경우 만기수익률은 다음과 같이 쓸 수 있다. F를 할인채의 액면가, 그리고 P를 할인채의 현재가격이라 하면 만기수익률은 다음과 같다.

$$i=\frac{F-P}{P}=\frac{F}{P}-1 \tag{5-9}$$

다시 말하면, 만기수익률은 1년간 가격 상승분 $F-P$를 초기 가격 P로 나눈 것과 같다. 보통의 경우 투자자는 채권을 보유함으로써 정(+)의 수익률을 얻게 되는데, 그래서 현재의 채권가격은 액면가보다 낮은 수준으로 할인되어 판매된다. 그 결과 $F-P$가 정의 값이 되어 만기수익률도 정의 값이 된다.

식 (5-9)를 통해 할인채의 경우 만기수익률은 현재의 채권가격과 역의 관계에 있다는 중요한 특성을 알 수 있다. 이는 이표채의 경우와 같은 결과이다. 예를 들어, 식 (5-9)에서 채권가격이 900만원에서 950만원으로 상승하면, 그 채권의 만기까지 가격 상승분이 줄어들고 만기수익률은 11.1%에서 5.3%로 하락한다. 마찬가지로 만기수익률의 하락은 할인채 가격의 상승을 의미한다.

제 2 절 이자율의 다른 측정치

만기수익률이 이자율의 가장 정확한 측정치이므로 달리 구분하지 않는 한 이자율과 만기수익률은 동일한 것으로 사용한다. 그러나 때때로 만기수익률은 측정이 어려운 경우가 있으므로 덜 정확하지만 여타의 이자율 측정 지표들이 채권시장에서 사용되기도 한다. 경상수익률과 할인수익률이 그것이다. 이들 지표가 무엇을 의미하는지, 그리고 정확한 이자율 지표인 만기수익률과는 어떻게 다른지를 이해하는 것이 중요하다.

1. 경상수익률

경상수익률은 이표채에서 만기수익률과는 달리 손쉽게 계산될 수 있기 때문에 종종 만기수익률의 근사치로 보도된다. 경상수익률은 연간 이표지급액(쿠폰이자)을 채권가격으로 나눈 비율로 정의된다. 즉,

$$i_c = \frac{C}{P} \tag{5-10}$$

이다. 여기서 i_c = 경상수익률, P = 이표채의 가격, C = 연간 이표지급액이다.

경상수익률은 채권을 보유함으로써 받는 수익 가운데 쿠폰이자(이표지급액)만을 측정하는 것으로 채권을 매입한 가격과 액면가액의 차이로 인해 발생하는 자본이득이나 자본손실은 제외된다. 이 공식은 콘솔의 만기수익률을 계산하는 식 (5-8)과 동일하다. 따라서 콘솔의 경우에는 경상수익률이 만기수익률의 정확한 측정지표가 된다. 예컨대 이표채의 만기가 20년 이상의 장기이면 그 이표채는 이표를 무한히 지급하는 콘솔과 상당히 비슷하다. 그러므로 장기이표채의 경우 경상수익률은 만기수익률의 꽤 정확한 근사치가 되리라 예상되므로 콘솔의 경우에는 경상수익률과 만기수익률은 동일하다. 또한 채권가격이 액면가와 동일하다면(액면가대로 채권이 팔린다면), 경상수익률과 이표율은 동일하다.

우리는 채권가격이 액면가와 같으면 그 채권의 만기수익률은 이표율(이

표지급액을 액면가로 나눈 것)과 같음을 배웠다. 경상수익률은 이표지급액을 채권가격으로 나눈 것이므로 채권가격이 액면가와 같을 경우 경상수익률도 이표율과 같아진다. 이는 채권가격이 액면가와 비슷할수록, 경상수익률이 만기수익률에 근접하게 됨을 의미한다.

경상수익률은 채권가격과 역의 관계를 갖고 있다. 앞에서 살펴본 10% 이표율 채권의 경우 채권가격이 1,000만원에서 1,100만원으로 오르면 경상수익률은 10%(=100/1000)에서 9.09%(=100/1100)로 하락한다. [표 5-1]에서 보았듯이 만기수익률은 채권가격과 역의 관계에 있으며, 채권가격이 1,000만원에서 1,100만원으로 오르면 만기수익률은 10%에서 8.48%로 하락한다. 여기서 경상수익률과 만기수익률은 언제나 같은 방향으로 움직이며, 경상수익률의 상승은 만기수익률의 상승을 의미한다는 것을 알 수 있다.

경상수익률과 만기수익률을 산출하여 비교 분석해 보자. 1년만기, 이표이자율 5%, 원금 100만원인 채권이 99만에 팔리고 있다고 가정하면 경상수익률은 5.05%(0.0505=5만원/99만)가 된다. 이 채권의 만기수익률(i)은 [99만=5만/$(1+i)$+100만/$(1+i)$]을 만족시키는 i의 값인 6.06%이다. 이 채권이 101만원에 팔리고 있다면 경상수익률은 4.95%(0.0495=5만/101만)이고 만기수익률(i)은 [101만=5만/$(1+i)$+100만/$(1+i)$]의 해를 가져오는 i의 값(=3.96%)이다.

경상수익률의 일반적 특징은 다음과 같이 요약될 수 있다. 채권가격이 액면가에 근접할수록, 그리고 채권의 만기가 길수록 경상수익률은 만기수익률에 가까워진다. 채권가격과 액면가의 차이가 크고 채권의 만기가 짧으면 경상수익률은 부정확한 근사치가 된다. 경상수익률이 만기수익률의 좋은 근사치인지 여부에 상관없이, 경상수익률과 만기수익률은 언제나 같은 방향으로 움직인다. 경상수익률과 이표율의 관계를 살펴보면 채권가격이 액면가액과 같으면 경상수익률과 쿠폰이율은 같다. 채권가격이 액면가보다 위로 상승하면 경상수익률은 쿠폰이율 아래로 하락한다. 반대로 가격이 액면가 아래로 하락하면 경상수익률은 쿠폰이율 위로 상승한다.

2. 할인수익률

계산기와 컴퓨터가 있기 전에는 재무성 단기증권의 딜러들이 만기수익률을 계산하기가 어려웠다. 대신 그들은 단기증권에 대한 이자율을 할인수익률로 나타냈으며, 현재까지도 할인수익률을 계속 사용하고 있다. 할인수익률의 공식은 다음과 같이 정의된다.

$$i_d = \frac{F-P}{P} \times \frac{360}{\text{만기까지의 일수}} \qquad (5-11)$$

여기서 i_d=할인수익률, F=할인채의 액면가, P=할인채의 구매가격이다.

이런 이자율 계산 방식은 두 가지 특징을 갖는다. 첫째, 만기수익률을 계산할 때와 같이 단기증권의 구입가격에 대한 가격상승률, $(F-P)/P$가 아니라 액면가에 대한 가격상승률, 즉 1년 만기의 할인채의 만기수익률$(F-P)/F$를 계산한다. 둘째, 1년을 365일이 아니라 360일로 보고 연이자율로 환산한다. 이런 특징으로 인해 할인수익률은 만기수익률로 측정되는 이자율을 저평가하게 된다. 현재가격이 900만원이고 액면가가 1,000만원인 1년 만기 할인채의 예에서, 할인수익률을 계산하면 다음과 같다.

$$i_d = \frac{1000-900}{1000} \times \frac{360}{365} = 0.099 = 9.9\%$$

반면에 만기수익률은 앞에서 계산했듯이 11.1%였다. 할인수익률은 만기수익률을 1.2% 저평가하고 있는 것이다. 또한 (365−360)/360=0.014=1.4%이므로, 1% 약간 넘는 부분은 1년의 길이를 저평가한 데 따른 것이다. 할인채의 잔여만기가 1년이면 위 공식의 둘째 항은 1이 아니라 360/365=0.986이 된다.

그러나 할인수익률이 만기수익률을 저평가하는 더 큰 이유는 채권의 구입가격이 아니라 액면가를 계산에 이용하기 때문이다. 할인채는 그 정의상 액면가가 구입가격보다 항상 크기 때문에, 액면가를 기준으로 하면 구입가격을 기준으로 한 경우에 비해 수익률이 낮을 수밖에 없다. 할인채의 구입가격과 액면가의 차이가 클수록 할인수익률은 만기수익률을 저평가하게 된다. 만기가 길수록 구입가격과 액면가의 차이가 커지기 때문에 할인수익률과 만기수익률의 관계에 대해 다음과 같은 결론을 내릴 수 있다. 즉 할인수익률은 항상 만기수익률을 저평가하게 되며, 이러한 저평가는 할인채의 만기가 길어질수록 심각해진다.

할인수익률의 또 하나 중요한 특징은 만기수익률의 경우와 마찬가지로 채권의 가격과 역의 관계에 있다는 것이다. 예를 들면, 채권가격이 900만원에서 950만원으로 상승하면, 윗식에서 구한 할인수익률은 9.9%에서 4.9%로 하락한다. 동시에 만기수익률도 11.1%에서 5.3%로 하락한다. 여기서 할인수익률과 만기수익률의 관계에 있어 또 다른 중요한 사실을 알 수 있다. 즉 이 두 수익률은 항상 같은 방향으로 움직인다는 것이다. 할인수익률의 상승은 만기수익률의 상승을 의미하며, 할인수익률의 하락은 만기수익률의 하락을 의미한다.

할인수익률의 특징은 다음과 같이 요약될 수 있다. 할인수익률은 이자율의 보다 정확한 지표인 만기수익률을 저평가하게 되며, 할인채의 만기가 길수록 이러한 저평가의 크기는 더 커진다. 비록 할인수익률이 이자율을 얼마간 오도하는 지표이지만, 할인수익률과 만기수익률은 항상 같은 방향으로 움직인다.

제 3 절 이자율과 수익률의 구분

1. 이자율과 수익률의 차이

채권의 이자율(만기수익률)이 반드시 그 채권이 얼마나 좋은 투자 대상인가를 말해주는 것은 아니다. 수익률이라고 이름이 붙어있기는 하지만 만기수익률은 자산의 가격변동에 따른 자본이득 또는 자본손실 부분을 제외한 것이기 때문이다. 만기에 지급되는 채권의 가격은 액면가로 이미 확정되어 있기 때문이다.

어느 증권이든지 수익률은 구매가격을 분모로 하고 소유자에 대한 이표채지불과 증권가치의 변화를 분자로 한 것으로 정의된다. 이 경우 수익률은 구입가격과 판매가격의 차이에 따른 이익(손실)부분까지 포함하는 개념으로 총수익률이라고 한다. 통상적인 이자율(만기수익률)은 자산(증권)의 가격이 변화되지 않는 경우에는 수익률과 동일하다. 대출이나 예금을 하는 경우에는 만기까지 보유하고 있다가 만기에서 대출을 갚거나 예금을 찾게 되므로 이자율과 수익률의 차이가 없다. 그러므로 단순대출이자율이나 예금이자율의 경우 이자율과 수익률은 동일하다. 할인채의 경우에도 만기까지 그 증권을 보유하고 있다면 채권의 가격이 액면가로 주어져 있으므로 만기수익률과 수익률이 동일하다. 그러나 만기까지 보유하지 않는 경우에는 이자율과 수익률은 다르다.

많은 사람들이 채권의 이자율만 알면 그 채권을 보유했을 때 얼마나 돈을 벌게 될지 알 수 있을 것으로 생각한다. 예를 들면 투자자인 선달이 이자율 10%의 장기채권을 보유하고 있는데 이자율이 20%로 상승할 경우 더 많은 돈을 벌 것이라고 생각한다면, 이는 커다란 착각이다. 선달은 채권을 팔려고 할 때 돈을 잃게 된다. 채권을 일정 기간 보유했을 때 얼마나 돈을 벌게 되는지는 수익률로 정확히 측정할 수 있다. 채권의 수익률은 그 채권의 지급액과 가격 변동분의 합을 채권의 구입가격으로 나눈 값이다. 이를 좀더 자세히 설명하기 위해, 이표율 10%, 액면가 1,000만원의 이표채를 1년 전에 1,000만원을 주고 샀는데, 이를 1,200만원에 팔았다고 해보자. 그 채권을 보유함으로써 지난 1년간 받은 이자는 100만원이고, 채권가격의 변화분은 200만원(=1200−1000)이다. 이들 금액을 합한 후 구입가격 1,000만원으로 나누면 이 채권의 1년 보유 수익률을 다음과 같이 구할 수 있다.

$$\frac{100+200}{1000}=\frac{300}{1000}=0.30=30\%$$

이렇게 계산한 수익률을 보고 깜짝 놀랄 수도 있다. 원래 만기수익률은 10%에 불과했는데, 수익률은 30%나 되었으니 말이다. 여기서 채권의 수익률이 반드시 그 채권의 이자율과 일치하는 것은 아니다라는 사실을 알 수 있다. 많은 경우 이자율과 수익률은 밀접하게 연결된 개념이지만, 이자율과 수익률을 구분하는 것은 매우 중요하다.

일반적으로 말하면, t시점에서 $t+1$시점까지 보유한 채권의 수익률(보유수익률)은 다음과 같이 계산할 수 있다.

$$RET=\frac{C+P_{t+1}-P_t}{P_t} \tag{5-12}$$

여기서 $RET=t$시점에서 $t+1$시점까지 보유한 채권의 수익률, $P_t=t$시점에서의 채권가격, $P_{t+1}=t+1$시점에서의 채권가격, $C=$이표지급액이다.

이해를 돕기 위해 식 (5-12)의 수익률 공식을 분할해서 다시 쓰면, 다음과 같다.

$$RET = \frac{C}{P_t} + \frac{P_{t+1} - P_t}{P_t} \qquad (5\text{-}13)$$

위 식의 첫째 항은 이표지급액을 채권 구입가격으로 나눈 것으로 경상수익률 i_c이다. 따라서 $i_c = C/P_t$이다. 둘째 항은 자본이득률, 즉 채권의 구입가격 대비 가격변화를 나타내므로 $(P_{t+1} - P_t)/P_t = g$이다. 여기서 g는 자본이득률이다. 따라서 식 (5-13)은 다음과 같이 쓸 수 있다.

$$RET = i_c + g = \text{경상수익률} + \text{자본이득률} \qquad (5\text{-}14)$$

채권의 수익률은 경상수익률 i_c에 자본이득률 g를 더한 것임을 알 수 있다. 이렇게 다시 쓴 공식을 보면, 경상수익률 i_c가 만기수익률을 정확히 측정하는 지표가 되는 경우에도 수익률은 이자율과 크게 다를 수 있음을 볼 수 있다. 특히 채권가격이 크게 변동하여 상당한 자본이득 혹은 자본손실이 발생하는 경우 수익률은 이자율과 크게 달라진다.

이 사실을 좀더 알아보기 위해, 이자율이 상승할 때 만기가 서로 다른 채권들의 수익률에 어떤 일이 일어나는지 살펴보자. [표 5-2]는 액면가로 구입한 10% 이표율의 여러 채권들에 대해 이자율이 모두 10%에서 20%로 상승한 경우를 가정하여 1년 보유 수익률을 계산하였다. 이 표에서 발견되는 주요 사실들은 대체로 모든 채권에 적용될 수 있다.

1) 수익률이 초기의 만기수익률과 같은 채권은 만기가 보유기간과 일치하는 경우뿐이다(표 5-2의 마지막 행).

표 5-2 이자율이 10%에서 20%로 상승했을 때 만기가 다른 10% 이표율 채권의 1년 보유수익률

(1) 채권 구입시 잔여만기(년)	(2) 초기의 경상수익률(%)	(3) 초기 가격($)	(4) 1년 후 가격*($)	(5) 자본이득률 (%)	(6) 수익률 (2+5)(%)
30	10	1000	503	−49.7	−39.7
20	10	1000	516	−48.4	−38.4
10	10	1000	597	−40.3	−30.3
5	10	1000	741	−25.9	−15.9
2	10	1000	917	−8.3	+1.7
1	10	1000	1,000	0.0	+10.0

* 식 (5-6)을 이용한 계산

2) 이자율의 상승은 채권가격의 하락으로 연결되어, 만기가 보유기간보다 긴 채권의 경우 자본손실이 발생한다.
3) 채권의 만기가 길수록, 이자율 변화에 따른 채권가격의 변화율이 커진다.

[표 5-2]에서 보듯이 우리는 다음과 같은 특징을 알 수 있다.

1) 채권의 만기가 길수록 이자율의 상승으로 수익률이 더 크게 하락한다.
2) 초기에 채권의 이자율이 높다 해도 이자율이 상승하면 수익률은 음이 될 수 있다.

불쌍한 투자자 선달을 당황하게 했듯이, 처음에는 학생들도 이자율의 상승으로 채권투자에서 손해를 입을 수 있다는 사실에 의아할지도 모른다. 이 점을 이해하는 핵심은 이자율의 상승이 채권가격의 하락을 의미한다는 사실을 인식하는 것이다. 이자율의 상승은 자본손실을 초래하고, 그 손실이 크다면 채권투자는 실로 손해가 될 수 있다. 예를 들어 [표 5-2]에서 30년 만기 채권은 이자율이 10%에서 20%로 상승하면 49.7%의 자본 손실을 입게 된다. 이런 자본손실은 경상수익률 10%를 상회할 만큼 크기 때문에 결국 −39.7%의 수익률을 초래한다. 만약 선달이 채권을 팔지 않는다면, 그의 자본손실은 종종 '서류상의 손실'로 처리된다. 그럼에도 이것은 손실이다. 왜냐하면 그가 이 채권을 사는 대신 은행에 돈을 맡겨두었다면, 그가 지금 보유하고 있는 채권을 더 싼값에 더 많이 살 수 있었기 때문이다.

2. 만기와 채권수익률의 변동성: 이자율위험

만기가 길수록 채권가격이 이자율의 변화에 더 크게 반응한다는 발견으로부터 채권시장의 형태에 대해 중요한 사실을 설명할 수 있다. 즉 장기채권의 가격과 수익률은 단기채권에 비해 그 변동성이 더 크다. 만기가 20년 이상 남은 채권의 경우 1년에 +20% 혹은 −20%의 가격변화, 그리고 이에 따른 수익률의 변화는 흔한 일이다. 이제 우리는 이자율의 변화가 장기채권에 대한 투자를 상당히 위험하게 만든다는 사실을 알게 되었다. 실로 이자율의 변화에 따라 발생하는 어떤 자산의 수익률 위험은 매우 중요하기 때문에 이자율위험이란 특별한 명칭이 붙어 있다. 이자율위험을 다루는 것은 금융기관 경영자와 투자자들의 주요 관심사이다.

장기금융상품(장기채권)은 상당한 이자율위험을 안고 있지만 단기금융상품(단기채권)은 그렇지 않다. 실제로 보유기간과 일치하는 만기를 지닌 채권에는 이자율위험이 없다. [표 5-2]에서 우리는 이런 사실을 확인할 수 있다. 이 경우는 수익률이 채권을 살 때 이미 알려진 만기수익률과 일치하기 때문에 수익률에 관한 불확실성은 전혀 존재하지 않는다. 만기와 보유기간이 일치하는 채권에 이자율위험이 없는 핵심적인 이유는 보유기간 말의 채권가격이 액면가로 확정되기 때문이다. 이런 채권에 대해서는 이자율의 변동이 보유기간 말의 채권가격에 아무런 영향을 미치지 못하며, 따라서 수익률은 채권을 구입할 당시 정해진 만기수익률과 같게 된다.

요약하면 보유기간 동안 투자성과가 얼마나 좋았는지를 알려주는 채권수익률은 채권의 만기와 보유기간이 일치하는 특수한 경우에만 만기수익률과 같아진다. 채권의 만기가 보유기간 보다 길면 이자율위험이 발생한다. 즉 이자율의 변화가 자본이득 혹은 손실을 초래하여 수익률은 채권 구입 당시 알려진 만기수익률과 상당한 차이가 생긴다. 이자율위험은 특히 자본이득 혹은 손실이 커질 수 있는 장기채권의 경우에 더 중요하다. 이 때문에 장기채권은 짧은 보유기간 동안 확실한 수익을 주는 안전한 자산이 아니다.

제 4 절 실질이자율과 명목이자율

앞에서 이자율에 대해 논의할 때는 자금조달 비용에 미치는 인플레이션의 효과를 감안하지 않았다. 지금까지 이자율이라 할 때는 인플레이션을 감안하지 않은 것이며, 보다 엄밀히 말하면 이는 명목이자율이다. 이와 구분되는 실질이자율은 예상된 물가변화율(인플레이션)을 차감하여 조정한 이자율로, 실질적인 자금조달 비용을 보다 정확히 나타내는 지표다. 실질이자율은 위대한 화폐 · 금융 경제학자인 피셔(Irving Fisher)의 이름을 딴 피셔방정식에 의해 보다 정확히 정의된다. 피셔방정식에 따르면 명목이자율 i는 실질이자율 r에 기대인플레이션율 π^e를 더한 것과 같다.

$$i=r+\pi^e \quad (5\text{–}15)$$

다시 정리하면, 실질이자율은 명목이자율에서 기대인플레이션율을 뺀 것이다.

$$r=i-\pi^e \quad (5\text{–}16)$$

실질이자율이 중요한 것은 이것이 차입의 실질비용을 반영하기 때문에 차입과 대출유인을 더 잘 나타내기 때문이다. 피셔방정식은 명목이자율과 기대인플레이션은 정(+)의 관계를 갖는다는 것을 보여 주고 있다. 기대인플레이션율이 상승하면 명목이자율도 상승한다. 기대인플레이션율이 명목이자율에 미치는 영향을 피셔효과라 한다.

왜 이러한 정의가 타당한지 알아보기 위해, 먼저 이자율 5%($i=5\%$)로 1년간 단순대출을 했는데 그 1년 동안 물가가 3% 상승($\pi^e=3\%$)할 것으로 예상되는 상황을 고려해 보자. 대출한 결과를 실질기준으로, 즉 미래에 살 수 있는 재화와 서비스의 단위로 계산하면 1년 후에 2%를 더 받게 되는 셈이다. 이 경우 실질적인 재화와 서비스의 단위로 얻은 이자율은 2%이다. 즉 피셔방정식에 따라 $r=5\%-3\%=2\%$이다.

이제 이자율이 8%로 상승했는데, 인플레이션율은 앞으로 1년 동안 10%가 될 것으로 예상되는 상황을 고려해보자. 1년 후 8% 만큼의 돈을 더 받겠지만, 그때 재화를 사려면 10%의 돈을 더 지불해야 한다. 그 결과 1년 후 살 수 있는 재화의 양은 오히려 2%만큼 감소하여, 실질기준으로는 2% 손해를 보는 꼴이다. 이 또한 피셔방정식이 나타내는 바이다. 왜냐하면, $r=8\%-10\%=-2\%$이기 때문이다.

재화와 서비스의 단위로 측정하면 실질적으로 −2%라는 음(−)의 이자율을 얻는 것이기 때문에, 이런 경우 자금의 대부자는 굳이 돈을 빌려주려 하지 않는다. 반대로 자금의 차입자는 1년 후 상환해야 할 금액이 재화와 서비스의 단위로는 2% 감소한 것이기 때문에 상당히 좋아할 것이다. 자금의 차입자는 실질기준으로 2%만큼 버는 셈이다. 실질이자율이 낮을 때는 자금을 차입하려는 인센티브는 커지고 자금을 빌려주려는 인센티브는 줄어든다.

이와 비슷한 방식으로 명목수익률과 실질수익률을 구분할 수 있다. 명목수익률은 인플레이션을 감안하지 않은 것으로, 우리가 단순히 '수익률'이라 부르는 것이다. 명목수익률에서 인플레이션을 차감하면 실질수익률이 되는데, 이는 그 증권을 보유한 결과 구매가 가능해진 추가적인 재화와 서비스의 양을 의미한다. 실질이자율과 명목이자율의 구분은 매우 중요하다. 실질적인 자금조달 비용을 나타내는 실질이자율이야말로 사람들이 자금을 차입하고 대출하려는 인센티브에 대한 보다 정확한 지표일 것이기 때문이다. 실질이자율은 신용시장에서 벌어지는 일로 인해 사람들이 어떻게 영향을 받는지에 대한 보다 우수한 지표이다.

이자에 대해 소득세가 부과되므로 실질수익을 보호하기 위해서는 과세후실질이자율을 보아야 한다. 과세후실질이자율은 $i(1-t)-\pi^e$이다. 여기서 t는 소득세율이다. 채권에 대해 30% 세율이 적용되는 사람이 10%의 수익을 얻는 채권을 보유하고 있다면 그는 이자소득의 10%에 대한 30%(=3%)를 국세청에 납부해야 하기 때문에 과세후 이자율은 10%−3%=7%이다. 따라서 이 채권의 과세후실질이자율은 기대인플레이션이 5%일 때는 과세후실질이자율은 7%−5%=2%가 된다. 여기서 보듯이 과세후실질이자율은 항상 피셔방정식에 의해 정의된 실질이자율보다 낮다. 현재 우리나라에서 시행되는 이자소득세는 15%의 국세와 이것에 대한 10%의 부가세(즉 1.5%)를 포함하여 16.5%이다.

제 5 절 이자율의 위험구조와 기간구조

사실 세상에 존재하는 다양한 금융수단(대출이나 채권)에 대한 이자율은 각 수단에 내재하는 다섯 가지 특징들(만기, 채무불이행 위험, 유동성, 정보비용, 그리고 세금조건)의 차이로 인해 제각각 달라진다. 이들 특징 가운데 만기가 동일한 금융수단들을 모아 이자율을 비교해 보아도 역시 제각각 다르다. 이는 나머지 네 가지 특징들이 다르기 때문이다. 이와 같이 만기가 동일한 금융수단들의 이자율간 관계를 이자율의 위험구조라 부른다.

한편 위의 다섯 가지 특징 중 만기가 다르고 나머지 네 가지 특징(채무불이행 위험, 유동성, 정보비용, 그리고 세금조건)은 모두 동일한 금융수단을 모아 이자율을 비교해 보아도 역시 제각각 다르다. 이는 각 금융수단의 만기가 다르기 때문이다. 이와 같이 만기만 다르고 다른 네 가지 특징이 동일한 금융수단들의 이자율 간 관계를 이자율의 기간구조라 부른다. 이제 이자율의 위험구조와 만기구조에 대해 차례로 살펴보기로 한다.

1. 이자율의 위험구조

만기가 동일한 금융수단 사이의 이자율 차이, 즉 이자율 스프레드는 각 금융수단에 내재된 특징들(채무불이행 위험, 유동성, 정보비용, 그리고 세금조건)에 대한 시장참여자들의 예상과 평가가 반영된 결과다. 그러므로 이자율의 위험구조는 경기예측에 유용한 지표가 된다. 예를 들어 시장참여자들이 채무불이행 위험의 증가를 예상하는 경우, 정부채와 같이 본래 채무불이행 위험이 없는 채권과 회사채처럼 채무불이행 위험이 있는 채권 사이의 이자율 스프레드는 커지게 될 것이다. 이와 같은 이자율 차이를 가져오는 요인들을 차례로 검토하기로 한다.

(1) 채무불이행 위험

차입자(채권발행자)가 대차계약(채권)에 명시된 이자나 원금의 일부 또는 전부를 약정대로 대부자(채권보유자)에게 상환하지 못할 위험이 채무불이행 위험이다. 채무불이행 위험은 신용위험이라고도 부른다. 그런데 모든 채권이 채무불이행 위험에 노출되어 있는 것은 아니다. 예를 들어, 중앙정부가 발행하는 정부채에는 채무불이행 위험이 없다고 흔히 간주된다. 정부는 필요한 경우 세금을 더 걷거나 아니면 중앙은행의 통화 증발을 통해서라도 빚을 갚을 수 있기 때문이다. 채무불이행 위험이 양(+)인 채권의 이자율과 채무불이행 위험이 없는 채권의 이자율 차이를 채무불이행 위험프리미엄이라 부른다. 이는 채권보유자가 채무불이행 위험이 없는 채권 대신 그러한 위험이 있는 채권을 보유하는 데 대한 대가로 요구하는 추가적 이자율이다.

이제 채무불이행 위험에 따른 정부채와 회사채 사이의 이자율 차이를 살펴보기로 하자. 우선 논의의 편의를 위해 초기에는 정부채와 회사채가 동일한 만기와 동일한 채무불이행 위험을 갖는다고(구체적으로 두 채권 모두 채무불이행 위험이 없다고) 단순하게 가정하기로 한다. 그 밖에 유동성, 정보비용, 과세조건 등 모든 면에서도 정부채와 회사채는 차이가 없다고 가정하자. 그렇다면 정부채와 회사채의 가격과 이자율이 일단 동일해진다.

[그림 5-1]은 정부채시장과 회사채시장의 초기 균형에서 각 채권의 균형가격이 동일하다는 사실을 보여준다. 이제 어떤 이유로(예를 들면 경기가

그림 5-1 정부채 시장과 회사채 시장

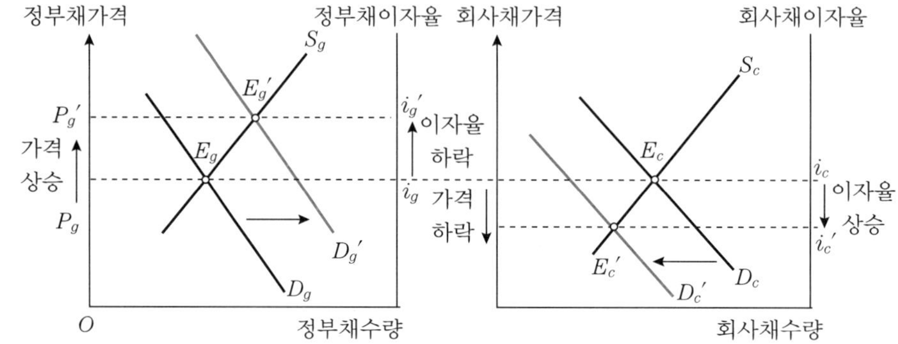

(a) 정부채시장 (b) 회사채시장

악화될 것으로 전망되면서) 회사채의 채무불이행 위험이 양(+)이 되었다고 하자. 지금까지 정부채와 회사채를 무차별하게 인식하던 금융투자자들은 이제 회사채의 채무불이행 위험 증가로 정부채를 회사채보다 상대적으로 더욱 선호하게 되어, 회사채 수요를 줄이고 정부채 수요를 늘릴 것이다. 이를 금융투자자의 안전자산 선호행위(채무불이행 위험의 증대에 직면한 투자자가 자금을 위험자산으로부터 안전자산으로 옮기는 행위)라 부른다. 그 결과 회사채 수요곡선이 좌측으로 이동하여 회사채가격은 하락하는 반면, 정부채 수요곡선은 우측으로 이동하여 정부채가격은 상승한다. 이는 정부채의 이자율은 하락하고 회사채의 이자율은 상승한 것을 의미한다. 이렇게 생겨난 두 채권의 이자율 차이는 채무불이행 위험 프리미엄(i_g'와 i_c'의 차이)을 반영한다. 회사채의 채무불이행 위험이 커질수록 정부채와의 이자율 차이, 즉 채무불이행 위험프리미엄도 커진다.

[그림 5-1]을 요약해보면 다음과 같다. 정부채와 회사채가 만기, 채무불이행 위험, 유동성, 정보비용, 세금조건 등 모든 면에서 동일한 특징을 갖는다고 가정하면, 이들의 균형가격은 동일한 수준에서 결정된다. 이제 다른 조건이 모두 불변인 상태에서 회사채의 채무불이행 위험이 증가한다면, 투자자들은 회사채보다 정부채를 더 선호하게 된다. 이에 따라 정부채 수요곡선은 우측으로 이동($D_g \rightarrow D_g'$)하고 회사채 수요곡선은 좌측으로 이동($D_c \rightarrow D_c'$)한다. 그 결과 정부채가격(이자율)은 상승(하락)하고 회사채가격(이

자율)은 하락(상승)하여 각각 새로운 균형에 도달한다.

(2) 유동성

채권이나 대출의 위험프리미엄에 영향을 주는 두 번째 요인은 유동성이다. 어떤 금융수단을 현금으로 전환하는 데 들어가는 거래비용이 작을수록(즉, 그 금융수단의 유동성이 클수록) 투자자들은 그 금융수단을 더욱 선호한다. 따라서 투자자는 그런 수단에 대해서는 낮은 이자율을 감수한다. 반면, 유동성이 낮은 금융수단은 이를 보상하기 위해 투자자들에게 더 높은 수익률을 제공해야 한다. 정부채는 일반적으로 널리 거래되므로 유동적이다. 그러나 회사채시장은 거래범위가 상대적으로 좁아 유동성이 떨어진다. 그래서 투자자들은 회사채에 더 높은 수익률을 요구한다.

이제 유동성 차이에 따른 정부채와 회사채 사이의 이자율 차이를 살펴보기로 하자. 앞서 채무불이행 위험 프리미엄의 설명에 이용했던 [그림 5-1]을 이번에는 유동성 프리미엄을 설명하기 위해 재활용하기로 한다. 우선, 정부채와 회사채가 동일한 만기와 동일한 유동성을 갖는다고(구체적으로 두 채권 모두 거의 완벽한 유동성을 갖는다고) 단순하게 가정한다. 그 밖에 채무불이행 위험, 정보비용, 과세조건 등 모든 면에서도 정부채와 회사채는 차이가 없다. 그러므로 정부채시장과 회사채시장의 초기균형에서 각 채권의 균형가격은 동일하다.

이제 회사채의 유동성이 감소했다고 가정하자. 지금까지 정부채와 회사채를 무차별하게 인식하던 금융투자자들은 이제 회사채의 유동성 감소에 따라 정부채를 회사채보다 상대적으로 더욱 선호하게 된다. 이들은 회사채 수요를 줄이고 정부채 수요를 늘릴 것이다. 이는 회사채시장 내 수요곡선의 좌측이동과 정부채시장 내 수요곡선의 우측이동을 가져온다. 그 결과 정부채가격은 상승하고, 회사채가격은 하락한다. 이는 정부채의 이자율은 하락하고, 회사채의 이자율을 상승한 것을 의미한다. 이렇게 생겨난 두 채권의 이자율 차이는 유동성 프리미엄을 반영한다. 회사채의 유동성이 감소할수록 이를 보상하기 위한 유동성 프리미엄의 크기(즉, 회사채와 정부채간 이자율 차이)는 증가한다.

(3) 정보비용

이자율의 위험구조를 결정하는 세 번째 요인은 정보비용이다. 투자자는 금융수단에 대한 정보를 획득하기 위해 노력과 자원을 투입하게 되고, 여기에는 비용이 든다. 이때 투자자 입장에서 비용이 더 들수록 금융수단의 기대수익은 그만큼 줄어든다. 정부채에는 채무불이행 위험이 확실히 없으므로 정보비용이 가장 낮다. 잘 알려진 채권발행자에 대해서는 신용평가회사의 등급을 보면 되므로 정보비용이 낮다. 그러나 덜 알려진 채권발행자들에 대한 정보획득에는 비용이 더 많이 든다. 이에 따라 정보비용 요인에 따른 위험프리미엄이 그만큼 더 커진다. 그런데 정보비용이 높은 금융수단은 거래가 용이하지 않기 때문에 유동성도 낮은 경향이 있다.

이제 정보획득비용 차이에 따른 정부채와 회사채 사이의 이자율 차이를 [그림 5-1]을 다시 살펴보기로 하자. 우선, 논의의 편의를 위해 초기에는 정부채와 회사채의 만기가 동일하고, 두 채권 모두 정보비용이 들지 않는다고 단순하게 가정하기로 한다. 그 밖에 채무불이행 위험, 유동성, 과세조건 등 모든 면에서도 정부채와 회사채는 차이가 없다고 가정하자. 그러므로 [그림 5-1]의 정부채시장과 회사채시장의 초기균형에서는 각 채권의 균형가격이 동일하다. 이제 회사채의 정보획득에 비용이 더 많이 들게 되었다고 가정하자. 지금까지 정부채와 회사채를 무차별하게 인식하던 금융투자자들은 이제 회사채의 정보비용 증가에 따라 정부채를 회사채보다 상대적으로 더욱 선호하게 된다. 이들은 회사채 수요를 줄이고 정부채 수요를 늘릴 것이다. 이는 회사채시장 내 수요곡선의 좌측이동과 정부채시장 내 수요곡선의 우측이동을 가져온다. 그 결과 정부채가격은 상승하고, 회사채가격은 하락한다. 이는 정부채의 이자율은 하락하고, 회사채의 이자율을 상승한 것을 의미한다. 이렇게 생겨난 두 채권의 이자율 차이는 정보비용 프리미엄을 반영한다. 회사채의 정보비용이 커질수록 정부채와의 이자율 차이, 즉 정보비용 프리미엄이 커지는 것은 물론이다.

(4) 세금조건(소득세)

금융수단 간 수익률 차이를 가져오는 네 번째 요인은 세금조건이다. 우선, 투자자들은 이자지급액에 대한 과세 여부를 고려한다. 예를 들어, 비과세채권에 대해서는 투자자들이 낮은 이자율을 받아들인다. 왜냐하면, 과세전 이자소득은 낮더라도 과세후 이자소득이 더 높을 수 있기 때문이다. 액면가가 100만원인 정부채의 쿠폰율이 10%이고, 이자소득세의 한계세율이 20%라면, 과세후 이자소득이 8만원이다. 만약 액면가가 100만원인 지

그림 5-2 지방채와 정부채의 이자율

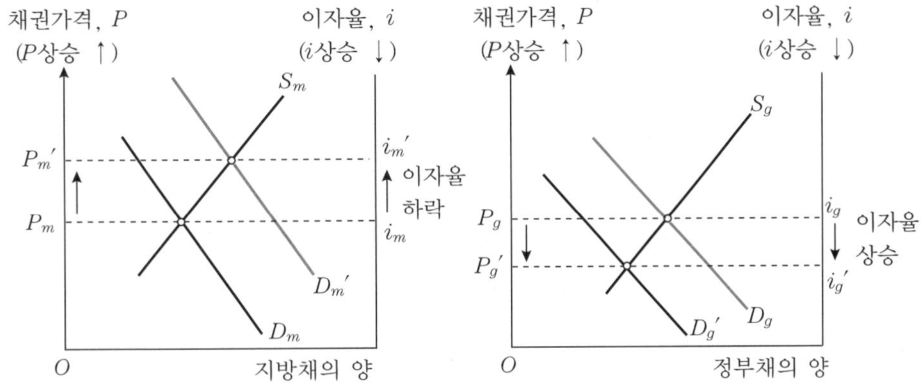

(a) 지방채시장 (b) 정부채시장

방채(지자체가 발행한 채권)의 쿠폰율이 9%이고 비과세라면 9만원이 과세후 이자소득이다. 그러므로 이자율은 낮아도 투자자는 정부채보다는 지방채를 택할 유인이 생긴다. 실제로 미국에서는 정부채권에는 이자소득세가 부과되지만, 지방채에는 이자소득세가 면제된다. 정부채권과 지방채 수익률 간 차이는 부분적으로 이러한 세금조건의 차이를 반영한다.

[그림 5-2]에서 지방채가 세금면제를 받을 때, 지방채에 대한 수요는 D_m에서 D_m'으로 오른쪽으로 이동하고, 정부 장기채권에 대한 수요는 D_g에서 D_g'로 왼쪽으로 이동한다. 지방채의 균형가격(왼쪽의 수직축)은 P_m에서 P_m'으로 상승하고, 이에 따라 지방채의 이자율(오른쪽의 수직축)은 i_m에서 i_m'으로 하락한다. 한편 정부 장기채권의 균형가격은 P_g에서 P_g'로 하락하고 정부 장기채권의 이자율은 i_g에서 i_g'로 상승한다. 결과적으로 지방채의 이자율은 정부 장기채권의 이자율보다 낮게 된다.(주: P와 i는 반대 방향으로 이동한다. 왼쪽의 수직축에 있는 P는 축을 따라 올라가면서 증가하는 반면, 오른쪽의 수직축에 있는 i는 축을 따라 낮아지면서 증가한다.)

2. 이자율의 기간구조

어떤 투자자가 2년 동안 채권투자를 하려 한다고 하자. 이때 투자자가 고려하게 되는 투자방식에는 여러 가지가 있을 수 있다. 예를 들어, 2년 만기 채권을 사서 계속 보유하는 방식과 1년 만기 채권을 산 후 1년 후 만기가 되면 그 수익금으로 다시 1년 만기 채권을 사서 만기까지 보유하는 방식을 생각해 볼 수 있다. 물론 투자자는 첫 번째 방식으로 얻을 수 있는 수익과 두 번째 방식으로 얻을 수 있는 수익을 비교하여 자신의 투자방식을 선택할 것이다. 그런데 채권투자를 통해 얻을 수 있는 수익의 크기는 그 채권의 이자율에 의해 결정되므로, 결국 투자자는 1년 만기 채권 이자율과 2년 만기 채권 이자율의 상대적인 크기에 주목할 것이다.

이러한 문제는 비단 채권에 투자할 때만의 문제는 아니다. 예컨대 소비자가 아파트를 구입하기 위해 은행에서 목돈을 대출받는 경우를 생각해 보자. 단기로 대출을 받으면 이자율이 낮은 반면, 장기로 대출을 받게 되면 상대적으로 높은 이자율을 지불해야 한다. 따라서 차입자는 단기계약으로 여러 번 자금을 빌릴 것인지, 아니면 장기계약으로 안정적인 자금을 빌릴 것인지를 선택해야 한다. 여기에서도 마찬가지로 대출이자율이 대출에 따른 금융비용이 되므로, 차입자는 장기 이자율과 단기 이자율의 상대적인 크기를 고려하게 될 것이다.

이처럼 금융상품의 만기는 우선적으로 고려해야 할 사항들 가운데 하나이다. 앞서 언급한 대로 이자율의 기간구조란 다른 특징은 동일한데 오로지 만기만 각기 다른 채권들의 이자율 사이의 관계를 가리킨다. 이때 채권의 다른 특징들(채무불이행 위험, 유동성, 정보비용, 세금조건)이 동일하다는 가정은 중요하다. 이자율의 위험구조론에서 이미 살펴본 대로, 이들 특징이 달라지면 이자율도 제각각 달라지므로 이들 이자율의 기간구조를 비교하는 것이 무의미해지기 때문이다.

(1) 수익률곡선

수익률곡선이란 이자율의 기간구조를 그림으로 표시한 것이다. 수익률곡선의 각 점은 해당 자산의 만기와 이자율 간의 관계를 나타낸다. [그림 5-3]의 (a)는 일반적으로 나타나는 저축성예금 금리의 기간구조를 수익률곡선으로 나타낸 것이다. 즉, 수익률곡선은 만기가 짧은 금융상품의 이자율은 낮고, 만기가 긴 금융상품의 이자율은 상대적으로 높은 장고단저의 이자율 패턴을 전형적으로 보여준다. 그 결과 수익률곡선은 대개 우상향한다. 물론 때에 따라서는 장기 이자율이 단기 이자율보다 낮아져 수익률곡

그림 5-3 수익률곡선과 이자율의 기간구조

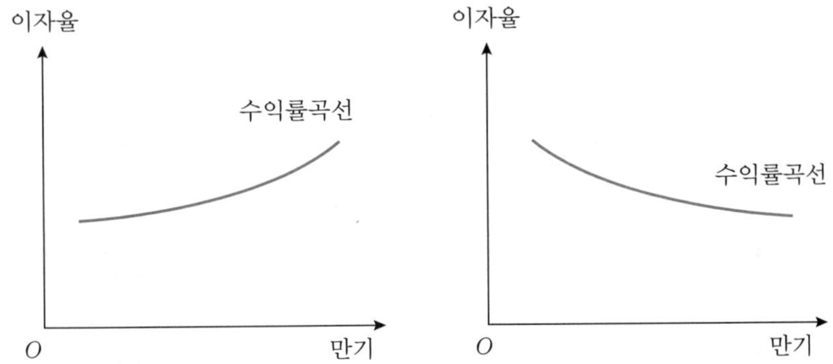

(a) 우상향하는 수익률곡선 (b) 우하향하는 수익률곡선

선이 [그림 5-3]의 (b)와 같이 우하향할 수도 있다. 즉 수익률곡선은 이자율과 금융상품의 만기 사이의 관계를 나타내는 것으로 우하향하거나 우상향한다. 그러나 이러한 수익률곡선은 비정상적인 것으로 간주된다.

또한, 장 · 단기 이자율은 같은 방향으로 함께 움직이는 것이 보통이다. 이는 수익률곡선 전체가 위 · 아래로 이동하며 중간에 꺾이거나 하는 일은 거의 없음을 의미한다. 장고 단저의 이자율 패턴(우상향하는 수익률곡선)과 장 · 단기 이자율의 동반 변화(수익률곡선의 상하 평행이동)는 수익률곡선이 갖는 두 가지의 전형적 특징이다. 이자율의 기간구조에 관한 어떤 이론도 이 두 가지 특징을 만족스럽게 설명할 수 있어야 한다.

이자율의 기간구조에 관한 이론은 수익률곡선이 왜 다른 시점에 다른 모습을 가지는지와 다음 세 가지 중요한 실증적 사실들을 설명해야 한다.

1) 만기가 다른 채권들의 이자율은 시간이 흐름에 따라 함께 움직인다.
2) 단기 이자율이 낮을 때, 수익률 곡선은 우상향의 기울기를 가질 가능성이 크다. 단기 이자율이 높을 때, 수익률곡선은 우하향 하거나 역전될 가능성이 크다.
3) 수익률곡선은 거의 언제나 우상향한다.

세 가지 이론이 이자율의 기간구조를 설명하기 위해 제시되었다. 즉 만기가 다른 채권들의 이자율간 관계는 수익률 곡선의 모습에 반영된다. 이자율의 기간구조에 대한 세 가지 이론은 (1) 기대이론, (2) 분할시장이론, (3) 유동성 프리미엄 이론이고, 각 이론이 다음에서 설명된다. 기대이론은 세 가지의 실증적 사실 중에서 처음 1)과 2)의 두 가지 사실은 설명하지만 사실 3)인 3번째 사실은 설명하지 못한다. 분할시장이론은 사실 3)인 3번째 사실은 설명할 수 있으나, 나머지 사실 1)과 2)인 두 가지 사실은 설명할 수 없다. 각 이론은 다른 이론이 설명할 수 없는 사실들을 설명하기 때문에, 이자율의 기간구조를 보다 잘 이해하려면 두 가지 이론의 특성들을 결합해야 한다. 이에 따라 세 가지 사실을 모두 설명할 수 있는 유동성 프리미엄 이론이 제시되었다.

유동성 프리미엄 이론이 세 가지 사실을 잘 설명하고, 이에 따라 가장 널리 수용되는 이론이라면, 여기서 다른 두 가지 이론을 논의할 필요가 없지 않은가? 여기에는 두 가지 이유가 있다. 첫째, 두 이론에 있는 아이디어들은 유동성 프리미엄 이론의 기초를 제공한다. 둘째, 경제학자들이 이론으로부터 예측되는 결과들이 실증적 증거와 일치하지 않을 때 어떻게 이론을 개선하는가를 살펴보는 것은 중요한 일이다.

(2) 기대이론

이자율의 기간구조에 대한 기대이론은 다음과 같은 상식적인 명제를 제시한다. 기대이론은 장기채권의 이자율은 사람들이 장기채권의 수명 동안 발생할 것이라고 예측하는 단기이자율들의 평균과 일치할 것이라고 설명한다. 예를 들어, 만약 사람들이 앞으로 5년 동안 단기이자율이 평균 10%일 것이라고 예상하면, 기대이론은 5년의 만기를 가진 채권의 이자율도 10%일 것이라고 예측한다. 만약 단기이자율이 5년 후 상승해 앞으로 20년 동안 평균 단기이자율이 11%일 것이라고 예상되면, 20년 만기 채권의 이자율은 11%가 될 것이고 따라서 5년 만기 채권의 이자율보다 높을 것이다. 만기가 다른 채권의 이자율이 왜 다른지에 대해 기대이론은 단기이자율이 미래의 시점에 따라 다를 것이라고 예상되기 때문이라고 설명한다.

이 이론의 핵심 가정은 채권의 구매자는 다른 만기의 채권보다 어느 한 만기의 채권을 선호하지 않기 때문에, 어느 한 만기를 가진 채권의 기대수익률이 다른 만기를 가진 채권의 기대수익률보다 낮으면, 이 채권을 보유하지 않을 것이라는 것이다. 이와 같은 특성을 가진 채권들을 완전대체재라고 말한다. 실제에서 이것은 만기가 다른 채권들이 완전대체재이면, 이와 같은 채권들의 기대수익률은 같아야 한다는 것을 의미한다.

만기가 다른 채권들이 완전대체재라는 가정이 어떻게 기대이론이 되는가를 살펴보기 위해, 다음과 같은 두 가지의 투자전략을 생각해보자.

1) 1년 만기 채권을 구매하고 1년 후 만기가 되었을 때, 다시 1년 만기 채권을 구매한다.
2) 2년 만기 채권을 구매하고 이 채권을 만기까지 보유한다.

만약 사람들이 1년 만기 채권과 2년 만기 채권을 모두 보유하고 있다면 두 가지 전략은 동일한 기대수익률을 가져야 하기 때문에, 2년 만기 채권의 이자율은 2개의 1년 이자율들의 평균과 같아야 한다. 예를 들어, 1년 만기 채권의 현재 이자율은 9%이나 내년에 1년 만기 채권의 이자율은 11%가 될 것이라고 예상된다고 하자. 만약 여러분의 2개의 1년 만기 채권들을 구매하는 첫 번째 전략을 추구한다면, 2년간의 기대수익률은 평균 연간(9%+11%)/2=10%가 된다. 만약 2년 만기 채권의 연간 기대수익률이 10%와 같으면, 여러분은 1년 만기 채권과 2년 만기 채권을 모두 기꺼이 보유하고자 할 것이다. 따라서 2년 만기 채권의 이자율은 2개의 1년 만기 채권들의 평균 이자율인 10%와 일치해야 한다.

이와 같은 주장은 일반화될 수 있다. 1만원을 두 기간 동안 투자하는 경우, 만기가 하나인 채권 또는 만기가 두 기간으로 나뉜 채권들을 보유하는 전략을 생각해보자. 다음과 같은 정의를 사용하자.

i_t=1기 만기 채권의 현재(t기) 이자율
i^e_{t+1}=다음 기($t+1$)에 예상되는 1기 만기 채권의 이자율
i_{2t}=2기 만기 채권의 현재(t기) 이자율

2기 만기 채권에 1만원을 투자하고 2기 동안 보유하는 데 따른 2기 동안의 기대수익률은 다음과 같이 계산할 수 있다.

$$(1+i_{2t})(1+i_{2t})-1=1+2i_{2t}+(i_{2t})^2-1=2i_{2t}+(i_{2t})^2$$

2기 후에, 1만원의 투자의 가치는 $(1+i_{2t})(1+i_{2t})$이다. 이 금액으로부터 처음 투자한 금액인 1만원을 빼고, 처음 투자한 금액인 1만원으로 나누면 바로 위에 있는 식에서 계산된 수익률이 얻어진다. $(i_{2t})^2$은 매우 작은 값이기 때문에(만약 i_{2t}=10%=0.10이면, $(i_{2t})^2$=0.01), 2기 동안 2기 만기 채권

을 보유하는 데 따른 기대수익률은 $2i_{2t}$로 단순화될 수 있다.

1기 만기 채권들이 구매되는 다른 전략의 경우, 1만원 투자에 따른 2기 동안의 기대수익률은 다음과 같다.

$$(1+i_t)(1+i^e_{t+1})-1=1+i_t+i^e_{t+1}+i_t(i^e_{t+1})-1=i_t+i^e_{t+1}+i_t(i^e_{t+1})$$

1만원의 투자는 1기 후에 $1+i_t$가 되고, 이 금액이 2기 동안에 1기 만기 채권에 재투자되어 2기 후에 $(1+i_t)(1+i^e_{t+1})$이 된다. 이 금액으로부터 처음 투자한 1만원을 빼고 처음 투자한 1만원으로 나누면 2기 동안 1기 만기 채권들을 보유하는 전략의 기대수익률이 계산된다. $i_t(i^e_{t+1})$은 매우 작은 값이기 때문에(만약 $i_t=i^e_{t+1}=0.10$이면, $i_t(i^e_{t+1})=0.01$) 기대수익률은 $i_t+i^e_{t+1}$로 단순화될 수 있다. 두 가지 채권 투자전략의 기대수익률이 같을 때, 즉 $2i_{2t}=i_t+i^e_{t+1}$일 때에만 사람들이 두 가지 채권을 모두 보유할 것이다. 1기의 이자율들에 의해 i_{2t}를 풀면, 다음과 같다.

$$i_{2t}=\frac{i_t+i^e_{t+1}}{2} \qquad (5-17)$$

식 (5-17)은 2기 만기 채권의 이자율은 2개의 1기 만기 채권 이자율들의 평균과 같아야 한다는 것을 말해준다. 이것을 그래프로 나타내면 다음과 같다.

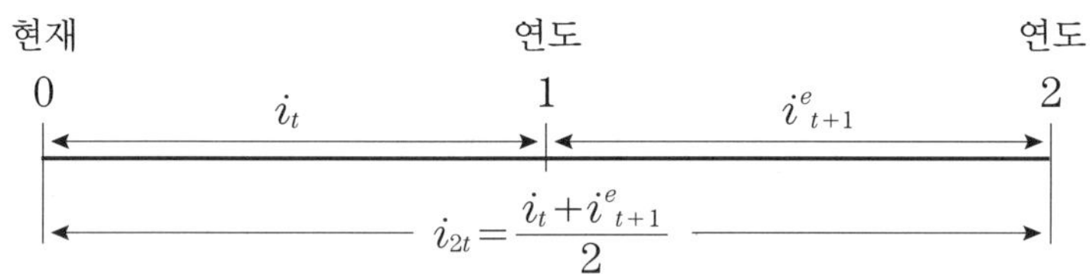

이자율의 전체 기간구조를 검토할 수 있도록 보다 장기의 만기를 가진 채권들에 대하여 동일한 도출 과정이 적용될 수 있다. 이와 같이 하면, n기 만기 채권의 이자율 i_{nt}는 다음과 같다.

$$i_{nt}=\frac{i_t+i^e_{t+1}+i^e_{t+2}+\cdots+i^e_{t+(n-1)}}{n} \qquad (5-18)$$

식 (5-18)는 n기 만기 채권의 이자율은 채권의 n기 수명 동안 발생할 것으로 예상되는 1기 이자율들의 평균과 일치한다는 것을 나타낸다. 이것이 기대이론을 보다 정확하게 다시 기술한 것이다. 수치로 나타낸 간단한 예가 식 (5-18)로 나타낸 기대이론이 의미하는 바를 명확히 할 수 있다. 식 (5-18)에 의하면, 만약 앞으로 5년 동안 1년 이자율이 각각 5%, 6%, 7%, 8%, 9%가 될 것으로 예상된다면, 2년 만기 채권의 경우 이자율은 (5%+6%)/2=5.5%가 되고, 5년 만기 채권의 이자율은 (5%+6%+7%+8%+9%)/5=7%가 될 것이다.

1년 만기, 2년 만기, 3년 만기, 4년 만기 채권의 이자율을 같은 방법으로 계산하면서, 여러분은 1년 만기, 2년 만기, 3년 만기, 4년 만기, 5년 만기 채권의 이자율이 각각 5.0%, 5.5%, 6.0%, 6.5%, 7.0%라는 것을 확인할 수 있어야 한다. 따라서 예상되는 단기이자율이 상승하는 추이가 만기가 증가함에 따라 이자율이 상승하는 우상향의 수익률 곡선을 만들어낸다.

기대이론은 (수익률 곡선으로 나타나는) 이자율의 기간구조가 시점에 따라 변화하는 이유를 설명해주는 훌륭한 이론이다. 수익률 곡선이 우상향할 때, 기대이론은 앞의 수치로 나타낸 예에서 살펴본 바와 같이, 단기이자율이 미래에 상승할 것으로 예상된다는 것을 제시한다. 현재 장기이자율이 단기이자율보다 높다면, 미래 단기이자율들의 평균은 현재 단기이자율보다 높을 것으로 예상된다. 이와 같은 일은 단기이자율이 상승할 것이 예상될 때에만 발생할 수 있다. 수익률 곡선이 우하향할 때, 미래 단기이자율들의 평균은 현재 단기이자율보다 낮을 것으로 예상되고, 단기이자율은 미래에 평균적으로 하락할 것으로 예상된다. 수익률 곡선이 수평이면, 기대이론은 단기이자율이 미래에 평균적으로 변화하지 않을 것이라고 예상한다.

기대이론은 또한 만기가 다른 채권들의 이자율이 시간이 흐름에 따라 함께 움직인다는 사실 1)을 설명한다. 역사적으로 보면, 단기이자율은 오늘 상승하면 미래에 더 상승하는 경향을 보였다. 따라서 단기이자율의 상승은 미래 단기이자율에 대한 사람들의 예상을 상승시킬 것이다. 장기이자율은 예상되는 단기이자율들의 평균이기 때문에, 단기이자율의 상승은 또한 장기이자율을 상승시킬 것이고, 단기이자율과 장기이자율이 함께 움직이게 만들 것이다.

기대이론은 또한 수익률 곡선은 단기이자율이 낮을 때 우상향의 기울기를 갖는 경향이 있고, 단기이자율이 높을 때 우하향하는 경향이 있다는 사실 2)를 설명한다. 단기이자율이 낮을 때, 사람들은 일반적으로 단기이자율이 미래에 어떤 정상적인 수준으로 상승할 것이라고 예상해 미래에 예상되는 단기이자율의 평균은 현재의 단기이자율과 비교했을 때 상대적으로 높다. 따라서 장기이자율은 현재 단기이자율보다 상당히 높을 것이고, 수익률 곡선은 우상향의 기울기를 가질 것이다. 이와 반대로, 만약 단기이자율이 높으면, 사람들은 일반적으로 단기이자율이 정상적인 수준으로 하락할 것이라고 예상한다. 따라서 예상되는 미래 단기이자율이 정상적인 수준으로 하락할 것이라고 예상한다. 따라서 예상되는 미래 단기이자율들의 평균은 현재 단기이자율보다 낮을 것이기 때문에 장기이자율은 단기이자율보다 낮을 것이고, 수익률 곡선은 우하향하는 역전된 모습을 가질 것이다.

기대이론은 이자율의 기간구조를 간단하게 설명하기 때문에 매력적인 이론이다. 그러나 불행하게도 기대이론은 하나의 중요한 단점이 있다. 기대이론은 수익률 곡선은 일반적으로 우상향한다는 사실 3)을 설명할 수 없다. 수익률 곡선이 전형적으로 우상향한다는 것은 단기이자율이 일반적으로 미래에 상승한다고 예상하는 것을 의미한다. 단기이자율을 상승할 가능성만큼이나 하락할 가능성도 있으므로 기대이론은 전형적인 수익률 곡선은 우상향하기보다는 수평이어야 한다고 제시한다.

(3) 분할시장이론

분할시장이론의 핵심적 발상은 고객의 선호에 따라 참여하는 시장이 달라진다는 것이다. 이자율의 기간구조에 관한 분할시장이론은 그 이름이 제시하는 바와 같이, 다른 만기를 가진 채권시장은 완전히 분할되어 있다고 간주한다. 따라서 어느 특정한 만기를 가진 채권의 이자율은 다른 만기를 가진 채권들의 기대수익률로부터 아무런 영향을 받지 않으며, 해당 채권의 수요와 공급에 의해서 결정된다.

분할시장이론의 핵심 가정은 다른 만기를 가진 채권들은 전혀 대체재가 아니고, 이에 따라 한 만기의 채권을 보유하는 데 따른 기대수익률은 다른 만기의 채권에 대한 수요에 아무런 영향을 미치지 않는다는 것이다. 이자율의 기간구조에 대한 분할시장이론은 다른 만기를 가진 채권들은 완전대체재라고 가정하는 기대이론과 극단적으로 반대에 있는 이론이다.

분할시장이론에서 다른 만기를 가진 채권들은 왜 대체재가 아닌가. 투자자들은 어느 한 만기의 채권에 대해서만 강한 선호를 가지고 다른 만기의 채권은 선호하지 않기 때문에, 그들이 선호하는 만기를 가진 채권에 대한 기대수익률에만 관심을 가진다는 것이다. 이와 같은 일은 투자자들이 어느 하나의 특정한 보유 기간을 마음속으로 생각하고 있기 때문에 발생한다. 만약 투자자들이 채권의 만기를 바람직하다고 여기는 보유 기간과 일치시키면, 그들은 전혀 아무런 위험 없이 일정한 수익률을 달성할 수 있다. 앞에서 살펴본 바와 같이, 만약 만기가 보유기간과 일치하면, 기대수익률은 이자율위험이 존재하지 않기 때문에 채권의 만기수익률로 확정된다. 예를 들어, 보유 기간이 단기라면 단기채권을 선호할 것이다. 이와 반대로, 만약 여러분이 어린 자녀의 대학 학비를 위해 돈을 넣어두고자 하면, 여러분의 바람직한 보유 기간은 보다 장기가 될 수 있고, 여러분은 보다 장기의 채권 보유를 원할 것이다.

분할시장이론에서, 다른 모습의 수익률 곡선은 다른 만기를 가진 채권들과 관련된 수요와 공급의 차이로 설명된다. 만약 투자자들이 단기의 보유기간을 원하여 이자율 위험이 적은 단기채권을 선호한다면, 분할시장이론은 수익률 곡선은 전형적으로 우상향한다는 사실 3)을 설명할 수 있다. 전형적인 상황에서 장기채권에 대한 수요는 단기채권에 대한 수요보다 상대적으로 적기 때문에, 장기채권은 보다 낮은 가격과 높은 이자율을 가지며, 이에 따라 수익률 곡선은 전형적으로 우상향하는 기울기를 가질 것이다.

분할시장이론은 수익률 곡선이 왜 일반적으로 우상향하는 경향이 있는지를 설명할 수 있지만, 사실 1)과 사실 2)를 설명할 수 없는 중요한 단점을 가지고 있다. 분할시장이론은 다른 만기를 가진 채권의 시장은 완전히 분할되어 있다고 간주하기 때문에, 어느 한 만기를 가진 채권의 이자율 상승이 다른 만기를 가진 채권의 이자율에 영향을 주지 않는다. 따라서 분할시장이론은 다른 만기를 가진 채권들의 이자율이 왜 함께 움직이는 경향을 가지는지(사실 1))를 설명할 수 없다. 둘째, 단기채권과 장기채권의 수요와 공급이 단기이자율 수준의 변화에 따라 어떻게 변화하는지 분명하지 않기 때문에, 분할시장이론은 수익률 곡선이 왜 단기이자율이 낮을 때 우상향하는 경향을 가지고, 단기이자율이 높을 때 우하향하는 경향을 가지는지(사실 2))를 설명할 수 없다.

두 가지 이론들 중 각 이론은 다른 이론이 설명할 수 없는 실증적 사실을 설명하기 때문에, 두 이론을 결합할 필요가 생겼다. 이에 따라 유동성 프리미엄 이론이 제시되었다.

(4) 유동성 프리미엄이론

이자율의 기간구조에 대한 유동성 프리미엄 이론은 장기채권의 이자율은 장기채권의 수명 동안 예상되는 단기이자율들의 평균과 이 채권의 수요와 공급 상황에 반응하는 유동성 프리미엄(기간 프리미엄이라고도 함)의 합과 같다고 제시한다.

유동성 프리미엄 이론의 핵심 가정은 만기가 다른 채권들은 대체재이기 때문에 한 채권의 기대수익률은 다른 만기를 가진 채권의 기대수익률에 영향을 주기는 하나 투자자들이 다른 만기의 채권보다 어느 한 만기의 채권 만기를 선호할 수 있다는 것이다. 달리 말하면, 다른 만기를 가진 채권들은 대체재이지만 완전대체재는 아니라고 가정한다. 투자자는 이자율 위험이 적은 단기채권을 선호하는 경향을 가진다. 이와 같은 이유 때문에, 투자자가 장기채권을 보유하도록 하기 위해서는 양(+)의 유동성 프리미엄이 제공되어야 한다. 장기이자율과 단기이자율간의 관계를 나타내는 식에 양(+)의 유동성 프리미엄을 추가함으로써 기대이론이 수정된다. 따라서 유동성 프리미엄 이론은 다음과 같이 기술된다.

$$i_{nt}=\frac{i_t+i^e_{t+1}+i^e_{t+2}+\cdots+i^e_{t+(n-1)}}{n}+l_{nt} \qquad (5-19)$$

여기서 $l_{nt}=t$시점에서 제공되는 n기 만기채권의 유동성 프리미엄이고 l_{nt}는 항상 양(+)이고 채권의 만기 n이 증가하면서 증가한다.

유동성 프리미엄 이론은 선호처 이론과 밀접하게 관련되어 있다. 선호처 이론은 기대이론을 수정하는 데 덜 직접적인 방법을 사용하나 유사한 결론을 제시한다. 이 이론은 투자자는 다른 만기보다 어느 한 만기를 가진 채권에 대한 선호, 즉 투자하기를 선호하는 특정한 채권 만기(선호처)를 가진다고 가정한다. 투자자는 다른 만기보다 어느 한 만기를 가진 채권을 선호하기 때문에, 높은 기대수익률이 보장될 때에만 다른 만기를 가진 채권을 구매할 것이다. 투자자는 장기채권보다 단기채권을 선호할 가능성이 있기 때문에, 장기채권이 높은 기대수익률을 가질 때에만 장기채권을 기꺼이 보유하고자 할 것이다. 이와 같이 생각하면 전형적으로 만기가 증가하면서 기간 프리미엄이 증가하는 유동성 프리미엄 이론을 나타내는 식 (5-19)와 같은 결과가 얻어진다.

유동성 프리미엄은 항상 양(+)이고 만기가 증가함에 따라 증가하기 때문에, 유동성 프리미엄(선호처) 이론에 의해 제시되는 수익률 곡선은 항상 기대이론에 의해 제시되는 수익률 곡선보다 위에 있고, 더 급격한 기울기를 가진다. 기대이론에 의해 제시되는 수익률 곡선은 미래의 1년 이자율들이 변화하지 않는다는 가정하에서 그려졌다는 사실에 주목하라.

기대이론을 설명하기 위해 사용했던 수치를 식 (5-19)로 나타나는 유동성 프리미엄(선호처) 이론에 적용하면 그 의미가 더 명료해진다. 앞으로 5년간의 1년 이자율이 5%, 6%, 7%, 8%, 9%가 될 것으로 예상하고, 단기채권 보유를 위한 투자자의 선호는 1년 만기 채권에서 5년 만기 채권까지 유동성 프리미엄이 각각 0%, 0.25%, 0.5%, 0.75%, 1.0%로 제시된다고 가정하자. 식 (5-19)에 의하면, 2년 만기채권의 이자율은 (5%+6%)/2+0.25%=5.75%가 될 것이고, 5년 만기 채권의 이자율은 (5%+6%+7%+8%+9%)/5+1%=8%가 될 것이다.

이와 같이 1년 만기, 3년 만기, 4년 만기 채권의 이자율을 계산해보라. 여러분은 1년 만기채권에서 5년 만기채권까지의 이자율이 각각 5.0%, 5.75%, 6.5%, 7.25%, 8.0%라는 답을 얻어야 한다. 이것을 기대이론을 적용한 결과와 비교하면, 유동성 프리미엄(선호처) 이론이 투자자의 단기채권

그림 5-4 유동성 프리미엄이론과 기대이론의 관계

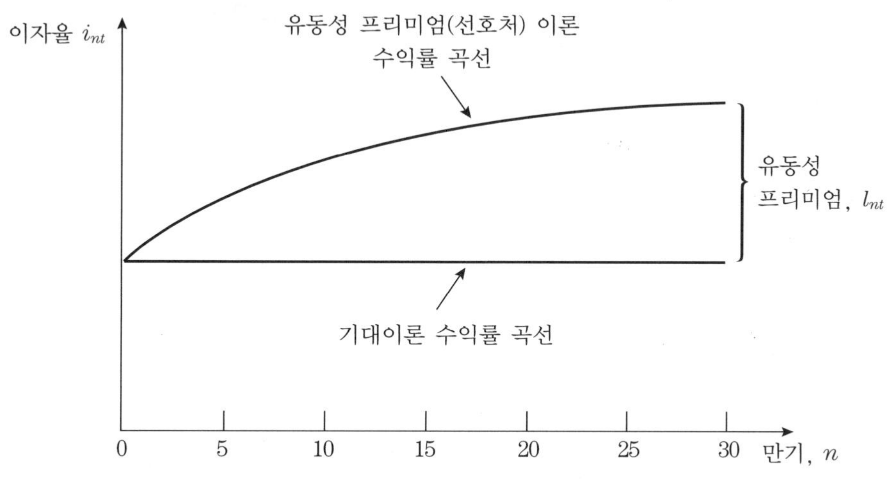

에 대한 선호 때문에 보다 급격하게 우상향하는 수익률 곡선을 그린다는 것을 알 수 있다.

이제 유동성 프리미엄(선호처) 이론이 앞에서 논의한 세 가지 실증적 사실들을 설명하는지 살펴보자. 이 이론은 다른 만기를 가진 채권들의 이자율이 시간이 흐름에 따라 함께 움직인다는 사실 1)을 설명한다. 단기이자율의 상승은 단기이자율들이 평균적으로 미래에 더 높아질 것이라는 것을 의미하고, 식 (5-19)의 첫 번째 항은 단기이자율의 상승에 따라 장기이자율이 상승할 것이라는 것을 시사한다.

그림 5-5 수익률곡선과 유동성 프리미엄 이론에 의한 단기이자율에 대한 시장의 예측

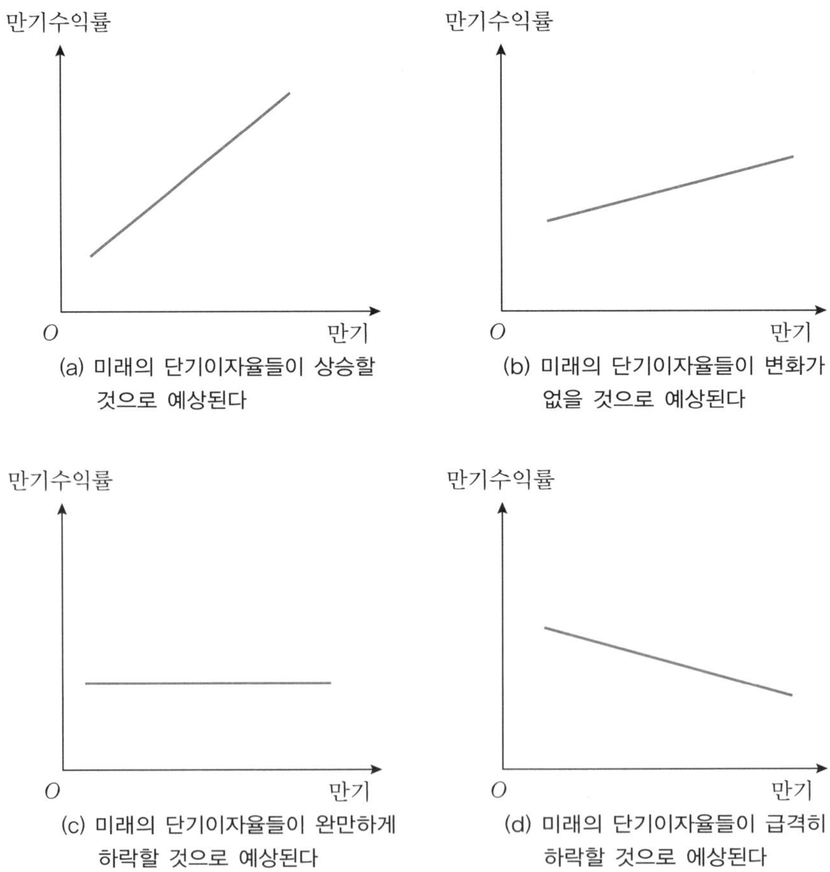

또한 이 이론은 수익률 곡선이 단기이자율이 낮을 때 경사가 매우 급한 우상향의 기울기를 가지며 단기이자율이 높을 때 우하향의 기울기를 가지는 경향이 있다는 사실 2)를 설명한다. 투자자들은 일반적으로 단기이자율이 낮을 때 정상적인 수준으로 상승할 것이라고 예상하기 때문에, 미래에 예상되는 단기이자율들의 평균은 현재의 단기이자율과 비교하여 상대적으로 높을 것이다. 양(+)의 유동성 프리미엄이 추가적으로 증가함에 따라, 장기이자율은 현재의 단기이자율보다 상당히 높을 것이고, 수익률 곡선은 급격한 우상향의 기울기를 가질 것이다. 이와 반대로, 만약 단기이자율이 높으면 사람들은 일반적으로 단기이자율이 하락할 것으로 예상한다. 예상되는 단기이자율들의 평균은 현재 단기이자율보다 크게 낮아질 것이기 때문에 장기이자율은 단기이자율 아래로 하락할 것이고, 이에 따라 양(+)의 유동성 프리미엄에도 불구하고, 수익률 곡선은 우하향할 것이다.

유동성 프리미엄(선호처) 이론은 유동성 프리미엄이 양(+)임에도 불구하고 종종 역전된 수익률 곡선이 나타나는 것을 어떻게 설명하는가? 단기이자율이 미래에 크게 하락할 것으로 예상되면 미래의 단기이자율들의 평균은 현재의 단기이자율보다 크게 낮아져야 한다. 이 경우, 양(+)의 유동성 프리미엄이 평균적인 단기이자율에 더해지더라도, 장기이자율은 여전히 현재의 단기이자율보다 낮을 것이다.

앞서의 논의가 지적하는 바와 같이, 유동성 프리미엄(선호처) 이론이 특별히 매력적인 이유는 이 이론이 수익률 곡선의 기울기를 통해 시장이 미래의 단기이자율을 어떻게 예상하고 있는지를 제시해주기 때문이다. [그림 5-5]의 (a)에서처럼 급격히 상승하는 수익률 곡선은 단기이자율이 미래에 상승할 것으로 예상된다는 것을 제시한다. [그림 5-5]의 (b)에서처럼, 완만하게 상승하는 기울기는 단기이자율이 미래에 크게 상승하거나 하락하지 않을 것으로 예상된다는 것을 제시한다. [그림 5-5]의 (c)에서처럼, 수평한 수익률 곡선은 단기이자율이 미래에 완만하게 하락할 것으로 예상된다는 것을 제시한다. 마지막으로, [그림 5-5]의 (d)에서처럼 역전된 수익률 곡선은 단기이자율이 미래에 급격히 하락할 것으로 예상된다는 것을 제시한다.

이자율기간구조를 요약해 보면 다음과 같다. 유동성 프리미엄(선호처) 이론은 이자율의 기간구조에 관한 주요한 실증적 사실들을 잘 설명하기 때문에 이자율의 기간구조에 관한 이론들 중에서 가장 널리 받아들여지고 있다. 이 이론은 장기이자율은 유동성 (기간) 프리미엄과 채권의 수명 기간 동안 발생할 것으로 예상되는 단기이자율들의 평균의 합과 같다고 주장하면서 기대이론과 분할시장이론의 특성들을 결합한다.

유동성 프리미엄(선호처) 이론은 다음과 같은 사실들을 설명한다. (1) 다른 만기를 가진 채권들의 이자율들은 시간이 흐름에 따라 함께 움직이는 경향을 가진다. (2) 수익률 곡선은 일반적으로 우상향한다. (3) 단기이자율이 낮을 때 수익률 곡선은 급격한 우상향의 기울기를 가질 가능성이 크고, 단기이자율이 높을 때 수익률 곡선은 우하향할 가능성이 크다.

이 이론은 또한 미래에 단기이자율들의 움직임을 예측하는 데 도움을 준다. 수익률 곡선의 기울기가 급격히 우상향하면 단기이자율들이 상승할 것으로 예상되고, 수익률 곡선의 기울기가 완만하게 우상향하면 단기이자율들이 같은 수준에서 유지될 것으로 예상된다. 수익률 곡선의 기울기가 수평이면 단기이자율들이 완만하게 하락할 것으로 예상되고, 수익률 곡선이 역전되면 단기이자율들이 급격히 하락할 것으로 예상된다.

제 6 절 채권의 수요와 공급

1. 채권가격과 이자율의 결정

(1) 채권과 대출자금

시장이자율은 채권의 수요와 공급에 의하여 결정된다. 이자율이 어떻게 결정되는가를 보기 위하여 먼저 채권매수자와 매도자의 행태를 살펴보기로 하자. 기타조건이 일정하다는 가정하에서 채권량과 가격의 기본관계를 살펴본 다음 기타조건이 변동하는 경우에 채권시장이 어떻게 변동하는가를 고찰한다.

채권의 매수자(수요자)와 매도자(공급자)는 두 가지 측면에서 볼 수 있다. 첫째, 채권을 하나의 재화로 간주하는 것이다. 이 경우 대여자는 채권을 사고 차입자는 채권을 판다. 채권을 사는 대여자가 채권에 대해 지급하는 금액은 채권의 가격이다. 두 번째, '자금사용'을 하나의 재화로 간주하는 것이다. 이 경우 차입자는 '자금사용'을 매입하는 매수자이고 매도자는 자금의 공급자이다. 자금사용의 가격이 이자율이 된다.

채권시장의 두 가지 측면은 다음과 같이 요약할 수 있다.

가 정	채권이 재화인 경우	'자금사용' 이 재화인 경우
매수자	채권을 매입하는 대여자	자금을 조달하는 차입자
매도자	채권을 발행하는 차입자	자금을 공급하는 대여자
가 격	채권가격	이자율

이자율이 채권시장에서 어떻게 결정되는가를 보기 위한 첫 단계는 수량이 가격에 따라 어떻게 변동하는가를 보는 것이다. 채권이 재화인 경우는 채권량은 채권가격과 함께 변동한다. '자금사용' 이 재화인 경우는 대출자금이 이자율과 함께 변동한다.

(2) 채권의 수요곡선

채권수요곡선은 채권가격과 대여자가 수요하는 채권량의 관계를 나타낸다. 예를 들어 이표가 없고 만기 1년, 액면가액 100만원인 이표채를 보기로 하자. [그림 5-6] (a)에서 보는 것처럼 채권가격이 80만원이면 90만원일 때보다 대여자는 채권을 더 많이 사려고 할 것이다. 이와 같은 채권가

그림 5-6 대여자의 채권수요

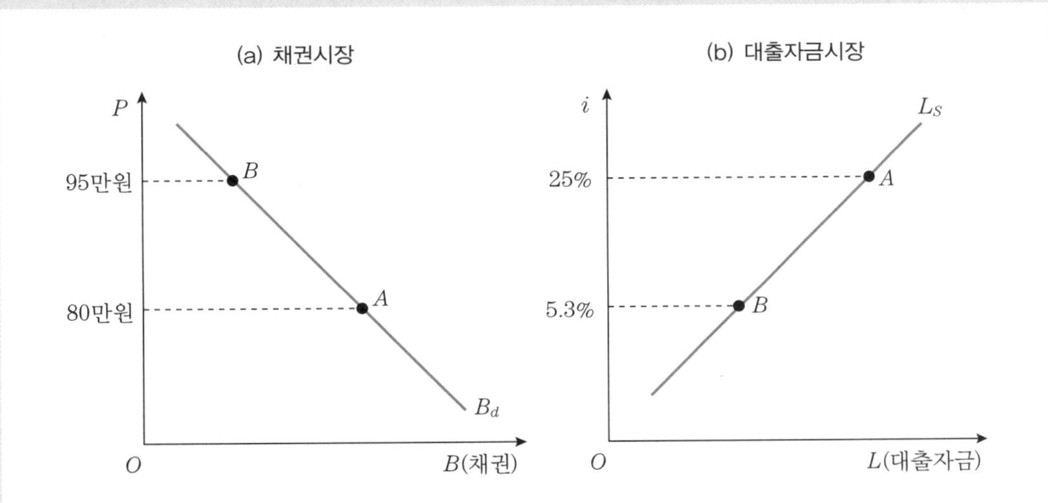

격과 수요량의 관계는 우하향의 수요곡선으로 나타낼 수 있다.

한편 채권가격을 알면 앞에서 본 현재가치식에 따라 이자율(채권의 수익률)을 계산할 수 있다. 위 예와 같이 이표가 없고 만기는 1년, 액면가액은 100만원인 이표채의 가격(P)과 이자율(i)의 관계는 다음과 같다.

$$P=\frac{100\text{만원}}{(1+i)} \qquad \text{따라서 } i=\frac{100\text{만원}-P}{P}$$

$$P=95\text{만원} \qquad i=5.3\%$$

$$P=80\text{만원} \qquad i=25.0\%$$

대출자금시장을 보면 [그림 5-6] (b)와 같이 횡축은 대출금(L), 종축은 이자율을 표시한 평면에 대출자금공급곡선은 위의 계산 결과에 따라 우상향의 곡선으로 나타낼 수 있다. 즉 채권가격의 하락으로 이자율이 5.3%에서 25%로 상승하면 대여자는 차입자에게 더 많은 자금을 공급하려고 할 것이다.

(3) 채권공급곡선

채권공급곡선은 다른 조건이 동일하다면 차입자의 채권공급이 가격에 따라 어떻게 변동하는가를 보여준다. 위 예에서 차입자는 채권가격이 80만원일 때보다는 95만원일 때 채권을 더 많이 공급하려고 할 것이므로 채권

그림 5-7 차입자의 채권공급

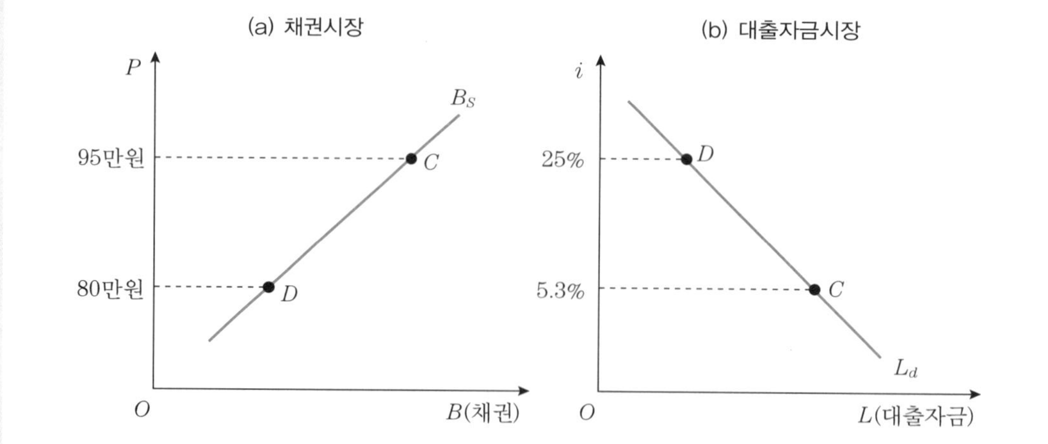

공급곡선은 [그림 5-7] (a)에서 보는 바와 같이 우상향의 기울기를 갖는다.

대출자금 측면에서 보면 차입자는 이자율이 높을 때보다 낮을 때 더 많이 자금을 차입하려고 할 것이다. 따라서 채권가격이 80만원에서 95만원으로 상승하면, 이자율은 25%에서 5.3%로 하락하므로 대출자금에 대한 수요는 증가한다. 이와 같은 이자율과 대출자금수요의 관계는 우하향의 곡선으로 나타낼 수 있다.

(4) 균형채권가격과 균형이자율

채권시장의 균형은 [그림 5-8] (a)에서 보는 바와 같이 채권의 수요와 공급이 일치하는 E_0점에서 이루어지고 균형채권가격은 P_0이다. 채권가격이 균형가격으로부터 멀어지면 시장에 어떠한 조정이 생기는지를 보기로 하자. 가격이 너무 높거나 낮은 두 가지 경우를 생각해 볼 수 있다. 만일 채권가격이 균형가격보다 높은 수준에서 시작한다면 공급은 수요를 초과할 것이다. 초과공급은 채권의 공급자가 현재가격으로 원하는 만큼 팔 수 없다는 것을 의미한다. 공급자는 채권을 매각하기 위해서 가격을 인하하기 시작한다. 초과공급은 공급과 수요가 일치할 때까지 가격에 대한 하락압력으로 작용한다.

채권가격이 균형가격보다 아래 있으면 수요가 공급을 초과할 것이다.

그림 5-8 채권시장과 대출자금시장의 균형

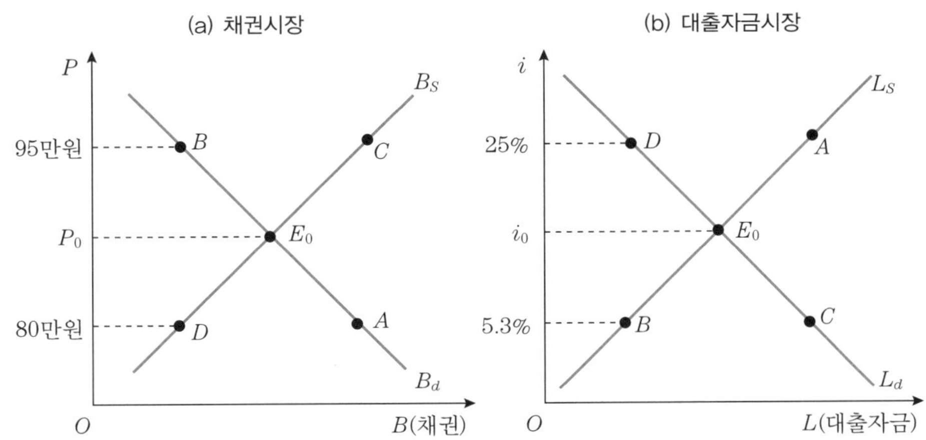

채권을 매입하기를 원하는 사람들은 현재가격으로는 원하는 만큼의 채권을 매입할 수 없다. 초과수요에 대한 매입자의 반응은 가격상승 압력으로 작용한다. 초과수요는 시장이 균형을 이룰 때가지 가격에 대한 상승압력으로 작용한다.

대출자금시장 측면에서 보면 채권시장의 초과공급은 대출자금시장의 초과수요로 나타나고 채권시장의 초과수요는 대출자금시장의 초과공급이 된다. 따라서 대출자금시장의 초과수요는 자금의 수요와 공급이 E_0점에서 일치함으로써 균형이자율(i_0)이 이루어질 때까지 이자율에 대한 상승압력으로 작용할 것이다. 반면 대출자금의 초과공급은 자금의 수요와 공급이 E_0점에서 일치할 때까지 이자율에 대해 하락압력으로 작용한다.

2. 채권가격과 이자율의 변동

위에서 균형채권가격과 균형이자율이 결정되는 과정을 보았다. 그러나 균형가격과 균형이자율도 수요곡선과 공급곡선이 이동하면 변동하게 된다. 아래에서는 채권의 수요곡선과 공급곡선을 이동시키는 요소를 알아보기로 한다.

한 가지 유의할 점은 수요곡선이나 공급곡선 자체가 이동하는 것과 곡선을 따라 이동하는 것은 구분되어야 한다. 가격이 변동하기 때문에 수요나 공급이 변동하는 것은 곡선을 따라 이동하는 것이고 주어진 가격에서 어떤 요소의 변동으로 인해 수요나 공급이 변동하면 곡선 자체가 이동한다. 여기서 보려고 하는 것은 가격 외 요소의 변동으로 인해 수요곡선과 공급곡선이 이동하는 것이다.

(1) 채권수요의 이동

저축자의 투자결정기준은 채권수요곡선을 이동시키는 요소라고 할 수 있다. 채권수요를 이동시키는 요인으로서 부(wealth), 기대인플레이션, 기대수익률과 기대이자율, 위험과 유동성을 들 수 있다.

경제가 성장하면 사람들은 부유해진다. 저축자는 부가 증가함에 따라 주식, 채권, 부동산, 예술품 등에 대한 투자를 확대한다. 따라서 부의 증가는 채권수요곡선을 오른쪽으로 이동시키므로 채권가격은 상승한다([그림 5-9] 참조). 경기침체기에는 부가 감소하므로 채권수요는 감소하고 채권가격은 하락한다.

그림 5-9 채권수요의 이동

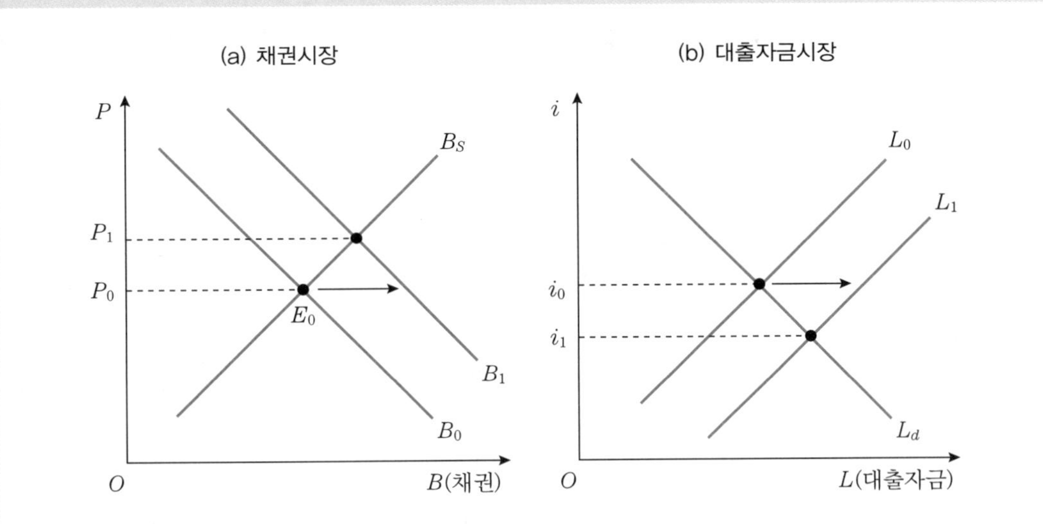

대출자금시장에서도 동일한 효과를 볼 수 있다. 부의 증가함에 따라 대여자는 더 많이 대출하려고 할 것이므로 대출자금공급곡선은 오른쪽으로 이동하고 이자율은 하락한다.

기대인플레이션이 변동하면 지급액이 확정되어 있는 채권을 매입하려는 투자자의 의욕도 변하게 된다. 기대인플레이션이 하락하는 경우 채권발행자가 약속한 지급액은 발행 때보다 가치가 상승하므로 대여자의 채권매입 의욕을 높인다. 즉 기대인플레이션의 하락은 채권수요곡선을 오른쪽으로 이동시킴으로써 [그림 5-9] (a)에서 보는 바와 같이 채권가격은 상승한다.

대출자금시장을 보면 기대인플레이션이 하락하면 구매력상승을 기대하는 대여자는 자금공급을 증가한다. 대출자금공급곡선은 오른쪽으로 이동하고 이자율은 하락한다.

투자자가 특정 금융자산을 보유하려고 하는 경우 자산의 수익률을 다른 자산의 수익률과 비교한다. 채권도 마찬가지다. 만일 채권수익률이 다른 자산에 비하여 더 상승하면 채권에 대한 수요는 상승할 것이다. 투자자는 채권을 주식과 비교하는 경향이 있다. 주식시장이 침체되면 포토폴리오를 채권으로 옮기므로 채권수요의 증가로 인해 채권가격은 상승하고 이자율은 하락한다.

마찬가지로 이자율이 변동될 것으로 기대되면 채권가격은 즉시 변동한다. 앞서 본 것처럼 채권보유기간중의 수익은 쿠폰이자와 자본손실 또는 자본이득에 의하여 결정된다. 이자율이 하락할 것으로 기대되면 채권가격이 상승하고 자본이득이 발생할 것으로 기대하게 된다. 이것은 채권을 더욱 매력있는 투자대상으로 만든다. 채권이 좋은 투자대상이라는 것을 알게 되는 투자자는 채권에 대한 수요를 즉시 증가시킴으로써 채권가격은 상승하고 이자율은 하락한다.

앞서 본 것처럼 투자자는 위험에 대한 보상을 요구한다. 이것은 채권이 더 위험해지거나 덜 위험해지면 채권수요는 변동한다는 것을 의미한다. 다른 조건이 동일하다면 위험이 낮을수록 투자자가 지급하려는 가격은 더 높아질 것이다. 따라서 채권이 다른 자산에 비하여 위험이 낮아지면 채권수요곡선은 오른쪽으로 이동한다.

유동성은 투자자가 한 금융자산을 다른 자산으로 얼마나 용이하게 낮은 비용으로 전환할 수 있는가를 나타내는 척도이다. 유동성자산은 투자자가 가치를 크게 손상하지 않고 팔 수 있는 자산을 말한다. 투자자는 유동성을 선호한다. 다른 조건이 동일하다면 유동성이 높은 채권일수록 투자자의 수요는 높다. 따라서 채권이 다른 자산에 비하여 유동성이 높아지면 채권수요곡선은 오른쪽으로 이동한다.

(2) 채권공급의 이동

채권공급을 이동시키는 요소로서 경기상황, 기대인플레이션, 정부차입 등을 들 수 있다.

경기확장기에는 투자기회가 확대되기 때문에 기업은 차입을 증가한다. 경제 전체의 부채가 상승함에 따라 채권잔액도 증가한다. 따라서 경기가 호전되면 채권공급곡선은 오른쪽으로 이동하므로 채권가격은 하락하고 이자율은 상승한다([그림 5-10] 참조). 이와 같은 전반적 경기와 채권공급의 관계는 경기가 침체되면 채권가격은 상승하고 이자율은 하락한다는 것을 의미한다.

채권공급자는 차입의 실질비용에 대해 관심을 갖는다. 명목이자율이 주어진 경우, 높은 기대인플레이션은 낮은 실질이자율을 의미한다. 실질이자율이 낮으면 채권이 약속한 지급액의 실질부담은 감소한다. 따라서 기대인플레이션이 상승하면 차입비용은 감소하고 차입수요는 증가한다. [그림 5-10] (a)는 기대인플레이션이 상승하면 채권공급곡선이 오른쪽으로 이동한

그림 5-10 채권공급의 이동

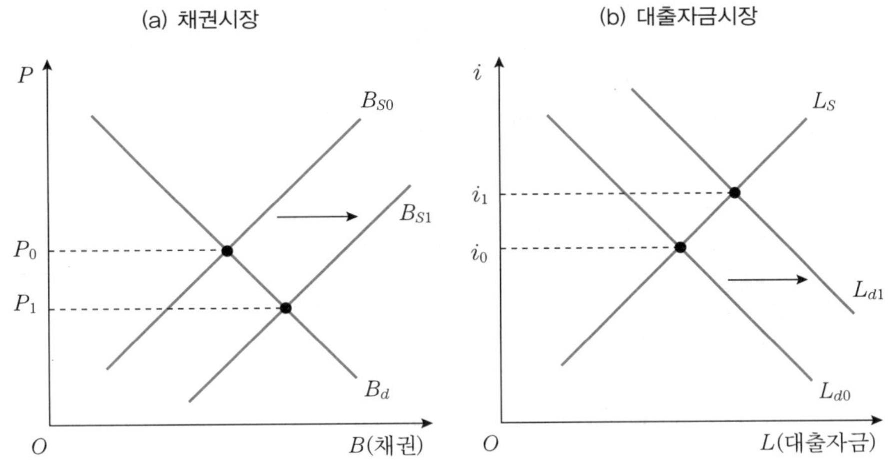

다는 것을 보여 주고 있다. 높은 기대인플레이션은 채권공급을 증가시킴으로써 채권가격의 하락과 이자율의 상승을 가져온다.

정부가 채권을 발행할 필요가 생기면 채권공급에 영향을 미친다. 즉 조세정책이나 지출정책의 변동은 정부의 차입수요에 영향을 미칠 수 있다. 정부의 차입수요 증가는 채권잔액을 증가시키므로 채권공급곡선은 오른쪽으로 이동한다. 따라서 정부의 채권발행은 채권가격의 하락과 이자율의 상승을 가져온다.

3. 채권가격의 변동성

채권가격은 이자율과 요구수익률이 변동하기 때문에 변동한다. 이자율이 변동할 때 채권가격은 어떻게 변동하는가를 이해하는 것은 채권분석의 기초라고 할 수 있다. 1960년대 초에 말킬(B. Malkiel)은 채권가격과 수익률의 관계에 관해서 다섯 개의 정리를 제시한 적이 있다. 채권평가모형을 이용하여 수익률의 변동이 주어졌을 때 만기, 쿠폰이자와 같은 채권변수로 인해 생기는 채권가격의 변동성을 설명하였다. 여기서는 말킬의 채권정리 가운데 중요한 부분을 이용하여 채권가격이 이자율의 변동으로 인해 어떻

표 5-3 채권가격과 수익률의 관계(이표율 10%의 쿠폰채) (단위: 만원)

만 기	6%	8%	10%	12%	14%
1년	1,037.74	1,018.52	1,000	982.14	964.91
5	1,168.50	1,079.85	1,000	927.90	862.68
10	1,294.40	1,134.20	1,000	887.00	791.36
15	1,388.49	1,171.19	1,000	863.78	754.31
20	1,458.80	1,196.36	1,000	850.61	735.07
25	1,511.33	1,213.50	1,000	843.14	725.88
30	1,550.59	1,225.16	1,000	838.90	719.89

게 변동하는가를 설명하기로 한다.

(1) 채권가격과 이자율의 역관계

투자자는 채권가격은 수익률과 반대로 변동한다는 기본적인 역관계를 항상 염두에 두게 된다. 새로 발행되는 채권에 대해 투자자가 원하는 요구수익률이 변동하면 이미 발행된 모든 채권에 대한 요구수익률도 변동한다. 이들 수익률이 변동하면 채권가격도 변동하지 않을 수 없다. 이와 같은 역관계는 채권을 이해하고 평가하는 데 기초가 된다.

[표 5-3]은 채권평가모형을 이용하여 채권가격, 수익률, 만기의 관계를 산출한 것이다. 액면가액은 1,000원이고 이표율은 10%인 채권을 전제로 수익률이 6%에서 14%, 만기는 1년에서 30년에 이르는 여러 가지 경우를 보여 주고 있다. 예를 들어 만기가 5년인 채권은 이자율이 12%로 상승하면 채권가격은 927.90만원으로 하락하고 이자율이 8%로 하락하면 채권가격은 1,079.85만원으로 상승한다.

채권가격과 이자율의 역관계가 채권분석의 기초가 되지만 이자율변동이 채권가격의 변동에 미치는 영향을 충분히 파악하기 위해서는 추가적인 정보가 필요하다. 이자율의 상승이 채권가격을 하락시키지만 하락폭은 만기와 같은 개별채권 특유의 변수에 따라 다르다.

(2) 만기효과

수익률 변동이 채권가격에 미치는 효과는 만기에 따라 달라진다. 이와 같이 채권의 만기가 채권가격의 변동에 미치는 효과를 만기효과라고 한다. 중요한 원칙은 '시장이자율의 변동이 주어지는 경우 채권가격의 변동은 만기와 정(직접적)의 관계를 갖는다'는 것이다. 따라서 이자율이 변동하면 만기가 긴 채권의 가격이 만기가 짧은 채권보다 더 많이 변동한다.

[표 5-3]에서 보는 바와 같이 액면가격 1,000만원인 채권의 시장수익률이 10%에서 8%로 하락하면 15년 만기채권의 가격은 1,171.19만원이 되지만 30년 만기채권은 1,225.16만원이 된다.

여기서 설명한 원칙은 단순하지만 중요한다. 여타의 조건이 동일하다면 채권가격의 변동성은 만기의 함수이다. 장기채권의 가격은 단기채권보다 더 많이 변동한다.

만기와 관련한 원칙에 대해 다음과 같이 추가할 수 있다. 채권만기와 가격변동성의 정의 관계로 인해 발생하는 가격변동률은 만기가 증가함에 따라 낮아지면서 증가한다. 다시 말하면 만기까지의 시간이 두 배가 되는 것은 아니다.

예를 들어 보면 [표 5-3]에서 수익률이 10%에서 8%로 2% 포인트 하락하는 경우 15년 만기의 채권가격은 1,171.19만원으로 17.12% 변동하지만 30년 만기의 채권가격은 1,225.16만원으로 22.52% 변동한다. 따라서 시간은 두 배 증가해도 가격변동률은 두 배가 되지 않는다는 것을 알 수 있다.

(3) 쿠폰효과

만기효과 외에 이자율변동으로 인한 채권가격의 변동은 채권의 쿠폰이율에 의해서도 영향을 받는다. 하나의 원칙으로서 다음과 같이 말할 수있다. '다른 조건이 동일하다면 채권가격의 변동과 쿠폰이율은 역(−)의 관계를 갖는다'. 이를 쿠폰효과라고 한다. 여기서 말하는 것은 변동률에 관한 것이다. 만일 변동성을 가격변동률이 아니라 금액으로 측정한다면 이러한 관계는 반드시 타당하다고 할 수 없다.

[표 5-4]는 쿠폰효과를 보여 주고 있다. 채권은 모두 만기(20년)가 동일

표 5-4 쿠폰효과 (가정: 원금 1,000원, 만기 20년)(단위: 만원)

쿠폰이율	0		3%		12%	
이자율	7%	10%	7%	10%	7%	10%
이자의 현재가치	0	0	318	255	1,271	1,022
원금의 현재가치	258	149	258	149	258	149
채권의 가치	258	149	576	404	1,529	1,171
채권가치의 변동률	−42.2%		−29.9%		−23.4%	

하고 이자율은 7%에서 10%로 변동한다고 가정한다. 이 예는 쿠폰이율과 가격변동 사이에 역관계가 있음을 보여 주고 있다. 쿠폰이율이 가장 작은 채권(이율=0)은 가장 큰 가격변동(약 −42.2%)을 나타내는 데 비하여 이표율이 12%인 채권은 가격이 약 −23.4%만 변동한다.

4. 채권가격의 변동성 측정: 듀레이션

듀레이션은 채권의 이자와 원금을 회수하는 데 걸리는 시간을 현금흐름의 현재가치로 가중평균한 것이다. 듀레이션(D)의 산식은 다음과 같다.

$$D=\frac{\sum_{t=1}^{n} t\times\frac{C_t}{(1+i)^t}}{\sum_{t=1}^{n}\frac{C_t}{(1+i)^t}}=\frac{\sum_{t=1}^{n}\times \text{현금흐름의 현재가치}}{\sum_{t=1}^{n}\text{현금흐름의 현재가치}}$$

단, t=현금흐름을 받게 되는 기간, n=만기까지의 기간수(년), i=시장이자율이다.

듀레이션은 이자율변동에 대한 채권가격의 민감도를 나타낸다. 따라서 듀레이션으로 채권가격의 변동성(price volatility)을 측정할 수 있다. 채권가격의 변동성, 듀레이션 및 이자율변동 사이에는 다음과 같은 관계가 있다.

$$\frac{\Delta P}{P}=-D\frac{\Delta i}{(1+i)} \qquad (5-5)$$

단, ΔP=채권가격의 변동, P=채권가격, D=듀레이션, Δi=이자율의 변동, i=이자율이다.

예를 들어 어느 채권(가격은 1,000만원)의 듀레이션이 4.465년이라고 가정하자. 만일 이자율이 6%에서 7%로 상승하는 경우 이 채권의 가격변동성은 다음과 같이 추정할 수 있다.

$$\frac{\Delta P}{P}=-4.465\frac{0.01}{1.06}=-4.212\%$$

이자율변동으로 인한 ΔP(채권가격의 변동)는 −42.12만원이므로 채권가격은 1,000만원에서 957.88만원으로 하락할 것이다.

06

chapter >>>>

단기금융시장과 자본시장

제1절 개 관

제2절 단기금융시장

제3절 자본시장

제4절 파생금융상품

C/H/A/P/T/E/R 06

단기금융시장과 자본시장

제 1 절 개 관

단기금융시장이란 기업, 가계, 정부, 금융기관 등 경제주체간에 단기자금의 수요자와 공급자 사이에 통상 만기가 1년 이내인 금융사품이 거래되는 시장을 뜻한다. 우리나라의 단기금융시장은 한국은행의 통화신용정책 운용에 있어서 중요한 역할을 수행하는 콜시장을 비롯하여 기업어음, 양도성예금증서, 환매조건부채권매매, 표지어음, 통화안정증권 시장으로 구성되어 있다. 단기금융시장은 주식과 만기 1년 이상의 채권이 거래되는 자본시장에 대비하여 화폐시장이라고도 불린다.

단기금융시장은 경제주체에게 위험관리의 장을 제공한다. 단기금융시장에서 거래되는 단기금융상품은 장기금융상품에 비해 금리변화에 따른 가격변동폭이 작아 자본손실 위험이 작기 때문이다. 아울러 단기금융시장은 개별 경제주체들이 유동성을 적정하게 유지할 수 있도록 도와주므로 자금운용의 효율성을 제고시켜 준다. 또한 경제주체의 일시적인 자금과부족을 큰 손실없이 신속하게 조절할 수 있는 수단을 제공하여 불필요한 현금보유 등의 기회비용을 감소시켜 준다.

그뿐만 아니라 중앙은행은 단기금융시장에 참여하여 공개시장조작을 통해 통화금융정책을 수행한다. 그러므로 단기금융시장은 통화금융정책의 영향이 실물경제로 파급되는 다양한 경로의 첫 단계가 된다. 단기금융시장이 발달하면 금리차익거래가 활발하게 이루어져 시장 간 연계성이 높아진다. 따라서 단기금융상품의 수익률이 자금수급상황의 변화에 민감하게 반응해 금융시장 전반에 효율적인 금리체계가 형성될 수 있다. 이를 바탕으로 중앙은행은 공개시장정책의 효과를 신속하고 광범위하게 전파할 수 있다. 또한 중앙은행은 단기금융시장에서의 금리동향을 중요한 시장신호로 활용하여 자신의 통화금융정책효과를 측정하여 방향을 설정할 수 있다.

자본시장이란 장기자금 조달수단인 주식및 만기 1년 이상의 채권이 거래되는 시장으로서 통상 증권시장과 같은 의미로 사용된다. 다시 말하면, 자본시장이란 기업, 정부 또는 지방자치단체 등이 장기투자자금을 조달하는 시장으로서 넓은 의미에서는 은행시설자금대출 등 장기대출시장을 포함하기도 하나 좁은 의미로는 국채, 회사채, 주식 등 직접증권이 발행되어 유통되는 시장을 의미한다. 우리나라의 자본시장은 그동안 경제성장에 필요한 기업자금의 원활한 조달이라는 핵심적인 기능을 수행하는 과정에서 양과 질 모두 비약적인 발전을 이루어왔다.

국민경제의 자금부족부문과 자금잉여부문 간 수급 불균형을 조절하는 것, 즉 가계 등의 여유자금이 기업 등에 장기투자재원으로 공급될 수 있도록 촉지하는 것이 자본시장의 가장 중요한 기능이다. 또한 미시적으로 자본시장은 회사채 수익률과 주가 등 금융자산 가격을 결정함으로써 기업의 투자결정과 내부경영에 영향을 준다.

한편 자본시장은 투자자에게 고수익 금융자산을 제공해 준다. 자본시장에서 거래되는 회사채 · 주식 등 장기금융상품은 만기가 길어 금리변동에 따른 자본손실 위험과 신용위험 등이 단기금융상품에 비해 상대적으로 높기 때문이다. 자본시장에 참여하는 투자자에게는 개인과 기관투자자(자산운용회사 · 뮤추얼펀드 · 보험회사 · 연기금 등)가 있다.

단기금융은 자금의 수급 불균형을 조절한다는 점에서 자본시장과 같은 기능을 수행하지만 다음과 같은 점이 자본시장과 다르다고 할 수 있다. 첫째, 단기금융시장은 경제주체들의 유휴현금보유에 따른 기회비용을 최소화하여 자금조달 및 운용의 효율성을 제고할 수 있는 기회를 제공하여 준다. 대부분의 경제주체들은 미래의 지급수요에 대비하여 일부 자금을 현금으로 보유하게 되는데 이는 해당 자금의 이자수입을 포기하는 결과가 된다. 그러나 단기금융시장이 효율적으로 발달한 경우, 경제주체들은 여유자금이 생기면 안정성과 유동성이 높은 단기금융상품에 운용하고 자금이 부족해지면 단기채무증서를 발행하여 조달함으로써 유휴현금보유에 따른 기회비용을 줄일 수 있다.

둘째, 단기금융시장은 자본시장에 비하여 자본손실 및 유동성 위험이 작아 경제주체들의 금융자산 위험관리 기회로 활용된다. 일반적으로 단기금융상품은 장기상품에 비하여 금리변동에 따른 가격변동 폭이 크지 않으므로 자본손실 위험이 작으며 유통시장이 잘 발달된 경우에는 만기 이전에도 쉽게 자금을 회수할 수 있어 유동성 위험도 크지 않다. 따라서 경제주체들은 장기채권 또는 주식가격이 하락할 것으로 예상될 때 이들 자산을 매각하고 단기금융상품을 매입함으로써 자본손실위험을 줄일 수 있다. 따라서 단기금융시장의 시장참가자들은 대부분 위험회피경향이 높고 금융상품의 수익성보다는 안정성과 유동성을 중시한다고 할 수 있다. 한편 이와 같은 시장참가자의 성격으로 인해 단기금융시장은 시장 외부의 충격에 민감하게 반응하는 경향이 있다. 예를 들어 기업어음이나 양도성예금증서를 발행하는 기업 또는 금융기관의 신용위험이 높아지면 위험기피경향이 높은 투자자들을 중심으로 이들 상품의 매물이 크게 늘어나 단기금리가 급등하고 거래량이 급격히 줄어드는 현상이 초래되는 경우도 있다.

셋째, 단기금융시장은 중앙은행의 통화신용정책이 수행되는 장이라 할 수 있다. 중앙은행은 공개시장조작을 통해 정책금리를 인상 또는 인하 조정함으로써 단기금리를 조절하는 한편 본원통화의 독점적 공급자로서 유동성을 공급 또는 환수함으로써 자금의 양을 조절한다. 이에 따른 단기금리나 자금수급의 변동은 장기시장금리, 통화량, 환율, 주가 등 금융시장 전반에 영향을 미치고 실물경제와 물가의 변동을 가져온다. 일반적으로 단기금융시장이 발달하여 재정거래가 활발하게 이루어지고 시장간 상호연계성이 높아지면 통화금융정책의 경기 및 물가 파급효과가 증대된다. 따라서 중앙은행은 잘 발달된 금융시장을 무대로 시장친화적인 통화신용정책을 수행함으로써 정책의 효율성을 높일 수 있다.

제 2 절 단기금융시장

1. 콜시장

콜시장은 금융기관간 상호간에 일시적 자금과부족을 조절하기 위해 금융기관 상호 간에 초단기 자금이 거래되는 시장이다. 금융기관은 고객을 상대로 예금을 받고 대출 또는 투자를 하는 과정에서 수시로 자금이 남기도 하고 부족하기도 하는데 이러한 자금의 과부족을 콜시장에서 금융기관간의 자금거래를 통해 조절한다. 콜거래 최장만기는 90일 이내로 제한되어 있으나 현실적으로 익일물(1일)이 주종을 이루며, 거래단위는 억원이다. 대부분의 콜자금은 담보콜보다는 무담보콜로 거래된다. 콜자금거래에 적용되는 금리도 다른 시장금리와 마찬가지로 주로 콜시장의 자금수급상황에 따라 결정된다. 즉 금융기관의 단기유동성 사정이 호전되면 콜자금 공급이 늘어나면서 콜금리는 하락하게 되고, 반대로 금융기간의 단기유동성 사정이 악화되면 콜자금 공급이 축소되면서 콜금리는 상승하게 된다.

일반적으로 콜금리의 변동은 장단기금리차를 이용한 차익거래를 통해 일차적으로 CP, CD 등 단기금리변동으로 이어지고 나아가서 회사채수익률 등 장기금리와 은행의 여수신금리 등에도 영향을 미쳐 소비, 투자 등 경제활동에 변동을 일으키게 된다. 콜시장은 중앙은행의 통화금융정책 수행에 있어서 매우 중요한 위치를 차지하고 있다. 일반적으로 콜금리의 변동은 장·단기 금리차를 이용한 차익거래를 통해 일차적으로 CD, CP 등 단기금리 변동으로 이어지고 나아가 회사채수익률 등 장기금리와 은행 여수신금리 등에도 영향을 미쳐 소비, 투자 등 실물경제활동의 변동을 일으키게 된다.

이러한 금리파급경로를 바탕으로 중앙은행은 공개시장조작 등을 통해 금융기관의 단기유동성을 조절하여 콜금리에 영향을 미침으로써 궁극적으로 실물경제활동을 바람직한 방향으로 유도하고 있다. 콜거래는 직거래보다는 대부분 중개거래 방식으로 계약이 체결된다. 직거래는 거래당사자가 직접 금리·만기·금액 등의 거래조건에 합의·거래하는 방식이고, 중개거래는 자금중개회사가 거래조건에 따라 자금의 공급자와 수용자를 연결시켜 주는 방식이다. 현실적으로 콜자금을 공급하는 콜론기관은 주로 자산운용회사와 은행신탁이다. 이들 기관은 수탁재산의 일정비율을 유동성자산으로 운용하도록 약관에서 명시하고 있거나 자금운용과정에서 일시적인 여유자금이 자주 발생하기 때문이다.

반면 콜자금을 차입하는 콜머니기관은 주로 은행과 외국은행 국내지점 그리고 증권회사이다. 외국은행 국내지점은 원화수신기반이 취약하기 때문에 원화자금수요를 콜자금에 의존하는 경향이 있다. 증권회사는 자금조달수단이 고객예탁금, RP매각 등으로 제한됨에 따라 콜시장에서 영업자금을 조달하고 있다. 국내은행은 비은행권의 자금사정에 따라 콜론기관이 되기도 하고 콜머니기관이 되기도 한다. 콜시장에서 거래되는 자금을 공급자측에서는 콜론이라하고 수요자측에서는 콜머니라 한다. 이때 콜머니에 대한 금리를 콜금리라 한다. 은행은 비은행 금융기관의 자금사정에 따라서 콜론기관이 되기도 하고 콜머니 기관이 되기도 하는 등 시장의 자금수급을 조절하는 기능도 담당한다. 콜금리는 시장여건과 콜차입 기관의 신용도에 따라 자유롭게 결정되며, 한국은행은 자금중개회사가 중개한 무담보콜 1일물의 가중평균 금리를 매일 공표한다.

2. 환매조건부 채권매매시장

환매조건부채권매매(RP)시장이란 일정 기간 경과 후에 일정한 가격으로 동일 채권을 다시 매수하거나 매도할 것을 조건으로 채권거래가 이루어지는 시장이다. 다시 말하면, 일정기간이 경과한 다음 정해진 가격으로 동일한 채권을 당초의 거래방향과 반대로 매매하는 것을 조건으로 채권을 매매하는 것을 말한다. 즉 채권의 매도와 환매라는 두 거래가 하나의 계약으로 구성되어 형식은 채권매매이나 경제적으로는 단기자금대차거래로서 단기자금의 운용과 조절수단으로 이용되고 있다. RP거래는 단기자금의 대차거래이지만 그 거래대상이 자기금융자산인 채권이라는 점에서 다른 단기 금융거래와는 다르다. RP거래의 대상 채권은 국채 · 지방채 · 특수채와 상장법인 · 등록법인이 발행한 회사채 및 보증채로 한정된다. 이는 대고객 RP와 금융기관간 RP의 대상채권에 해당한다. 한국은행과 금융기관간 RP의 대상채권은 국채, 정부보증채, 통화안정증권, 토지개발채권으로 정해져 있다. RP거래를 통해 채권보유자는 채권을 담보로 손쉽게 단기자금을 조달할 수 있으므로 채권매각에 따른 자본손실위험을 회피할 수 있다. 투자자도 채권투자에 따른 위험부담 없이 비교적 높은 금리로 단기자금을 운용할 수 있다는 장점을 갖는다. 이처럼 RP시장은 단기자금 수급조절기능은 물론 채권의 유동성을 높여 채권발행을 촉진한다.

RP거래는 거래참가자를 기준으로 볼 때, 금융기관과 일반 고객 사이의 거래인 대고객 RP, 금융기관 사이의 거래인 금융기관간 RP, 그리고 한국은행과 금융기관간 RP의 세 가지 유형으로 구분된다. 이 중 마지막 유형은 한국은행이 일시적인 유동성과부족을 해소하기 위해 공개시장조작 수단으로 RP를 이용하는 경우에 해당한다.

전통적으로 RP라고 할 때는 채권을 담보로 자금을 거래하는 것을 말한다. 따라서 RP시장은 채권시장과 매우 밀접한 관계에 있다. RP시장은 채권을 매개로 단기금융시장과 자본시장을 연결시키는 고리로서 RP시장이 발전하게 되면 금융기관의 활발한 재정거래를 통해 채권가격이 보다 합리적으로 형성되고 단기자금흐름도 원활해지게 된다. RP시장은 매도기관, 매수기관 및 중개기관으로 구성된다. 매도기관은 RP거래를 이용하여 보유채권을 팔지 않고서도 일시적으로 필요한 자금을 구할 수 있다. 여기에 더하여 보유채권을 담보로 자금을 조달하기가 다른 자금조달수단에 비해 자금조달비용이 비교적 낮을 뿐만 아니라 수익성은 높으나 유동성이 낮아 팔기 어려운 채권도 RP거래를 통해 유동화할 수 있다는 장점이 있다. 한편 매수기관은 국채 등을 담보로 자금을 안전하게 운용할 수 있으며 중개기간은 매도기관과 매수기관을 연결해주고 수수료 수입을 얻는다.

한국은행은 콜금리가 금융통화위원회가 정한 목표수준에서 유지될 수 있도록 시중의 유동성을 조절하는 공개시장조작수단으로서 환매조건부채권을 이용하고 있다. 한국은행은 유동성 과부족이 외환보유규모의 변동 등에 따라 나타나는 구조적인 경우 통화안정증권의 발행 또는 상환, 국공채 등 채권의 단순매매를 통해 조절한다. 그러나 유동성 과부족이 일시적인 경우에는 채권의 단순매매보다 거래비용이 싸고 채권가격에 영향을 미치지 않는 RP거래를 이용한다. RP거래 중 매각은 유동성 흡수가 필요할 때, 매입은 유동성 공급이 필요할 때 각각 이용된다.

한국은행은 신속하고 효율적인 공개시장조작을 위하여 일정한 요건을 갖춘 금융기관들을 RP거래대상 금융기관으로 사전에 선정(연 1 회)하고 있는데 주로 은행과 증권회사가 선정된다. RP거래대상 채권을 유동성과 안전성이 보장된 국채, 정부보증채, 통화안정증권 및 토지개발채권으로 제한하고 있으며 이 중 통화안정증권은 한국은행의 부채증서로서 RP매입시에만 사용할 수 있다.

3. 양도성예금증서시장

양도성예금증서(CD)란 은행 정기예금에 양도성을 부여한 예금증서를 말한다. 양도성예금증서시장은 CD가 발행 · 유통되는 시장을 뜻하며, 2006년 6월 말 기준으로 한국수출입은행을 제외한 모든 은행이 CD를 발행할 수 있다. 다시 말하면, 한국은행에 지급준비금을 예치해야 하는 시중은행, 지방은행, 특수은행, 외국은행 국내지점이 CD를 발행할 수 있다. CD의 법적성격은 예금증서를 교부하고 예금을 받는다는 점에서 일반예금과 같이 금전의 소비임치[1]로 분류되나 권리의 이전과 행사에 있어서는 유가증권에 해당된다.

CD는 거래주체에 따라 은행간 CD와 대고객 CD로 나누어진다. 은행간 CD는 발행은행과 매수은행이 거래조건을 직접 교섭하여 거래된다. 대고객 CD의 경우에는 은행이 CD를 직접 발행하거나 증권회사 등 중개기관을 통해 발행하며 개인 · 일반법인 · 연기금 · 지방자치단체 · 비은행금융기관 등이 이를 매수한다. CD는 최단만기 30일 이상이며 최장만기에 대한 제한은 없다. 한편, 2006년 6월 30일부터는 금융기관에 대해서는 CD를 실물로 교부하는 대신 등록 발행하게 되었다. 이는 CD의 위조와 변조 등 사고가 끊이지 않은 데 따른 조치였다.

한편 은행이 일반고객을 상대로 발행하는 CD는 비슷한 성격의 단기금융시장상품인 표지어음과는 달리 한국은행법상 예금채무에 해당되어 예금지급준비금 예치의무가 부과되고 있다. 아울러 CD는 2000년까지는 예금보호대상이었으나 2001년부터는 관련 법규의 개정으로 그 대상에서 제외되었다. CD시장은 CD가 발행되고 유통되는 단기금융시장으로서 발행기관인 은행, 중개기관 및 매수기관으로 구성된다. 발행기관인 은행의 입장에서는 대출 등 자금수요에 따라 발행규모를 조절함으로써 탄력적인 자금조달이 가능하다는 이점이 있다. 중개기관은 발행기관과 매수기관을 연결하

1) 임치인은 계약대상물의 소유권을 수치인에게 이전하고 일정기간 경과후 수치인은 계약대상물과 동종, 동질, 동량의 것을 임치인에게 반환하는 것을 의미한다.

면서 수수료를 받을 뿐만 아니라 자기계산으로 매매에 참여하여 시세차익을 얻을 수도 있으며, 매수기관들은 만기 1년 이하 단기자금 운용수단으로서 CD를 매입하고 있다.

4. 기업어음시장

기업어음(CP)시장은 신용평가회사로부터 일정수준 이상의 등급을 받은 기업이 단기자금을 조달하기 위해 발행한 만기 1년 이내의 융통어음이 할인되고 매매되는 시장이다. 기업어음은 기업의 상거래와는 관계없이 단기자금을 조달할 목적으로 신용상태가 양호한 기업이 자기신용으로 발행한 약속어음이다. 기업어음시장은 중소기업위주의 상업어음시장과는 달리 신용도가 높은 대기업이 주로 이용하는 시장이다. CP는 법률적으로는 상업어음과 같은 약속어음으로 분류된다. 기업어음시장을 통해 기업은 자기신용을 바탕으로 비교적 간편한 절차에 의하여 CP 발행을 통해 단기자금을 조달하는 동시에, 자산운용회사 MMF와 은행신탁의 특정 금전신탁과 같은 투자자들은 단기자금 운용수단으로 CP를 매입한다. 이때 개인은 CP 매입을 기피하는 경향이 있다. CP의 액면금액은 거액이고 예금자보호의 대상 금융상품이 아니기 때문이다. 증권회사가 CP의 할인기관인 경우 최소액면금액이 1억원이라는 제한이 있고, 종합금융회사가 CP의 할인기관인 경우 명백한 제한은 없으나 흔히 100억원 이상으로 발행된다. CP는 무담보거래가 원칙이며, 최장만기는 1년 이내로 제한되어 있다.

CP발행기업은 상업어음과 같이 거래은행으로부터 지급지를 명시한 어음용지를 교부받아 발행하고 은행의 당좌계좌를 통해 결제한다. CP 거래에는 발행기업과 투자자인 매수기관 사이에 증권회사나 종합금융회사와 같은 할인·매출기관이 참여한다. CP 발행기업의 신용요건과 발행조건은 할인·매출기관이 증권회사인지 아니면 종합금융회사인지에 따라 다르다.

CP시장은 발행기업, 할인기관, 매출기관 및 매수기관으로 구성된다. CP는 발행절차가 간편한 데다 통상 담보없이 신용으로 발행되기 때문에 신속한 자금조달수단으로 이용되며, 금리면에서도 은행대출보다는 일반적으로 유리하다. 할인 및 매출기관은 할인 CP를 매수기관에 매출함으로써 매매이익을 얻으며 매수기관은 만기 1년 이하의 단기자금 운용수단으로 CP를 활용하고 있다. CP는 무담보거래가 원칙인 만큼 신용도가 우량한 기업이 발행하며 2개 이상의 신용평가기관에서 일정수준이상의 평가등급(B등급)을 받은 기업만 발행할 수 있다. CP의 최장만기는 1년이며 최저발행금액은 증권사할인의 경우에만 1억원 이상이고 그 밖의 경우에는 제한이 없으나 통상 100억원 이상으로 발행하고 있다.

5. 통화안정증권

한국은행은 통화량을 구조적으로 조절하기 위해 「한국은행법」 및 「한국은행통화안정증권법」을 근거로 통화안정증권을 발행한다. 이 통화안정증권이 금융기관 또는 일반을 대상으로 발행 · 유통되는 시장이 통화안정증권시장이다. 통화안정증권은 한국은행이 통화량을 조절하기 위하여 한국은행 통화안정증권법에 따라 금융기관과 일반을 대상으로 발행하는 증권을 말한다. 한국은행은 신규 발행한 통화안정증권을 금융기관들이 총액인수하여 사전합의된 비율로 소화하는 총액인수제를 1987년부터 시행했으나, 1993년부터는 경쟁입찰 및 일반매출 위주로 발행방식을 변경하였다. 이렇게 발행된 통화안정증권은 증권회사를 중개기관으로 하여 유통시장에서 거래된다.

한국은행은 경상수지 흑자(적자) 또는 외국인 투자자금 유입(유출) 등으로 시중의 유동성이 계속 증가(감소)하여 이를 구조적으로 억제(완화)할 필요가 있을 경우에 통화안정증권을 순발행(순상환)하여 남는(모자라는) 유동성을 흡수(공급)하게 된다. 은행, 투자신탁운용회사 등은 자금운용이나 BIS자기자본비율관리수단으로 통화안정증권을 매입하여 증권회사는 주로 유통시장에서 매매하고 상대방을 연결하여 수수료 수입을 얻는 한편 종종 자기계산으로 매매하여 시세차익을 얻기도 한다. 통화안정증권 BIS자기자본비율산정시 국채와 동일하게 무위험자산으로 분류되므로 금융기관이 통화안정증권을 보유하면 회사채 보유나 대출시보다 BIS자기자본비율이 높아지는 효과가 있다.

6. 표지어음시장

표지어음이란 금융기관이 할인하여 보유하는 상업어음 · 무역어음 · 팩토링어음을 만기에 따라 분할하거나 통합한 후 이를 기초로 다시 할인방식으로 발행하는 약속어음을 가리킨다. 금융기관은 표지어음을 발행하게 되면

표 6-1 우리나라의 단기금융시장 개요

		콜	환매조건부채권매매	양도성 예금증서	기업어음	표지어음	통화안정증권
도입시기		1960년 7월	1977년 2월	1974년 5월	1972년 8월	1989년 9월	1961년 11월
특 징		금융기관 간 자금조달	금융기관 간 자금조달, 금융기관의 단기자금 조달, 중앙은행의 유동성 조절	은행 간 자금조절, 은행의 단기자금 조달	기업의 단기자금 조달	금융기관의 단기자금 조달	중앙은행의 유동성 조절
법적 성격		금전소비대차	채권담보부 금전소비대차 및 채권매매	소비임치 및 유가증권	약속어음	약속어음	유가증권
참가기관	자금조달 (발행)기관	은행, 은행신탁, 종합금융	금융기관간: 한국은행 및 콜시장 참가기관	예금은행	우량 · 적격 기업	은행, 종합금융, 상호저축은행	한국은행
	자금운용 (매입기관)	증권, 자산운용, 보험 등	대고객: 은행, 증권, 증권금융, 종금, 체신관서	은행간: 은행 대고객: 금융기관, 법인, 개인	금융기관, 법인, 개인	금융기관, 법인, 개인	금융기관, 법인, 개인
	중개기관	자금중개	자금중개, 증권	증권, 종합금융, 자금중개	증권, 종합금융	은행, 종합금융, 상호저축은행	증권
만기		최장 90일 이내	자유화	30일 이상	최장 1년 이내	은행: 30일 이상 종금: 1년 이내 상호저축은행: 자유화	할인채: 14~546일 이표채: 2년
최저 발행 (거래)금액		1억원 (중개거래시)	체신관서: 5만원 기타:제한 없음	제한 없음	증권: 1억원 기타: 제한 없음	제한 없음	경쟁입찰: 1억원 일반매출: 100만원
이자지급방식		만기일시지급	만기일시지급	할인방식 선지급	할인방식 선지급	할인방식 선지급	할인채: 선지급 이표채:매 3개월 지급
중도환매		-	제한 없음	금지	제한 없음	은행: 금지 기타: 허용	원칙적 금지

자료: 한국은행(2006), 『우리나라의 금융시장』, p. 19

표지어음의 기초가 되는 원어음의 부도여부와 상관없이 지급의무를 부담하게 된다. 표지어음은 일반적으로 만기 1년 이내인 원어음을 기초로 발행되므로 단기금융자산으로 분류된다. 상거래에 수반되어 발행한 어음채권 및 외상매출채권을 금융기관이 팩토링 대출을 취급하면서 취득한 것을 의미한다. 팩토링은 팩터가 고객이 보유한 매출채권의 구입을 통하여 고객에게 간접적으로 금융을 제공하는 방식이다. 표지어음시장에서는 이 표지어음이 발행되고 유통된다. 표지어음시장은 표지어음이 발행되고 유통되는 단기금융시장으로서 원어음의 할인을 의뢰하는 기업과 표지어음을 발행하는 금융기관 및 표지어음의 매수자로 구성된다. 기업은 원어음의 할인을 통해 영업활동에 필요한 운전자금을 조달하게 되며 금융기관은 표지어음을 발행하여 원어음 할인에 따른 자금부담을 줄이고 원어음 할인금리와 표지어음 발행 금리간의 금리차익을 얻게 된다. 표지어음의 매수자는 단기자금운용수단으로 표지어음을 매입하게 된다.

표지어음은 원어음의 남은 만기이내에서 발행되며 여러개의 원어음을 통합하여 발행하는 경우에는 개별 어음의 남은 만기중에서 최장만기 이내로 제한하고 있다. 종합금융회사 및 상호저축은행 표지어음은 만기 이전의 중도환매가 가능하나 은행표지어음은 중도환매가 허용되지 않는다. 최저액면금액에 대한 제한은 없지만 은행표지어음의 경우에는 대체로 500만원을 최저액면금액으로 하여 발행하고 있다. 발행금리는 시장금리와 할인기간 등을 감안하여 결정되는데, 은행표지어음의 경우는 지준부과대상에서 제외됨에 따라 대고객 CD보다 다소 높은 것이 일반적이다. 발행기관은 아자를 할인 방식에 의해 미리 지급하고 만기시에는 액면금액을 지급하게 된다.

지금까지 살펴본 여러 가지 단기금융시장을 몇 가지 특징을 중심으로 비교한 것이 [표 6-1]이다.

제 3 절 자본시장

1. 채권시장

(1) 채권의 의의와 종류

채권은 국가 · 지방자치단체 · 금융기관 · 기업 등이 자금조달이나 정책수행을 목적으로 발행하는 채무증서를 말한다. 발행자는 비교적 장기로 거액의 자금을 일시에 조달할 수 있고 투자자는 사전에 약정된 이자율에 따라 일정기간 이자소득을 획득하고 만기가 되면 원금을 회수할 수있는 유가증권이다. 다시 말하면, 채권은 채무가 채권자에게 미래의 정해진 시점에서 일정한 이자와 원금을 지급하기로 약속한 증서를 뜻한다. 따라서 모든 채권에는 대차계약의 만기일, 만기일내에 지급될 이자 그리고 만기일에 지급되는 금액이 명백히 밝혀져 있다. 만기일까지 매기간 지급되는 이자를 표면이자라 부르며, 만기일에 지급되는 금액을 액면가라고 부른다. 예를 들어, '오천만원' 이라고 쓰여있고 연간 10%의 이자를 지급한다고 약속한 채권이 있다면, 액면가가 오천만원인 그 채권의 소유자에게 연간 오백만원의 표면이자가 지급된다. 그렇지만 채권의 소유자가 원리금을 회수하기 위해 만기일까지 기다릴 필요는 없다. 만기일 이전이라도 이를 유통시장에서 팔 수 있기 때문인데, 이 경우 그가 얻게 되는 수익은 팔기 전까지 지급받을 표면이자에 채권을 팔아 얻은 자본이득을 더한 것이 된다. 자본이득이란 채권의 판매가격에서 구입가격을 뺀 차이를 뜻한다. 채권투자를 하는 사람은 바로 이 수익을 노려 채권을 사고 파는 행위를 하는 것이다.

유통시장에서 채권의 가격은 수시로 변하고, 이에 따라 채권투자에서 얻는 수익률도 달라지게 된다. 예를 들어, 싼 가격에 채권을 구입해 비싼 가격에 팔게 되면 높은 수익률을 얻을 수 있다. 그런데 채권의 유통가격이 하락하더라도 만기까지 기다리면 최소한 표면이자와 액면가는 확보할 수 있다. 따라서 채권투자의 수익률은 다른 금융상품의 경우에 비해 상대적으로 안정적인 경향이 있다.

발행주체에 따라 채권의 종류는 다양하게 구분된다. 정부는 국채를 발행하는데, 이는 다시 조달자금의 용도에 따라 국고채권(국고채)·재정증권·국민주택채권·보상채권으로 나뉜다.[2] 한국은행은 통화안정증권을 발행하며, 지방자치단체가 발행하는 지방채에는 지하철공채·지역개발공채가 있다. 은행·증권회사·리스회사·신용카드회사 등 금융기관은 금융채를 발행하며, 특별법에 의해 설립된 한국전력공사·한국토지공사·예금보험공사 등은 특수채를 발행한다. 그리고 통상 국채와 지방채 그리고 특수채를 망라하여 국공채라 부른다. 채권은 지급보증 여부에 따라 보증채와 무보증채로 구분되며 보증채는 보증주체에 따라 정부보증채와 신용보증기금, 보증보험회사, 은행 등이 지급을 보증하는 일반보증채로 구분된다. 무보증채는 발행주체의 자기신용에 의해 발행되는 채권이다. 또한 채권발행자의 담보제공 여부에 따라 담보부채권과 무담보부채권으로 구분된다.

(2) 발행시장과 유통시장

채권이 일반차용증서나 은행대출과 크게 다른 것은 제도화된 발행시장과 유통시장을 기초로 한 증권이라는 점이다. 채권은 발행주체와 발행요건이 법규로 규정되어 있어 공신력이 있고 투자자도 발행시장에서 채권매입을 통한 이자수익 외에도 유통시장을 통한 자본이득 등을 기대할 수 있을 뿐 아니라 자금이 필요할 때 비교적 손쉽게 시장에서 매각할 수 있어 유동자산으로 이용할 수 있다.

채권시장은 채권이 발행되거나 매매되는 시장으로, 채권이 신규 발행되는 발행시장과 기존 채권이 거래되는 유통시장으로 구분할 수 있다. 국채는 국고채권, 재정증권, 국민주택채권, 보상채권 등 자금용도에 따라 네가지 종류로 나누어지며 종목에 따라 발행방식 및 이자지급방식 등이 서로 다르다. 우선 발행방식을 살펴보면 국고채권은 6개월마다 이자가 지급되는 이표채이며 재정증권은 할인채이다. 국민주택채권과 보상채권은 원리금이 만기일에 일시 상환되는 복리채이다. 발행만기별로는 국고채권의 경우 3년, 5년, 10년 및 20년으로 나누어진다.

한편 채권 유통시장은 한국증권선물거래소에 상장된 채권만 거래되는 장내시장과 비상장채권을 포함한 모든 채권이 거래되는 장외시장으로 구분된다. 장내시장은 다시 일반채권시장과 국채전문유통시장으로 구성된다.

---

2) 국고채는 국공채와 다르다. 국고채는 국채의 발행·상환을 종합 관리하는 공공자금관리기금에 의해 발행되는 채권이며, 국공채는 국채·지방채·특수채를 포괄하여 부르는 용어이다.

일반채권시장에서는 국고채를 제외한 모든 거래소 상장채권이 거래될 수 있으나, 실제로는 장내거래가 의무화되어 있는 소액국공채와 상장전환사채가 주로 거래된다. 장내시장에는 한국증권선물거래소의 회원 증권회사만 참여하며, 그 이외의 개인, 일반법인, 외국인, 그리고 비회원 기관투자자들은 회원 증권회사에 위탁계좌를 개설하여 간접적으로 참여할 수 있다. 국채전문유통시장은 국고채전문딜러 · 예비국고채전문딜러 · 국채딜러 등 기관투자자들이 참여하는 국고채의 도매 경쟁매매시장이다. 그런데 현실적으로 채권거래는 대부분 장외시장에서 증권회사의 단순중개로 이루어진다. 이는 채권의 종목이 다양하고 매수를 원하는 투자자의 호가를 받은 후에 반대거래를 원하는 상대방을 찾아 거래를 중개한다. 따라서 매수호가와 매도호가를 미리 제시하고 고객의 거래요청에 반드시 응하여야 하는 시장조성 의무가 없어 채권재고를 유지하는 위험을 부담할 필요가 없다.

이와 같이 증권회사들이 단순중개방식으로 채권거래를 중개하는 것은 증권회사들이 자체채권재고를 보유할 만큼 자금여력이 크지 않고 금리변동에 따른 위험을 충분히 헤지할 만큼 다양한 파생상품이 많지 않은 데다 과거 채권딜링업무 수행과정에서 큰 손실을 경험하였던 데 따른 소극적 자세 등에 주로 기인한다.

장내시장은 한국 증권선물거래소에 상장된 채권을 대상으로 표준화된 거래방식에 따라 거래가 이루어지는 조직화된 시장이다. 일반채권시장은 불특정 다수의 일반투자자가 참여할 수 있는 시장으로서 국채전문유통시장에서 거래되는 국고채를 제외한 모든 거래소 상장채권이 거래대상이나 현재 소액국공채와 상장전환사채 위주로 거래가 이루어지고 있다. 장내시장 참가자는 한국증권선물거래소의 회원 증권회사로 제한된다. 개인, 일반법인, 한국증권선물거래소 회원이 아닌 기관투자자, 외국인 등은 회원 증권회사에 위탁계좌를 개설하여 장내시장에 참여할 수 있다.

국채전문유통시장은 국채딜러간 매매거래 및 증권회사를 통한 위탁매매를 위하여 증권선물거래소에 개설된 시장을 말한다. 국채전문유통시장에 참여하는 딜러는 증권거래법에 의해 국채에 대해 자기매매업을 허가받은 국채딜러로서 현재 국채딜러 자격을 갖춘 금융기관은 증권사, 종금사, 은행으로 한정되어 있다.

일반적으로 국채전문유통시장(IDM)은 국고채전문딜러 등 시장조성활동을 담당하는 금융기관들만 참가하는 시장이다. 국채전문유통시장은 국채의 유동성을 높이는 데 중요한 역할을 하며 여기서 형성된 금리는 지표금리로 활용된다. 거래는 국채전문딜러 등이 한국증권선물거래소가 운영하는 국채자동매매시스템을 통해 종목별로 매수호가와 매도호가를 입력하면 거래조건이 맞는 주문끼리 자동적으로 체결된다. 국채전문딜러는 국고채시장에서 국고채인수 등에 관하여 우선적인 권리를 부여받는 대신 국고채유통시장에서 시장조성자로서의 의무를 수행하는 국채딜러이다.

2. 자산유동화 증권시장

(1) 자산유동화 증권의 의의와 기능

최근 자산유동화증권(ABS)이 자본시장에 도입되어 금융기관과 기업의 새로운 자금조달수단으로 부상하였다. ABS는 부동산, 매출채권, 유가증권, 주택저당채권(주택담보대출) 등과 같은 유동성이 낮은 자산을 기초로 하여 발행되는 증권을 가리킨다.

우리나라 자산유동화의 법률적 근거는 1989년 9월 제정된 「자산유동화에 관한 법률」과 같은 해 11월 제정된 「자산유동화 업무처리에 관한 규정」이다. ABS 발행의 기본 구조를 알아보자. 우선 ABS는 자산보유자가 특수목적기구(SPV)에게 기초자산의 법률적인 소유권을 양도한다. 자산유동화증권의 원리금은 일차적으로 기초자산으로부터 발생하는 현금흐름으로 상환된다는 특징이 있다. SPV는 기초자산을 담보로 ABS를 발행하여 일반투자자에게 매각하고 그 대금을 자산보유자에게 지급한다. SPV는 기초자산에서 나오는 현금흐름으로 ABS 투자자에게 원리금을 상환한다.

이제 자산유동화 증권의 기능에 관하여 살펴보자. 첫때, ABS는 기초자산 보유자의 재무상태를 개선할 수 있다. 금융기관의 경우 보유하고 있는 위험자산을 매각하여 현금화함으로써 BIS자기자본비율을 높일 수 있다. 기업이 ABS를 발행하면 부채비율을 높이지 않고 자금을 조달할 수 있다. 특히 기업이 ABS로 조달한 자금으로 부채를 상환한다면 부채비율은 하락하게 된다. 둘째, ABS는 자금조달비용을 경감시킬 수 있다. 즉 신용도가 낮은 자산보유자가 우량한 기초자산을 이용하여 신용등급이 높은 ABS를 발행하게 되면 자산보유자의 신용등급보다 유리한 조건으로 자금을 조달할 수 있다. 셋째, 일부금융기관은 ABS를 차입투자 수단으로 이용하기도 한다. 보유자산을 매각하여 조달한 자금을 재투자하는 과정을 반복하게 되면 실제 주어진 자본금의 제약을 받지 않고 영업을 확대하는 효과를 얻을 수 있다. 이것은 차입을 통해 영업을 확대시키는 것과 유사하면서도 재무제표에는 이러한 효과가 나타나지 않는다. 한편 투자자에게 ABS는 양호한 투자대상이다. ABS는 신용평가기관의 평가와 신용보강을 거쳐 발행되므로 상대적으로 안전하면서도 일반회사채보다 수익률이 다소 높기 때문이다.

(2) 자산유동화의 기본구조

자산보유자에게 금융기관과 한국자산관리공사 · 한국토지공사 · 대한주택공사 · 한국주택금융공사 · 기업구조조정투자회사, 그리고 금융위원회가 인정한 법인 등이 포함된다. 또한, 특수목적기구(SPV)에는 자산유동화업무를 전업으로 하는 외국법과 신탁회사, 그리고 유동화전문회사(SPC)가 포함된다. 여기서 SPC는 자산보유자가 ABS 발행시 매번 설립하는 서류상의 회사이다. 자산보유자가 SPV에게 기초자산을 양도하는 법률적 절차를 밟는 이유는 자산보유자와 기초자산의 관계를 법률적으로 분리함으로써 자산보유자가 파산하더라도 ABS 투자자에게 원리금을 약정대로 상환할 수 있도록 하기 위해서이다.

실제로는 자산보유자가 자산관리자의 자격으로 서류상 회사인 SPC를 대신하여 기초자산을 관리하는 것이 일반적이다.물론, 자산보유자가 아닌 신용정보업자가 자산관리자로서 SPC 대신 기초자산을 관리하는 경우도 있다. 또한, SPV는 기초자산의 보관, 기초자산에서 발생하는 현금흐름의 관리, ABS원리금의 상환 및 투자자 이익의 보호 등 실무업무를 수탁기관에게 맡긴다. 이와 같은 업무에는 높은 신인도가 요구되므로 흔히 은행이 수탁기관의 역할을 수행한다. 한편, 신용보증기관이나 은행은 신용보강기관으로서 ABS의 안정성을 높이는 지급보증이나 신용공급 등의 신용보강장치를 마련한다. 신용보강장치란 ABS의 만기시까지 기초자산의 가치가 부정적인 영향을 미칠 수 있는 여러 가지 상황을 분석하여 기대손실규모를 파악한 다음 이러한 손실에도 불구하고 원리금의 가치가 보전될 수 있도록 취하는 장치를 의미한다. 이는 기초자산에서 발행하는 현금흐름이 어떤 이유로 ABS의 원리금을 상환하기에 불충분해지는 경우에 대비한 것이다. 그리고 신용평가기관은 기초자산의 위험성, 신용보강기관의 신용도, 수탁기관의 신인도 등을 종합적으로 감안하여 ABS의 신용등급을 공표한다.

이와 같이 다양한 참가자로서 자산보유자, SPV, 자산관리자, 수탁기

그림 6-1 자산유동화의 기본구조

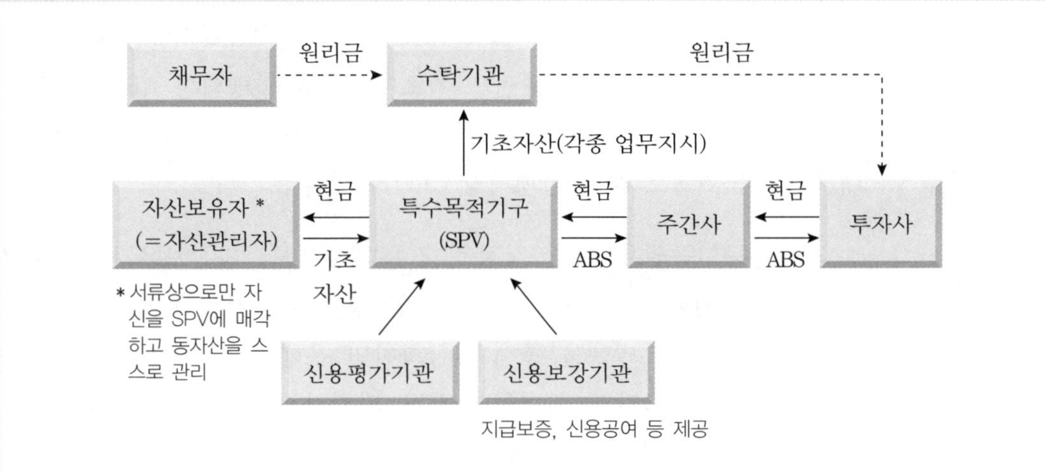

주: 실선은 ABS 발행시 현금흐름을, 점선은 유동화증권 발행 이후 원리금이 회수되는 순서를 나타냄.

관, 신용보강기관, 신용평가기관 등이 ABS의 발행과정에 참여한다. 주간사는 이들 참가자 사이의 의견 조율과 투자자탐색, ABS의 발행조건(신용등급 · 만기 · 물량 등) 조정을 담당한다. 이와 같은 ABS 발행의 기본 구조를 그림으로 나타내면 [그림 6-1]과 같다. ABS의 발행에는 자산보유자, SPV, 자산관리자 및 신용평가기관 등이 참가하게 된다.

(3) 자산유동와 증권의 형태와 장점

ABS는 법적 성격에 따라 그 증권이 회사채인 경우 ABS 사채, 기업어음인 경우 ABCP, 출자증권인 경우 ABS출자증권, 수익증권인 경우 ABS 수익증권으로 구분된다. 한편 ABS는 기초자산의 종류에 따라 구분되기도 한다. 예를 들어, 기초자산이 주택저당채권인 경우에는 MBS, 채권인 경우 CBO, 금융기관의 대출채권인 경우 CLO, 신용카드매출채권인 경우 CARD 등으로 불린다. 이들을 보다 구체적으로 살펴보자.

CBO: 채권을 기초로 발행되는 ABS로서 신규발행채권을 기초로 하는 발행시장 CBO와 이미 발행된 채권을 기초로 하는 유통시장 CBO가 있다.

주택저당채권(MBS): 주택저당채권을 기초로 발행된 ABS이다. 주책저당채권은 주택의 구입 또는 건축에 소요되는 대출자금에 대한 채권으로서

당해 주택에 설정된 저당권에 의하여 담보된 채권을 의미한다.

CARD: 현재 발생한 특정계좌의 신용카드매출채권과 미래 특정시점까지 발생할 신용카드 매출채권을 기초로 발행되는 ABS를 말한다.

CLO: 금융기관의 대출채권을 기초자산으로 발행되는 ABS를 의미하는데 무수익대출채권 등을 포함하는 기존대출채권을 유동화하는 CLO와 신규대출채권을 기초로 하는 발행시장 CLO가 있다.

자산유동화증권은 여러 장점을 갖는다. 우선, 자산보유자의 재무상태 개선수단이 된다. 자산보유자가 은행인 경우 기초자산인 위험자산을 SPV에 매각하고 ABS 발행을 통해 현금화하면 은행의 부채규모가 불변이면서도 위험자산의 크기가 줄어들어 BIS 자기자본비율이 제고된다. 기업이 ABS를 발행할 경우에는 부채비율을 높이지 않고 자금을 조달할 수 있다. 특히 기업이 ABS로 조달한 자금으로 부채를 상환한다면 부채비율은 하락하게 된다. 자산보유자가 실물기업인 경우 부채비율을 불변으로 유지하면서도 현금을 조달하는 셈이 된다. 또한 ABS는 자금조달비용을 경감시킬 수 있다. 즉 발행자의 신용도는 낮더라도 우량자산을 기초로 하여 신용등급이 높은 ABS를 발행함으로써 자산보유자에게 유리한 자금조달수단이 될 수도 있다. 자산보유자의 신용도가 다소 낮더라도 기초자산이 우량하다면 회사채를 발행하는 것보다 ABS를 발행하는 것이 비용 측면에서 더 유리할 수도 있기 때문이다.

한편, 투자자의 입장에서도 ABS는 신용보강과 신용평가를 거쳐 발행되기 때문에 비교적 안전하며, 복잡한 발행구조로 인해 유동성이 낮은 만큼 일반회사채보다 수익률이 다소 높다. 하지만 주로 자산보유자의 입장에서 볼 때 ABS 발행에는 단점도 있다. 흔히 자산보유자가 신용보강장치를 ABS 설계시 반영하게 되는데, 이러한 내부신용보강장치가 기초자산의 매각 이후에도 자산보유자에게 잠재적으로 부담이 된다.

이제 주택저당증권(MBS)에 관하여 부연설명을 하고자 한다. MBS는 주택저당채권을 기초로 발행되는 ABS이다. 주택저당채권이란 주택의 구입 또는 건축에 소요되는 대출자금에 대한 채권으로서 당해 주택에 설정된 저당권에 의하여 담보된 대출채권을 말한다. MBS시장은 1차시장, 2차시장 및 자본시장으로 구성된다. MBS는 주택저당채권을 기초자산으로 하여 MBS를 발행한다는 점에서 일반 ABS와 유사하지만 조기상환위험을 갖는다는 점에서 큰 차이가 있다. 조기상환위험이란 모기지 차입자가 추가적인 수수료 납부없이 잔존대출원금을 만기일 이전에 상환함으로써 ABS발행자 또는 투자자의 현금흐름에 불확실성이 발생하는 위험을 말한다. 조기상환은 차입자가 전직, 타주택 구입 등으로 주택을 매각하는 경우, 차입자가 모기지 계약을 이행하지 못하여 담보주택이 매각되는 경우, 차입자가 재차입비용을 고려한 후에도 금리가 계약금리 이하로 하락하여 재차입을 하는 경우 등에 발생한다.

MBS법에 따라 1999년 9월 한국주택저당채권유동화주식회사(KOMOCO)가 설립되어 주택저당권을 발행하였다. 하지만 지급보증능력의 한계로 KOMOCO의 추가적인 MBS 발행이 어려워지자 정부는 이러한 문제를 해결하는 한편 장기주택금융 및 장기채권시장을 활성화하기 위한 목적으로 한국주택금융공사를 신설하였다. 한국주택금융공사는 주택저당채권을 가진 금융기관으로부터 이 채권을 양도받아 자신의 신탁계정에 신탁하고 신용을 보강한 다음 주택저당권을 발행한다.

3. 주식시장

(1) 주식의 특성

본래 주식은 중요한 두 가지 특성을 갖고 있었다. 첫째는 소액으로 발행되어 투자자가 작은 금액으로도 주식에 투자할 수 있고 원하면 회사 전체를 살 수도 있게 하였다. 두 번째는 주식을 양도가능한 것으로 하였다. 주식소유자는 다른 사람에게 주식을 팔 수 있도록 한 것이다. 이러한 주식의 특성은 지금도 그대로 남아 있다.

주식을 소유하면 여러 가지 권리와 의무가 생긴다. 주주는 회사를 부분적으로 소유하며 지분에 따라 경영참가와 이익배분에 참가할 권리를 갖는다. 기업이 파산하는 경우 모든 채권자에게 채무를 상환하고 남는 재산에 대해서 주주는 분배를 요구할 수 있는 잔여재산분배청구권을 갖는다. 한편 주주는 회사의 채무에 대하여 출자금액을 한도로 하는 유한책임을 진다. 유한책임은 회사가 파산해도 주주가 입는 손실은 최대한 투자한 자금에 그친다는 것을 의미한다. 따라서 투자자는 이미 투자한 것 이상으로 손해보는 일은 없다. 주식의 특성은 [표 6-2]와 같이 주식과 채권을 비교함으로써 더 잘 나타낼 수 있다.

표 6-2 주식과 채권의 비교

	주 식	채 권
자금조달	자기자본	타인자본
소유자의 지위	주주	채권자
권 리	이익이 있을 때만 배당수령	확정이자 수령 만기도래시 원금을 상환받음
존속기간	• 발행회사와 존속을 같이하는 영구증권 • 회사해산시 일반채권자보다 후순위로 잔여재산배분	• 기한부증권 • 회사해산시 주주보다 우선하여 변제받을 권리

주식의 종류로는 보통주와 우선주가 있다. 회사는 이익의 배당 또는 잔여재산의 분배에 관하여 내용이 다른 여러 가지 주식을 발행할 수 있는데, 표준이 되는 주식이 보통주이다. 보통주의 발행을 통해 조달된 자본은 기업의 영구자본으로서 모든 영업활동의 기본자본이 된다.

보통주의 주주는 기업의 소유주이므로 자기가 소유하고 있는 지분에 따라 경영참가와 이익배분의 권리를 갖는다. 즉 회사정관에 따라 의결권을 행사할 수 있으며 주주권을 다른 사람에게 양도할 수 있고 주주총회에서 임원을 선출할 수 있는 의결권을 가짐으로써 간접적으로 기업경영에 참가한다. 앞서 본 것처럼 주식회사제도는 유한책임제이므로 어떠한 경우도 주주는 자기가 투자한 가치 이상으로 책임을 지지 않는다.

일반적으로 주주의 수는 많을 뿐 아니라 지리적으로도 분산되어 있으므로 주주의 권리는 명목적인 경우가 많으며 소액주주들이 주주권을 행사하는 경우는 별로 없고 대개는 배당과 자본이득에 대해서만 관심을 갖는다.

보통주와 구분되는 것으로서 우선주가 있다. 우선주는 이익배당이나 잔여재산분배시 보통주에 우선하여 소정의 배당 또는 분배를 받을 수 있는 주식이지만 실제는 배당에 관한 우선주가 주로 발행된다. 우선주 가운데서도 우선적인 이익배당을 전제로 하여 의결권을 부여하지 않은 우선주를 무의결권우선주라고 한다.

(2) 주식시장의 역할

주식시장은 현대자본주의 경제에서 중요한 역할을 수행한다. 주식시장에서 결정되는 가격은 우리에게 기업의 시장가치(가격)을 알려준다. 이것은 효율적인 자원배분을 유도한다. 주식의 시장가치가 높은 기업은 투자자가 높이 평가하고 있다는 것을 의미하므로 성장에 필요한 자금을 조달하는 데 유리하다. 대조적으로 주가가 낮은 기업은 운영자금을 조달하는 것조차 어려울 수 있다.

주가가 기업의 기본적 가치(기대이익의 현재가치 등)를 정확하게 반영하는 한 가격이 보내는 신호도 정확하므로 자원배분 메커니즘이 잘 작동하여 투자자금이 사회적으로 가장 유익한 곳으로 흘러가게 된다. 그러나 때로는 주가가 기본적 가치로부터 크게 괴리되고 실질이자율이나 리스크 프리미엄의 변동 또는 미래배당금의 증가율과 관계없이 변동한다.

다수의 경제학자는 시장은 언제나 효율적이고 가격은 기본적 가치로부터 괴리되지 않는다고 믿지만 투자자의 심리적 변동이 가격을 왜곡시킬 수 있는 가능성은 염두에 두어야 한다. 실제로 과도한 낙관과 비관은 다른 사람에게 옮기기 때문에 투자자는 시장에 미래에 대해 정당화하기 어려울 정도로 과열되어 기본적 요소와 관계없이 주식가격을 상승시키는 경우가 있다. 대대적인 과열은 주가에 거품(버블)을 만들어 실제 주가와 기본적 요소를 반영한 주가 사이에 갭을 만들거나 확대시킨다. 이러한 거품은 결국 붕괴되고 시장은 위기를 맞게 된다.

투자자는 주가가 급격하게 상승하거나 하락하면 그로 인한 큰 이익과 손실에 대해 관심을 갖는 것은 당연하다. 그러나 투자자만 관심을 갖는 것은 아니다. 버블은 기업과 소비자의 경제적 의사결정을 왜곡시키기 때문에 모두에게 영향을 미친다. 먼저 기업은 주가가 급등하기 때문에 자금을 조달하기가 훨씬 쉬워진다. 과열된 분위기 속에서 기업은 높은 가격으로도 주식을 팔 수 있으므로 새로운 투자를 위한 자금을 쉽게 조달할 수 있다. 그 결과 기업은 시설이나 설비에 대해 과도하게 투자할 수 있다. 반면 과열투자의 대상이 되지 못한 기업은 자금조달에 어려움을 겪으므로 투자를 너무 적게 하게 된다. 투자의 왜곡은 커지고 버블이 붕괴된 다음에는 새로운 투자를 위한 자금조달은 극도로 어렵게 되어 경제회복은 매우 느릴 수 있다.

주가의 버블이 소비자에게 미치는 영향도 매우 클 수 있다. 주가의 상승은 개인의 부를 증가시킨다. 사람들은 부유해질수록 더 많은 소득을 소비하고 저축은 적게 한다. 주가가 급등하면서 사람들은 고급차나 큰 집을 사고 호화로운 휴가를 보내는 등 과열된 경제를 더욱 과열시킨다. 과열은 오래 계속될 수 없다. 버블이 붕괴되면 사람들은 자신의 부를 재평가하게 된다. 부동산이나 부채가 소득에 비해 너무 많다는 것을 깨닫게 된다. 주식투자 계좌잔액은 급격하게 감소한다. 사람들은 더 절약하고 더 많은 일을 하지 않을 수 없게 된다. 기업도 급격한 수요 감소로 매출은 부진하고 재고는 증가한다. 투자한 공장과 시설의 가동률은 급감한다. 버블로 인한 과잉투자와 비효율적인 자원배분은 커다란 후유증으로 심각한 경제사회문제가 된다. 이와 같이 과열분위기가 과도한 비관으로 급변하면 실질투자와 경제성장은 붕괴될 가능성이 높다.

정상적으로는 주식시장은 원활하게 작동하고 투자자금은 가장 유익한 곳으로 이동한다. 가끔 이와 같은 과정이 잘못되어 주가수준이 합리적인 기본가치로부터 멀어지는 경우가 생긴다. 이러한 버블이 너무 크게 확대되고 특히 붕괴하게 되면 주식시장은 실물경제를 불안정하게 할 수 있다.

주식시장은 주주권을 표시하는 유가증권인 주식이 거래되는 시장으로서 기업에게는 회사채시장과 더불어 장기자금조달시장의 역할을 수행하고 투자자에게는 자금운용시장으로서의 기능을 수행한다. 또한 주식시장은 기업이 자기자본을 조달하는 시장으로서 타인자본 의존도를 낮추어 기업의 재무안정성을 높이는 역할도 수행한다.

(3) 주식의 발행시장

주식시장은 주식이 발행되고 거래되는 시장으로서, 채권의 경우와 마찬가지로 발행시장과 유통시장으로 구분된다. 기업은 주식을 발행하여 자기자본을 조달하므로써 타인자본의존도를 낮추고 재무구조를 개선시킨다. 기업은 자신이 발행한 주식에 대해 상환의무를 지지 않으며 경영성과에 따라 영(0) 이상의 배당을 지급하면 되므로, 주식은 기업에게 안정적인 장기자금 조달수단이 된다. 채권 투자자는 기업의 경영성과와는 무관하게 정해진 원리금 즉 고정소득에 대한 청구권을 행사하지만, 주식 투자자는 기업의 경영성과가 좋으면 기업의 주인으로서 그만큼 더 높은 배당을 받게 된다.

주식의 발행시장은 새로 발행된 주식이 최초의 투자자에게 매출되는 시장이다. 발행시장은 새로운 주식이 처음 시장에 유입된다는 측면에서 제 1 차 시장이라고 한다. 주식의 발행은 기업공개, 유상증자, 무상증자, 주식배당 등의 형태로 이루어진다. 기업이 기업공개나 유상증자를 결정하는 경우 그 주식을 제 1 차 시장에서 발행하게 되다. 기업공개(IPO)란 주식을 (주)한국증권선물거래소 내 유가증권시장이나 코스닥시장에서 거래하기 위해 다수의 투자자를 대상으로 최초로 실시하는 공모발행[3]을, 유상증자란 새로운 주식의 추가 발행을 통한 자본금 증액을 각각 가리킨다. 주식의 발행시장에는 주식발행 주체인 발행인과 투자자 이외에 시장중개기관(인수인)이 참여한다.[4] 시장중개기관은 발행인과 투자자 사이에서 주식발행 사무를 처리하고 주식의 인수·매출 등에서 발생하는 여러 가지 위험을 부담함으로써 주식발행이 원활하게 이루어지도록 한다. 무상증자란 주금의 납입없이 이사회의 결의로 준비금 또는 자산재평가적립금을 자본에 전입하고 전입액만큼 발행한 신주를 기존 주주에게 소유 주식수에 비례하여 무상으로 교부하는 것이다. 주식배당이란 현금대신 주식으로 배당을 실시함으로써 이익을 자본으로 전입하는 것을 의미한다. 이때 신주발행가격은 액면가로 정해진다.

주식은 주식회사가 투자자에게 자금을 투자한 대가로 발행해 준 증서를 뜻한다. 주식투자로부터 얻은 수익은 기업이 지급한 배당과 주식가격 변화에 따른 자본이득을 더한 것이 된다. 채권의 소유자는 채무자가 파산하지 않는 한 일정한 이자를 받을 수 있다. 주주가 받는 배당금은 영업실적에 따라 변동이 심하다. 따라서 투자자의 입장에서 보면 채권의 주식보다 더욱 안정적인 수익률을 보장하는 금융상품이 된다.

그렇지만 주식이나 채권을 발행하는 기업의 입장에서 보면 주식발행쪽이 좀더 유리한 측면이 있다. 채권을 발행해 투자자금을 조달하게 되면 영업실적에 관계없이 원리금을 상환하여야 한다. 그 반면 주식발행을 통해 자금을 조달하는 경우에는 원리금 상환의 부담없이 오랫동안 안정적으로 자금을 사용할 수 있게 된다. 뿐만 아니라 영업실적이 아주 나쁠 때도 주주에게 배당금을 전혀 지불하지 않아도 되는 이점까지 있다.

주식에 투자하는 사람과 채권에 투자하는 사람은 서로 다른 요인을 갖고 있다. 채권투자의 경우에는 채무자인 기업이 파산하지 않는 한 영업실적과 관계없이 원리금을 돌려받을 수 있다. 그렇지만 기업이 파산한 상황

3) 공모발행이란 불특정 다수의 투자자에게 유가증권을 모집 또는 매출하는 것을 말한다. 이때 모집은 설립자본금의 조달을 위해 "50명 이상에게 신규로 발행되는 유가증권의 취득 청약을 권유하는 행위'를, 매출은 이미 발행된 주식의 소유분산을 위해 "50명 이상에게 이미 발행된 유가증권 매도 또는 매수 청약을 권유하는 행위"를, 각각 의미한다(한국은행 2006, p. 257).

4) 발행인에게 기업과 금융기관 등이 포함되고, 투자자에는 개인투자자, 외국인투자자, 기관투자자(은행·증권회사·자산운용회사·보험회사 등 금융기관과 연기금), 기타 법인 등이 포함된다. 주식발행시장에는 일반적으로 증권회사가 시장중개기관(인수인)으로 참여한다.

에서 부채가 자산을 초과하면 원금조차 회수할 수 없게 되는 위험성이 있다. 따라서 채권투자를 하는 사람은 기업의 성장가능성보다 안정성에 더 큰 비중을 두어 투자대상을 선택한다. 반면에 주식에 투자한 사람은 영업실적에 비례해 수익이 더 커지기 때문에 성장가능성을 매우 중요하게 생각한다.

(4) 주식의 유통시장

주식 유통시장은 이미 발행된 주식이 매매되는 제2차 시장이다. 현재 우리나라의 유통시장에는 유가증권시장, 코스닥시장, 그리고 프리보드(Free Board)가 있다. 프리보드는 유가증권 시장 및 코스닥시장에서 거래되지 않는 주식을 대상으로 하는 장외주식 호가중개시장을 의미한다. 이들 중 유가증권시장과 코스닥시장은 (주)한국증권선물거래소 내에 설치되어 있다. 주식이 유가증권시장이나 코스닥시장에서 거래되기 위해서는 그 주식이 해당 시장에 '상장'되어 있어야 한다. 상장요건은 자기자본 · 주식분산 · 경영성과 등의 여러 기준으로 구성되는데, 유가증권시장의 상장요건이 코스닥시장의 경우보다 더 엄격하다.

코스닥시장은 유가증권시장 상장요건에 미달하는 유망 중소기업, 벤처기업 등에게 자본시장을 통한 자금조달 기회를 제공하는 한편 투자자에게는 고위험 · 고수익 투자수단을 제공하는 시장이다. 코스닥시장은 1987년 3월 증권관리위원회의 '중소기업 등의 주식장외거래에 관한 규정'이 제정되면서 제도적 기반이 마련되었다. 코스닥시장은 1996년 7월에 개설된 이래 정부의 중소벤처육성 의지와 정보통신 · 인터넷 등 첨단산업에 대한 투자자의 관심 고조로 크게 성장하였다. 코스닥시장은 한국증권업협회에 의해 운영되어 왔으나 2005년 1월 한국증권선물거래소가 설립됨에 따라 동 거래소내로 편입되었다.

코스닥시장에 주식을 신규로 상장하고자 하는 기업에게는 유가증권시장보다는 다소 완화된 기준이 적용된다. 해당 기업은 자기자본이 30억원 이상이어야 하며 의결권 있는 주식을 소유하고 있는 소액주주의 수가 500인 이상이어야 하는 등 주식 분산요건도 충족하여야 한다. 또한 최근 사업연도에 경상이익이 있어야 하며 최근 사업연도말 현재 자기자본이익률이 10% 이상이어야 한다.

코스닥시장에 상장된 기업도 유가증권시장에 상장된 기업과 마찬가지로 상장 후 영업활동과정에서 일정한 요건을 충족하여야 하며 부실화된 기업과 공개기업으로서의 의무를 충족하지 못하는 기업은 상장폐지된다. 코스닥시장에서도 기업이 상장폐지되기 전까지 일정 기간을 투자유의종목과 관리종목으로 지정하여 유예기간을 줄 수 있다.

유가증권시장에서는 기준시점(1980년 1월 4일)의 주가지수를 100으로 한 시가총액방식의 코스피(KOSPI)가, 코스닥시장에서는 기준시점(1996년 7월 1일)의 주가지수를 1,000으로 한 코스닥지수가, 각각 작성 발표되고 있다. 이 밖에도 KRX100지수, 코스피200, 코스닥스타지수 등 다양한 용도의 지수도 함께 작성 발표되고 있다.

한편, 프리보드에서는 비상장주식 가운데 일정한 요건을 갖춘 주식을 '지정'하여 거래를 허용한다. 이때 지정요건의 초점은 시장질서유지에 있다. 프리보드란 유가증권시장 및 코스닥시장에 상장되지 아니한 기업주권의 매매를 위해 운영되는 시장으로 비상장 주식의 유동성 부여, 벤처기업의 육성, 투자자에게 다양한 투자수단 제공기능을 가지고 있다. 따라서 대표적인 장외시장은 프리보드라 할 수 있다. 프리보드의 주요 기능은 비상장주식의 거래원활화를 통해 유동성을 제고하고 벤처기업 육성을 촉진하는데 있다. 프리보드에서 유가증권이 거래되려면 일정한 지정요건을 갖추어야 하며 그 요건은 매매거래질서유지에 필요한 기본적인 사항으로 국한되어 있다. ① 최근 사업연도 재무제표에 대한 외부감사인의 감사의견이 적정 또는 한정일 것, ② 주식을 증권예탁결제원에 예탁할 수 있고 양도 제한이 없을 것, ③ 발행회사의 명의개서업무를 명의개서대행회사에 위탁하였을 것 등이다.

유통시장에서의 주식 거래는 투자자 상호간의 소유권 이전을 가져올 뿐, 그 주식의 발행기업으로 신규 자금이 유입되는 것은 아니다. 그렇지만, 주식 유통시장이 위축되면 주식의 시장성이 떨어져 발행시장도 동반 위축된다. 또한 발행시장을 통한 기업의 자금조달은 유통시장의 거래량과 거래가격에도 영향을 미친다. 이와 같이 두 시장은 상호 의존관계에 있다. 또한 유통시장은 발행된 주식의 시장성과 환금성을 높여 일반투자자의 투자를 촉진시키고 공정한 가격이 유지되게 함으로써 발행시장과 보완적인 관계에 있다.

제 4 절 파생금융상품

파생의 사전적 정의는 '사물이나 현상이 본체로부터 갈려나와 생기는 것'을 말한다. 이처럼 파생상품은 옥수수, 쌀, 주식 등과 같은 현물(기초자산)에서 유래(파생)된 것을 말한다. 따라서 파생상품은 옥수수, 쌀, 주가지수, 외환 등 기초자산의 가격변화에 따라 변하게 되는 일종의 금융상품을 말한다. 흔히 선물을 파생상품과 같은 개념으로 받아들이고 있는데 코스피 200선물, 국채선물과 같은 선물상품은 파생상품의 한 종류이다.

투자자들은 다양한 금융자산에 투자를 분산시킴으로써 가격변동에서 오는 위험을 어느 정도 줄일 수 있다. 다양한 금융상품을 보유하기 위해서는 충분한 투자자금이 있어야 한다는 제약이 있다. 또한 어떤 방식으로 투자를 분산시켜야 위험이 줄어드는지 알아내는 것도 그리 쉬운 일이 아니다. 이러한 현실적 한계를 극복하고 좀 더 효율적으로 위험을 줄이기 위해 고안된 것이 선물이나 옵션 같은 파생금융상품이다.

파생금융상품이란 그 미래수익이 통화, 채권, 주식 등 기초 금융자산의 미래수익변동에 의해 결정되는 금융계약을 말한다. 이러한 파생금융상품은 기본적으로 선도계약, 선물계약, 옵션, 스왑 등으로 구분되는데, 기초자산의 종류에 따라 통화, 금리, 주식, 신용 관련 상품 등으로 구별할 수 있으며, 거래방법에 따라 장내 및 장외거래로 나누어진다.

파생금융상품은 자산의 가격변동에서 오는 자본손실을 회피하려는 사람들과 적절한 대가를 받고 위험을 대신 떠맡으면서 이를 통해 자본이득을 얻으려는 사람들 사이에서 거래되고 있다. 말하자면 파생금융상품은 위험 그 자체를 거래하기 위해 고안된 상품이라고 볼 수 있다. 파생금융상품의 가격은 그것이 토대를 두고 있는 각종 상품, 주식, 채권, 외환 같은 기초상품의 가격변동에 따라 파생적으로 결정되는 특성이 있다. 그렇기 때문에 '파생'이란 말이 붙은 것인데, 대표적인 파생금융상품인 선물과 옵션에 대해 살펴보기로 하자.

1. 선 물

(1) 선물의 개념

사람들이 필요한 물건이 있으면 시장에 가서 물건값을 지불하고 물건을 구매하는 것을 현물거래라 한다. 이와 달리 현재 물건이 필요하지는 않지만 3개월, 6개월 혹은 1년 후에 물건이 필요할 때가 있다. 이 때 현재시점에서 해당 물건값과 인도날짜 등을 확정해서 계약을 체결하고 약속된 날짜에 계약한 대로 물건과 대금을 교환하는 거래를 만들 수 있다면 유용할 것이다. 우리나라의 채소의 밭떼기거래(입도선매)와 비슷한 개념인데 이를 선도거래라 한다. 선물거래는 이러한 선도거래가 발전하여 선물거래소라는 기관을 통해 거래를 체결하는 것을 말한다. 이때 선물거래소는 투자자들이 표준화된 상품을 거래소가 정한 규정과 절차에 따라 거래하도록 하며, 또한 거래의 이행을 보증하는 역할에 순행하게 된다. 따라서 선물거래란 표준화된 선물계약의 매매라고 할 수 있으며, 선물계약은 표준화된 특정상품을 공인된 선물거래소에서 미래 일정시점에 현재 합의된 가격으로 인수·인도할 것을 약속하는 법적 구속력을 갖는 계약을 말한다.

선물계약이란 미래의 일정한 시점에 어떤 상품을 현재 합의된 가격으로 사거나 팔기로 약속한 것을 뜻한다. 즉 선물계약이란 사전에 결정한 가격으로 미래의 특정일에 일정량의 상품 또는 금융자산을 교환(인도)할 것을 매수자와 매도자가 합의한 것이다. 선물계약의 대상이 되는 상품 또는 금융자산을 기초자산이라고 한다. 배추를 경작하는 농민이 주변 여건에 따라 가격이 크게 변동하는 데서 오는 위험을 회피하기 위해 야채 중매인과 다음과 같은 약속을 맺었다 하자. 즉, 그 농민은 3개월 뒤 야채 중매인에게 수확한 배추를 1포기당 1,200원에 팔기로 미리 계약을 맺은 것이다. 이 선물계약을 통해 그 농민은 3개월후의 실제 배추가격과 관계없이 안정된 소득을 확보할 수 있게 된다. 한편 야채중매인은 그 때의 배추가격이 뛰어오를 것을 기대하고 위험을 대신 떠맡는 것이다. 만약 배추가격이 1,200원 이상으로 크게 뛰어오르면 그는 많은 이익을 챙길 수 있게 된다.

이 예에서 보는 것처럼 미래에 거래될 상품의 가격을 미리 정해 놓고 계약을 맺음으로써 가격변동으로 인한 자본손실을 회피하려는 과정에서 파생되어 나온 금융상품의 바로 선물이다. 이 예에서 보는 것처럼 미래에 거래될 상품의 가격을 미리 정해 놓고 계약을 맺음으로써 가격변동으로 인한 자본손실을 회피하려는 과정에서 파생되어 나온 금융상품이 바로 선물이다. 이 예에서는 배추가 선물의 기초가 되고 있는데, 선물의 기초가 되는 대상에는 각종 농산물이나 광물뿐 아니라 외환, 금리, 주가지수 등 다양한 것들이 표현되어 있다.

선물을 매입했다는 것은 미래의 일정시점에 정해진 가격으로 기초상품을 구입하기로 약속한 것을 뜻한다. 이 가격을 선물가격이라고 부르는데, 그 시점에 도달했을 때 그 상품의 시장가격이 선물가격보다 더 높은 수준으로 상승하면 선물을 매입한 사람이 이득을 보게 된다. 선물계약에 약속된 낮은 가격을 지불하고 그 상품을 구입해 시장에서 높은 가격으로 되팔 수 있기 때문이다. 그러므로 선물을 사는 사람은 기초상품의 가격상승을 예상하는 반면, 파는 사람은 가격하락을 예상하는 사람들이라 말할 수 있다.

선물계약을 매수하는 경우에는 매수자가 특정한 달(특정일)에 특정한 양과 질의 상품 또는 금융자산을 인수하는 데 동의하는 것이다. 마찬가지로 매도의 경우에는 매도자가 특정한 달(특정일)에 특정상품 또는 금융자산을 인도하는 데 동의하는 것이다. 다시 말하면 계약의 매입은 투자자가 특정상품 또는 금융자산의 인도를 수락하고 매입하겠다는 것을 약속하는 것이고 계약의 매도는 특정상품 또는 금융자산을 인도하고 매도하겠다는 것을 약속하는 것이다. 선물계약의 거래에는 매수자와 매도자가 있으나 실제 계약은 개인과 거래소 사이에 이루어진다. 거래소는 투자자가 계약을 매입하면 특정상품의 인도(매도)를 보증하고 투자자가 계약을 매도하면 특정상품의 인수(매수)를 보증하게 된다.

투자자는 특정상품을 미래에 인도할 것을 약속하는 계약을 매수할 수 있다. 이것을 매수포지션(long position)이라고 하며 만일 특정상품의 가격이 상승하면 계약의 가치도 상승하므로 투자자는 이익을 얻게 된다. 또한 투자자는 특정상품의 인도계약을 매도할 수 있다. 이것을 매도포지션(short position)이라고 하며 매도자는 미래의 특정시점에 계약(상품의 인도)을 이행할 것에 동의하는 것이다. 매도포지션을 취한 투자자는 특정상품의 가치가 하락하고 그에 따라 계약가치가 하락하면 이익을 얻게 된다.

(2) 선물시장의 기능

선물시장은 다음가 같은 경제적 기능을 수행한다. 첫째, 선물시장은 위험기피자가 위험을 투기자에게 이전할 수 있도록 하는 경제적 기능을 수행한다. 예를 들면 현물보유자가 가격하락을 예상하는 경우 현물보유량만큼 선물시장에서 매도(short position)하여 현물가격하락에 따른 손실을 선물시장에서 얻은 이익으로 보전할 수 있게 한다. 또한 미래에 현물을 매입하려는 투자자가 가격상승을 예상하면 필요한 수량만큼 선물시장에서 매수(long position)해 두면 가격상승에 따른 기회손실을 선물시장에서 얻은 이익으로 보전할 수 있다.

둘째, 선물시장은 미래의 가격을 예측할 수 있도록 하는 기능이 있다. 다수의 시장참가자가 미래의 현물가격에 관련된 정보를 수집, 분석, 예측하고 이를 바탕으로 하는 가격경쟁을 통해 선물가격이 형성되므로 현물가격의 예측치로서 선물가격의 객관성과 신뢰도는 높다고 말할 수 있다. 따라서 선물시장에서 결정되는 선물가격은 미래의 가격을 예고하는 기능을 한다.

셋째, 선물시장이 가격변동위험을 전가할 수 있도록 하므로 투자자가 현물시장에 대한 투자를 확대하고 차익거래자는 현물시장과 선물시장의 괴리로부터 차익을 얻기 위해 두 시장에서 동시에 거래하므로 현물시장의 거래가 원활해지고 가격의 합리적 결정과 현물시장의 안정화에 기여할 수 있다.

그 밖에, 선물시장에서는 비교적 적은 금액(증거금 15% 내외)으로 큰 규모의 거래가 가능하므로 투자원금에 대한 수익률이 매우 높아 투기자에게 좋은 투자수단을 제공한다.

2. 옵 션

(1) 옵션의 개념

옵션은 선택권을 의미한다. 미래의 일정한 시점 또는 기간 동안 미리 정해진 가격으로 어떤 상품을 사거나 팔 수 있는 권리를 부여한 계약을 옵션이라고 부른다. 그러나 상품을 사고 팔 수 있는 권리만 가질 뿐 반드시 이행해야 할 의무까지 갖는 것은 아니라는 점에서 선물과 차이가 있다. 예를 들어, 3개월 후 배추 1포기당 1,200원의 가격으로 배추 5천 포기를 구입하기로 선물계약을 채결했다면, 구입하기로 약속한 사람은 반드시 그 약속을 이행해야 한다. 반면에 옵션계약을 통해 그 조건으로 배추를 살 권리를 얻는 사람은 그 때의 배추가격을 보고 구입여부를 결정할 수 있다. 즉, 옵션을 갖고 있는 사람은 배추를 사는 것이 불리하다고 생각할 때 그것을 살 권리를 포기할 수 있는 것이다.

따라서 옵션이란 선택할 수 있는 권리로서 파생상품에서의 옵션도 선택할 수 있는 권리의 개념을 말하며, 특정대상물을 장래의 지정된 날 또는 그 이전에(사전에 미리 정한) 일정한 가격으로 사거나 팔 수 있는 권리를 부여한 '선택권'을 매매하는 것이 바로 옵션거래이다. 주로 주식을 약정된 가격으로 사거나 팔 수 있는 권리를 그 소유자에게 부여하는 계약이다. 따라서 옵션은 반드시 이행할 의무는 없으며 유리할 경우에만 그 권리를 행사할 수 있는 독특한 형태의 금융계약이다. 옵션에는 주식관련옵션, 금리옵션, 통화옵션 등이 있다.

바로 이 옵션의 특성 때문에 이를 구입한 사람은 손실을 일정한 수준에 한정시킬 수 있게 된다. 어떤 사람이 옵션계약을 통해 100만원을 지불하고 6개월 후 A회사의 주식을 주당 10만원에 200주까지 살 수 있는 권리를 얻었다고 하자. 만약 6개월 후 이 회사의 주식가격이 10만원 이하로 떨어지면 그것을 10만원에 살 수 있는 권리는 아무런 의미도 없게 된다. 따라서 그 권리를 포기하게 될 텐데, 이경우의 손실은 그가 옵션을 구하기 위해 지불한 금액 100만원이 된다. 이와 같이 옵션의 경우에는 손실이 그것을 구입할 때 지불한 금액 이상으로 커질 수 없는 특성이 있다.

반면에 6개월 후 주식가격이 10만원 이상으로 오르면 그 옵션을 구입한 사람은 그 차액만큼 이득을 보게 된다. 옵션을 행사해 주당 10만원의 가격에 구입한 후 더 높은 가격에 되팔 수 있기 때문이다. 그런데 애당초 옵션을 구힙할 때 100만원을 지불했으므로 실제로는 주식가격이 105,000원 이상으로 올라야 이득을 얻을 수 있다. 예를 들어, 6개월 후의 주식가격이 12만원이라면 그는 300(=2×200−100)만원의 순이득을 얻게 된다. 주식가격이 오름에 따라 그의 순이익도 한없이 커질 수 있음은 두말할 나위도 없다.

일정한 시점 혹은 기간 동안에 미리 정해진 가격으로 어떤 상품을 살 수 있는 권리를 콜옵션이라고 한다. 이 때 살 수 있는 권리가 종료되는 시점을 만기일, 미리 정해진 상품구입가격을 권리행사가격, 그리고 옵션구입을 위해 지불하는 금액을 옵션프리미엄이라고 부른다. 옵션 보유자가 옵션을 행사하여 주식을 사거나 팔 수 있는 가격을 행사가격이라고 한다. 행사가격은 콜 보유자에게는 주식을 매수할 수 있는 가격이고 풋 소유자에게는 주식을 매도할 수 있는 가격이다. 예를 들어 행사가격이 50만원인 스톡옵션을 보유하고 있다면 옵션보유자는 주당 50만원으로 주식을 매입할 수 있는 선택권이 있음을 의미한다. 만기일에 옵션 보유자는 자신에게 유리하면 옵션을 행사하고 그렇지 않으면 옵션을 포기할 수 있다. 앞의 A회사 주식의 예에서 만기일은 6개월 후이며, 권리행사가격은 주당 10만원, 그리고 옵션프리미엄은 100만원이다. 콜옵션을 가지고 있는 사람은 기초상품의 가격이 크게 상승할수록 더 큰 이득을 얻기 때문에 가격상승을 예상하는 사람들이 이를 구입하게 된다.

콜옵션과 대조적으로 일정한 시점 혹은 기간 동안 미리 정해진 가격으로 어떤 상품을 팔 수 있는 권리를 얻는 경우도 있는데, 이를 풋옵션이라고 부른다. 풋옵션을 가지고 있는 사람은 미래에 기초상품의 가격이 큰 폭으로 하락할수록 더 큰 이득을 본다. 낮은 가격을 지불하고 시장에서 그 상품을 구입해 미리 정해진 높은 가격에 되팔 수 있기 때문이다. 따라서 기초가격의 하락을 예상하는 사람들이 풋옵션을 구입하게 된다.

(2) 옵션시장의 기능

옵션시장의 주요 기능은 다음과 같다. 첫째, 옵션은 불리한 가격변동에 대한 헤지 수단으로 이용될 수 있다. 주식을 사서 보유할 경우에 주가가 오르면 큰 이익을 얻을 수도 있지만 주가가 하락하면 커다란 손실을 입게 된다. 그러나 콜옵션을 보유하고 있으면 주가가 하락할 때는 단지 옵션을 포기하면 되기 때문에 발생할 수 있는 손실은 옵션 매입가격으로 한정된다. 주식을 빌려 매도하는 경우에는 주가가 하락하면 큰 이익을 낼 수 있지만 주가가 오르면 큰 손실을 입게 된다. 그러나 풋옵션을 보유하면 주가가 오르더라도 옵션을 포기하면 되므로 손실은 풋옵션의 매입가격에 한정된다. 이와 같이 옵션은 주가가 불리한 방향으로 움직일 때 손실을 일정한 한도 내로 제한함으로써 위험에 대한 헤지 기능을 수행한다.

둘째, 옵션은 주식투자에 비해 레버리지를 증대시키는 효과적인 수단이다. 옵션투자에 소요되는 금액은 주식투자보다 훨씬 적기 때문에 옵션을 이용하면 적은 금액으로써 높은 이익을 얻을 수 있다. 이것은 옵션을 이용하여 투자하면 직접 주식을 거래하는 것보다 수익률이 크게 높아지는 레버리지(leverage)효과를 얻을 수 있다는 것을 의미한다.

셋째, 풋과 콜은 투자자가 포트폴리오의 수익과 위험의 관계를 개선할 수 있는 기회를 확대한다. 예를 들면 주식은 매도하고 콜은 매입함으로써 주식 매도의 위험을 감소시킨다.

넷째, 옵션시장은 투자자에게 유동성을 공급한다. 유동성은 투자자에게 매우 중요하다. 투자자가 원하면 수요과 공급에 의해서 결정되는 가격으로 언제든지 옵션을 사거나 팔 수 있다는 것은 옵션거래를 효율화하는 데 기여한다.

그 밖에 주가지수옵션을 이용하면 투자자는 한번의 투자결정으로 시장동향과 함께 할 수 있다.

3. 스 왑

(1) 금리스왑과 통화스왑

스왑(swap)은 형태가 다른 두 가지 지급채무를 두 거래당사자가 미리 약정한 방식에 따라 미래의 일정 시점에 현금흐름을 교환하기로 하는 계약이다. 스왑은 주로 금리나 환율변동위험을 헤지(hedge)하기 위하여 그리고 금융시장의 불완전성, 나라별 외환규제나 조세와 회계기준의 차이에서 오는 문제점 등을 해결하는 수단으로 이용되기도 한다. 이러한 스왑은 1981년에 최초로 거래가 시작된 이후 거래규모가 급속히 성장하고 있다. 스왑거래는 크게 금리스왑(이자율스왑)과 통화스왑(또는 외환스왑)으로 구분된다. 통화스왑은 상이한 통화표시계약을 상호교환하는 계약이다. 금리스왑에서는 두 거래당사자가 스왑만기까지의 기간 동안 정기적으로 일정 원금에 대하여 고정금리이자와 변동금리이자를 서로 교환한다.

따라서 금리스왑이란 두 채무자가 동종 통화표시 대상 채무를 원금의 교환없이 일정기간 동안 각자의 차입조건을 교환하는 계약이다. 기업들간에 가지는 신용도차이와 재무환경의 차이로 인해 각각의 기업은 서로 다른 거래조건을 가지고 있다. 이러한 여건하에서 각 기업은 자신들이 가지고 있는 비교우위의 이점을 활용함으로써 서로 차입비용을 절감할 수 있다. 예를 들어 A와 B 두 회사가 가지고 있는 차입조건이 다음의 [표 6-3]과

표 6-3 A와 B회사의 차입조건

	고정금리로 차입시	변동금리로 차입시
A회사	10%	LIBOR+0.3%
B회사	11.2%	LIBOR+1.00%
이자율 차이	1.2%	0.7%

그림 6-2 금리스왑의 현금흐름

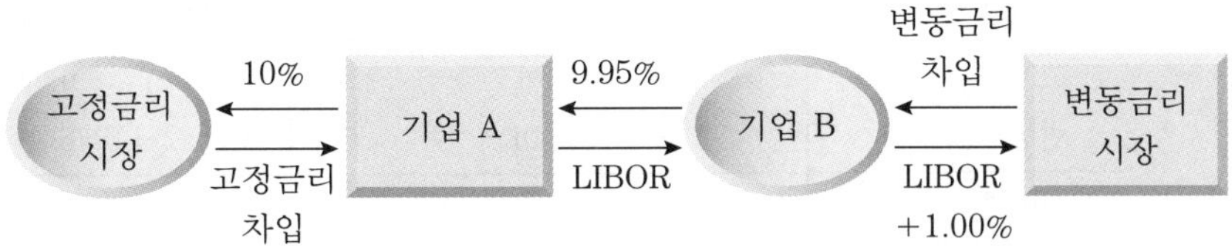

같다고 하자. A회사는 신용도가 높아서 금융시장에서 좋은 조건으로 자금을 차입할 수 있는 반면, B회사는 상대적으로 신용도가 낮아서 A회사보다는 좋지 못한 조건으로 자금을 차입해야 한다.

A회사는 현재 변동금리자금을 원하고 있으며, B회사는 고정금리자금을 원하고 있다. A회사가 양쪽에서 절대우위를 가지고 있긴 하지만, 상대적으로는 고정금리차입에서 비교우위를 갖는다. 왜냐하면 고정금리시장에서 B회사에 비해 1.2%의 우위를 가지고 있으나, 변동금리시장에서는 0.7%의 우위를 가지고 있기 때문이다. 마찬가지 논리로, B회사는 변동금리시장에서 비교우위를 갖는다.

이러한 상황에서 A회사는 100%의 고정금리로 자금을 차입하고 B회사는 변동금리로 자금을 차입한 후, 서로 이자지급을 교환하는 이자율스왑계약을 체결할 수 있다. 스왑거래를 통해 절감할 수 있는 총차입비용은 고정금리시장의 금리차이에서 변동금리시장의 금리차이를 뺀 0.5%포인트(=1.2%−0.7%)인데, 이것은 A와 B 두 회사의 신용도와 기타 시장여건에 따라 두 회사에서 적절히 배분될 수 있다.

A, B 두 회사가 공평하게 이득을 분배하기로 했다고 하자. 두 회사간에 발생한 스왑거래의 자금흐름을 살펴보면 [그림 6-2]와 같다. [그림 6-2]에서 보는 것처럼 A회사는 B회사에게 변동금리 LIBOR를 지급하고, B회사는 A회사에게 고정금리 9.95%를 지급한다. 이와 같이 스왑거래를 함으로써 고정금리로 자금을 차입한 A회사는 변동금리를 부담하고, 변동금리로 자금을 차입한 B회사는 고정금리를 부담하게 된다. 스왑거래의 결과 A와 B회사가 얻게 되는 비용절감은 [표 6-4]와 같다.

[표 6-4]에서 보는 것처럼 만약 스왑거래를 하지 않았다면, A회사의 변

표 6-4 금리스왑거래의 차입비용절감효과

	A회사	B회사
지급이자		
고정금리	10%	9.95%
변동금리	LIBOR	LIBOR+1.00%
수입이자		
고정금리	9.95%	–
변동금리	–	9.95%
순차입비용	LIBOR+0.05%	10.95%
직접차입비용	LIBOR+0.3%	11.2%
절감된 차입비용	0.25%	0.25%

동금리비용은 LIBOR+0.3%이고, B회사의 고정금리비용은 11.2%이다. 하지만 스왑거래를 함으로써 A회사는 LIBOR+0.05%라는 변동금리로, B회사는 10.95%라는 고정금리로 자금을 조달할 수 있게 되어, 각기 0.25%의 비용을 절감할 수가 있다. 이러한 스왑거래는 고정금리시장과 변동금리시장에서 두 거래당사자에 대한 금리차이가 다르게 나타나는(1.2%: 0.7%) 시장의 비효율성을 이용하는 일종의 차익거래로 해석할 수 있다. 금리스왑에서는 원금에 대한 이자만이 서로 교환될 뿐 원금자체는 교환되지 않는다. 또한 원금과 두 이자금액은 항상 동일한 통화로 표시된다.

통화스왑은 교환되는 현금흐름의 통화가 서로 다르며, 스왑이 계약과 만기시점에서 원금도 교환된다는 점이 금리스왑과 다르다. 예를 들어 미국기업 C는 영국으로부터 상품을 수입하기 위해 100만 파운드가 필요하고 영국기업 D는 미국으로부터 상품을 수입하기 위하여 150만 달러가 필요하다고 하자. 그리고 달러에 대한 이자율은 8%, 파운드화에 대한 이자율은 7%, 현재환율은 1.5달러/파운드라고 하자. 이러한 상황에서 기업 C와 D는 앞으로 2년 동안 매 6개월마다 C는 100만 파운드에 대해 연 7%의 이자를 D에게 지급하고, 대신 D는 150만 달러에 대해 연 8%의 이자를 C에게 지급하기로 하는 통화스왑을 체결할 수 있다. 이러한 통화스왑에서는 정기적인 이자지급 이외에도 기업 C는 계약시점에서 100만 파운드를 받는 대신 150만 파운드를 상대방에게 건네주고, 만기시점에서는 150만 파운드를 다시 받고 100만 파운드를 돌려주어야 한다. 선물이나 옵션과 마찬가지로 스왑도 크게 보면 투기, 헤지, 차익거래 등의 목적으로 이용될 수 있으나,

선물이나 옵션에 비해 계약이 자유롭고 유연성이 높아 더욱 다양하게 이용될 수 있다.

(2) 스왑시장

스왑시장은 신용시장의 불완정성으로 인해 생기는 문제를 효율적으로 해소한다. 즉 동일한 신용을 가진 기업이 상이한 금리로 차입해야 하는 시장의 불완전성 가운에 대표적인 것 두 가지를 들면 자국기업의 선호와 은행과 자본시장의 상이한 선호이다.

투자자들은 자국기업을 더 선호하는 경향이 있기 때문에 비슷한 신용도를 가져도 국내기업이 외국기업보다 더 저렴한 비용으로 자금을 조달할 수 있다. 투자자가 자국기업을 더 선호하는 이유로는 국내기업은 더 잘 알려져 있고 정보를 얻거나 모니터링하기 용이하다는 것 등을 들 수 있다.

채권시장은 신용도가 높은 기업의 채권을 선호하는 경향이 강하다. 이것은 신용도가 낮은 기업에 대해 부과하는 리스크 프리미엄이 매우 높을 수밖에 없다는 것을 의미한다. 그러나 은행은 전통적으로 신용등급이 낮은 기업에 대해 채권시장보다는 리스크 프리미엄을 낮게 부과한다. 이것은 신용도가 낮은 기업은 은행대출시장에서 비교우위를 갖는다는 것을 의미한다.

스왑시장에서 중개기관은 수왑을 성사시키고 신용위험을 해소하는 데 중요한 역할을 한다. 스왑의 당사자가 관심을 갖는 원금이 서로 달라, 예를 들면 A는 1백만 달러가 필요하고 B는 80만 달러가 필요하다면 그 차이를 보완하는 거래를 중개기관이 담당한다. 이 경우 중개기관은 위험을 예방하기 위해 헤지한다.

스왑 당사자의 중요한 관심사는 상대방의 채무불이행위험이다. 여기서 말하는 채무불이행위험은 원금은 당사자가 보유하고 있기 때문에 원금에 대한 것이 아니고 스왑의 대상인 이자지급에 관한 것이다. 채무불이행 위험 때문에 중개기관은 수수료를 받고 스왑의 지급을 보증하는 경우도 있다. 대부분의 스왑은 중개기관이 거래상대방이 된다. 이것은 현대 스왑의 중요한 특징이다. 다수의 스왑 이용자, 예를 들면 다국적기업은 신속한 스왑 체결을 원하며 이러한 요구를 충족시킬 수 있는 가장 좋은 방법은 거래상대방을 브로커가 소개할 때까지 기다리지 않고 금융기관 자신이 스왑거래의 상대가 되는 것이다.

07

chapter >>>>

화폐의 공급이론

C/H/A/P/T/E/R 07

화폐의 공급이론

이 장에서는 화폐의 공급이 누구에 의해 어떻게 이루어지는가를 살펴볼 것이다. 화폐공급의 변화는 이자율과 전반적인 경제의 건강에 영향을 미치고 결과적으로 우리 모두에게 영향을 미친다. 경제활동에 광범위하게 미치는 영향 때문에, 화폐공급이 어떻게 결정되는지를 이해하는 것은 중요하다. 독자들은 아마도 누가 화폐를 공급하는가? 라는 질문에 발권력을 가진 중앙은행을 가장 먼저 떠올릴 것이다. 이러한 반응에는 중앙은행이 마음먹은 만큼 화폐를 발행함으로써 화폐공급량을 결정할 수 있다는 암묵적 가정이 깔려 있다.

하지만 현실을 한번 생각해 보자. 작고 영세한 구멍가게는 현금만을 취급하지만, 조금 더 큰 음식점이나 상점에 가면 은행이 발행한 수표나 신용카드를 사용하여 얼마든지 거래를 할 수 있다. 이를 통해 우리는 화폐공급이 중앙은행에 의해 통제될 수 있다는 생각이 얼마나 단순한 것인지 알 수 있지 않은가.

이 장에서는 우선 화폐공급을 논의하기에 앞서 우리가 논의할 화폐의 범주를 정하고, 그 공급주체와 공급방식에 대해 살펴보겠다. 은행예금은 화폐공급의 가장 큰 요소이기 때문에, 은행예금이 어떻게 창출되는지를 이해하는 것이 화폐공급과정을 이해하는 첫 단계이다. 그리고 화폐공급의 구조 속에서 중앙은행이 갖는 재량의 정도와 그 한계를 분석하려고 한다.

제 1 절 누가 화폐를 공급하는가? : 통화공급의 주체

교환경제에서는 화폐는 교환의 매개, 지급의 수단, 가치의 척도, 그리고 가치의 저장 등 다양한 기능을 수행한다는 사실을 우리는 이미 제 2 장에서 살펴보았다. 물론 화폐가 이러한 기능을 수행하기 위해서는 그것의 실질가치, 즉 구매력이 안정되어 일반 경제주체들 사이에서 널리 수용될 수 있어야만 하는 것은 물론이다. 일반적으로 화폐의 정의에는 화폐의 기능을 중심으로 한 고전적인 정의 이외에도, 화폐를 유동성으로 보는 정의와 화폐의 현실적 유용성을 기준으로 규정한 실증적 정의 등이 있다.

화폐를 유동성으로 정의한 학자로는 대표적으로 걸리(J. Gurley)를 들 수 있다. 여기서 유동성이란 그 가치의 손실 없이 즉석에서 화폐로 전환될 수 있는 가능성의 정도로 정의된다. 그러므로 어떤 자산이 가치 손상 없이 화폐로 전환되는 데 소요되는 시간 및 비용이 클수록 유동성은 작아진다.

화폐를 경제분석에서의 유용성을 기준으로 정의하는 방식은 프리드만 등이 주장한 것이다. 화폐를 그 기능이나 특징에 따라 정의할 것이 아니라 통화가 경제현상을 파악하고 예측하는 데 유용성을 갖도록 그 범주를 정의하자는 생각이다. 여기서 화폐의 유용성이란 통화로 분류되는 금융자산이 인플레이션, 경기, 실업 등 거시경제지표와 얼마나 밀접한 관련성을 갖는지를 뜻한다. 거시경제지표와 밀접한 관련성을 갖는 금융자산의 묶음을 통화로 정의하고, 이를 이용해 실물경제의 성장과 안정을 꾀하자는 것이다.

지금까지 화폐는 각국의 금융제도 발전 정도와 경제여건에 따라 다양하게 정의되어 왔다. 현재까지 가장 일반적인 방법은 통화에 포함되는 금융자산의 유동성과 유용성을 함께 고려하는 것이다. 따라서 이 장에서는 화폐의 기능을 중심으로 통화를 분류하되, 위의 두 가지 방법을 보완적으로 사용하여 분석하고자 한다.

통화량은 누가 결정하는가? 통상 중앙은행은 본원통화를 발행조절하거나 기타의 정책수단을 이용하여 통화량을 조절할 수 있다고 이야기한다. 그래서 원론수준에서는 통화량을 외생변수로 취급하고 있다. 그러나 이것은 단순화를 위한 가정이며 현실은 반드시 그렇지 않다. 현실적으로는 경제상황에 따라 어쩔 수 없이 또는 자연적으로 통화량이 변하거나 할 경우도 얼마든지 있다. 통화량이 정책변수(외생변수)이냐의 논란이 제기되어 왔다.

곧 알게 되겠지만 한 나라의 통화량은 가계와 기업의 민간과 일반은행 그리고 중앙은행의 직 · 간접적인 경제활동과정에서 결정된다. 즉 통화공급은 중앙은행, 차입자, 예금자, 그리고 은행 등이 통화량 결정에 영향을 미친다. 특히 은행은 본원통화를 기초로 예금통화를 창조(신용창조)하는 기능을 부여받아 왔다.

통화량은 일차적으로 독점적 발권력을 가지고 있는 중앙은행의 한국은행권 즉 본원통화를 중심으로 결정된다. 중앙은행은 본원통화의 공급량을 조절함으로써 금융시장의 통화의 수요와 공급을 바람직한 방향으로 이끌어 나가려는 정책적 의도를 갖는다.

중앙은행은 또한 제도적 장치를 통해 시중의 돈의 흐름을 조절한다. 예금인출을 보장하기 위해 부분준비제도하에서는 최소한의 법정지급준비율을 강제하고 있다. 그러나 법정준비금 이외의 실제준비금을 얼마나 갖출 것이냐 하는 것은 은행의 자유로운 판단에 따른다. 그리고 예금자의 예금에 관한 의사결정은 수익률 등 다양한 경제변수에 따라 결정이 달라지므로 단지 중앙은행이 독자적으로 통화량을 좌우할 수 없는 것이다.

제 2 절 통화공급

우리는 매일 돈을 사용하면서 살고 있다. 노동의 대가로 임금을 받고 그 돈으로 시장에서 물건을 사고 세금을 내는 등 모든 경제활동이 돈을 사용함으로써 이루어진다. 그래서 국민경제에서의 돈의 역할을 흔히 인체에 있어서 혈액의 역할에 비유하기도 한다. 이는 혈액이 인체의 각 부분을 순환하면서 영양분을 골고루 보내 주듯이 돈도 수많은 생산자와 소비자 사이에서 이루어지는 모든 경제거래를 매개하고 촉진하기 때문이다.

그런데 이처럼 돈이 경제 활동에서 중요한 기능을 수행한다 할지라도 경제의 규모나 여건에 비해 시중에 너무 많이 풀려 있는 경우, 그 가치가 떨어져 물가가 지속적으로 오르는 인플레이션이 발생하고 반대로 지나치게 적은 경우에는 금리가 상승하고 생산자금이 부족하게 되어 경제활동이 위축되기도 한다.

따라서 국민경제의 안정적 발전을 위해서는 시중에 있는 돈의 양을 적정수준으로 유지해야 하는데 우리나라에서는 다른 나라와 마찬가지로 중앙은행인 한국은행이 물가를 안정시키고 경제활동이 원활히 이루어지도록 하기 위해 시중에 있는 돈, 즉 통화의 총량을 조절하는 기능을 수행하고 있다. 적정수준의 통화량을 유지하기 위해서는 무엇보다도 먼저 통화량의 크기와 변동을 파악할 수 있는 통화지표가 작성되어야 하는데 이는 시중에 돈이 얼마나 풀려 있는가를 가늠할 수 있는 척도로서 통화신용정책을 수립하고 집행하는 데 중요한 기초자료가 된다.

이와 같은 통화지표를 편제하기 위해서는 무엇을 돈이라고 볼 것인가, 즉 통화를 어떻게 정의할 것인가를 먼저 결정하여야 한다. 흔히 화폐라고 하면 지폐나 동전 같은 현금만을 떠올리기 쉽다. 그러나 은행예금을 비롯하여 투자신탁회사나 상호저축은행에 맡겨 놓은 예금들도 필요한 경우 즉시 현금으로 인출할 수 있으므로 경우에 따라서는 이들도 화폐에 포함시킬 수 있다. 따라서 화폐는 현금 이외에 여러 가지 화폐적 기능이나 성격을 지닌 금융상품을 포괄하는 개념으로 볼 수 있기 때문에 이들 중 어디까지를 화폐로 볼 것이냐에 대해 그동안 많은 연구가 진행되어 왔다. 뿐만 아니라 일단 정의된 통화지표도 새로운 금융상품이 출현하거나 금융제도가 개발되는 등 통화지표에 대한 끊임없는 연구가 이루어져 왔다. 결국 통화지표는 통화를 어떻게 정의하느냐에 따라 다양하게 작성될 수 있다.

국민경제의 안정적인 발전을 위해서는 시중에 유통되는 통화의 양을 적정수준으로 유지해야 한다. 이를 위해서는 무엇보다 통화량의 크기와 변동을 적절하게 파악할 수 있는 통화지표가 작성되어야 한다. 통화의 유통량을 잘 나타내 주는 통화지표의 존재는 통화신용정책을 효과적으로 수립하고 집행하도록 도와주어 원활한 경제발전을 이끄는 데 기여한다. 통화공급의 참여자로는 중앙은행, 예금기관(은행), 예금자, 그리고 차입자가 있다.

제 3 절 예금은행에 의한 예금통화의 창조

1. 예금통화의 유통과정과 기본개념

거래자가 각각 다은 은행에 당좌예금을 가지고 있는 경우를 위하여 교환제도란 것이 있다. 이러한 경우에 수표나 어음의 수령자는 이를 자가의 거래은행에 예입함으로써 자기의 예금을 증가시킨다. 예를 들면, 지불인 김씨는 자기의 거래은행인 A은행 앞 수표를 수령인 이씨에게 교부하면 이씨는 그 수표를 그의 거래은행인 B은행에 예입하는 것이다. 이 경우에 B은행은 곧바로 A은행에게 수표를 제시하고 수표금액을 수령하여야 할 것이지만 은행조직이 고도로 발달된 오늘날에 있어서는 직접 은행끼리 수표를 결제하지 않고 교환소라는 것을 두어서 각 은행은 매일 그곳에 자기 은행을 대표하는 행원을 파견하여 다른 은행 앞으로 된 수표 및 만기도래의 어음 등을 상대 은행에 인도하고 반대로 자기은행 앞으로 된 수표 및 어음을 받아서 은행간에 상호 차액결제를 한다. 이와 같이 하여 그 잔액만을 주고받는 것인데, 이 때 그 잔고를 교환잔고라고 한다. 이 교환잔고를 용이하게 하기 위하여 일반은행들은 중앙은행에 당좌예금을 보유하게 되며, 일반은행이 중앙은행에 보유하고 있는 당좌예금의 이체로써 교환잔고를 쉽게 계산한다.

어떤 은행이 다른 은행들과의 계정에 있어서 접수할 어음 및 수표의 총액이 지불하여야 할 어음 및 수표의 총액보다 많을 때 그 교환잔고는 중앙은행의 계정에서 그 은행의 예금증가로 처리된다. 이와 반대일 때에는 중앙은행의 계정에서 그 은행의 예금감소로 처리된다. 만약 지불해야 할 교환잔고가 중앙은행에 보유하고 있는 예금을 초과할 경우 일반은행들은 그 부족액만큼을 중앙은행에 예입함으로써 결제할 수 있다. 일반은행의 예금접수는 현금으로도 일어날 수 있으나 수표로도 일어날 수 있다. 예를 들어서, 어느 도시의 A라는 은행과 B라는 은행 사이의 수표가 예금에 어떻게 접수되고, 또 중앙은행에서의 두 은행에 대한 계정이 어떻게 바뀌는가를 알아보자. 김씨라는 사람이 이사를 가기 때문에 A라는 은행의 구좌에서

표 7-1 각 은행의 대차대조표

B은행

자 산		부 채	
지불준비금	+500,000	요구불예금	+500,000
합 계	+500,000	합 계	+500,000

A은행

자 산		부 채	
지불준비금	−500,000	요구불예금	−500,000
합 계	−500,000	합 계	−500,000

중앙은행

자 산		부 채	
		A은행 준비금	−500,000
		B은행 준비금	+500,000
합 계	0	합 계	0

500,000원이라는 수표를 발행받아서 B라는 은행에 요구불예금을 했다고 하자. 그럴 때 B라는 은행은 김씨의 예금구좌에 500,000원을 신용해 준다. 은행 A와 B가 모두 중앙은행에 의해 통제받는다고 하자. 그리고 이것을 대차대조표로 나타내 보면 [표 7-1]과 같다.

두 은행이 모두 시중은행이므로 은행 B는 500,000원짜리 수표의 정산을 위해 중앙은행 조직에 송부해야 하며, 두 은행 모두 중앙은행 조직에 지급준비금을 유지하고 있어야 된다. 이 수표를 정산하기 위해서 중앙은해은 중앙은행 조직에 지급준비금으로 예금되어 있는 두 은행의 예치금을 조정한다. 중앙은행 조직은 A은행에게 중앙은행 조직의 계정에서 지급준비금이 500,000원 감소되었고 B은행에게는 500,000원 증가되었음을 통보한다. 이러한 결과 중앙은행의 자산과 부채에는 아무런 변동이 없게 된다.

화폐공급을 이해하기 위해서는 우리는 몇 가지 개념을 이해해야만 한다.

1) **통화조직**: 중앙은행과 예금은행 조직을 다 합한 것을 우리는 통화조직이라고 부른다. 중앙은행은 불환지폐를 공급하고 예금은행들의 지급준비금을 보관·관리하는 기능을 수행한다. 예금은행들을 모두 합하면 바로 예금은행조직이 된다.

2) **비은행 민간**: 중앙은행과 예금은행 조직을 제외한 모든 경제주체들을 말한다. 가계, 기업 그리고 예금은행 이외의 모든 금융기관들이 여기에 포함된다.

3) **화폐 발행액**: 중앙은행이 공급한 불환지폐의 양을 화폐 발행액이라고 한다. 중앙은행이 공급한 불환지폐는 예금은행들이나 비은행 민간에 의해서 보유된다. 비은행 민간이 현금을 보유하는 경우에 화폐발행은 현금통화로 불리어지고, 예금은행이 화폐 발행액을 보유하고 있는 경우에 이는 예금은행의 시재금이 된다.

4) **예금통화**: 예금은행이 공급하는 요구불예금이라는 형태의 화폐를 예금통화 또는 예금화폐라고 부른다.

5) **통화공급**: 비은행 민간이 보유하는 현금통화량과 예금은행이 공급하는 예금통화량을 합한 것을 통화량(M_1)이라 한다.

6) **본원통화**: 중앙은행의 창구를 통하여 시중에 나온 현금을 본원통화라 하는데, 본원통화는 통화공급에 승수효과를 유발하기 때문에 고성능화폐라고도 부른다. 본원통화는 민간의 수중으로 들어가기도 하고 예금은행의 수중으로 들어가기도 한다. 민간의 수중으로 들어간 본원통화는 민간의 수중에 남아있거나 예금은행에 예치되거나 한다.

7) **본원적 예금**: 외부로부터 예금은행으로 현금이 유입됨으로써 생기는 최초의 예금을 본원적 예금이라 한다. 현금 또는 수표를 은행에 예금하는 예금자는 현금 또는 수표 대신에 예금을 가지게 되고, 은행은 현금을 획득하고 그것과 동일한 금액의 부채를 가지게 된다.

8) **파생적 예금**: 은행이 어떤 고객에게 자금을 대출할 때에 은행은 차용자에게 현금을 바로 내주는 것이 아니라 예금액을 기재한 통장을 내줌으로써 예금을 창조한다. 이렇게 은행이 창조하는 예금을 파생적 예금이라고 한다. 파생적 예금은 은행이 대출함으로써 생기는 예금이기 때문에 이것은 은행이 능동적으로 창출해 내는 예금이다.

9) **명목통화량과 실질통화량**: 명목통화량이란 화폐단위(엔, 원, 달러)를 그대로 사용하여 액면 그대로 계산한 통화량을 말한다. 실질통화량이란 통화의 실질가치로 측정한 통화량을 말한다. 통화의 가치는 통화가 실물을 구입할 수 있는 능력에 의해 측정되므로 물가상승은 통화의 실질가치를 감소시키고 물가하락은 통화의 실질가치를 증가시킨다.

10) **시재금**: 시재금이란 고객의 현금인출 요구에 응하기 위하여 은행금

고내에 보관된 지폐와 주화를 말한다. 즉 예금은행의 보유현금이다.

2. 지급준비금과 지급준비율

은행은 모든 금융기관의 중심을 이루고 있으며, 스스로 자금을 창조하든가 혹은 외부에서 자금의 공급을 받으면서 이것을 자금의 수요자에게 대출하는 것을 주요 업무로 삼고 있다. 은행은 하나의 기업체이며, 어떤 특정한 비용조건하에서 화폐를 조성하여 공급하는 기능을 갖고 있다. 우리가 은행에 대해서 논할 때 이를 하나의 기업으로 보고 은행이 요구불예금을 통해서 지급을 조성하고 대차대조표의 서비스를 제공한다는 면을 언제나 고려해야 한다. 이는 무엇을 의미하는가 하면, 은행의 본질을 이루고 있는 두 가지 기능을 수행하기 위하여 이루어지는 은행경영의 제요소는 은행이 보유해야 할 준비금의 기준을 좌우하며, 이러한 은행운영의 제방침이 한 경제체제의 화폐의 양을 결정짓는다는 것이다. 은행이란 한편에서는 규제를 받고 있으며 또 다른 한쪽에서는 수시로 대차거래를 할 수 있는 요구불예금을 조성하고 있기 때문에 화폐의 창조 · 공급과정에서 언제나 두 개의 다른 결정요소를 내포하고 있다. 다시 말해서, 일반대중(민간)과 중앙은행이 그것이다.

예금은행은 민간으로부터 예금을 받아 그것을 대출하거나 유가증권에 투자함으로써 발행하는 수익을 소득으로 하기 때문에 가능한 한 대출이나 유가증권투자를 많이 하고자 한다. 그러나 예금은행이 받아들인 예금액을 모두 대출하거나 유가증권에 투자할 수 없다. 왜냐하면 예금액을 모두 영리목적으로 사용하였을 경우 수시로 있을 수 있는 예금자의 예금인출 요구에 응할 수 없게 되어 부도가 발생하고 은행자체의 공신력이 실추되기 때문이다. 이러한 이유로 중앙은행은 예금은행으로 하여금 예금액의 일정비율을 예금인출 요구에 대비하는 준비금으로 반드시 보유하도록 하는데, 이 비율을 법정지급준비율 또는 필요지급준비율이라고 한다. 중앙은행이 법정지급준비율을 정하면 예금은행은 예금액에서 이 법정지급준비율에 해당하는 금액을 법정지급준비금 또는 필요지급준비금으로 보유하고 그 나머지를 대출하거나 유가증권에 투자하게 된다. 예금은행의 법정지급준비금은 예금은행의 금고에 현금(시재금)의 형태로 보유되기도 하지만 대부분 중앙은행에 예치된다.

그러나 실제로 예금은행들은 법정지급준비금을 초과하여 다소 여유있게 예금액의 일부를 시재금으로 가지고 있는 것이 보통이다. 그 이유는 예금은행들이 매일매일의 예금인출과 대출에 대비한 현금, 즉 영업자금을 보유해야 하기 때문이다. 은행의 현금자산 가운데에는 미처 대출하지 않았거나 대출하지 못한 여유자금도 있을 수 있다. 이러한 모든 현금자산을 통틀어서 총지급준비금이라고 한다. 총지급준비금에서 법정지급준비금을 제외한 나머지를 초과지급준비금이라고 한다. 초과지급준비금을 예금총액으로 나눈 비율을 초과지급준비율이라고 한다. 법정지급준비금과 초과지급준비금을 합한 총지급준비금을 간단히 줄여서 지급준비금 또는 지준금이라고도 한다. (총)지급준비금을 (총)예금액으로 나눈 비율을 (총)지급준비율 또는 지준율이라고 한다. 그러므로 지급준비율은 법정지급준비율과 초과지급준비율을 합한 것이 된다.

3. 통화공급이란?

우리나라의 중앙은행은 통화량 결정에 있어서 중요한 역할을 한다. 즉, 중앙은행은 본원통화를 발행하거나 기타의 정책수단을 이용해 통화량의 증감에 상당한 영향력을 행사한다. 그러나 중앙은행이 마음먹은 대로 통화량을 조절할 수 있다고 생각해서는 안 된다. 그 이유를 직관적으로 생각해보자.

우선, 중앙은행이 마음 내키는 대로 본원통화 공급액을 결정할 수는 없다. 아무리 중앙은행이 본원통화를 발행하고 싶지 않다고 해도 어쩔 수 없이 돈을 찍어 발행해야만 하는 상황이 발생한다면, 본원통화량이 중앙은행에 의해 결정된다고 말할 수 없다. 예를 들어 시중 자금사정이 악화되어 기업들이 자금조달에 어려움을 겪고 흑자도산이 이어진다고 가정하자. 이와 같이 자금수요가 늘어나 금리가 치솟고 자금시장이 불안정해지면, 이를 수습하기 위해 중앙은행은 본원통화를 공급해야 한다. 또한 대규모 금융사고가 발생하여 금융위기의 가능성이 대두되면, 이를 방지하기 위해 중앙은행이 최종대부자로서 긴급히 유동성을 투입해야 하는 상황도 발생한다. 이처럼 중앙은행의 행동은 경제의 내적 요인들에 의해 크게 영향을 받는다. 결국 본원통화량이 중앙은행에 의해 외생적으로만 결정된다고 보기는 힘들다.

둘째, 중앙은행이 본원통화량을 마음먹은 대로 결정할 수 있다 하더라도 통화량이 중앙은행에 의해 완전히 외생적으로 결정된다고 말하기는 어렵다. 중앙은행이 발행한 주화와 지폐만을 통화라고 간주한다면, 중앙은행이 통화량을 결정한다고 말할 수도 있을 것이다. 하지만 실제로는 일반은행의 자기앞수표나 각종 예금도 시중에서 지급수단 또는 교환의 매개로 사용되고 있다. 중앙은행 이외에도 은행에 돈을 맡기는 가계, 은행에서 돈을 빌려 투자하는 기업, 이들 사이에서 이윤을 남기려는 은행, 그리고 그 업무가 점점 복잡 다양해지고 있는 많은 금융기관이 직·간접적으로 모두 통화량에 영향을 미치고 있는 것이다.

오늘날 경제가 복잡해지고 발달하면서 실물경제의 지속적인 발전을 위해서는 금융부문의 뒷받침이 필수적이다. 따라서 경제가 어느 정도 발달한 국가의 중앙은행들은 통화금융정책을 통해 통화가치 안정을 도모하며, 통화가치 안정을 해치지 않는 범위내에서 경제안정 및 발전을 도모한다.

하지만 경제규모가 확대되고 새로운 금융상품이 급속도로 발달하면서 통화의 실질적인 관리가 과거에 비해 상당히 어려워졌다. 우선 중앙은행이 관리하는 통화량의 범위가 모호해졌다. 대체로 1970~1980년대에 여러 선진국에서 통화금융정책의 수립에 금과옥조로 활용되던 화폐수량설도 1990년대에 이르러서는 현실 설명력을 상당 부분 잃게 되었다. 이는 통화의 범위를 정의하기도 어려워졌을 뿐만 아니라 설사 실물경제와 관련성을 가지는 통화지표가 존재한다 해도 이것을 통제하는 것이 점점 불가능해지고 있는 것이다.

4. 중앙은행의 본원통화공급

(1) 본원통화의 의의

화폐의 공급은 일반적으로 중앙은행에 의해 독점적으로 통제·관리되는 것으로 이해되고 있다. 현금을 직접 공급하는 곳, 쉽게 말해 돈을 찍어내는 곳이 중앙은행이라고 생각하기 때문이다. 물론 현금 발행을 통해 중앙은행이 통화공급량 결정에 중요한 역할을 하는 것은 분명하다.

하지만 그것이 전부는 아니다. 우리가 가장 좁은 의미의 화폐, 즉 협의통화(M_1)만을 고려하더라도 현금 이외에 요구불예금이 포함되어 있다. 요구불예금은 중앙은행의 직접적인 통제를 받지 않는다. 따라서 통화공급이 전적으로 중앙은행에 의해 결정된다고는 말할 수 없다. 앞서 살펴본 것처럼 요구불예금을 통한 통화공급은 은행의 예금창조를 뜻하는 것으로, 비은행 민간의 현금보유 의지에 의해 영향을 받는다. 또한 은행의 실제 지급준비금 크기에 의해서도 통화공급이 영향을 받는다. 법정지급준비율이 정해져 있긴 하지만, 은행마다 실제로 부유하는 지급준비금의 크기가 서로 다른데다 은행들이 대출을 일정한 수준으로 항상 유지할 것으로 기대할 수도 없기 때문이다. 결국 중앙은행뿐만 아니라 비은행 민간과 은행 역시 통화공급에 영향을 미칠 수 있다.

그렇다고 해서 중앙은행의 통화공급기능을 경시할 수는 없다. 지금부터는 중앙은행과 통화공급 사이에 존재하는 관계를 중점적으로 살펴보기로 한다. 중앙은행은 발권은행으로서 독점적으로 현금을 발행하며 화폐를 공급하는 주체이다. 즉 중앙은행이 발행한 현금이 중앙은행 창구를 통해서 밖으로 빠져나가는 그 자체가 바로 통화의 공급이 된다. 조폐공사가 찍어내어 한국은행이 금고에 보관하고 있는 현금은 아직 통화가 아니다. 통화가 되기 위해서는 현금이 일단 중앙은행의 창구를 통해서 시중에 나와야만 한다. 따라서 중앙은행의 창구를 통하여 시중에 나온 현금을 통상적으로 본원통화라고 하는데, 이는 비은행민간보유현금, 법정지급준비금, 초과지급준비금 등으로 보유된다. 한 나라 국민경제의 가장 기본적인 통화구성요인이라는 의미로 본원적이라는 말을 사용한다. 본원통화에 기초하여 은행제도 전체를 통해 예금 및 대출 등의 신용을 창조(파생통화)하는 힘을 지닌다고 해서 고성능화폐라고도 한다. 일단 중앙은행 밖으로 흘러나간 현금(본원통화)은 비은행 민간(비은행 민간보유 현금)이나 은행(실제 지급준비금)에 의해 보유된다. 특히 은행은 자신이 보유하는 실제 지급준비금을 자신의 금고에 직접 넣어두거나 중앙은행에 예치할 수도 있다. 전자를 시재금, 후자를 중앙은행 예치금이라 각각 부른다. 이때 민간이 보유하는 현금과 은행이 자신의 금고에 보유하는 현금(시재금)의 합계는 화폐발행액(중앙은행권)이 된다. 중앙은행 예치금은 은행의 현금자산이지만, 중앙은행 내부로 일단 들어와 있기 때

표 7-2 본원통화의 구성

<table>
<tr><th colspan="3">본원통화</th></tr>
<tr><td>현금통화</td><td colspan="2">예금은행 지급준비금</td></tr>
<tr><td>현금통화</td><td>예금은행 시재금</td><td>중앙은행 지급준비예치금</td></tr>
<tr><td colspan="2">화폐발행액</td><td>중앙은행 지급준비예치금</td></tr>
</table>

문에 화폐발행액에 포함되지는 않는다. 이와 같이 여러 관계로부터 본원통화는 다음과 같이 다양하게 표현된다.

본원통화 = 비은행민간보유현금 + 법정지급준비금 + 초과지급준비금
= 화폐민간보유액 + 예금은행시재금 + 예금은행지급준비예치금
= 화폐민간보유액 + 예금은행실제보유지급준비금
= 화폐발행액(중앙은행권) + 중앙은행예치금

본원통화는 민간의 수중에 들어가기도 하고 예금은행의 수중으로 들어가기도 한다. 민간의 수중으로 들어간 본원통화는 민간의 수중에 남아 있거나 예금은행에 예치되거나 한다. 민간의 수중에 남아 있는 본원통화가 앞장에서 설명한 현금통화이다. 한편 직접 · 간접으로 예금은행의 수중으로 들어간 본원통화는 예금은행의 (총)지급준비금이 된다. 즉 예금은행의 수중으로 들어간 본원통화는 일부가 예금은행이 현금 형태로 보유하는 예금은행의 시재금이 되고 나머지는 중앙은행에 예치한다.

중앙은행에 예치되는 지급준비예치금은 중앙은행의 창구를 통해 나간 본원통화 중 일부가 중앙은행에 다시 환류된 몫이다. 본원통화에서 이 중앙은행지준예치금을 뺀 것을 화폐발행액이라 한다. 화폐발행액은 중앙은행 밖에 남아 있는 시재현금으로 구성된다. 본원통화가 증가하면 민간보유 현금통화가 증가하고 은행의 지급준비금도 증가한다. 따라서 통화를 구성하는 현금통화는 중앙은행의 본원통화공급과 비례적 관계에 있음을 알 수 있다.

한편, 본원통화와 관련하여 사용되는 개념인 화폐발행액은 중앙은행 밖에 나가있는 시중의 중앙은행권을 의미하므로 다음과 같이 정의한다.

화폐발행액 = 본원통화 − 법정지급준비예치금
= 비은행미간보유현금 + 초과지급준비금

(2) 본원통화의 공급경로

본원통화는 민간의 보유현금과 지급준비금으로 사용(용도)되는데, 그 원천은 대정부 순신용, 대금융기관신용, 대외순자산 등으로 인해 변한다. 따라서 중앙은행의 본원통화를 변화시키는 요인(본원통화의 공급경로)은 정부의 재정활동변화, 금융기관의 차입변화나 중앙은행의 금융기관 여신조정 및 국제수지 변화 등이다. 예를 들어 국제수지흑자가 늘면 본원통화가 늘

어나 통화량이 늘어난다. 정부가 부족한 재정지출자금을 중앙은행으로부터 차입하면 중앙은행의 자산인 대정부 순신용이 늘어 본원통화가 늘어난다. 중앙은행의 대차대조표를 활용하면 이해가 쉽다.

특히 중앙은행은 공개시장(국책시장)에서 보유 국채를 매각하거나 매입하여 본원통화량을 조절하는 공개시장조작정책을 일반적으로 활용하고 있다. 현재 콜금리를 단기정책수단으로 활용하면서 한국은행이 목표로 하는 콜금리를 조절하는 수단으로 활용하고 있다. 공개시장조작은 다양한 경제주체가 참여하는 금융시장에서 시장메커니즘에 따라 수행하는 것으로서 시장경제에 가장 부합하고 신축적인 정책운용이 가능하다.

중앙은행이 공급하는 본원통화는 중앙은행 대차대조표를 통하여 쉽게 파악할 수 있다. 본원통화는 [표 7-3]에서 보는 바와 같이 중앙은행의 대차대조표에서 대변란에 부채항목으로 나타난다. 따라서 중앙은행이 자산을 구입하고 그 대가로 현금이나 수표를 지급하면 본원통화가 증가한다.

중앙은행의 자산은 정부의 은행으로서 정부에 대출한 대정부대출금, 은행의 은행으로서 예금은행에 대출한 대예금은행대출금, 중앙은행이 보유하고 있는 유가증권 · 건물 등의 기타자산, 그리고 해외자산으로 크게 나누어진다. 중앙은행의 부채는 본원통화 외에 정부예금 · 해외부채 · 기타부채로 크게 나누어진다. 대차대조표는 차변과 대변의 합계가 항상 같다. 따라서

표 7-3 중앙은행의 대차대조표

차변(자산)	대변(부채)
대정부대출 ⇐	정부예금
대예금은행대출	본원통화
	화폐발행액
	예금은행 지급준비예치금
해외자산 ⇐	해외부채
기타자산 ⇐	기타부채

⇩

차변(자산)	대변(부채)
순대정부대출	본원통화
대예금은행대출	화폐발행액
순해외자산	예금은행 지급준비예치금
순기타자산	

대변에 있는 부채항목을 부호를 바꾸어 차변항목으로 옮길 수 있다. 대정부대출－정부예금＝순대정부대출, 해외자산－해외부채＝순해외자산, 기타자산－기타부채＝순기타자산이라고 정리해 보자. 그러면 [표 7-3]의 아래에서 보는 바와 같이 대변에 본원통화만 남고 차변에는 순대정부대출, 대예금은행대출, 순해외자산, 순기타자산의 네 항목이 나타난다. 이 네 항목 중의 어느 하나가 변하면 본원통화가 변하는 것이다. 이를 구체적으로 설명하면 본원통화는 다음 네 가지 경로를 통하여 공급된다.

1) **정부부문**: 본원통화는 정부부문을 통하여 공급된다. 정부의 국고금 수급은 한국은행에 설치되어 있는 예금계정을 통하여 결제된다. 따라서 한국은행이 정부에 대해 대출한 금액이 정부가 한국은행에 예치한 금액보다 커서 순대정부대출이 증가할수록 정부부문을 통해 본원통화는 많이 공급된다. 순대정부대출이 증가하는 경우에는 재정적자가 커지는 경우이다. 세출이 많고 세입이 적을수록 대정부대출이 증가하고 정부예금이 감소할 것이기 때문이다.

2) **금융부문**: 본원통화는 예금은행을 통하여 공급된다. 예금은행이 은행의 은행인 중앙은행으로부터 대출을 많이 받을수록 본원통화는 그만큼 증가한다.

3) **해외부문**: 본원통화는 해외부문을 통하여 공급된다. 수출이 증가하거나 차관 등 외자도입이 이루어지면 외환이 국내에 유입된다. 외국으로부터 들어온 외환은 일부는 민간이 보유하지만 대부분 중앙은행이나 예금은행에서 매입한다. 중앙은행이 외환을 매입할 때 그 대금을 원화로 지불하기 때문에 이 과정에서 본원통화가 증가한다. 예금은행에서 매입한 외환도 결국은 중앙은행에서 원화로 바꾸어야 하기 때문에 본원통화가 증가하게 된다. 수입이 늘어나거나 외채를 상환하게 되면 수입업자나 외국에 대한 채무자들은 중앙은행에 원화를 지불하고 필요한 외환을 매입해야 하므로 그만큼 본원통화의 감소가 발생한다. 따라서 중앙은행의 매입외환이 매각외환보다 많을 때 본원통화의 순증가가 발생한다.

4) **기타부문**: 중앙은행은 기타자산의 순증가를 통해 본원통화를 증가시킬 수 있다. 중앙은행이 건물, 시설 등을 구입하거나 국공채 같은 유가증권을 매입하는 경우 본원통화가 증가하는 것이다.

그렇다면 중앙은행의 본원통화 공급액은 어떻게 결정되는가? 이것을 이해하기 위해서는 중앙은행 업무를 파악하고, 그 중 어느 것이 통화의 공급

표 7-4 중앙은행 대차대조표의 주요 항목

자산	부채 및 자본
중앙은행 여신	중앙은행권
대정부 여신	민간보유 현금
대정부 여신	은행보유 시재금
보유 유가증권	예 금
국외자산	정 부
기타자산	은 행
	국외부채
	기타부채
	자본(잉여금)

과 관련되어 있는지를 분석해야 한다. 이를 위해 중앙은행의 대차대조표를 살펴보자.

[표 7-4]는 중앙은행의 대차대조표 항목을 간략하게 나타낸 것이다. 우선 부채 항목을 보자. 중앙은행이 발행한 중앙은행권, 즉 우리가 사용하는 10,000원짜리 지폐나 500원짜리 주화가 모두 중앙은행의 부채가 된다. 이들이 왜 중앙은행의 부채인지 의아해 하는 독자들도 있을 것이다. 그러나 이것은 화폐금융제도의 오랜 역사를 거슬러 올라가 보면 쉽게 이해된다. 정부가 공인한 중앙은행권은 애초에 금이나 은으로 태환이 가능한 것이었다. 예를 들어 10,000원짜리 중앙은행권 소지자가 그것을 은행에 제시하면, 은행은 이를 그 액수에 해당하는 만큼의 금이나 은으로 바꾸어 주어야 할 의무가 있었다. 따라서 중앙은행권 발행은 언젠가는 갚아야 할 빚을 지는 것과 같은 의미이다. 물론 현대에 와서는 금태환이 이루어지지 않지만, 중앙은행권이 중앙은행의 부채가 된다는 사실은 이러한 맥락에서 이해할 수 있다. 마찬가지로 정부나 은행 등이 중앙은행에 예치한 예금도 중앙은행의 부채가 된다. 언제든지 정부나 은행 등이 다시 찾으려 하면 되돌려 주어야 하기 때문이다.

한편, 중앙은행의 자산은 정부나 은행 등 대한 대출금과 유가증권, 외화 등의 보유로 이루어져 있다. 중앙은행이 통화공급과 관련하여 적극적으로 활용하는 자산항목은 보유 유가증권이다. 물론 중앙은행은 은행에 대한 여신규제나 국외자산에 대한 매입 또는 매각을 통해 시중 통화량을 조절하기도 하지만, 일반적으로 중앙은행의 주된 통화공급 조절수단은 공개시장조작에서의 보유 유가증권 매입 또는 매각이다. 중앙은행이 직접 본원통화를 조절할 수 있다는 점에서 본원통화는 화폐공급이론에서 중요한 의미를 갖는다. 중앙은행은 본원통화의 공급량을 조절함으로써 금융시장의 통화수급을 바람직한 방향으로 이끌어 나가려는 정책적 의도를 갖는다.

5. 예금은행에 의한 예금통화의 창조

(1) 가 정

지금까지 우리는 예금은행의 종합 대차대조표를 분석함으로써 구체적으로 예금은행이 어떠한 업무를 취급하고 있는가를 보았다. 이제 그러면 예금은행이 예금통화를 어떻게 창출하는가를 살펴보기로 하자. 논의 전개의 단순화를 위하여 몇 가지 가정을 세우기로 한다.

첫째, 요구불예금만 존재하며, 저축성예금은 없다고 가정한다. 물론 실제에 있어서는 예금은행이 받는 예금 가운데서 저축성예금의 비중이 요구불예금에 비하여 훨씬 크지만, 여기서는 예금은행은 요구불예금만 받는다고 가정하자.

둘째, 예금은행 조직 밖으로는 현금누출은 없다고 가정한다. 즉, 어떤 예금은행으로부터 대출을 받은 사람은 전액을 자신이 거래하는 어떤 다른 예금은행에 요구불예금의 형태로 맡기며, 예금은행 조직 밖으로 현금을 누출시키지 않는다고 가정한다.

셋째, 예금은행은 대출의 형태로만 자금을 운용하며 유가증권에 대한 투자 등은 하지 않는다고 가정한다. 실제에 있어서는 예금은행은 주로대출금의 형태로 자금을 운용하고 있기는 하지만 유가증권에 대한 투자도 상당한 정도로 하고 있다.

넷째, 예금은행은 법정지급준비금만을 보유하며 초과지급준비금은 없다고 가정한다. 여기서 법정지급준비금이란 중앙은행이 예금은행으로 하여금 예금의 일부를 지급준비를 위하여 의무적으로 중앙은행 예치금 또는 시재금의 형태로 보유하고 있도록 규정한 것인데, 법정지급준비율은 법정지불준비금을 예금총액으로 나눈 것과 같다. 예금은행이 실제로 보유하고 있는 실제지급준비금에서 법정지급준비금을 뺀 것을 초과지급준비금이라고 한다. 여기서의 가정은 예금은행이 이윤을 극대화하기 위하여 법정지급준비금만을 보유하고 나머지는 모두 대출함으로써 초과지급준비금은 0이라고 전제하는 것이다.

(2) 승수적인 예금(신용)창조

이제 여기서는 위에서 본 네 가지 가정하에서 예금은행이 요구불예금의 형태로 예금통화를 어떻게 창조하는가를 보자. 시작은 예금은행 조직 밖으로부터 10억원의 현금이 예금은행 조직 안으로 들어오는 것이다. 이는 예를 들어 국채를 중앙은행이 매입하였을 때, 그 대금을 받은 사람이 한 예금은행(A은행)에 요구불예금으로 10억원을 예금한 경우이다. 그러면 A은행의 대차대조표는 부채인 요구불예금이 10억원 증가하며 동시에 자산인 현금이 10억원만큼 증가하게 된다. 법정지급준비율이 10%라고 가정하면 A은행은 1억원만큼 증가하게 된다. 법정지급준비율이 10%라고 가정하면 A은행은 1억원만큼만 법정지급준비금으로 보유하고 나머지 9억원은 대출을 한다. 따라서 A은행의 대차대조표는 다음과 같이 작성된다.

A은행의 대차대조표

자 산		부채 및 자본	
지급준비금	+1억	요구불예금	+10억
대 출	+9억		
합 계	+10억	합 계	+10억

여기서 요구불예금 10억원은 예금은행 조직 밖에서 현금이 들어와서 생긴 것인데, 이러한 예금을 본원적예금이라 부른다.

이제 A은행으로부터 9억원의 대출을 받은 사람이 자신이 거래은행인 예금은행조직 안의 한 은행인 B은행에 요구불예금의 형태로 9억원을 예금하였다고 하자. 그러면 B은행은 법정지급준비금으로 0.9억원만 보유하고 나머지 8.1억원은 대출을 할 것이다. 따라서 B은행의 대차대조표는 다음과 같이 변동한다. 즉, B은행의 부채인 요구불예금이 9억원만큼 증가하는 동시에 자산인 준비금과 대출금의 합이 똑같이 9억원 증가한다. 이때 요구불예금이 9억원 증가한 것은 예금은행 조직 내의 A은행이 대출을 하였기 때문인데, 이와 같이 다른 예금은행(A) 대출로 인하여 예금은행 조직 내의 어떤 은행(B은행)의 요구불예금이 증가하였을 때 이를 파생적예금이라고 부른다. 따라서 예금은 조직 밖으로부터 중앙은행이 통화를 공급함에 의해서 생긴 A은행의 요구불예금 10억원이 본원적예금인 것과는 구별된다(B은행의 대차대조표 참조).

B은행의 대차대조표

자 산		부채 및 자본	
지급준비금	+0.9억	요구불예금	+9억
대 출	+8.1억		
합 계	+9억	합 계	+9억

B은행의 대차대조표를 검토할 때 발견되는 것은, 예금은행 조직 내의 한 은행인 B은행이 10억원의 본원적예금을 기초로 하여 9억원의 요구불예금을 창조하였다는 점이다. 즉, B은행은 요구불예금의 형태로 9억원의 예금통화를 창조한 것이다. 그러나 예금은행의 예금통화 창출과정은 여기서 끝나지 않는다. 이제 B은행으로부터 8.1억원의 대출을 받은 사람이 자신의 거래은행인 C은행에 이 돈을 요구불예금으로 맡겼다고 해보자. 그러면 C은행은 이 중에서 0.81억원만을 법정지급준비금으로 가지고 있고 나머지 7.29억원은 대출을 할 것이다. 따라서 C은행의 대차대조표는 다음과 같이 변한다. C은행도 요구불 예금의 형태로 8.1억원의 예금통화를 창조하였다.

C은행의 대차대조표

자 산		부채 및 자본	
지급준비금	+0.81억	요구불예금	+8.1억
대 출	+7.29억		
합 계	+8.1억	합 계	+8.1억

이상에서 살펴본 예금통화의 창출과정은 D, E, F… 은행에서도 끊임없이 일어난다.

[표 7-5]는 예금은행 조직에 의한 예금통화의 창출과정을 보여준다. 이 표의 (1)란을 보면 A은행이 받은 10억원의 본원적예금을 기초로 하여 모두 100억원의 예금통화가 창출되었음을 볼 수 있다. 즉, 예금은행 조직이 창조한 예금통화는 다음과 같이 창출된다.

표 7-5 예금은행 조직에 의한 예금통화의 창조 (단위: 억원)

은 행	요구불예금(1)	대출금(2)	지급준비금(3)
A	10	9	1
B	9	8.1	0.9
C	8.1	7.29	0.81
D	7.29	5.65	0.73
E	6.56	5.90	0.66
F	5.90	5.31	0.59
⋮	⋮	⋮	⋮
합계	100(총예금 창조액)	90(순예금 창조액)	10(본원적 예금)

$$
\begin{aligned}
\text{총예금창조액} &= 10+9+8.1+7.29+6.56+5.90+\cdots \\
&= 10+(10\times 0.9)+(10\times 0.9^2)+(10\times 0.9^3) \\
&\quad +(10\times 0.9^4)+(10\times 0.9^5)+\cdots \\
&= 10(1+0.9+0.92+0.93+0.94+0.95+\cdots) \\
&= 10\times\frac{1}{(1-0.9)}=10\times\frac{1}{0.1}=100\text{억원}
\end{aligned}
$$

이 산출되는데, 총예금창조액은 초항을 10억원으로 하고 공비를 0.9로 하는 무한등비급수의 합과 같다. 100억원 중에서 10억원은 본원적예금(S)이며, 나머지 90억원은 파생적예금(D_N)이며 0.1은 법정지급준비율(r_l)이다. 따라서 이를 일반화하여 예금통화의 창조액(D_G)을 구할 식은 다음과 같다.

$$
\text{예금통화의 창조액}(D_G)=\text{본원적 예금}(S)\times\frac{1}{\text{법정 지불준비율}(r_l)} \qquad (7-1)
$$

이다. 여기서 $\frac{1}{\text{법정지급준비율}}$ 을 신용(예금)승수라고 부르며, 예금승수는 현금누출이 없고 초과지급준비금이 없다고 할 때 본원적예금이 몇 배의 예금통화를 창출할 수 있는가를 보여준다. 예금은행 조직이 본원적예금의 몇 배에 달하는 예금통화를 창조하는 것을 승수적인 신용(또는 예금통화)창조라고 한다. 예금승수(신용승수)는 법정지급준비율의 역수이다.

즉, 개별적인 예금은행들은 오직 자신이 받은 요구불예금을 기초로 법정지급준비금을 제외한 나머지만을 대출할 수 있는 데 반하여, 예금은행 조직 전체는 본원적예금의 승수배에 달하는 예금통화를 창출할 수 있는 것이다. 본원적예금의 증가가 승수배만큼의 예금통화를 창조할 수 있는 것과 똑같은 논리로, 본원적예금의 감소는 예금통화를 승수배만큼 감소시킨다.

[표 7-5]의 (2)란은 본원적 예금 10억원을 제외한 파생적예금창조액의 합계가 90억원임을 보여준다. 본원적 예금에 의해 추가로 창출된 요구불예금을 파생적 예금이라고 한다. [표 7-5]의 (2)열은 파생적 예금총액이 90억원임을 보여준다. 파생적 예금(D_N)은 총예금창조액(D_G)에서 본원적예금(S)을 뺀 것이다.

$$D_N = D_G - S = \frac{S}{r_l} - S = \left(\frac{1}{r_l} - 1\right)S = \frac{1-r_l}{r_l}S$$

여기서 $\frac{1-r_l}{r_l}$은 앞에서 정의한 예금승수$\left(\frac{1}{r_l}\right)$와 구분하여 순예금승수라고 부른다. 순예금승수는 예금승수보다 작다. 순예금승수는 본원적 예금이 얼마나 요구불예금(따라서 통화)을 증가시켰는가 하는 배수이다. (3)란은 법정지급준비금의 합계가 10억원임을 나타낸다.[1] 여기서 알 수 있는 것은 승수적인 신용창조 과정은 본원적 예금의 증가액인 10억원이 모두 법정지급준비금으로 변할 때까지 계속 된다는 점이다. 예금승수배 만큼의 예금창조는 예금은행조직 전체에서 일어나는 것임을 유의해야 한다. 모든 예금은행을 통틀어 하나의 조직으로 놓고 볼 때 예금승수배만큼의 예금창조가 일어나는 것이다.

지금까지 우리는 예금은행 조직이 요구불예금의 형태로 예금통화를 어떻게 창출할 수 있는지를 살펴보았다. 여기 다시 한번 주의할 것은 논의 전개의 단순화를 위하여 앞서 세운 네 가지 가정이다. 즉, 저축성예금은 없으며, 현금유출도 없고 대출업무만 취급하며, 초과지급준비금도 없다고 가정하였다. 그러나 현실적으로는 저축성예금은 매우 중요하며, 현금유출도 발생하고, 유가증권에 대한 투자도 하고 있으며, 초과지급준비금도 얼마만큼은 보유하고 있는 것이다. 따라서 현실적으로는 신용승수의 크기는 줄어들 것이다. 그러나 기본적인 원리는 그대로 성립하며 다만 가정의 현실화에 따른 부분적인 수정만이 필요하게 된다.

---

1) $1+0.9+0.81+0.73+0.66+0.59 = 1\times(1+0.9+0.9^2+0.9^3+0.9^4+0.9^5+\cdots)$
$= 1\times\frac{1}{(1-0.9)} = 10$

6. 통화공급함수

(1) 통화공급의 주체는 누구인가?

통화량은 누가 결정하는가? 통상적으로 중앙은행이 본원통화[2)]를 발행 조절하거나 기타의 통화금융정책수단을 이용하여 통화량을 조절할 수 있다고 한다. 따라서 원론수준에서는 통화량을 외생변수로 취급하고 있다. 그러나 이것은 단순화를 위한 가정이며 현실적으로는 반드시 그렇지 않다. 현실적으로는 경제상황에 따라 어쩔 수 없이 또는 자연적으로 통화량이 변하거나 할 경우도 많이 있다. 통화량이 정책변수(외생변수)이냐의 논란이 제기되어 왔다. 우리가 공부를 하는 과정에서 알게 되겠지만 한 나라의 통화량은 가계와 기업의 민간과 일반은행 그리고 중앙은행의 직접 및 간접적인 경제활동과정에서 결정된다. 즉 통화공급은 중앙은행, 차입자, 예금자, 그리고 은행 등이 통화량 결정에 영향력을 미친다. 특히 은행은 본원통화를 기초로 예금통화를 창조(신용창조)하는 기능을 부여받았다. 통화량은 일차적으로 독점적 발권력을 가지고 있는 중앙은행의 한국은행권 즉 본원통화를 중심으로 결정된다. 중앙은행은 본원통화의 공급량을 조절함으로써 금융시장의 통화의 수요와 공급을 바람직한 방향으로 이끌어 나가려는 정책적 의도를 갖는다.

(2) 무엇이 통화공급을 결정하는가?

이제 무엇이 통화공급을 결정하는지에 관하여 살펴보자. 현금통화와 예금통화에 직접·간접으로 영향을 미치는 것은 중앙은행의 본원통화였다. 경제학에서는 본원통화와 통화의 관계를 통화공급함수라 부른다. 이 통화공급함수를 도출하기 위해서 민간이 어느 정도의 통화를 보유하기를 원하는 속성과 은행이 초과지급준비금을 보유하기도 하는 현실을 감안하기로 하자.

중앙은행이 공급한 본원통화는 예금은행조직에 흘러들어가 그 몇 배에 해당하는 예금통화를 창출하여 통화량을 증가시킨다. 통화량을 본원통화로

---

2) 본원통화는 중앙은행인 한국은행의 창구를 통해 시중에 나온 현금을 말한다. 한 나라의 국민경제의 가장 기본적인 통화구성요인이라는 의미로 본원적이라는 말을 사용한다. 본원통화에 기초하여 은행제도 전체를 통해서 예금 및 대출 등의 신용을 창조(파생통화)하는 힘을 가진다고 하여 고성능화폐라고도 한다.

나눈 값, 즉 통화량이 본원통화의 몇 배인가를 보여주는 배수를 통화승수라고 한다.

앞에서 예금통화의 창조를 살펴볼 때 단순화를 목표로 세웠던 네 가지 가정 가운데서 두번째와 네번째 가정을 완화시키기로 한다. 통화량을 M, 본원통화를 H, 승수를 m이라 하면 다음과 같은 정의식이 성립한다.

$$m=\frac{M}{H} \quad \text{혹은} \quad M=mH \tag{7-3}$$

우선 두번째 가정은 예금은행조직 밖으로의 현금누출은 없다는 것이었는데, 여기서는 이를 현실화하여 일반대중은 통화(M) 가운데 일정한 비율인 c만큼을 현금보유하기를 원한다고 하자.

한편 통화량은 현금통화(C)와 예금통화(D)의 합계이다.

$$\begin{aligned} M&=C+D \\ H&=C+R \end{aligned} \tag{7-4}$$

여기서 C는 현금통화 또는 화폐민간보유액이며, D는 예금통화 또는 요구불예금이다. 식 (7-4)의 두번째 식은 본원통화는 현금통화와 지급준비금의 합이라는 것을 나타내고 있다. 첫번째 식을 두번째 식으로 나누면 다음과 같다.

$$\frac{M}{H}=\frac{C+D}{C+R} \tag{7-5}$$

식 (7-5)의 오른쪽 항의 분자와 분로를 D로 나누면 다음과 같다.

$$\frac{M}{H}=\frac{C/D+1}{C/D+R/D} \tag{7-6}$$

식 (7-6)에서 C/D는 현금과 예금의 비율 c이며 R/D은 예금지급준비율(법정지급준비율+초과지급준비율) r이다. 두 번째 가정은 예금은행들이 법정지급준비금만을 보유하므로 초과지급준비금은 없다는 것이었는데, 현실적으로 보면 어느 정도는 초과지급준비금을 가지고 있는 것이 보통이다. 따라서 여기서는 다음의 관계를 가정한다. 즉 $r=R/D$이다. D는 요구불예금 총액이며 R은 지급준비금 총액이고, r은 원하는 지급준비율로서 예금지급준비율이다. 식 (7-6)을 이들 기호로 대체하고 H를 왼쪽 항에서 오른쪽 항으로 이동시키면 아래와 같다.

$$M=\frac{c+1}{c+r}\times H \qquad (7-7)$$

식 (7-7)은 통화공급이 세 개 외생변수에 어떻게 의존하는지를 보여준다. 즉 M은 H와 c 및 r에 의존한다. 여기서 c는 현금예금 비율이다.

통화공급은 본원통화(H)와 비례항 $c+1/c+r$에 의해서 결정된다. 이 비례항을 통화승수라 부르고 m이라 표기한다.

$$M=mH,\quad \text{단} \quad m=\frac{c+1}{c+r}$$

본원통화의 각 단위는 m배로 증가한다. 본원통화는 통화공급에 이전 승수효과를 유발하기 때문에 본원통화를 고성능화폐라고도 부른다.

식 (7-7)의 통화승수를 앞에서 정리한 예금승수($1/r_l$)와 비교해볼 때, 현금누출이 일어나고 초과지급준비금이 있기 때문에 통화승수가 예금승수보다 작음을 알 수 있다. 식 (7-7)은 통화승수가 일반대중의 현금예금비율(c)과 예금은행의 지급준비율(r)이 작을수록 커짐을 보여준다. 현금예금비율은 사람들이 얼마나 현금통화를 보유하고자 하는가 하는 관습에 주로 의존하는데 경제가 발달해 갈수록 점차 낮아지는 경향이 있다. 지급준비율은 일차적으로 법정지급준비율(r_l)에 의해 영향을 받는다.

어떤 시점에서의 통화량(M)은 그 시점의 통화공급(M^S)과 같다. 따라서 다음과 같은 통화공급함수를 얻을 수 있다.

$$M^S=M=mH=\frac{c+1}{c+r}H \qquad (7-8)$$

또한 본원통화에 대한 정의식 $H=C+R$을 이용하여 통화공급함수를 도출해 보자.

$$M=C+D \quad \text{또는} \quad D=M-C$$

$$z=\frac{C}{M}\text{C/M},\quad C=zM$$

$$H=C+R=zM+rD$$

$$=zM+r(1-z)\cdot M$$
$$=[z+r(1-z)]\cdot M$$

여기서 z는 일반대중이 보유하기를 원하는 현금통화비율이며, $(1-z)$는 예금통화비율이다.

$$M=\frac{1}{z+r(1-z)}\cdot H \quad \text{또는} \quad M=m\cdot H \quad m=\frac{1}{z+r(1-z)} \qquad (7\text{-}9)$$

여기서 H는 중앙은행이 공급하는 본원통화이다. 지급준비율 r은 법정지급준비율 r_l과 초과지급준비율 r_e를 합한 것과 같다. 따라서 통화공급은 본원통화의 공급과 법정지급준비율(r_l)을 규제하는 중앙은행, 초과지급준비율(r_e)을 결정하는 예금은행, 그리고 현금통화비율(z)을 결정하는 일반대중 모두가 함께 결정한다고 볼 수 있다. 그러나 현금통화비율은 경제사회관습에 의해 결정되고 초과지급준비율은 일정한 수준으로 결정(예금은행들의 관행에 따라 초과지급준비율을 낮은 일정수준으로 유지하려고 함)되기 때문에 통화량의 크기는 주로 본원통화와 법정지급준비율의 크기에 따라 변한다. 따라서 통화공급의 조절은 주로 중앙은행의 재량에 달려 있다고 할 수 있다. 즉 현금통화비율과 초과지급준비율이 불변이면 중앙은행이 본원통화와 법정지급준비율을 조정함으로써 통화량을 조절할 수 있다.

7. 통화승수의 결정요인과 승수모형의 한계

예금에 대한 현금선호비율(c)의 결정요인으로서 지불습관, 현금보유의 기회비용, 소득, 일시적(계절적) 요인, 그리고 전자화폐 등이 있다. 지불습관은 역사적, 제도적, 문화적인 요인에 달려있다. 이러한 경험 등은 금융기관에 대한 공신력이라는 형태로 나타난다. 공신력이 낮을수록 현금선호비율이 높다. 현금을 선호하는 국민은 그 만큼 신용사회가 아직 정착되지 못하고 있다는 증거이다. 현금은 수익률이 영(0)이다. 따라서 현금을 보유하는 것은 다른 수익증권을 포기한 것이므로, 현금보유의 기회비용은 바로 수익증권의 수익률, 즉 금리이다. 금리가 상승할수록 기회비용이 증가하므로 현금보유를 줄이며 현금선호비율이 낮아진다. 소득측면에서 보면 소득증가에 따른 거래규모확대에 따라 현금보다는 수표결제 등이 편리하므로 현금선호비율은 낮아진다. 일시적 요인에서 살펴보면 일시적인 충격을 들 수 있다. 예를 들어 금융실명제의 전격실시에 따른 일시적 현금수요증가, 지하경제의 만연에 따른 현금수요증가 등을 들 수 있다. 그리고 우리의 입장에서 볼 때 설이나 추석 등의 명절에도 현금선호비율이 높아진다. 반면에 신용제도의 발전과 금융혁신이 진행됨에 따라 현금선호비율은 줄어든다. 마지막으로 전자화폐를 보유함으로써 현금보유비율을 낮추게 된다.

예금에 따라 지급준비율 결정요인에 관하여 살펴보기로 하자. 지급준비금은 의무적으로 보유해햐 하는 법정지급준비금과 은행이 선택하는 초과지급준비금으로 구성된다. 그리고 지급준비금을 중앙은행으로부터 빌린 차입지급준비금과 비차입지급준비금으로 나눌 수 있다. 초과지급준비금 가운데 차입지급준비금을 제외한 나머지를 자유지급준비금이라고 한다. 은행은 지급준비금이 부족할 때는 은행상호간에 빌리고 빌려주는 콜시장의 콜자금을 통해서 차입하게 된다. 그래도 부족하면 높은 금리와 벌칙금을 부담하고 중앙은행으로부터 차입한다.

지급준비금(R)은 법정지급준비금(R_L)과 초과지급준비금(R_E)으로 구성되므로 다음과 같이 나타낼 수 있다.

$$R = R_L + R_E \tag{7-10}$$

식 (7-10)의 양변을 요구불예금으로 나누면, 지급준비율(r)은 법정지급준비율(r_L)과 초과지급준비율(r_E)의 합이 된다. 즉 $r = r_L + r_E$이다. 따라서 통화승수(m)는 다음과 같이 도출된다.

$$m = \frac{1+c}{c+r} = \frac{1+c}{c+r_L+r_E} \tag{7-11}$$

그러므로 통화승수는 다음과 같은 요인들 즉 법정지급준비율(필요지급준비율), 대출금리, 재할인율, 그리고 예금인출의 불확실성, 대출회수의 불확실성 및 정책의 불확실성과 같은 요인들이 변하게 되면 통화승수 값도 달라지게 된다. 구체적으로 살펴보면 법정지급준비율이 높을수록 은행의 지급준비율이 높아져 승수값이 낮아진다. 대출이자율이 높아지면 초과지급준비금의 보유는 기회비용이 증대하는 것이므로 그만큼 초과지급준비금은 줄어들고 지급준비율 또한 낮아져 승수값이 낮아진다.

재할인율이 지급준비율에 미치는 요인은 두 가지로 작용한다. 하나는 중앙은행부터의 차입이 줄어든다. 이에 따라 차입지급준비율은 낮아진다. 이것은 지급준비율을 낮추는 작용을 하게 된다. 그러나 재할인율 인상은 지급준비금부족에 따른 비용을 인상시키므로 예비적 목적을 위한 초과지급준비율을 높이는 요인으로 작용한다. 따라서 통화승수에 미치는 효과는 두 가지 상반된 효과의 순효과에 달려있다. 금융시장의 불안정성으로 대변되는 불확실성 요인은 예비적 동기에 의해 필요 이상의 준비금을 보유하도록 한다. 따라서 지급준비율을 높이고 통화승수를 낮추게 된다.

이제 통화승수모형의 한계점에 관하여 언급해 보면 너무 정태적이며, 본원통화를 결정하는 요인이 무엇인지는 생략하고 있다. 그리고 예금에 대한 현금선호비율과 예금에 대한 지급준비율 등이 이자율에 영향을 받는다.

여기서 통화승수가 낮다는 것의 의미를 살펴보기로 하자. 통화승수가 낮다는 것은 동일한 본원통화를 통해서 파생예금이 상대적으로 적게 창조된다는 것을 의미하므로 대출이 상대적으로 억제됨을 뜻한다. 이것은 우선 본원통화의 효율성을 낮춘다는 것을 의미한다. 국민경제의 필요한 통화량을 위해 중앙은행은 보다 많은 화폐(현금)를 찍어내야 한다는 것을 말한다. 새로 돈을 찍어내는 데는 발행에 따른 비용은 물론이고 현금유통을 증대시키는 부작용도 수반한다.

제 4 절 통화공급이 내생적일 수 있나?

통화의 공급구조, 즉 통화의 외생성 혹은 내생성에 관한 논의는 통화경제학에서 오래된 논쟁적 이슈의 하나이다. 통화 공급구조에 관한 논의는 통화가 중앙은행과 같은 기관에 의해 외생적으로 공급되는 외생변수인가 아니면 민간은행의 신용규모에 따라 변동하는 내생변수인가 하는 것이다.

통화금융정책을 이야기할 때 통화공급은 중앙은행의 정책적 의도(재량)에 의해서 변화되는 외생적인 변수로 취급하는데, 그 전형적인 예가 화폐수량설이다. 그러나 앞에서 통화승수 및 본원통화의 내용을 살펴보면서 중앙은행이 통제가능한 부문은 그리 많지 않음을 보았다. 통화의 내생성이란 소득이나 이자율 등과 같이 시장경제 내부에서 결정되는 변수들에 의해서 통화량이 영향을 받는다는 것을 말한다. 이와 같은 문제가 왜 중요한가?

정책변수가 아니라 소득. 이자율, 국제수지 등의 실무경제활동 변화에 따라 수동적으로 변한다면 통화당국의 역할은 수요변화에 수용적으로 응하는 결정만 해야 하기 때문이다. 이런 경우 경기변동을 완화시키는 수단으로서의 통화금융정책은 불가능해진다.

중앙은행이 본원통화 중 실제로 통제할 수 있는 부분은 대금융기관신용밖에 없다. 정부와 해외부문은 통제가 어렵다. 그리고 이자율이 변할 때 자유지급준비율이 영향을 받는다. 대출이자율이 오르면 민간의 현금보유가 감소하고 은행의 지급준비금이 감소하므로 통화승수가 커지고 통화공급이 늘어나므로 통화공급이 이자율의 정(+)의 함수라 할 수 있다. 그리고 통화승수과정에서 본다면 통화량 결정은 은행의 자금운용전략, 차입자의 자금수요, 저축자의 현금보유성향 등에 의해 달라지는데, 이것은 중앙은행이 직접 통제할 수 없는 부분이다.

통화가 외생적이라고 보는 견해는 통화공급 변동이 물가와 실질생산을 결정한다고 주장하는 반면 통화의 내생성을 주장하는 견해는 통화공급은 실물경제 활동에 의해 결정되는 것으로 본다. 통화주의론자는 화폐의 교환방전식 $MV=Py$에서 통화의 유통속도가 비교적 안정적이라는 전제하에서 인과관계가 왼쪽에서 오른쪽으로, 즉 통화(M)로부터 명목소득(Py)으로 성립한다고 보아왔다. 그러나 후기 케인지언학파는 현재와 같은 신용 화폐경제하에서는 이러한 통화주의 학파의 주장은 적정하지 않다고 지적하고 있다.

이들은 현대 경제사회에서 통화량은 대부분 은행을 비롯한 여러 금융중개기관의 예금부채로 구성되므로 통화는 불가피하게 이들 금융 중개기관의 대출활동의 부산물로 창출되고 소멸된다고 보고 있다. 따라서 명목소득의 증가는 은행대출로 조달되고 은행대출의 증가는 통화공급의 증가를 가져온다는 것이다. 다시 말해서 교환방정식에서 인과관계는 오른쪽에서 왼쪽으로, 즉 명목소득에서 통화로 흐르는 것이다.

통화공급이 외생변수인지 내생변수인지에 대해서도 학자들간의 의견이 조금씩 다르다. 외생변수란 경제체계의 외적인 요소, 즉 정부의 정책적인 결정 또는 경제체계의 외부적인 요소에 의해서 결정되는 변수를 말한다. 내생변수란 경제체계 내의 다른 경제변수들의 작용에 의해 결정되는 경제변수를 말한다. 분명히 통화공급을 외생변수로 처리하느냐 또는 내생변수로 처리하느냐는 거시경제적인 측면에서 통화의 역할을 분석하는 데 중요한 영향을 미친다. 통화공급이 외생변수라고 하는 학자들은 통화공급이 금융당국에 의해서 결정될 수 있고 통제가능하다고 주장한다. 그런데 또 다른 학자들은 통화공급이 내생변수라고 주장한다.

통화공급이 외생변수라고 주장하는 사람들은 다음의 요소에 의해서 통화공급이 결정된다고 한다. 통화량은 ① 은행이 아닌 민간의 요구불예금에 대한 현금비율, ② 일반은행의 지불준비금 비율, ③ 본원통화, ④ 기타 초과준비금 비율 및 요구불예금에 대한 정기예금 비율 등의 요소에 의하여 변화될 수 있다는 것이다. 통화공급이 외생변수라고 믿는 학자들은 이와 같은 비율은 일반적으로 거의 안정적이고 일정하기 때문에 통화승수도 거의 일정하고 안정적이라는 것이다. 그래서 통화금융당국은 통화승수를 거의 안정적으로 예견할 수 있으므로 통화공급의 변화는 본원통화의 변화에 달려 있다는 것이다.

그런데 이 사람들의 주장이 사실인지 아닌지는 경험적 자료를 수집하여 분석해 본 결과 통화승수가 안정적이며 거의 큰 폭의 변동 없이 그 경향이 일정했다. 그러나 이러한 것이 소규모 개방경제에도 통화승수가 안정적이며 거의 일정한지는 더 많이 연구해 보아야 한다. 소규모 개방경제의 통화공급은 내생변수라고 주장하는 사람도 많이 있다.

통화공급이 외생변수라고 주장하는 학자들은 통화승수가 안정적이고 시계열 자료를 보면 거의 일정하므로 본원통화의 변화가 통화공급을 결정한다고 본다. 이들은 계속해서 본원통화는 통화금융당국에 의해서 잘 통제될 수 있다는 것이다. 그러므로 통화금융당국은 본원통화를 잘 통제하기만 하면 통화공급량을 통화금융당국이 통제할 수 있다고 주장한다.

통화공급이 외생적이기 위해서는 다음과 같은 조건이 충족되어야 한다. ① 본원통화와 법정지급준비율은 중앙은행에서 정책적으로 결정할 수 있다. ② 예금통화량과 통화량은 본원통화량에 의해 피동적으로 결정될 뿐 본원통화량에는 영향을 미치지 않는다. ③ 초과지급준비율과 현금선호비율은 안정적이므로 다른 내생적 경제변수에 영향을 받지 않는다. 이와 같은 전제조건이 충족되지 않으면, 통화승수가 상수가 되지 않고 그 자체가 내생변수에 영향을 받는 변수가 되므로 외생변수가 되지 않는다. 내생성을 주장하는 입장은 위의 요건들에 대해 회의적이다. 왜 그런가?

먼저, 본원통화는 민간의 현금과 은행의 초과지급준비금수준에 대응하여 조절해야 하므로 이와 무관한 독자적 변수라고 할 수 없다. 그 다음, 특히 초과지급준비율과 민간의 현금선호비율이 민간과 은행의 경제적 판단과 선택에 의하므로 외생적인 상수라고 할 수 없다. 실제로 실제지급준비율, 현금비율은 이자율에 영향을 받고, 그리고 이자율은 본원통화에 의해 영향을 받기 때문이다.

그리고 본원통화 역시 경기변동이나 국제수지 등 대내외적인 변화에 따라 변한다. 마지막으로 최근의 금융환경변화에 따라 통화승수는 불안정하고 예측 불가능한 측면이 확대되고 있다. 결국 중앙은행의 통화량 조절능력은 시장경제가 발전할수록, 경제의 금융구조가 발전할수록 여러 면에서 제약당한다. 따라서 직접통제방식이 아닌 시장친화적 조절방식이 필요해지며 이런 능력의 개발은 오늘날 중앙은행이 안고 있는 큰 과제이다.

반면에 통화공급이 내생변수라고 주장하는 학자들(신케인즈학파)의 그 이론적 정당성은 무시할 수 없을 정도로 강력하다. 통화공급이 내생변수라고 주장하는 사람들은 요구불예금에 대한 현금비율은 일정하지 않다고 본다. 그리고 이들의 주장에 의하면 은행의 요구불예금에 대한 초과지급준비금 비율도 일정하지 않다는 것이다. 또한 요구불예금에 대한 정기예금 비율도 변할 수 있다고 주장한다.

만약 통화승수가 민간의 자발적인 선택에 의해 결정되는 것이라면 경제의 각종 변수에 의해 통화승수가 좌우된다. 즉 내생변수가 된다. 앞서 간략히 지적한 내용을 명시적으로 고려해보면 왜 내생변수가 되는지를 알 수 있다. 먼저, 민간의 현금선호는 기회비용인 명목금리가 높아질수록 줄어든다. 또한 소득이 증가하면 요구불예금과 저축성예금 등 예금이 증가한다.

따라서 위의 요인들을 일정한 값으로 가정한 외생적 통화공급함수에 대입하면 이제 내생화된 통화공급함수를 얻을 수 있다.

$$M = m(Y,\ r)H \qquad (7\text{-}12)$$

요약하면, 통화공급이 금리와 국민소득의 함수가 된다. 내생적 통화공급함수를 의미해보자. 내생성 정도가 높을수록 통화금융정책의 효과는 제한적이 된다. 우선 본원통화량조절이나 법정지급준비율의 변경을 통해 시중의 통화량을 조절하는 것 자체가 어려워진다. 그리고 통화량을 조절한다 해도 그로 인해 이자율이나 여타 경제 변수가 변하면 이것이 다시 통화량에 영향을 주어 통화공급 조절효과가 상쇄되어 버린다면 원하는 방향으로 정책효과가 나타날 것인지가 불확실해진다. 예를 들어 공개시장조작에 의해 통화량을 늘리면 이자율이 하락할 것인데 이에 따라 은행의 초과지급준비금이 늘어나고 신용창출규모 및 대출이 줄어 통화량도 줄어든다. 이렇게 된다면 통하량 증가의 효과는 상쇄되어 버릴 것이다. 흔히 통화량의 경기 순응적 변화는 정책의 운영 실패라고 비난하지만 정책실패라기보다는 내생성에 대한 하나의 근거라고 볼 수도 있다.

통화공급이 내생변수라고 믿는 학자들 특히 신케인즈학파에 의하면 현금비율, 초과준비금 비율 및 정기예금 비율들은 모든 다른 경제요소가 일정할 때에 한해서 일정할 수가 있다는 것이다. 다시 말해서 다른 경제요소가 변하면 현금비율, 초과준비금 비율 등도 일정하게 될 수 없다는 것이 이들의 주장이다.

이들의 주장에 의하면, 첫째, 실질 국민소득이 변하면 일반인들은 거래수단으로서 수표를 현금보다 더 많이 사용한다는 것이다. 사실 실질 국민소득이 낮을 때는 수표로 거래할 만큼 액수가 큰 것이 아니다. 그렇지만 실질 국민소득이 증가하면 거래액수가 증가하게 되어서 현금보다는 수표로 거래하는 기회가 많게 된다. 실질 국민소득이 증가하면 현금수요도 물론 증가하겠지만, 요구불예금 수요가 비율적으로 더 많이 증가하게 된다는 것이다. 그래서 요구불예금에 대한 현금비율이 변동된다는 것이다.

둘째, 가격의 변화를 생각할 수 있다. 식료품 같은 것은 현금을 주고서 구입하지만 투자재 같은 것은 수표를 주고 구입하는 수가 많다. 만약 현금구입이 주된 식료품의 가격변동률이, 수표구입이 주된 투자재의 가격변동률보다 월등히 높다면 일반민간의 현금수요는 수표수요보다 높아지게 되며, 따라서 요구불예금에 대한 현금비율은 변동하게 된다는 것이다.

셋째, 은행 신용카드나 다른 신용카드가 요구불예금에 대한 현금비율을 변동시킬 수 있다는 것이다. 현대는 신용카드를 많이 사용한다. 이러한 신용카드는 현금소지를 감소시킨다. 그래서 신용카드의 소지는 요구불예금에 대한 현금비율을 변동시킬 수 있다.

넷째, 이자율이 현금비율을 변동시킬 수 있다는 것이다. 이자율이 상승하게 되면, 현금을 소지하는 기회비용은 상승한다. 현금을 소지하고 있으면 명시적인 이자소득이 없다. 은행이 높은 이자율을 지급할 때에는 사람들은 현금을 많이 소지하는 것을 삼가하고 은행에 저축하게 되는 것이 일반적인 경우이다. 그래서 이자율의 변동이 요구불예금에 대한 현금비율을 변동시킬 수 있다는 것이다.

다섯째, 이자율은 은행이 보유하는 초과지급준비율과도 관련이 있는 것이다. 은행은 초과지급준비금이 존재할 때 민간에게 대출해 줄 수 있다. 그런데 은행이 초과지급준비금을 조금 더 많이 보유할 수도 있다. 만약 이자율이 높다면 은행은 대출금으로부터 얻는 한계수익은 상승하게 된다. 그래서 은행은 초과지급준비금 비율을 낮추고서 한계수익이 증가함에 따라 대출을 늘린다. 따라서 이자율은 동시에 은행의 요구불예금에 대한 초과지급준비금비율을 변동시킬 수 있다. 그래서 토빈(J. Tobin)은 은행의 초과지급준비금 비율은 이자율 변동과 기회비용에 달려 있다고 주장한다. 토빈은 통화공급이 내생변수라고 주장하는 반면, 프리드만(Friedman)과 뉴린(Newlyn) 같은 통화론자들은 통화공급이 외생변수라고 주장한다.

부언해 둘 것은 아직까지 통화공급이 외생변수인지 내생변수인지에 관해서는 무수한 학자들이 논쟁을 벌이고 있으나 결론이 나지 않고 있다. 그러므로 통화공급을 아무렇게나 외생변수로 취급한다든지 내생변수로 취급해서는 안되고, 어떠한 모형을 사용하는지 또는 소규모 개방경제인지에 따라서 내생변수로 취급해야 할 때가 있고 또 모형구축에 따라서는 외생변수로 취급해야 할 때가 있다는 것을 유의해야 한다.

여섯째, 국제간의 자본이동을 무시할 수 없다는 것이다. 국제 자금시장을 통하여 나라 사이에서 유가증권을 매매할 수 있다. 예를 들어서 미국의 이자율이 다른 나라의 그것보다 높다고 해보자. 그럴 때에 미국의 국공채에 대한 이자수익이 다른 나라의 그것보다 높아지게 된다. 그러면 다른 나라의 개방경제 체제는 어떻게 반응을 보일 것인가? 국제간의 자본이동이 있게 된다. 다른 나라의 기업과 정부가 미국의 공사채를 구입할 때 대금을 지불하지 않으면 안 된다. 결국에는 서로 다른 화폐의 교환을 통하여 통화량에 영향을 미칠 수가 있다. 이 밖에도 자본의 가치보전이나 투기적인 목적으로 하는 자본이동도 있다. 자기 나라의 화폐가치의 변동에서 발생하는 손해를 회피하기 위하여 행해지는 자본도피나 환율의 변동을 이용하여 투기적인 이익을 얻으려고 하는 투자적인 자본이동이 존재할 수도 있다. 이러한 종류의 단기적인 국제 자본이동은 경제적인 이유에 기인할 수 있고 또한 정치적 · 사회적인 이유에 기인하는 경우도 있을 수 있다.

08

chapter >>>>

중앙은행의 통화금융정책 수단과 독립성

CHAPTER 08

중앙은행의 통화금융정책 수단과 독립성

제 1 절 중앙은행의 기능: 미시적 기능과 거시적 기능

중앙은행은 정부의 은행, 은행의 은행이면서 통화금융정책을 담당하는 공적 기관이다. 오늘날 중앙은행은 모든 나라에서 금융제도의 핵심적인 요소로 자리를 잡고 있다. 전통적으로 중앙은행의 설립은 각종 통화금융정책 수단을 동원하여 화폐가치의 안정, 즉 물가안정과 경제발전의 촉진에 그 목적을 두고 있다. 이러한 목적을 달성하기 위한 중앙은행의 구체적 기능을 살펴보자. 중앙은행의 기능에 대해서는 역사적으로 국가에 따라 다양한 주장들이 제기되어 왔다. 이러한 주장들을 요약해 보면 중앙은행은 다음과 같은 기능들을 수행한다고 할 수 있다. 즉 중앙은행은 은행권의 발급기능, 정부의 은행으로서의 기능, 예금은행의 지급준비금 보관기관으로서의 기능, 외환 보유기관으로의 기능, 재할인 은행으로서의 기능 그리고 대출통제의 기능 등을 수행한다. 중앙은행의 기능으로서 미시적 기능과 거시적 기능을 살펴보기 위하여 우선 개략적으로 중앙은행의 [표 8-1]의 대차대조표를 살펴보기로 하자.

중앙은행의 대차대조표를 살펴보면 상업은행과는 구별되는 몇 가지 특징을 찾아볼 수 있다. 우선 부채 항목 중에서 은행권에 대해 생각해 보자. 우리가 중앙은행을 발권은행이라고 지정하는 것은 바로 이 항목 때문이다. 여기서 은행권이 왜 부채인가에 대하여는 옛날에는 민간이 은행권을 들고

표 8-1 중앙은행의 대차대조표

자 산	부채 및 자본
금(금화, 금괴, 은) 외화(각종 외화자산) 대출금(민간신용) 국채(정부신용)	은행권(중앙은행만의 항목) 정부예금(중앙은행에 집중) 민간예금(금융기관의 준비금 집중) 자본금(적립금/이익금 포함)

중앙은행으로 찾아오면 이를 언제라도 금으로 태환해 주어야 한다는 의미에서 당연히 부채 항목으로 분류되었다. 금태환이 이루어지지 않는 현대에 이것을 부채 항목에 포함시키는 것을 설명하기란 쉽지 않지만, 직관적으로 이해하는 데에는 어려움이 없을 것이다.

또 한 가지 눈여겨 볼 특징은 상업은행의 지급준비금이 중앙은행에 예금형태로 예치되어 있다는 점이다. 실제로 중앙은행은 상업은행에 여러 가지 방식으로 신용을 공급하기 때문에 '은행의 은행'이라 불린다. 한편 초창기에 중앙은행은 일반기업과도 예금 또는 대출거래 등을 수행했다. 하지만 '은행의 은행' 역할을 수행하는 오늘날의 중앙은행은 금융기관 이외의 민간인과는 직접 거래를 하지 않는 것을 원칙으로 한다.

대차대조표의 부채 항목에 정부예금이라는 항목이 있다. 어느 나라에서도 정부예금은 민간은행에 예치되지 않고 중앙은행에 집중된다. 또한 중앙은행은 자금부족에 처한 정부에 대출을 해주기도 한다. 이런 이유 때문에 중앙은행은 '정부의 은행'이라고도 불린다. 정부의 지급은 통상 중앙은행 앞 수표 또는 지급지시서의 형태로 이루어진다. 이처럼 중앙은행은 상업은행과는 다른 몇 가지 특징을 갖는다. 이들 특징에 대한 이해를 바탕으로 중앙은행이 현실에서 수행하는 거시적 기능과 미시적 기능을 알아보자.

통화금융정책의 미시적 목적과 거시적 목적에 대해서 살펴 볼 때 미시적 목적에는 금융거래, 지급시스템 등 금융제도의 안정성 유지가 포함되고 거시적 목적에는 물가안정, 완전고용 실현, 국제수지 균형, 지속적 경제성장 등이 각각 포함된다. 이와 같은 통화금융정책의 미시적 · 거시적 목적은 중앙은행의 미시적 · 거시적 기능으로 각기 연결된다. 왜냐하면 중앙은행의 기능이란 통화금융정책을 통해 수행되는 것이기 때문이다.

이렇게 본다면, 중앙은행의 미시적 기능이란 통화금융정책의 미시적 목적, 즉 금융위기시 유동성을 공급하고 또 이런 사태를 막기 위해 금융기관을 규제 · 감독함으로써 금융제도의 안정성을 보장하는 것이다. 사실 초기의 중앙은행은 상업은행 가운데 발권독점권을 가진 특혜받은 은행이었을 뿐, 그 밖에는 여느 상업은행과 별로 다르지 않았다. 예를 들어 중앙은행의 주요 기능은 금 · 은의 태환 보장이었는데, 이것은 다른 시중은행들도 수행하고 있었던 기능이었다.

그러나 '정부의 은행' 인 중앙은행에 대한 일반 국민의 신뢰가 자연스럽게 높아지자 각 은행들은 점차 자신의 준비금을 중앙은행에 집중시켰고, 그 결과 중앙은행은 자연스레 '은행의 은행' 으로서의 역할을 담당하게 되었다. 이후 상업은행들은 중앙은행에 예지된 자신의 지급준비금을 이용하여 상호 대차관계를 청산하게 되었고, 이것이 중앙은행을 중심으로 하는 지급결제제도로 발전하게 되었다. 또한 상업은행들은 '은행의 은행' 인 중앙은행으로부터 어음재할인을 통해 자금을 융통하게 되었는데, 바로 이것이 상업은행들이 중앙은행을 자금의 최종 원천으로 자연스럽게 인식하도록 하는 계기가 되었다.

금융시장은 정보의 불완전성과 비대칭성 그리고 외부효과 등의 문제가 심각한 것으로 알려져 있다. 이러한 특성 때문에 개별 은행이나 금융시장은 순식간에 불안정해질 수 있다. 따라서 적절한 원칙하에 개별 은행 또는 금융시장에 긴급유동성을 제공하여 금융위기를 수습하는 최종대부자가 필요해진다. 이 최종대부자가 자금의 최종 원천인 중앙은행이며, 이 역할은 중앙은행의 미시적 기능에 속한다. 즉, 금융제도의 불안정성이 중앙은행의 존재 이유 중 하나가 된다. 이때 중앙은행은 유사시 금융제도에 보험을 제공하는 셈이 되므로 개별 은행들의 도덕적 해이를 평소 감시해야 할 필요가 생긴다. 그래서 중앙은행은 금융기관에 대해 규제 감독의 기능도 자연스럽게 행사하게 되었다. 또한 지급결제제도가 금융시장 불안정성의 주요 발생경로가 된다는 점에서 중앙은행은 지급결제제도에 대해서도 규제 · 감독 기능을 수행하게 되었다. 이와 같이 중앙은행은 자생적 진화과정을 거쳐 미시적 기능을 갖추게 된 것이다. 이 역할은 중앙은행으로 하여금 은행제도 전반의 건전성과 안정성을 뒷받침하기 위한 각종 정책을 시행할 수 있는 근거를 마련해 주었다.

한편 중앙은행의 거시적 기능이란 통화정책의 거시적 목적, 즉 화폐와 신용의 양과 가격을 조절하여 물가, 고용, 소득 등 거시경제의 명목 또는 실질변수에 영향을 미치는 것이다. 통화금융정책의 거시적 목적은 시대가

바뀜에 따라 통화제도와 정책기조가 달라지면서 다양하게 해석 · 운용되어 왔다. 이에 따라 중앙은행의 거시적 기능이 변모해 왔음은 물론이다. 이는 급격하게 변화하는 거시경제 상황이 항상 중앙은행에게 새로운 임무를 부여하곤 했기 때문이다.

지난 수십 년간 급속히 진행되어 온 금융혁신 및 규제완화로 금융시장의 불안정성이 나날이 심화되고 있는 가운데, 19세기에 그랬듯이 20세기와 21세기에도 금융안정 기능은 중앙은행의 본질적 기능으로 간주된다. 미시적 기능은 시장경제가 유지되는 한 변함없이 중앙은행이 최종적으로 담당해야 할 부분이기 때문이다. 또한 각국 중앙은행의 거시적 기능 가운데 물가안정 기능은 근본적으로 가장 중요한 것으로 간주된다. 결국 물가안정과 금융안정은 오늘날 중앙은행이 근본적으로 추구해야 할 두 가지 책무로 확립되었다.

중앙은행의 여러 기능 중 어느 기능이 중앙은행의 속성을 가장 잘 나타내는 것인가에 대하여 학자들 간에도 다양한 견해 차이를 보이고 있는데, 대표적인 경우로서 다음과 같은 예를 들 수 있다. 호트레이(Hawtrey)는 중앙은행의 가장 중요한 기능은 '최후의 대부자' 라고 한다. 그에 의하면 은행권 발급권한이 최후의 대부자 기능을 보다 강화시켜 주는 것이긴 하나, 은행권의 발급권이 없어도 최후의 보루로서 역할을 해 나갈 수 있다는 것이다.

스미스(V. Smith)는 은행권의 발급에 대한 독점권 또는 거의 독립적인 권한을 가진다는 데 중앙은행의 주속성이 있으며, 다른 기능들은 단지 독립적인 발권력에 부수되는 하위기능일 뿐이라고 주장한다. 쇼우(Shaw)는 '신용통제가 중앙은행의 주속성이다' 라고 주장하였으며, 키쉬(Kisch)와 엘킨(Elkin)은 중앙은행의 통제와 관련되어 있다고 본 반면, 죤시(Jauncy)는 국내 및 외국환에 대한 결제기관으로서의 역할을 주요 기능이라고 보았다. 물론 미국의 중앙은행인 연방준비제도의 명칭에서 지불준비제도를 강조한 것처럼 지급준비은행으로서의 기능을 보다 강화하는 견해도 있다.

위에서 중앙은행의 기능에 관하여 살펴보았으므로 우리나라의 중앙은행인 한국은행의 주요기능에 관하여 살펴보기로 하자. 한국은행의 기능은 효율적인 통화신용정책의 수립과 집행을 통하여 물가안정을 도모함으로써 국민경제의 건전한 발전에 이바지함을 목적으로 하고 있다. 한국은행은 발권은행으로서 화폐를 발행함은 물론 통화신용정책의 수립 및 진행, 지급결제제도의 운영과 관리, 금융기관의 경영실태 분석 및 검사 그리고 외국환 관리 등을 수행하고 있다. 또한 한국은행은 국고금 관리, 국제금융기구와의 거래 및 교류, 경제조사 및 통계편제 등도 담당하고 있다.

제 2 절 한국은행의 조직 및 기능

1. 한국은행의 조직

한국은행은 통화금융정책의 수립과 집행을 통하여 물가안정을 도모함으로써 국민경제의 건전한 발전에 기여하는 것을 설립목적으로 하고 있다. 설립목적을 포괄적으로 규정하지 않고 물가안정으로 한정하고 있는 것은 통화금융정책의 일관성 유지 및 중립성 보장과 밀접한 관련을 갖는다. 중앙은행의 설립목적이 광범위하게 규정되어 있으면 중앙은행은 정책목표를 수시로 바꿀 가능성이 있는데 이를 민간이 인식할 경우 통화금융정책에 대한 신뢰도는 저하될 것이다. 중앙은행이 여러 가지 목표를 함께 달성하려면 동일한 거시경제목표를 추구하고 있는 정부기관과 긴밀한 협조관계를 유지해야 하는데 이 경우 중앙은행은 협조 또는 조정이라는 명분하에 정부의 통제를 받게 될 가능성이 높다.

금융통화위원회는 한국은행의 정책결정기구로서 통화신용정책과 한국은행의 운영에 관한 사항을 심의 의결하는 권한을 가지고 있다 금융통화위원회는 경제 각계의 대표에 의해 운영되는 합의제 기구로서, 한은법에 특별한 규정이 없는 경우에는 위원 5인 이상의 출석과 출석위원 과반수의 찬성으로 의결한다 금통위가 합의제 기구로 설치·운영되는 취지는 중앙은행의 기능의 국민경제에 미치는 영향이 막중하다는 점에서 정책결정의 민주화와 정치적 중립성을 확보하려는 데 있다.

금통위는 한국은행총재 1인과 한국은행 부총재 1인의 당연직 위원 2인과 재정경제부 장관, 한국은행 총재, 금융위원회 위원장, 대한상공회의소 회장, 전국은행연합회 회장이 각기 1인씩 추천하는 5인의 임명직 위원 등 모두 7인으로 구성되며, 한국은행 총재가 의장을 겸임한다. 5인의 임명직 위원은 금융·경제 또는 산업에 관하여 풍부한 경험이 있거나 탁월한 지식을 가진 사람으로 추천기관의 추전을 받아 대통령에 의해 임명되는데, 그 임기는 4년이며 연임할 수 있다. 금융통화위원회의 임명직 위원은 전원 상임으로 정치활동이나 겸직이 금지되어 있으며, 특수한 경우를 제외하고는 그 의사에 반하여 해임되지 않도록 신분보장이 이루어지고 있다

한편 한은 총재는 한국은행을 대표하고 그 업무를 총괄한다. 총재는 국무회의 심의를 거쳐 대통령이 임명하며 그 임기는 4년이고 1차에 한하여 연임할 수 있다. 총재는 금통위가 수립한 정책을 수행하고 한국은행법 등에 의하여 부여된 권한을 행사함과 동시에, 금통위가 유의해야 할 사항을 수시로 통보하고 금통위의 심의·의결을 위해 필요한 자료 및 의견을 제공할 의무를 지닌다. 한국은행의 집행간부는 총재 및 부총재 각 1인과 부총재보 5인 이내로 구성된다. 부총재는 총재가 추천하여 대통령이 임명되며, 그 임기는 3년이고 1차에 한하여 연임할 수 있다. 부총재보는 총재가 임명하며, 임기는 3년이고 1차에 한하여 연임할 수 있다.

2. 한국은행의 기능

(1) 은행권의 발행

한국은행은 한국은행법이 정하는 바에 따라 우리나라에서 은행권과 주화를 발행할 수 있는 유일한 화폐 발행기관으로서 발권 기능을 갖는다. 한국은행은 정부의 승인을 받아 금융통화위원회가 정하는 바에 의하여 어떠한 규격과 모양의 은행권도 발행할 수 있으며 한국은행권은 법화로서 모든 거래에 통용된다. 우리나라의 발권제도는 은행권발행에 대한 준비로서 금 또는 외국환의 보유를 요구하지 않으며 화폐발행 한도에 관하여도 아무런 제한규정을 두지 않는 등 통화당국의 책임하에 통화공급량을 신축성 있게 조절하는 이른바 관리통화제도를 채택하고 있다.

(2) 통화 신용정책의 수립 및 집행

한국은행은 각종 정책수단을 활용하여 통화량을 조절하는 통화금융정책을 수립하고 집행한다. 그리고 한국은행은 효율적인 통화 신용정책의 수립과 집행을 통하여 물가안정을 도모한다. 뿐만 아니라 국민경제의 건전한 발전에 이바지하기 위하여 각종 정책수단을 활용하여 통화량과 금리를 조절하고 자금의 효율적 배분을 도모하고 있다. 일반적으로 중앙은행은 통화

신용을 조절하기 위하여 재할인정책, 지급준비금정책 및 공개시장정책 등의 간접적인 조절방식을 주로 이용한다. 금융 시장의 발달이 미흡한 단계에서는 간접적인 조절방식과 함께 금융기관의 여수신금리에 대한 규제, 대출, 투자 등 자금운용에 대한 직접통제 등 직접규제수단도 함께 사용한다.

1) 대출정책(재할인 정책)

한국은행의 대출제도는 어음의 재할인 또는 증권담보에 의한 대출형태로 금융기관에 자금을 공급하는 제도이다. 중앙은행은 재할인 금리를 변경하거나 규모를 조절하여 금융기관의 자금규모 또는 자금 조달비용에 영향을 줌으로써 금융기관의 신용공여 규모를 간접적으로 조절할 수 있는데 이를 대출정책이라 한다. 중앙은행의 대출정책은 재할인정책이라고도 불리며 지급준비정책, 공개시장정책과 더불어 중앙은행의 전통적인 통화신용정책 방식의 하나로 사용되고 있다.

대출정책의 운용방식에는 두 가지가 있는데, 그 하나는 재할인 금리를 시장금리보다 높은 수준으로 정해 놓고 금융기관의 자금수요에 대응하여 동 금리를 조절하는 방식이다. 이 경우 재할인 금리는 시장금리의 상한이 되며 중앙은행은 재할인 금리를 조절하여 금융기관의 자금 조달비용과 대출형태에 영향을 미치고 이를 통해 민간에 대한 금융기관의 신용공급 규모를 조절한다. 다른 하나는 재할인 한도 운용방식인데 이는 중앙은행이 재할인 금리를 시장금리보다 낮게 설정하고 금융기관에 대해 적정하다고 판단되는 규모의 재할인 자금을 공여하는 형태로 운용된다.

2) 지급준비율정책

지급준비제도는 금융기관으로 하여금 예금의 일정비율 해당액을 중앙은행에 예치하도록 하는 제도로서 당초에는 예금자 보호를 목적으로 도입되었다. 그러나 지급준비율의 변경이 금융기관의 가용자금에 영향을 주어 통화량의 변동을 가져온다는 사실이 인식되면서 유동성 조절을 위한 주요수단의 하나로 활용되기 시작하였다. 지급준비율정책은 법적 강제력이 뒷받침되기 때문에 금융기관의 유동성을 직접적으로 조절할 수 있는 장점이 있으나 금융기관 수지에 미치는 영향이 매우 커서 지급준비율을 신축적으로 변경하는 데에는 상당한 제약이 따른다.

1990년대 들어 금융자유화가 진전되고 금융시장이 빠른 속도로 발전하면서 공개시장 조작이 한국은행의 주된 통화금융정책 수단으로 자리잡게 됨에 따라 지급준비제도의 역할은 크게 축소되었다. 또한 한국은행은 은행과 비은행 금융기관 간의 공정한 경쟁여건을 조성하고 금융기관의 대외경쟁력을 제고하기 위하여 1996년 이후 세 차례에 걸쳐 필요 지급준비율을 대폭 인하하였다. 그 결과 1996년 3월 9% 상회하던 평균지급준비율이 1997년 2월 이후에는 3% 내외로 하락하였다. 한편 지급준비금은 당좌예금으로서 원칙적으로 이자를 지급하지 않으나 필요한 경우에는 금융통화위원회가 정하는 바에 따라 이자를 지급할 수 있다. 한국은행은 1986년까지 금융기관의 수지사항을 고려하여 여러 차례 지급준비금에 대해 이자를 지급한 바 있으나 1987년 이후에는 이자를 지급하지 않고 있다.

3) 공개시장 정책

공개시장 정책은 중앙은행이 채권을 공개시장에서 매입 또는 매각함으로써 금융기관과 민간의 유동성을 조절하는 동시에 간접적으로 시장금리를 조절하는 정책방식이다. 공개시장 정책은 정책효과가 금융시장의 가격메커니즘을 통해 나타나고 매매량을 신축적으로 조정하여 탄력적인 운용이 가능하다는 점에서 선진국에서 일상적으로 사용되고 있다. 그러나 공개시장 정책은 증권과 발달된 유통시장의 존재 그리고 자유로운 시장금리의 형성 등 여러 가지 조건이 갖추어져 있어야만 그 효과를 제대로 발휘할 수 있다. 때문에 개발도상국에서는 공개시장 조작이 통화 조절수단으로 널리 활용되지 못하고 있는 실정이다. 한국은행은 1980년대 중반 이후 공개시장 정책을 확대하여 현재는 중심적인 통화 신용정책 방식으로 활용하고 있다. 한국은행은 통화안정증권의 발행 및 환매와 국채 등의 증권 매매를 통해 공개시장 정책을 수행하고 있다.

4) 금융기관에 대한 직접규제

한국은행의 금융기관에 대한 직접규제는 대출정책, 지급준비정책 및 공개시장정책 등과 같은 간접 조절 통화관리방식을 활용한 여건이 미비되어 있거나 이들 방식만으로는 충분한 효과를 기대할 수 없는 경우에 사용하는 정책수단이다. 직접규제수단에는 금융기관의 여수신관리 규제, 금융기관 신용공급량의 직접통제 및 특정부문에 대한 금융기관의 여신취급 금지와 같은 신용할당 등이 포함된다. 중앙은행은 직접규제수단을 사용하여 금융기관의 신용공급 규모와 공급경로 등을 보다 신속하고 정확하게 조절할 수 있다. 그러나 장기적으로는 자금배분의 왜곡과 경쟁제한에 따른 금융시장의 효율성 저하 등의 폐해가 수반되므로 일반적으로 직접규제수단은 보완적으로 사용하고 있다.

3. 지불결제 제도의 운용과 관리

경제주체간의 채권 · 채무관계를 마무리하는 지급결제가 효율적이고 안전하게 이루어질 수 있도록 관련제도를 운영 · 관리한다. 한국은행은 금융기관이 예치한 예금을 이용하여 금융기관간의 각종 대차거래를 결제해 줌으로써 금융기관간 자금결제의 중심기구로서의 역할을 수행한다.

1980년대 중반 이후 금융자유화와 금융의 국제화의 진전과 함께 금융전산화 및 정보통신 기술의 혁신을 배경으로 전자 자금이체가 급속히 확대됨에 따라 지급결제제도의 안전성 확보와 효율적 운영은 중앙은행의 주요 책무 중 하나가 되었다. 한국은행은 금융기관으로부터 예금을 수입하고 이를 통해서 금융기관 간의 자금결제를 완결하는 전통적인 기능을 수행함과 아울러 금융기관간 거액자금 거래를 전자 자금이체 방식에 의해 수시로 결제하는 한국은행 금융결재망을 구축 · 가동함으로써 지급결제제도의 중심적인 역할을 하고 있다.

한국은행은 지급결제제도의 효율적 운영을 위하여 지급수단 및 결제시스템의 신규개발 및 개선 등의 업무를 수행하고 있다. 이를 위하여 한국은행은 금융결제원이 운영하고 있는 소액결제제도의 개선을 유도함과 아울러 새로운 지급수단의 개발 및 경제시스템의 확충을 도모하고 있다.

한국은행은 금융기관으로부터 예금을 수입하고 있으며 이 예금을 이용하여 어음교환 결제와 금융기관간 각종 대차거래를 결제함으로써 금융기관간 자금결제의 중심기구로서의 역할을 수행하고 있다. 한국은행법에서는 한국은행과 예금거래를 할 수 있는 기관을 정부, 정부 대행기관, 금융기관 및 금융통화위원회가 업무수행상 필요하다고 인정하는 법인으로 제한하고 있으며 일반 민간인과의 거래는 원칙적으로 금지하고 있다.

4. 금융기관 경영실태 분석

한국은행은 금융기관 경영실태와 관련한 자료를 수집하고 이를 분석하는 업무를 수행하고 있다. 이는 한국은행이 최종대부자로서의 기능을 원활히 수행하는 한편 한국은행 자산의 부실화를 방지하는 데 목적이 있다. 즉 문제가 발생할 경우 그 원인과 파급영향을 분석하여 최종대부자 기능을 발동할 것인지의 여부를 적기에 결정하고 지원규모와 기간 등에 오류를 범하지 않기 위해서는 금융시장의 동향은 물론 개별 금융기관의 경영상태를 상시적으로 파악하고 있어야 하기 때문이다. 또한 한국은행은 금융기관에 대하여 거액의 대출을 공여하고 있기 때문에 금융기관 경영실태에 대한 정확한 분석을 통하여 국민의 재산인 대출금이 부실화되지 않도록 관리하여야 할 필요성도 크기 때문이다.

5. 외국환 관리

현행 외국환 거래법은 외국환 거래와 관련한 일체의 권한(외환정책 수립, 기준환율 결정, 외국환 업무 취급기관 등록과 인가, 외국환 평형기금 운용, 각종 허가와 보고 및 검사)을 재정경재부 장관에게 부여하고 있다. 따라서 외국환 관리와 관련한 최종적인 책임자 권한은 재정경제부장관에게 있으며 한국은행총재는 재정경제부장관으로부터 외국환 업무 취급기관에 대한 일부 감독 권한을 위탁받아 행사하고 있다. 또한 한국은행은 외국환거래법에 의한 외환정보 집중기관으로 지정되어 있고, 우리나라의 대외지불 준비자산을 보유 · 운영하고 있으며 정부의 환율정책에 대해 협의하는 기능을 수행하고 있다.

6. 국고금 관리

한국은행은 국고금을 관리하고 정부에 신용을 공여하는 등 정부의 은행으로서의 기능을 수행하고 있다. 즉 한국은행은 대한민국 국고금의 공적 예수기관으로 모든 종류의 국고금을 정부예금으로 예수하며 이의 출납 계리업무도 담당하고 있다.

국고금의 수급업무는 범위가 매우 광범위하기 때문에 한국은행은 국고업무의 원활한 수행을 위하여 금융기관 점포를 대상으로 전국에 국고대리점 및 국고수납 대리점을 설치 · 운영하고 있다.

7. 국제 금융기구와의 거래 및 교류

한국은행은 국제 금융기구에의 가입조치에 관한 법률에 의해 정부의 대표 또는 중앙은행의 자격으로 각종 국제 금융기구와의 거래 및 교류에 관한 제반업무를 수행하고 있다. 1999년 6월 말 현재 우리나라가 가입한 국제 금융기구는 국제통화기금, 세계은행, 아시아개발은행, 유럽부흥개발은행, 아프리카개발은행 및 기금 그리고 상품 공동기금 등이다.

8. 경제조사 및 통계편제

한국은행은 통화금융동향 및 국내의 경제전반에 관한 조사연구 업무를 통하여 그때그때의 국내외 경제동향을 분석하고 전망하는 한편 정책대안을 제시함으로써 통화신용정책을 비롯한 여러 가지 국가 경제정책의 입안시 기초자료로 활용할 수 있도록 하고 있다.

제 3 절 통화금융정책의 수단

통화금융정책이란 통화당국이 국민경제의 안정과 성장을 도모하기 위하여 통화량이나 이자율과 같은 주요한 변수를 조절하는 것을 말하는데 통화정책, 통화금융정책, 통화신용정책 등 여러 이름으로 불리어진다.

일반적으로 한 나라의 경제정책의 목표는 크게 네 가지를 들 수 있다. 첫째는 물가안정의 달성이며, 둘째는 안전고용의 실현이고, 셋째는 경제성장을 이룩하는 것이며, 넷째는 국제수지의 균형을 도모하는 것이다. 이 네 가지 경제정책의 일반적인 목표를 다시 크게 둘로 나누어 물가안정과 완전고용을 합쳐서 흔히 경제안정이라고 부르며, 다른 하나를 경제성장이라고 한다. 위에서 국민경제의 안정과 성장이라는 말은 바로 이러한 뜻에서 쓴 것이다. 또한 처음 두 목표인 물가의 안정과 완전고용의 달성이 대내균형을 목표로 하는 것이라면, 네번째의 국제수지의 균형을 이룩하는 것은 대외균형을 목표로 하는 것이다.

이와 같이 한 나라의 경제정책의 목표를 물가안정, 완전고용, 경제성장 및 국제수지의 균형을 탄성하는 것이라고 할 때, 모든 종류의 경제정책은 이를 네 가지 목표를 추구하기 위하여 집행되는 것이다. 예를 들면 정부의 제정정책은 주로 조세와 정부지출을 변경시킴에 의하여 이 네 가지 목표를 달성하려고 하며, 여기서 살펴볼 통화금융정책 역시 통화량과 이자율의 수준을 조절함에 의해서 네 가지 목표를 달성하려고 한다. 재정정책과 통화금융정책은 경제변동의 폭을 가능한 한 줄임으로써 물가의 안정과 완전고용의 달성을 추구하는 경제안정정책인 것이다. 그런데 재정정책과 통화금융정책은 모두 적절한 총지출 또는 총수요의 수준을 유지함으로써 국민경제가 인플레이션 갭이나 리세션 갭에 빠지지 않도록 하려는 것이므로 총수요관리정책이라고도 부른다.

중앙은행은 공개시장조작 정책, 할인율정책 및 지급준비율 변화정책의 통화 관리수단을 통해 경제 내의 통화량을 조절한다. 이러한 정책들은 원칙적인 차원에서 이해하는 것만으로도 부족하다. 실제로 이러한 통화관리수단들이 어떤 방법으로 적용되어 영향력을 행사하는지에 대한 기술적인 측면의 이해가 필요하다. 예컨대, 중앙은행이 금융증권을 구입하고자 할 때 어느 정도 구입할 것인가를 결정하는 사람은 누구인지 또는 어디에서 어떠한 방법으로 구입하는지 그리고 중앙은행은 왜 한번에 하나의 통화관리 수단만을 이용해야만 하는지에 대한 기술적인 측면을 자세히 살펴보아야 한다. 하지만 이 논의에서는 통화관리의 정책수단으로서의 기술적인 측면만을 다룰 뿐 통화금융정책에 대해서 다루려는 것은 아니다.

통화량을 통제하기 위한 정책의 수단에는 크게 두 가지 종류가 있다. 하나는 간접적인 수단, 양적인 수단 또는 일반적인 수단 등 여러 이름으로 불리어지는 것으로서, 이는 공급되는 통화량이 어떠한 용도에 사용되는가에 대하여는 상관하지 않고 전체적인 통화량을 조절함으로써 국민경제의 몇몇 부문이 아니라 국민경제 전체에 영향을 주려고 하는 정책수단이다.

간접적인, 양적인 또는 일반적인 통화금융정책 수단에는 전통적인 수단들인 공개시장조작, 지급준비율정책 및 재할인율정책 등이 있다. 이러한 전통적인 세 가지 통화금융정책 수단들은 모두 예금은행의 지급준비금을 조절함으로써 궁극적으로 통화량을 규제하려고 하는 것이다.

통화금융정책 수단의 다른 하나는 직접적인 수단, 질적인 수단 또는 선별적인 수단이다. 이는 통화금융당국이 국민경제의 특정부문에 대한 신용의 공급을 촉진하기 위하여 신용의 배분에 직접 차별적으로 개입하는 것이다. 간접적인, 양적인 또는 일반적인 통화금융정책 수단이 국민경제 전체에 공급되는 통화량의 수준을 조절함으로써 총수요를 조절하려고 하는데 비하여, 직접적이고 질적 또는 선별적인 정책수단은 특정산업에 대한 신용의 공급을 선별적으로 촉진하기 위한 것이다. 가장 좋은 예로 정책금융인 수출지원금융을 들 수 있다.

1. 양적 통화금융정책 수단

한 나라의 총통화 공급을 결정하는 데 중앙은행이 이용하는 기법들은 통상적으로 금융 여건 전반에 무차별적으로 영향을 미치기 때문에 일반적 통제라 한다. 즉 이러한 통제수단들은 소비자 금융, 부동산 금융 그리고 기업금융 등과 같은 다양한 금융시장에 하등의 차별을 두지 않고 영향을 미친다.

(1) 공개시장조작

예금은행이 보유하고 있는 정보채권(국채)을 중앙은행이 매입하게 되면 예금은행들의 총지급준비금은 같은 규모만큼 증대하는 결과를 가져온다. 동일한 논리로 중앙은행이 보유하고 있는 정부채권을 예금은행에 매각하게 되면 매각한 규모만큼 예금은행의 총지급준비금은 감소하게 된다. 이와 같이 중앙은행이 국채 혹은 다른 유가증권을 매입하거나 매각하는 방식으로 통화량을 조절하는 것을 공개시장조작이라 하는데, 이는 가장 중요한 통화 통제수단으로서의 역할을 수행하고 있다.

공개시장조작을 통해 통화량을 조절하는 국가들은 대부분 중앙은행 내에 공개시장조작을 목적으로 하는 정책결정 기관을 두고 있다. 대표적인 예로 미국의 연방준비은행 내에 설치되어 있는 공개시장조작위원회를 들 수 있다. 공개시장조작위원회는 통화금융정책의 목표를 설정한 다음 이를 달성할 수 있는 통제수단을 결정한다.

중앙은행의 공개시장조작 정책은 두 가지 직접적인 효과를 갖는다. 첫 번째 효과는 익히 알고 있는 바와 같이 공개시장조작이 예금은행들의 지급준비금에 영향을 미친다는 사실이다. 두 번째 효과는 공개시장조작으로 이자율에 영향을 미친다는 사실인데, 이는 대단히 중요한 점이다. 시장이자율과 채권가격 간에 역의 관계가 있기 때문에 이자율이 상승하면 채권가격은 하락하고 반대로 이자율이 하락하면 채권가격은 상승하게 된다. 특히, 단기에서 채권가격은 다른 가격들과 마찬가지로 수요와 공급에 의하여 결정된다는 점에 유의할 필요가 있다. 중앙은행이 국채를 매입한다는 것은 국채에 대한 수요가 증대한다는 의미이며, 따라서 국채의 시장가격은 당연히 상승하게 된다. 그런데 채권가격과 채권의 수익률, 즉 이자율은 역의 관계에 있으므로 국채가격의 상승은 이자율을 하락시키는 결과를 가져오는 것이다. 동일한 논리로 중앙은행이 국채를 하락시켜 결과적으로 이자율을 상승시키게 된다. 이렇기 때문에 중앙은행은 단기국채나 단기 유가증권을 대상으로 공개시장조작을 시행하며, 금융선진국에서 단기국채 수익률이 대표금리로서 인정을 받는 이유가 여기에 있다.

그렇다면 중앙은행이 공개시장조작으로 지급준비금과 이자율 모두에 영향력을 행사할 수 있을까? 만약 이들 모두에 영향력을 행사할 수 있다면 지급준비율 변화정책이 왜 필요한 것일까? 결론부터 말하면, 공개시장조작으로 지급준비금과 이자율 모두에 동시적으로 영향력을 행사할 수는 없다. 그렇기 때문에 지급준비율 변화정책이 따로 필요한 것이다. 이제 이러한 사실을 다음의 예를 이용하여 설명하기로 한다.

중앙은행이 3개월 만기 재경부 증권수익률을 6% 수준으로 고정시키고자 한다고 가정하자. 통제경제가 아니라면 이러한 목표는 행정명령이나 법령을 통해서 강제적인 방식으로 달성할 수 없다. 유일한 방법은 수익률이 6%가 되도록 재경부 증권의 수요와 공급에 영향을 줄 수 있는 정책수단을 모색하는 것이다. 만약 중앙은행이 공개시장조작을 이용하여 6% 수익률을 계속해서 보장할 수 있다면, 누구나 6%의 수익률이 보장되는 가격으로 구입할 수 있기 때문에 어느 누구도 이보다 높은 가격으로 팔거나 사려는 사람이 없게 되며 결국 수익률은 6% 수준에서 고정되는 것이다. 즉 그 수준에서 채권의 가격이 고정되므로 6%의 수익률로 고정되게 된다.

이러한 방법으로 중앙은행은 3개월 만기 정부증권의 시장수익률을 결정한다. 그러나 이러한 방식은 지급준비에 대한 중앙은행의 통제력을 현저하게 약화시키는 결과를 초래한다. 중앙은행이 채권을 매입하는 경우에 언제나 은행의 지급준비금은 상승하며 반대로 채권을 매각하는 경우에는 은행의 지급준비금은 하락할 수밖에 없다. 더 나아가 일반대중이 채권거래의 주도권을 잡고 있는 상황이라면, 중앙은행은 어느 정도 규모의 채권을 구입 또는 판매해야 할지를 정확하게 알기 어려운 것이다. 왜냐하면 일반대중은 중앙은행이 지급준비금을 통제하고자 하는 방향으로 행동하지 않을 수도 있기 때문이다, 즉 중앙은행은 공개시장조작을 통해 채권을 구매할 것인지 또는 판매할 것인지에 대해 그리고 거래규모까지도 결정할 수 있는 통제력을 상실하게 되는 것이다. 이로 인한 결과는 은행의 지급준비금에 대한 중앙은행의 통제력 상실로 나타난다.

물론 반대의 경우도 성립한다. 만약 중앙은행이 어떤 일정수준의 지급준비금을 유지하고자 하는 경우에는 시장이자율이 어떻게 변화하는지에 상관없이 공개시장조작을 통하여 일정량의 채권을 매입하거나 매각해야만 한다. 결국 중앙은행은 이자율 또는 지급준비금을 통제할 수 있으나, 이 둘을 동시에 통제할 수 없다는 사실을 이해할 수 있다. 한편 통화이론에는 첨예하게 대립하고 있는 두 학파의 이론이 있다. 하나는 이자율의 역할을 강조하는 신케인즈학파이며 다른 하나는 통화량의 역할을 강조하는, 즉 은행의 지급준비금을 강조하는 통화론자의 이론이다. 중앙은행이 은행의 지급준비금과 이자율을 동시에 통제할 수 없다는 사실은 바로 신케인즈학파와 통화론자들의 주장 모두를 동시에 충족시킬 수 없다는 의미와 동일하다. 오늘날 각국의 중앙은행들이 취하는 입장은 양측의 주장을 어느 정도까지 받아들이는 중도적 입장을 취하여 통화금융정책을 펼치고 있다.

공개시장조작이란 중앙은행이 증권시장에서 국채나 유가증권을 매매함으로써 통화량을 조절하는 동시에, 유가증권의 가격과 이자율에 영향을 줌으로써 궁극적으로는 총수요를 조절하려는 수단이다. 이제 예를 들어 우리나라가 인플레이션하에 놓여 있어서 중앙은행이 공개시장에서 보유하고 있던 유가증권을 매각한 경우를 보자. 이때 유가증권을 매입하는 측은 시중은행, 보험회사, 기업 및 가계 등 어떤 것이든 상관이 없다. 구체적으로 가계가 10억원의 유가증권을 공개시장에서 매입한 경우를 보면, 가계는 그 대가를 중앙은행에 대해 자신의 거래은행에서 발행한 수표로 지불한다. 그러면 중앙은행은 유가증권을 판 대가로 받은 수표를 예금은행에 제시하고 예금은행이 중앙은행에 맡긴 지급준비금에서 그만큼의 액수를 빼게 된다.

다음 표들이 이상의 거래에 의해 변화한 중앙은행과 예금은행 조직 전체의 대차대조표를 보여준다. 즉, 중앙은행은 보유하던 국채 또는 유가증권을 공개시장에서 10억원어치를 가계에 팔았으므로 자산이 동액만큼인 10억원 감소하였다. 동시에 그 대가를 가계가 자신이 거래하는 예금은행의 수표로 지급하였으므로 중앙은행은 이를 예금은행에 제시하고 동액만큼 예금은행이 중앙은행에 맡겼던 지급준비금을 감소시키는데, 이는 중앙은행의 입장에서 보면 예금은행에 대한 부채의 감소이다.

한편 예금은행 조직 전체의 대차대조표는 다음 표와 같이 변화하게 된

중앙은행의 대차대조표

자 산		부채 및 자본	
국 채	−10억원	지급준비금	−10억원
합 계	−10억원	합 계	−10억원

다. 즉, 예금은행 조직 전체는 중앙은행에서 맡겼던 10억원만큼의 지급준비금이 감소하게 되는데, 이 때 만일 법정 지급준비율이 20%라고 가정하고 앞에서 세웠던 단순화를 위한 네 가지 가정(요구불예금만 존재하며, 현금누출이 없고 대출업무만 취급하며, 초과지급 준비금은 없다)을 적용하면 요구불예금은 승수적으로 50억원만큼이 감소하게 되며 이는 곧 이만큼의 통화량이 감소하였음을 의미하는 것이다.

예금은행 조직 전체의 대차대조표

자 산		부채 및 자본	
지급준비금	−10억원	요구불예금	−50억원
국 채	−40억원		
합 계	−50억원	합 계	−50억원

이상의 논의 전개가 보이는 것은 중앙은행이 공개시장에서 유가증권을 매각하는 경우에 통화량은 승수적으로 감소한다는 것이다. 이와 동시에 중앙은행에 의한 유가증권의 매각은 증권가격을 하락시키므로, 이자율을 상승시키게 된다. 즉, 중앙은행이 공개시장에서 유가증권을 매각하면 통화량은 줄고 이자율은 상승하는데, 이는 모두 총수요를 억제하는 결과를 초래하는 것이다. 반대로 중앙은행이 유가증권을 매입하는 경우에는 통화량은 승수적으로 늘며 이자율은 떨어져 총수요를 증대시킬 것이다.

공개시장 조작은 중앙은행이 필요하다고 느끼면 언제든지 수시로 행할 수 있는 장점을 지니므로 선진국의 경우에는 가장 중요한 통화금융정책의 수단으로 활용되고 있다. 그러나 우리나라에서는 공개시장 조작을 어렵게 만드는 몇가지 요인이 있다. 첫째는 증권시장이 충분히 발달되어 있지 못하다는 것이다. 둘째는 공개시장 조작의 대상이 되는 국·공채마저도 발행조건이 장기적이고 금리가 낮기 때문에, 투자대상이 되지 못하는 경우가 허다하였다. 그러나 근자에 중앙은행이 통화량을 조절할 목적으로 통화안정증권을 대량으로 발행함에 따라 공개시장 조작이 활성화될 수 있는 여건이 크게 호전되었다.

이제 공개시장 조작 정책의 장점과 단점에 관하여 살펴 보기로 하자.[1)]

공개시장 조작 정책의 장점으로는 첫째, 정책의 신축성을 들 수 있다. 즉 공개시장 조작 시행위원회에서 매일 수시로 국공채를 매매할 수 있고, 그 매매량도 임의로 조정할 수 있기 때문에 다양한 규모로 신축적인 정책운용이 가능하다. 둘째, 강제성이 없다. 중앙은행이 통화의 공급량을 감축시키고자 할 때 국채를 매출하게 되는데 이때 매입하도록 하기는 하나 강제로 매출하는 것은 아니다. 셋째, 재할인 정책의 경우 그 효과가 시장에서 예금은행과 기업의 태도여하에 크게 좌우되나 공개시장조작의 경우 예를 들어, 중앙은행이 국공채를 매각하면 민간의 현금과 예금은행의 초과지급 준비금이 즉시 감소하므로 중앙은행이 정책효과의 주도권을 갖게 된다. 따라서 증감시키려는 통화총량을 상대적으로 정확하게 규제할 수 있다. 그것은 직접적으로 확실한 정책효과를 기대할 수 있다는 것을 뜻한다.

단점으로는 첫째, 공개시장조작이 가능하기 위해서는 국공채 증권시장의 발달이 선행되어야 한다. 특히 중앙은행의 공개시장조작이 증권가격이나 이율의 한계적 조정에 국한될 수 있을 만큼 증권시장의 폭과 깊이가 커야 한다. 그렇지 않으면 중앙은행의 매입 또는 매출조작이 증권가격의 폭동과 폭락을 초래해 오히려 증권시장을 불안하게 할 가능성이 있다. 둘째, 민간이나 예금은행이 과도한 유동성을 보유할 경우 공개시장조작만으로는 한정된 효과밖에 기대할 수가 없다. 왜냐하면 민간이나 예금은행의 방만한 유동성을 흡수하기 위해서는 대량의 국제 매출조작을 감행해야 하는데 이것은 대폭적인 국제가격 하락을 초래해 중앙은행이 증권시장을 교란시킬 가능성이 있기 때문이다. 셋째, 공시효과를 기대할 수 없다는 점이다. 일반인들은 중앙은행의 복잡한 공개시장조작 매커니즘과 수시로 진행되는 공개시장조작 거래규모를 파악하기가 어렵기 때문이다.

넷째, 공개시장조작으로 중앙은행은 이자율과 예금은행의 초과지급준비율 가운데 어느 한가지를 정책적으로 규제할 수 있으나 두 가지를 동시에 규제할 수 없다. 예를 들어 이자율을 10%에 고정시키고자 하면 시장의 수급을 맞추어 이자율이 10%가 되도록 국채를 매입 또는 매출해야 할 것이

1) 손정식, 『화폐금융론』, 법문사, 2000, pp.285-287 참조.

다. 따라서 이 과정에서 예금은행의 초과지급준비율은 당초 중앙은행이 기대한 수준을 초과할 수도 있다. 그렇다고 초과지급준비율을 감소하기 위해 매출조작을 하면 예금은행의 초과지급준비율은 감소하나 이자율은 상승하게 마련이다. 여기에서 두 가지 목적을 동시에 달성할 수 없다는 것이 문제가 되는 이유는 통화금융정책을 집행할 때 가장 초점을 맞춰야 할 중간목표로 케인지언들은 이자율의 중요성을 강조하고 있으며, 통화론자들은 통화량, 즉 예금은행 지급준비금의 중요성을 강조하고 있기 때문이다. 이것은 두 학파의 주장이 동시에 받아들여질 수 없음을 뜻한다.

우리나라에는 공개시장조작을 할 만한 국공채의 공개시장이 발달하지 못했기 때문에 순수한 의미의 공개시장조작은 시행하지 못하고 있다. 현재 정부가 발행한 국공채만으로는 그 규모가 상대적으로 작아서 중앙은행이 통화금융정책의 일환으로 매입 또는 매출조작을 하는 경우 국채가격만 폭등·폭락할 뿐 통화량의 증감에는 별로 영향을 미칠 수가 없을 가능성이 크기 때문이다.

(2) 지급준비율 정책

원래 지급준비제도의 목적은 예금자를 보호하고 은행제도의 안정성을 확보하기 위해 최소한의 유동성을 은행이 유지하도록 하는 데 있다. 그러나 오늘날의 경제학자들은 지급준비제도를 통화금융정책의 기본수단으로 간주하고 있다. 앞에서 설명한 통화금융정책 수단들과는 달리 지급준비율의 변동은 지급준비금이 아닌 통화승수를 변화시키는 과정을 거쳐 통화량에 영향을 준다. 이미 설명한 대로 중앙은행이 지급준비율을 상승시키면 통화승수를 하락시켜 결국 통화공급을 감소시킨다.

지급준비율 변화정책은 중앙은행의 통화금융정책 수단 세 가지 가운데 가장 잘 이용되지 않는 제도이다. 이 이유는 지급준비율의 인하(인상)가 모든 은행의 초과지급 준비금에 직접적이고 강력한 영향을 주어 바로 통화공급을 증대(감소)시키기 때문이다. 공개시장조작이나 할인율을 이용한 통화금융정책이 금융시장의 가격매커니즘을 통해 간접적으로 개별 경제주체에 영향을 준다는 점에서 지급준비율 변화정책과는 차이가 있다. 때문에 중앙은행은 강력한 조치가 필요한 예외적인 상황을 제외하고는 지급준비율 정책을 가급적 시행하지 않는다.

통화금융정책에 대한 기술적인 측면에서 논란이 되고 있는 문제 가운데 하나가 통화량이 계절적 또는 장기적 측면에서 증대하고 있느냐 하는 점이다. 통화량은 계절에 따라 공급을 달리할 수 있으며, 장기적으로는 경제가 성장함에 따라 통화량도 이와 함께 증대하는 것이 일반적이다. 만약 중앙은행이 계절적인 요인을 반영하여 통화량을 신축적으로 공급하기를 희망한다면 공개시장조작을 통해 국채를 매입 혹은 매각하는 방식을 취하거나 지급준비율의 점진적인 인하라는 방법을 이용할 수 있다.

중앙은행이 공개시장조작으로 국채를 매입하는 방법을 택하는 경우, 중앙은행은 상당기간에 걸쳐 많은 규모의 국채를 추가적으로 보유할 수 있다. 따라서 계절적 요인이든 장기적인 추세에 의해서든 실물경제가 요구하는 통화량을 적절하게 조절할 수 있다. 또한 국채는 정부가 부족한 재원을 세금으로 충당하지 않고 부채를 지는 행위이므로 공개시장조작을 통한 통화금융정책의 이득은 궁극적으로 현재의 납세자에게 돌아가게 된다는 이점도 있다. 물론 국채를 상환해야 하는 후손들이 손해를 볼 수도 있다는 점을 간과해서는 안된다. 특히 국채를 발행하여 통화량을 조절하는 방식은 현재세대와 미래세대 간에 손익이 엇갈리는 미묘한 문제를 발생시킴으로써 이에 대해서는 이론적으로 많은 논쟁이 이어지고 있다.

그러나 중앙은행이 예금은행의 지급준비율을 인하시키는 방법을 통해 통화공급을 확장시키게 되면, 예금은행들은 추가적인 수익성 자산을 보유할 수 있게 되고 따라서 더 높은 이윤을 얻을 수 있다. 이 경우 궁극적으로 이득을 보게되는 측은 예금은행들이다. 그렇다면 이러한 상황하에서 중앙은행은 어떤 방법을 택해야 할까? 답은 간단치 않다. 우선 예금은행들은 법인세를 납부하는 기업이라는 사실이다. 따라서 지급준비율 변화정책을 가지고 자금수요가 특별히 많은 계절에 통화공급량을 확대한다 해도 이로부터 발생하는 이윤이 모두 은행 내에만 축적되지 않는다. 그렇다고 해서 은행들이 일반기업들과 같이 이윤극대화를 최선의 목표로 여기지는 않는다는 점이다. 이와 같이 지급준비율 인하를 통한 계절적 통화량 증대의 이점에도 불구하고, 여전히 많은 학자들은 공개시장조작을 통한 계절적 통화량 증대를 주장하고 있는 상황이다.

지급준비율 정책은 중앙은행이 예금은행의 법정 지급준비율을 변경함에 의하여 예금은행의신용창조를 조절함으로써 통화량의 공급에 영향을 주려고 하는 것이다. 지급준비율 정책이 작용하는 원리는 앞에서 본 공개시장조작의 경우와 비슷하다. 즉, 예금은행이 초과지급 준비금은 보유하지 않으며 법정 지급준비금만을 가지고 있다고 가정할 때, 중앙은행이 법정 지급준비율을 인상하면 예금은행은 대출과 요구불예금을 승수적으로 축소시키게 되며, 이에 따라 통화량도 승수적으로 감소한다. 예를 들어 처음의 법정 지급준비율이 20%라고 할 때, 예금은행 조직 전체의 가상적인 대차대조표는 다음과 같은 것이다. 즉, 법정 지급준비율이 20%일 때 예금은행 조직 전체는 200억원의 지급준비금을 기초로 1,000억원의 요구불예금을 창조하였다.

예금은행 조직 전체의 대차대조표(I)

자 산		부채 및 자본	
지급준비금	200억원	요구불예금	1,000억원
대 출	800억원		
합 계	1,000억원	합 계	1,000억원

이제 법정 지급준비율이 20%에서 25%로 인상되었다고 하자. 그러면 예금은행 조직 전체의 대차대조표는 다음과 같이 변화할 것이다. 즉, 신용승수가 5에서 4로 감소하였으므로 예금은행 조직 전체는 200억원의 지급준비금을 기초로 800억원의 요구불예금을 가지게 되었다. 이는 곧 지급준비율의 인상이 대출과 요구불예금을 승수적으로 축소시킨 것을 나타내는 것이며 따라서 통화량도 급속하게 감소하게 된다. 반대로 법정 지급준비율의 인하는 대출과 요구불 예금을 승수적으로 증대시키고, 이에 따라서 통화량도 승수적으로 증가한다.

예금은행 조직 전체의 대차대조표(II)

자 산		부채 및 자본	
지급준비금	200억원	요구불예금	800억원
대 출	600억원		
합 계	800억원	합 계	800억원

법정 지급준비율의 변경은 이와 같이 통화량을 급속하게 변동시키며, 이에 따라 이자율도 크게 변화할 것이고 투자나 GDP에 미치는 영향도 급속할 것이다. 즉, 지급준비율 정책은 매우 강력한 통화금융정책의 수단이

되는데, 그 영향이 너무 급속하게 일어나므로 가급적이면 이의 빈번한 사용은 피하는 것이 일반적이다. 비록 소규모라 할지라도 수시로 행해지는 공개시장조작에 의해서도 거의 같은 효과를 얻을 수 있으므로, 급격한 영향을 미치는 지급준비율 정책보다는 서서히 동일한 목적을 달성할 수 있는 공개시장 조작이 선진국의 경우에는 더욱 바람직한 수단으로 활용되고 있다. 그러나 우리나라에서는 앞에서 본 대로 공개시장조작을 활용할 수 있는 여건이 충분히 갖추어져 있지 못하므로 지급준비율 정책이 자주 사용되었다. 중앙은행법은 예금의 종류에 따라 지급준비율을 차등적으로 부과할 수 있도록 규정하고 있는데, 예금의 성격 때문에 저축성 예금보다는 요구불예금에 대하여 더욱 높은 지급준비율을 적용하는 것이 보통이다.

이제 지급준비율 정책의 장점과 단점에 관하여 살펴보기로 하자.[2] 지급준비율 정책의 장점으로는 첫째, 통화량 증감 효과가 직접적이고 확실하다는 점이다. 다른 통화금융정책들은 예금은행과 민간부문이 반응을 보이는 정도에 따라 정책효과가 결정되는 반면에 지급준비율 정책은 초과지급준비율의 크기를 직접적으로 변동시킬 수 있어서 정책효과가 확실하다. 둘째, 정책의 시행효과가 즉시 나타난다. 왜냐하면 법정 지급준비율을 인상하는 즉시로 대출할 수 있는 여유자금인 초과지급 준비금을 직접적으로 감소시키기 때문이다.

단점으로는 첫째, 이 정책이 무차별적으로 적용된다는 점이다. 예를 들어 몇몇 은행이 보유하는 과잉 유동성을 흡수하기 위해 지급준비율을 인상하면, 초과지급준비율이 많은 예금은행은 초과지급 준비금이 감소하므로 대출할 능력이 감소되어 정책당국자가 기대한 효과가 발생하지만, 초과지급 준비금이 없는 은행들은 보유하고 있던 채권의 매각, 대출금의 회수 등 정책당국자가 원래 의도하지 않았던 조치를 취하지 않을 수 없게 된다. 즉 각 개별은행의 여유자금 유무를 고려하지 않고, 강제적으로 모든 예금은행에 일괄적으로 적용된다는 데 문제가 있다. 그것은 중앙은행이 지급준비율 정책을 '조자룡 헌 칼 쓰듯' 손쉽게 사용해서는 안 된다는 것을 의미한다. 그래서 지급준비율 정책은 신축성이 결여된 정책수단이다.

둘째, 예금은행의 의사를 전혀 고려하지 않고 강제적으로 집행된다는 점이다. 셋째, 지급준비율 정책의 효과가 확실하고 직접적이라는 것을 장점으로 내세우는 근거는 예금은행과 민간의 반응에 관계없이 정책효과가

2) 손정식, 전게서, pp.275-276 참조.

나타난다고 보는 것인데 그것은 지급준비율을 인상했을 때는 사실이지만, 지급준비율을 인하했을 때에는 그로 인한 초과지급 준비금을 은행이 얼마나 대출하느냐, 기업이 얼마나 차입해 가려 하느냐에 따라 다를 가능성이 있다. 또한 이것은 정책효과가 즉시 나타난다는 주장에도 한계가 있음을 아울러 뜻하고 있다. 아울러 그것은 정책의 정확성에 한계가 있다는 것을 뜻한다.

비록 법정 지급준비제도가 당초에는 은행의 유동성 확보를 위한 제도적 장치로서 마련된 것이기는 했었으나 이제는 통화량을 규제하기 위한 정책수단으로 정착되었음을 앞에서 밝혔다. 그렇다면 통화량(현금+요구불예금) 규제가 정책목표인 경우에는 정기예금에 대한 법정 지급준비제도는 존재할 이론적 기반을 잃게 된다. 우리나라처럼 총통화량(현금+요구불예금+정기예금)이 통화금융정책의 규제대상인 경우에는 정기예금에 대한 법정 지급준비제도의 당위성을 인정할 수 있다. 다만 예금인출에 대한 대비가 목적이라면 인출가능성이 높은 요구불예금에 대한 지급준비율을 정기예금에 대한 지급준비율보다 높게 책정하는 차등 지급준비율 제도가 의미가 있지만, 정책목표가 총통화량의 규제라면 차등 법정 지급준비제도는 논리적 근거가 없다.

우리나라는 한국은행 설립 당시부터 법정 지급준비제도가 채택되었으며 금융통화위원회가 비율을 최고 50% 이내에서 변경할 수 있다. 또한 통화가 현저하게 팽창하는 시기에는 지정일 현재의 예금액을 초과하는 예금에 대해서는 50% 이상 100%까지의 지급준비율을 적용시킬 수 있는데 이 비율을 한계지급준비율이라고 한다. 우리나라에서는 예금은행의 지불준비금이 법정 지급준비금 수준에 미달할 경우 한국은행은 과태료를 부과하며 만약 그 사태가 2개월 반 이상 지속되는 경우에는 그 은행의 신규대출 중지 또는 배당금 지급을 금지하고 나아가서 만약 1년 이상 부족할 때에는 임원 경질권유 또는 은행인가를 취소할 수도 있다.

(3) 재할인율 정책(대출정책)

예금은행이 중앙은행으로부터 자금을 차입하게 되면 은행제도의 지급준비금은 차입량과 동일한 양만큼 증대하게 되고, 반대로 예금은행이 중앙은행으로부터의 기존 차입금을 변제하는 경우에는 지급준비금이 감소한다. 이때 중앙은행은 예금은행이 자금을 차입하는 경우, 예금은행에 적용하는 이자율인 할인율을 조정함으로써 예금은행의 차입자금 규모나 영향력을 행사할 수 있다. 재할인이란 예금은행이 고객의 어음을 할인하여 자금은 공여하고 예금은행은 일단 할인된 어음을 중앙은행에 담보로 맡기고 다시 한 번 할인해 가기 때문에 그렇게 부른다. 예를 들어 할인율이 연 20%이고 재할인율이 15%인 경우 은행이 어느 기업에 1,000만원을 대출할 때 기업으로부터 1,000만원 상당의 어음을 받고서 20%의 이자 200만원을 할인한(공제한) 후 800만원을 기업에게 대출한다. 예금은행이 1차 할인된 어음을 중앙은행에 가져와서 대출신청을 할 경우 중앙은행은 이 어음을 다시 할인하여 150만원 이자를 공제한 후 850만원을 예금은행에 대출해 준다.

상당히 오랜 기간 동안 중앙은행은 할인이 예금은행들에 대한 특혜라는 입장을 취했었다. 바꾸어 말하면 중앙은행은 예금은행들이 당시의 할인율을 지불할 의사가 있기 때문에, 예금은행들에 어떤 부담을 줄 필요 없이 자금을 대출해 줄 수 있다는 입장을 견지하였다. 그러나 중앙은행이 호의적인 측면에서 할인창구를 운영하는 것은 결코 아니며, 오히려 중앙은행은 다음과 같은 두 가지 방법으로 할인에 대한 특혜적 견해를 강조하고 있다.

첫째, 중앙은행은 예금은행들에게 마지 못해서 자금을 차입하도록 그리고 예금은행에 대한 할인특혜를 최후의 방법으로만 이용할 것을 강조하고 있다. 그 결과 많은 예금은행들은 중앙은행으로부터 차입을 하지 않거나 어쩌다 한번 차입하는 형식을 취하고 있다.

둘째, 어느 한 은행이 처음으로 차입을 요구하는 경우에 금융제도의 안정성차원에서 대부분 자동적으로 승인된다. 그러나 일단 중앙은행으로부터 자금을 차입하는 은행은 그 순간부터 중앙은행의 감시를 받아야 한다. 중앙은행이 감시하는 수단은 다양하다. 해당 은행의 자산운영 상태를 감시할 수도 있고 아니면 은행장을 부르거나 인사제도 자료를 요구하는 등의 행정적 조치를 통하여 괴롭힐 수도 있다.

예금은행들이 중앙은행으로부터 자금을 차입하는 이유에 대해서는 두 가지 이론이 있다. 필요성 이론과 이윤이론이 그것이다. 필요성 이론은 은행들이 긴급상황에 대처하기 위해서 필요한 자금을 차입한다는 것이다. 예를 들면, 예기치 못한 거액의 자금인출 요구가 발생한 경우에, 또한 흉작이나 지진 등과 같이 자연재해가 발생한 경우 중앙은행으로부터 할인제도를 통해 긴급한 단기자금을 지원받을 수 있다는 것이다.

한편, 이윤이론은 은행들이 중앙은행으로부터 자금차입에서 이윤을 얻을 수 있을 때, 즉 차입으로부터 어떤 이득이 발생하는 경우 중앙은행으로부터 자금을 차입한다는 것이다. 예를 들어, 어떤 은행이 갑작스런 예금인출 청구로 자금이 필요하여 다른 은행으로부터 차입하고자 한다. 이 때 은행간 대출이자율(콜금리)이 6%이고 할인율이 5%라 하면, 갑작스런 예금인출 청구에 당면한 예금은행은 자신의 지급준비금 조정을 위해 중앙은행의 할인제도를 이용할 수 있다. 이러한 상황에서 은행은 비용을 극소화하는, 즉 이윤을 극대화할 수 있는 방법을 택하게 된다고 보는 입장이 이윤이론이다. 그러므로 이 예의 경우에 은행이 6%의 콜금리보다 할인을 통한 5%의 이자율을 감수하는 방법으로 필요자금을 조달한다는 것이다.

재할인율이란 예금은행이 고객의 약속어음을 할인하여 주고 자금을 공급한뒤 이것을 다시 중앙은행에 제시하여 재할인하고 자금을 차입하는 것을 말하는데, 이 때 적용하는 이자율을 재할인율이라고 부른다. 따라서 재할인정책이란 중앙은행이 은행을 상대로 재할인율을 변동시켜 통화량을 조절하는 것이다. 예를 들어 은행이 일반기업으로부터 10억원짜리 상업어음을 받고 9억5천만원을 대출했다고 하자. 이때 은행이 긴급한 자금수요로 이 상업어음을 중앙은행에 맡기는 대신 자금을 대출받는 방식이 재할인이다.

이때 은행은 10억원어치의 상업어음을 재할인 받는 형태로 10억원을 차입하였으므로 은행의 대차대조표에는 자산간 대체가 이루어질 것이다. 반면 중앙은행은 10억원어치 상업어음을 자산으로 취득하고 은행의 지급준비금을 10억원 늘려주는 방식으로 결제할 것이다. 물론 은행이 이 상업어음을 10억원 그대로 재할인 받지 못하고 어느 정도 손해를 감수하는 것이 보다 현실적이다. 오늘날 재할인율은 예금은행의 지급준비금을 조절하기 위해서 사용하기보다는 주로 은행제도의 유동성을 조절하기 위해서 사용되는 측면이 강하다.

한편 중앙은행의 재할인 정책은 공시효과를 갖는다. 공시효과란 중앙은행이 재할인율을 변경시키겠다고 공시하면, 금융시장 참여자들이 정책당국의 장기적인 결제은행의 기조를 파악하여 실제로 정책효과가 나타나는 것을 말한다. 즉 재할인율을 변경하겠다는 공시 그 자체가 금융시장 참여자들의 기대를 변경시키는 역할을 하는 셈이다. 예를 들어 중앙은행이 재할인율을 인하하겠다고 공시하면, 경제주체들은 그것을 곧 확장적인 정책 기조로 판단하는 것이다.

중앙은행은 재할인율을 인상시키거나 또는 인하시킴으로써 통화량을 조절할 수 있다. 중앙은행이 재할인율을 인상하는 경우에는 예금은행의 중앙은행으로부터의 차입이 감소하며, 이에 따라서 예금은행의 대출도 줄어들게 된다. 또한 재할인율이 인상되면 이에 따라 예금은행의 대출금리도 상승하기 마련이다. 이와 같이 중앙은행이 재할인율을 인하하는 경우에는 대출은 증가하고 이자율은 하락하게 된다(대차대조표 참조).

중앙은행 대차대조표

자 산		부 채	
상업어음	10억원	지급준비금	10억원
합 계	10억원	합 계	10억원

예금은행 대차대조표

자 산		부 채	
상업어음	−10억원		
지급준비금	10억원		
합 계	0억원	합 계	0억원

예금은행이 중앙은행으로부터 차입하는 방법에는 이처럼 재할인 이외에 직접 중앙은행으로부터 대부를 받는 방법도 있다. 그러나 이 때에도 결과는 마찬가지인데, 재할인율을 변경하는 것이나 그 미치는 영향은 동일하다. 여기서는 재할인율 정책이라는 말을 쓰고 있으나, 실제로 중앙은행이 예금은행에게 신용을 공급하는 방법에는 재할인 이외에 대부도 있으므로, 재할인율 정책이라는 말 대신에 중앙은행 대출정책, 재할인 및 대출정책이라고 부르기도 한다. 그러나 우리는 재할인 이외에 대부도 있다는 것을 알면서도 그대로 전통적인 용어인 재할인율 정책이라는 말을 쓰기로 한다.

재할인율 정책이 효과를 발휘하기 위한 전제조건을 살펴보면 첫째, 중앙은행에서 통화의 공급량을 증대하기 위해 재할인을 통한 자금공급을 증가시키려고 해도 예금은행에서 차입해 가지 않으면 효과가 없기 때문에 예금은행의 중앙은행에 대한 자금의존도가 높아야 한다. 둘째, 같은 이유로 기업이나 가계의 예금은행 자금의존도가 높아야 한다. 셋째, 중앙은행의 재할인율 정책에 대해 예금은행이 적극적으로 협조해야 한다. 즉 재할인율이 변경됨에 따라 예금은행의 대출이자율도 즉시 변경되어야 한다. 재할인율 정책의 장점과 단점을 살펴보면 다음과 같다.

재할인율 정책의 장점으로는 첫째, 강제성이 없다는 점이다. 중앙은행이 예금은행으로 하여금 재할인해 가도록 강요하지는 않고, 다만 예금은행의 처분만 기대하기 때문에 예금은행은 원하지 않으면 정책에 영향을 받지 않을 수도 있다. 둘째, 외국의 경우 재할인율 조정은 매스컴에 크게 보도되므로 일반인들도 쉽게 알 수 있어, 공시효과를 유도할 수 있다. 예를 들어 설명하면 재할인율 인상을 가계와 기업들이 정부가 긴축정책을 시도하겠다는 의도로 받아들여서 기업은 투자계획을, 가계는 소비 지출계획을 축소 조정하게 되면 긴축효과가 나타날 것이기 때문이다. 셋째, 재할인율 조정이나 재할인 규모를 통제함으로써 전국의 모든 예금은행들에게 신속하게 영향력을 행사할 수 있다는 것도 장점이다.

단점으로는 첫째, 재할인율 정책의 효과를 기대하기 위해서는 중앙은행에 대한 예금은행의 자금의존도가 높아야 하고, 예금은행에 대한 민간의 자금의존도가 높아야 한다는 선행조건이 충족되어야 한다. 왜냐하면, 예금은행이 초과지급준비금을 많이 보유할 만큼 여유자금이 있다면, 중앙은행이 확정적 정책을 위해서 재할인을 확대하고자 하더라도 예금은행이 차입해 가지 않을 것이기 때문이다. 또한 비록 예금은행이 중앙은행으로부터 차입해 왔더라도, 민간부문이 여유자금이 많다면 거래은행으로부터 차입해 가지 않아 확장 정책효과가 발휘될 수 없을 것이기 때문이다. 그것은 정책효과가 예금은행과 기업의 태도 및 자금상황 여하에 의존하기 때문에 그 효과가 불확실하고, 따라서 정책당국은 기대했던 정책효과를 정확히 적중시키지 못할 가능성이 많다. 이는 정책효과의 정확성과 다양한 정책강도를 추구하기가 어렵다는, 즉 정책의 다양성이 부족하다는 것을 뜻한다.

둘째, 재할인율 정책의 효과로서 기대되는 공시효과도 불확실하다는 비판이 있다. 왜냐하면 재할인율 인상을 정부의 긴축정책 의사표시로 받아들이기보다는 앞으로 경기가 확장할 것에 대비한 정부의 경기진정책으로 이해할 수도 있어서, 기업은 경기확장에 대비하기 위해 투자를 확대하려 들 가능성도 있기 때문이다. 즉 공시효과가 정부가 기대한 반대방향으로 나타날 수도 있다. 정책당국이 공시효과를 노린다면 재할인율 인상이라는 간접적이고 암시적인 표현방법보다는 직설적으로 정부의 정책방향을 발표하라는 논박을 받고 있다.

우리나라는 한국은행법 제69조에 의거 재할인율 정책을 실시하고 있는

데, 한국은행이 재할인 대상이 되는 어음의 종류와 금액의 크기에 대해 금융통화위원회의 결의를 거쳐 신축적으로 조정할 수 있게 함으로써 선별 규제수단으로 이용할 수 있는 여지를 만들어 놓았다. 우리나라의 또 다른 재할인 문제는 아직도 정책금융이 차지하는 비중이 상대적으로 너무 높다는 점이다. 정책금융을 재할인으로 지원하게 되나, 이는 자동재할인 대상이 되기 때문에 유동성 조절을 위한 재할인 규제의 운신 폭이 매우 협소하게 된다. 그리고 중앙은행의 독립성이 제한되어 있기 때문에, 정치적 압력을 해소하기 위한 정부의 정치적 목적을 위해 예컨대 한국은행 특별금융이 동원되는 경우가 많다.

이미 지적한 대로 선진국의 경우 주된 통화금융정책의 수단은 공개시장조작이며, 지급준비율 정책이나 재할인율 정책은 현실적으로 볼 때, 중요한 의미를 내포하고 있는 것이다. 예를 들어 재할인율의 인상은 긴축적인 통화금융정책을 중앙은행이 펴고 있음을 알리는 것이며, 앞으로 이자율도 상승할 것임을 가리키는 것이다.

우리나라에서는 오랫동안 재할인율 정책이 예금은행의 대출을 조절하는 기능을 제대로 하지 못하였다. 위에서 본 대로 재할인율 정책이란 중앙은행의 예금은행에 대한 재할인 및 대부의 이자율을 변경함으로써, 예금은행의 대출 및 이자율을 조절하여 궁극적으로는 통화량에 영향을 주려고 하는 것이다. 그러나 과거 오랫동안 예금은행의 여수신금리는 시장요인에 의하여 결정되지 않고 통화당국에 의하여 결정되었으며, 실제보다 낮은 수준에서 유지되어 온 것이 보통이었다. 즉, 중앙은행의 재할인율이 예금은행의 이자율에 영향을 주지 못하였고, 양자가 모두 통화당국에 의하여 결정되었다. 더구나 오랜 기간 동안에 걸친 저금리 정책의 유지는 예금은행의 자금에 대한 거의 만성적인 초과수요를 불러일으킴으로써, 재할인율이나 예금은행의 이자율에 의한 자금수급의 조절기능은 기대할 수 없었다.

이처럼 근자에 이르기까지도 재할인율뿐만 아니라 예금은행 여수신금리도 모두 통화금융당국에 의하여 결정되었으므로 재할인율 정책이라는 말보다는 사실 금리정책이라고 하는 것이 더욱 적절하다고 생각된다. 재할인율 정책이 제대로 기능을 다하기 위해서는 일차적으로 이자율이 자금시장에서 매개변수적인 기능을 수행하고 있어야 하나, 우리나라에서는 그렇지 못하였으므로 재할인율을 변경시키는 것보다는 주로 재할인 및 대출의 거부, 재할인과 대출의 한도설정 등 직접적인 수단을 이용하여 행해졌다.

(4) 통화금융정책 수단들의 조화

통화금융정책 수단은 각각 장 · 단점들을 가지고 있다. 그렇다고 서로 완전한 대체관계에 있는 것도 아니다. 각각의 통화금융정책 수단을 적절하게 배합하는 방식으로 통화량과 이자율에 영향을 줄 수 있다. 대체적으로 중앙은행들은 어떤 설정된 목표를 달성하는 데 이들 중 어느 하나의 수단만을 이용하거나 또는 이 수단들을 적절히 배합하여 사용하고 있다.

공개시장조작은 융통성, 정확성 그리고 규모의 다양성이라는 세 가지의 장점을 가지고 있다. 공개시장조작 정책은 채권시장을 수시간 또는 수일 내에 개장할 수 있는가 하면, 역으로 폐쇄시킬 수도 있어 어떤 상황에도 융통성을 발휘하여 통화량을 조절할 수 있다. 예를 들면, 중앙은행은 채권을 월요일에 구매했다가 화요일에 판매할 수도 있고 수요일에 이를 다시 구매할 수도 있는 것이다.

정확성은 중앙은행이 원하는 통화량을 정확하게 공급할 수 있다는 의미이다. 중앙은행이 적정한 통화공급 규모를 설정했다면 채권의 매각과 매입을 통하여 예금은행의 지급준비금을 원하는 수준에 도달하도록 정확하게 더해 줄 수도 빼줄 수도 있는 것이다. 규모의 다양성은 중앙은행이 공개시장조작으로 아주 작은 규모로부터 대단히 큰 규모에 이르기까지 통화량을 조절할 수 있다는 것을 말한다. 때문에 중앙은행은 공개시장조작을 통해 섬세한 통화금융정책을 시행할 수 있다. 이러한 장점으로 인해 공개시장조작은 가장 바람직한 통화금융정책 수단으로 인정받고 있다.

그러므로 중앙은행은 개별 통화금융정책 수단의 장 · 단점을 고려하여 통화금융정책 수단들을 적절히 혼합하여 통화금융정책을 수행해야 한다. 물론 어느 것이 적절한 혼합인지는 경제여건, 금융시장의 여건 그리고 예금은행 제도의 여건에 달려 있다. 그러므로 이러한 제반 여건을 감안하여 통화금융정책을 원만히 수행하기 위한 정책수단들의 적절한 혼합이야말로 중앙은행의 지대한 관심사이자 주요 업무가 되는 것이다.

2. 질적 통화금융정책 수단

이상에서 논의한 양적 통제수단 이외에 중앙은행은 선별적 혹은 질적 정책수단을 갖고 있다. 양적 정책수단이 경제 전체를 대상으로 한 통화긴축 또는 완화를 설정하는 일반적 수단임에 반해 질적 수단은 중앙은행의 정책판단에 의해 경제의 특정부문에 영향을 미치는 정책수단을 말한다. 이러한 질적 수단들은 양적 수단을 보다 강화하기 위한 방법으로 사용되기도 하지만 양적 수단으로 발생하는 영향으로부터 경제의 특정부문을 보호(또는 장벽을 구축)하는 데 사용하는 경우도 있다.

(1) 증권시장 신용

양적 통제수단이 통화금융정책의 만병통치약은 아니다. 각각의 양적 통제수단은 장 · 단점을 공유하고 있으며 그렇기 때문에 중앙은행이 의도하는 방향대로 통화량과 이자율이 움직이지 않을 가능성은 항상 열려 있다. 이러한 경우 중앙은행은 신용공급을 직접 통제하거나 신용조건을 규제하는 방식으로 통화금융정책의 목표를 실현할 수 있다. 대표적인 예로 증거금 비율제도를 들 수 있다. 증권매입 총액에서 현금으로 지급해야 하는 금액의 비중을 증거금률이라 한다.

중앙은행은 증권구입에 있어서 증거금 비율제도의 하한선을 설정할 권한을 갖고 있는데, 증거금 비율제도란 증권구입자가 신용으로 증권을 구입할 때 현금으로 지불해야 하는 증거금을 말한다. 예를 들어, 1,000만원어치의 증권을 구입하고자 할 경우 증거금 비율이 70%라면, 자신의 자금으로 700만원을 지불하고 나머지 300만원은 차입자금으로 증권을 구입할 수 있다는 것을 의미한다. 이 때 1,000만원어치의 증권은 300만원을 차입시 담보물로 사용되는 것이다. 증거금 비율제도가 40%로 낮아지게 되면 증권구입이 보다 쉽게 되고, 반대로 높아지면 증권구입이 보다 어렵게 되는 것이다. 중앙은행은 이러한 증거금 비율제도를 이용하여 직접적으로 신용공급을 통제수단으로 할 수 있다. 그러나 우리나라에서는 금융시장에 대한 감독은 금융감독의 고유권한으로 제도적으로 보장받고 있어 중앙은행의 질적 통제수단으로 이용되지는 않고 있다.

반면에 공개시장조작은 다음과 같은 단점을 안고 있다. 첫째, 공개에 따른 효과를 기대할 수 없다는 것이다. 대체로 일반인은 공개시장 조작이란 것이 무엇인지 잘 모르며 별다른 관심도 없다. 게다가 공개시장 조작은 속성상 동적이고 방어적인 정책목표를 위하여 기계적으로 운영되는 경향이 있다. 따라서 공개시장조작을 통한 거래내용을 일반인들에게 알릴 필요가 있다거나 그렇게 하는 것이 바람직하게 느껴질 때라 해도, 일반인들이 복잡한 공개시장조작을 이해하여 자신의 의사결정을 합리적으로 내릴 수 있도록 하는 제도적 장치가 마련되지 못한다면 기대만큼의 효과를 거두기는 어렵다.

다음으로는 공개시장조작을 통한 효과가 은행제도에 침투되기까지에는 상당한 시간을 요하며 경우에 따라서는 정책효과가 발생할 시기가 될 때 전혀 다른 경제상황으로 돌변할 수도 있다는 것이다. 이렇게 되면 공개시장조작은 일차적으로 단기 금융시장에 영향을 준다. 그리고 이러한 영향은 기능적으로 가까운 다른 은행들에게 그리고 궁극적으로 전국의 모든 은행에까지 전파되기 때문에 어느 정도의 시간을 필요로 한다. 그러므로 전국적 규모로 어떤 급한 변화가 필요한 상황하에서는 공개시장 조작이 효율적인 통화금융정책 수단이라고 볼 수가 없다.

이와는 달리 할인율의 변화는 정확성과 규모의 다양성이 부족하다. 중앙은행은 할인율을 변화시켰을 때 은행들의 차입규모에 어떤 변화가 발생할지에 대해서 확신할 수 없다. 대체로 할인율의 변화로 인한 은행들의 반응은 공개시장조작이나 지급준비율의 변화에 비해 적은 것으로 알려져 있다. 그러나 할인율의 변화는 매스컴 등을 통해 일반에게 알려지므로 공개효과를 기할 수 있고 일반인들은 이를 통해 중앙은행의 정책방향을 감지할 수 있다. 또한 할인제도는 전국의 모든 예금은행들에게 단시간 내에 영향력을 행사할 수 있다는 장점이 있다.

지급준비율의 변화는 할인율 정책과 마찬가지로 통화금융정책의 융통성과 정확성이 부족하다는 문제를 지니고 있다. 지급준비율을 한 번 변경시켰다면 단기간 내에 다시 변경시키기란 대단히 어렵다. 지급준비율은 기본적으로 은행의 초과지급준비금, 즉 대차대조표에 직접적으로 영향을 주기 때문에 통화량이나 이자율의 변화가 빨리 발생한다는 장점이 있다. 이 말은 반대로 지급준비율을 자주 변경하면 통화량과 이자율의 변동이 심해질 수 있다는 의미이기도 하다. 이로 인한 결과는 경제활동의 신뢰성은 심각한 위협을 받게 되는 것이다. 중앙은행이 지급준비율을 변화시켜 경제상황에 융통성 있게 대처할 수 없는 이유가 여기에 있다.

다음으로 중앙은행은 지급준비율의 변경으로 초과지급준비금이 어느 정도 변동할지 근사하게 계산할 수 있다. 그러나 중앙은행이 지급준비율의 변화를 0.5%선에 한정시키고 있다면 지급준비율 변화의 정확성은 기할 수 없다. 지급준비율 변화의 강점은 모든 은행들의 지급준비에 즉각적이고 직접적인 영향을 주는 데 있다.

(2) 도덕적 설득

도덕적 설득이란 중앙은행이 설정한 정책목표를 달성하고자 특정방향으로 예금은행들을 설득하는 데 비공식적 또는 비법률적 방법을 의미한다. 예를 들어 국내 대출 증가를 억제하는 것이 정책적으로 바람직할 때 중앙은행은 직접·간접 통제수단을 이용해 이를 규제할 수 있지만, 때로는 예금은행 경영자들에게 중앙은행의 의향을 전달해 은행이 스스로 자제하도록 해 동일한 효과를 얻을 수도 있다. 중앙은행의 훈령을 통하는 등 여러 가지 방법이 있을 수 있다. 중앙은행 총재의 연설 또는 담화문, 예금은행에 보내는 서한, 신용긴축에의 자발적 참여, 지침, 위원회 구성, 세미나 개최 등의 방법들은 도덕적 설득의 전형적인 예이다. 도덕적 설득의 주목적은 시장의 특정부문에만 돌아가는 신용의 팽창을 억제하는 데 있다. 예를 들어 예금은행들의 소비자 대출증대가 경제 전반에 인플레효과가 있다고 판단되는 경우, 중앙은행은 은행들에 소비자대출을 억제해 줄 것을 요청하는 것이다.

여타 직·간접 통제수단이 있음에도 불구하고 도의적 설득에 중앙은행이 기대를 거는 이유는 이 도의적 설득이 직·간접 통제로 인한 부작용을 최소화 할 수 있기 때문이다. 예를 들어 몇몇 대은행의 지나친 초과지급준비금을 제거하기 위해 지급준비율을 인상하면 초과지급준비금이 없는 은행에게는 결정적 타격이 될 수도 있다. 그러나 이 경우 중앙은행의 도의적 설득을 대은행들이 받아들여 대출을 자제한다면 중앙은행은 정책목표를 달성하면서도 다른 은행에 부작용을 끼치지 않을 수 있다.

(3) 선별 규제정책

선별 규제정책은 중앙은행이 특정부문별 또는 용도별로 자금공급을 규제하는 정책이며 그 발상은 “정부가 제일 잘 안다”라는 전제에서 출발한다. 어느 부문에 대한 자금공급이 가장 효율적인가를 기업보다 정부가 더 잘 알아야 한다는 전제이다. 그런데 정부라고 해서 완전한 정보를 얻을 수는 없다.

공개시장조작 등 간접 규제수단은 거시경제적 목표달성을 위해 총체적인 유동성 조절을 겨냥하고 있는 데 반해 선별 규제정책(선별 신용관리 정책)

은 국민경제의 전략부문을 육성하기 위하여 정책당국이 선별적으로 자금의 배분에 개입하여 자금의 규모나 기간 등을 규제하는 정책이다. 선별 규제정책 중에서 대표적인 것으로는 소비자 신용, 주택자금 및 기업의 설비투자자금에 대한 규제가 있다. 그러나 이와 같은 선별 규제정책의 효과 및 효율성은 선별신용관리 정책이 얼마나 효율적으로 사용되는가에 의해서 좌우되는데, 원칙적으로 이에 대한 파악 및 분석은 그리 쉬운 일이 아니다.

개별기업이 불완전한 정보 때문에 투자에 판단착오를 범하면 개별기업의 도산이나 손실로 끝나지만, 정책당국이 오류를 범하면 거국적인 규모의 막대한 폐해가 발생한 가능성이 있다. 여러 차례의 '한국은행 특별금융' 도 결국 국민들에게 비용을 부담시키는 결과를 초래한 경우도 많았다.

자금배분을 자유시장 경쟁원리에 맡길 경우 전략적 부문에 자금이 투입되리라는 보장이 없으므로 경제발전 초기에는 어느 정도의 선별규제는 필요하다고 생각한다. 그러나 경제가 발전해 경제구조가 복잡해지고 다양해지면 정확한 의사결정을 위한 신뢰할 만한 정보수집의 어려움 때문에 경제운용을 점차 자유시장 가격기구에 맡기는 것이 바람직하리라고 생각한다.

선별규제의 가장 큰 단점은 자유시장 매커니즘에 대한 정부의 지나친 개입을 조장할 우려가 있다는 점이다. 비판자들은 국내신용의 배분을 시장의 수급을 반영하는 가격메커니즘에 맡기는 것이 바람직하며, 정부의 인위적 신용할당은 정책입안자의 개인적 가치판단 기준에 의해서 배분되거나 부조리와 비효율성을 초래할 우려가 있다고 주장한다.

특히 선별규제는 많은 경우 특정 이해집단에게 특혜를 장기간 보장해주는 수단으로 활용될 우려가 있다. 물론 특정 이해집단을 위한 선별조치가 국민 전체의 이득에 항상 부합한다고 볼 수는 없다. 특히 선별지원의 기준이나 내용이 투명하지 않을 경우, 부정부패의 온상이 될 수 있고, 중앙은행의 발권력이 특정집단의 정치적 이득이나 경제적 이득을 위해 이용될 소지가 있다. 더욱이 그러한 이해집단이 있으면 통화금융정책을 시행하는 데 큰 장애가 될 수 있다. 예를 들면 수출에 대한 특별금융을 제공하게 되면, 국내신용을 억제하기 위한 긴축통화금융정책의 시행에 한계가 있다. 그 결과 자원배분의 왜곡을 장기간 방치하게 될 수 있다.

때로는 각 통화금융정책 수단들이 서로 상충되는 방향으로 시행될 우려가 있다. 어떤 선별 규제수단으로도 신용을 억제하면서, 다른 수단으로는 신용을 확대하는 경우도 있을 수 있어서 정책효과가 상쇄될 수도 있다. 그리고 다양한 선별규제 수단이 실시되면 금융기관은 이를 회피할 방도를 찾고자 보다 많은 자원을 배분하게 된다. 그렇게 되면 규제당국에서는 금융기관의 그러한 행위를 규제하기 위한 추가적 규제수단을 마련하게 될 것이다.

3. 통화정책의 체계와 운영방식

(1) 통화금융정책의 체계

이제 통화금융정책에 대한 논의를 마치기 전에 통화금융정책의 체계에 관하여 살펴봄으로써 통화금융정책이 어떠한 형태로 집행되는가 알아 보자. 다른 종류의 경제정책도 그러하지만 통화금융정책도 그 기본적인 체계는 최종목표, 운용목표 또는 중간목표 그리고 수단의 세 가지로 구성되어 있다. [그림 8-1]이 이를 나타내고 있다.

통화금융정책의 최종목표는 다른 종류의 경제정책과 마찬가지로 경제성장, 물가안정, 완전고용 및 국제수지의 균형을 달성하는 것이다. 그런데 통화금융정책의 경우에는 이를 최종목표를 달성하기 위하여 은행의 지급준비금이나 이자율 및 통화량에 영향을 미칠 수가 있는데, 이들이 바로 통화금융정책의 중간목표 또는 운용목표가 된다. 예를 들면 물가안정 아래에서 적정한 경제성장률을 달성하기 위하여 적정한 수준의 통화량의 증가율을 책정하는 것이 그러하다. 한편 통화금융정책의 수단은 공개시장조작, 지급준비율정책 및 재할인율정책 등과 같이 통화당국이 통화금융정책의 운용목표를 달성하기 위하여 직접 사용하는 정책들을 가리킨다.

그림 8-1 통화금융정책의 체계

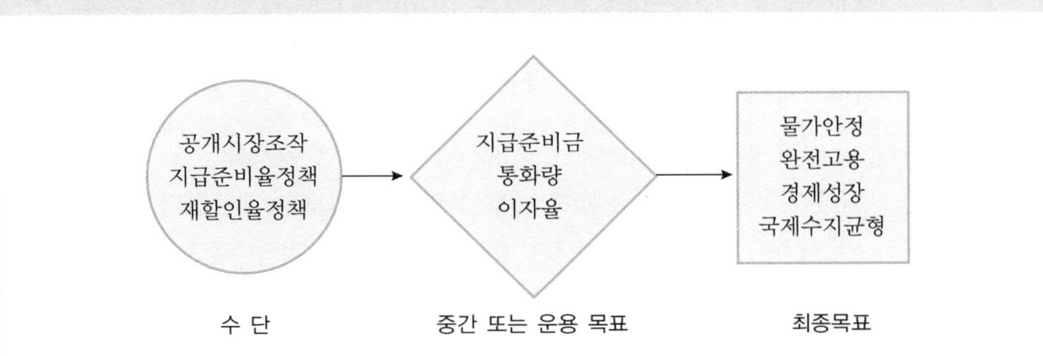

통화금융정책을 수립하는 과정을 보면 우선 정책의 최종목표를 설정한 후에 이에 알맞는 운용목표를 결정하고, 끝으로 이 운용목표를 달성하는 데 필요한 통화금융정책의 수단을 강구하는 순으로 행해진다. 우리나라는 통화금융정책의 운용목표로 이자율보다는 통화량을 주로 택하여 왔다. 그 까닭은 이자율이 정부에 의해 규제되어 왔으므로 시중의 자금사정을 제대로 반영하지 못하였고, 인플레이션이 지속되는 상황에서 목표이자율을 정해 통화를 공급할 경우 통화공급의 과잉으로 인플레이션을 더욱 촉진시킬 우려가 있었기 때문이다. 그러나 근자에 들어와 금리 자유화가 추진되면서 이자율은 통화금융정책을 운용하는 데 있어서 점점 더 중요성을 지니게 된 것이다. 즉, 1999년 이후부터는 금리를 중시하는 통화금융정책으로 전환하여 한국은행이 결정하는 콜 금리가 운용목표가 되었다.

한편 적정한 통화량의 증가율을 결정하는 것도 쉬운 일은 아니지만 대체로 경제성장률, 물가상승률 및 화폐의 유통속도의 변화 등을 고려하여 결정된다. 대부분의 선진국에서 그러한 것처럼 우리나라도 통화금융정책은 여러 종류의 통화지표뿐만이 아니라 금리, 환율 등을 동시에 참작하면서 운용될 것으로 보여진다. 위에서 지적한 대로 화폐수요함수가 불안정하여 빈번한 이동을 하는 상황하에서는 어떤 통화지표의 증가율 목표치에만 지나치게 집착하는 것은 현명하지 않으며 이자율 등을 동시에 참작하면서 통화금융정책을 수행해야 할 것이다.

(2) 통화목표관리제

1970년대와 1980년대에 많은 국가들이 통화량을 중간목표로 삼는 통화목표관리제를 선택하였다. 중간목표관리제에서 이자율을 중간목표로 삼아야 한다는 케인즈학파의 처방은 1970년대부터 통화량을 중간목표로 삼아야 한다는 통화목표관리제에 의해 완전히 밀려났다. 왜 그렇게 되었는가에 대한 경제논리를 살펴보자.

신화폐수량설을 주장한 프리드만에 의하면 이자율은 관리하기가 어렵고 금융시장의 변화에 대하여 매우 불안정한 정보를 제공한다. 먼저 적정수준의 이자율을 알 수 없다. 고정시킨 이자율이 적정수준보다 높으면 경제활동이 위축된다. 적정수준보다 낮으면 통화량이 지나치게 증가하여 물가가 상승한다.

다음으로 시중이자율이 변할 때 대처하기가 어렵다. 시중이자율이 상승한다고 하자, 이는 대부시장에서 자금의 초과수요가 있기 때문에 생길 수 있다. 이 때에는 통화공급을 증가시켜야 한다는 정책시사점을 믿는다. 그러나 다른 한편으로 그 동안 통화공급이 지나치게 많아 물가가 상승하고, 이에 따라 이자율이 시차를 두고 상승하기 시작한 것일 수도 있다. 이 경우에도 통화공급을 줄여야 한다는 정책시사점을 얻는다. 이자율의 변동만으로는 정확한 상황판단이 어려운 것이다.

통화목표관리제하에서는 여러 통화지표 중에서 어떤 지표를 중간목표로 삼을 것인가, 구체적으로 목표치를 어떻게 결정할 것인가 하는 문제를 풀어야 한다. 어떤 통화지표를 중간목표로 삼을 것인가에 대하여는 나라와 시대에 따라 다양한 차이를 보이지만 너무 넓지도 않고 좁지도 않은 통화지표(우리나라의 지표로 말하면 광의의 통화)를 사용하는 것이 일반적인 경향이다.

구체적인 목표치는 통화지표의 증가율로 나타낸다. 각국은 중앙은행이 오랫동안 쌓아온 지식과 경험을 토대로 원칙을 설정하여 통화공급증가율을 책정한다. 이러한 원칙 중 가장 일반화되어 있는 방식이 EC 방식이다. 이 방식은 피셔의 교환방정식에 이론적 근거를 두고 있다. 교환방정식 $PY=MV$를 증가율로 나타내면 다음과 같다.

$$\underset{\left(\frac{\Delta P}{P}\right)}{\text{물가상승률}} + \underset{\left(\frac{\Delta Y}{Y}\right)}{\text{실질경제성장률}} = \underset{\left(\frac{\Delta M}{M}\right)}{\text{통화공급증가율}} + \underset{\left(\frac{\Delta V}{V}\right)}{\text{소득유통속도 증가율}}$$

따라서 통화공급증가율에 관해서 정리해 보면 다음과 같다.

$$\frac{\Delta M}{M}=\frac{\Delta P}{P}+\frac{\Delta Y}{Y}-\frac{\Delta V}{V}$$

이 식을 바탕으로 물가상승률은 예상물가상승률이나 목표인플레이션율로, 실질성장률은 자연성장률로, 소득유통속도증가율은 예상소득유통속도 증가율로 잡으면 통화공급의 목표증가율을 정할 수 있다.

$$\begin{aligned}\text{통화공급목표증가율} &= \text{목표인플레이션율}+\text{자연성장률}\\ &\quad -\text{예상소득유통속도증가율}\end{aligned}$$

이 식에 따라 통화공급증가율 목표치의 계산방식을 흔히 EC방식이라 한다. 물론 이 방식이 성공하려면 중앙은행이 명목통화량을 완전히 통제할 수 있어야 하고, 통화의 소득유통속도를 정확히 예상할 수 있어야 한다.

(3) 물가안정목표제

1980년대부터 금융혁신과 금융자유화, 금융국제화가 급속도로 진행되면서 화폐수표의 불안정성이 커지고 통화량과 최종목표와의 관계가 불안정해졌다. 금리를 중간목표로 삼는 것이 바람직스럽다고 단정할 수도 없는 상황이었다. 이런 상황에서 1990년대에 들어와 뉴질랜드, 캐나다, 영국, 스웨덴, 핀란드, 호주, 스페인 등 이런 나라가 물가안정목표제를 도입하였다. 물가안정목표제는 중앙은행이 일정기간 동안 달성해야 할 물가목표치를 미리 공표하고 이를 기준으로 통화금융정책을 운용하는 제도이다. 이 제도는 중간목표 없이 공개시장조작, 재할인율정책 등의 통화금융정책수단을 사용하여 인플레이션 목표를 직접 달성하려고 하는 방식이다. 인플레이션 목표를 세우는 데에는 인플레이션의 결정요인을 알고 미래의 인플레이션을 제대로 예측하는 것이 중요하다. 통화금융당국은 통화량, 금리, 환율, 기대인플레이션, 자산 가격 등 다양한 거시변수들을 활용하여 인플레이션을 예측하는데, 이 다양한 거시변수들을 정보변수들이라 한다.

물가안정목표제하에서는 통화량과 금리가 물가에 영향을 미치는 주요 거시지표이기 때문에 통화당국이 관심있게 지켜보는 정보변수이다. 물가안정목표제의 장점으로는 불확실성을 줄여 안정적인 경제환경을 조성한다는 점이 거론된다. 물가가 인플레이션 억제목표를 상회할 경우 중앙은행이 경기과열을 막기 위해 긴축정책을 취할 것이며 하회할 경우 경기를 부양할 것이라는 믿음을 소비자와 기업에게 준다는 것이다.

우리나라는 1997년 말 한국은행법 개정 때 물가안정목표제를 도입하여 1998년부터 운용하고 있다. 목표로 삼는 물가는 한국은행이 통제하기 어려운 농산물가격과 석유류가격을 제외한 소비자물가이다. 단, 곡물은 농산물이지만 국민경제에 중요한 영향을 미치기 때문에 그 가격을 포함시킨다. 비곡물 농산물과 석유류의 가격을 뺀 소비자물가의 상승을 근원인플레이션이라 한다. 2004년부터는 물가를 3년단위로 관리하는 중기물가안정목표제를 도입하였다. 그리하여 한국은행은 2007~2009년 물가안정목표 기준을 근원인플레이션율에서 소비자물가상승률로 바꾸었다.

한국은행은 설정된 물가목표 달성을 위해 콜금리를 운용목표로 하는 금리중시 통화금융정책방식을 활용하고 있다. 한국은행의 최고의사결정기구인 금융통화위원회는 연간 물가목표와 실물경제 및 금융시장 전망 등을 종합적으로 고려하여 이 목표 수준은 차기 회의 때까지 1개월 동안 적용된다. 한국은행 공개시장조작 데스크에서는 콜시장의 수급상황을 감안하여 콜금리가 목표수준에서 유지될 수 있도록 지급준비자금을 조절한다. 물가안정목표제는 콜금리가 장기금리와 밀접한 관계가 있으리라는 기대하에 콜금리를 안정시키고자 한다.

(4) 이자율목표제[3)]

통화주의를 비판하는 학자나 실무가들은 이자율이 실물경제에 미치는 영향력이 크다는 점과 중앙은행이 단기 이자율을 통제할 수 있다는 점을 근거로 이자율을 중간목표로 사용할 것을 주장한다. 원칙적으로 실물경제에 영향을 주는 변수는 명목이자율이 아니라 실질이자율이다. 특히 투자에 영향을 주는 요인은 장기 실질이자율이다. 반면 중앙은행이 실제로 통제할 수 있는 것은 단기 명목이자율이다. 따라서 장 · 단기 명목이자율 사이에 관련성이 관찰되지 않는다면, 이자율은 중간목표로서 그다지 유효하지 못하다는 비판이 제기될 수 있다.

사실 이자율 중심의 통화금융정책을 주장하는 경우에도 장기 이자율이 중앙은행에 의해 통제될 수 있다고 주장하는 학자는 거의 없다. 물론 분리시장가설에 따른다면 장기대부시장에 개입하여 장기증권을 매매함으로써 장기이자율을 통제하는 것도 가능할 수 있다. 그러나 만기가 길어질수록 통화당국의 통제력은 약화될 수밖에 없다. 또한 인플레이션율을 직접 통제할 수 없으므로 결국 중앙은행에 의해 통제되는 것은 실질이자율이 아닌 명목이자율일 뿐이다. 그런데 특정 수준의 단기 명목이자율을 중간지표로 사용하려면 실질 장기 이자율 수준과 기대 인플레이션을 감안한 적절한 수준의 장기 명목이자율을 염두에 두어야 하는데, 이때 기대 인플레이션의 추정이 그리 쉽지 않은 점도 문제가 된다.

그렇지만 만약 가격이 경직적이라고 가정할 수 있다면, 적어도 단기에서는 명목이자율을 통해 실질이자율이 결정될 수 있다. 또한 투자도 실제로는 장기 이자율보다는 투자자의 기대에 의해 결정되는 것으로 볼 수 있다. 따라서 단기 이자율 변화가 투자자의 기대에 영향을 미쳐 장기 이자율

3) 정운찬 · 김홍범 譯(2003), 한국은행(2005), Gordon(2005), Mishkin(2004)에 의존했다.

을 바꿀 수 있다면, 비록 장 · 단기 채권의 대체성이 떨어진다 하더라도 결과적으로 이자율의 기간구조에 대해 영향력을 행사할 수 있다.

이렇게 본다면 통화금융정책의 중간목표의 이자율을 사용하는 데에는 나름대로의 장점도 있을 수 있다. 하지만 이자율목표제가 갖는 근본적인 약점은 자칫 인플레이션의 가속화를 가져올 수 있다는 점이다. 이것은 이자율목표제하에서는 인플레이션을 고정시킬 수 있는 명목 기준지표가 존재하지 않기 때문이다. 예를 들어 특정 수준의 이자율을 중간목표로 설정한다고 가정해 보자. 이제 국민소득의 증가로 이자율이 상승한다면 중앙은행은 다시 이자율을 목표수준으로 끌어내리기 위해 채권매입을 늘릴 것이다. 이에 따라 본원통화가 늘고 통화량이 증가한다. 이것은 실제 인플레이션과 기대 인플레이션의 상승을 가져와 피셔효과에 따른 명목이자율의 상승을 초래할 것이다. 그러면 중앙은행은 이자율 목표를 지키기 위해 다시 채권매입을 통해 이자율을 떨어뜨릴 것이고 그에 따른 통화량 증가로 실제 인플레이션과 기대 인플레이션이 더욱 높아질 것이다.

바로 이러한 악순환의 위험성 때문에 오늘날 중앙은행들은 이자율을 통화금융정책의 중간목표로 활용하지 않는다. 대신 이자율을 운용목표로 삼는다. 구체적으로 각국 중앙은행은 콜금리와 같은 초단기 정책금리를 운용목표로 정하고 경제상황에 맞추어 수시로 이를 유연하게 미세 조정하는 방식으로 통화금융정책을 수행한다. 이러한 방식을 금리 중시 통화금융정책이라 부른다. 이것은 이자율을 중간목표로 삼는 경우 한번 이자율의 목표수준을 설정하면 실제로 상당 기간 동안(예를 들어 6개월이나 1년 동안) 그 수준이 고정되는 것과는 다르다.

(5) 환율목표제

환율목표제란 높은 인플레이션을 경험해 온 국가가 인플레이션이 낮은 국가(들)의 통화(통화바스켓)에 자국의 환율을 고정시켜 물가안정을 도모하려는 통화정책 운영체제를 말한다. 한 나라가 환율을 고정시킨다는 것은 중앙은행이 물가안정이 아닌 다른 정책적 목적(예를 들면 총수요 부양 등)을 달성하기 위해 독자적으로 통화정책을 운용할 수 없게 됨을 의미한다. 그럼에도 어떤 나라가 환율목표제를 선택하게 되는 이유는 무엇인가?

그 원리를 구매력평가설을 통해 간단히 살펴보자. 구매력평가설에 따르면 국내물가수준 P, 외국통화 1단위의 가치를 국내통화로 표시한 환율 e,

그리고 외국물가수준 P^*사이에는 $P=eP^*$가 성립한다. 그러므로 $\frac{\Delta P}{P}=\frac{\Delta e}{e}+\frac{\Delta P^*}{P^*}$가 성립한다. 이 식에 따르면, 환율이 빠른 속도로 상승하는 경우 국내적으로 인플레이션율이 빠르게 상승한다. 특히 소규모 개방경제의 경우, 환율변동은 수입재 가격변동을 통해 국내물가에 상당한 영향을 준다. 그러나 환율목표제를 선택하면 $\frac{\Delta e}{e}=0$이므로 국내 인플레이션은 외국의 인플레이션과 동일해진다. 그러므로 높은 인플레이션에 시달려온 국가가 환율목표제를 채택하면 물가가 안정된 외국의 통화정책을 받아들이는 셈이다. 따라서 환율목표제는 통화정책에 대한 신뢰성 회복을 통해 높은 인플레이션 기대심리를 진정시켜 단기간에 물가안정에 기여할 것으로 기대된다. 또한 환율목표제는 환율변동의 위험을 줄여 외국자본의 유입에도 도움이 된다.

환율목표제 하에서 정책당국은 외환시장에 개입하거나 이자율을 조정하여 환율을 유지한다. 예를 들어 달러화 수요가 늘어나 환율이 상승하려는 조짐을 보이게 되면, 당국은 외환시장에 즉각 개입하여 자국통화를 매입하고 달러화의 공급을 직접 늘리거나 아니면 국내 이자율을 높임으로써 환율을 목표수준에서 안정시켜야 한다. 이와 같은 정책당국의 조치는 어느 것이든 긴축적 통화정책에 해당한다. 이 때 긴축적 통화정책은 전적으로 환율목표제의 운영과정에서 나온 결과이며 국내적 경기상황과는 무관하다. 이는 앞서 말한 대로 환율목표제가 국내 통화정책의 포기(달리 표현하면 통화주권의 포기)를 의미한다는 것을 말해 준다.

그래서 과거에는 여러 나라가 엄격한 유형보다는 상대적으로 신축적인 유형의 환율목표제를 운용하기도 했다. 후자를 채택하는 경우, 외국의 통화금융정책으로부터 신뢰성의 이득을 얻는 동시에 어느 정도 독자적인 통화정책을 구사할 수 있는 것으로 생각되었기 때문이다. 그러나 1997년 동아시아 외환위기는 국제자본의 국가 간 이동성이 크게 높아진 오늘의 상황에서는 신축적 환율목표제가 투기적 공격에 특히 취약하다는 사실을 각국 정책당국에 일깨워주었다. 환율목표제가 신축적 유형인 경우에는 특정수준의 고정환율을 유지하려는 정책당국의 의지가 그리 강하지 않은 것으로 간주되어 쉽사리 투기적 공격의 대상이 되기 때문이다.

이러한 상황은 소위 '3요소의 공존불가능성 원리'와 관련된다. 여기서 3요소란 고정환율제도, 자본자유화, 독자적 통화정책을 가리킨다. 이들 요소 중 임의의 어떤 두 요소도 원칙적으로 공존할 수 있는 반면, 나머지 한 요소는 반드시 포기되어야 한다는 것이 이 원리의 내용이다. 최근 세계화의 급진전으로 이들 3요소 가운데 자본자유화 요소는 정책적으로 선택할 수 있는 대상이 아니라 주어진 전제조건이 되었다고 본다면, 사실상 각국의 정책당국은 고정환율제도와 독자적 통화정책 중 어느 하나만을 택할 수밖에 없게 된 셈이다.

환율목표제는 다양한 취약성에 노출된다. 첫째, 엄격한 고정환율제도의 경우 국내 경제상황에 대한 독자적 통화정책적 대응이 불가능하다는 사실로 인해 경제적 대가를 치를 수도 있다. 아르헨티나가 그 좋은 예이다. 하이퍼인플레이션에 장기간 시달려 온 아르헨티나는 1991년 통화위원회제도를 채택함으로써 단기간에 물가안정을 달성하는 데 일단 성공했다. 그러나 1994년 멕시코의 페소화 위기가 발생하자 위기의 전염을 우려한 예금자들이 페소화를 대거 달러화와 교환하면서 통화량의 격감으로 경제침체가 심화되었다. 그럼에도 아르헨티나는 국내통화량을 늘릴 수 없었다. 통화위원회제도 하에서는 통화량이 외환보유액에 연동되는데, 페소화의 달러화 교환은 통화량의 격감과 동시에 외환보유액의 격감을 의미했기 때문이다. 이와 같이 엄격한 고정환율제도 아래 환율이 경제의 기초 여건이 필요로 하는 수준에서 괴리되는 경우에는, 경제가 성장 및 고용 면에서 커다란 대가를 치른다. 또한 고정환율의 유지가능성이 의문시되면 투기적 공격이 대상이 된다. 1992년 영국과 이탈리아의 환율조정메커니즘 탈퇴를 가져온 ERM사태, 1994년 멕시코의 페소화 위기, 1997년 동아시아 외환위기 모두 과도하게 고평가된 고정환율을 무리하게 고수하다가 투기적 공격으로 촉발된 사건들이다.

둘째, 환율목표제 하에서는 명목환율이 고정되므로 실질환율을 적정한 수준으로 유지해야 하는 부담이 국내물가에만 전적으로 부과된다.[4] 이때 만약 국내 물가가 경직적이라면 결국 산출이 조정되어야 하므로 경제가 큰 대가를 치르게 된다.

셋째, 환율목표제에 이런 다양한 문제들이 수반될 가능성이 있다는 사실은, 환율목표제가 실패하는 경우에는 그 정책실패의 경제적 비용이 다른 통화정책 운영체계에 비해 매우 클 수 있다는 것을 의미한다.

그럼에도 현재 전세계적으로 엄격한 고정환율제도 또는 중간단계의 신

4) 실질환율은 외국재화와 국내재화의 상대가격, 즉 eP^*/P로 정의되며, 국내재화의 가격경쟁력을 나타낸다.

축적 고정환율제도를 시행 중인 104개 국가들이 환율목표제를 가진 것으로 간주되며, 83개 국가만이 변동환율제도를 실시 중이다.

제 4 절 중앙은행의 독립성과 경제변수들의 관계

1. 중앙은행의 독립성

(1) 중앙은행 독립성의 정의와 종류

중앙은행의 영향력이 얼마나 막강한 것인가는 중앙은행이 독점하고 있는 발권력과 금융기관 통제기능을 쉽게 짐작할 수 있다. 이러한 강력한 힘을 가진 중앙은행에 독립성을 부여할 것인가에 대해서는 경제학자, 정부관료, 국회의원 간에 의견이 분분하다. 일반적으로 선진국에서는 중앙은행의 독립성이 지나치게 강하다는 공격을 받는 데 반해 후진국에서는 중앙은행의 독립성이 지나치게 결여되었다는 비판을 받고 있다.

중앙은행의 독립성 문제는 중앙은행을 자치적으로 운영하도록 할 것인가 아니면 행정부의 통제하에 둘 것인가 하는 단순한 기구의 소속문제로 생각해서는 안 된다. 중앙은행의 독립성 문제가 논의되는 이유는 논의 자체가 중앙은행의 통화금융정책과 행정부의 재정정책 사이의 보이지 않는 역학관계가 있기 때문이다. 독립성의 확립은 통화금융정책이 재정정책과 대등한 입장에서 시행된다는 것을 의미하고, 통화금융정책은 대부분 시장가격 기구 원리를 존중하기 때문에 시장가격 기구에 대한 정부의 간섭을 감소시킨다는 것을 의미한다. 물론 중앙은행의 독립성이 결여된다는 것은 재정정책의 우위를 인정하는 셈이며, 통화금융정책은 부수적인 경제정책의 하나로 전락하게 됨을 의미하며, 시장경제의 운용에 대한 행정부의 간섭이 재고되어야 한다는 뜻이다.

피셔(S. Fischer)는 중앙은행의 독립성을 보유권한을 기준으로 목표 독립성과 수단 독립성으로 구분하였다. 목표독립성이란 중앙은행이 자신의 정책목표를 직접 결정하는 경우에 성립한다. 수단독립성이란 중앙은행이 통화금융정책의 수단에 대한 통제권을 갖고 이 수단을 이용할 수 있는 경우에 성립한다. 피셔는 인플레이션과 산출간 단기적 상충에 직면하여 중앙은행이 사회전체의 후생을 극대화 할 수 있는 선택을 할 수 있도록 중앙은행에게 정책목적을 명료하게 부과하고 책임을 지워야 한다는 의미에서 중앙은행은 목표독립성을 가지면 안 된다고 본다. 따라서 피셔에게 중앙은행의 독립성이란 수단독립성에 관한 문제이다. 이와 같은 피셔의 생각은 이론과 현실 모두에서 일반적으로 받아들여지고 있다.

프리드먼은 중앙은행의 독립성에 대한 기본적 의미를 중앙은행이 입법부, 행정부, 사법부와 동등한 정부의 독립된 기관이어야 한다는 것을 뜻하며, 중앙은행은 정부에 의해 통과된 법을 시행하지만 법이 변경되지 않는 한 그 운영에 관해서는 정부의 독립성은 정부가 중앙은행의 통화금융정책 결정에 영향을 미치는 어떤 공식적인 수단을 갖고 있지 않은 것을 의미하며, 그러한 공식적인 영향력이 행사될 수 있는 방법과 경로의 수에 따라 독립성의 정도가 평가되어 왔다.

이러한 중앙은행의 독립성은 통화금융정책이 기본적으로 정치적인 이해관계로부터 독립되어야 한다는, 주로 정치적인 측면에서 고려되어져 왔다. 즉 정부가 통화금융정책을 임의로 변경할 수 있다면, 이를 자의적으로 오용할 수도 있고 또 각종 선거를 의식하여 인기 위주의 정책에 지중하기 쉬우므로 이에 대한 견제장치로서 정치로부터 독립된 중앙은행의 존재가 필요하다는 것이다. 따라서 이러한 의미에서, 중앙은행의 독립성은 중앙은행의 통화금융정책이 정부, 국회 또는 이해단체들의 압력이나 간섭으로부터 독립을 의미한다라고 정의할 수도 있다.

또 다른 측면에서 중앙은행의 독립성의 의의와 필요성을 중앙은행이 공익에 따라 행동하고 중앙은행에 부여된 목적들 간에 대립이 없도록 하기 위해서는 뉴질랜드의 중앙은행과 같이 단 하나의 정책목표를 부여하는 것이 중앙은행의 통화금융정책 수행에 도움이 될 것으로 지적하기도 한다. 뉴질랜드는 1989년 중앙은행의 의무를 1993년까지 인플레이션율을 0~2%로 감소시키는 것으로 규정하는 대신 중앙은행의 독립성을 보장하였다. 프리드먼은 이를 두고 명확한 명령을 부여함으로써 중앙은행이 추구해야 할 목표를 명확히 제시해 주었는데 이는 매우 바람직한 통화금융정책이다라고 평가했다. 뉴질랜드와 같이 물가안정이(그것도 구체적인 수치로) 중앙은행이 수행해야 하는 유일한 통화금융정책의 목적이면서 동시에 유일하게 책임을 지는 기관으로 규정하는 예는 흔치 않다. 이것은 중앙은행의 가장 중요한 역할이 물가안정에 있다는 점을 재확인시킨 사례이다. 이러한 뉴질랜드의 개혁은 효력을 발휘하여 현재 뉴질랜드의 인플레이션율은 2% 이내에서 안정적으로 움직이고 있다.

중앙은행 독립성의 비교를 위해 각국의 통화체제를 고려함에 있어 일국의 통화체제를 크게 두 부분으로 구분할 수 있다. 첫째는 통화공급의 평균 증가율이나 이자율의 변동성 등과 같은 형태변수들을 고려의 대상으로 하는 것이고, 둘째는 제도적인 차원에서 통화제도를 고려대상으로 하는 것이다. 통화제도는 다시 중앙은행이 최종 정책목표를 선정하는 데 정치적 독립성을 갖고 있느냐, 그리고 설정된 목표의 수행을 위한 정책수단의 선정과 관련하여 경제적 독립성을 갖고 있느냐 하는 것으로 구분된다.

중앙은행의 정치적 독립성은 정책의 최종목표를 선정하는 데 있어 통화당국의 능력 여하에 달려 있는데 이는 첫째, 중앙은행 조직의 임원들에 대한 임면절차, 둘째, 중앙은행과 정부와의 관계 그리고 셋째, 중앙은행의 공식적인 책임(업무) 등의 세 가지 측면에 의해서 주로 결정된다.

원칙적으로 최종목표를 선정하는 독립성은 그 목표에 관련된 내용상에 간섭을 받지 않는 것으로 정의할 수 있다. 그러나 실제적으로 독립된 중앙은행을 갖는 가장 큰 장점은 중앙은행이 신뢰도를 제공한다는 데 있다. 바로 이것이 중앙은행의 독립성과 낮은 인플레이션이라는 목표추구를 위한 자율성을 동일시하는 이유이다.

중앙은행의 경제적 독립성, 즉 통화금융정책의 수단을 선정하는 데 있어서 중앙은행의 자율성은 중앙은행으로부터의 차입량을 결정하는 데 정부의 영향력과 중앙은행의 통제하에 있어 통화수단의 본질로 기술할 수 있다. 만약에 정부가 중앙은행으로부터의 차입과 관련해서 차입량과 차입조건에 영향력을 행사한다면, 이는 정부가 통화베이스의 창조에도 영향력을 행사할 수 있다는 의미이기 때문에 중앙은행의 독립성을 약화시킬 수 있는 것이다.

그러나 이상과 같은 중앙은행 독립성의 당위성과 필요성에도 불구하고 이러한 견해와는 정반대로 중앙은행이 독립된 기관으로 운용되어서는 안된다는 견해가 제기되기도 하였다. 즉 프리드먼은 미국의 연방준비은행이 경직적으로 운영되어온 과거의 사례를 근거로 중앙은행의 독단으로 시행한 과거의 잘못된(?) 정책적 결과를 열거하면서 독립된 정부기관으로서의 중앙은행의 위상에 반대하는 견해를 표명한 바가 있다. 따라서 그는 연방준비은행이 효율적이며 안정적인 금융여건을 지속적으로 조성하기 위한 대안으로 다음의 두 가지를 제시하였다. 첫째, 연방준비은행을 재무부장관 지휘하에 재무부의 한 부서로 만들거나, 둘째, 연방준비은행을 의회의 직접 통제하에 두는 방안을 제시하였다. 이들 중 어느 경우이든 소위 중앙은행의 독립성은 종식되는 것이지만 이들 두 방법은 현재의 제도보다는 보다 더 안정적인 금융여건을 만들어 줄 것이라고 주장하였다.

오늘날 중앙은행은 모든 국가에서 화폐 금융제도의 핵심적 요소로 자리잡았다. 이러한 중앙은행 제도를 인정한다면, 현실에서 중앙은행 제도를 어떻게 조직하는 것이 바람직한가의 문제가 매우 중요하다. 이것은 일반 정부조직과는 별개의 기관으로 운영되는 중앙은행이 전체 정부조직 내에서 어떠한 위상을 가지며, 중앙은행에 어느 정도의 권한과 책임이 부여되어야 할 것인가의 문제이다. 이것이 바로 중앙은행 독립성 문제의 핵심이다. 중앙은행 독립에 대한 논의는 이처럼 중앙은행 제도의 현실적 운영과 관련된 것이다. 따라서 중앙은행 독립성은 그 나라의 금융제도의 역사와 구조적 특수성, 개별 경제주체의 미시적 금융거래 양상, 실물적 요인과의 상호의존 관계 및 정치적 상황 등을 총괄적으로 고려하여 논의되어야만 할 것이다.

중앙은행은 책무 수행과정에서 정치적 권위에 종속적일 수도 있고, 자치적이거나 독립적일 수도 있다. 중앙은행이 종속적이라 함은 행정부의 의지가 통화 신용정책에 그대로 반영되는 것을 의미한다. 반면 중앙은행이 자치적이라 함은 중앙은행이 기능을 수행하는 데에 운용의 묘를 발휘할 수 있는 영역을 상당부분 확보하고 있음을 뜻한다. 그리고 독립적이라 함은 정치적 간섭이 없을 뿐 아니라 중앙은행이 나름대로 정책적 소신을 발휘할 여지가 많음을 뜻한다. 여기서 자치성과 독립성은 정도 차이의 문제로서, 종종 같은 뜻으로 사용되기도 한다.

중앙은행은 독립성은 대체로 세 가지로서 분류하여 파악할 수 있는데, 조직적 · 기능적 · 사실적 독립성이 그것이다. 조직적 독립성은 중앙은행과 정부의 제도적 관계에 대한 법적 안전장치를 말한다. 즉, 국가조직의 일부분으로서 중앙은행 제도가 정부조직과의 연계 속에서 필요로 하는 독립성을 의미한다. 이러한 조직적 독립성을 확보하기 위한 구체적인 조건으로 ① 중앙은행 구성에 다양한 계층의 사람들을 참가시키고, ② 중앙은행 임원들의 임기는 정치적 압력으로부터 보호받도록 충분히 길어야 하며, ③ 중앙은행 총재나 임원들은 중앙은행 정책을 이유로 정치적 기관에 의해 책임당해서는 안되므로 해임사유가 사전에 명확히 규정되어야 하고, ④ 중앙은행 임원들의 전일근무를 의무화하여 다른 지역근무 또는 사적업무를 막고, 해서는 안되는 행위 항목을 규정함으로써 이해관계의 충돌을 사전에 피해야 하고, ⑤ 임기가 끝난 중앙은행 임원들의 사금융기관 취업 또는 정부관료 취임을 막아 임기중 사익추구를 배제할 수 있어야 한다.

기능적 독립성이란 중앙은행의 기능과 부여된 권한의 범위를 법제화하는 것을 말한다. 즉, 중앙은행의 기능과 권한의 측면에서 보장받아야 할 독립성을 뜻한다. 이러한 기능적 독립성을 확보하기 위한 구체적인 조건으로 ① 정부의 중앙은행으로부터의 차입은 중앙은행법 등으로 제한하고, ② 중앙은행의 통화금융정책 수립 · 결정 · 집행의 책임소재를 명확히 하며, ③ 중앙은행의 독립은 통화금융정책에 한정되어 고려되는 것이 일반적이나 환율정책 등 다른 정책과의 관련선상에서 독립성 확장의 여지를 남기고, ④ 업무에 필요한 여러 가지 규제 · 감독권이 중앙은행에 부여될 수 있도록 하며, ⑤ 중앙은행의 예산안 자치권을 확보하고, ⑥ 독립적인 중앙은행과 정부 또는 정부기관간의 협의는 장려하되 그것이 강제적으로 중앙은행을 구속하지는 않도록 유의해야 한다.

이와는 별개로 중앙은행의 독립성을 평가하는 기준으로 사실적 독립성 개념이 있다. 사실적 독립성은 총재와 경제부처 수장의 개인적 성격, 정치적 · 경제적 환경, 국가적 관심의 우선순위, 통화금융에 관한 조사, 깊이와 질, 중앙은행 총재의 임기와 정치적 성향에 따른 교체율 등에 의하여 결정된다.

그런데 중앙은행의 독립이 중앙은행에 일정한 권한을 부여하는 것만을 의미하는 것은 아니다. 독립성을 정의할 때는 권한에 비례하여 뒤따르는 책임 또한 고려해야 한다. 즉, 중앙은행은 국민들에게 통화금융정책의 수립 · 집행에 대한 평가도 받아야 한다. 이때 일반적 평가기준은 법적 목표를 어느 정도 성취했는가 여부이며, 목표달성에 실패할 때에는 중앙은행 집행부가 책임을 져야 한다. 이처럼 중앙은행의 독립성은 책임성이 뒷받침될 때 더욱 강화될 수 있다.

(2) 중앙은행 독립성의 이론적 배경

1) 중앙은행 통화정책의 신뢰성: 정치로부터의 독립

중앙은행의 독립성이 요청되는 이론적 근거로 자주 언급되는 것은 정책의 신뢰성 문제이다. 신뢰성 문제의 핵심은 민간부분의 통화당국 정책에 대한 신뢰가 크면 클수록 실물경제의 비용을 최소로 하면서 효율적으로 정책을 집행할 수 있다는 것이다. 이러한 정책의 신뢰성 문제가 중앙은행 독립성과 어떤 관련성을 갖는지 살펴보자. 정책 신뢰성 문제는 중앙은행의 정치로부터의 독립이라는 차원에서 주로 다루어져 왔다. 그런데 최근에는 중앙은행이 금융시장으로부터도 독립해야 한다는 시각도 설득력을 얻고 있다. 중앙은행의 독립성을 보장하려는 세계적인 추세는 독립성이 강화될수록 물가안정에 유익한 것이라는 이론적·실증적 연구결과에 근거하고 있다. 그러나 아직 실증적으로 명확하게 결론에 합의가 된 것은 아니다. 아래에서는 중앙은행의 독립성을 이와 같이 두 가지 관점에서 다루기로 한다.

우선, 이론적 근거는 다음과 같다. 합리적 기대하에서 정책의 신뢰성 여부는 정책의 성공 및 성과를 좌우하는 것으로 밝혀지고 있다. 키들랜드와 프리스컷(Kydland and Prescott)의 연구결과 이래 원칙에 입각한 정책이 인플레이션 편향성을 억제할 수 있다는 주장이 받아들여지고 있다. 그리고 실증적으로도 정책의 신뢰성과 물가안정간에는 밀접한 관계가 있음이 인정되고 있는 것이다. 그 이유를 간단히 지적하면 다음과 같다. 합리적 경제주체는 정책당국의 동태적 비일관성을 간파할 수 있다. 물가안정을 위한 통화금융정책을 실시하려 하는 경우 중앙은행은 자신에 대한 신뢰성을 보장할 만한 법적·제도적 장치가 확실하게 마련되어 실효성있게 정착시키지 못한다면 민간의 인플레이션기대심리를 억제하기만 매우 어렵게 된다. 이것을 실현할 수 있는 하나의 제도적·법적 장치가 바로 중앙은행의 독립성인 것이다. 다른 정책을 추구하는 정부와 달리 중앙은행이 독립적으로 물가안정 정책을 추진할 수 있다면 정상적인 상황 아래에서 다른 목표에 밀려 정책이 변경되지는 않을 것이기 때문이다.

정책당국이 경제운용의 재량권을 가지는 한, 정책 당국자는 통화량을 예기치 못하게 증가시켜 일시적인 고용의 증대를 꾀할 유인을 가지게 된다는 것을 보였다. 즉, 정책당국이 인플레이션 억제정책을 입안해 발표해도 합리적 기대를 형성하는 민간부문은 이를 믿지 않게 되는 신뢰성의 문제가 발생하여 경제는 결국 높은 인플레이션율에서 균형을 찾게 된다는 것이다. 재량정책의 동태적 비일관성은 인플레이션 편향적 결과를 초래한다는 것이다.

정책 당국자는 인플레이션과 고용에 대한 상충관계에 직면해 있으며, 인플레이션이 낮을수록 실업률이 낮을수록 높은 효용을 누린다고 하자. 정책 담당자가 인플레이션 안정화 정책을 시행할 것을 공표하고 민간은 이에 기초하여 예상을 형성한 후 임금계약, 명목이자율 계약 등에 임했다고 하자. 즉 기대인플레이션이 잡혔다고 하자. 이 경우 물가가 안정되는 모습이 보이면 정책 당국자는 미래의 어느 시점에서 통화량을 예기치 못하게 변동시킴으로써 일시적인 고용의 증대를 꾀할 유인을 가지게 된다. 즉, 물가가 안정되는 모습이 보이게 되면 애초의 정책을 수정할 유인을 가지게 되는 것이다.

그러나 합리적 기대를 하는 민간부문은 정부정책의 이러한 비일관성을 간파할 수 있다. 만약 정부의 정책이 일관성 있게 추진된다는 법칙, 제도적 제약이 불완전하면 정부가 인플레이션 억제정책을 입안한다고 하더라도 민간부문을 정책을 지속성을 신뢰하지 않게 된다. 그 결과 각종 계약에서 정부정책에서 대한 신뢰가 있을 경우에 비해 예상 인플레이션율은 높게 나타나고 만일 이 상황을 정책 당국자가 안다면 정해진 고용량 증대 목표를 위해 통화량을 더 크게 증가시켜야 하는 악순환이 발생된다. 이러한 문제가 바로 재량정책의 동태적 비일관성이다.

따라서 정책의 효율성을 높이기 위해 법적·제도적으로 정책의 신뢰성을 확보할 수 있는 장치를 마련해야 한다. 중앙은행의 독립성은 바로 이러한 측면에서 큰 의미가 있다. 통화가치 안정이라는 명시적인 단일 목표를 추구하는 중앙은행이 다양한 경제정책 목표를 모두 고려하는 정부로부터 독립될수록 통화금융정책의 신뢰성이 향상될 것이기 때문이다.

이러한 논의는 정책 담당자와 민간부문의 관계를 시간의 흐름 속에서 지속되는 대응관계로 파악하지 못하여 결과적으로 정책의 신뢰문제와 그 결과의 심각성에 대해서 실제보다 과장된 예측을 했다는 비판이 제기되었다. 통화 당국은 민간과의 관계가 지속될 때 민간으로부터의 보복이 궁극적으로 자산의 이익과 상치된다는 것을 깨닫게 되는데 이와 같은 중앙은행이 자신의 평판을 고려하게 되면 시간 불일치의 문제는 덜 심각해 질 것이다.

중앙은행의 독립성이 지니는 또 다른 의미는 정보정책당국과 민간사이의 정보비대칭성 문제를 해결해 주는 방안이 되기도 한다는 것이다. 동태적 비일관성 문제는 사실 정보의 비대칭성 때문에 발생한다. 즉 정부는 자신이 긴축을 할지 팽창을 할지에 대한 정보를 가지고 있지만 민간은 여기에 대한 정보가 부족하다. 이런 비대칭성하에서 팽창정책을 선호하는 정부는 의도적으로 자신의 의도를 숨기고 긴축정책을 선호하는 것처럼 민간에게 비쳐지고 싶은 유인이 존재한다. 따라서 민간은 정책당국의 의도를 정확히 파악하는 데 따르는 비용을 부담해야 한다. 반면 이런 구조에서 정말로 팽창보다는 긴축정책을 선호하는 정책당국의 입장은 어떨까? 이러한 유형의 정책당국은 민간이 진정한 정책의도를 의심하는 상황이 달가울 리 없다. 자신의 진정한 정책의지를 민간에게 전달하고 싶을 것이다. 따라서 정책당국은 불필요하고 모호한 정책수행을 최소화하고 자신의 목표를 보다 선명하게 표방할 것이다. 그래서 정책을 사전에 공표하고 구속력과 신빙성을 부여하기 위한 속박장치를 마련하여 이것을 파기할 경우 어떠한 비난과 행사책임도 질 것이라는 것도 발표할 것이다. 그리고 보수적인 중앙은행의 총재를 선임하기도 할 것이며 독립성 강화조치를 취할 것이다.

그러나 민간부문이 이런 정책에 전폭적인 지지(신뢰)를 보낼 것인가는 별개의 문제이다. 그리고 위의 속박장치를 준수하고 독립성을 유지하는 데에도 여러 가지 비용이 따른다. 중앙은행의 행동과는 다른 독립적 요인, 예를 들어 공급 충격에 의해 통화금융정책의 목표가 흔들릴 때 계속 정책일관성에만 매달리면 경제에 엄청난 비용을 유발할 수 있다. 결국 정보를 얼마나 참되게 국민들에게 알리고 홍보하여 정보공유를 통한 정보비대칭성(정책당국에 대한 오해를 없애야 한다) 해소가 매우 중요한 관건이 된다.

중앙은행 독립성 문제에 대한 협소한 논리적 근거에만 의존한 사고는 자칫 소탐대실할 수 있다. 독립성에 너무 집착하면 경제내에 불필요한 경직성 하나를 추가하여 비용을 증가시키는 결과를 초래할 수 있다. 신뢰성 문제를 극복하는 것과 동시에 경제여건에 따라 정책의 융통성이 진정 효과적임을 보여주는 진실한 자세가 무엇보다 중요한 것이다.

2) 중앙은행 통화금융정책의 신뢰성: 금융시장으로부터의 독립

1970년대 이후 전세계적으로 급속히 진행된 규제완화와 금융자유화로 인해 이제 세계 어느 나라의 경제에서도 금융시장의 규모와 중요성은 대단히 커졌다. 통화금융정책은 궁극적으로 금융시장을 통해 수행된다. 그러므로 각국 중앙은행은 평소 금융시장의 움직임을 정확히 이해하고 그 변화를 예측할 수 있어야 한다. 또한 중앙은행은 자신의 정책이 시장에 미칠 파급효과와 예상되는 금융시장의 반응을 염두에 두면서 정책을 수립해야 한다. 이는 예상되는 시장 반응에 따라 중앙은행의 통화금융정책이 영향을 받게 된다는 점과 수행되는 통화금융정책에 대한 시장의 실제 반응이 어떠한지에 따라 그 정책 효과의 크기와 관련 시차가 달라진다는 점을 의미한다. 이런 의미에서 중앙은행의 궁극적 활동기반은 금융시장이다.

그런데도 최근 블라인더(A. Blinder)는 중앙은행의 정치적 독립성과는 별개로 중앙은행의 금융시장으로부터의 독립성을 강조하고 나섰다. 그 의미는 무엇일까? 블라인더 자신도 강조하듯이, 중앙은행은 금융시장을 무시할 수도 없고 무시하려 해서도 안 된다. 주식시장 · 채권시장 · 외환시장 및 여타 시장을 포함하는 금융시장은 중앙은행이 정책을 수립하는 데 없어서는 안 될 필수적 정보의 원천이기 때문이다. 중앙은행이 파악해야 할 정보에는 연방준비은행의 정책변화에 대한 금융시장의 기대와 반응도 물론 포함된다.

그런데 중앙은행이 금융시장을 존중한 나머지 이를 "거대한 힘과 지혜의 보고(寶庫)로 간주"하고, 시장이 기대하는 정책을 중앙은행이 그대로 따르기만 한다면 어떻게 될까? 당장은 시장으로부터 무난하다는 평가를 받을지는 몰라도 궁극적으로는 그야말로 "어설픈 정책"이 될 위험이 크다는 것이 블라인더의 기본 시각이다. 시장의 힘이 거대하다는 것은 그 누구도 부정하기 어렵지만 시장이 그리 지혜롭기만 한 것은 아니기 때문이다. 금융시장은 왜 지혜롭지 않을 수 있을까?

블라인더는 세 가지 이유를 들고 있다. 첫째, 금융시장이 투기적 자금흐름에 노출되어 있고, 시장 참가자들이 떼지어 이리저리 몰려다니는 군집행동의 경향과 사소한 일에도 민감하게 반응하는 과잉반응의 경향을 강하게 보인다. 둘째, 금융시장 참여자들은 일시적 유행과 변덕에 취약하므로 투기적 거품이 쉽게 발생할 수 있다. 이와 같은 이유들로 인해 금융시장에는 불안정성이 내재하고, 이것이 종종 금융위기로 표출되는 것이다. 금융시장이 펀더멘털과 무관하게 맹목적으로 움직이는 동안, 중앙은행이 그와 같은 금융시장의 일시적 이상 기류에 휘둘려서는 안 될 것이다. 셋째, 금융시장 참여자들의 시계가 너무 짧다. 30년 만기 재무정채권을 거래하는 사람들이 마치 1년 만기 채권을 거래하듯이 행동하고 있는 것이 현실이라는 것이다.

이처럼 금융시장에 불안정성이 내재하고 시장이 단기적으로 움직이는 한, 자산가격 움직임에 반영된 시장의 통화금융정책에 대한 기대 또는 요구를 중앙은행이 만족시키려고만 한다면 중앙은행은 어느덧 시장의 단기 시계에 매몰되고, 통화금융정책 결정이 사실상 사유화되어 매우 불행한 결과가 올 수 있다. 통화금융정책에는 길고 가변적 시차가 내재되어 있으므로, 중앙은행은 금융시장으로부터 독립하여 장기 시계를 항상 유지해야 한다. 나아가 중앙은행은 자신이 어디서 어떤 방식으로 시장을 이끌고 싶어하는지를 목적 및 방식의 투명성을 통해 시장에 가르쳐 줌으로써 지휘자 역할을 수행해야 할 것이다.

2. 거시경제 변수들과의 관계와 찬반론

(1) 거시경제 변수들과의 관계

통화당국에 대한 신뢰도는 통화금융정책을 이해하는 데 가장 중요한 요인이다. 이는 통화당국이 갑작스러운 통화팽창을 통해 인플레이션세를 징수하려는 욕구와 가능성을 갖고 있기 때문이다. 실제로 예상치 못한 인플레이션은 정확히 세금으로서의 역할을 하는데, 그 이유는 인플레이션을 경험하면 사람들은 통화금융정책의 결과가 자신에게 어떤 영향을 미치는지에 대해서 인식하게 된다. 따라서 또 다시 동일한 통화금융정책을 펼친다 해도 이제 사람들은 적절하게 대응할 수 있게 되는 것이다. 만약 통화당국이 갑작스럽고도 놀라운 조치를 취하지 않는다는 것을 확산시키지 못한다면 인플레이션이라는 부작용만 나타난다.

이와 같이 중앙은행의 신뢰도 상실에 의한 인플레이션 문제는 중앙은행이 독자적으로 통화금융정책을 수행하는 방식으로 극복할 수 있다. 보다 규율 있는 재정정책과 함께 낮은 인플레이션 현상은 독립적인 중앙은행이 갖고 있는 국가들에서 발견할 수 있는 현상이다. 특히 우리는 독립적인 중앙은행이 낮은 인플레이션은 물론 예산적자와 감축이라는 재정정책과도 긴밀하게 연관되어 있다는 사실에 주목해야 한다.

이미 살펴본 바와 같이 중앙은행 독립성과 인플레이션 간에는 역의 관계가 있다는 것이 증명되고 있으며 중앙은행의 독립성과 거시경제 변수들 간에도 어느 정도의 상관관계가 있을 수 있다는 주장이 제기되고 있다. 이제 논리와 주장들의 타당성에 대하여 살펴보기로 한다.[5)]

알레시나(Alesina)와 서머스(Summers)는 중앙은행의 독립성과 경제성장, 실업 및 실질이자율 등과 같은 실질 경제변수간에 상관관계가 존재하는지의 여부에 대하여 분석한 바 있다. 분석결과에 따르면 중앙은행의 독립성이 인플레이션을 억제하기는 하지만 다른 경제적 성과(실질 경제변수)에는 영향을 주지 않는 것으로 나타났다. 만약 통화금융정책이 실질효과가 있다

5) 유지성, 전게서, pp.257-261 참조.

면 다음과 같은 논의가 가능하다. 즉 중앙은행의 독립성은 여러 가지 이유에서 실질 경제성과(실질 경제변수)를 향상시킬 수도 있다는 것이다.

그 첫 번째 이유는 정치적 압력으로부터 자유스러운 중앙은행은 경제변수의 움직임을 보다 정확하게 예측할 수 있기 때문에 경제의 안정성을 증진시키며 실질이자율에 개재된 위험프리미엄을 감소시키는 방향으로 통화금융정책을 수행할 수 있다. 그리고 두 번째 이유는 높은 인플레이션이 비생산적인 부문에 자금을 흐르게 하여 위험프리미엄을 상승시키는 등 경제변수들에 부정적인 영향력을 행사할 수 있다는 사실이다. 이 경우 중앙은행은 독립성으로 경제성과를 개선시킬 수 있는 것으로 기대할 수 있다.

예컨대 로머-로머(Romer and Romer)의 주장대로, 과거 미국이 경험한 대부분의 불황이 연방준비은행이 인플레이션을 의도적으로 허용한 후에 이를 갑자기 수습하려는 노력의 결과라면, 보다 지속성 있는 반인플레이션 정책이 바람직한 경제성과와 연관되어 있을 것으로 기대할 수 있다. 반면 정치적으로 민감한 중앙은행이 생산(산출물)증대와 실업률 감소에 더욱 관심을 갖는 경향이 있다는 주장도 있다. 만약 통화금융정책이 이들 목표들을 달성할 수 있다면, 중앙은행에 독립성을 부여함으로써 그다지 바람직하지 않은 실질 경제성과를 부담하는 대신 낮은 인플레이션을 달성할 수가 있다. 로고프(Rogoff)는 바람직한 경제성과와 낮은 인플레이션간에는 상충관계가 있다는 점을 보다 공식적인 모형을 통해 제시하였다. 로고프는 반인플레적인 중앙은행일수록 재량적인 통화금융정책에 의존하며, 그 결과 경제의 불안정이 심화될 수 있다고 주장한다.

한편, 중앙은행의 독립성과 정부의 재정적자 사이에도 상관관계가 존재한다. 즉 재정당국은 선거나 집권정당의 이해를 반영하여 정부지출을 증대시키려는 경향이 있으므로 재정적자가 증대한다고 알려져 있다. 예컨대 멜쩌(Meltzer)와 리처드(Richard), 쿠키어만(Cukiermen)과 멜쩌, 알레시나-타벨리니(Alesina and Tabellini), 피어슨-스벤슨(Persson and Svansson) 그리고 타벨리니-알레시나 등은 재정적자의 규모는 정치적 요인에 의하여 영향을 받는다는 것을 보여 주고 있다. 이들 연구들은 정치적 경쟁관계가 재정적자를 발생시키고 재정적자를 적정규모 이상으로 증대시킨다고 주장하고 있다. 구체적으로 18개 OECD국가들을 대상으로 한 그릴리-마스씨안다로-타벨리니(Gilli-Masciandaro-Tabellini)의 연구결과에 의하면 비례대표제도가 있고, 연정관계의 지속기간이 짧을수록 그리고 여소야대의 정치상황에 있는 국가일수록 재정적자의 규모가 증대한다는 점을 지적하고 있다.

통화금융정책이 외생적 절차에 의해 주어지는 경우인 '통화우선'이라는 극단적인 경우에, 정부의 재정적자는 중앙은행에 의해 결정된다. 따라서 상기한 주장들이 사실이 되기 위해서는 실증적으로 보다 독립적인 중앙은행의 경우가 그렇지 않은 경우보다 재정적자가 소규모이어야 한다는 사실이 입증되어야 한다. 파킨(Parkin), 마스씨안다로-타벨리니 그리고 타벨리니의 연구는 이점에 대해서 최소한 잠정적으로 전술한 내용이 지난 30년 동안 여러 나라의 경험과 일치하는 것으로 지적하고 있다. 파킨은 베이드-파킨(Bade와 Parkin)의 연구에서와 동일한 12개국의 표본자료를 조사한 다음 중앙은행법과 재정적자 간에는 놀라울 정도로 강한 상관관계가 있는 것으로 결론을 내렸다. 구체적인 예로 보다 독립적인 중앙은행을 보유한 국가들(특히 스위스, 독일, 미국)은 낮은 수준의 재정적자를 실현하였으며 그 변동폭도 낮은 것으로 나타났다. 반면에 보다 덜 독립적인 중앙은행을 갖고 있는 국가(이탈리아)에서도 매우 높은 재정적자가 발생한 것으로 나타났다.

(2) 독립성에 관한 찬반이론

중앙은행은 국가의 경제안정이라는 중대한 임무를 수행하기 때문에 준정부기관으로서 그 책임도 막중하다. 이러한 임무를 수행하기 위해서는 막강한 힘을 가져야 할 뿐만 아니라 각종 압력단체로부터 초연한 입장에서 본연의 임무에 충실할 수 있도록 독립성을 부여해야 한다는 주장을 하고 있다. 중앙은행의 독립성이란 통화금융정책이 정부, 국회 또는 이해집단들의 압력이나 간섭으로부터 독립되는 것을 의미한다. 물론 현제도상으로 통화금융정책의 의사결정은 대통령, 국회 또는 이해집단에 의해 영향을 받지 않도록 규정하고 있다. 그럼에도 불구하고 중앙은행의 독립성 문제가 강하게 제기되고 있는 현실은 표면적 또는 공식적으로는 중앙은행이 독립적인 의사결정권을 확보하고 있지만 실제에 있어서 정치권의 권력(대통령, 국회 등)으로부터 초연할 수 없는 입장에 있기 때문이다. 특히 선진국의 중앙은행보다 중진국과 개발도상국의 중앙은행 독립성에 관하여 학자들의 관심이 고조되고 있다. 중앙은행의 독립성에 대한 찬반이론을 관찰하여 보면 다음과 같다.

1) 찬성하는 입장

첫째, 정치권력으로부터 압력을 받지 말아야 한다. 즉 중앙은행의 독립성을 확보하지 않으면 정치적인 이해에 따라 발권력이나 금융의 통제력이 제한받을 수 있다는 점이다. 이 점은 각국의 중앙은행의 독립성에 대한 한 결같은 주장이지만, 우리나라의 경우 정권의 재창출이나 선거를 의식하여 통화금융정책이 파행적으로 실시되었던 경우가 많았다는 사실을 부인할 수 없다. 과거의 경험에서 보면 선거를 치르고 나면 통화량이 격증하여 물가불안을 야기시켰던 경우가 많았다. 선거 때만 되면 유권자의 표를 의식해서 인플레이션 퇴치를 위한 통화 긴축정책은 인기가 없고, 그 보다는 단기적으로 인기있는 친인플레이션 기조를 택함으로써 국민들의 환심을 사려고 했던 점을 부인할 수 없다.

둘째, 중앙은행은 통화금융정책을 독립적으로 수행할 수 있어야 경제안정에 도움을 준다. 정부는 재정지출을 증대시키기 위하여 재원을 조달하는 방법으로 세율인상과 같은 인기 없는 방법보다는 중앙은행 차입과 같은 국민들의 저항이 적은 방법을 활용할 가능성이 많다. 그러므로 중앙은행은 경제안정을 위한 통화금융정책을 독립적으로 시행할 수 있는 제도적인 장치를 마련하는 것이 바람직스럽다.

셋째, 중앙은행의 통화금융에 대한 국민들의 신뢰성을 갖도록 하기 위해서는 독립성이 필요하다. 즉 일반인들이 통화당국의 정책에 대한 신뢰가 크면 클수록 실물경제의 비용을 최소화하면서 효율적으로 정책을 집행할 수 있다는 점이다. 정부의 정책이 일관성 있게 추진된다고 믿을만한 법적·제도적 장치가 확실하게 마련되어 있지 않는 한, 정부가 아무리 건축적인 정책을 입안 시행하더라도 일반대중은 정책의 지속성을 신뢰하지 않을 것이다. 그 결과 불필요한 물가상승이 발생하고 정책효과도 반감된다. 즉 중앙은행의 독립성이 강화되어야 국민들의 정부정책에 대한 믿음도 강해진다.

2) 반대하는 입장

첫째, 중앙은행의 독립성은 정부정책과 조화를 이루기가 어렵다는 것이다. 정부의 경제정책의 목표는 물가의 안정, 완전고용의 달성, 지속적인 경제성장 등으로 재정정책이나 통화금융정책 하나만으로는 달성되기 어려우며, 재정정책과 통화금융정책의 조화를 통한 종합적인 경제정책으로만 달성이 가능하다고 볼 수 있다. 그러나 중앙은행의 독립성은 그러한 정책간의 부조화를 초래할 가능성이 있다는 점이다.

둘째, 중앙은행의 독립성은 정부정책에 대한 책임소재가 불분명해진다는 것이다. 행정부를 대표하는 대통령은 선거를 통하여 의사결정 결과에 대하여 책임을 진다. 마찬가지로 중앙은행은 통화금융정책에 대해서도 명확한 책임을 져야 하나 독립성으로 인하여 정책의 책임성을 묻지 못한다면 매우 불합리하다는 것이다.

셋째, 개발도상국의 경우 경제성장 목표를 달성하기 위하여 중앙은행의 독립성은 제한되어야 한다는 것이다. 즉 각국마다 경제발전 정도가 다르고 제도적 차이도 다르다. 그러므로 개발도상국의 경우 경제성장을 위한 자금조달을 효율적으로 수행하기 위해서는 정부와 중앙은행과 같은 정책기구가 조화를 이루어야 된다는 주장이다.

지금까지 중앙은행의 독립성에 대한 찬성과 반대견해를 살펴보았듯이, 상반된 견해이긴 하나 나름대로 설득력 있는 논리를 가지고 있다. 지난 1960~1980년대에 우리나라는 경제성장에 최우선을 두어 경제성장을 목표 달성을 위해 정부와 중앙은행이 조화롭게 이를 실현시켰다. 그 과정에서 소위 관치금융의 폐단도 적지 않았음을 부인할 수 없다. 이러한 폐단이 간접적으로 전금융기관에 대한 부실요인을 제공한 점도 간과해서는 안 된다. 1997년 한국은행법 개정으로 조직적 독립성과 기능적 독립성 면에서 상당한 자율성을 부여받고 있다. 특히 통화금융정책의 의사결정 기구인 금융통화위원회가 정부로부터 많은 독립성을 인정받은 점이 주목된다. 한국은행은 미국의 연방준비제도이사회 의장(총재)의 임기가 4년이며 재임기간중 해임되지 않는다는 것과 현직 대통령이 연방준비제도의 운영에 간여할 소지가 극히 제한되어 있는 점은 참고할 필요가 있다.

09

chapter >>>>

화폐수요의 이론

CHAPTER 09

화폐수요의 이론

제 1 절 화폐수요의 의의와 화폐수요이론의 주요 대상

1. 화폐수요의 의의

화폐이론에 있어서 가장 중요한 이유는 화폐수요의 크기가 이자율 변동에 얼마만큼 영향을 받는가 하는 것이다. 이러한 문제는 화폐가 경제활동에 미치는 영향을 가늠하는 매우 중요한 요소이기 때문에 화폐이론에서는 이자율의 역할에 초점을 맞추고 있다. 일정한 시점에서의 통화량 또는 화폐의 공급은 본원통화의 공급을 규제하는 중앙은행, 현금통화 비율을 결정하는 일반대중 및 지급준비율을 결정하는 예금은행등, 3자에 의하여 결정되므로 안정성을 가지게 되고, 지급준비율도 법정 지급준비율에 의하여 좌우되므로 화폐의 공급은 중앙은행이 결정한다고 볼 수 있다.

이제 여기서는 비은행 민간부문에 의한 화폐의 수요를 보기로 한다. 화폐에 대한 수요란 일정한 시점에서 통화금융기관을 제외한 모든 경제주체가 보유하기를 원하는 화폐의 총액을 말한다. 어떤 사람이 일정한 크기의 자산을 가지고 있을 때, 그는 이 일정한 규모의 자산을 여러 가지 형태로 보유할 수 있다. 즉, 토지, 건물, 공장 등 실물자산을 가지고 있을 수도 있고, 화폐, 주식, 사채 등 금융자산의 형태로 보유하고 있을 수도 있다.

화폐를 보유하는 경우에 우리는 효용을 얻을 수 있다. 즉 화폐란 일반적으로 받아들여지는 지불수단이므로, 화폐를 보유하는 사람은 화폐가 수행하는 일반적인 지불수단이라는 서비스를 향유할 수 있게 된다. 이처럼 화폐를 보유하면 화폐가 수행하는 서비스를 누릴 수는 있으나, 화폐를 보유하는 데는 비용이 뒤따른다. 즉, 화폐는 비수익성 자산이기 때문에 화폐를 가지고 있으면 이로부터 아무런 수익도 나오지 않는다. 만일 화폐를 보유하지 않고 수익성 자산인 공장이나 주식, 사채 등에 투자하였다면 이로부터 우리는 수익을 얻을 수 있었을 것이다.

따라서 화폐라는 독특한 기능을 지니는 자산을 보유 또는 수요하려고 할 때 우리는 이러한 두 가지 측면을 고려하여야만 한다. 즉, 한편으로 화폐는 일반적인 지불수단이라는 서비스를 그 보유자에게 제공하나, 다른 한편으로는 비수익성 자산이므로 화폐를 보유 또는 수요하는 데는 이자를 받을 수 없다는 기회비용이 있다.

일정한 시점에서의 화폐의 공급량인 통화량과 사람들이 보유하고자 하는 화폐에 대한 수요가 일치할 때 화폐시장은 균형상태에 있게 될 것이다. 그러나 만일 화폐의 공급에 비하여 화폐에 대한 수요가 적다고 가정하여 보자. 이때 사람들은 공급된 통화량이 보유하기를 원하는 화폐의 양보다 더 많으므로, 보유하기를 원하지 않는 만큼의 화폐를 재화나 용역을 구입하는 데 지출해 버린다든지 또는 주식이나 사채와 같은 다른 형태의 금융자산을 수요하려고 할 것이다. 그 결과로 재화나 용역의 가격이 상승하게 되며, 다른 금융자산의 가격도 올라 이자율은 하락하게 된다.

이와 같이 화폐의 공급이 화폐에 대한 수요를 초과하는 경우에는 물가는 상승하며 이자율은 하락하게 된다. 반대로 화폐의 공급이 화폐에 대한 수요에 미달하는 경우에는 물가는 하락하고 이자율은 상승하게 될 것이다. 여기서 우리가 보는 것은 통화량의 공급이나 화폐에 대한 수요가 변화하면 물가가 변동하며 이자율이 변화하는데, 이는 실물부문에도 영향을 미치게 될 것이라는 점이다. 이자율이 변동하면 투자도 변동하게 되는 것이 바로 그 예이다. 사실 화폐이론의 주요한 목적은 통화량의 공급이나 화폐에 대한 수요가 변동할 때, 이러한 화폐부문에 있어서의 변화가 실물부문에 어떠한 영향을 미치게 되는가를 분석하는 것이다.

2. 화폐수요이론의 주요관심사

경제학에서 다루는 모든 재화가 그러하듯 화폐도 수요와 공급에 의해 균형가격과 수급량이 결정된다. 이때 화폐시장에서 결정되는 가격이 이자율이다. 즉 화폐를 사용하는 데 따르는 기회비용이 아자율에 의해 측정된다는 뜻이다. 화폐수요이론에서 다루는 주요 관심사는 다음과 같은 것들이다.

왜 사람들은 왜 돈을 필요로 하며, 화폐를 얼마나 보유(수요)하려 하는가? 결정요인으로서 이자율이 더 중요한가, 소득(또는 부)이 더 중요한가? 화폐수요함수는 이자율에 탄력적인가, 아닌가? 화폐수요함수의 안정성은 통화정책의 효과에 어떤 차이를 주는가?

이런 의문에 최초로 접근을 시도한 것은 화폐수량설이다. 미국의 경제학자인 어빙 피셔(I. Fisher)의 거래수량설은 실질화폐수요가 실질 GDP에 비례하고 이자율에 별 영향을 받지 않는다는 논리를 전개하였다. 이 이론의 시사점은 화폐의 회전율인 유통속도가 일정하다는 것이다. 이런 견해는 명목 GDP가 오직 통화량에 의해 결정된다는 것으로 요약된다. 그러나 유통속도를 상수로 취급할 수 있다는 고전학파의 견해는 실증분석 결과에 의해 지지되지 않고 있다.

케인즈의 화폐수요의 동기분석은 화폐수요가 현재 이자율 및 미래의 예상이자율에 의존한다는 것을 이론화하였다. 따라서 유통속도가 불안정하여 일정한 값을 가지지 못한다는 결론을 내렸다. 케인즈 이론을 발전시킨 이론들은 동기분석에 대한 이론적 근거를 더욱 확고히 하는 데 기여했다. 특히 이자율은 거래적 동기의 화폐수요에도 영향을 미친다는 것을 밝혔다.

프리드먼(Milton Friedman)의 화폐수요이론은 케인즈와 유사한 접근방식을 사용하였다. 화폐도 일종의 자산으로 취급함으로써 자산수요이론을 바탕으로 한 화폐수요함수를 도출했다. 화폐수요는 다른 자산과 화폐의 상대적 기대 수익률과 항상소득의 함수가 된다. 케인즈와 달리 프리드먼은 화폐수요가 안정적이고 이자율에 별 영향을 받지 않는다고 했다. 유통속도는 상수가 아닐지라도 예측 가능하기 때문에 통화량이 명목 GDP의 중요한 결정요인이라는 화폐수량설의 결론을 재확인하였다. 이런 이론적 논쟁에 대한 그 동안의 실증분석은, 화폐수요는 이자율에 어느 정도 영향을 받지만 매우 민감하게 영향을 받는 상태인 유동성 함정이 존재한다는 증거는 희박한 것으로 요약할 수 있다. 1970년대 이후 금융혁신이 진전됨에 따라 화폐수요는 불안정해졌다.

화폐수요이론을 공부하는 두 가지 큰 목적은 먼저, 미시적이고 개인적 관심사로서 '사람들은 왜 돈을 필요(수요)로 하며 얼마나 보유하려고 하느냐?' 라는 질문에 답하는 이론이다. 이 때 돈은 다다익선인가? 돈이 재산의 전부라면 그럴 것이다. 그러나 돈은 재산의 일부이고, 따라서 위의 질문은 '주어진' 재산(부) 가운데 얼마만큼을 돈으로 보유하려 하는가 하는 것이다. 더욱이 돈은 무수익 자산이므로 다다익선일 수는 없다. 무언가 무수익자산을 보유하는 이유가 있을 것이다. 재산과 저축을 모두 돈 이외의 수익자산으로만 보유하고 있다면 무언가 불편함이 있을 듯하다. 그래서 부나 저축을 돈으로 보유하는 최적비율은 어떤 요인에 의해 결정되는지 알고 싶다. 일단 이자율(수익률)과 소득이 고려대상이다. 실제로 경제주체 등은 모든 재산을 화폐의 형태로만 보유하지는 않으며, 주식, 채권, 부동산 등 다양한 자산들로 보유하고자 한다. 이렇게 볼 때, 화폐가 언제나 다다익선이라고는 할 수 없다. 물론 화폐는 다른 자산과는 구분되는 특별한 자산이다. 화폐는 지급수단 및 교환의 매개수단으로 보편적으로 인정되기 때문이다. 이 장에서는 중앙은행이 발행하는 현금과 시중은행이 발행하는 자기앞수표, 요구불예금 등 손쉽게 현금으로 바꾸어 쓸 수 있는 자산들은 화폐로 간주하기로 한다. 결국 미시적 측면에서 화폐수요이론은 경제주체들이 수많은 형태의 자산들 중에서 화폐라고 하는 특수한 금융자산을 왜 필요로 하는지, 그리고 부의 규모가 주어졌을 때 그 중 얼마만큼을 화폐로 보유하려고 할지 등을 분석하는 것이다.

그 다음 거시적으로 화폐수요 이론은 어떤 중요성을 지니는가에 대한 관심사이다. 이는 거시경제정책, 즉 경제조절정책(안정화정책) 수단으로서 통화금융정책의 유효성에 직결된다. 만약 화폐수요함수가 국민소득과 상당기간동안 안정적이고 예측가능한 관계를 지닌다면 중앙은행이 통화량을 조절하여 물가나 소득과 같은 거시경제의 흐름을 바람직한 방향으로 움직이도록 할 수 있기 때문이다. 거시적 화폐수요 이론에서 경제학자들이 주목하고 논쟁을 벌이고 있는 부분은 화폐수요함수의 안정성, 유통속도의 안정성 논란, 화폐수요의 이자율 탄력성(민감도) 논란, 금융환경변화의 영향(자동인출기, 다양한 화폐대체수단 개발, 금융실명제 등)에 대한 논란 등으로 요약할 수 있다.

화폐수요이론은 거시적으로 화폐가 경제에 어떤 영향을 미치는지를 분석할 수 있게 해준다. 예를 들어 사람들이 예전보다 화폐를 더 많이 보유하려 한다면, 경제 내의 유동성이 감소하고 이자율이 상승하여 기업활동은 큰 영향을 받게 된다. 따라서 화폐수요가 무엇에 의해 얼마나 변동하는지를 이해하는 것은 거시경제이론과 관련해서도 큰 의미가 있다. 특히 이자율과 화폐수요가 얼마나 밀접한 관련성을 갖는가의 문제는 학자들 사이에 아직도 많은 논란이 있을 정도로 중요하고 어려운 문제이다.

여기서 잊지 말아야 할 것은 사회·경제적 여건이나 제도적 요인, 그리고 지급결제시스템 등이 화폐수요에 커다란 영향을 미친다는 점이다. 이러한 요인들은 화폐수요이론을 전개할 때 자칫 간과하기 쉬운 부분이지만, 현실적으로 그 중요성은 아무리 강조해도 지나치지 않다. 한 예로 현금자동인출기가 주말이나 공휴일에 작동되는지 여부는 경제주체들의 화폐보유액에 큰 변화를 줄 것이다. 또한 그 사회의 신용 정도도 화폐수요에 중요한 역할을 한다. 신용이 고도로 발달된 사회라면 그렇지 못한 사회에 비해 현금보유비율이 줄어들 것이기 때문이다. 이 밖에 그 사회의 경제여건도 화폐수요에 중요한 역할을 한다. 예컨대 오일 쇼크와 같은 요인으로 물가가 빠르게 상승할 때, 사람들은 종전의 지급패턴을 버리고 새로운 화폐수요 방식을 택할 것이다. 즉, 화폐는 가급적 빨리 써버리고 실물자산을 보유하려고 할 것이다. 이처럼 화폐수요를 분석하기 위해서는 여러 가지 요인들을 종합적으로 고려해야 한다.

제 2 절 고전학파 화폐수량설

1. 거래형 화폐수량설: 거시적 화폐이론

(1) 실물부문과 화폐부문

화폐에 대한 수요이론 중에서 화폐수량설적인 접근을 택하는 것을 살펴보기로 하자. 화폐수량설은 이미 18세기에 그 대체적인 윤곽이 알려져 있었으나, 본격적인 전개는 20세기 초에 피셔(I. Fisher)의 거래형 화폐수량설과 케임브리지학파의 대표자인 마샬과 피구(A. Pigou)의 현금잔고형 화폐수량설에 의하여 이루어졌다. 이들 거래형 화폐수량설과 현금잔고형 화폐수량설을 보통 고전적인 화폐수량설이라고도 부른다.

여기서는 거래형 화폐수량설에 대하여 보려고 하는데, 그 전에 먼저 고전적인 경제학에서 화폐수량설이 어떠한 위치에 있었는지를 살펴봄으로써 전반적인 윤곽을 알아보자. 여기서 고전적인 경제학은 대체로 케인즈의 『일반이론』이 출판된 해인 1936년 이전의 경제이론을 뜻한다.

고전적인 경제학에서는 한 국민경제를 실물부문과 화폐부문의 두 부문으로 나누어 생각한다. 그런데 실물부문에서는 수요와 공급이 상호작용하여 재화 및 용역과 생산요소의 상대가격이 결정되며 이에 따라서 자원배분이 일어난다. 한가지 예를 들어보면 쌀 한말의 절대가격은 10,000원이며, 보리쌀 한말의 상대가격은 5,000원이라고 가정해 보자. 그러면 쌀과 보리쌀의 상대가격은 10,000원/5,000원=2/1가 된다. 여기서 유의할 것은 쌀 한말의 절대가격이 20,000원이 되고, 보리쌀 한말의 절대가격이 10,000원이 되어도 상대가격은 20,000원/10,000원=2/1로서 변동하지 않는다는 것이다. 이제 쌀과 보리쌀의 상대가격이 2/1에서 3/1으로 상승하였다고 가정해 보면, 쌀을 생산하는 것이 더욱 이익이 나므로 지금까지 보리쌀을 생산하는 데 투입되었던 자원(토지, 노동, 자본 등)의 일부가 쌀을 생산하기 위하여 재배분될 것이다.

이처럼 고전적인 이론에서는 자원배분은 실물부문에서 수요와 공급이 상호작용하여 상대가격이 결정됨에 따라 이루어진다고 보았다. 한편 절대가격은 화폐부문에서 화폐의 공급량에 의하여 결정된다고 생각하였다. 즉, 화폐의 공급량이 증가하면 일반 물가수준이 상승하며, 보리쌀의 절대가격도 5,000원에서 10,000원으로 상승하거나 상대가격은 2/1로서 변동하지 않는다. 따라서 화폐의 공급량의 변화는 상대가격에 의하여 결정되는 자원배분에 대하여 전혀 영향을 줄 수 없다.

이와 같이 자원배분은 실물부문에서 수요와 공급이 상호작용하여 상대가격이 결정됨으로써 이루어지며, 절대가격 및 일반 물가수준의 결정은 화폐수량설이 보이는 것처럼 화폐부문에서 화폐의 공급량에 의하여 결정된다. 또한 실물부문과 화폐부문은 서로 완전히 분리되어 있어서 실물부문에 어떤 변화가 일어나도 화폐부문에 전혀 영향을 주지 않으며, 역시 화폐부문의 변화도 실물부문에 영향을 주지 못한다.

여기서 우리가 발견하는 것은 케인즈가 비판한 것처럼 고전적인 이론에서는 상대가격의 결정에 대하여 논하는 가치론과, 절대가격의 결정에 대하여 분석하는 화폐이론이 서로 완전히 분리되어 있다는 것이다. 이를 파틴킨(Patinkin)은 고전적인 이중성이라고 불렀다. 이러한 이론체계하에서는 화폐의 공급량이 증가하는 것과 같은 화폐부문에 있어서의 변화는 실물부문에 전연 영향을 주지 못하는데, 이를 우리는 화폐가 중립성을 가지고 있다고도 하며 또는 화폐는 베일(Veil)에 불과하다고 한다. 그러나 올바른 견해는 화폐는 중요하며, 화폐부문에서 변화가 일어나면 실물부문에 영향을 줄 수 있다는 것이다.

이상의 논의에서 분명해진 것은 화폐의 공급량과 물가의 관계를 다루는 고전적인 화폐수량설은 절대가격 및 일반 물가수준의 결정을 설명하기 위한 이론이라는 점이다.

(2) 교환방정식

이제 고전적인 경제이론에서 화폐수량설이 차지하는 위치를 알았으므로 피셔의 거래형 화폐수량설에 관하여 살펴보기로 하자. 이를 위해서 먼저 피셔의 교환방정식에 대하여 살펴보자. 교환방정식은 $MV=PT$와 같이 쓸 수 있으며, 이 식의 오른쪽인 PT는 일정한 기간 동안의 총거래액을 나타내는데, $PT=\Sigma p_i t_i$이다. 여기서 p_i는 i번째 거래의 단위당 가격이며, t_i는 i번째 거래의 거래량이다. 따라서 모든 거래에 대하여 $p_i t_i$를 구하여 이를 모두 합해 놓은 것이 $p_i t_i$ 또는 PT이다. 이때 P는 모든 거래의 평균적인 가격이 되며, T는 총거래량이 된다.

화폐의 거래유통속도는 사후적으로 총거래액을 통화량으로 나눈 $V=\dfrac{PT}{M}$로 측정되기 때문에 $MV=PT$는 항상 성립한다. 한편 교환방정식의 왼편인 MV를 보면 M은 한 국민경제의 화폐공급량을 나타내며, V는 총거래액인 PT를 처리하기 위하여 화폐 한 단위가 일정한 기간 동안 몇 번이나 사용되는가를 나타내는 화폐의 거래 유통속도이다. V를 이와 같이 총거래액 PT를 처리하기 위하여 M이 몇 번이나 회전하는가를 나타내는 것이라고 정의하면, 위의 교환방정식은 정의 자체에 의하여 항상 성립하는 항등식이라는 것을 알 수 있다. 즉, 교환방정식은 변수들 사이의 인과관계를 나타내는 가설이 아니라 정의 자체에 의하여 항상 성립하는 항등식이라는 것을 유의하여야 한다.

가령 한 달 동안 생산물거래에 10,000원권 한 장이 일곱번 회전되었고,

5,000원권 한 장이 4번 회전되었다 하자. 그러면 이 두 화폐의 거래유통속도는 $V=\frac{(10,000\times7)+(5,000\times4)}{10,000+5,000}=6$이 된다. 이것은 화폐의 각 단위가 한 달 동안에 생산물거래에 평균 6번 회전되었다는 것을 의미한다.

앞의 교환방정식 $MV=PT$를 볼 때 느끼는 것은 P와 T를 규정하기가 모호하며, 또한 실제 자료를 사용하여 이를 측정하기도 어렵다는 것이다. 따라서 국민소득 통계의 발전과 더불어 교환방정식을 거래를 기준으로 해서가 아니고 소득을 기준으로 표시하는 경향이 늘어났다. 이제 Y를 명목소득, P를 물가지수, y를 불변가격으로 나타낸 실질 국민소득이라고 하면 $Y=Py$가 성립한다. 따라서 원래의 교환방정식은 다음과 같이 쓸 수 있다.

$$MV=Py$$

여기서 V는 총거래액 PT가 아니라 명목 국민소득인 Py를 처리하기 위하여 일정한 기간 중 통화량이 몇 번이나 회전하는가를 나타내는 화폐의 소득 유통속도이다. 그런데 GDP 측정방법에서 본 것처럼 총거래액은 이중계산까지 포함하므로 부가가치만의 합계인 국민소득보다 훨씬 크다. 거래형으로 표시된 원래의 교환방정식에 비하여 소득형으로 표시된 것이 훨씬 더 명확하게 개념들을 규정할 수 있으며, 실제자료를 사용하여 계산하는 것도 용이하다.

윗식 $MV=Py$로 표시된 교환방정식을 $M=\frac{1}{V}Py$로 정리하면 화폐수요가 명목국민소득(Py)의 일정비율($1/V$)로 결정된다는 것을 시사해 준다. 또한 소득유통속도는 $V=\frac{Py}{M}$로 정리된다. 예를 들면, 2009년의 명목 GDP는 잠정추계에 의하면 389조 9,790억원이며, 2009년 12월 31일 현재 통화(M_1)는 39조 5,420억원이었다고 하자. 그러면 소득 유통속도는 다음과 같이 산출된다.

$$V=\frac{389,979(\text{십억원})}{39,542(\text{십억원})}=9.9$$

즉, 2009년의 국민소득을 처리하기 위하여 통화는 평균적으로 9.9번 회전한 셈이다.

이제 완전고용을 가정하면 실질국민소득 y는 일정하다고 볼 수 있다. 또한 화폐의 거래유통속도 V는 사람들이 화폐를 얼마나 보유하려고 하는가와 밀접한 관련이 있으므로 화폐에 대한 수요가 늘수록 V는 감소할 것이다. 반대로 화폐에 대한 수요가 감소하고 지출을 늘릴수록 V는 증가한다. 그런데 사람들이 화폐를 보유 또는 수요하는 것은 지불행위에 있어서의 관습에 의하여 좌우되며 이는 안정적인 경향을 가지고 있으므로 V도 일정하다고 가정할 수 있다. 이와 같이 V와 y를 일정하다고 가정하면, 교환방정식은 다음과 같이 쓸 수가 있다. $P=(\overline{V}/\overline{y})\cdot M$이다. 여기서 $\overline{V}$와 $\overline{y}$는 V와 y가 일정한 값을 가지고 있음을 나타낸 것이다.

$MV=Py$의 교환방정식이 항등식인 데 반하여, 위의 식은 일반 물가수준 P가 화폐의 공급량 M에 의하여 결정된다는 거래형 화폐수량설이다. 즉, 거래형 화폐수량설은 두 변수 M과 P 사이의 인과관계를 나타내는 가설 또는 이론인 것이다. 위의 거래형 화폐수량설을 보다 좁은 의미로 이해하면 M이 10% 상승하면 P도 10% 상승하게 된다. 그러나 V와 y는 일정한 것이 아니라 항상 변화하는 것이 보통이다. 이렇게 볼 때 거래형 화폐수량설이 가리키는 것은 M과 P 사이의 정확한 비례관계라기보다는, M과 P는 동일한 방향으로 변동하며 P의 변화의 주된 원인은 M의 변화라는 것이다.

이제 거래형 화폐수량설의 내용을 알았으므로 구체적으로 M의 변화가 P의 변화를 어떻게 초래하는가 살펴보자. 가정하기를 중앙은행이 화폐의 공급량을 증대시켰는데, 이 M이 사람들이 보유 또는 수요하기를 원하는 화폐의 양보다 많다고 하자. 그러면 사람들은 보유하기를 원하지 않는 만큼의 화폐를 재화의 구입에 지출하려고 할 것이다. 이러한 지출의 증가는 명목 국민소득의 증가를 초래할 것인데, 명목 국민소득이란 물가와 실질 국민소득을 곱한 것이다. 즉, 지출의 증가는 단기에는 물가를 상승시킬 수도 있으며 실질 산출량을 증대시킬 수도 있으나 장기에는 주로 P의 상승만을 초래하게 된다.

고전학파 경제학자들의 화폐 수요분석은 화폐를 교환의 매개체로 보는 데서 시작한다. 교환을 촉진시킬 목적으로 사람들이 화폐를 소지한다는 관점이 고전학파의 사고이다. 상품을 거래할 때에는 화폐가 필요한데, 상품을 거래하고자 할 때의 소요경비와 소득 등의 수령은 반드시 일치되는 것이 아니다. 상품과 서비스를 판매한 후의 대금수령과 상품과 서비스를 구입한 후의 대금지불은 일치하는 것이 아니므로 사람들은 거래의 시간차를 메우기 위해서 현금을 소지하는 것이다. 만약 어떤 사람이 월초에 월급을 받는다면, 그리고 그 사람이 월급수령과 동시에 전액을 다 써버리지 않는

그림 9-1 거래금액과 소득규모

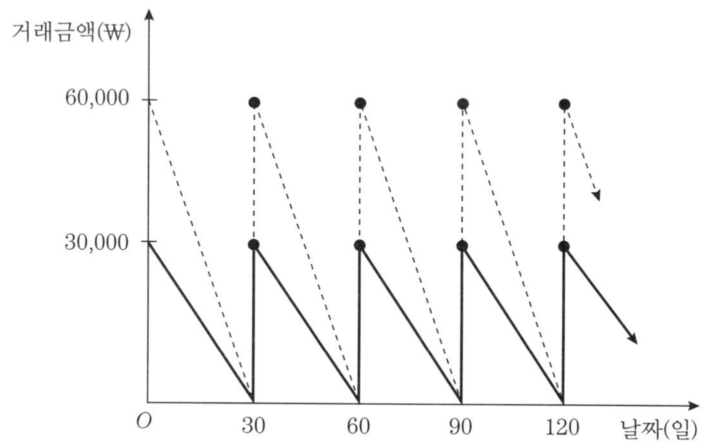

다면, 그 사람은 자기가 수령한 월급의 일부를 소지하게 된다.

고전학파 경제이론에서는 화폐를 보유하는 이유가 거래의 시간차 때문이라고 보고 있다. 상품대금 지급과 수령 사이의 시간적인 차이 때문에 화폐가 수요된다고 하며, 이러한 접근법을 거래잔고 접근법이라고도 한다. 고전학파 경제체계에서는 개인이나 사회에 의해서 소지되는 거래목적의 화폐수요액은 주로 경제 내의 제도적인 배려에 의해서 결정된다. 먼저 개인의 화폐수요를 살펴보자.

[그림 9-1]에서 볼 수 있는 바와 같이 실선은 어떤 개인이 매 30일마다 그의 소득(예를 들어 30,000원)을 수령하고 30일 동안에 매일 1/30씩 사용함을 나타낸다. 30일의 마지막 날에 그의 소득잔액은 0이 된다. 그러면 다음 30일 동안의 소득을 수령한다. 이렇게 해서 30일 동안에 3만원어치의 거래를 한다. 30일 기간 초에는 이 개인은 3만원을 수령하고 30일 기간 말에는 잔고가 없어진다.

그런데 점선은 어떤 개인이 매 30일마다 6만원을 수령함을 표시해 주고 있다. 이 사람도 30일 동안에 6만원을 조금씩 나누어서 매일 1/30씩을 소비하여 30일이라는 기간이 경과하는 마지막 날에는 잔고가 0이 된다. 이 사람은 30일 동안에 6만원어치의 거래를 한다. 30일 동안에 3만원을 쓰는 사람의 평균 현금잔고는 1만 5천원이고, 30일 동안에 6만원을 쓰는 사람

그림 9-2 소득수령 빈도

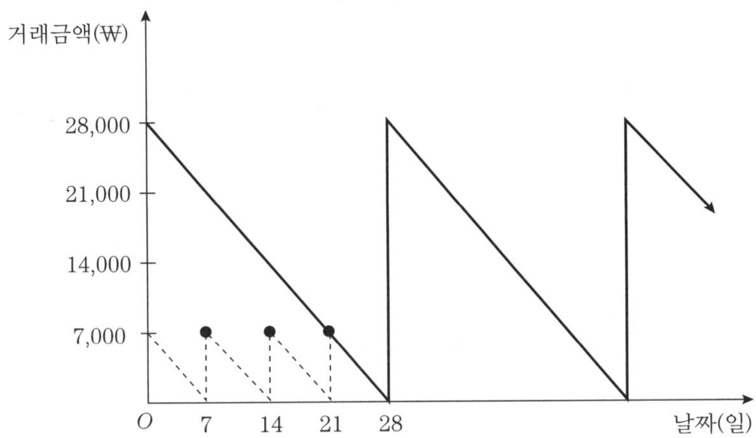

의 평균 현금잔고는 3만원이다. 그러므로 모든 소득은 소비된다는 가정하에서 볼 때 개인의 현금잔고 규모에 중요한 영향을 미친다는 것을 알 수 있다.

두 번째로, 거래잔고 규모를 결정하는 요인으로 소득수령의 빈도를 들 수 있다. [그림 9-2]는 소득수령의 빈도가 거래잔고에 중요한 영향을 미침을 나타내 주고 있다. 실선으로 표시된 것은 28일마다 2만8천원을 쓰며, 평균 거래잔고는 1만4천원이다. 그런데 점선은 7일마다 7천원을 수령하는 사람에 대한 거래잔고를 말한다. 이 사람도 28일마다 2만8천원을 수령하기는 하나 수령 빈도가 다르다(7일마다 7천원을 수령한다). 이 사람은 매 7일마다 7천원을 받아서 7일 동안 골고루 나누어서 사용한다. 그런데 점선의 평균 거래잔고는 3천5백원이다. 그러므로 소득을 수령하는 빈도가 개인의 거래잔고 규모를 결정하는 중요한 요인이 된다.

세 번째로, 개인의 거래잔고 규모를 결정하는 요인으로 개인의 소비패턴을 들 수 있다. 위에서 살펴본 것처럼 개인의 소득규모 및 소득수령의 빈도가 개인의 거래잔고를 결정한다. 거래잔고 규모를 결정하는 세 번째 요인인 개인의 빈도가 개인의 거래잔고를 결정한다. 거래잔고 규모를 결정하는 세 번째 요인인 개인의 소비패턴도 또한 중요하다.

고전학파 경제학자들은 화폐를 보유의 관점에서 화폐수요를 분석하였다기 보다는 거래의 관점에서 화폐수요를 분석하였다. 고전학파 경제학자들은 화폐를 교환의 매개체로 보았다. 따라서 고전학파의 관점에서 보면 화폐수요는 총 기대가치와 비례적 관계에 있다는 것을 알 수 있다.

2. 현금 잔고형 화폐수량설: 거시적 화폐이론

(1) 현금 잔고방정식

고전학파적인 화폐 수요이론에 따르면 어떤 사회가 보유해야 할 화폐잔고의 결정요인은 제도적인 요인이라 한다. 그런데 케임브리지학파의 현금잔고 접근법은 피셔의 거래잔고 접근법과는 다르다. 근본적으로 고전학파는 화폐의 역할을 교환의 매개수단으로 보며, 케임브리지 경제학자들은 화폐의 역할을 부의 저장수단으로 본 것이다.

소득형으로 표시된 교환방정식은 위에서 본 것처럼 다음과 같다.

$$MV=Py$$

여기서 M은 화폐의 공급량, V는 화폐의 소득속도, P는 물가지수 그리고 y는 실질 국민소득이다. 이제 위의 식을 변형해 보면

$$M=\left(\frac{1}{V}\right)\times Py$$

가 되는데, 이 때 $(1/V)$을 k라고 놓으면 $M=kPy$로부터 $k=M/Py$이다.

이 식이 바로 현금잔고방정식으로서 케임브리지 방정식이라고도 불리어진다. 즉, M은 명목 국민소득인 Py의 일정한 비율 k이다. 여기서 k는 통화량과 명목소득과의 비율이라고 말할 수 있으며, 이를 케임브리지학파의 거두인 마샬의 이름을 따서 "마샬리안 k"라 부른다. 그 의미는 새로이 생산된 재화와 용역을 구입하기 전에 화폐를 수중에 간직하는 평균기간 또는 화폐소득 가운데 화폐의 잔고로 보유하고자 하는 비율로서 소득속도인 V의 역수로서 $k=1/V$이다. 따라서 교환방정식과 현금잔고방정식은 동일한 식이며, 현금잔고방정식도 정의에 의하여 항상 성립하는 항등식이다.

이제 앞에서 본 실례를 다시 들어보면 2009년 명목 GDP, 즉 Py는 389조 9,790억원이며 2007년말 현재의 M은 39조 5,420억원이므로 현금잔고방정식에서 k의 값은 V의 역수인 1/9.9이 된다. 항등식인 현금잔고방

정식에서 가설 또는 이론인 현금잔고형 화폐수량설을 끄집어 내는 방식은 앞에서와 같다. 즉 y는 완전고용을 전제하면 일정하다고 볼 수 있으며, k도 화폐에 대한 수요를 좌우하는 지불행위가 관습에 의하여 결정된다고 보면 일정하다고 생각할 수 있다. 따라서 현금잔고방정식은 k와 y가 일정하다고 가정하면, $P=(1/\overline{k}\,\overline{y})\cdot M$으로 나타낼 수 있다. 이 식은 일반 물가수준 P가 화폐의 공급량에 의하여 결정된다는 것을 나타내는 현금잔고형 화폐수량설이다.

여기서도 현금잔고형 화폐수량설을 엄격하게 해석하면 물가지수의 P의 변화는 화폐의 공급량 M의 변화에 정확하게 비례할 것이나, k나 y는 늘 변동하므로 M과 P의 변화는 동일한 방향으로 일어나며 P의 변화의 주된 원인은 M의 변화에 있다고 넓게 해석할 수 있다.

M의 변화가 P의 변화를 초래하는 과정은 앞에서 본 바와 같다. 즉, 화폐의 공급이 화폐에 대한 수요를 초과하게 되면, 사람들은 보유하기를 원하지 않는 만큼의 화폐를 재화의 구입에 지출할 것이며, 이러한 지출의 증가는 명목 국민소득의 증가를 초래하게 되나 그 효과는 장기와 단기에 있어서 서로 다르다. 즉 단기에는 통화량의 증가가 실질 국민소득(y)과 물가수준(P)을 모두 상승시키나 장기에는 오직 물가만을 상승시키게 될 것이다. 즉 통화량의 증가는 장기에는 실질소득에 거의 영향을 미치지 못한다.

케임브리지 경제학자들, 특히 마샬, 피구 등은 화폐수요를 분석하는 데 있어서 화폐수요를 결정하는 요소에 중점을 두었다. 케임브리지 경제학자들에 의하면 이자율, 개인의 부, 구매할 때의 편리성, 예상이자율 및 예상물가 등과 같은 요인들이 화폐수요를 결정한다고 한다. 그렇지만 단기에서는 위의 요소들의 변동은 고정되었거나 또는 개인의 소득과 비례한다고 믿었다. 그래서 그들은 명목 화폐수요는 명목소득에 비례한다고 생각했으며, 명목화폐의 총수요를 다음과 같이 구체적으로 표현했다.

$$M_d=kY=kPy$$

여기서 y는 실질 국민소득이고, Y는 명목 국민소득이며 k는 마샬의 k 또는 케임브리지 k로서 비율상수이다. 이때 y가 완전고용 소득수준과 항상 일치하고 k가 일정한 값으로 고정된다고 가정하면 화폐수요는 물가수준에 비례하게 된다. 그런데 실질 국민소득은 $y=(Y/P)$와 같이 표시할 수 있다. 그렇다면 식 $M_d=kY$는 $M_d=kPy$와 같이 쓸 수 있고, 이 식의 양변을 P로

그림 9-3 케임브리지 화폐수요

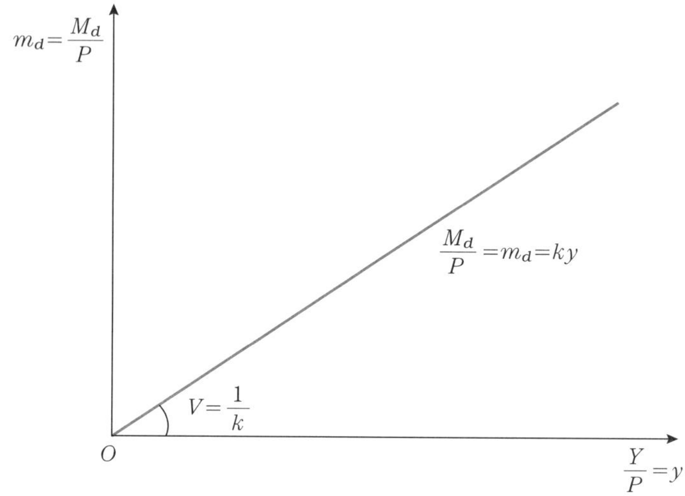

나누면 $M_d/P=ky$가 되는데, 이 식이 바로 실질 화폐 수요함수이며, 케임브리지 학파의 화폐 수요방정식이라 한다. 그런데 이와 같은 방정식은 수학적으로는 피셔의 교환방정식과 비슷하다. 왜냐하면 $k=1/V$ 또는 $V=1/k$이기 때문이다. 그렇지만 피셔의 거래잔고 수량설에서 도출된 화폐 수요방정식과 케임브리지 경제학자들의 화폐 수요방정식은 수학적으로는 비슷하지만 경제이론상으로는 전혀 다르다.

케임브리지 접근법에서 실질 국민소득이 증가하면 실질 화폐수요는 비례적으로 증가한다. 이것은 [그림 9-3]에 나타나 있다. 케임브리지 학파의 화폐수요는 이자율, 부의 가치, 미래의 물가예상, 미래 이자율의 예상 등과 같은 경제 변수에 초점을 두었고, 피셔에 의해서 전개된 고전학파적인 화폐수요는 제도적이고 기술적인 변수에 초점을 맞추고 있다. 즉, 고전학파적인 접근법에 의하면 제도적 및 기술적 요소는 장기에는 변하지만 단기에는 고정되어 있다고 한다.

그러나 케임브리지 학파의 화폐 수요이론에서 화폐수요에 영향을 미치는 요소로 포함된 이자율, 부의 가치, 이자율의 기대, 예상물가 등은 단기에도 쉽게 변동될 수 있었기 때문에 화폐수요도 단기에 변동될 수 있다는 결론이 도출된다.

고전학파의 거래적 화폐수요는 화폐가 지출되는 측면에 집착했고, 현금잔고설의 화폐수요는 화폐가 보유되는 측면에 집착했다. 즉, 전자는 화폐를 단순히 교환의 매개체로 보았고, 후자는 화폐를 구매력의 일시적 은신처로 보았다. 현금잔고설은 화폐가 자산으로서 보유될 수 있다고 본다. 고전학파의 거래잔고설에서 화폐는 자산으로 보유되는 것이 아니라 거래를 위해서 보유된다. 케임브리지 접근법이 고전학파적 접근법보다 더 발달되었지만 위에서 언급한 이자율, 이자율 기대, 부의 가치 등과 같은 변수들을 구체적으로 화폐수요에 연결시키지 않았기 때문에 불완전하다고 볼 수 있다.

이상의 현금잔고수량설을 그림으로 그리면 [그림 9-4]와 같다. 화폐공급량이 M으로 주어졌다면 k값은 일정하기 때문에 Py가 결정된다. 따라서 (P, y) 평면에서 Py 궤적은 직각쌍곡선의 형태로 표시된다. 그림에 나타난 M_0^d곡선 이 그것인데, 이는 총 지출곡선 내지 총 수요곡선이라고 볼 수 있다. 이때 외생적으로 화폐공급량이 증가했다고 하자. 그러면 Py값도 같이 증가하여 M_0^d 곡선은 M_1^d로 우측이동한다. 완전고용수준의 실질소득 또는 산출량이 변하지 않는다면 총 수요곡선 M_0^d에서의 물가수준 P_0가 총 수요

그림 9-4 현금잔고수량설에서의 화폐수요

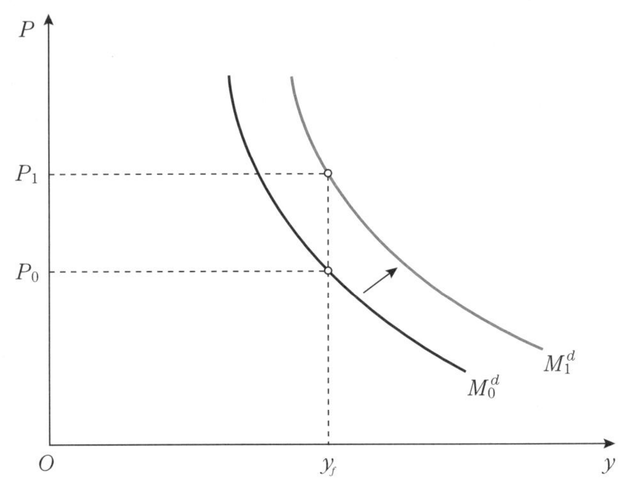

곡선 M_1^d에서의 물가수준 P_1으로 상승하게 됨을 볼 수 있다. 화폐공급량이 증가하면 사람들의 수중에 화폐보유액도 증가하고, 늘어난 화폐로 재화나 용역을 추가적으로 구입하므로 결국 물가수준이 상승한다는 것이다.

이렇게 볼 때 피셔의 거래적 수량설과 케임브리지학파의 현금잔고수량설 사이에는 T를 y로 대체하고 이에 따라 유통속도의 개념을 다소 수정한 것 이외에는 별다른 차이가 없는 것처럼 보인다. 그렇다면 케임브리지학파의 현금잔고수량설과 피셔의 거래수량설의 내용은 본질적으로 같은 것인가?

첫째, 피셔의 거래수량설과 케임브리지학파의 현금잔고수량설은 화폐의 기능을 각각 다른 측면에서 파악하고 있다는 점에서 본질적으로 차이가 있다. 피셔의 거래수량설에서는 화폐를 단순히 거래를 수행하기 위한 교환의 매개로만 파악하고 있는데 반해, 현금잔고수량설에서는 화폐의 가치저장수단으로서의 기능이 강조되고 있기 때문이다. 따라서 거래수량설의 화폐관은 주로 지급 측면을 강조하는 반면, 현금잔고수량설의 화폐관은 자산 측면을 강조한다.

둘째, 거래수량설이 거시적 관점에서 한 경제의 통화량과 전체적 거래규모 간의 관계를 직접적으로 분석하는 것과는 달리, 현금잔고수량설은 개인의 자산구성이라는 미시적 관점에서 출발한다.

셋째, 거래수량설보다는 현금잔고수량설이 화폐의 수요 · 공급 분석에 더 적합하다. 전자는 화폐가 거래의 목적상 필요한 만큼 수요된다는 암묵적인 화폐수요를 가정하는 데 반해, 후자는 명시적으로 화폐수요를 다루기 있기 때문이다. 이와 관련하여, 현금잔고수량설의 화폐수요함수에는 마샬의 k가 등장한다. 여기서 k는 소득과 물가수준 이외에 화폐수요의 여타 경제적 결정요인들이 도입될 수 있는 가능성을 열어준 것으로 해석할 수 있다.

그러나 두 이론 모두 통화량과 물가수준의 비례관계라는 공통적인 결론에 도달한다는 점에서 양자를 고전적 화폐수량설이라는 하나의 범주에 포함시킬 수 있다. 요컨대 고전적 화폐수량설에 따르면, 화폐공급량의 변화는 오직 물가수준을 변화시킬 따름이며 실질생산이나 실질소득 또는 고용을 변화시킬 수는 없다. 화폐공급은 실물부문에 아무런 영향을 미칠 수 없다고 보는 것이다. 고전적 화폐수량설은 케인즈 이전의 화폐수요이론의 기초를 이루었을 뿐만 아니라 거시경제정책 수립에 기반이 되었다.

(2) 마샬 k의 변동요인

마샬 k가 상승한다는 것은 그 정의, 즉 $M_d = kPy$로부터 $k = M_d$/명목 GDP로 이해할 수 있어서 통화에 대한 선호도, 즉 통화의 수요가 변화한다는 것을 의미한다. 매력적인 고수익 저축성 예금상품들이 개발되어 부동산이나 여타 금융자산에 비하여 예금을 선호하게 되면 이 비율이 상승하게 된다. 그것은 동일한 통화량을 공급시킨다 하더라도 마샬 k가 상승하기 이전에 비하여 통화가 물가에 미치는 영향이 작아진다는 것을 의미한다. 그러므로 마샬 k가 상승하는 국면에서는 통화의 공급량을 증가시킨다해도 마샬 k가 변하지 않았던 때에 비하여 인플레이션 유발효과가 상대적으로 작을 것임을 시사한다.

마샬 k가 변동한다는 것은 통화량의 공급규모를 변동시켜 물가억제 목표를 달성하려는 통화금융정책 시행에 중요한 문제를 야기한다. 만약 마샬 k가 매년 변동한다면, 통화량과 물가의 관계가 매년 변동하기 때문에 확신을 가지고 통화금융정책을 시행할 수가 없다. 그러나 비록 마샬 k가 변동한다 하더라도 그것을 사전에 예측할 수만 있다면, 역시 통화금융정책을 시행하여 물가안정 등 정책목표를 달성할 수 있다.

마샬 k를 예측하기 위해서는 k에 영향을 미치는 이론적 요인들을 먼저 알아보아야 한다. 첫째, 마샬 k가 통화의 선호비율이라는 측면에 착안하여 화폐의 보유에 따른 기회비용으로부터 영향을 받을 것이라는 점을 생각할 수 있다. 이자율의 상승은 무수익 자산인 화폐의 보유에 따른 기회비용을 증대시킴으로써 보유하고자 하는 통화량을 감소시킬 것이고, 따라서 마샬 k도 하락할 것이다. 화폐보유에 따른 기회비용으로는 이자율뿐만 아니라 명목자산의 실질 가치하락을 초래하는 인플레이션도 생각해 볼 수 있다. 그래서 인플레이션이 보다 격화되리라고 예상된다면 마샬 k는 하락할 것이다.

둘째, 일반적으로 거래를 위한 통화량 보유규모가 소득이 증가함에 따라 커질텐데 그 비율이 소득이 증가할 때 움직이는 방향(상승, 하락 또는 불변)에 따라 k도 변동할 것으로 보인다. 그 비율을 보몰(W. Baumol)은 감소될 것이라고 보는가 하면, 프리드먼은 오히려 증가할 것으로 주장하고 있다.

셋째, 거래를 위해 보유하는 대체자산이 얼마나 쉽게 구득 가능한지에 따라 마샬 k도 변할 것이다. 국공채, 제 2 금융권의 수익증권 등 금융산업의 발전에 따라 여러 가지 준통화 또는 화폐와 쉽게 대체할 수 있는 금융자산이 많이 증가하게 되면, 그에 따라 거래를 위한 통화의 수요량은 감소할 것이어서 마샬 k도 하락할 것이다.

넷째, 마샬 k가 상품거래시 대금지급을 위해 보유하는 화폐량과 소득의 비율이므로 지급제도의 변천에 따라 영향을 받을 것이다. 금융산업의 발전에 따른 새로운 금융기법, 즉 크레디트 카드 서비스, 전자 자금이체 제도인 ATM 등의 출현은 현금보유 성향을 크게 바꾸게 될 것이다. 또한 컴퓨터 소프트웨어의 발전으로 현금관리 기법에 관한 프로그램이 보편화됨에 따라 기업들도 손쉽게 보유 현금자산을 최소화하고 이를 수익적으로 활용할 수 있는 능력을 갖춰가고 있다. 그러면 마샬 k도 하락하리라고 볼 수 있다.

지금까지 마샬 k에 영향을 미치리라고 생각되는 이론적 요인들을 살펴보았다. 그런데 각 요인이 어느 정도 결정적 역할을 할 것인가는 실증분석에 의해서만 파악할 수 있다. 우리나라 경제에서 유통속도, 즉 마샬 k에 영향을 미치는 요인들을 실증분석한 하성근 교수의 연구에 의하면, 이자율과 실질소득의 변동으로 마샬 k의 변동을 비교적 일관성 있게 설명할 수 있는 것으로 나타났다. 즉 이자율 상승은 대체적으로 마샬 k를 감소시키고, 실질소득 증가도 마샬 k를 감소시킨다는 연구결과를 얻었다.

이러한 연구결과가 시사하는 정책적 함의는 매우 중요하다. 통화 수요함수가 경제의 여러 요인들의 변동에 따라 이동한다는 것은 한 나라 경제의 통화량과 거시경제 변수인 명목소득 또는 물가와의 관계도 변동한다는 것을 의미한다. 그것은 중앙은행이 통화량 공급을 증가시킬 때 확장적이라든가 또는 긴축적이라는 판단기준이 달라진다는 것을 말한다.

(3) 교환방정식과 현금잔고방정식의 상호비교

위에서 우리는 항등식인 교환방정식과 현금잔고방정식이 동일한 식이라는 것을 보았다. 그러나 양자 사이에는 몇 가지 중요한 차이점이 있다.

첫째, 교환방정식과 현금잔고방정식이 모두 화폐를 일상의 거래목적을 위하여 보유 또는 수요한다고 보는 데 있어서는 동일하나, 교환방정식은 화폐가 지출되는 측면을 강조하는 데 비하여 현금잔고방정식에는 화폐의 보유 측면을 강조하고 있다. 따라서 화폐의 정의도 교환방정식에서는 교환의 매개수단으로 사용될 수 있는 것을 화폐라고 규정하는 반면, 현금잔고방정식에서는 화폐를 구매력의 저장수단이라고 생각한다.

둘째, 화폐를 교환의 매개수단이라고 보고 화폐가 지출되는 측면을 강조하는 교환방정식에서는 자연히 지불행위에 있어서의 관습이나 금융제도와 같은 화폐의 지불과 관련되어 제도적이며 기계적인 측면을 강조한다. 이에 비하여 화폐를 가치의 저장수단이라고 생각하며 화폐가 보유되는 측면을 강조하는 현금잔고방정식에서는 하나의 자산으로서의 화폐가 지니고 있는 유용성, 다른 자산 대신에 화폐를 보유하는 데서 초래되는 효용 및 기회비용을 중요시하게 된다.

셋째, 교환방정식은 그 자체로서는 화폐에 대한 수요함수로 보기가 어려우나, 현금잔고방정식은 위에서와 같이 항등식으로 볼 수도 있으며 또한 화폐에 대한 수요함수로 생각할 수 있다. 이제 현금잔고방정식을 다시 써보면 다음과 같다. $M=kPy$ 이다. 이 식을 위에서와 같이 항등식으로 볼 때는 M은 화폐의 공급량이 되며, k는 양변을 정의 자체에 의하여 항상 일치하도록 만드는 소득유통속도의 역수가 된다. 그러나 현금잔고방정식을 화폐에 대한 수요함수라고 보는 경우에는 M은 사람들이 사전적으로 보유하려고 하는 화폐에 대한 수요를 나타내며, k는 보유하기를 원하는 명목소득의 비율이 된다. 따라서 화폐에 대한 수요에 영향을 주는 요인으로는 물가 P, 실질소득 y 및 k에 영향을 주는 기타의 요인들이라고 볼 수 있다. 이처럼 현금잔고방정식을 화폐에 대한 수요함수라고 간주하고, 화폐의 공급함수와 함께 결합하면 화폐시장에의 균형을 찾을 수 있게 된다. 여기서 알 수 있는 것은 교환방정식에 비하여 현금잔고방정식이 훨씬 더 용이하게 일반적인 수요와 공급의 분석용구의 틀에 맞춰질 수 있다는 점이다.

거래수량설은 한 경제의 통화량과 경제 전체의 거래규모 간의 관계를 밝히고 거시적인 관점에서 출발하고 있는 반면, 현금잔고수량설은 경제주체의 자산선택과정을 밝히려는 미시적인 관점에서 출발하고 있다. 더 나아가 거래형수량설에서는 화폐가 거래의 목적상 필요한 만큼 수요된다는 암묵적인 화폐수요를 가정하는 데 반해서, 현금잔고수량설에서는 명시적으로 화폐수요를 다루고 있기 때문에 화폐의 수요와 공급의 분석에 보다 적합하다고 볼 수 있다.

(4) 고전학파 화폐수량설 비판

화폐수량설은 그 단순명료함 때문에 많은 고전학파 경제학자들과 사람들에게 폭넓게 받아들여졌던 것은 사실이다. 그렇지만 자본주의의 성숙과 더불어 금융제도와 화폐제도가 빠른 속도로 변화하고 발전함에 따라 화폐수량설은 점차 타당성을 상실해 갔다. 특히 금속화폐인 상품화폐 외에 어음이나 은행권 등 다양한 신용화폐가 사용되고 금융제도의 발달로 화폐의 금융적 유통의 비중이 점차 증대됨에 따라 화폐수량설의 존립기반인 화폐공급의 외생성, 유통속도의 안정성 등의 조건이 현실로부터 점점 멀어져 갔다.

화폐수량설에서 기본이 되는 명제는 상품가격의 절대수준은 화폐의 유통량에 의존하는 반면, 상품의 상대가격 체계는 화폐량의 많고 적음에 의해 영향을 받지 않는다는 것이다. 만약 화폐량의 변동이 상품의 상대가격 체계에 영향을 미쳐 생산활동에 변동을 가져온다면 민간의 경제생활에 지장을 초래할 수도 있을 것이다. 즉, 통화량의 자의적인 변화가 개별상품의 수요공급에 영향을 미친다면 시장에서의 가격기구를 통한 자원의 효율적 배분이 보장되기는 어려워 진다. 따라서 고전학파가 추구한 시장기구를 통한 자원의 효율적 배분과 그에 따른 국부의 증진을 위해서는 화폐수량설 명제의 성립이 요구되는 측면이 있었다. 화폐수량설이 이와 같은 이유로 인하여 경제학 이론에서 지배적인 위치를 고수했다고 하더라도, 이론과 현실과의 괴리가 점차로 확대되자 자연히 여러 가지 비판을 받게 되었다. 이와 동시에, 발전된 금융제도에 보다 적합한 통화이론을 제시하기 위한 노력들이 끊임없이 이루어졌다.

화폐수량설은 이론적인 문제점과 함께 여러 가지 비현실성을 노출하고 있는데 그것은 다음과 같은 몇 가지 질문으로서 요약된다.[1] 먼저 통화량과 관련 있는 문제로서는 ① 물가에 영향을 미치는 요인으로 화폐 이외의 다른 금융자산이 포함될 수는 없는지, ② 물가에 영향을 미치는 화폐 및 다른 금융자산의 총량은 경제 밖에서 결정되는 외생변수인지의 여부이다. 다음으로는 유통속도와 관련된 문제로서 ③ 유통속도는 통화량의 변화에 따라 변하지 않고 고정된 것인지, ④ 화폐수량설에서는 명시적으로 또는 암묵적으로 화폐수요가 안정적이라고 하고 있는데, 화폐수요에 한계원리를 적용한다면 과연 화폐수요는 안정적일 것인지의 여부이다. 마지막으로 거래량과 관련된 질문으로서 ⑤ 통화량의 변화는 생산의 변화를 유발하지 못하는지의 여부이다.

화폐수량설을 비판하는 학자들에 의하면, 화폐수량설이 타당성을 인정

1) 정운찬, 『화폐와 금융시장』, 율곡출판사, 2000, pp. 356-358 참조.

받으려면, 우선 화폐가 명확하게 정의되어야 하고 화폐의 공급이 외생적으로 결정되어야만 한다. 그러나 이들은 법화 이외에도 모든 교환의 매개물이 물가수준에 영향을 미칠 수 있고, 따라서 화폐의 범주를 인의적으로 규정하기 어렵다고 주장하였다. 뿐만 아니라 이러한 유동성을 갖춘 교환 매개물의 총량은 내생적으로 결정되는 것이라고 보았다. 이러한 이유로 화폐량의 변화가 지출수준에 직접 영향을 미쳐 물가를 변화시킨다는 고전적 전달장치를 비판했다. 또한 화폐량의 변화는 일차적으로 이자율에 영향을 미치고 이에 따른 총수요의 변화가 물가보다는 산출량에 더 큰 영향을 끼친다고 보았다. 즉 물가의 결정이 화폐적 요인에 의해 이루어진다기보다는 실물부문의 비화폐적 요인에 의해 결정된다고 보았던 것이다. 화폐수량설의 타당성은 결국 통화의 유통속도와 국민소득이 안정적으로 유지되어야 한다는 가정에 크게 의존하고 있음을 알 수 있다.

제 3 절 케인즈의 화폐에 대한 수요이론: 거시적 화폐이론

1. 화폐보유의 세 가지 동기

지금까지 우리는 화폐에 대한 수요이론 가운데서 화폐수량설에 관하여 살펴보았다. 이제 여기서는 다른 하나의 화폐에 대한 수요이론인 케인즈의 이론을 보기로 하자. 케인즈는 화폐시장에서 화폐에 대한 수요와 화폐의 공급이 일치하여 화폐시장이 균형상태에 있을 때 균형이자율이 결정된다고 보았다. 따라서 케인즈의 화폐에 대한 수요이론은 그가 이자율의 결정이론에 관하여 설명하는 가운데 전개되었다. 일반적으로 사람들은 유동성을 보유하는 것을 선호한다. 여기서 유동성이란 어떤 자산이 얼마나 용이하게 화폐로 바뀌질 수 있는가의 정도를 뜻한다. 그러나 유동성은 화폐 그 자체를 의미하는 것으로 생각할 수도 있다. 케인즈의 경우 유동성 선호란 바로 여러 종류의 금융자산 중에서 화폐를 보유하는 것을 선호함을 뜻한다. 즉, 유동성 선호는 화폐를 선호하는 경향이 있을 때, 케인즈의 이자율 결정이론은 유동성 선호이론이라고도 불리어 진다.

케인즈는 유동성 선호 또는 화폐에 대한 수요의 동기를 거래적 동기, 예비적 동기 및 투기적 동기의 셋으로 크게 분류하고 있다. 이제 이 세 가지 동기에 의한 화폐의 수요를 차례로 살펴보기로 하자. 첫째, 우선 거래적 동기에 의한 화폐의 수요를 보기로 하자. 가계와 기업은 일상의 거래목적을 위하여 어느 정도 화폐를 보유하고 있어야만 한다. 가계의 경우 소득은 예를 들어 한달에 한 번씩 받는 데 비하여 재화와 용역에 대한 지출은 계속해서 생기므로 어느 정도는 화폐를 보유하고 있어야만 한다. 기업의 경우에도 수입과 지출이 시간적으로 일치하지 않으므로 일상의 영업활동을 위하여 어느 정도의 유동성이 필요하게 된다. 이와 같이 일상의 거래를 수요라고 부르는데, 소득이 증가할수록 이러한 화폐수요는 증가하게 될 것이다.

둘째, 예비적 동기에 의한 화폐의 수요이다. 거래적 동기에 의한 화폐에 대한 수요는 가계나 기업이 설령 장래의 수입과 지출의 시기를 정확하게 알고 있다고 하여도 발생하는 것이다. 이에 비하여 예비적 동기에 의한 화폐의 수요는 장래의 수입과 지출의 시기를 정확히 알 수 없으며 따라서 장래에 대한 불확실성에 대비하기 위하여 화폐를 보유하는 것을 가리킨다. 가계의 경우 예를 들면 질병이나 화재와 같은 것에 대비하기 위하여 화폐를 보유하며, 기업의 경우에도 미리 예측하지 못한 사태를 위하여 화폐를 보유하게 된다. 이러한 예비적 등기에 의한 화폐수요도 소득이 증가할수록 늘어난다고 볼 수 있을 것이다.

셋째는 투기적 동기에 의한 화폐의 수요이다. 위에서 본 거래적 및 예비적 동기에 의한 화폐의 수요에서는 화폐를 지불목적으로 보유하는 것이므로 화폐의 기능 가운데서 교환의 매개수단으로서의 기능을 강조한다. 이에 반하여 투기적 동기에 의한 화폐수요는 화폐의 가치저장수단으로서의 기능을 강조하고 있다. 이제 단순화를 위하여, 가정하기를 금융자산에는 완전한 유동성을 지니고 있으나 비수익성 자산인 화폐와, 유동성은 없으나 이자를 지급하는 수익성 자산인 채권의 두 종류만 있다고 하자. 그런데 만일 현재의 이자율 수준이 사람들이 보통 생각하는 어떤 정상적인 이자율 수준에 비하여 높다고 가정해 보자. 이때 사람들은 두 종류의 금융자산 가운데서 화폐의 보유를 줄이고 채권을 구입하려고 할 것이다. 여기서는 두 가지 이유가 있는데, 첫째는 이자율이 높을 때는 비수익성 자산인 화폐를 보유하는 기회비용이 그만큼 높아지기 때문이다. 다른 하나는 현재의 이자율 수준이 사람들이 정상적이라고 생각하는 수준보다 높으므로, 이자율이 지금보다 더 올라 채권가격이 떨어짐으로써 초래되는 손실의 가능성은 희박할 것이기 때문이다. 따라서 이자율이 높을 때는 채권을 구입할 목적으로 보유되는 투기적 동기에 의한 화폐의 수요는 감소할 것이다.

반대로 현재의 이자율 수준이 사람들이 정상적이라고 생각하는 수준보다 낮다고 가정해 보자. 그러면 사람들은 화폐의 보유는 늘리고 채권의 수요는 줄일 것이다. 그 이유는 첫째로 이자율이 낮으므로 화폐를 보유하는 기회비용이 적기 때문이며, 둘째는 앞으로 이자율이 상승하여 채권의 가격이 하락함으로써 손실을 볼 가능성이 높기 때문이다. 따라서 이자율이 낮을 때는 투기적 동기에 의한 화폐수요는 증가한다. 이와 같이 투기적 동기에 의한 화폐의 수요는 장래의 이자율의 변화가 불확실성을 지니고 있기 때문에 생기며, 예상되는 이자율의 수준에 반비례한다.

이제 케인즈가 특히 강조한 경우인 이자율이 너무나 낮고, 채권의 가격은 매우 높아서 거의 모든 사람들이 앞으로 이자율은 상승할 것이며 채권의 가격은 하락할 것이라고 예상하는 경우를 보자. 이때는 거의 모든 사람들이 채권은 보유하지 않고 화폐를 보유하려고 할 것이다. 따라서 이러한 상황에서는 중앙은행이 아무리 추가로 화폐를 공급하여도 모두 투기적 동기에 의하여 화폐수요로 흡수되어 더 이상 이자율은 낮아질 수 없게 된다. 그러나 불완전고용의 경우 이자율이 낮아져야 투자가 늘고 국민소득이 증가하므로, 위와 같은 경우에는 통화량의 조절을 통한 국민소득의 증가는 기대할 수 없게 되는데 이를 유동성 함정이라고 부른다.

이상에서 화폐를 수요하는 세 가지 동기에 관하여 살펴보았는데, 거래적 및 예비적 동기에 의한 화폐의 수요는 국민소득에 비례하며 투기적 동기에 의한 화폐의 수요는 이자율에 반비례함을 알았다. 이에 기초하여 케인즈의 화폐에 대한 수요함수를 써 보면 $L=L_1(Y)+L_2(r)$이다. 여기서 L은 화폐에 대한 수요이며, L_1은 거래적 및 예비적 동기에 의한 화폐의 수요, L_2는 투기적 동기에 의한 화폐의 수요, Y는 국민소득 그리고 r은 이자율이다. 케인즈의 사고로 볼 때 거래목적의 화폐수요는 이자율과는 관계가 없기 때문에 수직선이며, 유동성 함정에서 화폐수요곡선은 수평선이 된다. 이제 중앙은행에 의한 화폐의 공급을 M^S라고 하면 화폐시장의 균형조건은 다음과 같다.

$$M^S = L_1\overset{(+)}{(Y)} + L_2\overset{(-)}{(r)} = L$$

그림 9-5 화폐시장의 균형

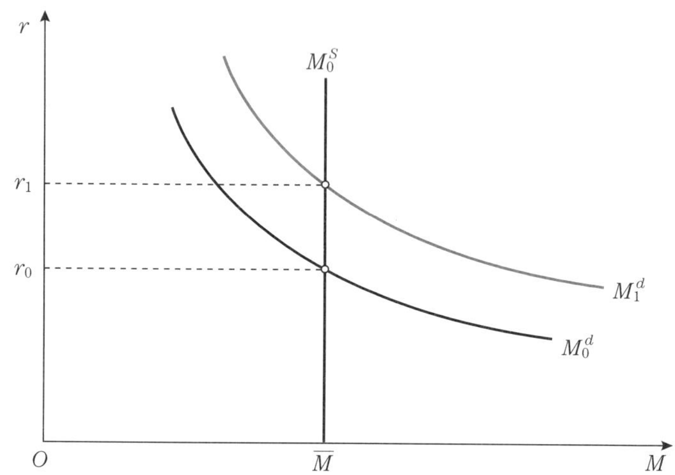

이를 만족시키는 이자율의 수준이 바로 화폐시장을 균형상태에 있게 하는 균형이자율이 된다. [그림 9-5]가 이를 나타낸다. 그림에서 종축은 이자율 r을 나타내며, 횡축은 화폐의 양 M을 잰다. 화폐의 공급곡선은 중앙은행이 통화량을 $\overline{M}$만큼 공급하기로 결정하였다면 $\overline{M}$의 수준에서 수직선으로 표시될 것이다. 한편 화폐에 대한 수요곡선은 우하향의 형태를 취하고 있는데, 이는 이자율이 떨어질수록 화폐수요는 감소하기 때문이다. 화폐에 대한 수요와 공급이 만나는 데서 균형이자율 r_0가 결정되는데 이 r_0는 중앙은행이 정한 통화공급량 $\overline{M}$와 민간부문이 수요하기를 바라는 화폐의 양을 일치시키는 이자율의 수준이다.

[그림 9-5]에서 화폐에 대한 수요곡선은 일정한 수준의 산출량(실질소득)과 물가를 전제로 하고 있다. 만일 산출량과 물가수준이 증가한다면 화폐에 대한 수요곡선도 우측으로 이동하게 될 것이다. 이는 화폐공급이 $\overline{M}$에서 일정할 때 이자율을 상승시키게 될 것이다. 한편 수요곡선이 주어져 있을 때 중앙은행이 통화량을 줄인다면, M_0^S곡선은 왼편으로 이동하게 되고 이는 이자율을 상승시킬 것이다.

2. 투기목적의 화폐수요

케인즈가 말하기를 사람들은 거래를 목적으로 화폐를 수요할 뿐만 아니라 부의 저장수단 또는 가치저장 수단으로서 화폐를 보유한다고 했다. 사실 케임브리지학파 경제학자들은 예상물가와 예상이자율이 화폐수요에 영향을 미칠 것이라고 언급은 했으나, 더 이상 공식적으로 분석하지 못했고 이 작업은 케인즈에 의해서 계승되었다. 케인즈가 화폐 수요이론에 크게 기여한 것은 투기적 동기를 중심으로 한 화폐 수요분석에 있다. 투기적 동기의 도입에 따라 화폐의 기능은 교환의 매개뿐만 아니라 불확실성의 세계에서 소득을 창출하는 자산으로서의 가치저장기능으로까지 확대되었다. 사람들이 화폐를 보유하려고 하는 것은 거래의 필요 때문만이 아니라 가치나 부를 저장하기 위해서이다.

왜 사람들은 이자소득을 가져다 주는 자산이 많이 있는데 이자도 생기지 않는 화폐의 형태로 보유하는 것일까? 장래 이자율에 대한 불확실성 때문이다. 케인즈가 말하는 불확실성이란 미래의 이자율에 대하여 각 개인들이 갖고 있는 견해의 차이를 가리킨다. 각 개인은 이자율이 어떻게 될 것인가에 나름대로 예상하게 되는데 예상은 사람마다 다르다. 투기적 동기를 분석하면서 케인즈는 가치 저장수단으로서 화폐를 대체할 수 있는 것은 채권[2)]이라고 가정하였다. 채권은 소유자에게 확정된 소득을 가져다 주기 때문에 채권의 수익률은 채권의 시장가격과 반대 방향으로 움직인다. 채권소유자는 이자소득과 자본이득(또는 손실)을 얻을 수 있다. 경우에 따라 채권의 자본손실이 이자소득을 상회할 수 있지만 반대로 자본손실이 이자소득보다 적을 수도 있다. 채권소유자가 시장이자율이 상승하리라고 예상한다는 것은 채권의 자본손실을 예상한다는 것과 같다.

케인즈는 그의 분석에서 이자율과 예상물가가 화폐수요에 어떠한 영향을 미치는가를 중점적으로 분석하였다. 케인즈는 그의 분석에서 개인들은 부를 소유하는 방법으로 채권 또는 현금으로 보유한다고 가정했다. 그리고 모든 채권은 상환기간이 무기한인 영구공채라고 가정했다. 그리고 영구공채의 현재가치는 다음과 같이 계산된다. 만약 우리가 은행의 저축성 예금

2) 편의상 원금을 상환하지 않고 매기간 일정금액을 이자로 영구히 지급하는 채권(consol)을 가리킨다. 채권이자율이 r이고 매기간 이자가 1이면 채권가격은 $1/r$이 된다.

구좌에 10,000원을 저축한다면 은행은 매년마다 복리로 계산하여 이자를 지불한다고 하자. 그러면 우리의 저축은 1년 후에 다음과 같이 증가한다.

$$R_1=(1+r)PV$$

여기서 R_1=1년 후에 저축된 양, r=연이자율, PV=예금의 원래가치 또는 오늘의 현재가치이다. 예를 들면 연이자율이 6%일 때 1년 말에 이자를 합친 예금액은 $R_1=10,000+10,000(0.06)$인데, 이를 다시 쓰면 $R_1=(1+0.06)(10,000)=10,600$이 된다. 따라서 식 $R_1=(1+r)PV$에서 $PV=R_1/(1+r)$과 같고, 2년 말에는 이자를 포함한 예금이 $R_2=PV(1+r)(1+r)=PV(1+r)^2$ 이 되며, 2년 말 구좌의 현재가치는 $PV=R_2/(1+r)^2$이다.

이러한 과정으로 n년 말에 계산한 구좌의 현재가치는 $PV=R_n/(1+r)^n$ 이 되므로, n년 동안에 걸친 모든 구좌의 현재가치를 총합하면

$$PV=\frac{R_2}{(1+r)^2}+\frac{R_1}{(1+r)^1}+\cdots+\frac{R_n}{(1+r)^n}$$

이 되는데, 상환기간이 무기한인 영구공채를 가정한다면 영구공채의 현재가치는 위 식에 의해서 계산될 수 있다.

케인즈는 모든 채권은 영구공채라고 가정했다. 영구공채로부터 매년 고정적인 수익을 얻는다. 그래서 영구공채의 매년 고정적인 수익 때문에 $R_1=R_2=R_3=\cdots=R_n=R$로 된다. $R_1=R_2=\cdots=R_n$(고정수익 때문)을 위 식에 대입시켜서 간단히 하면, 다음과 같이 정리된다.

$$PV=R[(1+r)^{-1}=(1+r)^{-2}+\cdots+(1+r)^{-n}] \qquad (9-1)$$

이 되고, $(1+r)^{-1}$을 양변에 곱해 주면,

$$PV(1+r)^{-1}=R[(1+r)^{-2}+\cdots+(1+r)^{-3}+\cdots+(1+r)^{-(n+1)}] \qquad (9-2)$$

이 성립된다. 식 (9–2)를 식 (9–1)에서 빼면,

$$PV[1-(1+r)^{-1}]=R[(1+r)^{-1}-(1+r)-(n+1)] \qquad (9-3)$$

이 되고, $(1+r)$을 양변에 곱하여 다시 정리하면,

$$PV=\frac{R}{r}[1-(1+r)^{-n}] \qquad (9-4)$$

이 되며, 영구공채는 상환기간이 무한이므로 $n \to \infty$이다. 따라서 $n \to \infty$로 접근하면 $(1+r)^{-n}=0$이므로, 현재가치는

$$PV=\frac{R}{r} \qquad (9-5)$$

이 되기 때문에, 다음과 같은 결론이 도출된다. 사람들은 영구공채를 구입하기 위해서 시장의 이자율을 관찰한다. 영구공채에서 매년 나오는 수익이 고정되어 있으므로 시장의 이자율은 영구공채의 현재가치와 역비례 관계에 있다. 금융시장에서 결정된 이자율의 변동은 영구공채의 현재가치를 변동시킨다. 시장의 이자율이 상승하면 영구공채의 현재가치는 하락하고, 시장의 이자율이 감소하면 영구공채의 현재가치는 상승한다.

케인즈는 시장의 이자율 변동이 그의 투기적 화폐 수요이론에 중요한 역할을 한다고 했다. 투기적 화폐수요와 이자율의 관계를 분석해 보자. 사람들은 이익이 많은 자산을 보유하고자 한다. 채권과 화폐 중 어느 것을 보유하는 것이 유리한지를 알아보자. 만약 어떤 개인이 영구공채와 같은 국채를 소유한다면 이자소득과 영구공채 가격변동으로 인한 자본이득 및 자본손실로 나누어서 볼 수 있다. 다른 조건들이 일정할 때 시장의 이자율이 상승(하락)하면 영구공채의 현재가치는 떨어(올라)진다. 만약 국채를 소유한자가 시장이자율이 앞으로 상승할 것이라고 예측한다면, 그는 국채의 현재가치는 떨어질 것이라 예상하게 된다. 그러므로 국채를 보유한 사람은 국채로부터 가격은 하락하고 자본 손실을 보게 된다. 그러므로 국채를 보유한 사람은 국채로부터 나오는 이자과실에서 국채가격 변동으로 인한 자본손실이 이자과실보다 커서 손해를 볼 경우도 있을 것이다.

국채의 보유로부터 발생하는 이자과실이 자본손실보다 클 때는 영구공채와 같은 국채를 부의 저장수단으로 소유하는 것이 유리할 것이다. 그런데 자본손실이 이자과실보다 클 때는 영구공채와 같은 국채를 소유하는 것보다는 화폐를 부의 저장수단으로 소유하는 것이 오히려 유리하다. 그러므로 사람들이 화폐를 소유할 것인지 또는 국채를 소유할 것인지를 결정하는 데 있어서 이자율은 중요한 역할을 한다고 케인즈는 믿었다. 왜냐하면 이자율이 상승(하락)할 것이라고 예상될 때 국채를 보유하면 자본 손실(수익)을 가져오기 때문이다.

그러면 이자율은 어떻게 예상하는 것일까? 케인즈의 설명에 따르면 미

래의 이자율은 현재이자율과 정상이자율과의 차이에 의해 결정된다고 한다. 사람들은 마음속에 안전하고 정상적인 이자율 수준을 생각하고 있다. 이러한 정상이자율은 사람에 따라서 다르다. 어떠한 사람이 현재의 이자율이 정상이자율보다 낮다고 생각한다면 그 사람은 현재의 이자율은 앞으로 상승할 것이라고 기대하고, 반대로 현재의 시장이자율이 정상이자율보다 높다고 믿을 때 현재의 이자율은 앞으로 하락할 것이라 기대한다. 어떤 사람에 의한 국채 또는 화폐소유의 결정은 현재의 이자율에 의해서 결정되는 것이 아니고 정상적이라고 판단되는 정상이자율에 의해서 결정된다.

국채를 소유함으로써 발생하는 자본손실(이득)이 이자 과실소득을 정확히 상쇄하리라고 기대되는 이자율을 결정적 이자율(r_c)이라 한다. 케인즈 모형에서 자산은 화폐와 채권, 두 종류만 존재하므로 화폐보유는 채권보유를 포기하는 것이다. 따라서 화폐보유에 따른 기회비용은 채권보유에서 얻는 수익이다. 채권보유로 얻는 수익은 채권에 명시된 이자율에 의한 이자소득과 시장이자율의 변동에 의한 자본이득(자본손실)의 두 가지를 합한 것이다. 채권에 대해 영구적으로 매년 1원씩의 이자가 지급되고 시장이자율이 r이라 하면 채권의 가격은 $1/r$이 된다.

이때 예상이자율을 r_e라고 하면 채권의 예상가격은 $1/r_e$이 된다. 현재의 시장이자율을 r로 표시하고, 연말까지는 현재의 이자율이 정상수준으로 되돌아갈 것이라고 예상되는 예상이자율을 r_e라고 하자. 국채를 소유함으로써 발생하는 자본손실 또는 자본이득을 g라고 하면, 자본이득은

$$g=\frac{\text{예상가격}-\text{현재가격}}{\text{현재가격}}=\frac{\frac{1}{r_e}-\frac{1}{r}}{\frac{1}{r}}=\frac{r}{r_e}-1 \qquad (9-6)$$

이고, 개인들에 의한 결정적 이자율(r_c)을 다음과 같이 나타낼 수 있다.

$$r_c=\frac{r_e}{1+r_e} \qquad (9-7)$$

자본손실 또는 자본이득이 발생하리라는 기대 때문에 개인들은 자신의 모든 자산을 국채 또는 화폐 둘 중의 하나에 저장한다. 식 (9-6)에서 $r>r_e$이면 자본이득($g>0$)이고 $r<r_e$이면 자본손실($g<0$)이 예상됨을 보여주고 있다. 그리고 채권보유로부터의 예상수익률은 이자율과 예상 자본이득률의

합인 $r+g$가 된다. 이 때 $r+g=r+(r/r_e-1)$이 되는데, 개별경제 주체들은 $r+g>0$이면 채권을 보유하고 $r+g<0$이면 화폐를 보유하려고 할 것이다. $r+g=0$을 충족시켜 주는 시장이자율이 어떤 개인의 기준이자율이 된다. 자본이득 여부는 $r \geq r_e$ 또는 $r \leq r_e$에 의해 결정된다.

케인즈의 사고에서 볼 때 국채와 화폐 사이의 선택은 전부 또는 전무의 선택이다. 즉, 채권의 전부소유 또는 화폐의 전부소유 중의 하나를 선택하는 결정이다. 즉, 케인즈의 화폐수요이론에 따르면, 상이한 예상이자율(r_e)을 가진 개별경제주체들은 각기 자신의 결정적 이자율(r_c)을 계산한 후 이를 현재의 시장이자율(r)과 비교하여 자신의 투자자금을 화폐 혹은 채권 중 어느 한 형태의 자산에만 전액 투자한다. 결정적 이자율(r_c)보다 높은 현재 이자율(r)에서는 $r+g>0$이므로 투자자들은 채권을 소유하게 될 것이고, 결정적 이자율보다 조금이라도 낮은 현재 이자율에서는 $r+g<0$이므로 투자자들은 부의 저장수단으로서 화폐를 소유하게 된다. 이 말은 개인의 투기적 화폐 수요곡선은 "전부 또는 전무"적인 결정 때문에 불연속적인 곡선으로 나타난다는 것을 의미한다.

개인에 따라서 정상이자율에 대한 관점은 서로 다르다. 결과적으로 현재 이자율에 대한 결정적 이자율도 사람에 따라 다르게 된다. 사회 전체로 볼 때 누구에 의하든지 간에 주어진 결정적 이자율 분포에서 최고 결정이자율이 있게 된다. 만약 현재 이자율이 최고 결정이자율보다 높을 때는 모든 사람들은 국채를 부의 저장수단으로 보유하게 된다. 왜냐하면 현재이자율이 최고 결정이자율보다 높으므로 미래에 시장이자율은 하락할 것이라 예상하고, 이자율의 하락은 국채의 가격을 상승시킬 것이기 때문이다. 동일한 원리에 의하여 주어진 결정적 이자율 분포에서 최저 결정이자율이 있게 된다. 만약 현재이자율이 최저 결정이자율보다 낮을 때는 미래의 예상이자율은 상승할 것으로 예상한다. 예상이자율의 상승은 곧 국채의 가격을 떨어지게 만들 것이다. 따라서 미래의 예상이자율이 상승할 것으로 예상되면 모든 사람들은 화폐를 보유하게 된다. 그래서 개인의 투기목적 화폐 수요곡선은 [그림 9-6]과 같이 나타나지만 사회 전체의 화폐 수요곡선은 [그림 9-7]과 같게 된다. 사회에는 많은 사람이 존재하므로 각자의 결정적 이자율은 서로 다르다.

케인즈는 사람마다 생각하고 있는 정상이자율 수준이 다르다고 보았다. 현재 이자율이 매우 높으면 일부의 사람들을 제외하고 대부분의 사람들은

그림 9-6 개인의 투기적 화폐수요

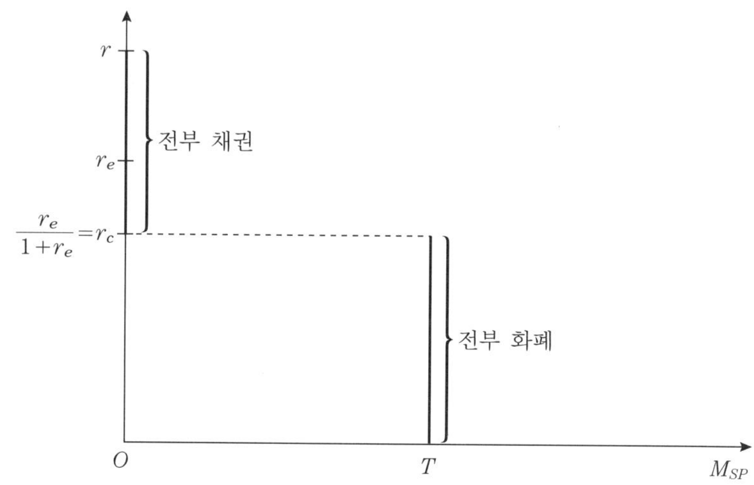

그림 9-7 사회의 화폐수요

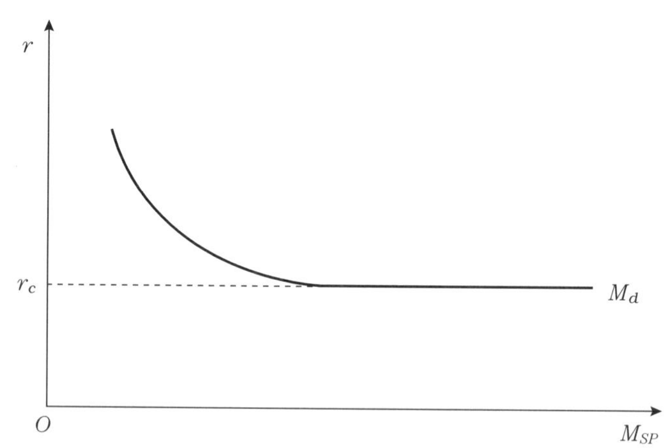

앞으로 그것이 하락할 것이라 예상한다. 시장의 이자율이 하락하면 국공채의 가격이 상승하므로 그 결과 자본이득을 보게 된다. 따라서 대부분의 사람들은 국공채를 매입할 것이며, 화폐수요는 일부의 사람들에 의해 이루어진다. 현재의 시장이자율이 자꾸 낮아지면 그것이 앞으로 더 하락하리라고 예상하는 사람은 적어지고 상승하리라고 예상하는 사람은 많아진다. 앞으로 시장의 이자율이 상승할 것이라 예상하는 사람들이 많아짐에 따라 많은 사람들은 일정한 이자를 지급하는 국채의 현재가치는 떨어질 것이라 예상한다. 그 결과 채권의 매입은 점차 줄고 투기적 화폐수요가 증가하게 된다. 이와 같이 사회 전체의 관점에서 볼 때 이자율과 화폐수요는 [그림 9-7]과 같이 우하향하는 부드러운 곡선이 된다.

사회의 최저 결정이자율(r_c)에서 화폐수요는 이자율에 대해 완전탄력적으로 본다. 이러한 상황에서 화폐공급을 증가시키면 모든 현금증가는 사람들에 의해서 현금으로 수요되고 퇴장된다. 케인즈에 의하면 이자율이 극히 낮게 되면 모든 사람들은 현재이자율이 결정이자율보다 낮다고 믿게 되므로 모든 사람들은 현금형식으로 그들의 자산을 보유할 가능성이 있다고 했다. 다시 말하면 매우 낮은 시장이자율에서 투기적 화폐수요의 이자율 탄력성은 완전탄력적으로 된다는 것이다. 이것을 유동성 함정이라고 한다. 투기적 화폐수요를 M_{sp}, 시장의 이자율을 r, 투기적 화폐수요의 이자율 탄력성을 θ_r이라 하면

$$\theta_r = \frac{M_{sp}\text{의 변화율}}{r\text{의 변화율}} = \frac{\dfrac{\Delta M_{sp}}{M_{sp}}}{\dfrac{\Delta r}{r}} = \frac{\Delta M_{sp}}{\Delta r} \cdot \frac{r}{M_{sp}} \qquad (9-8)$$

가 되는데, 투기목적 화폐수요의 이자율 탄력성(θ_r)은 이자율이 극히 낮을 때 완전탄력적($\theta_r \rightarrow \infty$)으로 될 수 있다고 케인즈는 주장했다.

사람마다 생각하고 있는 정상이자율과 결정이자율은 다르다. 그 결정이자율의 분포가 일정하다면 현재의 시장이자율이 높을수록 그보다 낮은 수준의 결정이자율을 염두에 두고 있는 사람의 수는 많아진다. 이것은 시장이자율의 하락과 채권가격의 상승을 예상하는 사람이 많아진다는 것을 뜻하므로 투기적 화폐수요는 줄어든다. 만일 현재의 시장이자율이 최고 결정이자율(max r_c)보다 높으면 모든 사람이 이자율 하락과 자본이득을 예상하므로 투기자금을 전액 채권에 투자하고 화폐의 형태로 전혀 보유하지 않는다. 반대로 현재의 시장이자율이 최저 결정이자율(min r_c)보다 낮으면 시장이자율의 상승과 자본손실을 예상하므로 투기적 자금을 화폐의 형태로만 보유하고 채권은 전혀 보유하지 않는다.

그림 9-8 경제 전체의 투기적 화폐수요

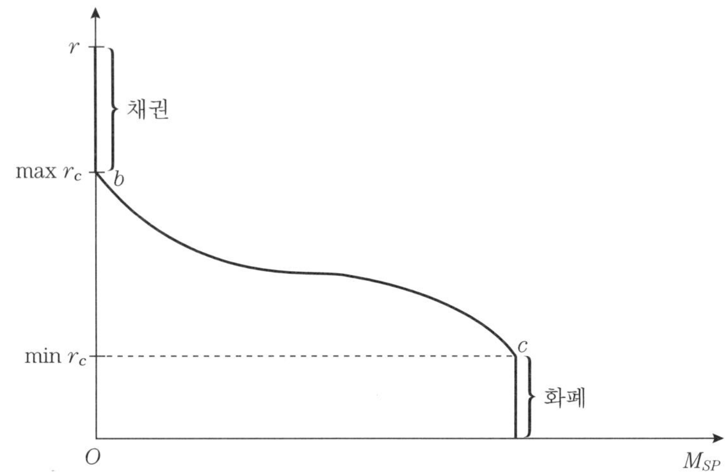

경제 전체의 투기적 화폐수요를 나타내는 [그림 9-8]에서 시장이자율이 최고 결정이자율보다 높으면 모든 투기자금은 채권으로 보유되고, 시장이자율이 최저 결정이자율보다 낮으면 모든 투기자금은 화폐로 보유된다. b와 c 사이 곡선의 모양은 해당 r_c와 관련된 사람들의 수와 투기적 자금의 분포에 달려 있다.

지금까지의 논의는 개인이 가지고 있는 투기자금은 일정하다는 가정하에서 이루어졌다. 그러나 채권이 부의 일부라며 시장이자율의 변동은 채권의 시장가격을 변경시킴으로써 투기적 화폐수요로 보유할 수 있는 부의 크기를 변동시키게 된다. 예를 들어 이자율의 상승은 채권의 시장가치를 낮춤으로써 투기적 자금으로 보유할 수 있는 부의 크기를 감소시킨다.

개인이 보유하고 있는 부의 총가치는 [그림 9-9]의 egf로 표시할 수 있다. 현재의 이자율이 r_c보다 높은 수준에 있으면 모든 투기자금을 채권으로 보유하며, 이자율이 하락하여 r_1이 되면 채권을 팔고 현금으로 보유한다. 그런데 개인이 보유하고 있는 채권의 시장가격은 시장이자율이 r_1에 있을 때가 r_c 또는 그보다 높은 수준에 있을 때에 비하여 더 높다. 만일 이자율 r_1에서 채권을 현금화하면 OM^0_{SP}의 화폐를 보유하게 되며, 이자율이 r_2까지 하락했을 때 채권을 현금화하면 OM^1_{SP}의 화폐를 보유하게 된다. 개인의

그림 9-9 가변적인 투기자금과 투기적 화폐수요

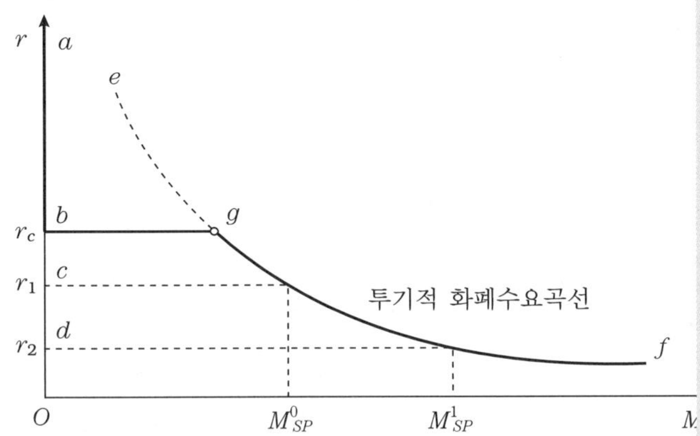

투기자금이 가변적인 경우 개인의 투기적 화폐수요곡선은 $abgf$가 된다.

화폐수요는 통화를 지급수단으로 보는 부분과 화폐를 하나의 자산으로 보는 부분으로 나누어진다. 개인은 화폐의 일부는 거래목적으로, 나머지는 부의 저장수단으로 보유한다는 것이다. 케인즈는 화폐수요가 이자율에 대하여 탄력적이란 점을 밝힘으로써 화폐 수요이론의 발전에 크게 기여하였는데, 화폐수요가 이자율에 탄력적이라고 보는 것은 개인투기자의 정상이자율과 실제이자율 간의 갭에 따라 투기적 동기가 존재한다는 데에 근거를 두고 있다.

유동성 선호설에 대해 다음과 같이 문제점이 지적되었다. 먼저 정상이자율과 실제이자율 간의 갭은 투자자가 경험을 쌓으면 사라진다는 것이다. 어떤 이자율 수준이 오래 계속되면 그것이 정상이자율로 받아들여지게 되어 투기적 화폐수요는 0이 된다. 그 밖에 투기적 화폐수요는 상대적으로 작기 때문에 화폐수요의 이자율 탄력성도 매우 작을 것이라는 주장도 있다. 특히 케인즈가 상정한 것과 같이 부를 전부 채권에 투자하거나 전부 화폐로 보유하려는 극단적인 선택은 현실세계에서 찾아보기 어렵다.

제 4 절 신화폐수량설: 거시적 화폐이론

1. 화폐 수요함수

앞에서 우리는 고전적인 화폐수량설인 거래형 화폐수량설과 현금 잔고형 화폐수량설에 관하여 각각 살펴보았다. 여기서 발견한 것은 교환방정식에 비하여 현금 잔고방정식이 비교적 용이하게 화폐에 대한 수요함수로도 간주될 수 있다는 것이다. 이제 그러면 시기적으로 볼 때 케인즈의 『일반이론』이 출판된 후에 프리드먼에 의하여 전개된 현대 화폐수량설 또는 신화폐수량설에 관하여 살펴보기로 하자.

프리드먼에 의하면 신화폐수량설은 고전적인 화폐수량설에서와 같이 물가 수준 또는 명목국민소득의 결정이론이 아니라, 화폐에 대한 수요이론이다. 그런데 사람들이 화폐를 수요하는 이유는 화폐 이외의 모든 재화를 수요하는 것과 똑같이 화폐를 수요함으로써 효용을 얻을 수 있기 때문이다. 화폐를 보유 또는 수요하는 데서 얻는 효용은, 화폐가 구매력의 원천이므로 이로부터 각종의 편리함을 누릴 수 있다는 데서 나온다.

이와 같이 프리드먼은 화폐에 대한 수요를 다른 보통의 재화에 대한 수요와 똑같이 취급하여 일반적인 수요의 이론을 화폐에 대한 수요에 그대로 적용하고 있다. 이제 일반적인 수요의 이론을 화폐에 대한 수요의 경우에 적용하였을 때 어떤 요인들이 화폐수요에 영향을 주는가 살펴보자. 첫째, 총자산 또는 부의 크기인데, 이는 소비자수요의 이론에서 예산상의 제약에 해당하는 것이다. 사람들은 결국 총자산 또는 부를 여러 가지 형태의 자산으로 나누어 보유하게 되며 이 중 하나가 화폐의 수요가 될 것이다. 일반적으로 총자산 또는 부가 클수록 화폐에 대한 수요는 증대된다. 현실적으로 총자산 또는 부에 관한 자료는 얻기가 어려우므로 실질소득(y)자료를 가지고 대신할 수 있다.

둘째, 총자산 가운데 비인적 자산이 차지하는 비율(h)이다. 총자산 또는 부는 교육받은 사람과 같은 인적 자산과, 주식, 공장, 기계와 같은 비인적 자산을 합한 것이다. 그런데 인적 자산에 비하여 비인적 자산은 용이

하게 화폐로 바꿀 수 있다. 따라서 총자산 가운데서 비인적 자산의 비중(h)이 높을수록 화폐에 대한 수요는 감소할 것이다.

셋째, 화패를 보유하는 데서 초래되는 비용이다. 여기서는 두 가지가 있는데, 하나는 화폐가 비수익성 자산이므로 다른 수익성 자산(주식, 사채, 공장 등)을 보유하는 것에 비하여 볼 때 기회비용이 발생한다. 이 기회비용은 이자율(r)에 의하여 표시될 수가 있으며, r이 높을수록 화폐를 보유하는 기회비용이 커지므로 화폐에 대한 수요는 감소할 것이다. 화폐를 보유할 때 초래되는 다른 하나의 비용은 물가가 상승함에 따라 구매력이 감소되는 데서 나온다. 물가상승률이 높을수록 구매력은 빨리 감퇴하며, 이는 곧 화폐를 보유하는 비용이 증가함을 뜻하므로 화폐에 대한 수요는 감소할 것이다. 이상에서의 논의를 기초로 하여 프리드먼의 화폐에 대한 수요함수를 나타내 보면 식 (9-9)와 같다.

$$\frac{M^d}{P}=f(y,\ h,\ r,\ \pi) \qquad (9-9)$$

여기서 M^d/P은 실질적인 화폐에 대한 수요이며, y는 실질소득, w는 총자산 가운데서 비인적 자산이 차지하는 비율, r은 이자율, π는 물가상승률을 나타낸다. M^d/P은 위에서 본 대로 y가 증가할수록 커지며, w, r 및 π가 커질수록 감소한다.

고전적인 화폐수량설과 신화폐수량설 사이의 가장 중요한 차이는 고전인 화폐수량설에서는 화폐에 대한 수요를 반영하는 거래속도인 V 또는 그 역수인 k를 제도적인 요인에 의하여 일정하게 주어져 있다고 가정하였던데 비하여, 신화폐수량설에서는 V나 k를 화폐에 대한 수요함수를 이용하여 그 결정 요인을 설명하려고 하고 있다는 점이다.

신화폐수량설에서는 또한 화폐에 대한 수요함수가 케인즈체계에서 기본이 되는 소비함수보다도 훨씬 더 안정적이라고 본다. 여기서 화폐에 대한 수요함수가 안정적이라는 것은 화폐에 대한 수요가 변동하지 않는다는 것을 뜻하는 것이 아니라, 위에서 본 y, w, r 및 π 등의 설명변수를 이용하여 화폐에 대한 수요를 잘 설명할 수 있다는 뜻이다. 예를 들면 인플레이션이 급속하게 진행될 때는 지출이 늘게 되므로 화폐에 대한 수요는 크게 감소하나, 화폐에 대한 수요함수에는 이를 참작할 수 있는 π를 설명변수로 가지고 있는 것이다.

이처럼 화폐에 대한 수요함수가 안정적이어서 화폐에 대한 수요를 잘 예측할 수 있다면, 중앙은행에 의해 주로 결정되는 화폐의 공급이 명목 국민소득에 어떠한 영향을 미칠 것인가를 쉽게 판단할 수 있게 된다. 이제 예를 들어 화폐의 공급이 화폐에 대한 수요를 초과하게 되었다면 사람들은 보유하기를 원하지 않는 만큼의 화폐를 재화를 구입하는 데 사용할 것이다. 그 결과로 명목 국민소득은 증가할 것이다. 그런데 명목 국민소득은 물가에다가 실질소득을 곱한 것이므로 화폐의 공급이 수요를 초과하여 지출이 늘 때 그 영향은 물가의 상승이나 실질소득의 증대로 나타날 것이다. 일반적으로 장기에는 지출의 증가는 주로 물가의 상승을 초래하며, 단기에는 실질소득의 증대와 물가상승을 동시에 초래할 것이다.

2. 신화폐수량설: 재론

이제 보다 구체적으로 프리드먼의 화폐수량설을 살펴보기 위하여 그의 저서인 「*The Quantity Theory of Money: A Restatement*」를 바탕으로 해서 설명하고자 한다. 케인즈가 일반이론을 통하여 화폐수량설을 비판하고 유동성 선호설을 제시한 이후 1950년대까지 화폐수량설은 경제학계에서 도외시되었다. 화폐수량설의 부활과 통화주의의 탄생은 프리드먼이 화폐수량설을 화폐수요이론으로 재조명하면서부터 시작된다. 화폐수량설은 화폐수요를 설명하는 이론이지 생산이나 소득 또는 물가수준에 관한 이론은 아니라고 본다.

프리드먼의 화폐 수요이론은『화폐수량설－재론』에 잘 나타나 있다. 프리드먼은 화폐는 특이한 점이 없는 것은 아니지만 하나의 자산이기 때문에 화폐수요도 사과나 버터, 자동차 등에 대한 수요와 똑같은 방법으로 분석되어야 한다고 주장하였다. 화폐수요는 주어진 부와 같은 예산제약하에서 화폐의 가격, 화폐와 밀접한 관련이 있는 자산의 가격 및 경제주체의 선호 등에 의하여 결정된다.

$$M_d = f(W,\ P_m,\ P_i,\ u) \qquad (9-10)$$

여기서 W는 제약변수인 부를, P_m과 P_i는 통화와 기타 자산 i의 가격을, u는 선호를 각각 나타내고 있다. 부는 소득(Y)의 흐름을 창출하며 부와 소득은 이자율(r)에 의해 연결된다. 따라서 $rW=Y$이고 $W=Y/r$이 된다.

화폐수요의 분석에 부를 사용한 것은 케인즈의 일반이론 이후 통화이론 대한 가장 중요한 기여이다. 실증분석에서는 부의 대용변수로 항상소득을 사용하는 것이 일반적이다. 부는 물적 부와 인적 부로 구분할 수 있다. 개인의 인적 부는 경험과 교육에 의하여 축적된 숙련도와 전문성 등의 영향을 받는다. 인적 부는 유동성이 극히 낮다는 점을 제외하고는 다른 자산과 별다른 차이가 없다. 현대사회는 노예시장이 없기 때문에 인적 부는 시장성이 없다. 물적 부는 판매하여 교육 등을 통하여 인적 부를 증가시키는 데 사용할 수 있으나 그러한 대체가능성은 작으며, 인적 부를 물적 부로 전환하는 데에는 한계가 있다. 프리드먼은 이 문제를 극복하기 위하여 인적 부의 물적 부에 대한 비율(h)이 화폐 수요함수에 반영되어야 한다고 주장하였다. 인적 부의 비율이 높아지면 화폐수요는 증가한다고 보았다.

화폐수요를 결정하는 다른 변수로는 화폐 및 화폐와 대체관계에 있는 자산의 수익률이 있다. 부는 화폐 외에 여러 가지 형태로 보유되며 이러한 여러 가지 자산의 상대적 수익률이 화폐수요를 설명하는 중요한 요소가 된다. 일반적으로 화폐의 명목수익률은 0이라고 가정한다. 그러나 물가가 변동하면 화폐보유로부터 생기는 실질수익률은 0이 아닐 수 있기 때문에 물가가 화폐보유의 실질수익률에 영향을 주는 요소로 가정한다.

채권수익률은 두 가지 부분으로 나누어 볼 수 있다. 채권보유로 생기는 총수익은 당초 구입할 때 정해진 이자율(r_b)에 의한 수익과 채권가격의 변동으로 생기는 자본이득(또는 손실) 두 가지로 구성되어 있다. 채권의 자본이득은 $-\frac{1}{r_b}\times\frac{dr_b}{dt}$로 표시된다. $\frac{1}{r_b}$은 채권가격을 가리키며 $\frac{dr_b}{dt}$가 부(−)이면 채권값이 상승함을 뜻한다. $\frac{dr_b}{dt}$ 앞에 마이너스 부호를 붙인 이유는 자본이득을 정의 값으로 표시하는 것이 편리하기 때문이다

채권보유로부터 생긴 총수익은

$$r_b-\frac{1}{r_b}\times\frac{dr_b}{dt} \qquad (9-11)$$

로 나타낼 수 있는데, 부는 주식으로도 보유할 수 있다. 주식을 보유하여 생기는 총수익은 세 가지 부분으로 구성된다. 첫째는 명목수익(배당수익)으로서 r_e로 표시되며, 둘째는 물가변동을 반영하기 위해 명목수익에서 가감할 물가변동률 $\frac{1}{P}\times\frac{dP}{dt}$, 셋째는 주가변동으로 인한 자본이득 또는 손실인 $-\frac{1}{r_e}\times\frac{dr_e}{dt}$이다. 주식으로부터의 총수익은

$$r_e + \frac{1}{P} \times \frac{dP}{dt} - \frac{1}{r_e} \times \frac{dr_e}{dt} \qquad (9-12)$$

와 같다. 물적 자산의 명목수익률은 물적 자산의 가치가 물가의 변동에 따라 변하므로 물가변동률로 표시된다. 경제주체의 선호 u는 화폐 수요함수에서 불변으로 가정하는 것이 일반적이다.

지금까지는 개인의 화폐수요를 결정하는 여러 가지 요소를 살펴보았는데, 프리드먼은 기업의 화폐수요 형태도 개인과 크게 다를 것이 없다고 보았다. 다만 기업의 화폐 수요함수에는 부보다는 거래량이 중요하고 u항은 기타 요인을 포함하는 항목으로서 중시되어야 한다고 하였다.

따라서 개인 또는 기업의 화폐 수요함수는

$$M_d = f\left(\frac{Y}{r},\ k,\ P,\ r,\ r_b,\ -\frac{1}{r_b} \times \frac{dr_b}{dt},\ r_e + \frac{1}{P}\frac{dP}{dt} - \frac{1}{r} \times \frac{dr_b}{dt},\ \frac{1}{P}\frac{dP}{dt},\ u\right) \quad (9-13)$$

와 같이 나타낼 수 있다. 이 식은 다음과 같이 더욱 간략히 나타낼 수 있는데, 여기서 r은 r_b 및 r_e와 같이 움직이며 r_b와 r_e는 동학적으로 안정적이라 가정한다. 윗식을 다시 정리하면 다음과 같다.

$$M_d = f\left(Y,\ h,\ P,\ r_b,\ r_e,\ \frac{1}{P} \cdot \frac{dP}{dt},\ u\right) \qquad (9-14)$$

화폐 수요함수가 물가와 명목소득의 1차 동차함수라고 가정하면, 물가와 명목소득이 $x\%$ 변화할 때 명목 화폐수요도 $x\%$만큼 변한다. 따라서 위 식은

$$\frac{M_d}{P} = f\left(\frac{Y}{P},\ h,\ r_b,\ r_e,\ \frac{1}{P} \times \frac{dP}{dt},\ u\right) \qquad (9-15)$$

와 같이 나타낼 수 있으며, 다음과 같이 소득 유통속도식으로 바꾸어 볼 수 있다. 여기서 Y/P는 항상 소득(Y_p)을 의미한다.

$$V_y = \frac{Y}{M_d} = \frac{1}{f\left(h,\ \frac{Y}{P},\ r_b,\ r_e,\ \frac{1}{P}\frac{dP}{dt},\ u\right)} \quad \left(\because V = \frac{Y}{M} = \frac{Py}{M}\right) \qquad (9-16)$$

결론적으로 신화폐수량설은 다음과 같이 요약될 수 있다.

$$\frac{M_d}{P}=f(Y_p)\text{로부터} \quad V=\frac{Y}{M_d}=\frac{Y}{P}\frac{1}{f(Y_p)}=\frac{Y}{f(Y_p)} \qquad (9-17)$$

이다. 단기에서의 측정소득 Y와 항상소득 Y_p의 관계는 예측가능하다. V는 경기순응적이지만 안정적이어서 예측가능하다. 프리드만은 위에 주어진 두 개의 식이 신화폐수량설의 핵심이라고 지적하고, 자신의 논리가 경험적 자료에 의해 지지된다고 주장하였다. 또한 화폐수요는 항상소득, 항상물가 등의 개념과 연결되어 단기적으로 안정적이다.

소득유통속도는 화폐수요를 결정하는 변수에 의해서 결정되기 때문에 안정적인 화폐수요란 안정적인 소득 유통속도를 의미한다. 현대통화론자의 가장 중요한 가정인 화폐수요, 즉 소득유통속도의 안정성을 고전적인 화폐수량설이 말하는 거래유통속도의 안정성과는 내용이 다르다. 통화론자의 소득유통속도는 여러 가지 변수에 의하여 결정되기 때문에 가변적이라고 할 수 있는 반면, 고전적인 화폐수량설의 거래유통속도는 제도적 요인에 의하여 정해지기 때문에 적어도 단기적으로는 불변이라 가정한다.

프리드먼은 소득과 이자율을 화폐수요의 중요한 결정요인으로 상정하고 실증분석을 하였다. 미시경제 이론에서 재화수요를 소득과 재화가격의 함수로 설명할 때 소득을 예산 제약조건으로 상정하듯이, 프리드먼의 화폐 수요함수에서도 이자율을 가격변수, 소득을 제약조건으로 상정하였다. 그런데 부르너(K. Brunner)와 멜쩌(A. Meltzer)는 소득을 화폐수요의 제약조건이라기보다는 부를 제약조건으로 보아야 한다는 이른바 '부의 효과'를 강력하게 주장하고 있다. 그 이유는 자산을 보유하는 데 있어서 제약조건은 소득이 아니라 부이기 때문이라는 것이다. 예를 들면 금융소득으로 살아가는 사람들은 이자율이 하락해서 비록 금융소득이 감소하는 경우에도 이자율 하락으로 채권가격이 상승함에 따른 부의 증대로 보유하고 있는 금융자산을 매각해서 화폐수요를 증대시킬 수 있다는 것이다. 그러므로 보유하고자 하는 화폐잔고의 크기는 소득보다는 부의 크기에 제약을 받는다고 본다. 그런데 실증분석의 결과를 살펴보면 부나 소득 가운데 어느 것을 제약조건으로 설정하든 별다른 차이는 나타나지 않았다. 그 이유는 부와 소득 사이에 상관관계가 크기 때문이라고 생각된다.

3. 신화폐수량설에 대한 비판

프리드먼은 화폐수량설론자를 거시경제학의 다른 학파와 구분짓게 하는 특징으로 다음 세 가지를 제시하였다. ① 화폐 수요함수의 안정성에 대한 신뢰, ② 화폐의 수요와 공급에 영향을 주는 각 요인의 독립성에 대한 신뢰, ③ 화폐 수요함수 또는 관련 함수들의 형태에 관한 공통인식이다. ①과 ②는 화폐 수요함수에 대한 논의이고 ③은 화폐공급의 독립성에 관한 논의이다.

프리드먼은 화폐수요가 이자율과 소득의 안정적인 함수임을 경험적으로 보인다. 즉 소득을 제외한 이자율과 다른 변수들의 화폐수요에 미치는 영향은 미미하다고 보고, 이자율을 포함한 각종 변수들을 설명변수에서 제외시키고 있다. 그리고 프리드먼은 역사적 자료를 통해 통화량과 본원통화의 관계를 분석함으로써 화폐공급에 영향을 끼치는 변수가 무엇인지 연구하였다.[3] 이때 민간 보유현금 비율과 지급준비율이 안정적인 값을 갖는다면 화폐공급은 본원통화에 의해 결정되므로, 화폐공급의 외생성이 인정된다고 보았다. 프리드먼은 슈워츠(A. Schwartz), 케이건(P. Cagan)과의 공동연구에서 장기적으로 화폐공급은 본질적으로 외생적 현상임을 주장하였다. 즉, 본원통화 공급의 변화는 화폐공급의 변화를 가져오고, 결국 화폐 수요함수와의 균형조건에 따라 명목소득을 변화시킨다고 보았다. 이와 같은 분석의 결과를 토대로 프리드먼은 화폐 총량의 규제를 통해 경제를 안정적으로 조정할 수 있다고 생각했다.

신화폐수량설과 전통적 화폐수량설 사이에는 본질적인 차이는 존재하지 않으므로 고전적 화폐수량설에 대한 비판이 신화폐수량설에서도 적용된다. 신화폐수량설의 정책적 함의는 통화량을 정책변수로 삼아 조정할 때, 경제를 효율적으로 관리할 수 있다는 것이다. 이것은 기본적으로 화폐공급의 외생성과 화폐수요함수의 안정성에 대한 믿음을 바탕에 두고 있으며 화폐에 대한 신화폐수량설 논자들의 정의와도 관련이 있다. 프리드먼은 화폐란 것이 어떤 원리에 기초를 두어 선험적으로 정의되는 것이 아니라 경제적 관계에 대한 우리의 지식을 체계화하는 데 유용하도록 발명되어야 한다고 하였다. 이러한 화폐관에 근거하여 프리드먼은 1867년부터 약 90년간의

3) 정운찬, 전게서, pp. 361-363 참조.

통계를 분석해 볼 때 현금통화와 은행의 요구불예금, 정기예금을 화폐로 보는 것이 타당하다고 주장하였다.

그의 주장의 뒤에는 과거에 이들 변수와 다른 거시경제 변수들 사이에 존재했던 안정적 관계가 미래에도 계속되리라는 다분히 낙관적인 믿음이 있다. 그러나 과거의 추세를 잘 설명하는 화폐의 움직임이 앞으로의 움직임도 잘 설명할 수 있을까? 그들의 주장은 주어진 경제상황을 끊임없이 변화시키고 있다. 자본주의가 성숙해 나갈수록 민간부문에서 화폐를 대체할 수 있는 여러 자산들이 등장하고 이들의 총량은 거시경제 변수의 움직임에 큰 영향을 미친다.

실제로 1980~90년대의 금융혁신 및 규제완화의 환경과 맞물려 화폐의 대체자산들이 시시각각으로 등장하여 화폐 수요함수는 매우 불안정해지고 있다. 이러한 화폐수요의 불안정성은 통화승수에도 영향을 주어 본원통화 공급 조정에 대한 통화량의 통제를 사실상 불가능하게 하고 있다. 또한 본원통화를 통한 규제는 본원통화에 대한 금융기관의 수요가 비탄력적이라는 사실과 관련하여 이자율의 급격한 변동을 초래하고 이는 경제에 불안정 요인을 가중시키는 역할을 한다.

이론적으로는 신화폐수량설은 화폐가 가지는 완충통화로서의 기능을 간과함으로써 화폐공급의 외생성을 과신하고 있다. 화폐는 일반적 수용성을 가진다. 따라서 개별 경제주체는 다른 자산과의 수익률 비교를 통해 화폐를 자산으로 수요하는 측면도 있겠지만 단순히 조만간 예상되는 지출을 위해 일시적으로 보유하는 면도 있다. 신화폐수량설은 모든 화폐의 보유를 자산선택의 틀에 끼워 맞춤으로써 화폐가 지니는 완충통화로서의 속성을 분석하지는 못하였다.

완충통화로서의 화폐의 기능을 고려할 때 화폐의 공급은 내생적일 가능성이 많다. 이것은 통화승수의 불안정성 이외에도 이자율 수준이 주어질 때 화폐총량이 결정될 수 있다는 이론에 근거하고 있다. 대부분의 이자율 수준이 주어지면 대출의 양이 결정된다. 대출량의 변화는 은행의 대차대조표에 부채의 증가를 수반하는데, 이는 화폐가 완충통화로서 기능을 하기 때문이다. 한편 부채의 변화는 화폐량의 변화를 의미한다. 그런데 대부수요는 실물부문에 의해서 결정되는 변수이고 또 기업가의 야성적 충동에 의해 좌우되는 변수이므로 통화당국의 통제 바깥에 있다. 즉, 실물부문에서 능동적으로 결정되는 대부수요에 의해 화폐량이 수동적으로 대응하는 것이다. 따라서 단순히 본원통화의 조절에 의해 화폐에 대한 통제가 가능하다고 보는 것은 지나칠 정도로 단순한 견해이다.

화폐의 소득속도는 화폐수요를 결정하는 변수에 의해 결정되기 때문에 안정적인 화폐수요란 안정적인 화폐소득 속도를 의미한다. 현대 통화론자의 가장 중요한 가정인 화폐수요, 즉 소득 유통속도의 안정성은 고전적인 화폐수량설이 말하는 거래 유통속도의 안정성과는 내용이 다르다. 통화론자의 소득 유통속도는 여러 가지 변수에 의해서 결정되기 때문에 가변적이라고 할 수 있는 반면, 고전적인 화폐수량설의 거래 유통속도는 제도적 요인에 의하여 정해지기 대문에 적어도 단기적으로 불변이라고 가정한다.

제 5 절 현대 케인지언의 화폐수요이론[4]: 미시적 화폐이론

불확실성이 존재하는 세계에서, 거래상대방의 신용상태와 장래 발생할 여러 가지 상황 등에 대한 정보를 완벽하게 갖추는 데는 많은 비용이 수반된다. 따라서 거래를 성사시키기 위해서는 경제주체 모두가 인정하는 교환수단, 즉 화폐를 보유하고 있어야만 한다. 반면 인플레이션이 진행되거나 또는 특정 실물자산의 가격이 상승한다면 화폐보유에 따른 손실을 감수해야만 한다.

이처럼 개별경제주체가 화폐를 어떠한 동기로 얼마만큼 보유할 것인지를 분석하는 것이 미시적 화폐수요이론이다. 미시적 화폐수요이론에서는 다음과 같은 네 가지 사항을 중점적으로 분석한다. ① 화폐와 여타 자산간의 수익률 차이, ② 화폐와 여타 자산간 대체에 드는 거래비용, ③ 수입의 예상채권과 지급 수단을 필요로 하는 지출의 예상패턴, ④ 여타 자산에 뒤따르는 불확실성이다.

일반적으로 화폐수요의 미시적 동기는 크게 거래적 화폐수요와 투기적 화폐수요로 구분된다. 거래적 화폐수요이론에서는 위의 ①, ②, ③을, 투기적 화폐 수요이론에서는 위의 ①, ②, ④를 중점적으로 고려한다. 전체 화폐수요를 거래적 동기와 투기적 동기의 두 부분으로 인위적으로 구분하는 것은 일견 불합리하고 또 불가능한 작업일 수 있지만, 이것은 분석의

4) 심경섭, 『통화경제: 이론과 정책』, 법문사, 2001, pp. 154-173 참조.

편의성을 위해서는 필요한 것이다.

한편 미시적 화폐수요이론에서는 재화와 서비스에 대한 개인의 수입과 지출의 시간경로를 주어진 것으로 가정한다. 그러나 엄밀하게 말해서 이것은 외생적인 변수가 아니다. 예를 들어 정보통신의 발달로 화폐와 자산 간의 이권거래비용이 낮아졌다고 하자. 이때 경제주체는 화폐보유량을 변화시키는 소극적인 대응에 그치는 것이 아니라, 지불습관 등 경제주체의 행태적 요인이나 경제 전체의 제도적 요인들을 외생변수로 간주하고 분석한다면, 큰 오류를 범할 수 있다는 점을 항상 염두에 두어야 할 것이다.

전통적 케인지언의 화폐수요이론에 대하여 현대케인지언들은 다음과 같은 두 가지 비판을 제기하였다. 첫째, 사람들은 케인즈의 화폐수요이론이 화폐와 장기채권만을 보유한다고 가정한 극단적인 모형이라는 비판이었다. 따라서 현대케인지언들은 그들의 분석에서 화폐 및 장기채권 이외에 여타 금융자산과 은행 및 비금융기관 등을 포함시켜 통화이론을 금융이론으로 발전시켰다. 둘째, 케인즈의 단순이론과 현실세계에서 관찰된 행태간에는 괴리가 존재한다는 것이다. 즉 케인즈의 유동성선호이론에서는 개인들이 화폐와 채권을 동시에 보유하는 자산분산이 전제되어 있지 않다는 것이다. 그러나 현실세계에서 각 경제주체들은 한두 가지 자산을 집중적으로 보유하기보다는 여러 자산들을 분산보유하는 것이 일반화되어 있다.

그리고 미시적 접근방법에 기초하여 화폐수요를 분석해온 케인지언들의 연구결과에 두 가지 괄목할 만한 결과가 나타났다. 첫째, 보몰(W. Baumol)은 거래적 및 예비적 화폐수요가 소득뿐만 아니라 이자율의 함수인 모형을 개발하였고, 둘째, 토빈(J. Tobin)은 개인의 의사결정과정에 위험을 도입하여 자산선택이론을 개발하였다. 즉 케인즈의 투기적 화폐수요에 대해 현대케인지언들은 다음과 같은 두 가지 의문점을 제기하였는데, 먼저 불확실성을 전제하면서 이자율에 대해서만은 확실한 기대형성을 가정하여 분석한다는 것은 논리적으로 모순이라는 것과 실제이자율이 균형이자율과 다를 경우에 이것이 균형이자율로 복귀될 것으로 기대하는 케인즈의 가정은 단기적으로 정당화되기 어렵다는 점이다.

1. 거래적 화폐수요: 재고이론적 접근법

(1) 보몰(Baumol)의 모형

거래적 화폐수요에 대한 재고론적 접근법에는 보몰의 모형과 토빈의 모형이 있다. 보몰과 토빈은 화폐를 하나의 재고로 간주하고, 화폐보유의 편익과 그로 인한 기회비용을 서로 비교함으로써 적정 화폐보유량을 결정한다는 재고론적 화폐수요이론을 전개하였다. 보몰은 재고접근법을 이용하여 케인즈의 화폐수요함수를 발전시켰다. 특히 거래의 화폐수요와 자산으로서의 화폐수요 사이에 연관성을 가정하여 거래적 화폐수요도 이자율에 탄력적이라는 점을 밝혔다.

거래적 동기로 보유하는 화폐는 일종의 재고라고 할 수 있다. 소득의 일부를 거래상의 편의 때문에 이자가 붙지 않는 화폐로 보유하게 되면 다른 곳에 투자하여 얻을 수 있는 수익을 포기해야 한다. 따라서 거래의 시기와 크기를 알 수 있다면, 현금은 최소한만 갖고 나머지 소득은 현금이 필요할 때까지 채권에 투자하는 것이 유리하다. 초기에 소득을 이자로 받을 수 있는 채권으로 전환한 다음, 필요한 시기에 필요한 금액만 현금화하는 것이 필요하다. 이 경우 논의의 단순화를 위해 소득을 채권으로 전환시키는 데 비용이 들지 않는다고 가정한다.

예를 들어 어떤 사람이 소득을 받는 즉시 채권에 투자한다고 가정하자. [그림 9-10]의 윗부분에서는 어떤 사람이 초기에 OA의 소득을 받으며 그것을 일정률로 지출하여, 마지막 4주에는 그 사람의 소득이 0이 됨을 보여주고 있다. 한편 주중에 사용할 현금은 주초에 마련한다고 가정하면 거래를 위한 현금잔액은 [그림 9-10]의 아랫부분과 같다. 첫 주에는 AB, 그 다음 주에는 BC를 지출하고 세 번째 주는 CD를 지출한다. 따라서 그 사람은 이러한 지출 패턴과 현금화에 드는 비용을 감안하여 채권을 현급화하는 최적의 시기와 크기를 결정한다.

총지출거래량(T)은 예상가능할 뿐만 아니라 거래기간을 통해 균등하게 분할되어 사용되며, 거래자는 현금보유의 총비용을 극소화하고자 노력한다고 하자. 일반적으로 화폐보유에는 금전적 수익이 따르지 않는다. 따라서 현금보유의 기회비용은 채권을 보유하지 않음으로써 입게 되는 손실, 즉 이자율이다. 그리고 현금과 채권의 교환과정에서 발생하는 중개비용도 현

그림 9-10 주 1회 현금화하는 경우 현금보유 잔액

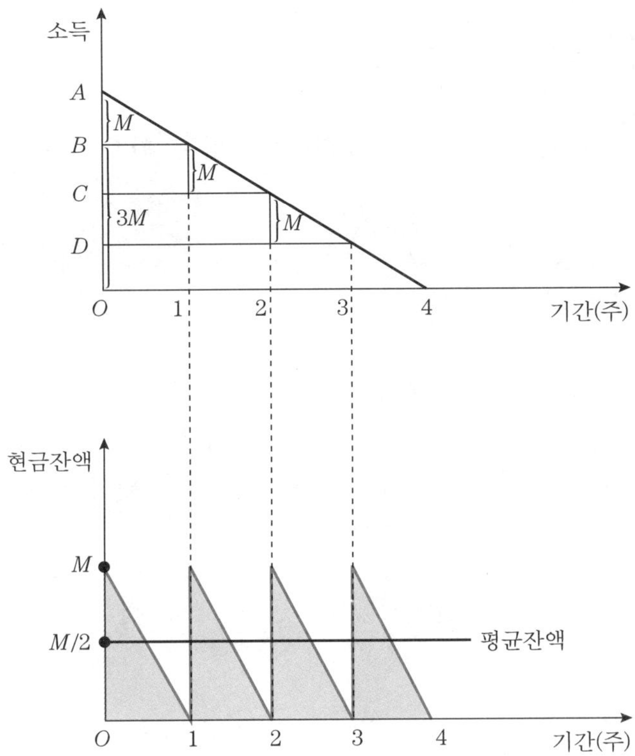

금보유의 비용으로 잡히게 된다.

따라서 총화폐보유비용(C)은 채권을 보유하지 않음으로써 발생하는 기회비용, 즉 이자율과 채권을 현금화하는 과정에서 발생하는 중개비용을 합계한 것과 같다. 화폐잔고를 M, 평균화폐보유액을 $\frac{M}{2}$, r은 화폐보유에 대한 기회비용(이자율), 채권을 현금화하는 과정에서 발생하는 중개비용을 E, 그리고 총지출액을 T라 하면, 총화폐보유에 따른 총비용(C)은 다음과 같다.

$$C = r \times \frac{M}{2} + E \times \frac{T}{M} \qquad (9-18)$$

합리적으로 행동하는 개인이나 가계는 거래잔고에 대한 화폐보유의 총비율을 극소화하고자 한다. 따라서 식 (9-18)에서 최적의 M을 구하는 과정에서 화폐보유비율을 극소화한다. 즉, 최적의 M을 구하는 데 있어서 현금보유의 총비용을 극소화하는 조건식은 다음과 같이 도출된다.

$$\frac{\partial C}{\partial M}=\frac{r}{2}-\frac{ET}{M^2}=0 \qquad (9-19)$$

따라서, 총화폐보유비용을 극소화할 수 있는 최적의 화폐잔고는 다음 식과 같다.

$$M=\sqrt{\frac{2ET}{r}} \qquad (9-20)$$

우리는 윗식을 거래적 화폐수요에 대한 제곱근 법칙이라고 부른다. 그런데 매회의 화폐인출에 따라 화폐잔고는 M에서 0까지 선형적으로 감소한다. 따라서 평균화폐보유액은 $M/2$이다. 그러므로 윗식과 평균화폐보유액을 연관시키면 다음과 같이 도출된다.

$$M_d=\frac{M}{2}=\frac{1}{2}\sqrt{\frac{2ET}{r}}=\sqrt{\frac{2ET}{4r}}=\sqrt{\frac{ET}{2r}} \qquad (9-21)$$

윗식으로부터 우리는 다음과 같은 사실을 발견할 수가 있다, ① 거래적 화폐수요는 이자율과 역비례관계에 있다. ② 거래적 화폐수요는 총지출액(T)과 증가함수 관계가 있다. ③ 거래적 화폐수요는 채권과 화폐 사이의 교환과정에서 발생하는 중개비용과 증가함수 관계에 있다. ④ 거래적 화폐수요는 총지출액에 정비례적으로 증가한다기보다는 정비례보다는 작은 비율로 증가한다. 즉, 현금잔고의 관리에 있어서 규모의 경제가 작용하는 것이다. ⑤ 채권과 화폐의 중개과정에서 발생하는 중개비용은 거래적 화폐수요에 중요한 영향을 미친다.

그리고 거래적 화폐수요에 대한 각종의 탄력성은 다음과 같다.

$$M_d=aT^{1/2}\cdot E^{1/2}\cdot r^{-1/2},\quad a\text{: 상수} \qquad (9-22)$$

즉, 거래적 화폐수요의 지출탄력성은 1/2, 중개비용탄력성 역시 1/2, 그리고 이자율탄력성은 −1/2이다. 보몰은 거래적 화폐수요도 이자율의 영향을 받는다는 것을 밝힘으로써 케인즈의 화폐수요함수를 보다 일반적인 함수형태, 즉 $M_d=L(Y, r)$로 표시할 수 있게 하였다.

보몰의 재고이론적 접근방법 분석이 갖는 의미는 첫째, 투기적 화폐수요뿐만 아니라 거래적 화폐수요도 소득수준만이 아닌 이자율에도 의존한다는 사실이다. 이자율은 화폐수요에 영향을 미치지만 이는 통화금융정책에 의해 영향을 받기도 한다. 따라서 통화금융당국은 이자율을 통해 화폐수요에도 영향을 미칠 수 있다. 둘째, 거래적 화폐수요의 변동이 총소득의 변동보다 작은 경우에는(즉, 거래적 화폐수요의 변동이 총소득의 변동보다 작게 변동한다면) 여타 조건 이 동일한 경우 화폐공급의 증대에 따른 화폐수요의 증가를 통하여 화폐시장의 균형을 달성하기 위해 상대적으로 보다 큰 소득의 증대가 요청된다. 셋째, 거래량, 가격수준 및 수수료가 불변일 때 화폐공급이 이자율에 미치는 영향을 예측할 수 있다. 즉 이자율은 통화증가율보다 두 배 정도 하락하게 될 것이다.

(2) 토빈(Tobin)의 모형

토빈은 적정 화폐보유 및 이윤극대화 거래횟수를 발견함으로써 거래적 화폐수요를 설명하고자 하였다. 이자율을 r, n을 단위기간 동안에 이루어지는 소득지출의 거래횟수, B를 국채의 가치, a를 단위거래당 거래비용, Y_N을 월초의 소득수준, π를 이윤, $\overline{T}$를 평균거래잔고, $\overline{M}$을 평균화폐잔고, $\overline{B}$를 평균채권보유액이라고 정의한다. 그리고 화폐뿐만 아니라 채권까지를 포함한 개념으로서의 거래잔고는 기간 초의 소득수준 Y_N으로부터 0까지 선형적인 관계로 감소된다고 가정한다. 그러면 평균거래잔고는 다음과 같다.

$$\overline{T} = \frac{Y_N}{2} = \overline{M} + \overline{B} \qquad (9-23)$$

기간 초에 있어 $[n-(1/n)] \cdot Y_N$만큼의 채권을 구입하고, 매 $1/n$ 기간 동안 Y_N/n 만큼의 채권을 매각함으로써 지출에 충당한다고 하자, 그러면 평균채권보유액 $\overline{B}$와 평균화폐잔고 $\overline{M}$를 알아낼 수 있다.

[그림 9-11](a)에서 볼 수 있는 바와 같이 기간 초의 소득수준을 Y_N이라 하고, 거래횟수는 1회라고 하면, 사람들은 기간 초에 소득 전체를 현금화하여 그 기간(예컨대 1개월) 동안 계속 쓴다. [그림 9-11](b)는 거래횟수가 2번인 경우 기간 초에 $Y_N/2$ 만큼 현금화하여 1/2기간(예컨대 1/2개월) 동안 쓰다가 그것이 소진되면 기간 중간에 다시 $Y_N/2$ 만큼을 현금화하여 나머지 1/2기간(예컨대 1/2개월) 동안을 쓴다. 따라서 채권에서 현금화는 ①

그림 9-11 거래횟수와 평균화폐보유량

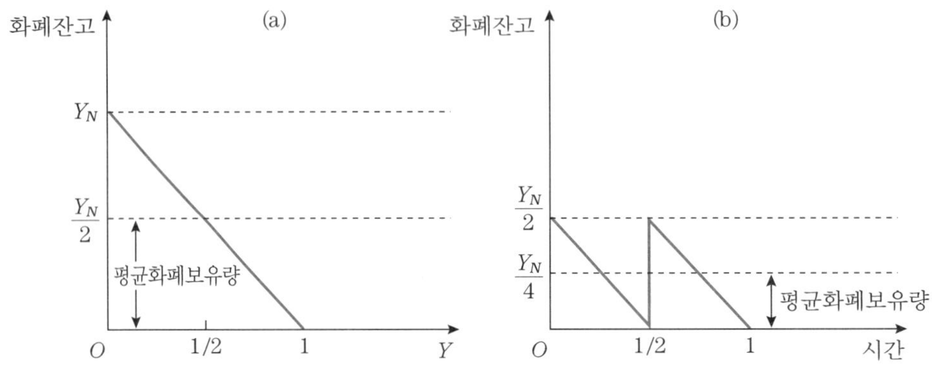

거래횟수가 1번이면 평균 화폐보유량은 $Y_N/2$ 이고, ② 거래횟수가 2번이면 평균화폐보유량은 $Y_N/4$ 이며, ③ 거래횟수가 3번이면 평균화폐보유량은 $Y_N/6$ 로 된다. 이와 같은 관계를 이용하여 우리는 거래횟수와 평균화폐보유량 사이의 관계를 알 수 있다. 즉, n을 채권에서 현금화하는 거래횟수라 하고, 기간 초의 소득수준을 Y_N이라고 하면 평균화폐보유량(M)은 $Y_N/2n$으로 나타난다. 즉 $\overline{M}=Y_N/2n$이다. 그런데 윗식을 $\overline{T}=Y_N/2=\overline{M}+\overline{B}$에 대입함으로써 평균채권보유액($\overline{B}$)을 발견할 수 있다. $Y_N/2=(Y_N/2n)+\overline{B}$로부터 $\overline{B}=(n-1)Y_N/2n$이다.

한편 평균채권보유액에 대한 이자수입은 $[(n-1)Y_N/2n]r$ 이다. 그런데 거래비용은 거래규모와는 관계가 없고 오직 거래횟수와 비례관계에 있다고 가정하면 거래비용(C)은 $C=n \cdot a$로 된다. 이윤극대화의 거래횟수를 발견하기 위하여 이윤함수를 구성하면 다음과 같다.

$$\pi=\frac{(n-1)Y_N}{2n}\cdot r-n\cdot a \qquad (9-24)$$

이윤극대화의 1개 조건식을 구해보자. π를 n에 대해서 1계 미분하고 그 값을 영(0)으로 하면 된다.

$$\frac{\partial\pi}{\partial n}=\frac{2Y_Nr}{4n^2}-a=0 \quad \left(\because \ \frac{\partial\pi}{\partial n}=\frac{2Y_Nr+2Y_Nr}{4n^2}-a\right) \qquad (9-25)$$

윗식을 n에 대해서 풀면, 이윤극대화 거래횟수가 발견된다.

$$n=\sqrt{\frac{rY_N}{2a}} \tag{9-26}$$

위의 식에서 알 수 있는 바와 같이 이자율이 상승하거나 초기의 소득수준이 증가하면 증가할수록 이윤극대화의 거래횟수는 증가하고, 단위당 거리비용이 커질수록 이윤극대화의 거래횟수는 감소함을 알 수 있다.

윗식을 $\overline{M}=\dfrac{Y_N}{2n}$에 대입하면 다음과 같이 된다.5)

$$\overline{M}=\sqrt{\frac{aY_N}{2r}} \tag{9-27}$$

위의 결과에서 우리는 다음과 같은 결론을 얻을 수 있다. 윗식에서 알 수 있는 바와 같이, ① 이자율은 거래적 화폐수요와 역비례 관계에 있고, ② 소득수준이 증가하거나 단위당 거래비용이 증가할수록 거래적 화폐수요는 증가하며, ③ 거래적 화폐수요는 소득수준이 증가함에 따라 증가하지만, 소득증가보다 거래적 화폐보유량은 상대적으로 적게 증가한다. 즉, 현금잔고의 관리에 있어서 규모의 경제가 작용한다고 말할 수 있다. ④ 일정한 소득과 지출기간에 있어서 이윤극대화의 거래횟수가 증가할수록 평균현금보유량은 감소하고, 그 대신 평균채권보유액은 증가한다.

식 $\overline{M}=\sqrt{aY_N/2r}$에서 알 수 있는 바와 같이 화폐수요의 소득탄력성은 1보다 작다. 식 $\overline{M}=\sqrt{aY_N/2r}$을 다시 쓴다면 $M=a^{1/2}Y_N{}^{1/2}r^{-1/2}$인데, 이것을 자연 로그의 형태(즉, 성장률의 형태)로 나타내면 거래적 화폐수요의 소득탄력성은 1/2이고, 이자율탄력성은 −1/2이며, 단위당 거래비용탄력성은 1/2임을 알 수가 있다.

토빈의 재고론적 화폐수요는 다음과 같이 요약될 수 있다.

(1) 거래적 화폐수요는 이자율과 반비례적 관계에 있다.

(2) 소득수준이 증가하거나 거래비용이 증가하면 거래적 화폐수요는 증가한다.

(3) 소득수준의 증가와 함께 거래적 화폐수요도 증가하지만 감소하는 비율로 증가한다.

---

5) $\overline{M}=\dfrac{Y_N}{2n}=\dfrac{Y_N}{2\sqrt{\dfrac{rY_N}{2a}}}=\dfrac{1}{2}Y_N Y_N{}^{-\frac{1}{2}}r^{\frac{1}{2}}(2a)^{\frac{1}{2}}=\dfrac{1}{2}Y_N{}^{\frac{1}{2}}r^{-\frac{1}{2}}a^{\frac{1}{2}}=\sqrt{\dfrac{aY_N}{2r}}$

2. 투기적 화폐수요: 토빈의 자산선택론적 접근

케인즈에 따르면 사람들은 미래의 이자율에 대하여 서로 다른 확신을 갖고 나름대로 합리적인 결정을 하게 되므로, 투기자금을 전부 화폐로 보유하거나 채권으로 보유하게 된다. 그러나 사람들은 투기자금을 채권과 화폐로 나누어 보유할 뿐 아니라 일반적으로 다양화된 포트폴리오를 보유한다는 점에서, 케인즈의 투기적 화폐수요분석은 현실세계를 제대로 반영하지 못한다고 할 수 있다. 토빈은 자산구성의 다양화라는 틀 속에서 화폐수요를 설명하였다. 토빈의 분석 또한 불확실성에 기초를 두고 있으나 이 불확실성은 케인즈의 경우와는 달리 개인이 갖고 있는 장래에 대한 불확실성이다. 사람들은 장래의 이자율이 어떻게 될 것인가에 관해 확신을 갖지 못한다고 가정한다.

어떤 사람이 화폐의 형태로 보유하거나 채권에 투자할 수 있는 저축을 갖고 있다고 가정하자. 만일 저축을 채권에 투자하면 이자소득을 얻을 것이며, 채권을 보유하고 있는 동안 이자율이 하락한다 해도 자본이득은 얻을 수 있으나 이자율이 상승하면 자본손실을 입게 된다. 이자율이 하락할지 또는 상승할지에 관해서 확신을 갖지 못한다면, 자본이득과 자본손실 가운데 어느 것이 발생할지에 관해서도 확신하지 못하게 된다. 따라서 채권을 보유하면 이자소득을 얻을 수 있지만 위험도 따른다. 여기서 위험이란 이자소득을 상회하는 자본손실을 입으면서도 채권을 팔지 않으면 안 될 경우로서 채권보유로부터 생기는 소득이 부(−)가 될 수 있는 것을 말한다.

투자자는 채권보유에 수반되는 수익과 위험을 비교하지 않을 수 없다. 케인즈는 화폐를 단순히 교환의 매개체로만 보았던 고전학파의 견해를 극복하고, 가치저장수단으로서의 기능을 강조하는 투기적 화폐수요이론을 전개함으로써 화폐수요이론의 발전에 일대 혁명을 일으켰다. 그러나 케인즈의 투기적 화폐수요이론에서 개인은 자기의 예상이 적중할 것이라고 확신하는 상황에서 화폐와 채권 사이의 양자택일적인 선택을 한다. 그래서 케인즈가 전개한 투기적 화폐수요이론은 다음의 두 가지 점에서 비판을 받았다.

첫째, 케인즈의 이론에서는 어떤 한 개인은 그의 모든 자산을 화폐 또는 채권의 한 가지 형태로만 보유한다. 다시 말해서, 케인즈의 불확실성이론은 어떤 한 개인의 입장에서 보면 일반적인 확실성이론으로 변화해 버린다. 개인은 자기의 미래예상이 자기가 예상한 대로 적중할 것이라고 확신한 나머지 화폐와 채권 중 어느 한 가지만을 보유한다는 것이 케인즈의 이론이다. 즉, 현재시장 이자율이 결정이자율보다 높으냐, 낮으냐에 따라서 한 개인투자자는 그의 모든 자산을 전부 채권 또는 전부 화폐의 형태로 보유할 뿐이고, 개인은 채권과 화폐를 동시에 적절히 배합하여 보유하지는 않는다는 것이다. 다시 말해서 케인즈의 이론은 왜 한 개인투자자가 그의 부를 저장하는 데 있어서 채권과 화폐를 동시에 적절히 배합하여 보유하는지를 설명할 수 없다는 비판이다.

둘째, 케인즈이론에 의하면 개인투자자들은 현재의 시장이자율은 그들이 정상적이라고 생각하는 정상이자율로 회복될 것이라고 기대한다. 현재의 시장 이자율이 정상이자율보다 높으면 개인투자자들은 앞으로 이자율이 하락할 것이라고 예상할 것이며, 반대의 경우 사람들은 앞으로 이자율이 상승할 것이라고 예상한다는 것이다.

그러나 현재의 시장이자율이 어떤 정상이자율로 항상 복귀할 것이라고 기대한다는 케인즈의 가정은 비현실적이라는 비판이다. 케인즈의 이론은 어떤 일정한 정상이자율이 존재한다는 가정과 현재의 시장이자율이 항상 정상이자율로 복귀할 것이라는 가정하에서 전개되었는데, 이러한 가정은 비현실적이기 때문에 수정되어야 한다는 것이다.

토빈은 이와 같은 케인즈이론의 문제점을 보완하고 그의 이론을 보다 현실적으로 전개하기 위하여, ① 개인투자자는 일정한 정상이자율수준을 가지고 있지 않으며, ② 개인투자자는 자본이득 또는 자본손실도 볼 수 있으며, ③ 개인투자자는 장래에 발생한 예상수익에 대하여 확률분포만을 알고 있을 뿐이라는 가정하에 그의 이론을 전개하고 있다.

(1) 예상수익과 위험간의 기회궤적

토빈의 투기적 화폐수요이론을 자산선택론적인 접근법으로 살펴보기로 하자. 먼저 경제내에 화폐와 채권 두 가지 종류의 자산만 존재한다고 가정하자. 그리고 개인투자자는 장래에 발생할 예상수익에 대하여 확률분포만을 알고 있을 뿐이라고 가정하자. 두 가지 자산 중 화폐는 아무런 위험이 없고 그 예상수익도 0이다. 이와는 달리 채권을 보유하게 되면, 장래에 예상수익을 가져다 주기도 하지만, 동시에 자본손실을 볼 위험을 당하게 되기도 한다. 시장이자율이 변동한다고 볼 때 채권에 대한 수익은 이자수익

(r)과 자본이득 또는 자본손실의 합계와 같다. 따라서 채권보유에서 발생하는 실제수익은 불확실하고, 어떤 한 개인의 입장에서 볼 때 한 개인은 장래의 예상수익에 대하여 확률분포만을 알 수 있을 뿐이다.

채권 한 단위의 수익 $\theta=r+g$가 된다. 일반적으로 이자 수입은 채권의 액면에 표시되어 있기 때문에 고정되어 있지만 자본이득은 확률적인 요소에 의하여 영향을 받는다. 자본이득(또는 손실)의 평균을 0이라 하고, 자본이득의 표준편차를 σ_g라 하면 채권 한 단위에서 발생하는 수익 θ의 평균과 표준편차는 $\bar{\theta}=r$이며 $\sigma_\theta=\sigma_g$이다. 왜냐하면 $\bar{g}=0$이고, 또 채권의 액면에 이자율 r이 고정되어 있어서 $\bar{\theta}=r$이고, $\sigma_\theta=\sigma_g$로 된다.

어떤 한 투자자의 자산선택에서 채권으로 보유할 비용이 α라고 하면, 화폐의 보유비율은 $(1-\alpha)$로 된다. 왜냐하면 어떤 투자자가 보유할 자산에는 채권과 화폐의 두 가지 종류가 있다고 가정되었기 때문이다. 어떤 개인의 총자산이 W라고 하면, 위의 가정에 따라 αW만큼의 자산은 채권으로 보유하게 되고, $(1-\alpha)W$만큼의 자산은 화폐의 형태로 보유하게 된다.

αW만큼의 자산을 채권으로 보유함으로써 얻을 수 있는 예상수익과 $(1-\alpha)W$만큼의 자산을 화폐로 보유함으로써 얻을 수 있는 예상수익은 다음과 같다. αW만큼의 채권보유와 $(1-\alpha)W$만큼의 화폐보유에서 얻을 수 있는 예상수익을 R이라고 표시하면, 다음과 같다.

$$R=\alpha W(r+g)=\alpha W\theta \text{ (화폐보유의 예상수익은 0, } (1-\alpha)W\times 0=0)$$

자산구성에서 얻을 수 있는 예상수익 R의 평균인 $\bar{R}$와 예상수익의 표준편차인 σ_R는 다음과 같다

$$\bar{R}=\alpha W\bar{\theta}=\alpha Wr,\ \sigma R=\alpha W\sigma_\theta=\alpha W\sigma_g \quad (\bar{\theta}=r,\ \sigma_\theta=\sigma_g\text{임을 상기})$$

윗식에서, $\alpha W=\frac{\sigma_R}{\sigma_g}$가 되는데, 이 식을 $\bar{R}=\alpha W\bar{\theta}=\alpha Wr$에 연결하면 다음과 같은 결과를 얻는다.

$$\bar{R}=\alpha Wr=\frac{\sigma_R}{\sigma_g}r=(\frac{r}{\sigma_g}) \text{ 또는 } \bar{R}=(\frac{r+\bar{g}}{\sigma_g})\sigma_R,\ \text{그리고 } \bar{g}=0\text{으로 가정}$$

윗식을 이용하여 [그림 9-12]와 같은 예상수익과 위험간의 기회궤적을 발견할 수 있다. 예상수익을 증대시키기 위해서는 더 큰 위험을 부담해야만 한다. 주어진 이자율수준(r)과 예상수익의 표준편차(σ_g)하에서 투자자는

그림 9-12 예상수익과 위험감의 기회궤적

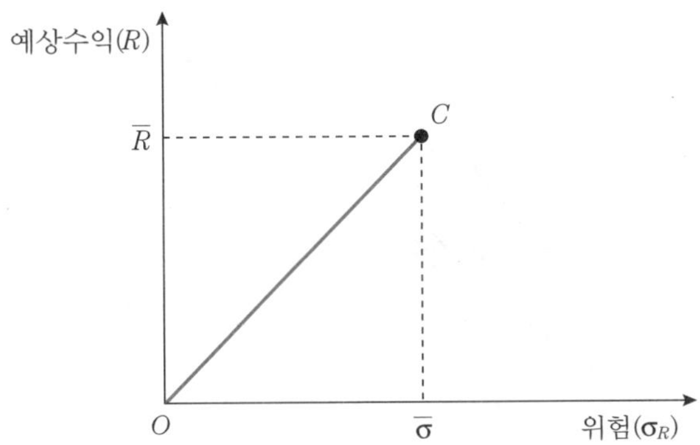

$\overline{R}$와 σ_R의 여러 조합점을 선택할 수 있다. 따라서 그림의 OC선은 투자자의 제약조건으로 작용하고, $\overline{R}$와 σ_R의 여러 조합점을 잇는 선인 OC선의 기울기는 r/σ_g 또는 $r+\overline{g}/\sigma_R$로 표시될 수도 있으나, $\overline{g}=0$으로 가정된다.

[그림 9-12]에서와 같이 예상수익과 위험도 간의 여러 기회궤적을 연결하면 OC선처럼 정(+)의 기울기를 갖는다. O점은 예상수익과 위험도가 동시에 O점이 되는 점이다. 즉, O점은 모든 자산을 화폐의 형태로 보유하는 경우이다. 반대로 C점은 예상수익도 높지만 위험도도 역시 가장 높은 점이며, 모든 자산을 채권의 형태로 보유하는 경우에 해당한다. O점에서 C점을 향해감에 따라 화폐의 보유비율은 감소하고 채권의 보유비율은 증가한다.

(2) 투자자의 무차별곡선

개인투자자의 효용함수를 살펴보자. 개인투자자의 효용은 평균예상수익($\overline{R}$)과 위험도(σ_R)의 함수라고 가정하자. 일반적으로 투자자의 효용 U는 평균 예상수익($\overline{R}$)의 증가함수이고, 위험도(σ_R)의 감소함수인 것이다. 이것은 평균 예상수익이 높을수록, 그리고 위험도가 낮을수록 개인투자자의 효용이 증가함을 의미한다.

$$U_0=U(\overline{R},\ \sigma_R) \qquad (9-28)$$

그림 9-13 투자자의 무차별곡선 (위험회피자)

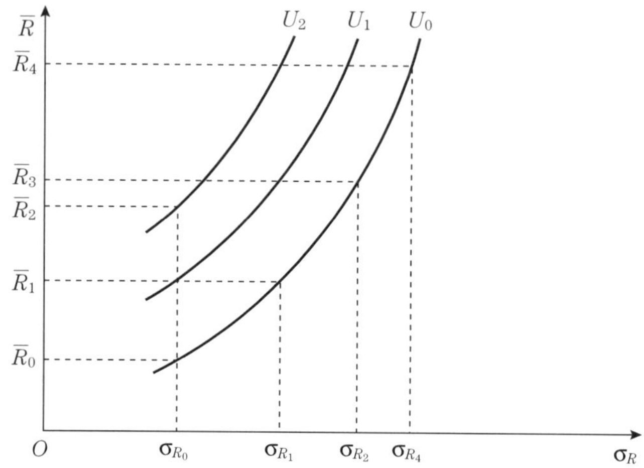

식 (9－28)은 개인투자자의 효용함수를 의미하는데, 개인투자자에게 동일한 효용을 보장해 주는 예상수익과 위험도의 여러 조합점을 연결하면 개인투자자의 무차별곡선이 된다. 위 식을 전미분하면,

$$dU_0=(U_{\bar{R}},d\bar{R}+U\sigma_R d\sigma_R,\ \left(U_{\bar{R}}=\frac{\partial U}{\partial \bar{R}},\ U\sigma_R=\frac{\partial U}{\partial \sigma_R}\right) \quad (9-29)$$

가 된다. 동일한 무차별곡선 상에서는 효용이 일정하기 때문에 $dU_0=0$이다.

따라서 위 식을 정리하면 다음과 같다.

$$\frac{d\bar{R}}{d\sigma_R}=-\frac{U\sigma_R}{U_{\bar{R}}} \quad (9-30)$$

위험회피자의 경우 $U_{\bar{R}}>0$, $U\sigma_R<0$이기 때문에 무차별곡선의 기울기는 정(+)으로 나타난다.

[그림 9-13]에서와 같이 위험회피자의 무차별곡선은 우상향의 형태를 취하고, 또 위쪽에 있는 무차별곡선일수록 더 높은 효용수준을 나타낸다. 이것은 위쪽에 있는 곡선일수록 동일한 위험도에 대하여 예상수익이 더 높을 뿐만 아니라 동일한 예상수익에 대하여 위험도가 더 작기 때문이다.

위험도가 σ_{R_0}일 때 위쪽에 있는 무차별곡선일수록 예상수익은 $\overline{R}_0 \rightarrow \overline{R}_1 \rightarrow \overline{R}_2$로 증가함을 알 수 있다.

그리고 위험회피분산자의 경우 무차별곡선은 [그림 9-13]에서와 같이 아래쪽을 향하여 볼록하다. 이것은 위험도가, $\sigma_{R_1} \rightarrow \sigma_{R_2} \rightarrow \sigma_{R_3} \rightarrow \sigma_{R_4}$로 증가할 때 동일한 효용 U_0 수준을 유지하기 위해서 R는 $\overline{R}_0 \rightarrow \overline{R}_1 \rightarrow \overline{R}_2 \rightarrow \overline{R}_3 \rightarrow \overline{R}_4$ 와 같이 더 큰 비율로 증가해야 한다는 것을 의미한다. 그림과 같은 무차별곡선이 가장 일반적인 자산투자자의 무차별곡선이다.

(3) 투자자의 균형

위험회피분산자의 경우 투자자는 그의 모든 자산을 채권만의 형태로 보

그림 9-14 투자자의 균형(위험회피분산자)

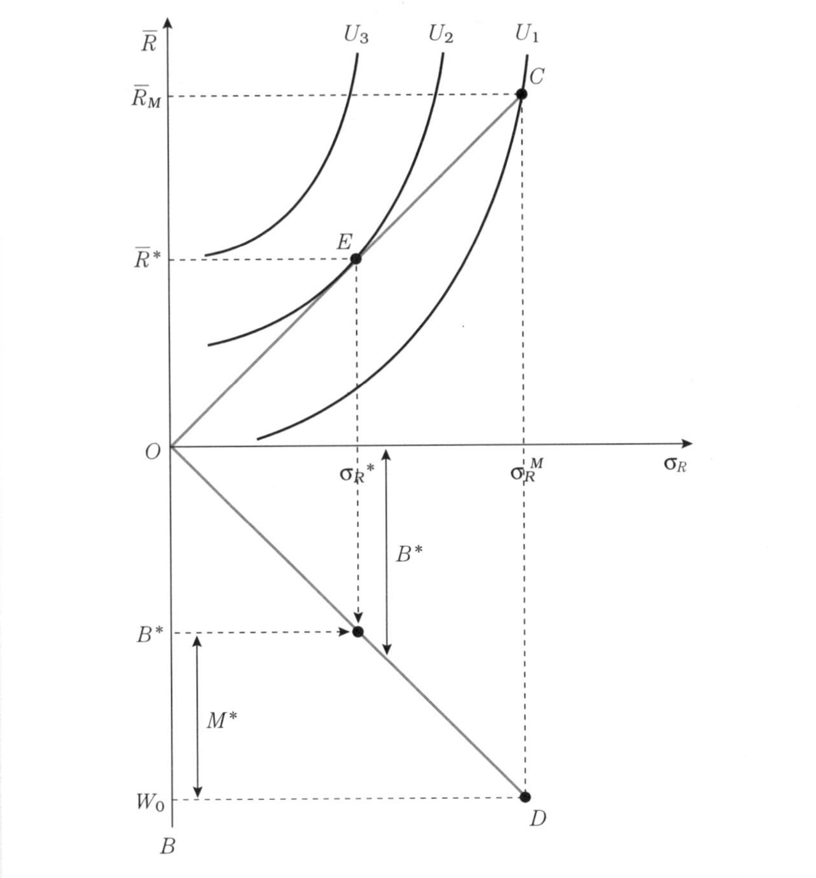

유하거나 화폐만의 형태로 보유하기보다는 채권과 화폐의 배합형태로 보유한다. [그림 9-14]에서 볼 수 있는 바와 같이 C점에서 투자자는 그의 모든 자산을 채권의 형태로 보유하고 O점에서는 그의 모든 자산을 화폐의 형태로 보유함을 의미한다. 그런데 C점과 O점을 통과하는 무차별곡선보다 E점을 지나는 무차별곡선 U_2의 효용수준이 더 높음을 알 수 있다.

[그림 9-14]에서와 같이 무차별곡선이 아래로 향하여 계속적으로 볼록하다면 E점에서 투자자는 효용을 극대화한다. E점에서 투자자는 $\overline{R}^*$와 σ^*_R를 선택하는데, 이는 B^*만큼의 채권과 M^*만큼의 화폐를 보유함을 의미한다. 그림의 하부그림에서 OD선은 채권보유와 위험도 간의 관계를 나타낸다. 즉, 채권 보유가 많아질수록 위험도가 높아진다는 것을 OD선은 말해주고 있다. 위험회피분산자의 경우, 투자자는 E점에서 채권을 B^*만큼, 그리고 화폐를 M^*만큼 적절하게 배합하여 보유함으로써 효용극대화를 달성한다.

(4) 이자율의 변동과 균형점의 이동

앞에서 살펴본 바와 같이 예상수익과 위험도 간의 기회궤적선은 투자자에게 제약조건(소비자의 예산제약조건과 같은 것)으로 적용한다. 이 기회궤적선의 기울기는 이자율이 변동함에 따라 변한다. 다른 조건들이 일정할 때 이자율(r)이 상승하면 기회궤적선의 기울기는 증가한다. 이는 $\overline{R}=(r/\sigma_g)\sigma_R$의 관계식에서 쉽게 알 수 있다. 즉, 다른 조건들이 일정할 때 이자율이 상승함에 따라 종전보다 더 큰 예상수익을 가져다 주기 때문에 이자율의 상승은 기회궤적선을 시계바늘의 반대방향으로 회전시킨다.

이자율이 r_0에서 r_1, r_2로 상승함에 따라 투자자는 이자수익이 높은 채권의 보유량을 늘린다. 그래서 이자율이 상승함에 따라 투자자의 균형점은 [그림 9-15]에서 볼 수 있는 바와 같이 $E \rightarrow F \rightarrow G$로 이동하고, 채권보유량을 $B_0 \rightarrow B_1 \rightarrow B_2$로 증가시키는 대신 화폐보유량을 $M_0 \rightarrow M_1 \rightarrow M_2$로 감소시킨다. 따라서 투기적 화폐수요는 이자율과 역의 관계에 있고, 일반적으로 투자자는(위험회피분산자가 일반적인 경우) 채권과 화폐를 적절히 배합하여 보유한다는 것이 토빈의 자산선택적 화폐수요이론이다.

이자율상승이 투기적 화폐수요에 미치는 효과를 대체효과와 소득효과로 나누어 분석하면 다음과 같다. 여기서 대체효과란 이자율이 변동될 때 화폐보유의 기회비용인 채권의 수익률(채권의 이자수익)이 변함으로써 화폐와 채권 간의 대체가 이루어짐을 말하고, 소득효과란 이자율변화로 인하여 투

그림 9-15 이자율과 화폐수요

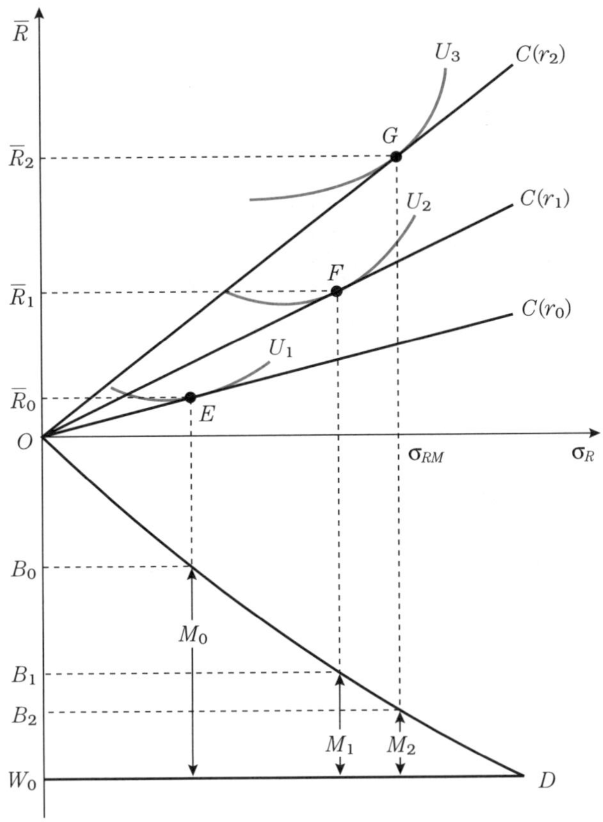

자자의 소득이 변함으로써 금융투자자는 종전과 다른 수익과 위험구성을 원하기 때문에 발생하는 효과를 말한다. 이자율이 상승하면 화폐보유의 기회비용이 높아지기 때문에 대체효과는 종전보다 더 많은 채권을 보유하는 방향으로 작용한다. 한편, 이자율 상승은 자산구성으로부터 소득을 증가시키기 때문에 투자자는 위험 보다는 안전을 선호하게 되고 따라서 소득효과는 채권보유량을 감소시키는 방향으로 작용을 한다(위험회피분산자를 가정).

이자율변동으로 인하여 발생하는 대체효과와 소득효과를 [그림 9-16]으로 설명할 수 있다. 다른 조건들이 일정할 때 이자율의 상승은 기회궤적선을 OA에서 OB로 이동시킨다. 이자율의 상승으로 인하여 투자자의 효용극대화 균형점은 X점에서 Z점으로 이동한다. 기회궤적선 OB와 평행적이면

그림 9-16 이자율변동과 대체효과 및 소득효과

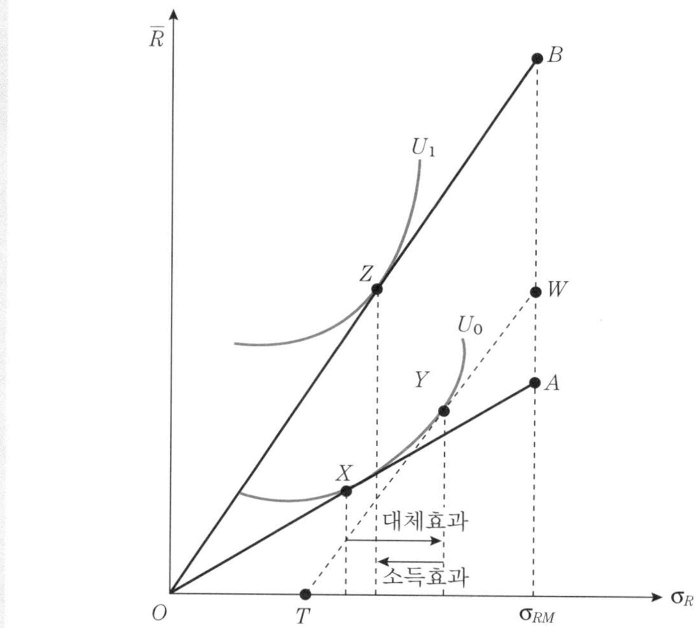

서도 무차별곡선 U_0와 접점을 이루는 선을 그으면 TW점선이 된다. 이렇게 하는 이유는 최초의 효용수준을 유지할 수 있게끔 실질소득을 보상해 주어야 하기 때문이다. 기회궤적선 OB와 평행적이면서 최초의 효용수준을 나타내는 무차별곡선 U_0와 접점을 이루게끔 하면 최초의 효용수준을 유지할 수 있도록 실질소득을 보상해 주는 것과 같다. 그 결과 X점에서 Y점으로의 이동은 바로 대체효과를 의미한다. 그리고 기회궤적선이 TW에서 OB로 평행이동한다는 것은 동일한 위험도에서 이자율의 상승은 더 높은 예상수익을 가능케 함을 의미한다. 그 결과 소득이 증가하게 되고, 따라서 투자자는 위험보다는 안전을 선호하게 된다. 그래서 Y점에서 Z점으로의 이동을 소득효과라고 한다. 그리고 [그림 9-16]에서 볼 수 있는 것처럼 이자율 상승으로 발생하는 대체효과는 소득효과보다 큰 경우가 보통이다. 결국 다른 조건들이 일정할 때 이자율의 상승은 채권의 수요를 증가시키고 화폐수요를 감소시키며 더 많은 위험을 선택하게끔 만든다.

[그림 9-17]에서 볼 수 있는 바와 같이 이자율이 상승하면, ① 기회궤

그림 9-17 소득효과와 대체효과의 크기

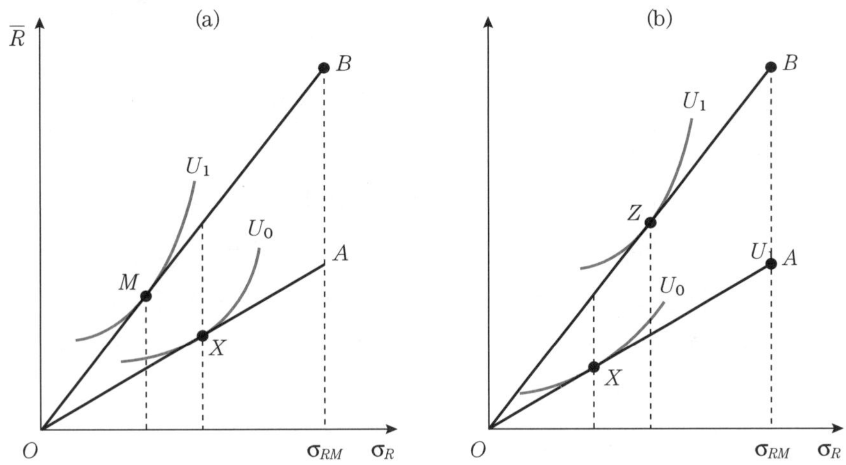

적선은 OA에서 OB로 이동하고, ② 소득효과보다 대체효과가 더 큰 경우 투자자의 균형점은 X에서 Z로 이동하기 때문에 그림(b)와 같이 나타나지만, ③ 소득효과보다 대체효과가 오히려 더 작은 경우 투자자의 균형점은 X에서 M으로 이동하기 때문에 그림(a)와 같이 나타난다. 일반적인 경우에 이자율이 상승하면 소득효과보다 대체효과가 더 크게 나타나기 때문에 그림(b)가 더 일반적이라 하겠다.

3. 자산선택이론의 평가 및 비판

토빈의 자산선택이론이 시사하는 바는 다음과 같다. 첫째, 합리적인 사람들은 자산선택행위에서 채권과 화폐를 적절히 배합하여 두 가지 자산을 동시에 보유한다. 이것은 케인즈의 전부 또는 전무적인 자산선택이론과는 다른 것이다. 둘째, 금융토자자의 투기적 화폐수요는, ① 투자자의 자산총액, ② 이자율, ③ 투자자가 생각하는 채권투자의 위험도에 의해서 결정된다. 셋째, 금융투자자의 총자산이 증가하면 투기적 화폐수요도 증가한다. 넷째, 일반적인 경우 이자율이 상승하면 다른 조건들이 일정한 한 채권보유량을 증가시키고 화폐수요를 감소시킨다.

그러나 토빈의 자산선택이론은 다음과 같은 비판을 받고 있다. 첫째,

토빈의 모형에서 화폐와 채권만을 자산구성의 명제로 가정하고 있는데, 이것은 비현실적이다. 현실적으로 사람들은 그의 자산을 채권(장 · 단기), 주식, 부동산, 투자재 및 내구소비재, 골동품 등의 형태로 보유할 수 있다. 그래서 토빈모형은 비현실적이라는 것이다.

둘째, 토빈의 모형에서 현금은 위험이 전혀 없을 뿐만 아니라 현금보유에서 발생하는 수익도 전혀 없는 것으로 가정한다. 그러나 현금보유에는 위험이 따를 뿐만 아니라 수익도 있다는 비판이다. 만약 물가가 급등하면 현금보유에는 상당한 위험이 뒤따른다. 물가가 상승하면 화폐의 실질가치는 떨어지고 손해를 보게 된다. 그러나 물가가 상승해도 부동산, 투자재, 골동품 등과 같은 현물자산의 실질가치는 떨어지지 않는다. 따라서 물가가 변동된다고 할 때 토빈의 모형은 재구성되어야 한다.

셋째, 앞에서 살펴본 바와 같이 이자율의 변동은 대체효과가 소득효과를 발생시키는데, 이론적으로 대체효과의 크기와 소득효과의 크기 중 어느 것이 더 큰 것인지 확실히 알 수 없다는 비판이다. 이자율의 변동으로 발생하는 대체효과와 소득효과 중에서 만약 소득효과가 대체효과보다 더 크다면 이자율의 상승은 채권보유량을 감소시키고 화폐보유량을 늘리게 된다. 따라서 이자율의 변동으로 발생하는 대체효과와 소득효과 중에서 만약 소득효과가 대체효과보다 크게 되면 이자율의 상승은 화폐수요를 증가시키는 결과를 낳게 되어, 투기적 화폐수요와 이자율 사이에는 역비례관계가 존재한다고 말할 수 없게 된다.

만약 이자율의 변동으로 말미암아 발생하는 대체효과와 소득효과가 동일하다면 이자율의 변동은 투기적 화폐수요에 영향을 미치지 못할 수도 있다. 따라서 이자율변동으로 인해 발생하는 대체효과와 소득효과가 동일하다면 화폐수요는 변동하지 않는다. 다시 말해서 이자율변동으로 인해 발생하는 대체효과와 소득효과가 동일하다면 투기적 화폐수요는 이자율과 관계가 없게 된다. 이자율의 변동으로 발생하는 대체효과와 소득효과 중에서 만약 소득효과가 대체효과보다 더 크다면 투기적 화폐수요는 이자율과 증가함수 관계에 있게 된다. 그래서 토빈의 자산선택이론에서, ① 투기적 화폐수요는 이자율에 의해서 좌우된다고 할 수는 없지만, ② 투기적 화폐수요와 이자율 사이에는 역의 관계가 있다고 확언하기는 힘들다는 것이다.

넷째, 토빈의 자산선택적 화폐수요이론에서 이자율의 변동과 관계없이 금융투자자는 그의 모든 자산을 화폐 또는 채권만의 어느 형태로 보유할 수 있다.

이러한 비판에도 불구하고 토빈의 자산선택이론은, ① 케인즈의 이론과는 달리 투자자는 "전부 또는 전무의 결정"이 아니라 채권과 화폐를 분산적으로 보유한다는 것을 설명할 수 있고, ② 위험회피분산자가 아닌 경우에 투자자는 그의 모든 자산을 전부 채권 또는 화폐의 형태로 보유할 수 있다는 것을 설명할 수 있으며, ③ 왜 어떤 사람들은 이자율이 상승할 때 (어느 수준까지) 오히려 화폐수요를 증가시키는지를 설명할 수 있으며, ④ 일반적인 경우에 이자율이 상승(하락)할 때 전체적인 화폐수요는 감소(증가)한다는 것을 설명할 수 있다는 장점을 가지고 있다.[6)]

토빈의 자산선택론적 화폐수요를 좀더 현실적인 모형으로 만들기 위해서는, ① 물가변동으로 인한 화폐보유의 위험을 고려하여야 하고, ② 화폐보유로 인해서 발생하는 일종의 수익, 예컨대 편의성 · 안전성 등을 고려하여야 하며, ③ 화폐와 채권 두 가지의 자산만을 가정할 것이 좋고, ④ 이자율변동으로 발생하는 투자자의 대체효과와 소득효과를 경험적으로 추정해 보는 작업이 필요하다.

여하튼 토빈의 자산선택적 화폐수요이론은 케인즈의 투기적 수요이론을 현대적인 분석으로 끌어올렸을 뿐만 아니라 투기적 화폐수요를 설명하는데 있어서 획기적인 공헌을 하였다고 볼 수 있다.

제 6 절 화폐수요에 대한 실증 연구

화폐 수요함수의 안정성에 대한 최초의 연구는 통화론자들인 브루너와 멜쩌에 의해 시도되었는데, 이들은 안정성을 예측하려는 개념으로 정의하였다. 이들의 검정에 따르면 안정적 경제관계는 과거의 자료를 이용해서 예측될 수 있는 것이라 했다. 그러므로 우리가 과거의 자료를 이용해서 어느 정도 정확하게 미래의 값을 예측할 수 있다면 안정적인 관계로 취급할 수 있게 된다. 반면에 불안정한 관계는 부정확한 예측을 초래하는 것을 말한다. 안정성이라는 말은 다른 각도에서 정의할 수 있는데, 이를 통계적

6) 경제 내에는 다양한 사람들이 존재하는데, 이자율이 상승하면 사람들의 대체효과는 소득효과보다 크다. 그러나 이러한 것은 경험적으로 더 연구되어야 할 문제이다.

개념인 유의성과 동의어로 보는 것이다. 회귀계수가 유의적이라는 말은 그러한 관계가 실제로 존재한다는 확률을 나타내는데, 예를 들면 계수가 "1% 수준에서 유의적"이라는 말은 실제 계수가 0일 가능성이 1/100이라는 것이다.

그러면 유의성과 안정성 간에는 어떤 관계가 있는가? 이에 대한 논리는 다음과 같다. 만약에 화폐 수요함수가 불안정적이라면, 통화, 실질소득 그리고 이자율은 여러 가지 방법으로 서로가 연관된 것으로 나타나야만 된다는 것이다. 예를 들어, 우리가 가격과 실질소득을 불변일 것으로 간주하더라도, 불안정한 화폐 수요함수를 상황(예, 채권의 위험)에 따라 변화한다는 것을 의미한다. 이는 다시 회귀방정식에서 이자율 계수들에 대한 유의수준을 하락시키는 것이다. 이와는 달리, 이자율과 화폐수요간의 안정적 관계는 이자율 수준과 화폐수요간(여타조건이 일정할 때) 1:1의 관계에 있다는 것을 보여준다. 그러므로 화폐수요의 안정성에 대한 연구에서 회귀방정식 계수들의 유의성을 조사하는 것이다. 회귀방정식을 추정할 때 유의성 검정을 수행하는 것은 통상적인 절차이기 때문에 안정성 가설에 대한 많은 검정들이 유의성 요인을 이용하여 이루어졌다.

많은 연구들이 실제 자료를 이용하여 화폐 수요함수를 추정하였으며 그 수만 하더라도 수십 개에 이른다. 화폐 수요함수의 실증분석에서 가장 문제가 되고 있는 이슈는 ① 화폐에 대한 수요는 협의의 화폐(M_1)를 의미하는가 광의의 화폐(M_2)를 의미하는가? ② 규모변수로서 현재소득(Y)을 사용하여야 할 것인가 아니면 부(W)나 항상소득(Y^P)을 사용해야 할 것인가? ③ 화폐보유의 기회비용으로서 단기이자율을 사용해야 할 것인가 아니면 장기이자율을 사용하여야 할 것인가? ④ 이자율 이외의 다른 변수를 화폐보유에 대한 기회비용에 포함시켜야 할 것인가 등이다. 실증연구의 목적은 어떤 화폐 수요함수가 현실 세계를 가장 정확히 반영하는가를 구명하는 데 있다.

1. 케인즈의 화폐 수요함수에 대한 실증 분석

케인즈학파의 전통을 따르는 학자들은 실질 화폐수요가 실질소득(Y)과 명목이자율(R)에 의존하는 것으로 가정하고, 다음과 같은 화폐 수요함수를 추정한다.

$$\ln\left(\frac{M}{P}\right)_t = ak\ln Y_t \beta \ln R_t$$

여기서 $\left(\frac{M}{P}\right)_t$는 실질 화폐보유액, R_t는 명목이자율 그리고 Y_t는 실질소득을 가리킨다. 이 모든 변수들은 대수(log)로 표시되기 때문에 그 계수들은 화폐수요의 각 변수에 대한 탄력성을 나타낸다. 예를 들면 β는 이자율이 1% 상승했을 때 실질 화폐수요가 몇 퍼센트 변화하는가를 나타내며, k는 실질소득이 1%증가하였을 때 실질 화폐수요가 몇 퍼센트 변화하는가를 나타낸다. β의 부호가 음(−)이고 k의 부호가 양(+)이 되며 그들이 통계적으로 유의한 것으로 밝혀지면 케인즈의 화폐 수요함수는 타당한 것으로 판정받게 된다. 리버먼(Lieberman)은 1890년부터 1958년에 이르면 미국 경제의 자료(연간)를 사용하여 다음과 같은 회귀방정식을 추정하였다.

$$\log\left(\frac{M}{P}\right)_t = 8.40 + 0.27\ln Y_t - 0.32\ln R_t$$
$$(1.00) \quad (0.077) \quad (0.095)$$

그가 사용한 변수는 다음과 같다. 여기서 $M = M_1$, P = 소비자 물가지수, Y = 실질 순국민생산(NNP), R = 20년 만기 회사채 이자율이다. 괄호 안의 숫자는 추정계수의 표준오차를 나타낸다. 이러한 추정방정식을 케인즈의 화폐수요이론이 의미하는 결론을 확인해 준 것으로 볼 수 있다. 모든 추정계수들의 부호는 케인즈 이론이 예상한 것과 일치하며 이들은 또한 통계적으로 유의한 것으로서 이들 계수들은 모두 신뢰할 만하다.

그러나 저명한 통화주의자들인 멜쩌와 브르너-멜쩌는 이와 다른 결론을 보고한다. 1900년부터 1958년까지 미국의 연간자료를 사용하여 각 계수를 추정하였는데, 전 표본기간을 대상으로 한 실증분석에서는 모든 계수가 통계적으로 유의한 것으로 나타났다. 그러나 표본자료 기간을 두 개의 소기간(1900~1929 및 1930~1958년)으로 분류하여 케인즈 화폐 수요방정식을 추정한 결과 1900~1929년 기간에는 이자율 계수가 통계적으로 유의하지 않은 것으로 판명되었다. 이와 같은 결과는 실질소득을 화폐 수요함수의 설명변수로 포함시킬 경우 이자율은 화폐수요에 거의 영향을 미치지 않는다는 것을 시사하는 것으로서 이는 케인즈의 유동성 선호함수가 의미하는 것과 상치되는 결과인 것이다.

이에 따라 멜쩌는 이자율 및 실질소득과 함께 자산(W_t)을 화폐수요의 설명변수로 추가하여 화폐 수요함수를 추정하였다.

$$\log\left(\frac{M}{P}\right)_t = \alpha + \beta \ln R_t + k \ln Y_t + \theta \ln W_t$$

이 방정식을 추정한 결과 이번에는 실질소득의 계수 k가 유의하지 않은 것으로 나타났다. 다시 말해 자산이 포함될 경우 실질소득은 화폐수요에 별 영향을 미치지 않는다는 것을 의미하는 것이다. 그리하여 멜쩌는 최종적으로 소득변수를 빼고 화폐수요를 오직 이자율과 자산의 함수로 보고 이를 추정하였다.

$$\log\left(\frac{M}{P}\right)_t = \alpha + \beta \ln R_t + \theta \ln W_t$$

그는 위의 화폐 수요함수를 추정한 결과 모든 계수(즉 β와 θ)가 통계적으로 유의할 뿐만 아니라 R^2도 매우 높음을 발견하였다. 이러한 발견을 근거로 그는 이자율과 자산(또는 부)이 화폐수요의 결정에 있어서 가장 중요한 변수가 된다는 결론을 이끌어 내었다. 소득 대신 자산을 사용한 것은 프리드먼의 화폐 수요함수에 부합하는 것이지만 한편으로는 화폐수요가 이자율에 의존한다는 발견은 케인즈의 화폐 수요함수를 뒷받침한 것으로 볼 수 있다.

2. 프리드먼의 화폐 수요함수에 대한 실증 분석

프리드먼은 항상소득을 사용하여 그의 화폐 수요함수를 실증적으로 검증하였다. 프리드먼은 화폐 수요함수를 화폐의 유통속도로 전환시켜 다음과 같은 추정방정식을 유도하였다. 그의 신화폐수량설은

$$M^D = L(\cdot)PY^P$$

와 같은 관계를 의미하는데, 화폐의 유통속도를 나타내는 식에 대입하면 다음과 같다.

$$V = \frac{(PY)}{M} = \frac{PY}{L(\cdot)PY^P} = \left(\frac{1}{L(\cdot)}\right)\left(\frac{Y}{Y^P}\right)$$

프리드먼은 $L(\cdot)$이 항상소득과 일정한 관계에 있는 것으로 보아 V를

$$V=\alpha(Y^P)^K\left(\frac{Y}{Y^{NP}}\right)$$

와 같이 표현하였다. 여기에서 Y^P는 실질 항상소득을, Y^{NP}는 명목 항상소득을 그리고 Y는 현재의 명목소득을 각각 나타낸다. 위 식에 대수를 취하면 다음과 같다.

$$\ln V=\ln\alpha+k\ln Y^P+\ln\left(\frac{Y}{Y^{NP}}\right) \qquad (9-31)$$

프리드먼은 그의 항상소득가설에서와 마찬가지로 과거의 실제소득에 가중치를 주어 항상소득을 $Y_t^P=\delta\Sigma(1-\delta)^iY_{t-1}$에 의해서 추산하였다. 그의 실증분석은 화폐수요(화폐의 유통속도)가 항상소득에 의존하며 이자율에는 의존하지 않는다는 그의 화폐 수요이론을 뒷받침해 주고 있다. 그러나 프리드먼의 실증분석 결과는 많은 논쟁을 불러 일으켰는데 그것은 프리드먼의 실질 화폐 수요함수에서는 이자율을 명시적으로 포함시키지 않고 있기 때문이다.

한편 레이들러(W. Laidler)는 이자율과 항상소득을 모두 설명변수로 포함시킨 다음과 같은 화폐 수요함수를 추정하였다.

$$\ln\left(\frac{M}{P}\right)_t=\alpha+k\ln Y_t^P+\beta\ln R_t \qquad (9-32)$$

레이들러는 항상소득과 이자율 모두 화폐수요에 영향을 미치는 것을 발견하였으며, 그는 이자율을 포함하지 않은 프리드먼의 화폐 수요함수는 화폐수요에 관한 잘못된 결론을 내릴 수 있다고 비판한다.

3. 화폐수요의 부분조정 모형: 단기와 장기 화폐 수요함수

이자율과 소득의 변화에 대응하여 사람들의 화폐수요는 단기와 장기에 걸쳐 전혀 다르게 나타날 수 있다. 우리가 지금까지 살펴본 화폐 수요함수들은 이러한 단기와 장기의 차이를 구별하지 않고 사람들이 원하는 화폐수요가 즉시 실현된다는 가정에 입각한 것이다. 그러나 현재 원하는 화폐수

요가 즉시 실현된다는 가정은 현실과 부합되지 않으며 화폐수요는 점진적으로 이루어진다고 보는 것이 보는 것이 화폐수요의 부분조정 모형이며 이러한 모형은 다음과 같이 표현된다.

$$\ln\left(\frac{M}{P}\right)_t - \ln\left(\frac{M}{P}\right)_{t-1} = \lambda\left[\ln\left(\frac{M}{P}\right)^*_t - \ln\left(\frac{M}{P}\right)_{t-1}\right] \quad (9-33)$$

여기서 $(M/P)^*$는 경제주체가 t기에 보유하기를 원하는 화폐 실질보유액이며 $(M/P)_t$는 t기에 실제로 실현된 화폐 실질보유액이다. 부분조정 모형은 현재 사람들이 원하는 화폐보유액과 전기의 화폐보유액 간의 차이의 일부(λ)만이 t기에 실현되는 것으로 본다. 이 λ를 조정계수라고 한다. 이와 같이 부분조정모형에서는 현재 원하는 목표 화폐잔액은 점진적으로 이루어진다.

우리는 이 목표 화폐수요에 대한 조정이 완료되었을 때의 화폐 수요함수를 장기 화폐 수요함수로 정의할 수 있으며, 따라서 장기 화폐 수요함수는 목표화폐잔액을 화폐 수요함수에 대입함으로써 얻을 수 있다.

$$\ln\left(\frac{M}{P}\right)_t = \alpha + \beta \ln R_t = k \ln Y_t \quad (9-34)$$

방정식 (9–31)을 (9–34)에 대입하면

$$\ln\left(\frac{M}{P}\right)_t - l_n\left(\frac{M}{P}\right)_{t-1} = \lambda\left[\alpha + \beta \ln R_t = k \ln Y_t - \ln\left(\frac{M}{P}\right)_{t-1}\right] \quad (9-35)$$

과 같은 식을 얻을 수 있고, 이 식을 다시 정리하면 다음과 같은 단기 화폐 수요함수를 얻는다.

$$\ln\left(\frac{M}{P}\right)_t = \lambda\alpha + \beta \ln R_t + k \ln Y_t - \ln\left(\frac{M}{P}\right)_{t-1} \quad (9-36)$$

위의 식을 사용하여 우리는 실질소득(Y)과 명목이자율(R)의 변동에 따른 화폐수요의 단기 및 장기 반응을 구별할 수 있다. 장기적으로 원하는 목표 화폐잔액이 다 이루어지지 때문에 λ는 1이 된다. 따라서 위의 화폐 수요방정식은 단기적 반응을 나타내는 화폐 수요함수이며, 장기적 반응을 나타내는 화폐 수요함수는 λ를 1로 했을 때 얻어진다.

$$\ln\left(\frac{M}{P}\right)_t = \alpha + \beta \ln R_t + k \ln Y_t \qquad (9-37)$$

이와 같이 화폐수요의 단기 소득탄력성은 λk이며 장기 소득탄력성은 k이다. 비슷하게 화폐수요의 단기 이자율 탄력성은 $\lambda\beta$로 주어지며 장기 이자율 탄력성은 β로 주어진다.

골드펠드(Goldfeld)는 부분 조정과정을 반영한 화폐 수요함수(단기 및 장기화폐 수요함수)를 미국의 분기별 자료를 이용하여 추정한 바 있다. 오랫동안 안정적 형태를 보이던 M_1의 화폐 수요함수가 1974년부터는 화폐수요를 과대예측하는 등의 상당히 왜곡된 형태를 보이기 시작하였는데, 골드펠드는 화폐수요의 형태가 불안정하게 된 이러한 상황을 "The Case of Missing Money"라고 불렀다. 그의 연구는 다음과 같은 몇 가지 중요한 결과를 제시한다(표 9-1 참조).

① 화폐수요는 실질화폐에 대한 수요라는 것을 다시 한번 확인하였다(이는 케인즈, 보몰, 토빈, 프리드먼 등이 이론적으로 주장한 것을 뒷받침한 것이다). 물가수준의 상승은 그에 상응한 명목 화폐수요의 증가를 가져온다는 것을 확인함으로써 사람들은 화폐환상에 빠지지 않는다는 것을 보여주고 있다.

② 예상한 대로 실질소득이 증가함에 따라 실질 화폐수요 또한 증가하는 것으로 나타났다. 화폐수요의 단기 소득탄력성(1분기 내)은 0.2였는데, 이는 실질소득이 1% 증가하면 실질 화폐수요는 0.2%가 증가하는 것을 의미한다. 한편 실질 화폐수요의 장기 소득탄력성(1년 이상)은 0.7%이었는데, 이는 장기적으로는 실질소득이 1% 증가하면 화폐수요는 약 0.7%가 증가함을 보여주는 것이다. 또한 그의 연구결과는 소득증가에 따른 화폐수요의

표 9-1 화폐수요에 대한 탄력성

소득탄력성

	1분기	1년	장기
실질소득	0.2	0.3	0.7

이자율 탄력성

	1분기	1년	장기
상업어음 이자율	−0.02	−0.05	−0.1
정기예금 이자율	−0.05	−0.12	−0.2

조정의 약 70%는 1년 안에 이루어지고 약 90%는 2년 안에 이루어지고 있음을 보여준다.

③ 골드펠드는 이자율 변동의 화폐수요에 대한 영향을 분석하기 위하여 상업어음(CP)에 대한 이자율과 정기예금에 대한 이자율 등 두 가지 이자율을 사용하였다. 이들 두 이자율과 화폐수요의 관계는 모두 역의 관계에 있음이 확인되었다. 상업어음의 이자율이 1%(1분기 내) 화폐수요가 0.02% 감소하고 1년 안에는 0.05%가 감소하며 장기적으로는 0.1%가 감소한 것으로 나타났다. 한편 정기예금 이자율이 1% 상승할 경우 화폐수요는 첫 분기 말에는 0.05%가 감소하였고, 첫해 말까지는 0.12%가 감소하였으며 장기적으로는 0.2%가 감소하였다. 이와 같이 장기이자율 탄력성은 상업어음 이자율의 경우에는 −0.1이었고 정기예금 이자율의 경우에는 −0.25였으며, 소득변화의 경우와 마찬가지로 이러한 조정의 90%는 2년 안에 완료되었다.

골드펠드의 실증분석 결과는 보몰 · 토빈 모형이 시사하는 것(0.5)과는 정확히 일치하지는 않지만, 그러나 그로부터 크게 빗나간 것은 아니다. 이와 같이 골드펠드의 연구결과는 실질화폐 보유에 있어서 규모의 경제가 작용하고 있음을 확인하고 있다. 다른 한편 이자율 탄력성은 보몰 · 토빈 모형이 예상하는 것(−0.5)보다는 아주 작은 것으로 나타났다.

4. St. Louis 모형과 MPS 모형

(1) 세인트 루이스 모형

미국의 세인트 루이스에 있는 연방준비은행에 근무하는 일단의 경제학자들은 화폐수량설에 입각한 경제모형을 개발하여 검정을 수행해 왔는데, 이 모형이 바로 세인트 루이스 모형(The St. Louis Model)이다. 최초의 세인트 루이스모형은 1968년 앤더슨(L. Anderson)과 조단(J. Jordan)에 의해 제시되었는데, 이들은 축약형 모형을 이용하여 통화금융정책의 상대적 효과를 평가하고자 하였다.

화폐수량설이 통화와 국민소득간에 직접적이고도 즉각적인 관계를 설정함으로써 이 모형의 규모는 비교적 작다. 그럼에도 불구하고 이 모형은 여덟 개의 방정식과 여덟 개의 변수로 이루어져 있으므로 그 내용을 여기에서 상세히 논의하기 어렵다. 그러나 이들 방정식 가운데 하나는 이것이 통화금융정책과 재정정책의 상대적인 효과의 강도를 검정하는 데 이용할 수 있고, 따라서 케인지언과 화폐수량설 간의 논쟁을 잘 나타내 주고 있으므로 특히 관심의 대상이 된다.

이미 지적한 바와 같이 세인트 루이스 모형은 통화금융정책과 재정정책의 국민소득에 대한 상대적 효과를 평가하고자 시도하는 모형이다. 이 모형에서 주방정식은 현재소득이 종속변수이고 통화공급의 시차값과 재정정책 변수의 시차값이 독립변수로 이루어진 회귀방정식이다. 시차가 3개 분기를 거슬러 올라감으로써 이 방정식에는 여덟 개의 독립변수가 있게 된다. 즉 현재시점의 변수들 두 개와 통화 및 재정정책 각각에 대한 3개의 분기, 3개의 시차변수들로 구성되어 있다. 앤더슨과 조단이 제시한 축약형 회귀방정식의 형태를 함수관계로 기술하면 다음과 같다.

$$\Delta Y_t = f(\Delta M_t, \cdots, \Delta M_{t-3}, \Delta F_t, \cdots, \Delta F_{t-3}) \qquad (9-38)$$

여기서, ΔY_t는 현재소득의 변화를, ΔM은 M_t통화공급의 변화를, 그리고 ΔF는 재정정책의 변화를 나타낸다. 상기 모형은 통화금융정책과 재정정책이 총수요에 미치는 효과를 통시에 고려하고 있는데, 특히 이들 정책들이 미치는 정책적 효과가 시차를 두고 발생한다는 점을 감안하여 설정된 것이다.

재정정책의 변수는 '완전고용 예산흑자' 인데, 이는 경제가 완전고용 수준에서 운영되어지는 경우 정부의 총세입에서 총지출을 감해준 것을 가리킨다. 1952년 Ⅰ분기에서 1968년 Ⅱ분기에 이르는 기간을 대상으로(단위는 10억불) 모형을 추정한 결과, 통화금융정책이 재정정책보다 더욱 강력하고 보다 더 예측가능하며,' 신속한 효과를 갖는다는 통화론자들의 입장을 지지한다는 사실을 발견하였다. 이 회귀방정식에 대한 추정된 계수는 [표 9-2]와 같다.

표 9-2 식(9-38)의 추정된 계수

기 간	추정계수	
	ΔM	ΔF
t	1.57*	−0.15
$t-1$	1.94*	−0.20
$t-2$	1.80*	0.10
$t-3$	1.38*	0.47*
$R^2=0.56$	α=0.56유의적(별표된 계수)	상수항은 1.99

상기의 결과들은 이들이 타당한 것으로 밝혀지기만 한다면 공공정책에 대하여 상당한 의미를 갖는 것이 된다. 이 결과가 지적하고 있는 사실은 국민소득의 결정에서 통화정책은 중대한 역할을 한다는 것과 재정정책은 거의 아무런 역할도 하지 못한다는 것이다. 통화량의 변화 ΔM에 대한 추정계수들은 정의 부호를 갖고 또한 크며 그리고 $t-3$의 경우를 제외하고는 통계적으로 유의적인 반면에, 예산흑자의 변화분 ΔF계수들이 부호는 부가 되어야 하는데, 왜냐하면 ΔF는 정부의 총세입에서 지출을 감한 것이고 또 소득의 흐름에서 유출되는 것이기 때문이다. 그런데 ΔF계수의 부호는 +, −가 혼합되어 있다. 이는 재정정책은 국민소득변화 결정에 별 영향력을 행사하지 못한다는 것을 나타내는 것이다.

(2) MPS모형

현대 케인지언들은 복잡한 경제를 이해하는 최선의 방법으로 복잡한 모형을 이용하고 있지만, 경제관계에 대하여 단일방정식을 이용하는 검정방법에 대해서는 달갑지 않게 생각하고 있다. 여러 케인지언들의 계량모형이 지속적으로 개발되어 왔는데, 이들은 통상 50개 이상의 방정식으로 이루어져 있다. 1960년대 중반 MIT와 Social Science Research Center의 경제학자들에 의해 처음으로 모형이 개발되었고, 그 후 펜실베니아 대학의 경제학자들이 추가적으로 가담하여 이루어지게 된 모형을 일반적으로 MPS모형이라고 한다.

MPS모형은 사실들을 나열한 것이 아니라 새로이 발견된 사실들을 포함시키고 또 새로운 사실들을 검정을 통해 모형에 포함시키는 방법으로 이루어진 것이다. 즉 통화금융정책이 경제활동에 영향을 미치는 전달체계에 관련된 종합적인 효과들을 고려하여 설정한 케인지언들의 구조모형인 것이다. 이 모형은 100개 이상의 방정식과 200개 정도의 변수들로 이루어져 있다. 이러한 방정식들과 변수들은 10개의 주요 지출부문, 가격부문 그리고 고용부문을 기술하는 데 사용되고 있다. 예를 들어 공장과 설비, 재고, 소비, 주택 그리고 주 및 지방정부 지출에 관한 분석을 하는 방정식들이 모형에 포함되어 있다. 이들 각각의 부문들은 별개의 것으로 분석되며, 그런 다음 이들 모두를 그들의 상호작용을 근거로 하여 종합한다.

MPS모형은 두 가지 방법으로 이용되는데, 첫째는 인플레이션과 불황 등과 같은 경제적 사건들을 예측하는 데 이용되고, 둘째는, 변화에 대한 의태분석을 하는 데 이용된다.

(3) 두 모형의 차이점

통화론자들과 현대 케인지언들 간의 가장 분명한 차이점은 재정정책과 통화금융정책에 대한 상대적인 중요성에 있다. 통화론자들은 경제안정화를 위해 통화금융정책이 필요하다고 믿고 있으며, 재정정책은 효과적인 것이 되지 못한다고 주장하고 있는 반면에 케인지언들은 재정정책이 경제안정화를 달성하기 위한 강력한 수단이며, 인플레이션과 불황을 피하기 위해 통화금융정책과 재정정책 모두가 필요하다고 주장한다. 즉 축약형 모형(세인트 루이스 모형)에 의해 도출된 결론이 구조모형(MPS 모형)에 의해 도출된 결론과 비록 통화금융정책 측면에서는 인식을 같이하고 있지만, 재정정책의 효과라는 차원에서는 여전히 의견일치를 보지 못하고 있는 상황이다.

이들 간의 두 번째 차이점은 통화금융정책이 수행되어지는 방법에 있다. 통화론자들은 통화량이 모든 종류의 지출결정에 직접적으로 파급된다고 주장한다. 만약에 이것이 사실이라면 중앙은행이 통제해야만 하는 적절한 변수는 통화량이다. 이와는 대조적으로 케인지언들은 통화금융정책을 어느 정도 자금배분을 통해서 그러나 주로 이자율(자본재원가 효과와 부의 효과)을 통해 경제에 간접적으로 영향을 주는 것으로 보고 있다. 따라서 케인지언의 견해로는 중앙은행이 통제해야 할 적절한 변수는 이자율인 것이다. 문제는 중앙은행이 통화량과 이자율 모두를 통제할 수는 없고, 어느 하나만을 통제할 수밖에 없다는 데 있다.

세 번째 차이점은 가장 근본적인 것으로, 통화론자들은 경제에서 주요 교란들이 통화부문에서 발생하는 것으로 보는 반면에 케인지언들은 실물부문에서 야기되는 것으로 보는 데 있다. 바꾸어 말하면, 통화론자들은 인플레이션과 불황의 원인들이 대부분 통화량의 변화에서 발견할 수 있다고 하는 반면에, 케인지언들은 대부분 자발적 변화에서, 특히 민간기업의 투자에서 발견된다고 주장한다. 또한 통화금융정책의 수행에 있어 이들 두 견해들이 의미하는 것은 심각한 것이다. 만약에 통화론자들이 옳다면 중앙은행이 취할 최선의 행동은 원만하면서도 안정적으로 통화공급을 증대시키는 것이다. 그러므로 많은 통화론자들, 특히 프리드만은 통화금융정책이 일정한 규칙, 예를 들면 통화량을 매년 4%씩 증가시키는 등의 일정한 규칙에 따라 수행해야 된다고 주장하고 있다. 그러한 규칙에 따른다면 경제에서 대부분의 불안정성은 제거될 것으로 이들은 주장한다.

케인지언의 견해는 이들과는 매우 대조적이다. 케인지언들은 통화량이 불안정적이어서가 아니라 민간기업의 투자지출(실물부문)이 불안정하기 때문에 경제가 불안정적이라고 주장한다. 만약에 이것이 사실이라면, 적절한 통화금융정책의 수행은 투자에 영향을 주는 것이어야만 한다. 그러나 이는 통화금융정책이 재량적 형태로 수행되어져야 한다는 것을 의미하는데, 재량적 형태는 어떤 고정된 규칙에 따라서가 아니라 그 때의 상황에 따라서 적절한 정책이 결정되어야 하는 것이다. 분명한 것은 중앙은행이 이들 두 정책들을 동시에 수행할 수 없는 것이다. 즉 중앙은행은 규칙에 따라 또는 상황에 따라, 동시에 두 방안에 따라 행동할 수는 없는 것이다.

10

chapter >>>>

화폐와 거시경제모형 I

제 1 절 재화시장과 화폐시장(*IS–LM*) 분석

제 2 절 *IS–LM*곡선 모형의 수리적 분석

제 3 절 *IS–LM* 모형에서의 정책효과

제 4 절 *IS–LM* 모형에서의 통화금융 및 재정정책 승수

CHAPTER 10

화폐와 거시경제모형 I

제 1 절 재화시장과 화폐시장(*IS-LM*) 분석

IS-LM 모형은 총수요 측면을 중시하면서 재화시장과 화폐시장의 상호작용을 종합적으로 분석함으로써 케인즈의 단순모형을 확대하고 보완한다는 점에서 케인즈의 완결이론이라고 한다. 이 이론은 노벨 경제학상 수상자인 영국의 경제학자 힉스(Hicks)와 미국의 경제학자인 한센(Hansen)이 1937년에 발표한 것이다. 여기서 *IS*는 투자수요=저축의 재화시장 균형조건을, *LM*은 화폐수요량=화폐공급량의 화폐시장 균형조건을 상징한다.

IS-LM 모형의 기본 가정은 물가수준이 외생적으로 주어져 고정되어 있다는 것이다. 따라서 재화시장의 모든 변수는 실질변수이고 화폐시장의 통화만이 명목변수이다. 케인즈의 단순모형과 *IS-LM* 모형의 기본적인 차이는 투자함수에 있다. 단순모형에서 투자수요는 국민소득과 이자율에 전혀 영향을 받지 않는 독립투자였다. 그러나 *IS-LM* 모형에서는 독립투자 이외에 국민소득과 이자율에 영향을 받는 유발투자를 투자수요에 포함한다. 유발투자를 고려할 때 투자수요는 이자율의 감소함수이므로 화폐시장의 변화는 이자율을 변동시키고 이 이자율 변동이 투자수요의 변동을 초래하여 재화시장에 영향을 미치게 된다. *IS-LM* 모형은 재화시장과 화폐시장의 이러한 상호 연관작용을 명시적으로 분석하는 모형이다.

1. 화폐시장의 균형: *LM* 곡선의 도출

앞에서 화폐수요는 거래적 수요 때문에 소득수준에 정의 관계로 의존한다고 가정하였다. 또한 화폐수요는 이자율과 역의 관계에 있는데, 어떤 소득수준하에서 이자율의 상승에 따라 보유되는 거래잔고액이 감소할 것이라는 사실과 투기적 화폐수요 때문에 기인한 것이다. 이러한 관계를 다음과 같이 표시하자.

$$M^d = L(Y,\ r) \qquad (10-1)$$

또는 선형방정식의 형태로 표시하면

$$M^d = c_0 + c_1 Y - c_2 r \quad (c_1 > 0,\ c_2 > 0) \qquad (10-2)$$

과 같다. 여기서 c_0: 기초 화폐수요량, c_1: 화폐수요의 소득 반응계수, c_2: 화폐수요의 이자율 반응계수이다.

이제 고정된 통화량(M_0^S)과 화폐수요가 균형이 잡히도록 하는 균형이자율 r과 균형소득 Y의 모든 조합을 찾기로 하자. 이러한 점들의 집합을 *LM* 곡선이라고 하는데, 그것은 우리가 기호 L로서 표시하는 화폐수요가 이 곡선을 따라 통화량(M)과 일치되기 때문이다. 간단히 화폐수요가 식 (10－2)에서와 같이 선형으로 주어진 경우를 상정하자. 이 경우 화폐시장의 균형을 만족시키는 *LM* 곡선의 방정식은

$$M_0^S = M^d = c_0 + c_1 Y - c_2 r \qquad (10-3)$$

과 같이 쓸 수 있는데, 화폐시장 균형의 본질에 관하여 간단히 예를 들어 보기로 하자. [그림 10-1]에서 점차로 증가하는 3개의 소득수준 Y_0, Y_1 그리고 Y_2에 대응하는 3개의 화폐 수요곡선이 도출되어 있다. 소득이 Y_0에서 Y_1으로 증가함에 따라 이자율에 대응시켜 그려진 화폐수요곡선은 오른쪽으로 이동한다.

이러한 화폐 수요곡선이 고정된 통화량을 나타내는 수직선과 교차하는 점에서 화폐시장의 균형이 이루어진다. 균형소득과 균형이자율의 조합인 $(Y_0,\ r_0)$, $(Y_1,\ r_1)$ 그리고 $(Y_2,\ r_2)$는 *LM* 곡선 또는 화폐시장 균형곡선의 점들이다. 이러한 점들은 [그림 10-2]에 나타나 있다.

그림 10-1 화폐시장의 균형

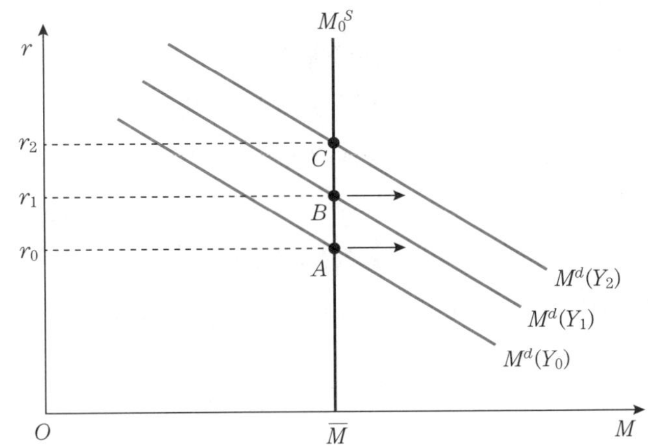

그림 10-2 *LM* 곡선의 도출

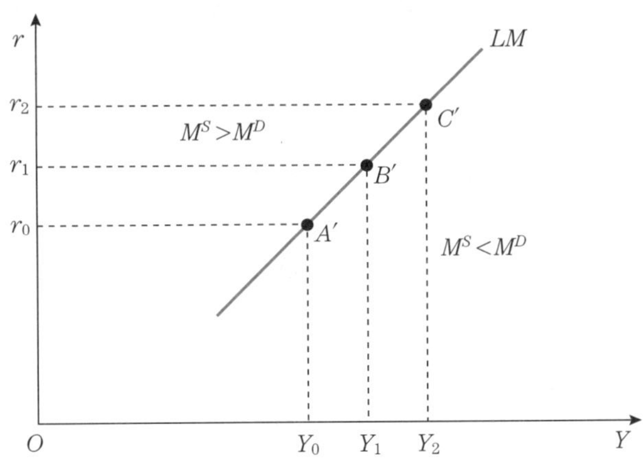

LM 곡선이 우상향의 형태를 취한다는 사실에 유의하라. 소득수준이 높을수록 보다 높은 이자율에서 화폐시장의 균형이 이루어진다. *LM* 곡선이 정(+)의 관계를 가지므로 주어진 이자율 수준에서 증가하면 화폐수요가 증대하게 된다. 따라서 화폐수요가 고정된 화폐공급과 같아지는 수준으로

회복되기 위해서는 이자율이 보다 높아져야 한다. 이자율이 높아짐에 따라 투기적 화폐수요뿐만 아니라 모든 소득수준하에서의 거래적 화폐수요도 감소하게 된다. 이자율은 이러한 화폐수요의 감소분이 최초의 소득이 야기한 거래적 화폐수요의 증가분과 일치할 때까지 상승한다.

두 가지 문제를 더 고찰한 다음 LM 곡선에 대한 논의를 마치기로 하자. 첫째, LM 곡선의 기울기를 결정하는 것이 무엇인가를 알아야 한다. LM 곡선이 우상향하는 것은 알지만 그 기울기는 뒤에서 다루게 될 정책효과에 대한 논의에서 다루게 될 것이다. 둘째, 그래프상의 LM 곡선의 위치에 관한 문제로서 LM 곡선을 이동시키는 요인은 무엇인가 하는 점이다.

(1) LM 곡선의 기울기를 결정하는 요인

어떠한 요인이 LM 곡선의 기울기를 결정하는가를 고찰하기 위해 먼저 소득이 [그림 10-1]과 [그림 10-2]의 Y_0에서 Y_1으로 ΔY만큼 증가하면 화폐시장의 균형에 어떠한 영향을 미칠 것인가를 알아보자. 이러한 변화의 결과로서 소득이 유발한 화폐수요의 증가분은 $c_1 \Delta Y$와 같게 된다. 단, 여기서 c_1은 식 (10-2)에서 본 바와 같이 단위당 소득의 증가에 따르는 화폐수요의 증가분을 나타내주는 매개변수이다. 한편 이자율은 이와 같이 소득에 의해 유발되는 화폐수요의 증가를 상쇄할 정도로 상승하게 된다. c_1의 값이 크면 클수록 소득의 단위당 증가에 대해 화폐수요는 더욱 크게 증가한다. 따라서 총화폐수요를 고정된 통화량 수준으로 환원시키기 위해서는 이자율의 상향조정이 더 큰 폭으로 이루어져야 한다. c_1값이 클수록 LM 곡선은 더욱 급경사를 이루게 된다. 이에 관한 논쟁은 주로 LM 곡선의 기울기를 결정하는 두 번째 요인을 중심으로 일어나고 있다.

소득변화에 의해 일정분량(c_1)만큼 유발되는 화폐수요의 증가에 따라 총화폐수요를 고정된 통화량으로 회복시키기 위한 이자율의 상승폭은 화폐수요가 이자율의 변화에 얼마나 탄력적인가(민감한가)에 달려 있다. 식 (10-2)에서 화폐수요의 이자율의 탄력성은 주어진 이자율의 변화에 대한 화폐수요의 변화량($-c_2 = \Delta M^d / \Delta r$)을 결정하는 c_2의 값에 좌우된다. 화폐수요의 이자율 탄력성과 LM 곡선의 기울기와의 관계는 [그림 10-3]에 설명되고 있다.

[그림 10-3](a)는 화폐수요의 이자율 탄력성이 낮은 경우이다. 이 때는 이자율이 큰 폭으로 변해도 화폐수요는 그다지 변하지 않을 것이라는 사실

그림 10-3 화폐수요의 이자율 탄력성과 LM 곡선의 기울기

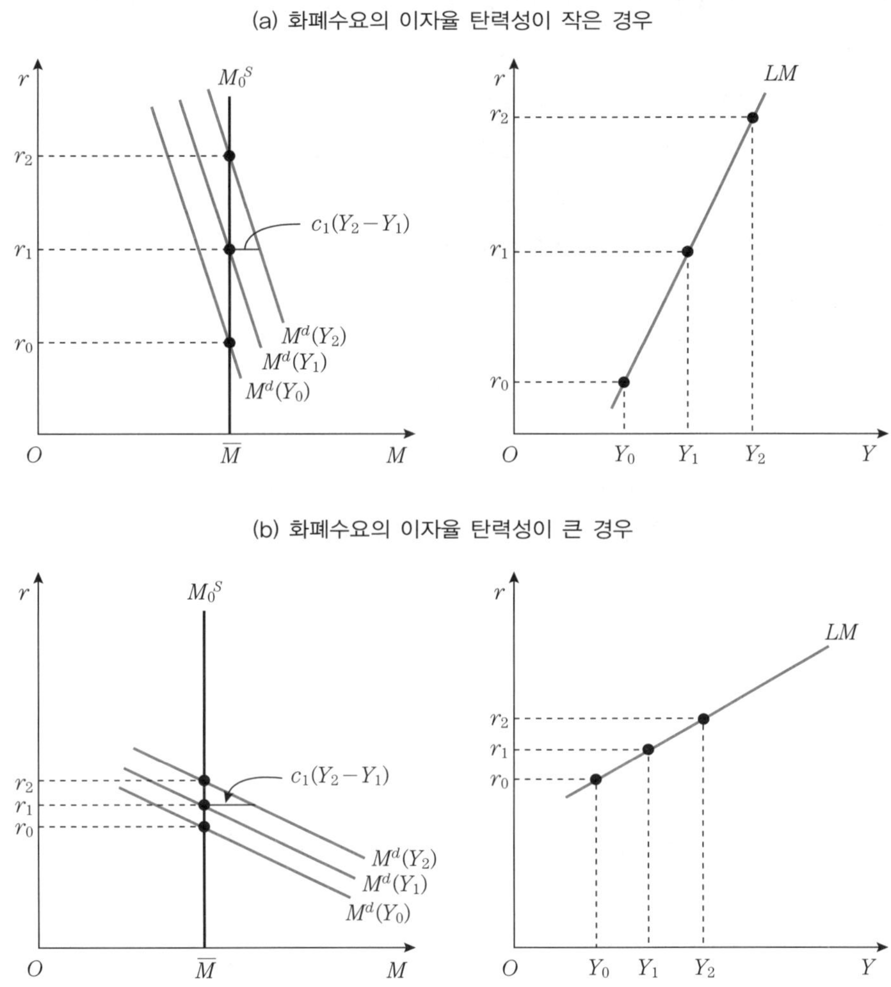

을 반영하여 화폐 수요곡선은 가파른 형태를 취하게 된다. LM 곡선의 기울기가 화폐수요의 이자율 탄력성과 어떤 연관을 갖는가를 보기 위해서는 점차적으로 높은 소득수준에 대하여 화폐시장의 균형이 어떻게 변화하는가를 분석하면 된다. 소득이 Y_0에서 Y_1으로, 다시 Y_2로 증가하면 그림 (a)에서의 화폐 수요곡선은 우측으로 이동하여 $M^d(Y_0)$는 $M^d(Y_1)$으로, 다시 $M^d(Y_2)$로 이동하게 된다. 이러한 소득의 증가는 거래적 화폐수요를 각각 $c_1(Y_1-Y_0)$, $c_1(Y_2-Y_1)$만큼 증가시킨다. 이 경우 이자율이 소폭으로 증가하여서는 화폐수요가 큰 폭으로 감소하지 않을 것이기 때문에(c_2의 절대값이 작기 때문에), 화폐수요를 고정된 M_0^S수준으로 감소시키기 위해서는 이자율이 큰 폭으로 상승하여야 한다. 이러한 사실은 그림 (a)의 가파른 형태의 LM 곡선에 반영되어 있다.

화폐수요의 이자율 탄력성이 매우 큰 경우는 그림 (b)에 나타나 있는데 이 화폐 수요곡선의 형태는 매우 완만하다. 예를 들어 이자율이 소폭으로 하락하더라도 화폐수요의 증가는 상당히 크게 된다. 앞에서와 마찬가지로, 소득이 Y_0에서 Y_1으로 다시 Y_2로 증가함에 따라 화폐 수요곡선은 오른쪽으로 이동한다. 그림 (b)는 소득 증가의 크기와 식 (10-2)의 c_1의 값은 그림 (a)의 경우와 동일하다는 전제하에서 그려졌다. 따라서 그림 (a)와 (b)에 있어서 소득에 의해 유발된 화폐수요의 증가분은 균등하다. 그림 (b)에 있어서는 이자율이 소폭으로만 증가해도 화폐시장의 균형이 회복될 수 있다는 사실에 주목해야 한다. 따라서 그림 (b)에서의 LM 곡선은 비교적 완만하다. 만약 화폐수요가 이자율의 변화에 대해서 매우 민감하다면(c_2값이 크다면), 이자율이 소폭으로 상승하여도 소득이 Y_0에서 각각 Y_1, Y_2로 증가함으로써 유발되는 거래잔고의 증가를 상쇄시킬 수 있다.

화폐수요의 이자율 탄력성이 0이 되거나 혹은 매우 크게 될 때 LM 곡선의 기울기는 두 가지의 특수한 형태를 띠게 된다. 첫째로 화폐수요의 이자율 탄력성이 0인 경우를 고찰해 보자[식 (10-2)의 c_2가 0일 때]. 초기 균형에서 소득이 증가되었을 경우 화폐시장을 다시 균형시키기 위해 필요한 이자율의 상승폭을 고려해 보자. 소득이 높아지면 거래적 화폐수요가 증가한다. 화폐수요가 이자율의 변화에 전혀 민감하지 않을 때에는 이자율의 상승에 의해 화폐수요를 고정된 화폐공급 수준으로 환원시킬 수 없게 된다. 이러한 특별한 경우에는 이자율이 상승해도 투기적 화폐수요나 거래잔고를 감소시키지 못한다고 가정된다. 이 점을 명백히 하기 위해 c_2가 0일 때 식 (10-2)는 다음과 같이 된다. 즉, $M^d = c_0 + c_1Y$이고, 식 (10-3)의 LM 곡선이 방정식은 $M_0^S = c_0 + c_1Y$가 되므로, 결과적으로 M이 M_0^S에서 고정될 때 균형에서는 다음이 성립된다.

$$Y = \frac{M_0^S - c_0}{c_1} \qquad (10-4)$$

이 하나의 소득수준만이 화폐시장의 균형 소득수준이 될 수 있다. 이

그림 10-4 *LM* 곡선: 고전학파의 경우

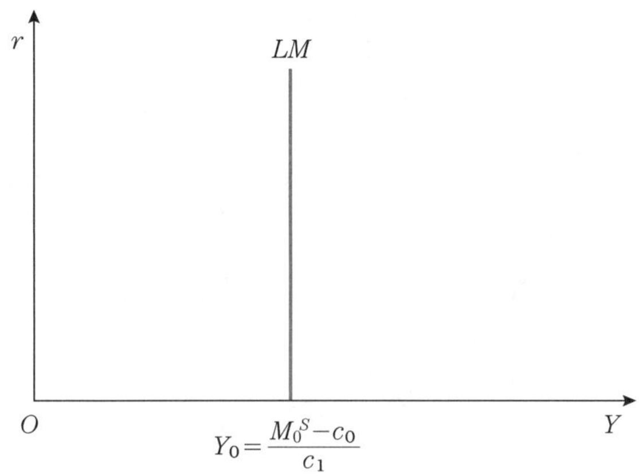

경우의 *LM* 곡선은 [그림 10-4]에 나타나 있으며 이것은 고전학파의 경우라고 부른다. 이것을 고전학파의 경우라고 하는 것은 c_2가 0일 때 케인지언의 화폐 수요함수가 고전학파의 화폐 수요함수와 실질적으로 다르지 않기 때문이다. 이 경우에 고전학파 이론에서처럼 화폐수요가 단지 소득수준에만 의존한다. 케인지언의 화폐 수요이론의 괄목할 만한 특징은 화폐수요와 이자율 간의 부의 관계이다.

또 하나의 극단적인 경우는 화폐수요의 이자율 탄력성이 거의 무한대에 가깝게 커지는 경우이다. 이러한 현상은 왜 일어나는가? 케인즈의 투기적 화폐 수요이론에 대한 논의에서 이자율이 정상수준에 비해 매우 낮아지게 되면 거의 대부분의 사람들이 미래의 이자율이 상승할 것으로 예상하게 될 것임을 살펴보았다. 이러한 상황하에서 예상되는 미래의 자본손실이 채권의 이자수익을 초과하게 되면 사람들은 이자율이 극히 작은 폭으로 하락하는 경우에도 화폐잔고의 증가를 그대로 흡수하려 할 것이다. 화폐 수요곡선상의 이와 같은 영역에서는 화폐수요의 이자율 탄력성이 극도로 높아지게 된다. 케인즈가 유동성 함정이라고 했던 이 경우가 [그림 10-5]에 나타나 있다. 우리는 유동성 함정의 경우에 화폐수요함수의 기울기가 어떻게 변화하는가를 고찰하고 있다. 낮은 이자율에서 이 함수는 지극히 평평하게 된다.

그림 10-5 케인지언의 유동성 함정

(a) 화폐시장

(b) *LM*곡선

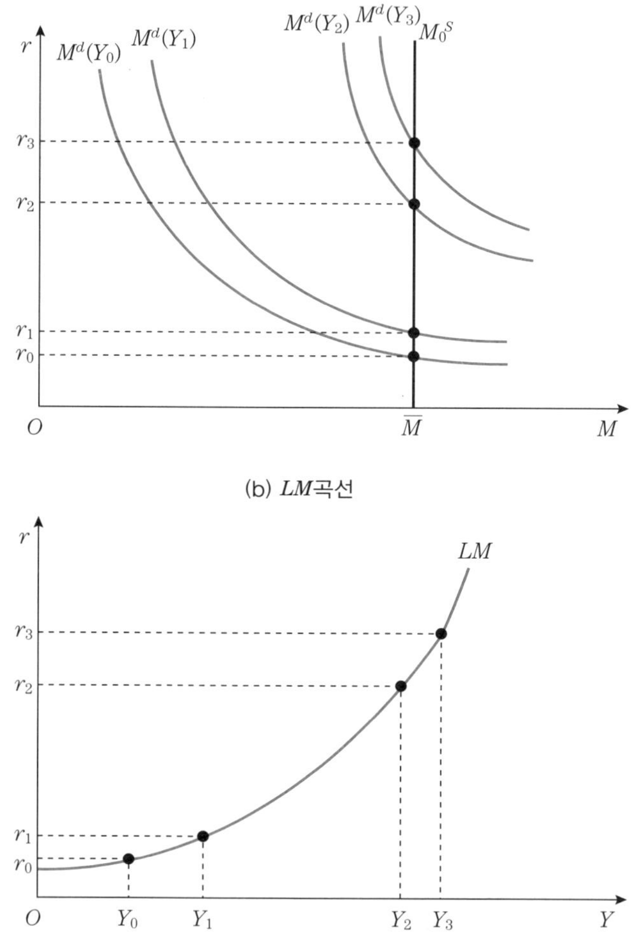

그림 (a)에 나타난 소득수준 Y_0, Y_1에 대응하는 화폐 수요곡선 $M^d(Y_0)$와 $M^d(Y_1)$을 고려하자. 이들은 Y_2, Y_3의 소득수준에 비해 낮으므로 그림 (a)에서 $M^d(Y_0)$와 $M^d(Y_1)$은 $M^d(Y_2)$와 $M^d(Y_3)$보다 좌측에 있다. 통화량이 M_0^S일 때, 이와 같이 낮은 소득수준하에서는 균형이자율이 매우 낮아서 화폐수요곡선의 매우 평범한 부분에 있게 된다. 이 영역 안에서는 소득이, 예를 들어 Y_0에서 Y_1으로 증가할 경우 이자율이 약간만 상승해도 화폐시장의 균형은 회복될 수 있다. 이것은 화폐수요가 이자율의 변화에 매우 민감하기 때문이다. 이 영역에서 [그림 10-5]의 *LM* 곡선은 거의 수평에 가깝다. 그러나 Y_2와 Y_3 사이와 같이 소득수준이 매우 높은 경우에는 화폐시장의 균형을 회복시키기 위해서는 이자율이 매우 높게 상승되어야 한다. 여기서 균형이자율은 유동성 함정이 나타나지 않는 곳에서 이루어지고 있다. 그리고 화폐수요곡선의 이 부분에서는 화폐수요의 이자율 탄력성이 매우 낮다.

(2) *LM* 곡선을 이동시키는 요인

LM 곡선을 이동시키는 두 가지 요인은 외생적으로 결정되는 통화량의 변화와 화폐 수요함수의 이동이다. 이러한 두 요인은 *LM* 곡선의 위치를 결정하기 위해서 일정수준으로 고정시켜 놓았던 것이다. 통화량은 정책변수로 가정되었으므로 통화량이 증가한다는 것은 결국 외생적으로 이 정책변수를 새로운 수준으로 고정시키는 정책을 취한다는 것을 의미한다.

우리는 이미 이자율에 대응시켜 도출한 화폐 수요곡선이 어떻게 이동할 것인가를 고찰한 바 있다. 여기서 이 화폐 수요곡선의 이동은 화폐 수요함수자체의 변동을 의미하는 것은 아니다. 화폐 수요함수의 변동은 주어진 이자율과 소득수준에 대한 화폐수요의 변화를 의미한다. 케인즈는 이것을 유동성 선호의 변동이라고 하였다. 예를 들어, 매우 불안정한 경제여건으로 인해 기업이 파산할 가능성이 증가하고 따라서 채무불이행의 위험이 증가한다면, 화폐수요가 증대할 것이다. 이것은 주어진 이자율과 소득수준에서 개인의 자산구성은 채권의 보유로부터 화폐보유량을 증가시키는 방향으로 변화한다는 것을 의미한다.

먼저 통화량의 외생적인 변화가 *LM* 곡선에 미치는 영향을 고찰해 보자. [그림 10-6]은 통화량이 M_0^S에서 M_1^S로 증가하였을 때의 효과를 설명하고 있다. 처음 통화량이 M_0^S일 때 *LM* 곡선은 그림 (b)의 LM_0로 주어져 있다. 초기의 *LM* 곡선에 의하면, 예를 들어 Y_0의 소득수준에서는 그래프의 A점에서 보는 바와 같이 이자율이 r_0일 때 화폐시장이 균형을 이룬다. 소득수준 Y_0에 대한 화폐시장의 균형은 또한 [그림 10-6]에서 M_0^S와 $M^d(Y_0)$ 곡선의 교차점으로 나타나 있다.

그림 (a)에서 M_0^S에서 M_1^S로의 통화량의 증가는 주어진 소득수준 Y_0에 대해 균형 이자율 수준을 r_1으로 감소시킴을 알 수 있다. 소득이 고정되어 있을 때 새로 증가된 통화량과 화폐수요가 일치되기 위해서는 이자율이 보다 하락하여 주어진 소득수준하에서의 투기적 화폐수요와 거래적 화폐수요

그림 10-6 통화량이 증가할 경우 LM 곡선의 이동

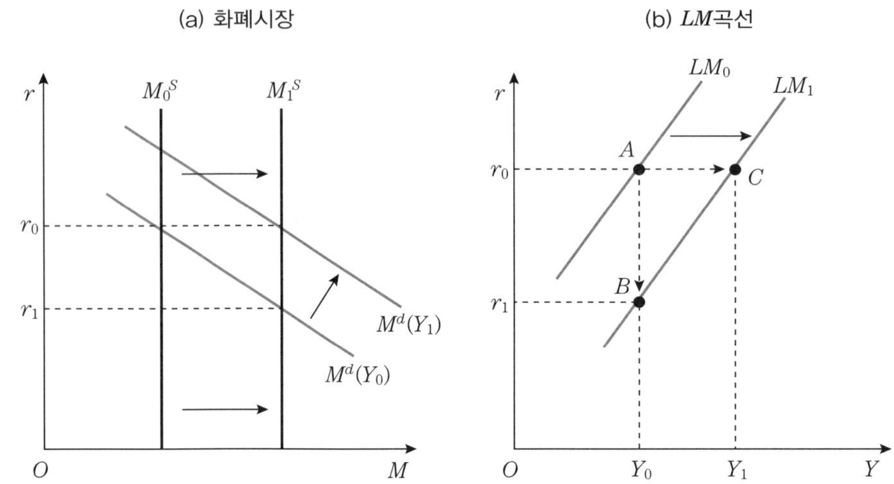

가 증가되어야 한다. 그림 (b)의 LM 곡선에서 보면 소득수준 Y_0에 대한 새로운 LM 곡선상의 균형이자율은 r_1이 된다. 이러한 소득과 이자율의 조합 $(Y_0,\ r_1)$은 새로운 LM 곡선인 LM_1 곡선상의 점이며 그래프에서는 B점으로 표시되고 있다. 일반적으로 주어진 소득수준하에서 통화량이 증가하면 화폐시장을 균형시키는 이자율은 낮아지게 된다. 그러므로 새로운 LM 곡선, 즉 LM_1은 그림 (b)에서와 같이 원래의 곡선 LM_0보다 아래에 있게 된다.

이제 이자율 r_0에 상응하는 균형 소득수준을 보여주는 새로운 LM 곡선상의 점을 고찰해 보자. M_0^S하에서 이자율 r_0에 상응하는 균형소득은 Y_0 수준이었다. 통화량이 M_0^S로 증가한 후에도 화폐시장이 r_0의 수준에서 균형을 이루기 위해서는 소득이 Y_1 수준으로 증가하여 화폐 수요곡선을 그림 (a)의 점선으로 나타난 곡선으로 이동시켜야 한다. 화폐공급은 증가하고 이자율이 일정할 때 화폐시장이 균형을 이루기 위해서는 소득수준이 보다 높아져야 한다. r_0에 상응하는 새로운 LM 곡선, 즉 LM_1상의 점들은 점 A보다 오른쪽에 위치하여야 한다. 이것은 그림 (b)에서 C점으로 나타나고 있다. 따라서 보다 많은 화폐공급 M_1^S하에서의 새로운 LM 곡선인 LM_1은 그림 (b)에서 보는 바와 같이 원래의 LM곡선보다 오른쪽에 있게 된다. 앞에서의 분석을 역으로 함으로써 입증할 수 있듯이 통화량의 감소는 분명히

그림 10-7 화폐 수요함수의 이동으로 인한 LM 곡선의 이동

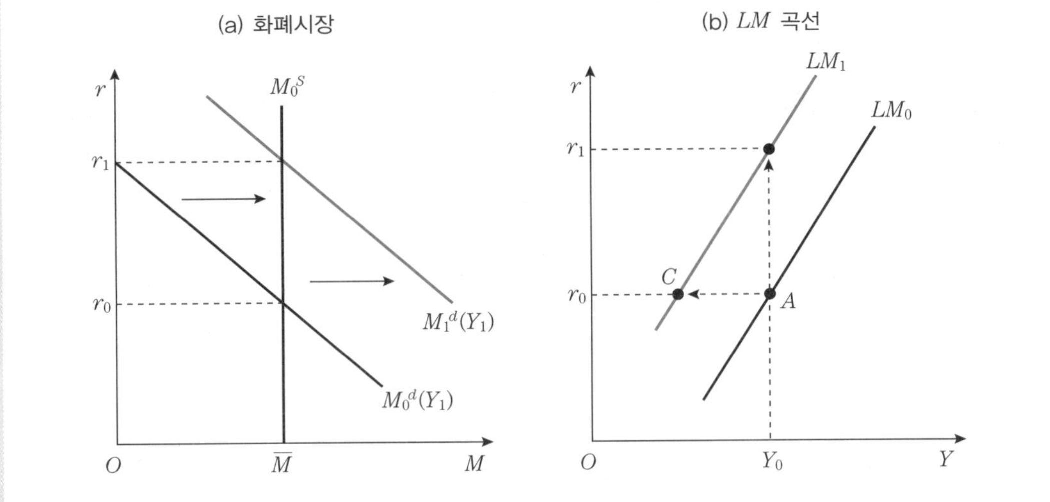

LM 곡선을 좌상방으로 이동시킨다.

다음에는 화폐 수요함수의 이동이 LM 곡선의 위치에 미치는 영향을 고찰해 보자. 이자율과 소득수준이 일정함에도 불구하고 화폐수요가 증가한다고 가정하자. 앞에서 논의하였듯이 이러한 이동의 원인으로는 채권에 대한 신용이 하락하였을 경우를 생각할 수 있다. 화폐수요의 증가가 미치는 효과는 [그림 10-7]에서 설명되고 있다.

그림 (a)는 소득수준 Y_0에서 화폐시장의 초기균형을 나타내고 있다. 초기에 화폐수요는 $M_0^d(Y_0)$로 주어져 있다. 그림 (b)에는 초기 LM 곡선인 LM_0 곡선상의 점 A에 나타나 있는 바와 같이 균형이자율은 r_0이다. 이제 주어진 소득수준하에서 화폐수요가 증가하여 화폐 수요함수가 M_1^d로 이동한다고 가정하자. 여기 $M_1^d(Y_0)$로 이동하는 것은 함수라는 점에 주의해야 한다. 소득수준 Y_0 가 변하지 않을 때 화폐시장이 균형을 이루기 위해서는 이자율이 r_1수준으로 되어야 한다. 따라서 그림 (b)의 새로운 LM 곡선인 LM_1상의 점은 주어진 소득수준 Y_0 하에서 이전의 LM 곡선보다 위에 있게 된다. 이 점은 그림 (b)에서 B점으로 나타나고 있다.

마찬가지로 화폐 수요곡선이 이동한 후에도 화폐시장의 균형이자율이 여전히 r_0로 유지되기 위해서는 그림 (a)에서 곡선을 원래의 $M_0^d(Y_0)$의 수

준까지 후퇴시킬 수 있도록 소득수준이 Y_0 이하로 하락하는 것이 필요하다. 따라서 r_0 수준하에서 LM_1 상의 점은 LM_0의 좌측에 있다. 이 점은 그림 (b)에서 C점으로 나타나고 있다.

주어진 이자율과 소득수준하에서 화폐수요량을 증가시키는 화폐 수요함수의 이동은 LM 곡선을 좌상방향으로 이동시키나. 주어진 이자율과 소득수준하에서 화폐수요량을 감소시키는 화폐수요의 역방향으로의 이동은 역시 똑같은 이유에서 LM 곡선을 우하방으로 이동시킴을 알 수 있다.

(3) LM 곡선의 개요

이제 LM 곡선의 개요에 관해 정리하면 다음과 같다.

① LM 곡선은 화폐시장이 균형을 이루는 모든 소득과 이자율의 조합을 제시해 주는 곡선이다.
② LM 곡선은 우상향의 기울기를 갖는다.
③ LM 곡선은 만일 화폐수요의 이자율 탄력성이 상당히 높으면(낮으면) 비교적 완만하다(가파르다).
④ LM 곡선은 화폐량이 증가(감소)하면 우방향(좌하방)으로 이동한다.
⑤ LM 곡선은 화폐 수요함수의 변동으로 인해 주어진 소득수준과 이자율 수준하에서 화폐수요량이 증가(감소)하면, 좌상방(우하방)으로 이동한다.

2. 재화시장의 균형: IS 곡선의 도출

재화시장의 균형조건은

$$Y=C+I+G,\quad Y=C+S+T \tag{10-5}$$

가 되는데, 이 균형조건을 달리 표현하면 다음과 같다.

$$I+G=S+T \tag{10-6}$$

IS 곡선이라고 불리우는 재회사장의 균형을 나타내 주는 곡선은 식 (10-5)를 사용해도 동일한 결과를 얻을 수 있지만 대개는 식 (10-6)과 같은 형태의 균형조건식으로부터 도출한다.

우리는 화폐시장에서와 마찬가지로 재화시장의 균형을 이루는 이자율과 소득수준의 조합을 밝힘으로써 논의를 진행해 나가기로 한다. 그리고 나서 이러한 재화시장의 균형을 나타내 주는 곡선의 기울기와 그 위치를 결정하는 요인들을 검토한다. 먼저 정부부문을 제외한(예를 들면, G와 T가 0인) 단순화된 경우를 고찰해 보자. 단순화시킨 경우 식 (10-6)은

$$I(r)=S(Y) \tag{10-7}$$

와 같이 쓸 수 있다. 여기서 투자는 이자율의 감소함수이고 저축은 소득의

그림 10-8 *IS* 곡선의 도출

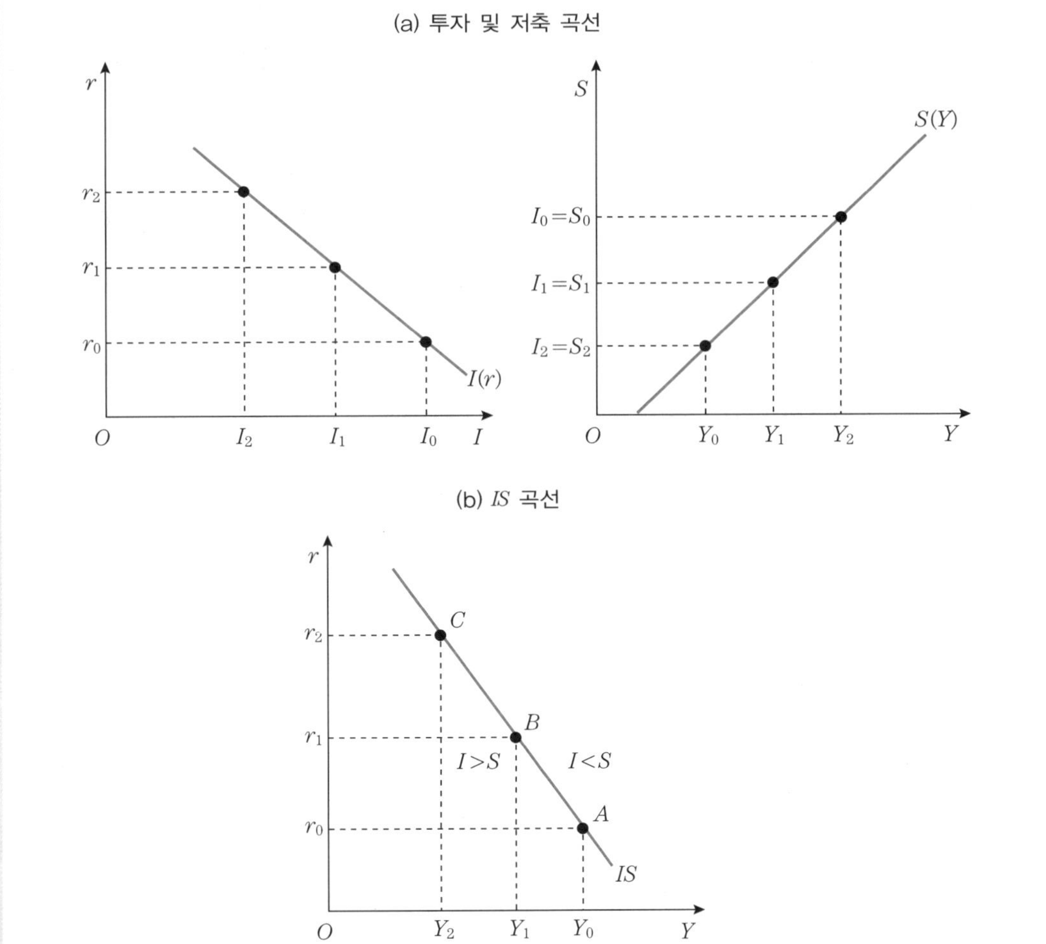

증가함수로 본다. IS 곡선을 도출하기 위해서는 투자와 저축을 일치시키는 이자율과 소득수준의 조합을 구하여야 한다.

[그림 10-8]은 이러한 단순한 경우에 있어서의 IS 곡선의 도출과정을 보여주고 있다. 그림 (a)에서 투자는 이자율의 감소함수로 나타나 있다. 즉 이자율이 하락하면 투자지출이 증가함을 의미한다. 그리고 저축은 소득의 증가함수로 나타나 있으며 그 기울기는 한계 저축성향이 된다.

이자율이 r_0인 경우를 고찰해 보자. 이 이자율 수준하에서 투자지출은 투자곡선에 나타난 바와 같이 I_0가 될 것이다. I_0와 일치하는 저축량은 저축함수에서 S_0로 나타나고 있다. S_0 수준의 저축은 소득이 Y_0일 때 이루어진다. 따라서 이자율이 r_0일 때 생산물시장이 균형을 이루기 위한 소득은 Y_0가 된다. 다시 말하면 이자율 r_0은 투자수요 I_0와 상응하는데, 이와 일치하는 S_0의 저축량을 갖기 위해서는 소득이 반드시 Y_0가 되어야 한다. 이러한 이자율과 소득의 조합(r_0, Y_0)은 그림 (b)의 IS 곡선상의 한 점 A로 나타난다.

이제 이자율이 더 높은 r_1일 때를 고찰해 보자. 이자율이 r_1이면 투자는 이자율이 r_0일 때보다 감소하여 I_1이 된다. 균형을 이루기 위해서는, 저축은 S_0보다 낮은 S_1이 되어야 한다. 이러한 저축수준은 Y_1에서 창출된다. 따라서 IS 곡선상의 두 번째 점은 그림 (b)의 C점과 같은 IS 곡선상의 또 하나의 점을 찾을 수 있다. 이러한 방식으로 재화시장을 균형시키는 소득과 이자율의 모든 조합을 찾아낼 수 있다.

(1) IS 곡선의 기울기를 결정하는 요인

IS 곡선이 부의 기울기를 갖는다는 것을 알고 있지만 LM 곡선의 경우와 마찬가지로 IS 곡선의 기울기도 안정화를 통한 통화금융 및 재정정책의 상대적 효율성을 결정하는 중요한 요소가 되기 때문에 이 문제는 매우 중요하다.

우리는 IS 곡선을 도출할 대 이자율의 변화에 따른 투자의 변화를 살펴보았으며 저축이 새로운 투자수단에 일치하도록 하기 위해서는 소득이 어느 정도 변화하여야 하는가를 살펴보았다. IS 곡선의 기울기를 고찰하는 것은 결국 이자율이 점차 하락해 나갈 때 재화시장이 균형을 이루기 위해서는 소득수준이 매우 높게 증대되어야 하는가(IS 곡선이 비교적 완만한 경우) 아니면 소득 수준이 낮게 증대되어야 하는가(IS 곡선이 가파른 경우) 하

그림 10-9 투자의 이자율 탄력성과 IS 곡선의 기울기

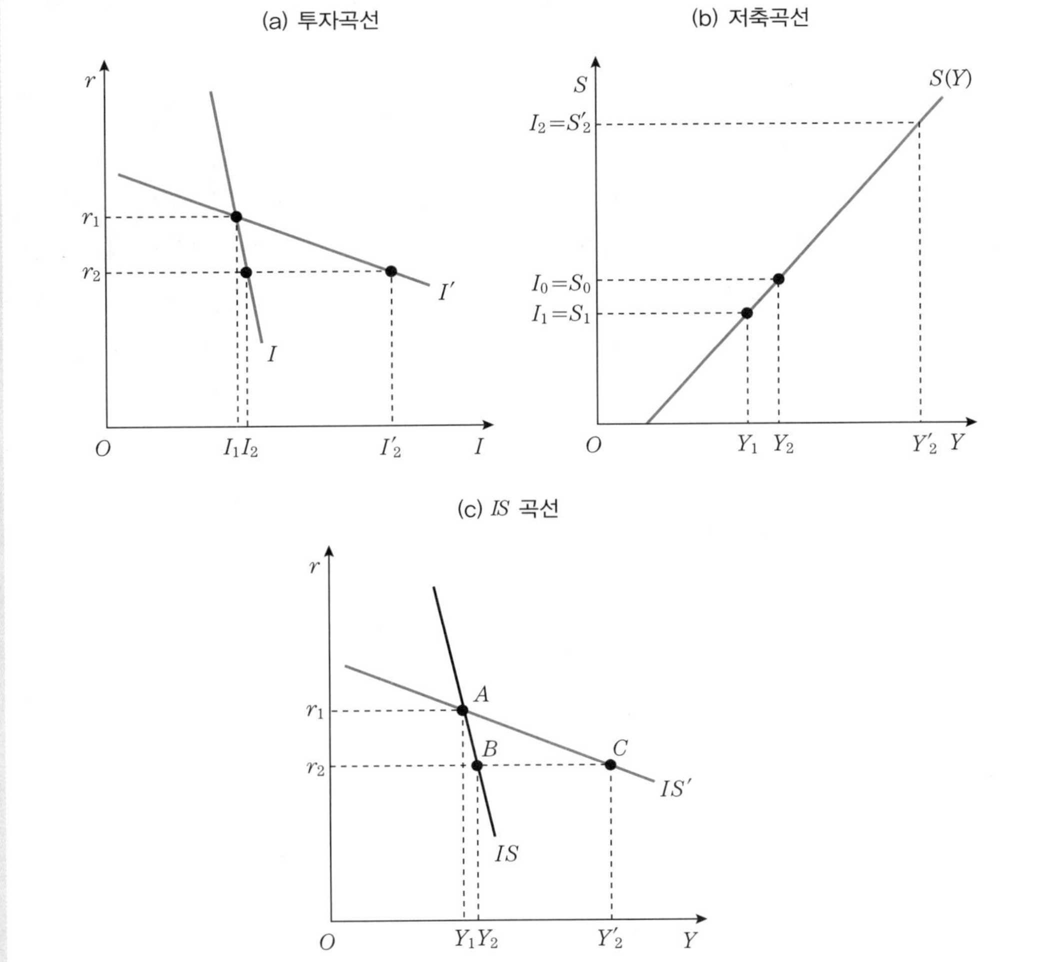

는 문제를 검토하는 것과 동일하다. 그런데 이것은 투자와 저축함수의 기울기에 의존한다.

[그림 10-9]는 IS 곡선의 기울기가 투자함수의 기울기에 어떻게 관련되어 있는가를 설명해 주고 있다. 그림 (a)에는 두 가지 투자곡선이 제시되고 있다. 여기서 곡선 I는 기울기가 매우 가파른데, 이것은 투자가 이자율의 변화에 대해 별로 민감하지 못하다는 것, 즉 투자수요의 이자율 탄력성이 매우 낮다는 것을 의미한다. I' 곡선은 투자가 이자율의 변동에 대해 보다

민감한 경우를 나타낸 것이다. 그래프에서 두 개의 투자곡선은 r_1의 이자율에서 투자수준이 I_1으로 동일하도록 그려져 있다. 그림 (b)의 $I_1=S_1$인 점에서 보는 바와 같이 이 이자율 수준하에서는 소득이 Y수준일 때 재화시장이 균형을 이룬다. 이 점은 각 투자곡선에 대응시켜 도출한 재화시장 균형곡선상의 한 점이다. 투자곡선 I와 I'에 대응하는 재화시장 균형곡선 IS와 IS'은 그림 (c)에 나타나 있다. 이 두 개의 곡선은 A점(Y_1, r_1)에서 교차한다.

이제 보다 낮은 r_2의 이자율에 대응하는 재화시장 균형곡선상의 점을 고찰해 보자. 투자가 그림 (a)의 I 곡선으로 주어지면 낮은 이자율 r_2하에서 투자는 I_2로 증가해야 한다. 그림 (c)에서 균형점은 IS 곡선을 따라 점 B로 이동한다. 투자가 이자율 변화에 대해 그리 민감하지 않다고 가정하였기 때문에 이자율이 r_2로 하락할 때 투자수준의 증가분은 매우 작다. 이 경우 IS 곡선의 기울기는 매우 가파르게 된다. 이것은 이자율 수준이 하락할 때 소득수준은 조금만 증가하더라도 생산물시장이 균형을 이룰 수 있다는 것을 의미한다.

이제 투자가 그림 (a)에서 평평한 곡선인 I'으로 주어진 경우를 고찰해 보자. 낮은 이자율 r_2하에서 I_2'가 된다. 이 경우 저축과 투자가 일치하는, 즉 그림 (c)의 IS'곡선상에서 r_2에 대응하는 소득수준은 C점에서의 Y_2'가 된다. 저축은 S_2'로 증가해야 하며 저축이 S_2'로 증가하기 위해서는 소득수준은 Y_2'가 되어야 한다. 이 경우에 투자는 매우 이자율 탄력적이어서 이자율이 r_2로 허락함에 따라 큰 폭으로 증가한다. 결국 저축은 투자가 이자율이 탄력적일 때보다 더욱 많이 증가해야 할 것이며 따라서 소득도 더욱 많이 증가해야 한다. 재화시장 균형곡선(IS')은 투자가 이자율에 탄력적일수록 더 완만해진다.

이와 같이 투자함수의 기울기는 IS 곡선의 기울기를 결정하는 첫 번째 요인이 된다. 만일 투자의 이자율 탄력성이 작다면 IS 곡선은 비교적 가파르게 될 것이다. 투자의 이자율이 클수록 IS 곡선은 완만해진다. IS 곡선의 기울기가 극단적일 경우는 투자수요의 이자율 탄력성이 0일 때다. 이 때 투자는 이자율에 대해 완전히 비탄력적이다. 이 경우 그림 (a)의 투자곡선은 거의 수직에 가까운 선이 될 것이며 앞에서와 같은 분석으로 IS 곡선 역시 수직선이 된다는 것을 증명할 수 있다. 이 때는 이자율이 r_1에서 r_2로 하락하여도 투자를 전혀 증가시키지 못할 것이다. 결국 r_2에서나 r_1에서나 모두 똑같은 저축수준에서 그리고 소득수준도 동일한 수준에서 재화시장의 균형이 이루어진다. 이것은 *IS* 곡선이 수직이 된다는 것을 의미한다.

IS 곡선의 기울기에 영향을 주는 두 번째 요인은 저축함수의 기울기이다. 소비에 대한 보다 정교한 이론을 고찰할 때까지 한계 저축성향을 나타내는 그림 (b)의 저축함수의 기울기에 관해서는 깊이 논의하지는 않는다. 따라서 본절의 *IS* 곡선의 기울기를 결정하는 요인에 관한 논의와 또한 앞으로 살펴보게 될 통화금융 및 재정정책의 상대적 효율성에 관한 논의에서는 한계 저축성향의 값이 그렇게 중요한 역할을 하지 않는다. 그러나 한계 저축성향이 높을수록 *IS* 곡선의 기울기가 상대적으로 더 커진다는 사실을 알 수 있다.

이것을 알아보기 위해서 먼저 한계 저축성향의 값이 클수록 그림 (b)의 저축함수의 기울기가 커진다는 사실(소득단위당 저축이 더 많이 증가한다는 사실)을 알아두자. 투자곡선의 기울기가 결정되면 주어진 이자율의 변화에 대한 투자의 증가량이 결정된다. 예를 들어 이자율이 일정량 하락하면 투자의 일정한 증가가 있게 되며 *IS* 곡선을 따라 생산물시장이 균형을 이루기 위해서는 저축도 반드시 같은 양으로 증가되어야 한다. 소득이 동일한 정도로 증가하더라도 한계 저축성향이 비교적 높은 경우가 낮은 경우보다 새로운 저축을 다 많이 유발시킬 것이다. 따라서 주어진 이자율의 하락에 대해 재화시장이 새로운 균형을 위해서 증가되어야만 하는 소득의 양은 한계 저축성향의 값이 높을수록(낮을수록) 작아질(커질) 것이다. 이것은 다른 요인들이 고정되었을 때 한계 저축성향이 높아질수록 *IS* 곡선의 기울기가 상대적으로 가파르게 됨을 의미한다.

(2) *IS* 곡선을 이동시키는 요인

이제 *IS* 곡선의 위치를 결정하는 요인과 *IS* 곡선을 이동시키는 변화에 대해 고찰해 보자. 여기서는 정부지출과 조세가 0이라는 가정을 버리고 정부부문을 다시 모형 속에 포함시킨다. 모형에서 정부부문을 고려할 때 재화시장의 균형조건인 공식은

$$I(r)+G=S(Y-T)+T \qquad (10-8)$$

와 같이 쓸 수 있다. 여기서는 저축이 소득에서 조세징수액을 차감한 가처분소득($Y_D=Y-T$)의 함수로 되어 있음을 주의해야 한다.

이러한 보다 일반적인 경우에 대한 *IS* 곡선의 도출은 [그림 10-10]에

그림 10-10 정부부문이 포함된 *IS* 곡선

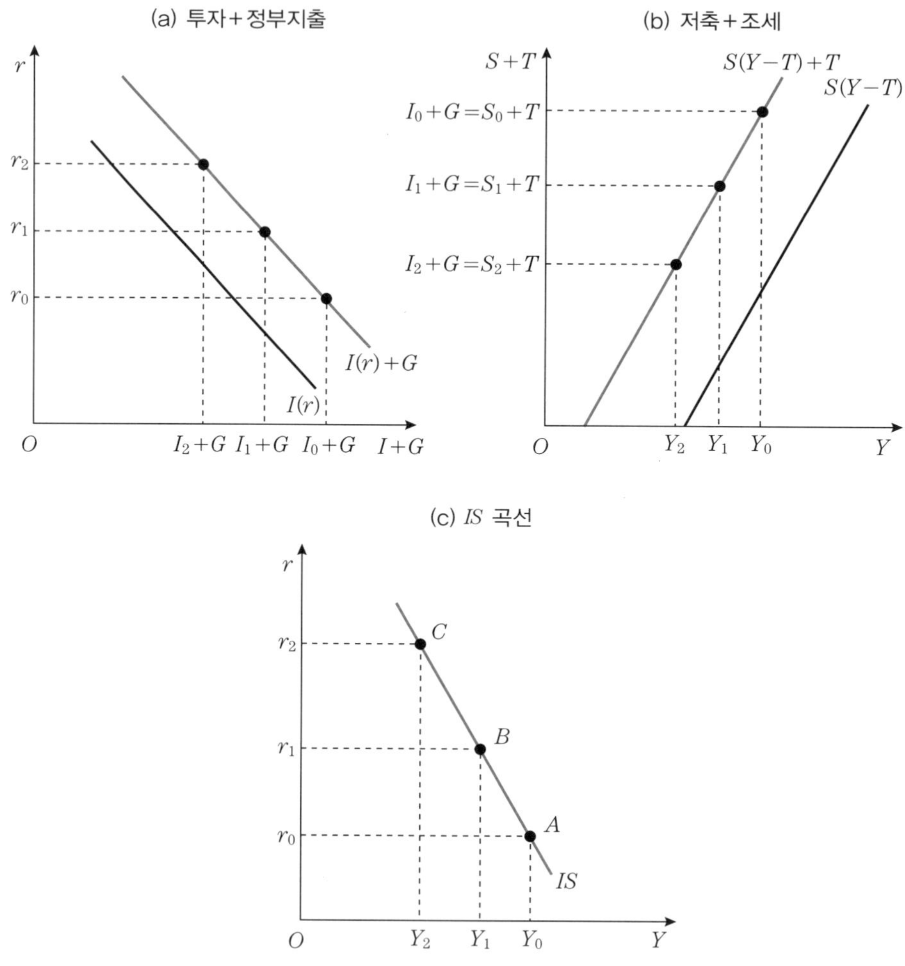

나타나고 있는데 이것은 [그림 10-8]과 비교될 수 있다. 그림 (a)에는 투자함수와 투자수준에 정부지출을 더한 두 개의 그래프를 그렸다. $I+G$ 곡선은 정부지출액만큼 I 곡선의 우측에 위치한다. 그림 (b)에는 저축뿐만 아니라 저축과 조세의 합계[$S(Y-T)+T$]도 소득수준에 대응시켜 표시하고 있다. 조세징수액이 외생적으로 고정된다고 가정하고 있으므로 저축과 조세를 합계한 곡선은 저축곡선보다 일정 거리만큼(T만큼) 위에 위치한다.

[그림 10-10]에서 이자율 r_0인 경우를 고찰해 보자. r_0의 이자율 수준하

에서 투자수준[$I(r)$ 곡선에서 구할 수 있음]과 고정된 정부지출 수준의 합계는 I_0+G와 같다. 균형을 이루기 위해서는 I_0+G는 그림 (b)에서 저축과 조세징수액의 합인 (S_0+T)와 일치해야 한다. 이 수준의 저축과 조세의 합계는 소득수준 Y_0에서 나타난다. 그러므로 r_0의 이자율과 Y_0의 소득수준에 상응하는 IS 곡선상의 한 점은 그림 (c)에서 A점이 된다. 만약 이보다 높은 이자율 r_1을 상정한다면, 투자는 감소하고 정부지출은 불변이므로 투자와 정부지출의 합계는 보다 낮은 수준인 I_0+G가 된다. 균형을 이루기 위해서는 저축과 조세의 합도 감소하여야 한다. 이 수준은 그림 (b)에서 S_1+T로 표시되어 있는데, 여기서 이러한 변화는 조세가 고정되어 있으므로 단지 저축의 변화에 의해서만 일어난다는 사실에 주의하여야 한다. 저축이 이렇게 낮은 수준으로 되기 위해서는 소득수준이 그림 (b)에서 Y_0보다 낮은 Y_1하에 있어야 한다. 따라서 IS 곡선상의 대응하는 점은 그림 (c)에서 B점이 된다. 마찬가지 방법에 의해서 이자율이 r_2라면 재화시장이 균형을 이루기 위해서는 소득수준이 Y_2(그림 10-10의 C점)가 되어야 함을 알 수 있다. 이러한 방법을 계속함으로써 완전한 IS 곡선을 도출할 수 있다.

이제 IS 곡선을 이동시키는 요인에 대해서 고찰하자. 식 (10-8)의 균형조건으로부터 우리는 정부지출 수준(G) 또는 조세수준(T)의 변화가 초기 재화시장균형의 위치를 교란하여 IS 곡선을 이동시킴을 알 수 있다. 또한 투자함수를 변동시키는 자발적인 투자의 변화도 IS 곡선을 이동시킨다. 이러한 자발적 투자의 변화에 대한 상세한 특성은 다음에 설명하기로 한다. IS 곡선을 이동시키는 요인은 단순한 케인지언 모형에서 자발적인 지출의 크기를 결정하는 요인이라는 점을 인식해야 한다. 이러한 사실에 대한 근거는 논의가 진행됨에 따라 차츰 명확해질 것이다.

첫 번째 정부지출의 변화에 의한 효과를 고찰하자. 정부지출이 처음 수준 G_0에서 보다 높은 수준 G_1으로 증가할 때의 IS 곡선의 이동은 [그림 10-11]에 나타나고 있다. 그림 (c)에서 처음의 정부지출에 대한 IS 곡선은 IS_0로 표시되고 있다. IS_0선상에 점 A로 나타나 있듯이, 소득이 Y_0 수준일 때는 이자율 r_0가 재화시장의 균형을 이루게 하는 수준이 된다. 그리고 이자율 r_0하에서 투자와 정부지출의 합계는 그림 (a)에서 보는 바와 같이 I_0+G_0가 된다. 그림 (b)에 나타나 있는 바와 같이 저축과 조세의 합계가 이 수준의 투자와 정부지출의 합계와 일치하기($S_0+T_0=I_0+G_0$) 위해서는 소득이 Y_0의 수준으로 되어야 한다.

그림 10-11 정부지출이 G_0에서 G_1으로 증가할 경우의 *IS* 곡선의 이동

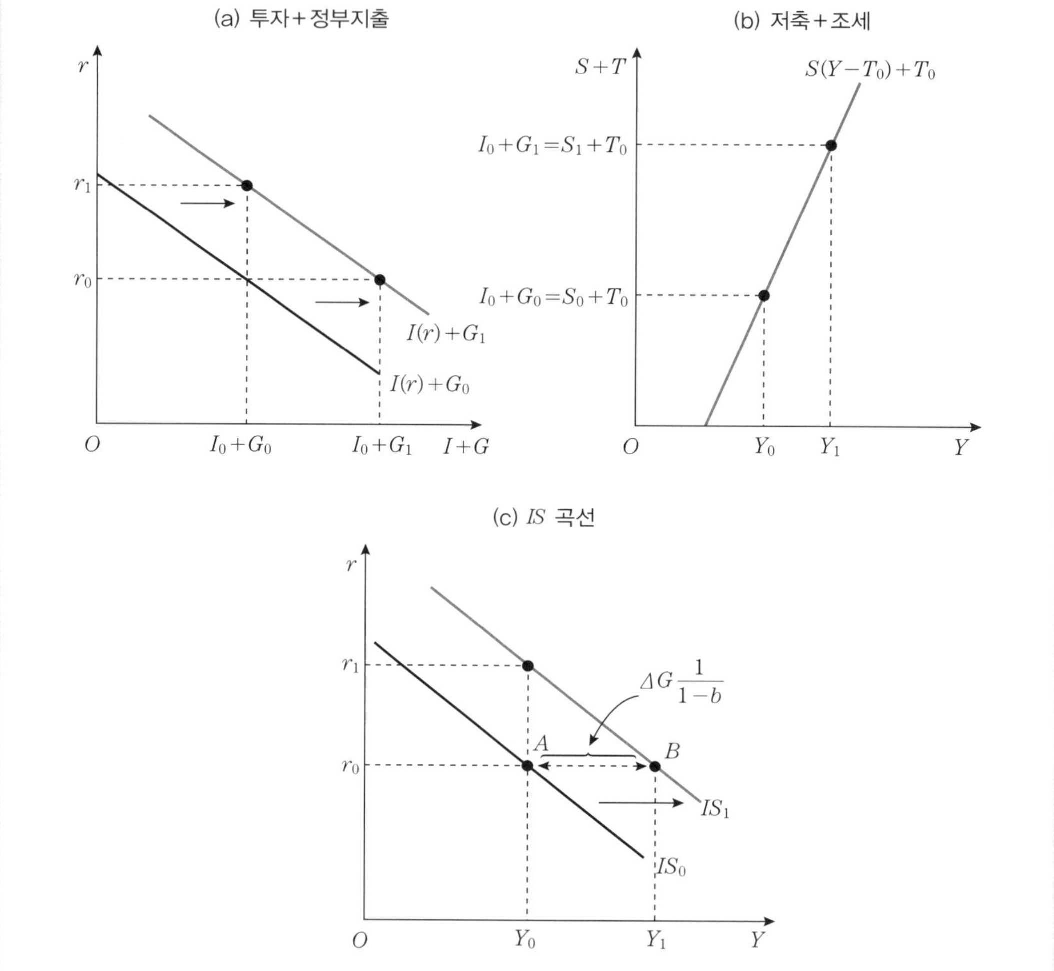

이제 정부지출이 G_1으로 증가하였다고 하자. 그림 (a)에서 이러한 변화는 투자와 정부지출 합계로 나타내는 곡선을 우측으로 이동시킴을 알 수 있다. 주어진 이자율 수준하에서 투자는 불변이지만 투자와 정부지출의 합계는 정부지출의 증가($\Delta G = G_1 - G_0$)로 인해 높아진다. 재화시장이 균형을 이루기 위해서는 그림 (b)에서 저축과 조세의 합계가 $S_1 + T_0$로 나타나 있듯이 저축과 조세의 합계가 똑같아 높은 수준이 되어야 한다. 이 수준의 저축과 조세의 합계는 소득수준이 Y_0보다 높은 Y_1에서 이루어진다. 따라서

이자율 r_0하에서 정부지출이 증가될 때 재화시장이 균형을 이루기 위해서는, 소득수준이 보다 높아져야 한다. 정부지출의 증가는 그림 (c)에서 IS 곡선을 IS_1으로 이동시키며 보다 높은 소득수준 Y_1에 상응하는 r_0에서의 균형점은 B점이 된다.

여기서 IS 곡선이 우측으로 이동한 거리, 즉 그림 (c)에서 A와 B간의 수평거리를 밝혀 보는 것은 유익한 일이다. 조세가 불변이라는 가정하에 정부지출이 1단위 증가할 경우 주어진 이자율 수준하에서 재화시장이 균형을 회복하기 위해서는 저축도 1단위로 증가되어야만 한다. 이것은 식 (10-8)에서 쉽게 알 수 있다. 따라서 IS 곡선의 수평 이동거리(A와 B간의 거리)에 관한 문제는 정부지출의 증가분만큼이 저축을 새로이 창출하기 위해 요구되는 소득의 증가분은 얼마가 될 것인가 하는 문제와 동일하다. 소득의 한 단위증가에 대한 저축의 증가분은 한계 저축성향$(1-b)$으로 주어지므로 필요로 하는 소득의 증가분은(IS 곡선의 수평 이동거리) $\Delta G(1/1-b)$이 된다. 즉 $\Delta G=\Delta S=(1-b)\Delta Y$로부터

$$\Delta G=\frac{1}{1-b}\Delta Y \qquad (10-9)$$

이다. 정부지출 G가 한 단위 증가할 때 IS 곡선의 수평이동은 $1/(1-b)$이며, 이것은 자발적 지출승수와 같다. IS 곡선의 수평 이동거리를 고찰할 때 이자율은 일정수준으로 주어졌다고 가정하므로 투자의 크기도 일정수준으로 고정된다. 투자가 고정되어 있을 때 정부지출의 증가는 소비지출의 증가를 유발시키면서 소득을 증가시키는데 우리는 이러한 소득증가분의 크기를 구하고 있는 것이다.

다음에는 조세의 변화에 따른 IS 곡선의 이동을 고찰해 보자. T_0에서 T_1으로 조세증가가 IS 곡선의 위치에 미치는 영향은 [그림 10-12]에 설명되고 있다. 주어진 소득수준하에서 조세가 1원 증가하면 조세 그 자체가 1원 증가할 뿐만 아니라 동시에 저축이 한계 저축성향인 $(1-b)$원만큼 감소한다. 후자의 영향은 1원의 조세증가가 가처분소득을 1원 하락시킴에 따라 저축을 한계 저축성향$(1-b)$만큼 감소시킴으로써 초래된 결과이다. 주어진 소득수준하에서 저축의 감소분이 조세의 증가분보다 작으므로 조세의 증가는 $S+T$ 곡선을 상방으로 이동시킬 것이다. 그림 (b)에서 조세가 T_0로부터 T_1으로 증가하면 $S+T$ 곡선은 $[S(Y-T_0)+T_0]$에서 $[S(Y-T_1)+T_1]$으로 이

그림 10-12 조세가 T_0에서 T_1으로 증가할 경우의 IS 곡선의 이동

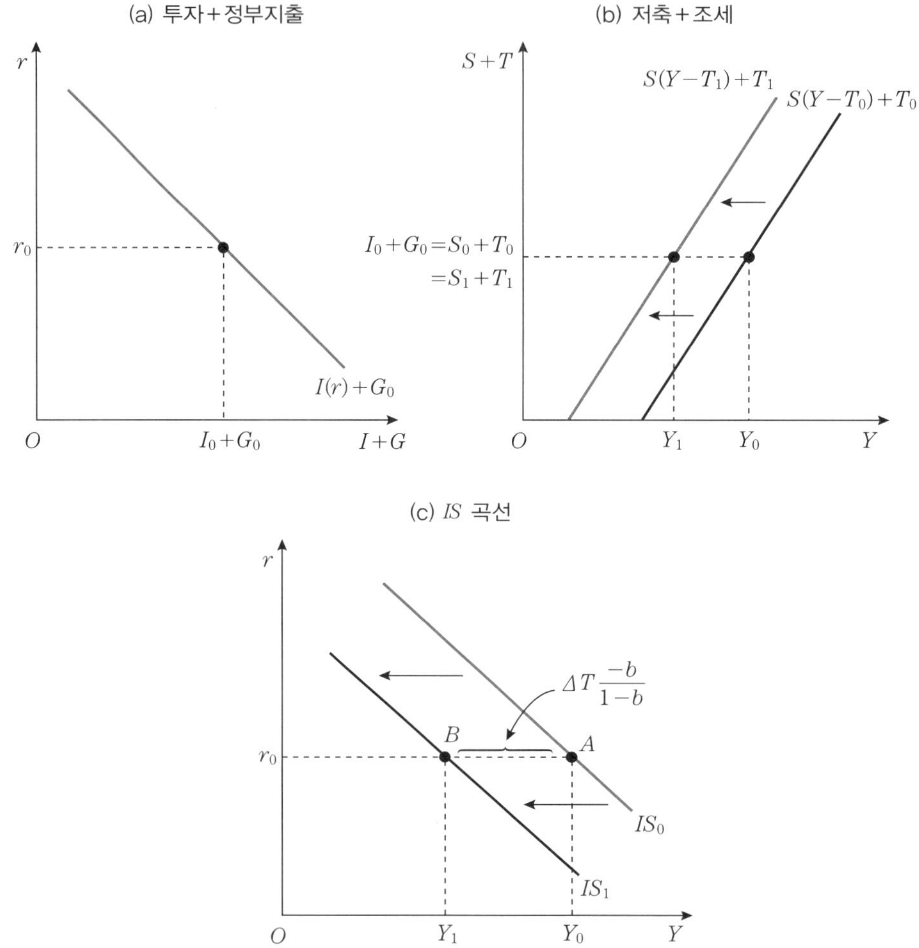

동된다.

그림 (a)에서 보는 바와 같이 r_0의 이자율하에서는 정부지출과 투자의 합이 $I(r)+G$선상의 I_0+G_0가 된다. 재화시장이 균형을 이루려면 저축과 조세의 합이 I_0+G_0와 같아야 한다. 처음에 조세가 T_0일 때 저축과 조세의 합의 균형수준은 S_0+T_0인데 이때 소득이 Y_0가 되어야 한다. 이러한 (r_0, Y_0)의 조세의 합은 그림 (c)에서 처음 IS_0곡선상의 A점이다.

조세가 증가한 후, r_0에서 재화시장이 균형을 이루기 위해서는 저축과

조세의 합이 처음과 같아야 한다. 왜냐하면 투자와 정부지출의 합에는 아무런 변화가 일어나지 않았기 때문이다. 조세수준이 높아진 후에도 저축과 조세의 합계가 일정하게 유지되기 위해서는 저축이 감소되어야 하고, 따라서 소득이 하락해야만 할 것이다. 재화시장의 균형에 요구되는 새로운 소득수준은 그림 (b)에서 Y_1으로 주어진다. 새로운 *IS* 곡선에서 이에 해당되는 점은 그림 (c)의 B점이다. 조세의 증가는 *IS* 곡선을 좌측으로 이동시킨다.

정부지출이 변화한 경우에서와 마찬가지로 조세가 증가한 경우에는 *IS* 곡선의 수평 이동거리를 계산할 수 있다. 조세변화는 재화시장에 대한 균형조건식 (10-8)의 좌변에는 영향을 미치지 않는다. 즉 투자와 정부지출은 변화되지 않는다. 따라서 이 이자율 수준에서 균형이 이루어지기 위해서는 우변의 값도 변하지 않아야 한다. 이것은 조세의 증가분이 저축의 감소분과 같아야 함을 의미한다. 즉, $0=\Delta S+\Delta T$이다. 저축의 변화는 $\Delta S=(1-b)\Delta(Y-T)=(1-b)\Delta Y-(1-b)\Delta T$와 같이 표현될 수 있으므로, 식 (10-8)이 성립되기 위해서는 다음의 조건이 필요하다.

$$\Delta S+\Delta T=0$$
$$(1-b)\Delta Y-(1-b)\Delta T+\Delta T=0$$
$$(1-b)\Delta Y-\Delta T+b\Delta T+\Delta T=0$$
$$(1-b)\Delta Y+b\Delta T=0$$
$$(1-b)\Delta Y=b\Delta T$$
$$\Delta Y=\frac{-b}{1-b}\Delta T \qquad (10-10)$$

우리는 조세 수준이 높아질 때 이자율 r_0하에서, 재화시장의 균형이 유지되기 위해서는 소득이 낮아져야만 한다는 사실을 식 (10-10)으로부터 알 수 있다. 또한 조세가 한 단위 증가함에 따라 *IS* 곡선이 왼쪽으로 이동하는 거리는 $-b/(1-b)$로서 단순한 케인지언 모형에서의 조세승수와 같음을 알 수 있다. 조세의 한 단위 변화당 *IS* 곡선의 수평이동을 고려할 때 이자율을 일정한 수준으로 고정시킴으로써 투자도 일정수준으로 고정시켰다. 따라서 우리는 여기서 투자수준이 일정할 때 조세의 한 단위당 변화가 초래하는 균형소득의 변화크기를 측정하는 셈이 되는데 이것은 조세승수로 나타난다.

IS 곡선을 이동시키는 요인 중에서 마지막으로 고려할 것은 투자수요의

자발적 변화이다. 이것은 이자율에 대응시켜 도출한 투자곡선의 이동을 의미한다. 예를 들어 투자계획에 대한 미래의 이윤획득 가능성의 증가는 각 이자율에 상응하는 투자수요 수준을 상승시켜 $I(r)$ 곡선이 오른편으로 이동하면 이것은 [그림 10-11]에서 분석된 정부지출의 동일한 양의 증가와 같은 효과를 *IS* 곡선에 대해서 갖게 된다. 양자는 모두 투자와 정부지출을 합한 곡선을 이동시키며 위에서 논의한 바와 같이 정부지출의 한 단위당 증가 또는 자발적인 투자지출의 단위당 증가에 대해 *IS* 곡선을 $1/(1-b)$만큼 우측으로 이동시킨다.

(3) *IS* 곡선의 개요

앞의 논의로부터 우리는 재화시장의 균형을 나타내는 *IS* 곡선에 관한 다음과 같은 결과를 얻을 수 있다.

① *IS* 곡선은 우하향하는 기울기를 갖는다.
② 투자의 이자율 탄력성이 비교적 클 때(작을 때) *IS* 곡선은 비교적 완만하게(가파르게) 된다.
③ 정부지출 수준이 증가(감소)할 때 *IS* 곡선은 우측(좌측)으로 이동한다.
④ 조세수준이 증가(감소)할 때 *IS* 곡선은 좌측(우측)으로 이동한다.
⑤ 투자지출의 자발적인 증가(감소)는 *IS* 곡선을 우측(좌측)으로 이동시킨다.

3. *IS* 곡선과 *LM* 곡선의 결합

[그림 10-13]은 *LM* 곡선과 *IS* 곡선을 결합한 것이다. 우상향하는 기울기를 가진 *LM* 곡선은 화폐시장의 모든 균형점을 나타낸다. 우하향하는 기울기가 가진 *IS* 곡선은 재화시장의 모든 균형점을 나타낸다. 그림에서 두 곡선이 교차하는 E점은 재화시장과 화폐시장의 유일한 일반균형점이다. 이에 대한 논의를 시작할 때 지적하였듯이 만약 화폐시장이 균형상태에 있다면 채권시장도 역시 반드시 균형상태에 있게 된다. 따라서 그림에서 *IS* 곡선과 *LM* 곡선의 교차점에서의 이자율 r_0와 소득수준 Y_0는 화폐시장, 재화시장, 채권시장 등을 동시에 균형상태에 이르게 해준다.

단순한 케인지언 모형의 경우에 있어서와 마찬가지로 *IS*-*LM* 곡선 모

그림 10-13 *IS* 곡선과 *LM* 곡선의 결합

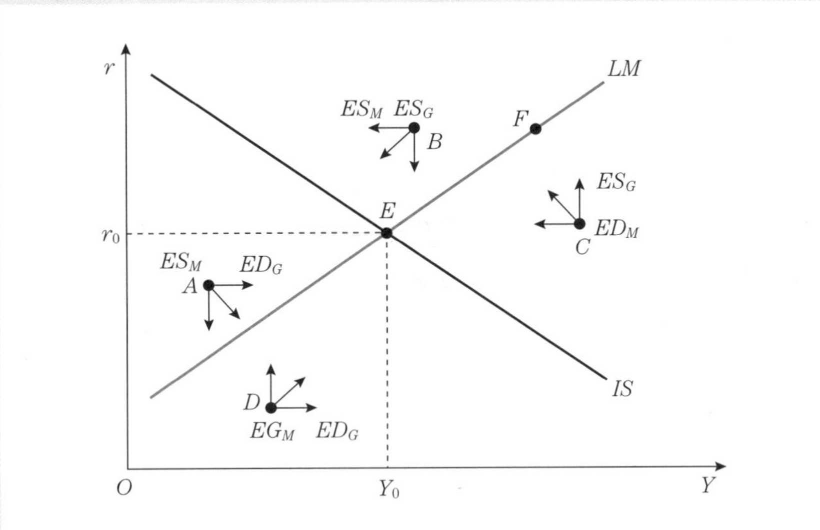

형의 균형의 성질은 두 곡선의 교차점 이외의 다른 점들이 균형점이 될 수 없는 이유를 고찰함으로써 보다 잘 이해될 수 있다. 그림에서는 *IS* 곡선과 *LM* 곡선에서 떨어져 있는 4개의 점이 표시되어 있다(A, B, C, D). 먼저 A점, B점과 같이 *LM* 곡선 위쪽에 있는 점들을 고려하자. *LM* 곡선 위쪽의 모든 점에서 화폐의 초과공급(ES_M)이 존재한다. 즉 A점이나 B점의 소득수준에 상응하는 이자율은 화폐시장을 균형시키는 수준보다 매우 높은 수준이다. 화폐의 초과공급이 있을 때에는 아래쪽으로 향하는 화살표가 지시하듯이 이자율을 하락시키려는 힘이 존재한다. 즉 *LM* 곡선을 향하여 이동하는 경향이 있다. 마찬가지로 C점이나 D점과 같이 *LM* 곡선의 아래의 점에서는 화폐의 초과수요(ED_M)가 존재하며 따라서 이자율을 상승시키려는 힘이 존재한다.

이제 동일한 점들을 *IS* 곡선과 관련시켜 고찰해 보자. B점과 C점에서와 같이 *IS* 곡선의 오른쪽에 있는 점에서는 산출량이 총수요를 초과하거나 또는 저축 및 조세의 합이 투자 및 정부지출의 합계를 초과하게 된다. B점이나 C점의 이자율 수준에 상응되는 산출량 수준, 즉 투자와 정부지출의 합계가 저축과 조세의 합계와 완전히 일치되는 *IS* 곡선상의 점으로 주어진 산출량 수준은 실제의 산출량 수준보다 더 낮다. 따라서 여기서는 산출량

의 초과공급(ES_G)이 존재하며, 화살표가 왼쪽을 가리키는 것처럼 산출량을 감소시키려는 힘이 존재한다. 따라서 이러한 점들의 화살표가 오른쪽 방향을 가리키고 있듯이 산출량을 증대시키려는 힘이 존재하게 된다.

마지막으로 두 곡선 중 어느 한 곡선상에서만 있고 다른 곡선상에는 있지 않은 점은 두 시장 중 한 시장에 대하여 불균형점이 된다. 예를 들어 F와 같은 점은 화폐시장의 균형점이지만 재화시장에 대해서는 초과공급의 점이다. 마찬가지로 IS 곡선상에서 E점이 아닌 다른 어떤 점도 화폐시장의 불균형을 야기한다. 재화시장 및 화폐시장 양자에 대한 초과수요나 초과공급이 존재하지 않는 점은 오로지 E점뿐이다. 따라서 여기서는 이자율이나 산출량을 변화시키려는 아무런 힘도 작용하지 않는다. 이것이 바로 IS–LM 곡선 모형에서의 균형조건이다.

제 2 절 *IS–LM* 곡선 모형의 수리적 분석

이 절에서는 IS–LM 곡선 모형을 수리적인 형태로 제시하고 있을 뿐이지 새로운 내용을 수록한 것은 아니다. 여기서는 본문에서 다룬 서술적 설명과 그래프적 설명을 보완하기 위함이다. 논의의 단순화를 위해 여기서는 IS와 LM방정식의 선형형태만을 취급하기로 한다. 이미 살펴본 LM 방정식의 선형형태를 다시 쓰면 다음과 같다.

$$M^S = M^d = c_0 + c_1 Y - c_2 r \quad (c_1,\ c_2 > 0) \qquad (10-11)$$

식 (10–11)은 고정된 화폐공급 M^S가 소득수준(Y)과는 정의 관계로 움직이고, 이자율(r)과는 부의 관계로 움직이는 화폐수요(M^d)와 같음을 나타내고 있다. 식 (10–6) $I+G=S+T$는, 즉 투자수준(I)과 정부지출(G)의 합은 저축수준(S)과 조세(T)의 합과 같다. 이제 조건의 선형형태를 유도해 보자. 저축은 저축함수

$$S = -a + (1-b)Y_D = -a + (1-b)(Y-T) \qquad (10-12)$$

로 나타낼 수 있으며, 투자수준은 자발적인 요소와 이자율에 대해 부의 관계로 의존하는 요소로 구성된다고 가정하자. 따라서 투자함수를 다음과 같

은 선형형태로 표현할 수 있다.

$$I=\bar{I}-i_1 r, \quad (i_1>0) \qquad (10-13)$$

식 (10−13)에서 $\bar{I}$는 투자의 자발적 요소이며 i_1은 투자의 이자율 반응도(즉 $-i_1=\Delta I/\Delta r$)를 측정하는 매개변수이다. 정부지출 수준(G)과 조세수준(T)은 정책입안자들에 의해 외생적으로 결정된다고 가정하자. 식 (10−12)의 S식 (10−13)의 I를 IS 곡선방정식 (10−6)에 대입하면 선형의 IS 곡선방정식은

$$\bar{I}-i_1+G=-a+(1-b)(Y-T)+T \qquad (10-14)$$

와 같이 쓸 수 있는데, 소득수준만이 좌변으로 이항해서 다시 정리하면

$$Y=\frac{1}{1-b}[a+\bar{I}+G-bT]-\frac{i_1 r}{1-b} \qquad (10-15)$$

와 같이 되고, 또한 LM 곡선방정식 (10−11)을 이자율(r)만이 좌변에 오도록 이항해서 다시 정리하면 다음과 같다.

$$r=\frac{c_0}{c_2}-\frac{M^S}{c_2}+\frac{c_1 Y}{c_2} \qquad (10-16)$$

식 (10−15)와 (10−16)은 각각 선형 IS 곡선과 선형 LM 곡선이다. 이 두 방정식은 모형 내의 두 개의 내생변수, 즉 소득수준(Y)과 이자율(r)을 결정해 준다. 이제 앞에서 살펴본 그래프상의 결과에 대해서 그것을 수리적 형태로 유도한 LM 곡선과 IS 곡선의 특징을 고찰해 보자. 그리고 나서 [그림 10−13]의 균형을 그래프상으로 설명한 것처럼 소득과 이자율의 균형수준을 찾기 위해 이 두 개의 방정식에 대한 해(solution)를 검토하기로 한다.

1. *LM* 곡선

(1) *LM* 곡선의 기울기

LM 곡선의 기울기는 곡선의 위치를 고정시키는 요인들을 일정하게 유지할 때 Y(IS−LM 곡선 그래프의 수평축을 따라 이동하는)의 단위 변화당 r(IS−LM 곡선 그래프의 수직축을 따라 이동하는)의 변화량이다. 식 (10−16)에

서 c_0/c_2와 $-M^S/c_2$는 고정된 값이므로 $\Delta r/\Delta Y$로 기울기를 계산한다. 즉 $\Delta r=(c_1/c_2)\,\Delta Y$로부터 다음과 같다.

$$LM \text{ 곡선의 기울기}=\frac{\Delta r}{\Delta Y}=\frac{c_1}{c_2}>0 \qquad (10-17)$$

식 (10-17)로부터 LM 곡선은 정의 기울기를 가지고 있음을 알 수 있다. 곡선의 기울기 값이 크면(작으면) 그 곡선은 급경사를 이룬다(완만해진다). 식 (10-16)에서 곡선은 c_1의 값이 크면 클수록 c_2의 값이 작으면 작을수록 보다 급경사를 이룸을 알 수 있다. 이것은 소득이 한 단위 더 증가함에 따라 화폐수요가 더욱 증가하고(c_1이 더욱 커짐) 화폐수요가 이자율에 대하여 보다 덜 민감할수록(c_2가 작아짐) LM 곡선은 더욱 급경사가 됨을 의미한다.

이제 LM 곡선을 이동시키는 요인들에 대해서 검토해 보자. LM 곡선의 이동을 수리적으로 고찰할 수 있는 한 가지 방법은 LM 곡선방정식 (10-16)에서 우변의 한 변수의 변화에 대한 r의 변화를 보는 것이다. 이것은 곡선의 수직적인 이동이다. 예를 들면, 화폐공급은 변동하고 다른 모든 변수들이 불변이라면 $\Delta r=(-1/c_2)\,\Delta M^S$로 부터

$$\frac{\Delta r}{\Delta M^S}=\frac{-1}{c_2}<0 \qquad (10-18)$$

이 된다. 화폐공급(M^S)이 증가하면 $\Delta r/\Delta M^S$은 부가 되기 때문에 LM 곡선은 하방 이동한다. 따라서 [그림 10-6]에서처럼 곡선은 우하방으로 이동한다.

LM 곡선을 이동시키는 다른 요인은 이미 고찰했던 바와 같이 화폐 수요함수의 이동, 즉 주어진 소득수준과 이자율 수준에 대한 화폐수요의 변화이다. IS-LM 곡선 모형을 선형방정식으로 설명할 때, 이러한 화폐 수요함수의 이동은 식 (10-11)의 c_0항의 변화, 즉 식 (10-16)의 c_0/c_2의 변화로서 설명된다. 예를 들면 c_0가 증가하는 것은 주어진 소득과 이자율 수준하에서 보다 더 많은 화폐가 수요되었음을 의미한다. 만일 식 (10-16)의 c_0가 커진다면 식 (10-16)의 우변의 기타 항들을 일정하게 유지할 때 이자율이 상승함을 알 수 있다. 이것은 [그림 10-7]에서 설명한 바와 같이 화폐수요함수의 상방 이동이 LM 곡선을 좌상방으로 이동시킴을 의미한다.

2. *IS* 곡선

(1) *IS* 곡선의 기울기

IS 곡선의 기울기를 계산하기 위해서 곡선의 위치를 고정시키는 항들 [식 (10-15)의 괄호 안의 항들]의 값이 주어졌을 때 r과 Y의 관계를 고찰해 보자. 식 (10-15)에서 이러한 항들이 일정하다면 $\Delta Y=\frac{i_1 r}{1-b}\Delta r$이 되고, 이를 다시 정리하면 다음과 같다.

$$IS \text{ 곡선의 기울기}=\frac{\Delta r}{\Delta Y}=-\frac{(1-b)}{i_1}<0 \qquad (10-19)$$

앞에서 논의한 바와 같이 *IS* 곡선의 기울기는 부의 값을 갖는다. *IS* 곡선 기울기의 절대값이 크면 클수록, *IS* 곡선은 더욱 급경사를 이룬다. 식 (10-19)로부터 한계 저축성향인 $(1-b)$가 클수록 그리고 투자의 이자율 반응도를 나타내는 매개변수 i_1의 값이 작을수록, *IS* 곡선은 더욱 더 급경사를 이루게 되는 것은 당연하다.

(2) *IS* 곡선을 이동시키는 요인

식 (10-15)를 이용해 곡선의 위치를 결정해 주는 제요인이 변동함에 따라 *IS* 곡선이 수평으로 이동한다는 사실을 쉽게 설명할 수 있다. 이를 위해, 이자율과 우변의 기타 변수들은 고정시켜 놓고 우면의 한 변수가 변화할 때 식 (10-15)에서 Y가 어떻게 변화되는지 살펴보자. 이러한 기타 변수들은 일정하고, 단지 하나의 변수만이 증가하여 Y를 증대(감소)시키면 *IS* 곡선은 우측(좌측)으로 이동하게 된다. 예를 들면, 정부지출 수준이 변동하면 식 (10-15)로부터

$$\Delta Y=\frac{1}{1-b}\Delta G \text{ 또는 } \frac{\Delta Y}{\Delta G}=\frac{1}{1-b}>0 \qquad (10-20)$$

과 같이 유도할 수 있는데, 이것은 식 (10-9)와 같은 결과이다. 즉, 정부지출이 증가하면 *IS* 곡선은 우측으로 이동한다. 식 (10-15)로부터 자발적 지출(I)이나 소비함수의 절편(a)이 변함으로써 발생하는 *IS* 곡선의 수평이동을 나타내주는 유사한 수식은 식 (10-20)과 동일함을 알 수 있다. 이러

한 각각의 경우에 있어서는 자발적 지출이 한 단위 증가하게 되며, 각각의 경우는 *IS–LM* 곡선 모형에서 똑같은 효과를 나타나게 된다.

마지막으로, 조세(T)의 변화가 *IS* 곡선에 미치는 효과를 검토해 보자. 식 (10–15)로부터 다음을 유도할 수 있다.

$$\Delta Y = \frac{1}{1-b}(-b\,\Delta T) \text{ 또는 } \frac{\Delta Y}{\Delta T} = \frac{-b}{1-b} < 0 \qquad (10-21)$$

식 (10–21)에서처럼 조세가 증가하면 소득은 감소하고(다른 변수는 일정) *IS* 곡선은 좌측으로 이동함을 알 수 있다.

(3) *IS–LM* 곡선 모형의 균형

IS–LM 곡선 모형의 균형점은 *IS* 곡선이나 *LM* 곡선의 조건을 만족시키는 소득과 이자율의 조합이다. 선형의 *IS* 및 *LM* 곡선에서 볼 때, Y와 r의 균형치는 식 (10–15)와 (10–16)을 만족시키는 값이 된다. 이들 값을 구하기 위해서는 두 개의 방정식을 풀어야 한다. 먼저 식 (10–16)의 r을 식 (10–15)에 대입한다. Y에 대한 결과식을 풀면 균형소득(Y_0)을 구할 수 있다. 즉,

$$Y_0 = \left(\frac{1}{(1-b)+i_1c_1/c_2}\right) \times \left[a + \bar{I} + G - bT + \frac{i_2}{c_2}(M^S - c_0)\right] \qquad (10-22)$$

그런 다음 식 (10–22)나 혹은 식 (10–15)를 *LM* 곡선의 방정식 (10–16)에 대입하여 이자율의 균형값(r_0)을 구할 수 있다. 그 결과식은 아래와 같다.

$$r_0 = \left(\frac{1}{(1-b)+i_1c_1/c_2}\right) \times \left[\frac{(1-b)}{c_2}(c_0 - M^S) + \frac{c_1}{c_2}(a + \bar{I} + G - bT)\right] \quad (10-23)$$

IS 곡선방정식과 *LM* 곡선방정식 간의 차이점과 Y와 r의 균형에 유의하기 바란다. Y와 r의 균형값은 모형의 외생변수에 의존하는 이러한 내생변수를 수치로 나타낸 것이다.

제 3 절 IS–LM 모형에서의 정책효과

이 절에서는 IS–LM 곡선 모형을 이용하여 각종의 정책이 소득과 이자율의 균형수준에 미치는 영향을 분석한다. 동시에 소득수준과 이자율 수준에 영향을 미칠 수 있는 다른 여러 가지 요인도 또한 고려하기로 한다. 소득과 이자율의 균형수준은 IS–LM 곡선이 교차하는 점에서 결정된다. 이와 같이 균형수준을 변화시키는 제 요인은 IS 곡선과 LM 곡선을 이동시키는 요인들이다. 따라서 여기서는 이 두 곡선을 동시에 고려하면서 그와 같은 이동이 소득과 이자율에 어떻게 영향을 미치는가를 살피기만 하면 충분하다. 또한 상이한 정책의 효과가 IS와 LM 곡선이 기울기에 따라 어떻게 달라지는가를 살펴본다. IS–LM 곡선의 기울기는 경제체계의 여러 가지 특징에 의존하고 있고, 그 중에서도 가장 중요한 것이 투자와 화폐수요의 이자율 탄력성이다. 그리고 정책의 유효성이 어떻게 하여 이와 같은 요인에 의존하고 있는가 하는 문제도 살펴보기로 한다.

1. 소득균형과 이자율에 영향을 미치는 요인

(1) 화폐의 영향: LM 곡선의 이동

통화량의 변화가 소득과 이자율에 미치는 효과를 검토해 보자. [그림 10–14]는 통화량이 M_0에서 M_1으로 증대되었을 경우의 효과를 설명해주고 있다. 최초의 IS와 LM 곡선은 그림에서 각각 IS_0와 LM_0라고 하자. 또한 소득과 이자율도 각각 Y_0와 r_0라고 하자. 통화량의 증가는 LM 곡선을 우측으로 이동시켜 [그림 10–14]에서는 LM_1이 된다. 따라서 이자율은 r_0에서 r_1으로 하락하고, 소득은 Y_0에서 Y_1으로 증가한다.

이와 같은 결과를 초래한 경제적 과정은 간단하다. 통화량의 증가는 화폐의 초과공급을 초래하여 이자율을 하락시킨다. 이자율이 하락하면 투자수요가 증가하고 이것은 소득을 증대시키면서 더 나아가서는 새로운 소비수요를 유발시킨다. 새로운 균형은 이러한 이자율 하락과 소득증가의 동시적 작용에 의해 증가되는 화폐수요의 크기가 증가된 화폐공급의 크기와 같

그림 10-14 통화량이 M_0에서 M_1으로 증가하는 경우의 효과

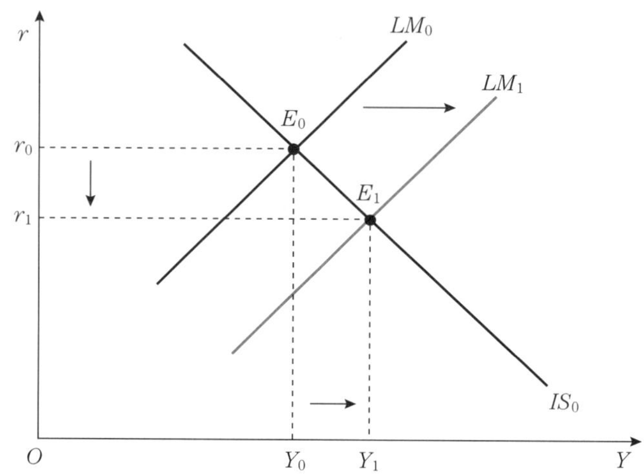

아지는 점에서 이루어진다. 이 균형은 새로운 *LM* 곡선이 *IS* 곡선과 교차하는 점에서 이루어지고 있다. 통화량의 감소는 위의 경우와 정반대의 효과를 초래한다. 즉 *LM* 곡선을 왼쪽으로 이동시켜 균형 소득수준이 낮아지게 되며, 균형이자율은 상승한다.

앞에서 살펴본 바와 같이 *LM* 곡선을 이동시키고 또 다른 요인은 화폐수요함수의 변동이다. 예를 들어 소득과 이자율이 일정수준으로 유지되고 있음에도 불구하고 화폐수요가 증가했다고 하자. 채권에서 화폐보유의 이러한 자산선택의 변화는 *LM* 곡선을 좌측으로 이동시키게 된다. 사람들이 화폐보유를 증가시키기 위하여 채권보유를 감소시키면 이자율이 상승하는데 높은 이자율은 소득을 감소시킨다. 주어진 소득과 이자율 수준하에서 더 많은 화폐가 수요되는 방향으로 화폐 수요함수가 변동되어 화폐수요가 증가하는 경우에는 통화량의 감소와 동일한 효과가 나타난다. 즉 균형소득은 감소하고 이자율은 상승한다. 채권을 더 많이 보유하고 화폐의 보유를 감소시키는 방향으로, 즉 위와는 반대의 방향으로 자산선택이 변화하면 위의 경우와 반대의 효과가 나타나게 된다.

(2) 실물의 영향: *IS* 곡선의 이동

재정정책의 변수들은 모두 *IS* 곡선을 이동시키는 요인들이 되는데, 이 요인들은 모형에서 균형소득과 이자율에 영향을 미친다. [그림 10-15]는 G_0에서 G_1으로 정부지출이 증가했을 경우의 재정정책 효과를 설명해 주고 있다. 또한 소득과 이자율의 초기 균형치는 각각 Y_0 및 r_0로 주어져 있다. 앞에서 살펴본 바와 같이 정부지출이 G_1 수준으로 증가하면 *IS* 곡선은 우측으로 이동하여 [그림 10-15]의 IS_1과 같은 위치에 있게 된다. 균형이자율이 상승함과 동시에 균형소득수준도 상승한다.

소득수준을 상승시키는 힘은 직접적인 정부수요의 증대와 소득의 증가에 의해 유발된 간접적인 소비지출의 증대 등 총수요의 증대에서 비롯된다. 이자율을 상승시키는 힘에 관해서는 몇 가지 설명을 필요로 한다. 여기서 *LM* 곡선은 움직이지 않음에 주의하라. 즉 주어진 소득수준하에서 화폐시장의 균형과 이에 따른 채권시장의 균형을 정부지출의 변화에 의해 영향받지 않는다는 사실에 주의하라. 이자율은 재정정책이 변화한 결과 소득이 상승하기 때문에 조정된다. 소득이 증가하면 화폐의 거래적 수요가 증가한다. 화폐공급이 변화하지 않은 상태에서 거래적 목적의 화폐잔고를 증

그림 10-15 정부지출이 G_0에서 G_1으로 증가하는 경우의 효과

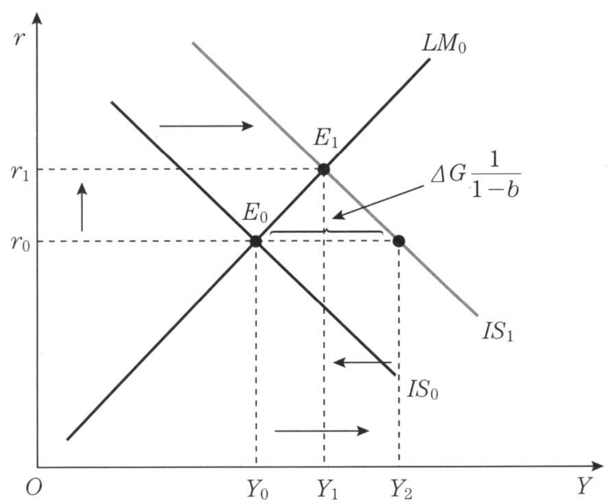

대시키게 되면 결국 채권에 대한 수요는 감소하게 된다. 이자율이 상승하는 이유는 이와 같이 소득의 증가에 의해 화폐수요의 증가와 채권수요의 감소가 유발되기 때문이다.

총체적으로 보아 통화량이 고정되어 있기 때문에 민간이 화폐보유를 증가시킬 수는 없다. 대신 화폐보유를 증가시키고자 하는 민간의 이러한 노력은 이자율을 상승시키고, 이와 같은 이자율의 상승은 한편으로는 투기적 동기에 의한 화폐수요를 감소시킬 뿐만 아니라 다른 한편으로는 민간으로 하여금 자신이 보유하는 거래적 목적의 화폐잔고를 절약하도록 만든다. 비록 소득수준은 높아졌어도 화폐수요의 순변화가 없을 만큼 이자율이 충분히 높아졌을 때 새로운 균형수준에 도달하게 된다.

이미 살펴본 대로 정부지출이 ΔG, 즉 (G_1-G_0)만큼 증가되면 IS 곡선을 $\Delta G(1/1-b)$만큼 수평으로 이동시킨다. 즉, IS 곡선의 이동거리는 단순한 케인지언 모형에서는 자발적 지출승수에 정부지출의 증가분을 곱한 것과 같다. 이 수평거리는 단순한 모형에서 보았던 소득의 증가분과 같다. [그림 10-15]에서 이에 해당하는 균형소득은 Y_1' 이다. 그러나 화폐시장에서 요구되는 필요한 조정을 고려하면 소득은 이보다 적게 증가하여 [그림 10-15]의 Y_1 수준이 됨을 알 수 있다. 왜 그럴까?

단순한 케인지언 모형과 IS-LM 곡선의 모형의 차이는 후자가 화폐시장을 포함하고 있다는 점이다. 앞서 본 바와 같이 정부지출이 증가할 때 화폐시장이 균형을 유지하기 위해서는 이자율이 상승해야 한다. 이자율의 증가는 투자지출의 감소를 가져온다. 투자지출의 감소는 정부지출의 증가함에 따라 증가하는 총수요의 일부를 상쇄시키게 된다. 따라서 소득은 투자가 완전히 자발적인 것으로 간주되고 있는 단순한 케인지언 모형에서보다 적게 증가한다. 이와 같이 이자율의 상승과 이에 따르는 투자의 감소효과를 무시해버림으로써 단순한 케인지언 모형은 정부지출 증가의 효과를 과대평가하고 있다.

다음 [그림 10-16]에 예시된 바와 같이 조세(T)의 증가가 모형에서 어떠한 효과를 가져오는가를 생각해 보자. 앞에서 살펴본 바와 같이 조세가 T_0에서 T_1으로 증가하면 IS 곡선은 좌측으로 이동한다. 그림에서 보는 바와 같이 소득수준은 Y_0에서 Y_1으로 감소하며 이자율 또한 r_0에서 r_1으로 하락한다. 조세가 증가함으로써 소득이 감소하는 이유는 조세가 가처분소득 $(Y-T)$을 낮춤으로써 소비를 감소시키기 때문이다. 이자율이 하락하는 이

그림 10-16 조세가 T_0에서 T_1으로 증가하는 경우의 효과

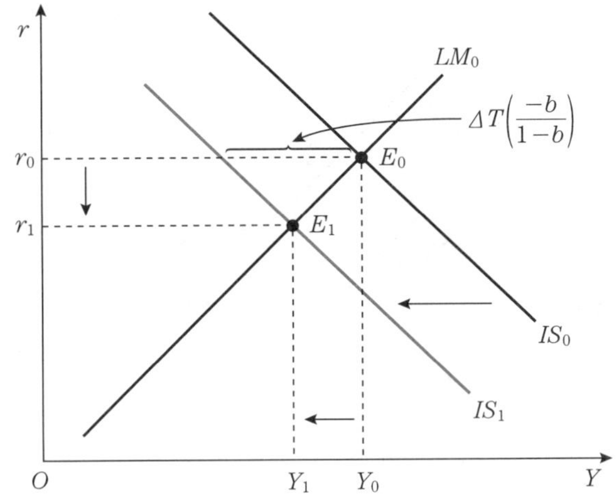

유는 정부지출이 증가할 때 소득의 증가에 의해서 이자율이 증가되는 이유와 비슷한 논리에 의해서 찾아볼 수 있다. 즉, 조세의 증가로 소득이 감소함에 따라 화폐수요가 감소하면서 채권의 수요가 증가한다. 이로 인해 이자율이 하락하게 된다.

정부지출 변화의 경우에서와 마찬가지로 [그림 10-16]에서 주의할 것은 소득이 이동한 *IS* 곡선 수평거리보다 더 작게 감소한다는 것이다. 조세의 변화에 의해 이동하는 *IS* 곡선의 이동거리는 앞에서 설명한 바와 같이 ΔT $(-b/1-b)$, 즉 단순한 케인지언 모형의 조세승수에 조세변화율을 곱한 것과 같다. 이처럼 *IS–LM* 곡선 모형에서 재정정책 승수는 단순한 케인지언 모형의 결과에 비해 상대적으로 감소하게 된다. 그 이유는 이자율의 하락이 투자의 증가를 초래함으로써 조세증가에 의해 야기된 소비감소를 부분적으로 상쇄시키기 때문이다. 단순한 케인지언 모형에서는 조세가 증가할 때 투자가 고정되어 있는 것으로 가정했기 때문에 이와 같은 상쇄효과가 무시되고 있으며, 따라서 조세증가의 효과를 과대 평가하게 된 것이다. 조세의 감소는 조세증가의 경우와 반대의 효과를 가져온다. *IS* 곡선을 우측으로 이동시키고, 소득과 이자율은 상승한다. 마찬가지로 정부지출 감소도 위에서 설명한 정부지출 증가의 경우와 반대의 효과를 가져온다.

그림 10-17 정부지출의 증가가 동일한 액수의 조세징수를 통하여 이루어질 경우 소득에 미치는 효과

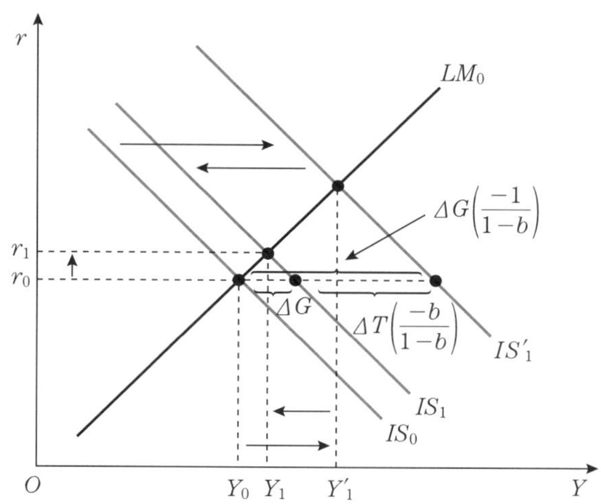

IS-*LM* 곡선 모형에서도 균형예산 승수, 즉 정부지출의 변화가 동일한 액수의 조세의 변화를 수반하면서 이루어질 경우의 승수($\Delta Y/\Delta G + \Delta Y/\Delta T$)와 유사한 결과를 도출할 수 있다. [그림 10-17]은 정부지출 증가가 소득에 미치는 효과를 설명하고 있다.

앞에서 마찬가지로 정부지출의 증가는 [그림 10-17]에서 *IS* 곡선을 IS_0에서 IS'_1으로 우측 이동시킨다. 곡선이 이동한 수평거리는 그림에서 보는 바와 같이 $\Delta G(1/1-b)$이 된다. 조세의 증가는 *IS* 곡선을 $\Delta T(-b/1-b)$만큼 다시 좌측으로 이동시킨다. 다시 말해 ΔT와 ΔG는 같으므로 $\Delta G(-b/1-b)$만큼 좌측으로 이동시킨다. [그림 10-17]에서 이것은 IS_1'에서 IS_1까지의 이동으로 나타나고 있다. 여기에서 주목해야 할 중요한 사실은 최초에 정부지출의 증가가 원인이 되어 우측으로 이동한 *IS* 곡선은 조세의 증가에 의해 단지 부분적으로만 상쇄된다는 사실이다. 즉, 순이동효과로 보면 결국 *IS* 곡선은 정부 균형예산의 증가 (ΔG)만큼 우측으로 이동한 셈이 된다. 이것은 균형예산 승수와 일치되는 결과이다.

$$\Delta G\left(\frac{1}{1-b}\right) + \Delta G\left(\frac{-b}{1-b}\right) = \frac{\Delta G - b\,\Delta G}{1-b} = \Delta G\left(\frac{1-b}{1-b}\right) = \Delta G \qquad (10-24)$$

그러나 앞에서 살펴본 다른 재정정책과 마찬가지로 소득의 실제적인 변화는 IS 곡선의 수평이동거리보다 작을 것이며, 따라서 여기서의 승수의 값이 1이었던 단순한 모형의 그것보다 더 작은 것으로 나타나게 된다. [그림 10-17]에서 보는 바와 같이 IS 곡선의 IS_0에서 IS_1으로의 순이동으로 인해 소득은 Y_1으로 상승하여 그 상승폭은 ΔG보다 작을 것이고 이자율은 r_1으로 상승하게 된다. 앞에서 살펴본 확장적 재정정책의 경우에서와 마찬가지로 화폐시장이 균형을 유지하기 위해서는 소득이 증가함에 따라 이자율이 상승해야만 한다. 이로 인해 투자수요가 감소됨으로써 단순한 케인지언 모형에서보다 소득이 더 적게 증가하게 된다.

요약하면 단순한 케인지언 모형의 경우처럼 정부지출의 변화는 조세의 변화보다 소득에 더 큰 효과를 미친다. 따라서 적자를 일정하게 유지하게 하는 예산규모의 변화는(즉, 정부지출과 조세의 변화가 같으면) 정부예산 규모의 변화와 같은 방향으로 소득을 변화시킨다.

재정정책 변수만이 IS 곡선을 이동시킬 수 있는 유일한 요인은 아니다. 산출량에 대한 모든 총수요의 자발적인 변화를 들 수 있으며 이것은 이자율의 각 수준에 해당하는 투자수준을 전체적으로 이동시킴을 의미한다. 예를 들면 만약 어떤 외생적인 사건이 일어난 결과 투자사업의 예상이윤이 변화하는 경우가 이에 해당한다.

[그림 10-18](a)는 투자수요가 자발적으로 감소하는 경우의 효과를 나타내주고 있는데, 최초의 투자곡선은 $I_0(r)$이다. $\Delta\bar{I}$ 만큼의 자발적인 투자의 감소는 투자곡선을 $I_1(r)$로 좌측으로 이동시켜 모든 이자율 수준하에서의 투자수준을 감소시킨다. [그림 10-18](b)에서는 이와 같은 자발적이 투자수요의 감소가 IS 곡선을 IS_0에서 IS_1으로 좌측 이동시킨다는 사실을 보여주고 있다. 따라서 소득은 Y_0에서 Y_1으로 감소하며 이자율은 r_0에서 r_1으로 하락한다. 소득이 감소한 이유는 원래의 이자율 수준하에서 투자수요가 I_0에서 I_1'까지 감소했기 때문이다. 소득이 감소함에 따라 소비지출의 감소가 유발된다. 여기서의 이자율 하락도 마찬가지로 소득에 의해 유발된 것이다. 즉, 소득의 감소가 화폐의 수요를 감소시키고 채권의 수요를 증대시킴으로써 이자율을 하락시켰다는 것이다. 이자율의 감소는 투자로 하여금 그 본래의 수준 쪽으로 약간 되돌아가도록 하는 효과를 가진다. 새로운 균형상태하에서의 투자수요는 이자율이 하락한 결과 그림 (a)에서 보는 바와 같이 I_1'에서 I_1으로 증가한다.

그림 10-18 투자수요가 자발적으로 감소하는 경우의 효과

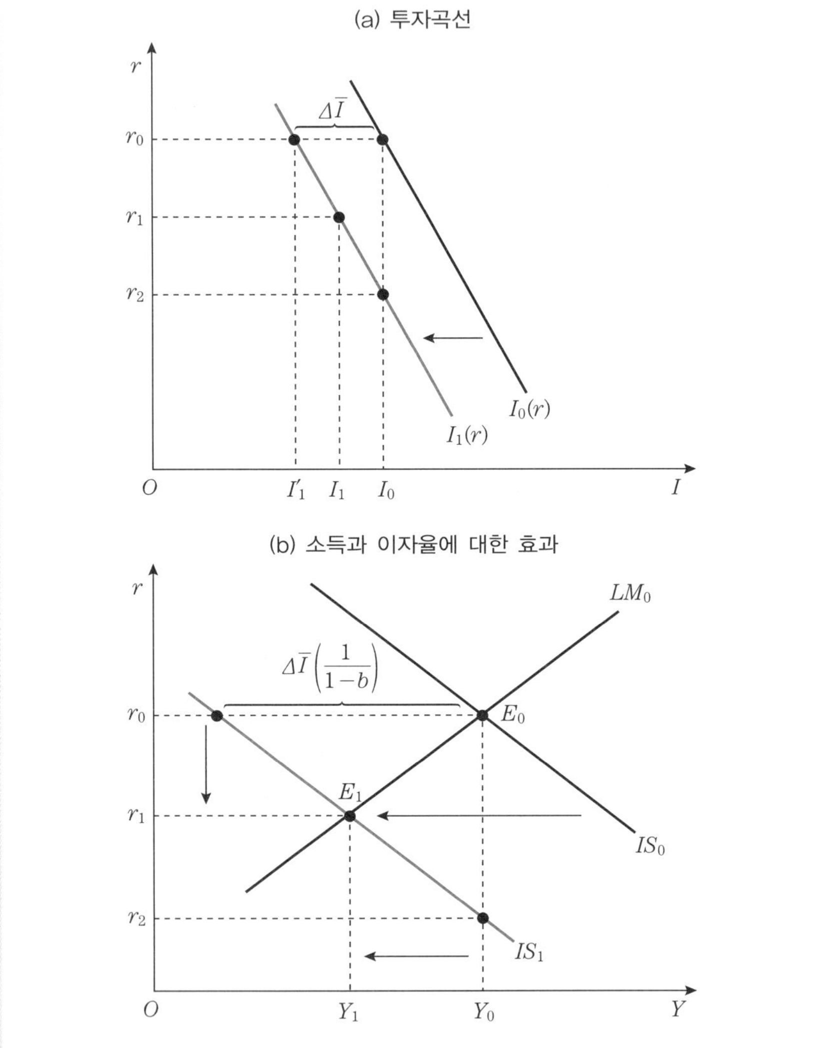

투자의 자발적인 감소가 초래하는 효과를 *IS–LM* 형태의 케인지언 모형과 고전학파 모형을 사용하여 비교해 보면 흥미로운 사실을 발견할 수 있다. 고전학파 모형에서는 이자율이 투자수요의 변화로 하여금 총수요에 영향을 미치지 않도록 안정화 역할을 수행한다. 즉, 총수요를 그 본래의 수준으로 회복시킬 만큼 이자율이 충분히 하락하는 것이다. 그러나 *IS–LM* 모형에서는 이자율의 조정이 안정화 역할을 수행하지만 완전하지는 못하

다. 투자의 자발적인 감소가 있을 때 소득이 불변이기 위해서는 이자율이 그림 (b)에서 r_2수준으로 하락해야 한다. 새로운 *IS* 곡선인 IS_1상에서 볼 때 r_2의 이자율 수준하에서 소득이 원래의 수준인 Y_0가 된다. 그림 (a)에서 보듯이 r_2의 이자율은 투자를 원래의 수준 I_0로 회복시킬 만큼 충분히 하락된 이자율이다. 그러나 이자율은 오직 r_1까지만 하락하기 때문에 투자수요의 자발적인 감소를 완전히 상쇄하지는 못하게 된다.

이자율이 r_2의 수준까지 하락하여 완전히 상쇄되는 경우가 하나 있다. 그것은 *LM* 곡선이 수직일 경우이다. *LM* 곡선이 수직이 되면 *IS* 곡선이 IS_0로부터 IS_1으로 이동하여도 수직의 *LM* 곡선을 따라 내려오므로 새로운 균형상태에서도 소득은 원래의 Y_0에 머물게 되며 이자율은 r_2가 되는 것이다.

2. 재정정책과 통화금융정책의 상대적인 유효성

앞에서는 [표 10-1]에 요약되어 있는 바와 같이 *IS*-*LM* 모형 내에서의 재정정책과 통화금융정책의 질적 효과를 검토하였다. [표 10-1]에서 볼 수 있듯이 재정정책이나 통화금융정책의 수단은 모두 소득수준에 영향을 미치는데 사용될 수 있다. 여기서는 이 두 가지 정책의 상대적인 유효성을 검토해 보기로 하자. *M*은 화폐공급, *G*는 정부지출 수준, *T*는 조세이다. 여기서 +표시는 정책수단의 변화가 *Y* 혹은 *r*을 동일방향으로 움직이게 한다는 것을 나타내고 −표시는 반대방향으로 움직임을 나타낸다. 유효성이란 정책변수의 일정한 변화가 소득에 미치는 영향의 크기를 의미한다. 정책효과의 예측가능성이라든지 그 속도와 같은 거시경제 정책의 유효성 문제에 관련된 여러 가지 추가적 문제가 있지만 이것은 나중에 다시 설명하기로 한다. 각종 통화금융 및 재정정책의 유효성은 *IS* 및 *LM* 곡선의 기울기에 의존하게 되는데 이들 기울기는 다시 모형의 어떤 형태적 매개변수에 의해서 결정된다.

표 10-1 재정정책 변수와 통화금융정책 변수의 영향

효과의 대상	*M*	*G*	*T*
Y	+	+	−
r	−	+	+

(1) 정책의 유효성과 IS 곡선의 기울기

먼저 IS 곡선의 기울기가 재정정책과 통화금융정책의 유효성에 어떻게 영향을 미치는가를 살펴보기로 하자. 앞서 살펴본 바와 같이 IS 곡선의 기울기를 결정하는 중요한 매개변수는 투자의 이자율 탄력성이다. 만일 투자수요가 매우 이자율 탄력적이라면, 즉 일정한 이자율의 상승이 투자를 대폭 감소시킨다면, IS 곡선은 비교적 평평하게 되겠지만, 투자수요의 이자율 탄력성이 낮으면 낮을수록 IS 곡선은 가파른 기울기를 가진다.

그뿐만 아니라 우리가 앞으로 LM 곡선의 기울기를 갖는 정책의 유효성에 대한 영향을 고려할 때에도 다음과 같이 설명을 하고자 한다. 먼저 IS 곡선의 기울기가 가파를 때와 평평할 때의 소득에 대한 재정정책과 통화금융정책의 효과를 각각 비교한다. 여기서 고려하는 통화금융정책은 통화량의 증가이고, 재정정책은 정부지출의 증가이다. 조세의 변화와 정부지출의 변화는 그 중 하나가 유효하면 다른 하나도 유효하게 되고 하나가 유효하지 않으면 다른 하나도 유효하지 않게 된다. 따라서 조세정책의 유효성에 관해서는 별도로 설명하지 않아도 좋다고 본다.

재정정책이 효과적인지 비효과적인지를 알아보는 자료로서 우리는 단순한 케인지언 모형에서 예측된 소득에 대한 효과와 IS-LM 곡선 모형에서의 효과를 비교하기로 한다. IS-LM 곡선 모형은 단순한 케인지언 체계에 화폐시장을 추가시키고 있기 때문에 재정정책이 소득결정의 주요 결정요인이라고 보는 단순한 케인지언 체계에서의 효과와 IS-LM 모형에서의 재정정책의 효과를 비교함으로써 우리는 화폐시장의 추가가 단순한 케인지언 체계의 결론을 어떻게 수정시키는지 알 수가 있다. 재정정책으로 인해 이동한 IS 곡선과 최초의 IS 곡선과의 수평거리는 단순한 케인지언 모형에서의 소득에 대한 효과와 동일하게 된다. 즉, 정부의 지출증가에 대해서 $\Delta Y = \Delta G(1/1-b)$이다. 따라서 앞으로 그래프를 이용해 재정정책의 유효성을 평가하고자 하는 경우 IS 곡선의 수평이동거리와 실제로 소득이 변화한 크기를 비교하면 된다.

통화금융정책의 유효성을 평가하기 위해서는 통화량의 변화가 초래한 소득변화의 크기와 LM 곡선이 수평으로 이동한 거리를 비교하게 된다. 통화량이 변화할 때 LM 곡선이 수평으로 이동한 거리는 $\Delta M(1/c_1)$과 같다. 단, 여기서 c_1은 화폐 수요함수식 (10-2)에서의 소득의 계수이다. 이 계수

c_1은 소득의 단위 증가당 화폐수요의 증가량을 나타낸다. 따라서 모든 새로운 화폐잔고가 소득의 증대로 인해 유발되는 거래적 화폐수요에 충당된다고 한다면 $\Delta M(1/c_1)$은 통화량의 증가로 인한 소득의 증가를 나타낸다. 이것은 이자율이 일정하다고 했을 때의 소득의 증가를 나타내고, 따라서 이것은 *LM* 곡선의 수평이동거리를 나타낸다. 이 거리는 통화량이 증가했을 경우에 일어날 수 있는 최대의 소득증가량을 말해 준다.

1) 통화금융정책의 유효성과 *IS* 곡선의 기울기

[그림 10-19](a)에서는 기울기가 다른 두 *IS* 곡선에 대한 통화량의 증가효과를 설명하고 있다. 각 경우에 통화량의 증가는 *LM* 곡선을 LM_0에서 LM_1으로 이동시킨다. 그림 (a)에서 *IS* 곡선은 기울기가 가파른데 이것은 투자수요의 이자율 탄력성이 낮다는 사실을 반영하고 있다. 그래프에서 볼 수 있듯이 이 경우에 통화금융정책은 비교적 비효율적이다. 통화량이 증가해도 소득은 아주 조금 증가하게 된다.

그림 (b)에서 *LM* 곡선의 기울기는 그림 (a)에서와 동일하다. *LM* 곡선 간의 수평거리는 $\Delta M(1/c_1)$으로 이것은 정책의 규모가 그림 (a)의 경우와 같음을 의미한다. 두 그림의 유일한 차이는 *IS* 곡선의 기울기이다. *IS* 곡선이 훨씬 평평하게 그려진 그림 (b)는 높은 투자수요의 이자율 탄력성을 반영한다. 그림에서 보듯이 *IS* 곡선이 평평할수록 통화금융정책은 더욱 효과적으로 된다.

두 그래프에서 나타난 통화금융정책의 효과의 차이가 뜻밖의 것은 아니다. *IS*–*LM* 곡선 모형 내에서는 통화금융정책은 이자율을 낮추고 투자수요를 자극시킴으로써 소득에 영향을 미친다. 따라서 만일 투자수요가 그림 (a)에서 가정한 대로 이자율의 변화에 거의 영향을 받지 않는다면 통화금융정책은 비효율적이 된다. 그리고 투자의 이자율 탄력성이 매우 큰 것으로 가정된 그림 (b)에서는 통화금융정책의 효과가 더 크게 된다. 여기서 첫 번째 결론은 *IS* 곡선이 급경사일 때, 즉 투자가 이자율 비탄력적일 때 통화금융정책은 효과가 별로 없다는 것이다. 통화금융정책은 투자의 이자율 탄력성이 높을수록, 즉 *IS* 곡선이 평평할수록 더욱 효과적이다.

이제 *IS* 또는 *LM* 곡선의 기울기에 대한 몇 가지 극단적인 경우를 고찰해 보자. 가장 먼저 고려할 극단적인 경우는 *IS* 곡선이 수직인 경우이다. 앞에서 설명했듯이 만약에 투자가 이자율의 변화에 완전히 둔감하다면(이자

그림 10-19 통화금융정책의 효과와 *IS* 곡선의 기울기

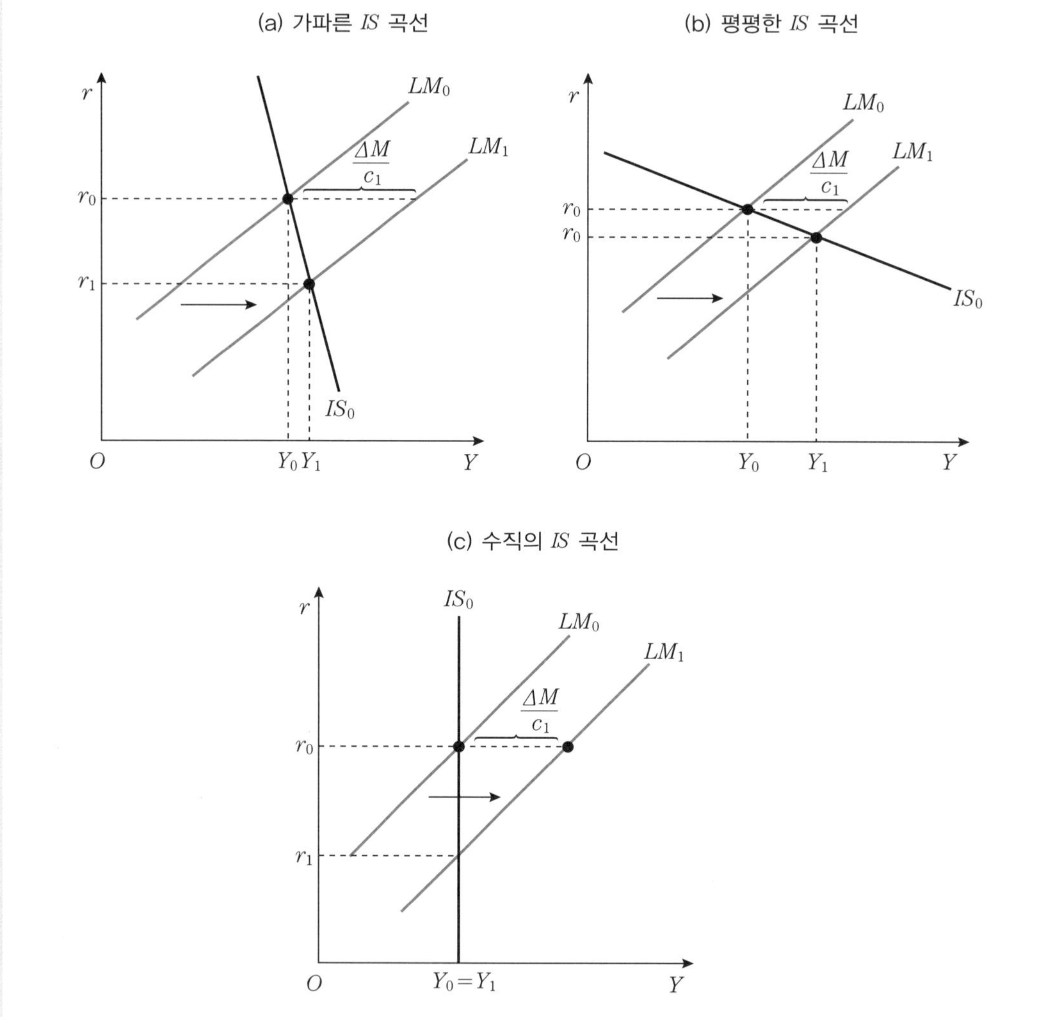

율 탄력성이 0이면) *IS* 곡선은 수직이 된다. 이 경우에 통화량의 증가가 초래하는 효과는 그림 (c)에서 살필 수 있다. 만일 그래프에서 보는 것처럼 *IS* 곡선이 수직이라면 통화량의 증가는 단순히 *LM* 곡선은 *IS* 곡선을 따라 아래로 이동시키는 결과를 낳는다. 이자율은 화폐수요가 증가하여 화폐시장의 균형이 다시 회복될 만큼 충분히 떨어지지만 소득이 불변이다. 소득이 증가하려면 통화량의 증가와 이에 따른 이자율의 하락이 투자수요를 자극해야 한다. 그러나 *IS* 곡선의 기울기가 급하면 급할수록, 즉 이 극단적

인 경우에 가까워질수록 통화금융정책의 효과는 점점 작아지게 될 것임을 분명히 알 수 있다.

2) 재정정책의 유효성과 *IS* 곡선의 기울기

[그림 10-20](a)와 (b)에서는 *IS* 곡선의 기울기가 가파른 경우와 비교적 평평한 경우에 대한 정부지출의 효과를 각각 보여주고 있다. 두 경우 모두

그림 10-20 재정정책의 효과와 *IS* 곡선의 기울기

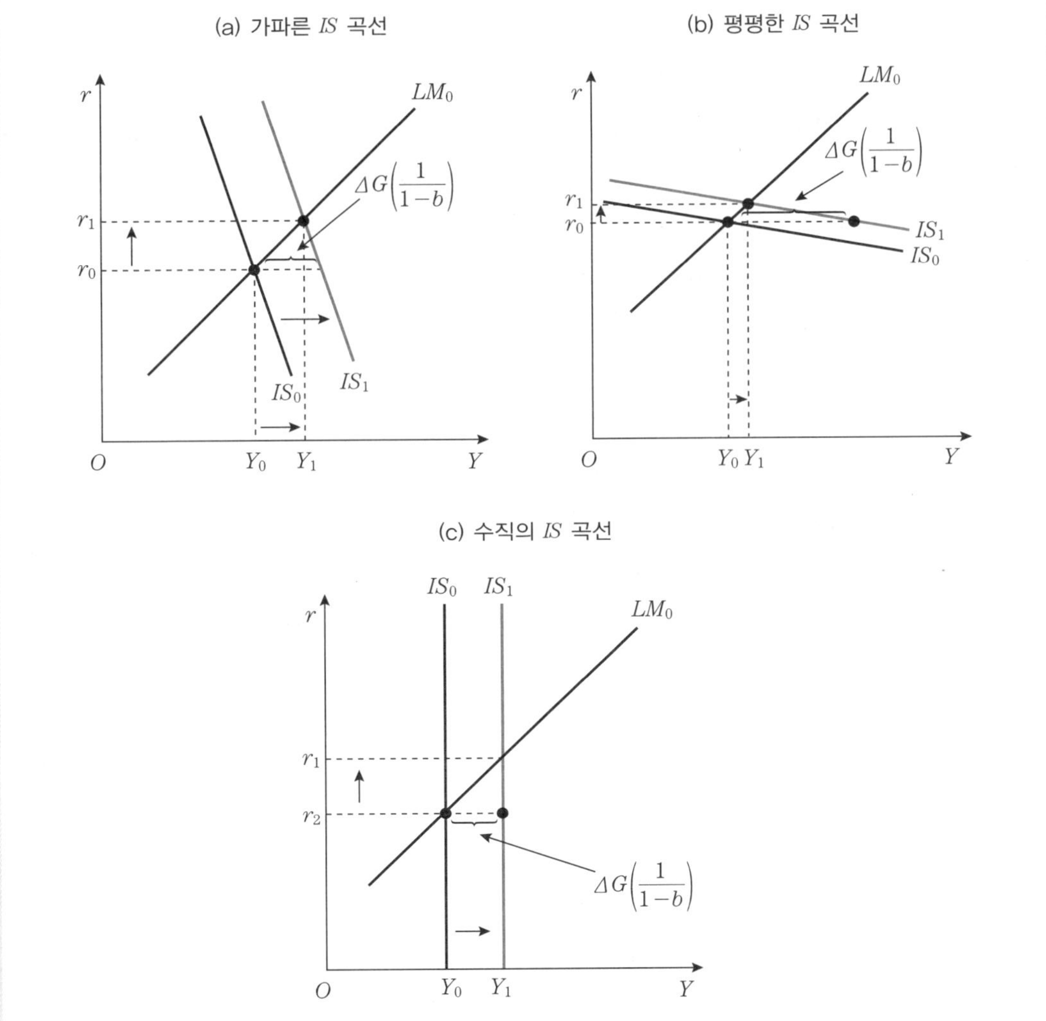

정부지출 증가는 *IS* 곡선을 IS_0에서 IS_1으로 이동시킨다. 두 *IS* 곡선의 수평거리, 즉 $\Delta G(1/1-b)$는 그림에서 보는 바와 같이 두 경우가 동일한데, 이것은 단순한 케인지언 모형에서의 자발적 지출승수는 물론 정책의 규모도 동일함을 의미한다. 이 그래프에서 알 수 있듯이 재정정책은 그림 (a)와 같이 *IS* 곡선이 가파른 경우에 더욱 효과적이다.

IS 곡선이 가파른 경우는 투자가 비교적 이자율 비탄력적인 경우이다. 따라서 투자가 이자율에 민감하지 않을수록 일정한 재정정책의 효과는 더 커지게 됨을 알 수 있다. 왜 그렇게 되는지를 알기 위해서 정부지출이 증가된 후 새로운 균형에 도달하는 과정에 이자율이 수행하는 역할을 살펴보자. 정부지출이 증가함에 따라 소득이 증가하므로 화폐시장의 균형이 유지되기 위해서는 이자율이 상승해야 한다. 이 이자율의 상승은 투자를 감소시킴으로써 정부지출 증가의 확장효과를 부분적으로 상쇄시킨다. *IS*-*LM* 곡선 모형에서 소득의 반응이 단순한 케인지언 체계에서의 승수를 갖는 효과에 미치지 못하는 이유는 바로 이 이자율의 상승에 의해 유발되는 투자의 감소 때문이다. 즉 소득은 *IS* 곡선의 수평 이동거리보다 적게 상승한다.

종종 구축효과(밀어내기 효과)로 표현되는 투자에 있어서의 이러한 효과는 얼마나 중요한 것인가? 이러한 민간투자의 구축효과가 얼마나 중요한가 하는 문제는 *IS* 곡선의 기울기에 달려 있다. 그림 (a)에서 가정된 것처럼 만일 투자가 이자율의 변화에 별로 민감하지 않다면 이자율의 증가는 투자를 조금만 하락시킬 것이고, 소득은 거의 *IS* 곡선의 수평 이동거리만큼 상승하게 될 것이다. 반대로 그림 (b)에서 가정된 것처럼 투자가 이자율에 매우 민감하다면 이자율의 상승은 실제로 투자를 상당히 많이 감소시킬 것이며, 소득의 증가도 단순한 케인지언 모형의 경우에서보다 상대적으로 감소된다.

[그림 10-20](c)에서 나타나고 있는 수직의 *IS* 곡선의 경우에 투자는 이자에 대한 완전히 비탄력적이다. 정부지출의 증가가 이자율을 상승시키지만 투자를 감소시키지는 않는다. 소득은 *IS* 곡선의 수평이동거리만큼 증가한다. 이 경우에 민간투자 지출에 대한 구축효과가 전혀 없기 때문에 단순한 케인지언 모형은 재정정책의 효과를 과대평가하지 않는다.

IS 곡선의 기울기가 가파를 때(투자의 이자율 탄력성이 낮을 때)는 재정정책의 효과가 큰 반면에 *IS* 곡선이 평평할 때(투자의 이자율 탄력성이 높을 때)는 통화금융정책의 효과가 크다. 이것은 정책의 효과가 전달되는 과정에서

이자율이 담당하는 역할이 각각 상이한 데에 기인한다. 통화금융정책은 이자율의 변화를 통하여 소득에 영향을 준다. 따라서 다른 조건이 일정하다면 총수요에 대한 이자율의 효과가 크면 클수록 주어진 통화금융정책의 효과는 크게 될 것이다. 재정정책의 경우에 이자율의 변화는 재정정책의 효과를 상쇄시킨다. 투자의 이자율 탄력성이 더 크다는 것은 결국 정부지출의 확장적 효과의 더 많은 부분이 이자율 상승에 따르는 투자감소에 의해 상쇄될 것임을, 즉 구축효과가 더 클 것이라는 사실을 의미한다. 다른 조건이 일정하다면 재정정책은 투자의 이자율 탄력성이 낮을수록 더 효과적으로 된다.

(2) 정책의 유효성과 *LM* 곡선의 기울기

LM 곡선의 기울기가 화폐수요의 이자율 탄력성에 의존한다는 사실을 앞에서 살펴본 바와 같다. 화폐수요의 이자율 탄력성이 높으면 *LM* 곡선의 기울기는 상대적으로 평평하게 된다. 그리고 화폐수요의 이자율 탄력성의 값이 낮아질수록 *LM* 곡선은 점점 가파르게 된다. 만약 화폐수요가 이자율에 완전 비탄력적이라면(이자율 탄력성 0이면) *LM* 곡선은 수직이 된다. 여기에서는 통화금융 및 재정정책의 효과가 *LM* 곡선의 기울기, 즉 화폐수요의 이자율 탄력성에 따라서 어떻게 변화하는가를 살펴보기로 한다.

1) 재정정책의 효과와 *LM* 곡선의 기울기

[그림 10-21]은 *LM* 곡선의 기울기에 관한 세 가지 가정을 통하여 정부지출의 증가가 어떠한 영향을 미치는가를 설명하고 있다. *LM* 곡선은 그림 (a)에서는 매우 평평하고, 그림 (b)에서는 급경사이며, 그림 (c)에서는 수직이다. 각 경우마다 정부지출의 증가는 *IS* 곡선을 IS_0에서 IS_1으로 이동시킨다. *IS* 곡선의 기울기는 각 그래프마다 동일하다. 정부지출 증가의 크기 또한 같다. 그래프에서 볼 수 있듯이 재정정책이 소득에 미치는 효과는 *LM* 곡선이 비교적 평평할 때 가장 크며, *LM* 곡선이 급경사일 때 가장 작다. *LM* 곡선이 수직인 극단인 경우에 있어서는 정부지출의 증가는 균형소득에 아무런 영향을 미치지 못한다. 재정정책은 *LM* 곡선이 비교적 수평인 경우, 즉 화폐수요의 이자율 탄력성이 높을 때 가장 효과적이다.

이것은 재정정책의 변화에 따르는 이자율의 조정이 투자에 미치는 효과와 관련되어 있는 문제이다. 정부지출의 증가는 소득을 증가시킨다. 소득

그림 10-21 재정정책의 효과와 LM 곡선의 기울기

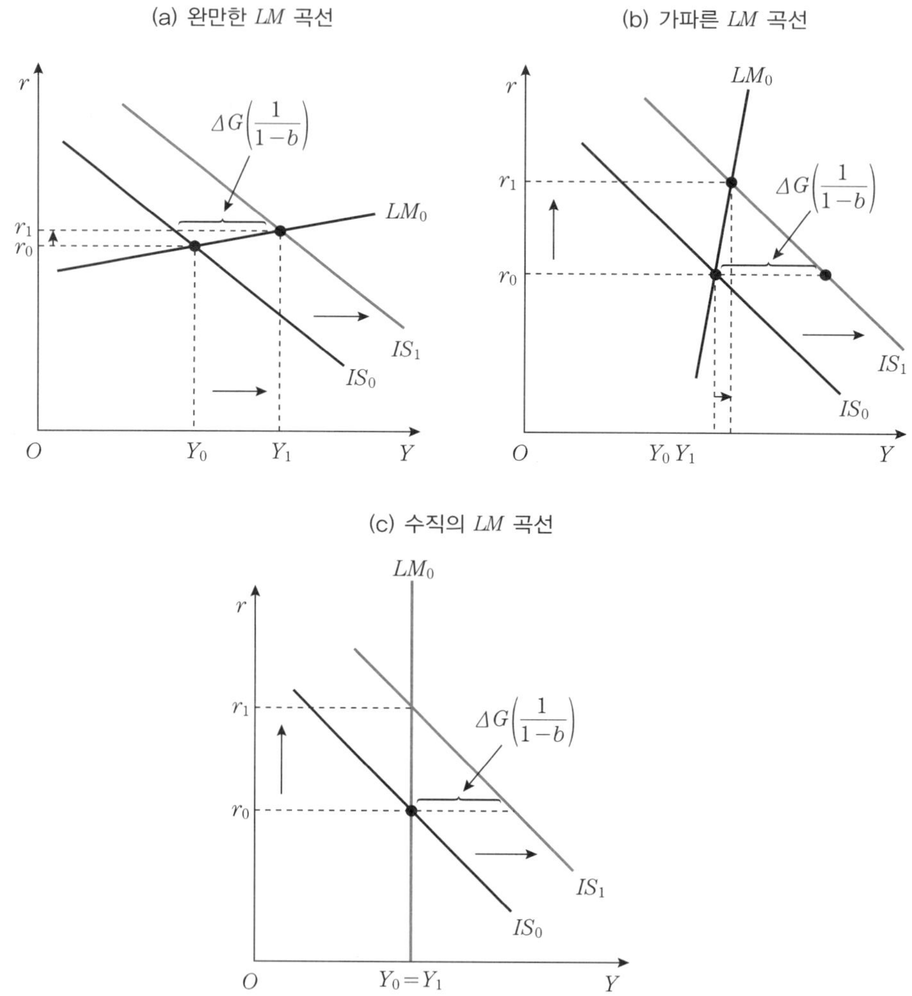

이 증가함에 따라 거래적 동기의 화폐수요가 증가하고, 화폐량이 변화하지 않은 상태에서 화폐시장이 다시 균형이 되기 위해서는 이자율이 상승해야만 하는 것이다. 이자율의 상승은 투기적인 화폐수요를 낮추고 개인과 기업의 거래적 화폐잔고의 사용을 절약하도록 만든다. 만일 화폐수요가 이자율 변화에 매우 민감하다면, 화폐시장이 균형을 회복하기 위해서는 이자율이 조금만 상승하여도 무방할 것이다. 그림 (a)는 바로 이 경우를 나타내고 있는데, 여기서 이자율은 r_0에서 r_1으로 조금만 상승하였다. 이 경우 이자율이 오직 조금만 상승하게 되므로 다른 조건이 동일하다면 이 이자율의 상승에 따른 투자의 감소는 적게 된다. 사적 투자의 구축효과가 비교적 작기 때문에 소득은 거의 *IS* 곡선의 수평 이동거리만큼 상승한다.

화폐수요가 비교적 이자율 변화에 비탄력적인 그림 (b)의 경우에는 소득의 증가에 따라 화폐시장이 다시 균형이 되기 위해서는 보다 높은 이자율의 상승(r_0에서 r_1만큼)이 필요하다. 이러한 높은 이자율의 상승은 투자수요를 더욱 감소시키고, 정부지출의 소득 확장효과를 보다 많이 상쇄시키게 된다. 따라서 급경사의 *LM* 곡선의 경우에는 소득증가가 *IS* 곡선의 수평이동거리보다 더 작아지게 된다.

만약 화폐수요가 이자율의 변화에 완전비탄력적이라면 그림 (c)의 경우에 거래적 화폐수요와 고정된 통화량이 같아지는 수준에서의 소득수준만이 균형수준이 된다. 정부지출 증가에 의한 총수요의 증가는 주어진 이자율하에서는 소득에 상승압력을 가하게 된다. 따라서 상품에 대한 초과수요가 존재한다(G는 높아지고 C와 I는 불변). 그러나 소득을 증가시키려는 노력 또는 일시적인 소득의 증가는 거래적 화폐잔고의 수요를 증대시키고 이자율을 상승시킨다. 그러나 사실상 균형소득은 Y_0 수준보다 더 높아질 수 없다. 왜냐하면 이자율이 아무리 증가하여도 더 높은 소득수준하에서 화폐시장을 다시 균형시킬 수가 없기 때문이다. 높은 소득수준의 유지에 필요한 거래적 화폐잔고를 획득하려는 노력은 경제 전체적으로는 달성할 수 없으며, 따라서 이것은 총수요가 최초의 이자율 수준으로 돌아가기에 충분할 정도로 상승시킨다. 이러한 상황이 그림 (c)의 이자율 r_1하에서 일어나고 있다. 바로 이 이자율하에서 민간투자는 정부지출 증가와 같은 양만큼 감소되었다. 이 경우에 있어서의 구축효과는 완전하다.

위에서 우리는 *LM* 곡선이 수직인 경우를 고전학파적인 경우로 보았다. 왜냐하면 고전학파 경제학자들은 화폐수요가 이자율에 의존한다는 사실을 체계적으로 설명하지 못하였기 때문이다. 그들은 묵시적으로 화폐수요가 완전히 이자율 비탄력적이라고 가정한 것이다. 비록 우리가 사용한 모형이 다른 측면에서 케인지언 특성을 가졌다고 하더라도 이 고전학파적인 경우의 재정정책에 대한 결론은 지극히 고전학파적인 특성을 띠고 있다. 정부지출의 증가가 이자율에 영향을 미치지만 소득수준에는 영향을 미치지 않으므로 구축효과는 완전하다.

재정정책에 의한 자발적 지출의 변화가 소득에 영향을 미친다는 케인지언 이론의 필수적인 요소는 화폐수요가 이자율에 의존한다는 신념이다. 이러한 신념은 채권을 대신하여 부를 저장할 수 있는 하나의 자산으로서의 화폐의 기능을 고려함으로써 이루어졌다. 고전학파 경제학자들은 거래적 목적에 사용되는 화폐에만 초점을 맞추었으며, 따라서 화폐수요의 결정에서 이자율의 역할을 무시하였다. 이제까지 논의로부터 우리는 화폐수요와 이자율 간의 관계에 대한 케인즈의 이론이 총수요의 자발적인 변화가 어떻게 소득에 영향을 미치는가 하는 그의 이론에서 가장 중요한 위치를 차지하고 있음을 알 수 있다.

2) 통화금융정책의 효과와 *LM* 곡선의 기울기

[그림 10-22]는 앞서 고려한 가정과 같이 *LM* 곡선에 관한 세 가지 가정하에서 통화량의 증가가 미치는 효과를 나타내고 있다. 그림 (a)에서 *LM* 곡선은 비교적 평평하다. 그림 (b)의 *LM* 곡선은 비교적 수직에 가깝고, 그림 (c)에서 *LM* 곡선은 수직이다. 각각의 경우에는 통화량의 증가는 *LM* 곡선을 LM_0에서 LM_1으로 동일한 거리만큼 이동시켰다. 즉 모든 그래프에서 *LM* 곡선을 정확하게 수평으로 $\Delta M/c_1$만큼 이동시켰다. 이 그림에서 알 수 있듯이 통화금융정책은 *LM* 곡선이 비교적 완만한(화폐의 이자율 탄력성이 높은) 그림 (a)에서 가장 효과적이지 못하다. 통화량의 증가로 인한 소득효과는 화폐의 이자율 탄력성이 작은 그림 (b)에서 더욱 크며, 화폐수요의 이자율 탄력성이 0이고 *LM* 곡선이 수직인 그림 (c)에서 가장 크다.

그 이유는 각 경우에서 통화량의 증가로 인한 이자율의 하락폭을 비교해 봄으로써 알 수 있다. 최초의 소득수준과 이자율하에서 화폐공급이 증가하면 화폐의 초과 공급을 초래하여 이자율을 하락시킨다. 이 이자율의 하락은 투자와 소득을 증대시키게 된다. 이 이자율의 하락은 이자율이 낮아지고 소득이 증대됨에 따라 증가되는 화폐수요가 증가된 화폐공급과 같아지는 점까지 계속된다.

화폐수요가 이자율에 매우 탄력적인 그림 (a)에서는 이렇게 되기 위해서는 이자율이 조금만 하락해도 된다. 따라서 이 경우에는 투자의 증가와 이에 따른 소득의 증가가 작게 나타나게 된다. 화폐수요의 이자율 탄력성이 높을 때에는 이자율이 하락함에 따라 개인은 투기적 화폐잔고를 크게 증가시키고 거래적 화폐잔고를 감소시킨다. 새로 발행된 화폐의 대부분은 바로 이러한 투기적 목적을 위해 사용되고 상대적으로 작은 양의 새로운 화폐가

그림 10-22 통화정책의 효과와 LM 곡선의 기울기

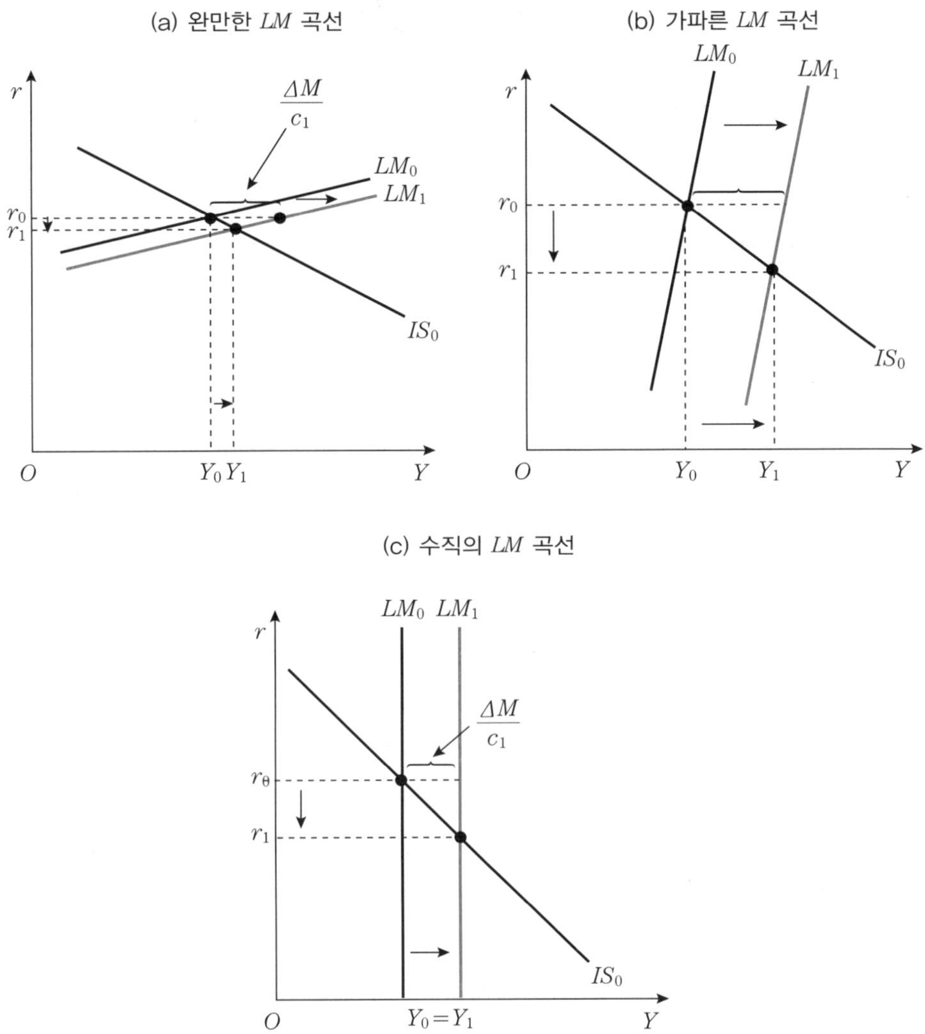

높은 소득수준에서 요구되는 거래목적의 잔고로서 보유된다.

그림 (b)에서는 화폐수요의 이자율 탄력성이 낮고 따라서 통화량의 증가에 따라 화폐시장이 균형되기 위해서는 이자율이 상당히 큰 폭으로 하락해야 한다. 따라서 투자나 소득은 보다 크게 증가한다. 화폐수요가 완전히 이자율 비탄력적인 그림 (c)에서도 화폐공급이 증가함에 따라 이자율은 하락한다. 이 때 이자율의 하락 자체는 화폐수요의 증가나 화폐시장의 균형을 회복시키는 것과는 관계가 없다. 왜냐하면 이 경우 화폐수요는 이자율에 의존하지 않기 때문이다. 그러나 이자율의 하락은 투자나 소득을 증가시키게 된다. 이 소득의 상승과정은 모든 새로운 화폐가 추가적인 거래잔고로 흡수될 때까지 계속된다. 이 때의 소득증가분은 주어진 통화량의 증가에 대하여 가능한 최대의 수준이 될 것이다. 왜냐하면 새로운 화폐잔고 전부가 결국 높은 소득수준에서 필요한 거래잔고로 흡수되기 때문이다. 즉 새로운 화폐의 어느 부분도 이자율이 하락함에 따라 주어진 소득수준하에서 거래적 화폐잔고의 보유를 더 이상 증가시키는 경향이 없다.

요약하면 일정한 통화량의 증가가 소득수준에 미치는 효과는 화폐수요의 이자율 탄력성이 낮을수록 더 크게 된다. *IS* 곡선에 대해 설명했을 때와 마찬가지로 여기서도 통화금융정책이 가장 효과적인 때는 재정정책이 가장 비효과적임을 알 수 있다. 화폐수요의 이자율 탄력성이 낮아지면 통화금융정책의 효과는 증대된다. 재정정책은 화폐수요의 이자율 탄력성이 높을수록 더욱 효과적이다. 이자율 조정의 기능이 각각 상이한 데서 비롯되는 것이다. 이자율에 반응이 커질수록 정책의 효과는 더 커지게 된다. 우리가 그림에서 보았듯이 이자율의 반응은 화폐수요의 이자율 탄력성이 낮을 때(즉, *LM* 곡선의 기울기가 급경사일 때) 가장 크게 된다.

이자율의 반응이 정책효과의 일부를 상쇄시키는 재정정책의 경우에는 투자의 구축효과에 의한 상쇄가 있기 때문에 이자율 반응이 낮을수록 소득에 미치는 효과는 크며 화폐수요의 이자율에 대한 재정정책의 효과를 감소시킨다. 따라서 재정정책은 화폐수요의 이자율 탄력성이 높을 때(즉 *LM* 곡선이 완만할 때) 가장 효과적이다. [표 10-2]는 *IS* 및 *LM* 곡선의 기울기와

표 10-2 재정 및 통화금융정책의 상대적 유효성과 *IS* 및 *LM* 곡선의 기울기

통화금융정책

	IS 곡선	*LM* 곡선
가파를 때	비효과적	효과적
완만할 때	효과적	비효과적

재정정책

	IS 곡선	*LM* 곡선
가파를 때	효과적	비효과적
완만할 때	비효과적	효과적

재정 및 통화금융정책의 효과간의 관계분석을 요약한 것이다.

제 4 절 *IS–LM* 모형에서의 통화금융 및 재정정책 승수

1. 소득에 대한 통화금융 및 재정정책의 효과

제2절에서 소득과 이자율의 균형치 Y_0와 r_0를 *IS–LM* 곡선 모형에서 다음과 같이 유도하였다.

$$Y_0=\left(\frac{1}{(1-b)+i_1c_1/c_2}\right)\times\left[a+\bar{I}+G-bT+\frac{i_1}{c_2}(M^S-c_0)\right] \qquad (10-25)$$

$$r_0=\left(\frac{1}{(1-b)+i_1c_1/c_2}\right)\times\left[\frac{(1-b)}{c_2}(c_0-M^S)+\frac{c_1}{c_2}(a+\bar{I}+G-bT)\right] \qquad (10-26)$$

이 두 방정식을 이용하여 모형 내의 어떤 외생변수가 변화할 때 이자율과 소득이 변하는지 살필 수 있다. 이는 *IS–LM* 곡선이 이동함에 따라 제1절에 나오는 모든 그래프상의 두 균형치가 어떻게 변화하는가를 수리적으로 파악하는 것이다. 본절에서는 식 (10–25)에서 사용되고 있는 정책변수가 변화함에 따라 소득이 어떻게 변화하게 되는가를 수식을 나타내려 한다.

(1) 재정정책

첫 번째 예로서 정부지출이 변화할 때 균형소득이 어떻게 변화하는지 살펴보자. 식 (10–25)에서 다른 모든 외생변수의 값은 일정하고 단지 G만이 변화한다고 하면 매개변수의 값들은 아마 주어졌으므로 다음 식을 이용하여 계산할 수 있다.

$$\Delta Y=\frac{1}{(1-b)+i_1c_1/c_2}\Delta G \text{로부터}$$

$$\frac{\Delta Y}{\Delta G}=\frac{1}{(1-b)+i_1c_1/c_2}>0 \qquad (10-27)$$

이미 그래프상으로 살펴보았듯이 식 (10–27)은 정부지출의 증가로 인해 균형소득이 증대됨을 *IS–LM* 곡선 모형을 통하여 나타내고 있다. 또한 식 (10–27)에서 보는 바와 같이 정부지출의 증가 단위당 균형소득의 증가분은 단순한 케인지언 모형에서보다 더 작다는 것을 알 수있다. 단순한 케인지언 모형에서 정부지출의 증가 단위장 균형소득의 증가분은 자발적 지출승수인 $1/(1-b)$이다. 식 (10–27)에 나타난 승수에는 분모에 정(+)의 값을 갖는 항 i_1c_1/c_2이 추가되어 있으므로 그 값은 더 작다. 또한 식 (10–25)에서 자발적 투자의 변화 단위당 균형소득의 변화분($\varDelta Y/\varDelta\bar{I}$)도 정부지출의 경우와 똑같음에 유의하라.

조세변화에 따른 소득효과는

$$\varDelta Y=\frac{1}{(1-b)+i_1c_1/c_2}\times(-b\,\varDelta T)\text{로부터}$$

$$\frac{\varDelta Y}{\varDelta T}=\frac{-b}{(1-b)+i_1c_1/c_2}<0 \qquad (10-28)$$

과 같다. 이 조세승수는 정부지출 승수와 부호가 반대이며 분자가 1이 아닌 $-b$이므로 그 절대값은 더 작다.

(2) 통화금융정책

식 (10–25)로부터 화폐공급의 변화에 따른 소득효과는 다음과 같이 도출할 수 있다.

$$\varDelta Y=\left(\frac{1}{(1-b)+i_1c_1/c_2}\right)\frac{i_1}{c_2}\,\varDelta M^S\text{로부터}$$

$$\frac{\varDelta Y}{\varDelta M^S}=\left(\frac{1}{(1-b)+i_1c_1/c_2}\right)\frac{i_1}{c_2}>0 \qquad (10-29)$$

과 같이 도출할 수 있는데, 이를 단순화시키면 다음과 같다.

$$\frac{\varDelta Y}{\varDelta M^S}=\left(\frac{i_1}{(1-b)c_2+i_1c_1}\right)>0 \qquad (10-30)$$

따라서 [그림 10–15]에서 예시한 바와 같이 화폐공급의 증가는 균형소득을 상승시키게 된다.

2. 정책의 유효성과 *IS* 및 *LM* 곡선의 기울기

식 (10−27)과 (10−30)은 각각 재정 및 통화금융정책 승수이다. 이들 승수는 정책변수 G와 M^S의 변화 단위당 균형소득의 변화분을 나타낸다. 이제 이들 승수의 크기와 *IS* 및 *LM* 곡선 기울기간의 관계를 검토해 보자.

(1) *IS* 곡선과 정책의 유효성

제2절에서 *IS* 곡선의 기울기는 다음과 같았다.

$$\frac{\Delta r}{\Delta Y}=\frac{-(1-b)}{i_1}$$

논쟁의 대상이 되고 있는 중요한 매개변수는 투자수요의 이자율 반응도를 측정해 주고 있는 i_1이다. i_1이 크면(작으면) 투자수요는 이자율에 대해 민감하고(민감하지 않고) *IS* 곡선은 기울기가 완만하다(급경사를 이룬다).

이제 두 승수식에서 i_1의 역할을 검토해 보자. 식 (10−27)에서 i_1이 점점 작아짐에 따라 $\Delta Y/\Delta G$가 더욱 커짐을 알 수 있다. 즉, 투자가 이자율에 대해 덜 민감하고 *IS* 곡선이 더욱 급경사를 이루게 됨에 따라 재정정책은 보다 효과적이 된다([그림 10−20] 참조). 만일 i_1이 0이면 식 (10−27)은 단순 케인지언 모형의 승수인 $1/(1-b)$이 된다. 다음으로 통화금융정책 승수인 식 (10−30)을 검토해 보자. i_1이 작아짐에 따라(*IS* 곡선이 급경사를 이루게 됨에 따라) 식 (10−30)의 값은 0이 되어 통화금융정책은 완전히 비효율적이 된다.

(2) *LM* 곡선과 정책의 유효성

제2절에서 *LM* 곡선의 기울기는 $\frac{\Delta r}{\Delta Y}=\frac{c_1}{c_2}$이고, 곡선이 가파른가 완만한가를 결정해 주는 중요한 매개변수는 c_2인데, 이는 화폐수요의 이자율 반응도를 측정해 준다. c_2가 커짐에 따라 위 식의 값이 작아지기 때문이다.

이제 c_2가 식 (10−27)로 나타난 재정정책 승수에 어떠한 방식으로 영향을 주게 되는지 살펴보자. 식 (10−27)에서 분모의 둘째 항의 값은 보다 커지게 된다. 그러나 그 외에 어떠한 다른 항의 값도 영향을 받지 않으면 수식의 전체값은 점차 작아진다. 화폐수요의 이자율 반응도가 낮을수록 *LM*

곡선은 급경사를 이루고 재정정책은 덜 효과적이 된다. c_2가 0에 접근하는 극단적인 경우에는 식 (10-27)의 분모는 무한대로 커지게 되므로 전체 값은 0에 가까워진다. *LM* 곡선이 수직이 되면 재정정책은 완전히 비효율적이다.

마지막으로 c_2와 식 (10-29)에 의하여 측정된 통화금융정책의 효율성과의 관계를 검토해 보자. c_2가 작아지게 되면 식 (10-30)의 분모도 작아지게 되므로 전체값은 커지게 된다. 화폐수요가 이자율에 대해 덜 민감할수록 *LM* 곡선은 급경사를 이루게 되고, 따라서 통화금융정책은 더욱 효과적인 것이 된다. 또한 c_2가 0이면 식 (10-30)은 $1/c_1$로 간단하게 된다. 따라서 *LM* 곡선은 수직이 되고 균형소득은 화폐공급이 증가함에 따라 *LM* 곡선의 수평적 이동거리만큼 증대한다([그림 10-23](c) 참조).

11

chapter >>>>

화폐와 거시경제모형 II

CHAPTER 11

화폐와 거시경제모형 II

제 1 절 고전파적 총수요곡선: 화폐수량설

고전학파의 전통적 체계는 고전파의 이분법 체계로 요약된다. 고전파의 이분법이란 화폐는 실물경제를 에워싼 보자기와 같은 것이라고 보는 화폐관에 기초한 것으로, 화폐부문과 실물부문은 상호독립적으로 분리되어 있으므로 실질변수는 실물부문에 의해서, 명목변수는 화폐부문에서 결정된다는 분석방법이다. 이 분석은 장기적으로 물가가 어떻게 변하는지, 통화량 증가율과 물가상승률 사이의 비례관계를 설명하는 데 유용하다.

경제학자들은 실질 및 명목변수들의 이론적 분리를 고전파의 이분법이라 하며 이것이 바로 고전파 거시경제이론의 핵심이라 할 수 있다. 고전파의 이분법은 경제이론을 크게 단순화시키기 때문에 중요한 의미를 갖는다. 특히 이 방법의 장점은 물가, 명목임금, 명목이자율, 명목환율 등의 명목변수를 고려하지 않고 실질변수만을 검토할 수 있다는 것이다. 고전파의 이론에서는 통화공급의 변화가 실질변수에 영향을 미치지 않으므로 고전파의 이분법이 적용될 수 있는 것이다. 이렇게 실질변수와 화폐공급량 사이의 비관련성을 화폐의 중립성이라 한다.

여러 가지 목적, 특히 장기적인 문제를 연구할 때 화폐의 중립성은 대체적으로 옳다고 할 수 있다.[1] 화폐의 중립성이 이론적 귀결이라면, 고전

1) 고전파의 이분법은 화폐의 중립성을 당연히 포함하는 넓은 집합이다. 즉, 고전파의 이분법이

파의 이론체계에서 화폐량의 조정은 궁극적으로 실질변수에 영향을 줄 수 없으므로 통화금융정책은 유효하지 못하다. 그러나 화폐의 중립성이 우리가 살고 있는 현실의 세계를 완전히 설명할 수는 없다. 이런 고전파 모형과 화폐의 중립성을 벗어나는 논의를 주장하는 이론이 케인즈학파의 거시경제학이다.

고전학파는 장기적인 관점에서부터 출발한다. 장기적 관점이란 가격이 신축적이어서 시장경제가 이상적으로 작동한다는 것을 전제로 한다는 의미이다. 완전고용이 항상 보장되는 이상적 세계이다. 이제 고전파의 총수요곡선과 총공급곡선에 대해 간단히 살펴보기로 하자.

1. 총수요(*AD*)곡선

고전파의 총수요곡선은 화폐수량방정식을 활용하면 된다. 고전파체계에서 화폐는 교환의 매개수단으로만 가능하다고 단순화시키고, 거래에 필요한 목적으로 화폐량을 유통속도를 고려하면 일정기간에 GDP재화의 거래

그림 11-1 고전파의 총수요곡선(*AD*)

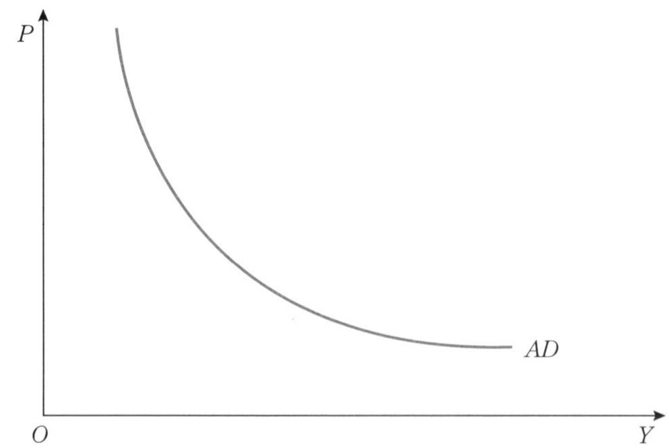

성립하면 화폐의 중립성은 자동적으로 성립한다. 화폐의 중립성은 화폐부문(화폐의 수요와 공급) 가운데 화폐의 공급이 실질변수에 영향을 미치지 않는다(관련이 없다는 비관련성)는 것을 의미하기 때문에 좁은 범위이다. 따라서 화폐의 중립성이 타당하다고 해서 곧바로 고전파의 이분법이 성립하는 것은 아니다.

액(또는 적정 화폐수요량)이 얼마인지 알 수 있다. 이 금액이 바로 명목지출액(명목 GDP)이 된다. 총수요곡선은 GDP와 물가 사이의 반비례 관계(음의 관계)이므로 쉽게 총수요곡선이 얻어진다. 즉, $MV=PY$가 된다. 여기서 M: 거래에 필요한 화폐량, V: 거래에 이용된 화폐의 유통속도, P: 물가수준, Y: 실질 GDP이다.

이제 V는 일정하고, M이 화폐시장에서 화폐수요와 화폐공급(이것은 통화당국에 의해 결정된 상수이다)이 일치하는 균형상태를 전제로 하면 결국 MV는 명목총생산으로써 상수가 된다. 그러면, PY=상수(MV)가 되어 [그림 11-1]에서 보는 것처럼 (P, Y)평면에서 직각쌍곡선이 얻어진다. 이것이 바로 고전파의 총수요곡선이 된다.

2. 고전파의 장기총공급곡선(*LAS*)

고전파의 장기총공급곡선(*LAS*)은 고전파의 이분법에 의해 요소인 노동과 자본 등에 의해 결정되고, 명목변수인 물가의 변화에 반응하지 않는다. 왜냐하면, 물가가 변하면 명목임금과 명목이자율 등의 생산요소가격 역시 같은 비율로 변하므로, 실질임금이나 실질이자율 등 생산요소의 상대가격은 변하지 않는다. 요소가격이 변하지 않으므로 이윤극대화를 추구하는 생산자의 공급 계획 역시 변하지 않는다. 따라서 물가가 변하더라도 생산요소의 투입량이 불변이고 따라서 생산량 역시 변하지 않는다. 그러므로 고

그림 11-2 고전파의 장기총공급곡선

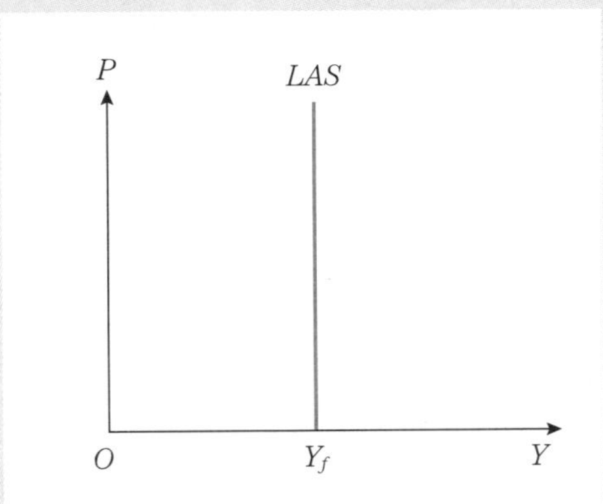

그림 11-3 통화정책의 무력성

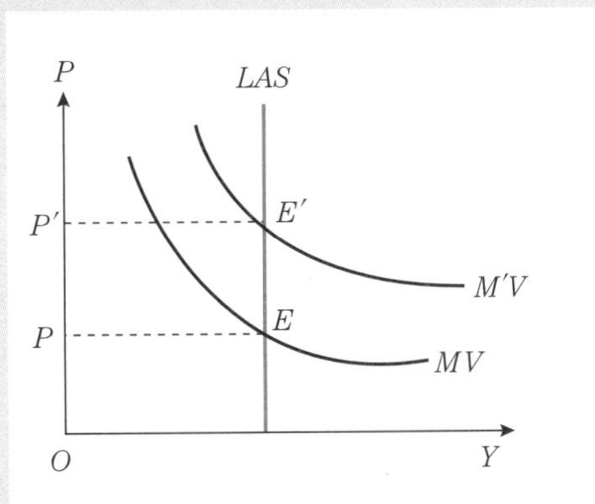

전파의 장기총공급곡선은 (P, Y)평면에서 [그림 11-2]에서 보는 것처럼 수직의 형태가 된다. 이 때 실질 GDP는 잠재 GDP수준으로써 완전고용산출수준이라고도 한다.

이제 고전파의 총수요, 총공급곡선을 가지고 통화량의 변화가 있을 때 실질 GDP와 물가에 미치는 영향을 살펴봄으로써 고전파의 통화정책이 왜 무력한지는 [그림 11-3]에서 보듯이 쉽게 이해할 수 있다. 화폐수량설의 교환방정식을 이용하여 장기적으로 통화량증가율과 물가상승률간의 관계를 설명하는 것은 급속한 물가상승률을 설명하는 데 유용하다. 고전학파의 인플레이션이론에서는 비용상승형 인플레이션은 존재하지 않는다. 화폐적 요인이다. 위의 해석은 바로 정태적 화폐수량방정식 $MV=PY$를 변화율로 바꾼 동태적 화폐수량방정식에 기초하고 있다. 즉, 변화율로 바꾸면,

$$\frac{\Delta M}{M}+\frac{\Delta V}{V}=\frac{\Delta P}{P}+\frac{\Delta Y}{Y}$$

과 같이 된다. 이 때 V가 관행이나 제도에 의해 일정하다고 하면 $\Delta V/V$는 영(0)이 된다. 화폐수량설을 기초로 한 고전파의 경우 경제성장률(실질 GDP의 증가율)은 생산요소의 양적 증가나 생산성(기술수준)의 증가가 없으면 산출은 불변이므로 $\Delta Y/Y$ 역시 영(0)이 된다. 따라서 위와 같은 해석을 할 수 있게 된다.

위 식을 물가상승률에 관해서 다음과 같이 나타내 보자.

$$\frac{\Delta P}{P}=\frac{\Delta M}{M}+\frac{\Delta V}{V}-\frac{\Delta Y}{Y}$$

그러면 유통속도의 변화율은 장기에 안정적이다. 경제성장률도 장기에 자연성장률을 중심으로 안정적이다. 따라서 장기에 통화공급의 증가율이 높을수록 인플레이션율이 높아진다. 단기에도 통화는 일정한 시차를 두고 물가에 영향을 미친다. 물가상승률은 예상물가상승률이나 목표인플레이션율로, 실질경제성장률은 자연성장률로, 소득유통속도증가율은 예상소득유통속도 증가율로 잡으면 통화공급의 목표증가율을 정할 수 있다. 위 식에 따라 통화공급증가율을 정하는 것을 EC방식이라 한다.

제 2 절 케인지언의 총수요와 총공급

1. 총수요곡선의 도출

우리는 실질 GDP가 잠재 GDP로부터 이탈하는 것이 소비, 투자, 순수출, 정부구매에 대한 수요의 합이 변동하는 데 기인하는 것으로 해석하기 때문에 총수요라는 용어를 사용한다. 총수요는 한 나라 모든 경제주체의 수요, 즉 가계의 소비수요, 기업의 투자수요, 정부의 지출수요, 그리고 해외의 순수출을 의미한다. 따라서 총수요곡선은 각 물가수준에서 국민경제 전체의 생산량에 대한 수요량을 나타낸다.

이제 *IS* 곡선과 *LM* 곡선으로부터 총수요곡선 *AD*를 도출할 수 있다. 먼저 총수요곡선을 정의해 보자. 총수요곡선은 각각의 물가수준에 대응하여 한 나라 생산물에 대한 (실질)총수요가 얼마나 되는가를 보여주는 곡선이다. 소비, 투자, 순수출은 각각 이자율과 부의 관계를 가지고 있다. 이러한 점들을 결합하면 실질 GDP와 이자율 간의 관계가 부임을 알 수가 있다.

물가가 상승하면 명목화폐수요가 증가하여 통화공급이 주어져 있을 때 화폐시장에 초과수요가 생기므로 이자율이 오른다. 이자율이 오르면 투자수요가 감소한다. 투자수요가 감소하면 총수요가 감소한다. 이처럼 물가상승은 화폐시장에 영향을 주어 이자율을 상승시키고 이것이 다시 생산물 총수요에 영향을 미치므로 *IS* 곡선과 *LM* 곡선으로부터 총수요곡선을 유도할 수 있는 것이다.

앞에서 화폐시장의 균형을 나타내는 *LM* 곡선을 도출할 때 물가수준이 일정하게 주어져 있다고 가정하였다. 그리고 물가가 상승하면 *LM* 곡선이 왼쪽으로 이동하고, 물가가 하락하면 *LM* 곡선이 오른쪽으로 이동하는 것을 배웠다. 이것을 이용하여 총수요곡선이 우하향하는 것을 쉽게 확인할 수 있다.

[그림 11-4](a)에서 재화시장과 화폐시장이 최초에 r_0, Y_0, P_0에서 균형이라 하자. 이제 물가가 P_0에서 P_1으로 상승하면 *LM* 곡선이 $LM(P_0)$에서 $LM(P_1)$으로 이동한다. 이에 따라 균형이자율이 r_1으로 상승하여 투자수요

그림 11-4 *IS–LM* 곡선과 *AD* 곡선 도출

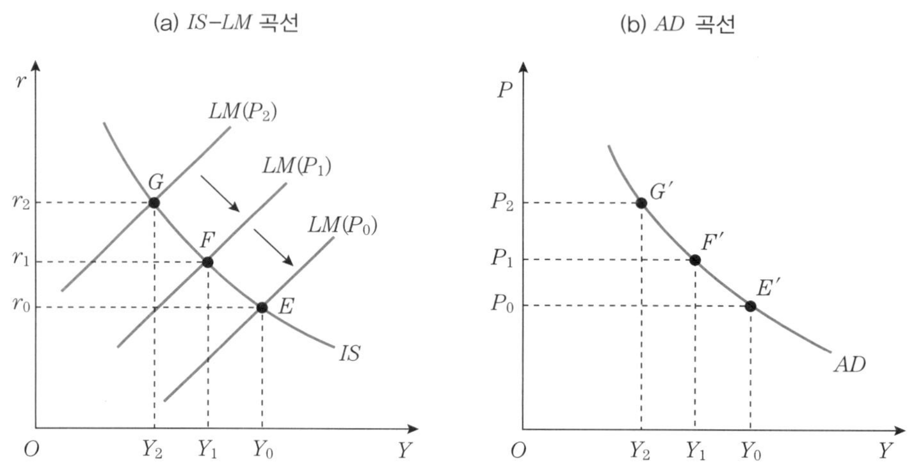

가 감소하고 총수요도 Y_1으로 감소한다. 결국 새로운 물가수준 P_1에서는 종전의 Y_0보다 낮은 Y_1이 화폐시장을 균형시켜 주는 총수요수준이다. 따라서 E점의 (P_0, Y_0)와 더불어 F점의 (P_1, Y_1)이 [그림 11-4](b)에 그려져 있는 바와 같이 총수요곡선상에 있게 된다. 이러한 과정을 되풀이하여 우하향의 총수요곡선을 얻는다.

총수요곡선이 우하향하는 것은 화폐시장의 균형조건 $\frac{M_0}{P}=L(Y,\ r)$에서부터 직관적으로 알 수 있다. 물가가 상승하면 실질통화공급이 감소한다. 화폐시장이 균형을 이루기 위해서는 실질화폐수요 $L(Y,\ r)$도 똑같이 감소해야 한다. 실질화폐수요가 감소하기 위해서는 이자율이 상승하거나 국민소득이 감소해야 한다. 이자율이 상승하면 투자수요가 감소하기 때문에 재화시장이 균형을 이루기 위해서는 총수요와 국민소득이 감소해야 한다. 국민소득이 감소하는 경우에도 재화시장이 균형을 이루기 위해서는 총수요가 감소해야 한다. 따라서 물가가 상승하면 총수요는 감소한다.

2. 케인즈의 총공급곡선

케인즈는 노동시장을 자세히 분석하지 않고 생산시설이 유휴상태인

그림 11-5 케인즈의 총공급곡선

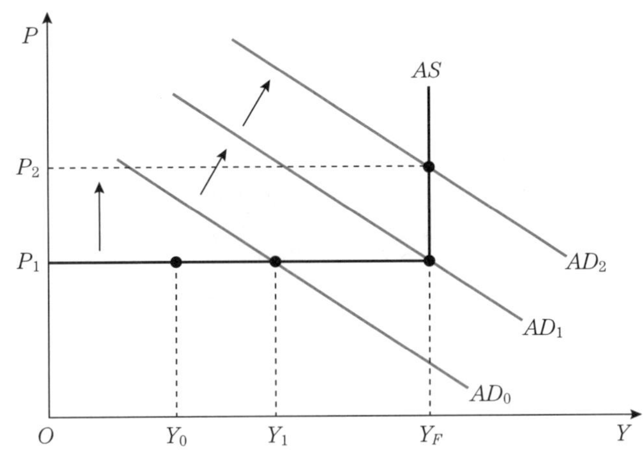

1930년대의 경제상황을 배경으로 주어진 물가수준을 상승시킴이 없이 얼마든지 총공급을 증가시킬 수 있다고 보았다. 이는 주어진 물가수준에서 수평의 총공급곡선을 상정한 것이다.

케인즈의 단순모형에서 본 것처럼 케인즈는 완전고용국민소득(Y_F)에 도달하기 전에는 유효수요의 크기가 전적으로 균형국민소득을 결정한다고 설명하였다. 주어진 물가수준에서 얼마든지 총공급이 증가할 수 있어서 균형국민소득수준의 결정에 공급측면이 전혀 제약요인이 되지 않는다는 것이다. [그림 11-5]가 이와 같이 단순화된 케인즈의 총공급곡선을 보여주고 있는데 역 L자형이다. 주어진 물가수준에서 총공급은 완전고용국민소득(Y_F)에 이를 때까지 수평이다. Y_F에 이르면 고전학파와 같이 총공급곡선은 수직이다. 케인즈는 과소고용(실업)이 일반적이라고 보아 총공급곡선이 수평인 부분에 초점을 맞추었다. 완전고용생산량(Y_F)의 왼쪽 지역에서는 즉 실업이 존재하는 경우, 확장적 정책은 물가상승압력 없이 생산을 증가시킬 수 있다. 그러나 Y_F 수준에서는 물가만 비례적으로 상승한다.

3. 우상향의 총공급곡선

오늘날 거시경제학은 총공급곡선에 대하여 두 가지 방향에서 접근하고 있다. 한 가지 방향은 물가가 변하지 않는 기간을 단기, 물가와 명목임금이 시장상황에 부응하여 완전신축적으로 변하는 기간을 장기라고 정의하여 단기에는 수평의 케인즈 총공급곡선, 장기에는 수직의 고전학파 총공급곡선을 사용하는 것이다. 다른 한 가지 방향은 물가가 전혀 변하지 않는 기간을 단기라고 정의하는 대신에 물가가 어느 정도 변하는 것을 수용하면서 단기에 우상향의 총공급곡선을 도출하는 것이다.

[그림 11-6]에서 보는 총공급곡선은 우상향하는 모양을 갖고 있다. 물가가 상승하면 기업들이 상품생산량을 증대시킬 것이라고 짐작할 수는 있지만, 보다 더 엄밀한 논리를 통해서 총공급곡선이 이와 같은 모양을 갖게 되는 이유를 살펴보기로 하자. 총공급곡선을 정의할 때 우리는 '다른 요인들의 불변' 이라고 가정했는데, 이는 생산비용에 영향을 주는 모든 요인, 즉 임금, 지대, 원자재 가격, 기술수준 등에 아무런 변화가 없다는 의미이다. 다시 말해서, 상품 한 단위를 추가로 생산하기 위해서 필요한 비용이 항상 일정한 수준에 머물러 있다고 가정한 것을 뜻한다. 그러므로 상품가격의 상승은 곧바로 기업의 이윤증가로 연결되는 결과가 나타난다.

물가가 상승하면 기업들이 이윤획득의 기회에 끌려 상품생산량을 증대시킬 것이므로 총공급곡선은 우상향하는 모양을 갖게 된다. 물가가 P_0에서 P_1, P_2로 상승하면 결국 물가상승은 총생산함수를 통하여 총공급을 Y_0에서

그림 11-6 우상향의 총공급곡선

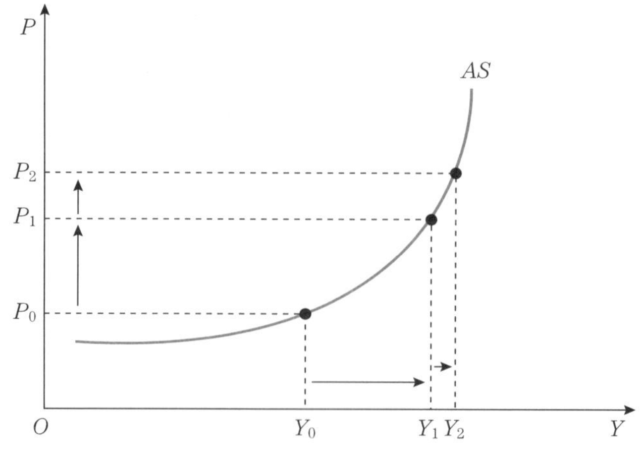

Y_1, Y_2로 증가시키게 된다. 따라서 그림에서와 같이 우상향의 총공급곡선을 얻게 된다.

그러나 상품가격이 상승할 때 생산요소들의 가격도 따라서 올라간다면 이윤에 아무 변화가 없을 것이므로, 기업은 생산을 증대시키려 하지 않을 것이다. 이를 보면 총공급곡선이 우상향하는 모양을 갖는 데 핵심적인 역할을 하는 것은 상품과 생산요소 사이의 상대가격에 생긴 변화이다. 다시 말해서, 상품가격이 상승할 때 생산요소가격은 종전의 수준에 그대로 머물러 있어야만 총공급곡선이 우상향하는 모양을 갖게 된다는 뜻이다. 그런데 상품가격이 상승한 것만큼 생산비용도 증가해 이윤에는 아무런 변화가 없다면 기업들은 굳이 공급량을 증가시킬 필요를 느끼지 않을 것이고, 이 경우에 총공급곡선은 수직선의 모양을 갖게 된다.

[그림 11-6]을 보다 자세히 살펴보면 총공급곡선의 모양에 관한 또 하나의 특징을 발견할 수 있다. 그것은 국민소득이 낮은 수준(Y_0)에 있을 때는 이 곡선이 매우 완만한 기울기를 갖다가, 국민소득 수준이 증대되면서 ($Y_0 \rightarrow Y_1 \rightarrow Y_2 \rightarrow$) 점차 가파른 모양으로 변화한다는 사실이다. 국민소득이 낮은 수준에 있을 때 기업들은 상당한 잉여설비와 유휴노동력을 보유하게 된다. 이러한 상태에서 상품가격이 상승하면 기업들은 큰 폭의 비용증가 없이 쉽게 생산량을 증가시킬 수 있다. 따라서 물가가 조금만 상승하여도 기업들은 공급량을 크게 증가시킬 수 있는데, 바로 이 때문에 낮은 국민소득수준에서 총공급곡선은 완만한 기울기를 갖게 된다.

반면에 생산이 높은 수준에 도달해 기업들이 이미 생산시설을 완전히 가동하고 있는 상황에서는 생산량을 늘릴 때 비용이 큰 폭으로 오를 수밖에 없다. 생산량을 늘리기 위해서는 근로자들에게 초과근무를 시키거나 생산설비를 비정상적으로 강도 높게 가동시켜야 한다. 경우에 따라서는 기존 근로자들의 초과근무로도 모자라 새로운 노동자를 고용해야 할 필요까지 생길 수 있다. 그 과정에서 임금이 크게 오르게 되고, 따라서 이런 상황에서 기업들이 생산량을 늘리려면 비용의 급격한 상승을 감수해야 한다. 결국 높은 국민소득 수준에서는 물가가 올라도 기업들이 공급량을 큰 폭으로 늘리기 힘들어 총공급곡선은 가파른 기울기를 갖게 되는 것이다.

제 3 절 장 · 단기균형과 국민소득의 변동

단기총공급곡선(*SAS*)이 루카스 공급함수인 식 $Y=Y^*+\alpha(P+P_e)$와 같이 주어지는 경우 장 · 단기 균형을 생각해 보자. [그림 11-7]에서 화폐공급의 증가로 *LM* 곡선이 오른쪽으로 이동하면 국민소득 Y가 완전고용수준 Y^* 이상인 Y_1으로 증가한다. 총수요와 총공급공간에서 보면 이는 단기균형점이 E_1으로 이동한 것과 같다. 그러나 E_1점에서의 실제물가인 P_1이 예상물가수준인 P^*보다 높으므로 *SAS*는 다음 기에 장기총공급곡선(*LAS*)이 P_1에서 만나는 점까지 왼쪽으로 이동한다. 그러나 새로운 균형(*AD*=*SAS*을 만족하는 점) 역시 단기균형점이므로 *SAS*는 E_2점에 이를 때까지 계속 왼쪽으로 이동하게 된다. 그 결과 국민소득은 Y^*에서 Y_1으로 다시 Y^*로 이동하는 변동을 보이게 된다.

시초에 균형은 AD_1과 SAS_1이 서로 만나는 E_1점에서이며 이때의 소득과 물가수준은 각각 Y^*와 P^*이었다. 이제 확장적인 통화금융정책으로 통화량

그림 11-7 장 · 단기 균형과 기대수준의 조정

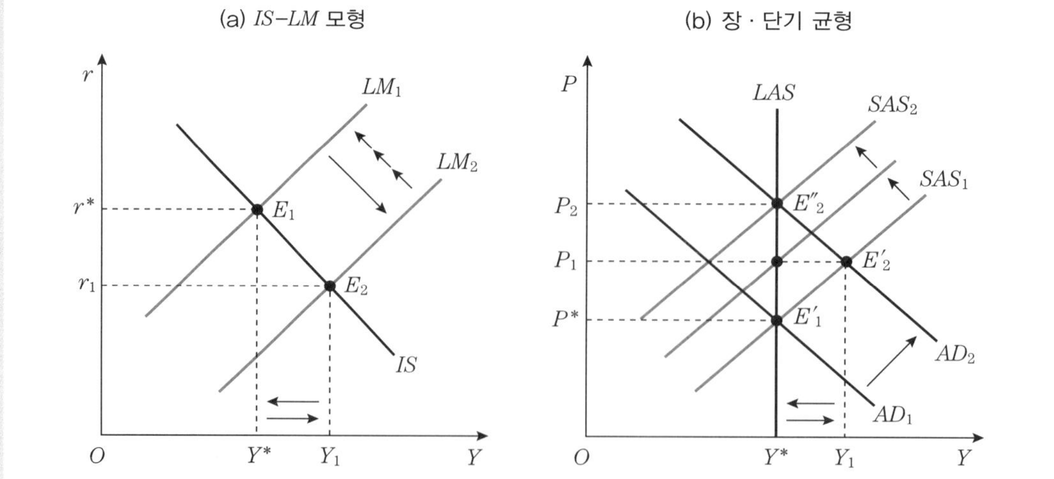

이 증대되어 총수요가 AD_1에서 AD_2로 이동하였다고 하면, 실제의 물가수준 P_1은 예상된 물가수준보다 높으며 그 결과로 소득은 완전고용소득수준인 Y^*보다 높은 Y_1으로 증가한다. 즉, SAS_1을 따라서 E_1점에서 E_2점으로 이동하는 것이다. 그러나 장기에는 사람들이 예상하는 물가수준을 상향조정하게 되므로 SAS_1에서 SAS_2로 총공급곡선이 이동하게 된다. 따라서 단기균형점 E_2'점에서 E_2''점으로 옮겨가게 되고(여기서도 산출량은 Y^*에 그대로 있으나) 물가수준은 더 높아져서 P_2가 된다. 이처럼 SAS곡선이 우상향인 단기에는 예상치 못한 물가상승은 국민소득을 Y^* 이상으로 높일 수가 있으나, 예상된 물가수준이 조정되는 장기에는 총공급곡선이 Y^*의 수준에서 수직선인 LAS가 되는 것이다.

현실 경제에 있어서 국민소득의 변동은 통화량의 증감뿐만 아니라 다른 요인에 의해서도 영향을 받는다. 정부지출이나 화폐수요, 투자의 이자율탄력성, 한계소비성향, 수출입의 변화 등은 모두 총수요에 영향을 주고 이는 단기균형점을 변화시켜 국민소득을 변동시키게 된다. 또한 공급측면의 충격도 LAS와 SAS를 변화시키고 국민소득변동의 요인으로 작용하게 된다.

제 4 절 새로운 총수요와 총공급 모형분석[2)]

기업들이 미리 정해놓은 가격에 그들의 생산물에 대한 수요를 충족시킬 용의가 있다는 가정을 하자. 기업들이 단순히 수요되는 양을 생산할 경우, 계획된 총지출의 수준이 실질 GDP를 결정한다. 이 결과로 나타나는 단기균형 총생산의 수준이 잠재총생산보다 낮다면 침체 갭이 발생하고, 총생산의 수준이 잠재총생산을 초과한다면 경제는 확장 갭을 경험하게 된다. 정책결정자는 정부지출과 조세를 변화시키거나(재정정책), 또는 실질이자율을 변화시키기 위해 화폐공급의 조절을 사용하여 독립지출의 수준에 영향을 주는 행동을 취함으로써 총생산 갭(GDP 갭)을 제거하려고 시도할 수 있다.

기본적 케인즈 모형(또는 단순한 케인즈 모형)은 총생산의 단기 결정에서 지출의 역할을 이해하는 데 유용하지만 너무 단순해서 경제에 대한 완전한 현실적인 서술을 제공하지는 못한다. 기본적 케인즈 모형의 주요 단점은,

2) 버냉키 · 프랭크, 『경제학』, 경문사, 2006, pp. 882-905에서 인용하였음.

재화시장만을 대상으로 물가가 고정된 모형으로 화폐부문이 생략된 것을 말한다. 따라서 이 모형의 단점은 물가가 고정되어 있어서 인플레이션이 0인 특수한 경우라는 약점 때문에 인플레이션을 설명할 수 없다는 점이다. 기본적 케인즈 모형에서 가정된 것처럼 기업들은 미리 정해진 가격에 당분간은 수요를 충족시키겠지만 가격들은 무한정 고정되어 있지 않을 것이다. 실제로는 때때로 가격들이 매우 빨리 오를 수 있으며(높은 인플레이션 현상), 그 과정에서 경제에 큰 비용을 부과한다. 본 장에서는 기본적 케인즈 모형을 확장하여, 진행되고 있는 인플레이션을 고려한다. 확장된 모형은 총수요-총공급 모형이라고 부르는 새로운 그림을 이용하여 편리하게 표현할 수 있다. 이러한 확장된 분석을 이용하여 어떻게 경제정책들이 총생산뿐만 아니라 인플레이션에 영향을 주는지 보여 줄 것이며, 그 과정에서 때때로 정책결정자들이 당면하는 곤란한 상충관계를 예시한다. 여기서는 총생산과 인플레이션의 분석과 그래프 분석을 강조한다.

1. 새로운 총수요곡선

인플레이션을 모형에 통합하기 위한 첫 번째 단계로서, [그림 11-8]에 그려진 새로운 총수요곡선을 소개한다. 총수요(*AD*)곡선[3]은 단기 균형총생산 Y와 인플레이션율 π 사이의 관계를 보여준다. 이 곡선의 이름은 단기 균형총생산이 경제의 계획된 총지출, 또는 총수요에 의해 결정된다는 사실을 반영하고 있다. 총지출은 소비(C), 투자(I), 정부지출(G), 및 순수출(NX)로 구성된다. 실제로 정의상 단기 균형총생산은 계획된 총지출과 동일하므로 *AD*곡선은 인플레이션율과 총지출 사이의 관계를 보여준다고 또한 말할 수 있다.[4] 총수요곡선은 단기 균형총생산 Y와 인플레이션율 π 사이의 관계를 보여준다. 단기 균형총생산은 계획된 총지출과 같기 때문에 *AD*곡선은 또한 인플레이션과 계획된 총지출 사이의 관계를 보여준다. *AD*곡선이 우하향하는 것은 인플레이션의 상승이 단기 균형총생산을 감소시킨다는 것

3) 총수요(*AD*)곡선: 단기 균형총생산 Y와 인플레이션율 π 사이의 관계를 보여주는 곡선이다. 곡선의 이름은 단기 균형총생산이 경제의 계획된 총지출과 동일하게 결정된다는 것을 반영하고 있다. 인플레이션율의 상승은 계획된 총지출과 단기 균형총생산을 감소시키기 때문에 총수요곡선은 우하향한다.

4) *AD*곡선과 지출곡선을 구별하는 것이 중요하다. 우상향하는 지출선은 계획된 총지출과 총생산 사이의 관계를 보여준다. *AD*곡선은 단기 균형총생산(계획된 총지출과 같은)과 인플레이션 사이의 관계를 보여준다.

그림 11-8 총수요곡선

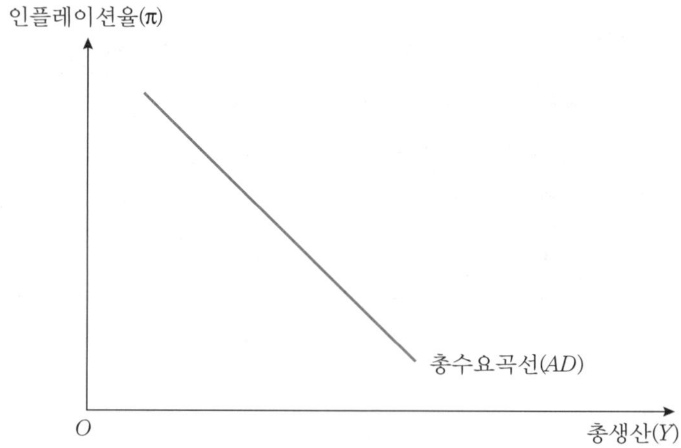

을 의미한다.

다른 모든 조건이 일정하다면, 인플레이션율의 상승은 단기 균형총생산을 감소시키는 경향이 있음을 곧 살펴볼 것이다. 따라서 인플레이션율 π를 세로축에, 총생산 Y를 가로축에 나타낸 [그림 11-8]에서 총수요곡선은 우하향한다. 그림에는 직선으로 그려져 있지만 AD곡선은 직선일 수도 있고 곡선일 수도 있다. 왜 높은 인플레이션율은 낮은 수준의 계획된 총지출과 단기 균형총생산으로 이어지는가? 바로 살펴보겠지만 한 가지 중요한 이유는 인플레이션 증가에 대한 중앙은행의 반응이다.

2. 총수요곡선의 이동과 목표인플레이션율의 변화

중앙은행의 주요 책임 중의 하나는 낮고 안정적인 인플레이션율을 유지하는 것이다. 인플레이션을 낮게 함으로써 중앙은행은 높은 인플레이션이 경제에 부과하는 비용을 피하려고 노력하는 것이다. 인플레이션을 낮고 안정적이고 유지하기 위해서는 중앙은행은 무엇을 할 수 있는가? 인플레이션율의 상승으로 이어질 수 있는 한 가지 상황은 단기균형 총생산이 잠재총생산을 초과하는 확장갭이다. 따라서 인플레이션을 조절하기 위하여 계획된 총지출과 총생산이 잠재 총생산을 초과할 우려가 있을 때 계획된 총지출과 총생산을 진정시켜야 할 필요가 있다. 즉 총생산이 잠재총생산보다 높을 때 기업들은 그들의 고객들에 대한 수요를 충족시키기 위해 정상적인 생산능력보다 높은 수준에서 생산해야 한다.

중앙은행은 어떻게 계획된 총지출과 총생산이 잠재총생산을 초과하는, 경제가 과열되는 상황을 피할 수 있는가? 중앙은행은 실질 이자율을 인상하여 독립지출을 감소시키고 이에 따라 단기 균형총생산을 감소시키도록 할 수 있다. 중앙은행의 이러한 행동은 *AD*곡선에서 인플레이션과 총생산 사이를 연결시켜 주는 핵심적인 요인이다. 인플레이션이 높을 때 (즉 인플레이션이 중앙은행의 목표 인플레이션보다 높을 때) 중앙은행은 이자율을 인상함으로써 대응한다. 실질이자율의 상승은 소비와 투자지출(독립지출)을 감소시켜 단기균형 총생산을 감소시킨다. 높은 인플레이션은 중앙은행의 행동을 통하여 총생산의 감소로 이어지기 때문에, *AD*곡선은 [그림 11-8]에서처럼 우하향한다. 이러한 논리적인 연쇄적 과정을 다음과 같이 요약할 수 있다.

$$\pi\uparrow \Rightarrow r\uparrow \Rightarrow \text{독립지출}\downarrow \Rightarrow Y\downarrow \ (AD\text{곡선})$$

여기서 π는 인플레이션율, r은 실질이자율, 그리고 Y는 총생산이다.

이러한 변화들은 [그림 11-9]에 나타나 있다. 그림 (a)에서는 중앙은행의 통화금융정책반응함수가 그려져 있다. 그림 (a)에서의 이자율 r은 중앙

그림 11-9 *AD*곡선과 통화금융정책 반응함수

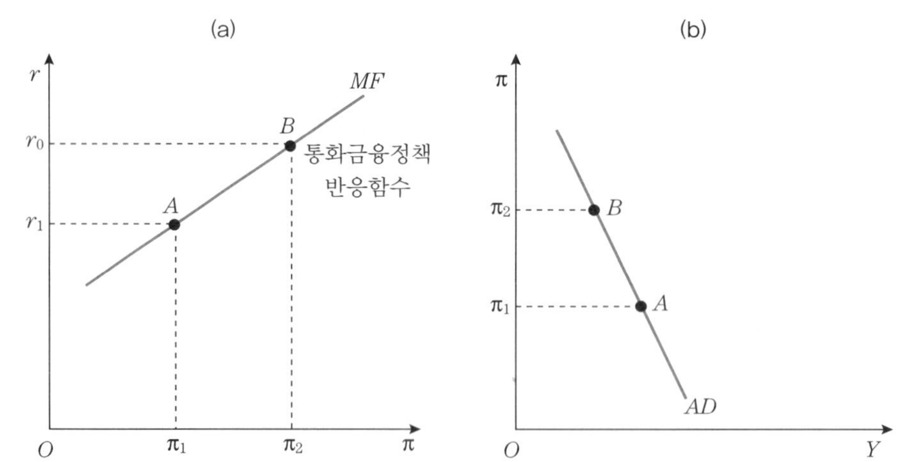

은행이 설정하는 실질이자율이다. 그리고 *MF*곡선은 통화금융정책 반응함수곡선이다. 주앙은행의 목표실질아자율 r^*와 목표인플레이션율 π^*를 고정시키면, 인플레이션율이 π_1에서 π_2로 상승할 때, 중앙은행은 실질이자율을 r_1에서 r_2로 인상하는 것으로 대응한다. 실질이자율의 상승은 통화금융정책 반응함수를 따라 *A*점에서 *B*점으로 이동하게 될 것이다. 그림 (b)에서 실질이자율의 상승은 *AD*곡선을 따라서 *A*점에서 *B*점으로 이동한다.

(1) 총수요곡선이 우하향하는 이유와 총수요곡선의 이동

*AD*곡선이 우하향하는 이유로 중앙은행의 행동에 초점을 두었지만 높은 인플레이션이 계획된 총지출, 따라서 단기균형 총생산을 감소시키는 경로는 다양하다. *AD*곡선의 우하향하는 한 가지 추가적인 이유는 가계와 기업들이 보유하고 있는 화폐의 실질가치에 대한 인플레이션의 효과이다. 높은 수준의 인플레이션 때문에 민간이 보유한 화폐의 구매력은 빠르게 감소한다. 이러한 민간의 실질 부의 감소는 가계들이 소비지출을 억제하고 단기균형총생산을 감소시키게 된다.

인플레이션이 계획된 총지출에 영향을 주는 두 번째 경로는 분배효과를 통한 것이다. 몇몇 연구들은 가난한 사람들이 부유한 사람들보다 인플레이션에 의해 더 많이 연구들은 가난한 사람들이 부유한 사람들보다 인플레이션에 의해 더 많이 고통받는다는 것을 발견하였다. 예를 들어, 고정된 소득에 의존하는 은퇴자와 최저임금을 받는 근로자들은 물가가 빠르게 상승하고 있을 때 구매력을 잃는다. 부유하지 못한 사람들은 또한 금융투자를 하는 데 신중하지 못할 가능성이 있고 따라서 부유한 사람들에 비하여 그들의 저축을 인플레이션으로부터 보호하는 능력이 적다.

소득분포의 낮은 부분에 위치한 사람들은 부유한 사람들보다 그들의 처분가능소득의 더 높은 비율을 지출하는 경향이 있다. 따라서 인플레이션의 발생이 상대적으로 지출이 높고 덜 부유한 가계로부터 상대적으로 저축이 많고 더 부유한 가계로 자원을 재분배한다면 전체 지출은 감소할 것이다.

인플레이션과 총수요 사이의 세 번째 연결고리는 높은 인플레이션율이 가계와 기업에게 불확실성을 만들어내기 때문이다. 인플레이션이 높을 때 사람들은 미래에 비용이 얼마가 될 것인지에 대한 확신을 갖지 못하게 되고 불확실성은 계획수립을 더 어렵게 만든다. 불확실한 경제 환경에서 가계와 기업들은 더 조심하게 되고 그 결과 지출을 감소시킨다.

인플레이션과 총지출 사이의 마지막 연결고리는 해외에서 판매되는 국내 재화와 서비스의 가격을 통하여 작동한다. 국내 재화의 해외 판매가격은 부분적으로 원화와 같은 국내 통화가 미국 달러와 같은 외국 통화와 교환되는 비율에 의존한다. 그러나 통화 간의 환율이 일정한 경우 국내 인플레이션의 상승은 국내 재화의 해외 판매가격을 더 빨리 상승시키는 요인이 된다. 국내 재화가 외국의 잠재력 구매자에게 더 비싸짐에 따라 수출이 감소한다. 순수출은 총지출의 일부이며 다시 한 번 인플레이션이 지출을 감소시킬 수 있음을 알 수 있다. 이러한 요인들이 중앙은행의 행동과 함께 *AD*곡선이 우하향하는 것에 대한 설명이 된다.

3. 총수요곡선의 이동

[그림 11-8]에 그려진 *AD*곡선이 우하향하는 것은 모든 다른 요소가 일정할 때 높은 인플레이션은 낮은 계획된 총지출과 낮은 단기 균형총생산으로 이어진다는 사실을 반영하고 있다. 다시 설명하면, 높은 인플레이션이 계획된 총지출과 총생산을 감소시키는 주요 이유는 중앙은행이 인플레이션의 상승에 대하여 실질이자율을 인상하는 방향으로 반응하는 경향이 있기 때문이며, 이것은 다시 계획된 총지출의 두 가지 중요한 구성요소인 소비와 계획된 투자를 감소시킨다. 그러나 인플레이션이 고정되어 있다 하더라도 여러 가지 다양한 요인들이 계획된 총지출과 단기 균형총생산에 영향을 줄 수 있다. 이러한 요인들은 *AD*곡선을 이동시키는 원인이 된다. 특히 주어진 인플레이션 수준에서 단기 균형생산을 증가시키는 경제의 변화가 있다면 *AD*곡선은 오른쪽으로 이동할 것이다. 반대로 경제의 변화가 각 인플레이션 수준에서 단기 균형총생산을 감소시킨다면, *AD*곡선은 왼쪽으로 이동하게 된다. *AD*곡선을 이동시키는 두 가지 종류의 경제의 변화에 초점을 둘 것이다. 하나는 총생산이나 이자율 이외의 요인들에 의해 발생하는 총지출의 변화를 의미하는 총지출의 외생적 변화이고, 다른 하나는 중앙은행의 통화금융정책 반응함수의 이동으로 표시되는 한국은행 통화정책의 변화가 그것이다.

(1) 총지출의 변화

계획된 총지출이 총생산과(소비함수를 통하여) 실질이자율에(소비와 계획된

그림 11-10 총지출의 외생적 증가의 효과

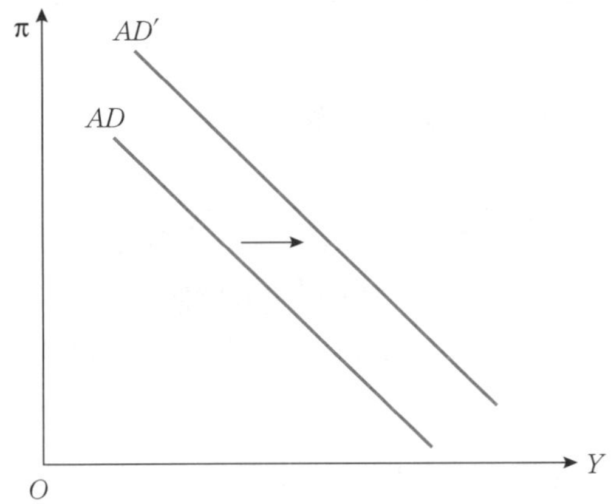

투자에 영향을 주어) 의존한다. 그러나 총생산과 이자율 이외의 많은 요인들이 계획된 총지출에 영향을 줄 수 있다. 예를 들어, 주어진 총생산과 실질이자율 수준에서 재정정책은 정부지출의 수준에 영향을 주고, 소비자의 자신감의 변화는 소비지출에 영향을 줄 수 있다. 마찬가지로 새로운 기술발전으로 인한 기회는 기업들의 계획된 투자를 증가시키게 할 수 있으며, 외국인이 국내 재화를 구입하려는 의향의 증가는 순수출을 증가시킬 것이다. 총생산과 실질이자율의 변화로 유발된지 않은 계획된 총지출의 변화를 총지출의 외생적 변화라고 부른다.

인플레이션율이 주어졌을 때(따라서, 중앙은행이 정한 실질이자율이 주어졌을 때) 총지출의 외생적인 증가는 단기 균형총생산을 증가시킨다. 각 주순의 인플레이션에 대하여 총생산이 증가하기 때문에 총지출의 외생적 증가느 총수요곡선을 오른쪽으로 이동시킨다. 이 결과는 [그림 11-10]에 그래프로 예시되어 있다. 예를 들어, 주식시장의 상승이 소비자들을 더 지출할 의향이 있도록 만들었다고(부의 효과) 생각해보자. 그러면 각 인플레이션 수준에서 총 지출과 단기 균형생산은 높아질 것이며 이 변화는 총수요곡선을 *AD*에서 *AD′*로 오른쪽으로 이동하게 한다. [그림 11-10]을 부연설명하면 외생적 지출의 증가, 특히 주식시장의 상승으로 나타난 소비지출의 증가이전(*AD*)과 증가이후(*AD′*)의 총수요곡선이 그려져 있다. 인플레이션율과 중앙은행에 의해 정해진 실질이자율이 변하지 않는다면, 총지출의 외생적 증가는 단기 균형총생산을 증가시킨다. 따라서 총수요곡선은 AD에서 AD'로 오른쪽으로 이동하게 된다. 마찬가지로 주어진 인플레이션율에서 총지출의 외생적 감소는 단기 균형총생산을 하락하게 하는 원인이 된다. 총지출의 외생적인 감소는 총수요곡선을 왼쪽으로 이동시킨다고 결론내릴 수 있다.

(2) 중앙은행의 목표 인플레이션율의 변화

중앙은행은 실질이자율을 조절하여 경제를 안정화시키고 인플레이션율을 낮게 유지하려고 시도한다. 확장적 갭이 존재하여 인플레이션의 위협이 문제가 될 때 중앙은행은 실질이자율을 높여 지출을 억제한다. 경제가 침체 갭에 직면하여 인플레이션율이 하락할 때 중앙은행은 실질이자율을 하락시켜 지출을 자극한다. 경제학자들은 때때로 중앙은행의 행동을 정책반응함수라는 형태로 모형화 하는 것이 편리하다는 것을 발견하였다. 일반적으로 정책반응함수는 정책결정자가 취하는 행동이 경제의 상태에 어떻게 의존하는가를 설명하였다.

중앙은행의 통화금융정책 반응함수는 중앙은행이 각 인플레이션 수준에서 실질이자율을 어떻게 설정하는지를 보여준다. 통화금융정책 반응함수는 다음과 같이 주어진다.

$$r = r^* + g(\pi - \pi^*) \qquad (11-1)$$

여기서 r=중앙은행이 설정하는 실질이자율, r^*=중앙은행의 장기목표실질이자율, π=(실제)인플레이션율, π^*=중앙은행의 장기목표인플레이션율, g=중앙은행이 선택하는 양수이다.

위의 통화금융정책 반응함수식에 따르면 중앙은행은 목표실질이자율 r^*에 실제 인플레이션율 π가 중앙은행의 목표인플레이션율 π^*을 초과하는 양의 일정량의 부분을 더하여 실제이자율 r을 설정한다. 실제인플레이션율 π가 중앙은행의 장기목표 인플레이션율 π^*와 같을 때, 괄호 안의 항은 0이 될 것이고 중앙은행에 의해 설정되는 실제이자율 r은 장기목표 실질이자율 r^*와 같게 될 것이다. 실제인플레이션율이 장기목표 인플레이션율을 초과할 때($\pi>\pi^*$) 괄호 안의 항은 양수가 된다. 이러한 상황이 발생할 때 이 식은 실질이자율이 장기목표수준을 초과한다는($r>r^*$) 것을 보여주고 있다. 그리고 실제 인플레이션이 장기 인플레이션 목표보다 낮을 때($\pi<\pi^*$), 괄호

안의 항은 음수가 된다. 이러한 상황이 발행할 때 이 식은 중앙은행이 실질이자율을 장기목표 실질이자율 아래로($r<r^*$) 설정할 것이라는 것을 말해주고 있다. r^*와 π^*는 일반적으로 장기적인 고려요인들에 의해 결정되기 때문에 장기목표라 한다.

당분간 중앙은행의 목표 실질이자율 r^*와 목표 인플레이션율 π^*가 변하지 않는다고 가정하자. 중앙은행의 통화금융정책 반응함수를 나타내는 이 식은 중앙은행이 인플레이션 π의 상승에 반응하여 실제 실질이자율 r을 인상할 것이라는 것을 의미한다. 또한 g는 인플레이션이 추가적으로 1% 상승할 때 중앙은행이 실질이자율을 g% 올린다는 것을 의미한다. 중앙은행이 인플레이션의 변화에 대응하여 실질이자율을 조정하는 것은 *AD*곡선이 우하향하는 중요한 이유이다. 특히 인플레이션율 π 의 변화에 반응한 실질이자율 r의 변화는 [그림 11-9]에 나타난 것처럼 *AD*곡선의 이동이 아닌 *AD*곡선상의 이동으로 나타난다. 정상적인 상황에서 중앙은행은 일반적으로 상수인 r^*와 π^*를 가진 안정적인 통화금융정책 반응함수를 따르며, 이것은 중앙은행의 일반적인 행동이 *AD*곡선을 이동시키지 않는다는 것을 의미한다. 그러나 때때로 중앙은행은 특정한 인플레이션에 대하여 보통보다 더 긴축적인 또는 완화된 통화금융정책으로 전환하기도 한다. 그런 경우에 중앙은행이 목표 인플레이션율을 변화시키면 통화금융정책 반응함수와 총수요곡선이 이동한다. 예를 들어, [그림 11-11]은 중앙은행이 목표 인플레이션율을 낮출 때 발생하는 것을 보여주고 있다.

두 그래프 모두에서 경제가 원래 *A*점에 있으며 인플레이션 π는 원래 목표수준인 $\pi_1{}^*$에 있다고 가정하자. 따라서 중앙은행은 처음에 $\pi=\pi_1{}^*$일 때 $r=r^*$로 설정하고 있었다. 중앙은행이 만약 긴축적인 통화금융정책을 선택한다면 목표 인플레이션을 $\pi_2{}^*$로 하락시킬 것이다. 중앙은행은 이제 (실제) 인플레이션이 새로이 낮아진 목표 인플레이션 $\pi_2{}^*$와 같을 때 실질이자율 r을 목표 실질이자율 r^*와 같게 설정한다. 이러한 π^*의 변화는 [그림 11-11](a)에 있는 통화금융정책 반응함수를 위로(왼쪽으로) 이동시킨다. 원래의 인플레이션 수준에서 중앙은행은 r^*가 변하지 않았지만, 새로운 통화금융정책 반응함수에 기초하여 실질이자율 r을 *B*점까지 상승시킨다. r의 상승은 원래의 인플레이션율에서 계획된 총지출과 단기균형총생산을 감소시킨다. 요약하면 중앙은행의 통화금융정책 반응함수가 위로(왼쪽) 이동할 때 [그림 11-11](b)에서 *AD*곡선은 *AD'*로 왼쪽으로 이동한다.

그림 11-11 중앙은행의 통화정책 반응함수의 이동

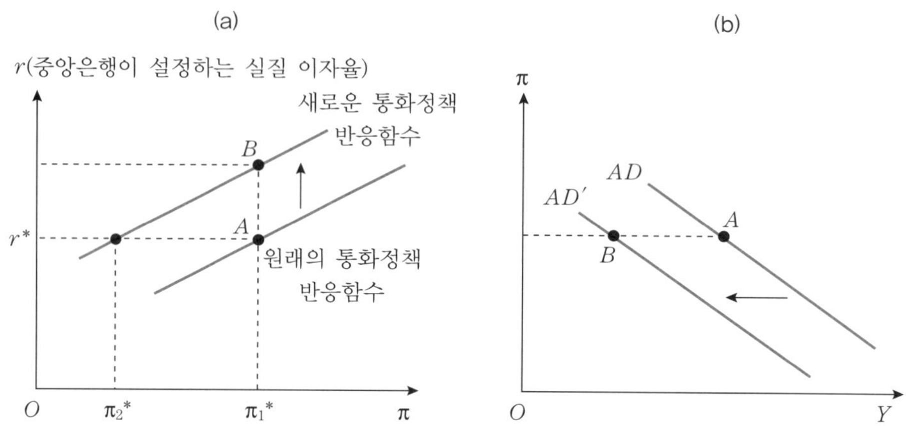

반대로 경제가 비정상적으로 심한 그리고 장기적인 경기침체를 경험하고 있다면 중앙은행은 목표 인플레이션율을 높임으로써 완화된 통화금융정책을 선택할 수 있다. 이러한 변화는 중앙은행의 통화금융정책 반응함수를 아래로(오른쪽) 이동시킬 것이다. 초기 인플레이션에서 실질이자율의 하락은 높은 수준의 총지출과 단기 균형총생산으로 이어진다. 따라서 중앙은행의 통화금융정책 반응함수의 아래쪽(오른쪽) 이동은 *AD*곡선을 오른쪽으로 이동시킨다.

중앙은행이 목표 실질이자율 r^*를 변화시킨다면 통화금융정책 반응함수 역시 이동하게 된다. 그러나 여기서는 중앙은행의 목표 실질이자율 r^*가 변하지 않는다고 가정한다. 결과적으로 중앙은행의 통화금융정책 반응함수의 변화는 중앙은행이 목표 인플레이션 π^*를 변화시킬 때에만 발생하게 된다. 반대로 지출의 외생적 감소 또는 중앙은행의 목표 인플레이션율의 하락은 [그림 11-11]에서와 같이 인플레이션의 각 수준에서 단기 균형총생산을 감소시킨다.

[그림 11-11]에 대하여 부연설명해 보자. 중앙은행은 목표 인플레이션율을 낮추고 각 주어진 인플레이션율에 대하여 실질이자율을 보통보다 더 높은 수준에 설정함으로써 긴축적인 통화금융정책을 선택할 수 있다. 그림 (a)에서 이러한 변화는 중앙은행의 통화금융정책 반응함수의 상향(왼쪽)이

동에 해당한다. 더 긴축적인 통화금융정책으로의 이러한 변화는 그림 (b)에서 *AD*곡선을 왼쪽으로 이동시킨다. 반대로, 지속되는 경기침체가 중앙은행의 목표 인플레이션율을 상승시켜 각 인플레이션 수준에서 더 낮은 실질이자율을 설정한다면 중앙은행의 통화금융정책반응함수는 하향(오른쪽) 이동하여 *AD*곡선이 오른쪽으로 이동할 것이다.

중앙은행의 행동이 *AD*곡선을 이동시키는지를 결정하는 열쇠는 중앙은행의 목표들에 대하여 생각해보는 것이다. 중앙은행이 인플레이션에 대하여 반응할 때 실질이자율을 변화시켰지만 인플레이션 목표를 변화시키지 않았다면 경제는 일정한 *AD*곡선을 따라 이동한다. 반면에 중앙은행이 인플레이션 목표를 변화시킴으로써 통화금융정책 반응함수 자체를 이동시켰을 때 *AD*곡선은 또한 같은 방향으로 이동하게 된다.

3. 인플레이션과 총공급

본 장에서 이제까지 인플레이션의 변화가 어떻게 총지출과 단기균형 총생산에 영향을 미치는지 알기 위해서 *AD*곡선에 담겨진 관계에 초점을 두었다. 그러나 인플레이션 자체가 어떻게 결정되는지에 대하여는 아직 논의하지 않았다. 장기에서는 인플레이션이 주로 통화공급 증가율에 의해 결정된다는 것을 알고 있다. 그러나 정책결정자들이 인플레이션을 조절하는 데 사용하는 수단뿐만 아니라 현대 산업화된 경제에서 단기, 중기, 장기적인 인플레이션의 주요 결정요인들을 살펴볼 것이다. 이 과정에서 총생산과 인플레이션의 형태를 분석하는데 유용한 분석도구가 다름아닌 총수요-총공급 모형이다.

(1) 인플레이션 관성

물리학자들은 물체는 외부의 힘에 의해 영향받지 않는다면 일정한 속도와 방향으로 움직이는 것을 계속 유지하려는 경향이 (관성이라고 일컫는 경향) 있다는 것을 발견했다. 이러한 개념을 정확하게 경제학에 적용하여 많은 관찰자들은 경제가 완전고용수준에 있고 물가수준에 외부의 충격이 없는 한 인플레이션이 대략 일정하게 유지되는 경향이 있다는 의미에서 인플레이션에 관성이 있다는 데 주목하고 있다.

그러나 외부의 힘이 작용한다면 물체가 속도를 변화하는 것과 마찬가지로 많은 경제적 힘이 인플레이션율을 변화시킬 수 있다. 인플레이션율을 변하게 하는 원인이 될 수 있는 세 가지 요인들에 대하여 살펴보자. 첫 번째 요인은 총생산 갭의 존재이다. 확장 갭이 존재할 때 인플레이션은 상승하는 경향이 있고, 침체 갭이 존재할 때 인플레이션은 하락하는 경향이 있다. 인플레이션에 영향을 줄 수 있는 두 번째 요인은 인플레이션 충격이라고 부르는, 가격들에 직접 영향을 주는 충격이다. 예를 들어, 수입 원유가격의 큰 상승은 원유를 가지고 만들어지는 재화나 원유를 사용하는 서비스뿐만 아니라 휘발유, 난방유, 다른 연료들의 가격을 상승시킨다. 끝으로 인플레이션율에 직접 영향을 주는 세 번째 요인은 잠재총생산에 대한 충격 또는 잠재총생산 수준의 급격한 변화이다. 한 국가의 공장들과 기업들의 상당한 부분을 파괴하는 자연재해는 하나의 극단적인 예이다. 인플레이션 충격과 잠재 총생산에 대한 충격을 합쳐서 총공급 충격이라고 부른다.

오늘날 미국과 같이 인플레이션이 낮은 산업화된 경제에서 인플레이션은 해마다 비교적 천천히 변화하는 경향이 있는데, 이를 때로 인플레이션 관성이라고 일컫는다. 한 해의 인플레이션율이 2%라면 다음 해에는 3% 또는 4%일 것이다. 그 나라가 매우 비정상적인 경제상황을 경험하지 않는 한, 인플레이션율이 다음 해에 6% 또는 8%까지 오르거나 또는 −2%까지 하락할 가능성이 낮다. 이렇게 비교적 천천히 변하는 형태는 매일매일 빨리 변화하는 주식이나 상품 가격과 같은 경제변수들의 형태와는 극명하게 대조가 된다. 예를 들어, 유가는 한 해 동안 20%가 올랐다가 다음 해에는 20%가 하락할 수 있다. 왜 인플레이션은 현대 산업화된 경제에서 비교적 천천히 조정되는 경향이 있는 것일까? 이 질문에 답하기 위하여 인플레이션율을 결정하는 데 중요한 역할을 하는, 두 가지 긴밀하게 관련되어 있는 요인들을 생각해 보아야 하는데, 이는 민간이 인플레이션에 대하여 가지는 기대의 형태와 장기적인 임금계약 및 가격계약의 존재이다.

첫째, 인플레이션에 대한 민간의 기대에 대하여 생각해 보자. 미래의 임금과 가격들을 협상하는 데 구매자들과 판매자들은 다음 2~3년 간 일반적으로 나타날 것으로 기대되는 인플레이션율을 고려한다. 결과적으로 미래의 인플레이션에 대한 오늘의 기대는 미래의 인플레이션을 결정하는 데 도움을 줄 수 있다. 예를 들어, 사무실 직원인 길동이와 그 회사의 사장인 선달이는 올해 길동이의 성과가 좋아서 내년에 그의 실질임금을 2% 인상시키는 것이 합당하다고 동의하였다고 가정하자. 그들은 얼마의 명목임금

인상에 동의해야 하는가? 길동이가 다음 해에 인플레이션이 3%일 것으로 믿고 있다면 그는 다음 해에 실질임금에서 2%의 증가를 얻기 위해 5%의 명목임금 인상을 요구할 것이다. 선달이도 인플레이션이 3%일것이라고 동의한다면, 5%의 명목임금 인상에 동의하여야 하며, 이것이 경제의 실질임금을 단지 2% 인상하는 것을 의미한다고 알고 있을 것이다. 따라서 선달이와 길동이가 예상한 가격들의 상승률은 적어도 하나의 가격이(길동이의 명목임금) 실제로 상승하는 상승률에 영향을 준다.

둘째, 동일한 동태적 고려는 노동 이외의 생산요소에 대한 계약에도 영향을 준다. 예를 들어, 선달이가 사무실 용품 공급회사와 협상하고 있다면, 다음 해에 배달될 복사용지와 스테이플에 대하여 지불하기로 동의할 가격에 대한 사무실 용품의 상대적인 가격이 변하지 않을 것이고 일반적인 인플레이션율이 3%일 것이라고 선달이가 예상하고 있다면, 그는 사무용품 가격의 3% 인상에 동의할 용의가 있어야 한다. 이와 달리 그가 일반적인 인플레이션율이 6%일 것으로 예상한다면, 그는 6%의 명목가격 상승이 다른 재화와 서비스에 대한 사무용품의 상대가격에 아무 변화가 없는 것을 의미한다는 것을 알기 때문에 내년에 복사용지와 스테이플에 6%를 더 지불하는 데 동의할 것이다.

경제 전체에 예상되는 인플레이션이 높아질수록 명목임금과 다른 생산요소의 비용이 증가하는 경향이 있을 것이다. 그러나 임금과 다른 생산비용들이 예상된 인플레이션에 반응하여 빠르게 증가한다면 기업들은 비용을 충당하기 위하여 가격들을 빠르게 상승시켜야 할 것이다. 따라서 높은 기대 인플레이션은 높은 실제 인플레이션으로 이어지는 경향(자기충족적 예언)이 있다. 마찬가지로 기대 인플레이션이 낮다면 임금과 다른 비용들이 비교적 천천히 증가하게 되어 실제 인플레이션 또한 낮게 될 것이다.

실제 인플레이션이 부분적으로 기대 인플레이션에 의해 결정된다는 결론은, 무엇이 인플레이션에 대한 기대를 결정하는가라는 문제를 제기한다. 사람들의 기대의 많은 부분은 그들의 최근 경험에 의해 영향을 받는다. 인플레이션이 어느 정도의 기간 동안 낮고 안정적이었다는 사람들은 계속 높을 것이라고 예상할 것이다. 인플레이션이 낮은 수준과 높은 수준 사이에서 등락을 보여 예측하기 어렵다면, 일반 사람들의 기대도 마찬가지로 변동성이 커져서 경제상황이나 경제정책에 대한 뉴스와 소문들에 따라 높아지거나 낮아지게 된다.

인플레이션이 얼마동안 낮았다면 사람들은 낮은 인플레이션이 계속될 것으로 예상한다. 명목임금과 다른 생산비용의 증가도 작게 되는 경향이 있다. 기업들이 비용을 충당하기에 충분한 정도로만 가격을 인상한다면 실제 인플레이션은 예상대로 낮을 것이다. 이러한 실제 인플레이션의 낮은 상승률은 다시 낮은 기대 인플레이션을 갖게 하는 "선순환"이 지속된다. 높은 인플레이션을 가진 경제에서는 동일한 논리가 역의 방향으로 적용된다. 낮은 인플레이션은 사람들이 미래에도 낮은 인플레이션을 예상하도록 만든다. 결과적으로 그들은 임금과 재화의 서비스의 가격에서 낮은 인상을 받아들이는 데 동의하며, 이것은 실제인플레이션과 기대인플레이션 모두를 낮게 유지시킨다. 마찬가지로 높은 인플레이션은 사람들이 높은 인플레이션을 예상하도록 만들어, 이것은 다시 실제로 높은 인플레이션으로 이어지는 경향이 있다. 지속적으로 높은 인플레이션율은 일반 사람들이 높은 인플레이션을 예상하게 만들고 명목임금과 다른 생산비용의 높은 증가를 초래한다. 이것은 다시 실제 인플레이션을 높게 만들어 악순환 속에서 이러한 연결고리는 계속된다. 임금과 가격 상승의 결정에서 인플레이션에 대한 기대의 이러한 역할은 왜 인플레이션이 종종 천천히 조정되는 것 같은지를 설명하는 데 도움을 준다.

인플레이션의 느린 조정과정에서 인플레이션에 대한 기대의 역할은 두 번째 주요 요소인 장기 임금계약 및 가격계약의 존재에 의해 강화된다. 예를 들어, 노동조합 임금계약은 종종 향후 3년 동안 적용된다. 마찬가지로 회사들이 비품과 원자재에 대하여 지급하는 가격을 정한 계약들도 종종 수년 동안 적용된다. 장기계약은 계약이 서명되는 시점에서의 기대 인플레이션이 높은 환경에서 협상하는 노동조합은, 가격들이 안정적인 경제에 있는 노동조합보다, 계약기간 동안 명목임금의 빠른 증가를 요구할 가능성이 훨씬 높다.

요약하면 외부의 충격이 없는 경우에 인플레이션은 비교적 안정적으로 유지되는 경향이 있다. 다시 말하면, 인플레이션은 관성이 있다. 인플레이션은 두 가지 주요 이유 때문에 관성이 있는 경향을 보인다. 첫 번째는 인플레이션에 대한 사람들의 기대의 형태이다. 낮은 인플레이션은 사람들이 미래에도 낮은 인플레이션을 기대하도록 만들고 이것은 임금과 가격 인상의 압력을 완화한다. 마찬가지로 높은 인플레이션은 사람들이 미래에도 높은 인플레이션을 기대하도록 만들어 임금과 가격들의 더 빠른 상승을 가져온다. 기대의 효과는 장기 임금계약 및 가격계약의 존재에 의해 강화되며, 이것이 인플레이션이 안정적인 경향을 보이는 두 번째 이유이다. 장기계약은 인플레이션에 대한 사람들의 기대의 효과를 포함시키는 경향이 있다.

(2) 총생산 갭과 인플레이션

인플레이션에 영향을 주는 중요한 요소는 총생산 갭, 즉 잠재총생산과 실제 총생산과의 차이(Y^*-Y)이다. 단기에서 기업들은 미리 결정된 가격에 생산물에 대한 수요를 충족시킨다는 것을 살펴보았다. 미리 결정된 가격에서 수요에 의해 결정되는 총생산의 수준을 단기균형총생산이라고 부른 바 있다.

특정한 시점에 단기 균형총생산의 수준은 경제의 장기 생산능력, 또는 잠재총생산과 같아질 수 있다. 그러나 꼭 그런 것은 아니다. 총생산은 잠재총생산을 초과하여 확장 갭을 발생시킬 수 있고 또는 잠재총생산에 못 미쳐서 침체 갭을 만들어내기도 한다. 이들 세 가지 가능한 경우에, 즉 총생산 갭이 없는 경우, 확장 갭, 침체 갭의 경우에, 인플레이션에 어떤 일이 일어나는지 생각해보자.

실제 총생산이 잠재총생산과 같다면 정의상 총생산 갭이 없다. 총생산 갭이 0일 때 기업들의 판매는 그들의 최대 지속가능한 생산 수준과 일치한다는 의미에서 기업들은 만족하게 된다. 결과적으로 기업들은 다른 재화나 서비스와 비교하여 상대적으로 가격을 하락하거나 상승시킬 유인이 없다.

왜 그런지 알아보기 위하여 인플레이션 관성의 아이디어로 돌아가 보자, 최근 인플레이션율이 매년 3%로 일정하여 일반 사람들이 매년 3%의 인플레이션을 기대하게 되었다고 가정하자. 사람들의 인플레이션에 대한 기대가 장기계약에 동의한 임금과 가격상승에 반영된다면 기업들은 그들의 노동비율과 원료비용이 매년 3% 증가하고 있다는 것을 알게 된다. 비용을 충당하기 위하여 기업들은 매년 그들의 가격을 3% 인상할 필요가 있을 것이다. 모든 기업들이 그들의 가격을 매년 3% 인상한다면 경제의 다양한 재화와 서비스의 상대가격은(말하자면 택시요금에 대한 아이스크림의 상대가격) 변하지 않을 것이다. 그럼에도 불구하고 경제 전체의 인플레이션율은 3%와 같을 것이며 전년도와 동일하게 된다. 총생산 갭이 0이라면 인플레이션율은 동일하게 유지되는 경향이 있을 것이라고 결론을 내릴 수 있다.

대신에 확장 갭이 존재하여 대부분 기업들의 매출이 그들의 최대 지속가능한 생산수준을 초과한다고 가정하자. 수요량이 기업들이 공급하기를 원하는 양을 초과하는 상황에서 예상할 수 있는 것처럼 기업들은 궁극적으로 그들의 상대가격을 인상하는 것으로 반응할 것이다. 그렇게 하기 위하여 그들은 비용 상승보다 더 많이 가격을 인상하게 될 것이다. 모든 기업들이 이런 방향으로 행동한다면 일반적인 물가수준은 전보다 더 빨리 상승하기 시작할 것이다. 따라서 확장갭이 존재할 때 인플레이션율은 상승하는 경향이 있다.

끝으로 침체 갭이 존재한다면 기업들은 그들의 생산능력보다 적은 양을 판매하고 있는 것이며 그들은 더 많이 팔기 위하여 그들의 상대가격을 하락시킬 유인을 가질 것이다. 이런 경우 기업들은 기존 인플레이션율에 의한 비용의 증가를 완전히 모두 반영하기에 필요한 수준보다 더 적게 가격을 인상할 것이다. 결과적으로 침체 갭이 존재할 때 인플레이션율은 하락하는 경향이 있다. 이러한 중요한 결과들은 [표 11-1]에 요약되어 있다.

총지출의 변화는 확장 갭이나 침체 갭을 만들어낼 수 있다. 따라서 총지출의 변화는 또한 인플레이션의 변화로 이어진다. 경제가 현재 잠재총생산 수준에서 작동하고 있을 때, 처분가능소득의 각 수준에서 총지출을 줄이는 소비자 자신감의 감소는 경제의 인플레이션율에 어떤 효과를 미치는가?

주어진 인플레이션, 총생산, 실질이자율 수준에서 소비지출의 외생적 감소는 총지출과 단기 균형총생산을 감소시킨다. 경제가 원래 잠재총생산 수준에서 작동하고 있다면, 소비가 감소할 때 실제 총생산 Y가 이제는 잠재총생산 Y^*보다 적어지기 때문에 침체 갭이 나타날 것이다. 이 경우 인플레이션율은 하락하는 경향이 있는데 그 이유는 기업들의 매출이 최대 지속가

표 11-1 총생산 갭과 인플레이션

잠재총생산과 실제 총생산의 관계		인플레이션의 형태
1. 총생산 갭이 없을 때 $Y=Y^*$	→	인플레이션 불변
2. 확장 갭 $Y>Y^*$	→	인플레이션 상승 $\pi\uparrow$
3. 침체 갭 $Y<Y^*$	→	인플레이션 상승 $\pi\downarrow$

능한 생산수준에 못 미쳐 가격 상승률이 둔화되기 때문이다.

(3) 총수요-총공급 모형과 조정

1) *AD-AS* 모형

총생산 갭에 반응한 인플레이션의 조정은 편리하게 그림으로 보일 수 있다. 세로축에 인플레이션 π와 가로축에 실질 총생산 Y를 그린 [그림 11-12]는 총수요-총공급 모형의 한 예이며 간단히 *AD-AS*모형이라고 한다. 그림은 세 가지 곡선을 포함하고 있는데 그 중 하나는 앞에서 소개한 우하향하는 *AD*곡선이다. *AD*곡선은 계획된 총지출과 단기 균형총생산이 인플레이션율에 어떻게 의존하는지 보여주는 그래프라는 것을 기억하기 바란다. 두 번째 곡선은 경제의 잠재총생산 Y^*를 나타내는 수직선이다. 잠재총생산은 경제의 장기 생산능력을 나타내기 때문에 이 수직선을 장기 총공급곡선 또는 *LAS*곡선이라고 부른다. [그림 11-10]의 세 번째 곡선은 새롭게 도입된 단기 총공급곡선으로, 그림에서 *SAS*곡선이라고 이름이 붙어져 있다. *SAS*곡선은 그림에서 π로 표시된 경제의 현재 인플레이션율을 나타내는 수평선이다. 현재의 인플레이션율은 인플레이션에 대한 과거의 기대 및 가격결정에 의해 결정된 것으로 생각할 수 있다. 단기에서는 생산자들이 미리 결정된 가격에서 수요되는 생산량을 공급하기 때문에 *SAS*곡선은 수평선이다.

*AD-AS*모형은 특정한 시점에서의 총생산 수준을 결정하는 데 이용될 수 있다. 특정 시점의 인플레이션율은 *SAS*곡선의 위치에(예를 들어, 현재 인플레이션율이 π로 주어져 있다) 의해 직접 주어진다. 현재 총생산 수준을 구하려면 주어진 인플레이션율에서 단기 균형총생산 수준을 *AD*곡선이 보여준다는 것을 기억하기 바란다. 이 경제의 인플레이션율이 π이기 때문에 [그림 11-12]에서 단기 균형총생산은 *AD*곡선과 *SAS*곡선의 교차점인 Y(*A*점)와 같아야 한다. [그림 11-12]에서 단기 균형총생산은 잠재총생산 Y^*보다 작기 때문에 이 경제에는 침체 갭이 있음을 주목하기 바란다. 이 그림은 세 가지 곡선을 가지고 있다. *AD*곡선은 단기 균형총생산이 인플레이션율에 어떻게 의존하는지 보여준다. 장기 총공급곡선(*LAS*)은 경제의 잠재총생산 Y^*를 나타낸다. 단기 총공급곡선(*SAS*)은 현재 인플레이션율 π를 나타낸다. 여기에서 Y와 같은 단기 균형총생산은 *AD*곡선과 *SAS*곡선의 교차점(*A*점)에 의해 결정된다. 실제 총생산 Y는 잠재총생산 Y^*보다 작기 때문

그림 11-12 총수요-총공급 모형

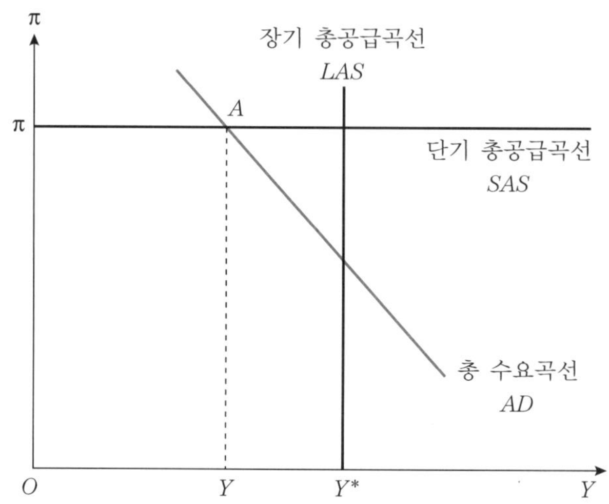

에 경제는 침체 갭을 가지고 있다.

*AD*곡선과 *SAS*곡선은 교차점인 *A*점은 이 경제의 단기균형점이라고 부른다. 경제가 단기균형[5)]에 있을 때 인플레이션은 과거의 기대 및 가격결정에 의해 결정된 값과 같으며, 총생산은 그 인플레이션율과 일치하는 단기균형총생산의 수준과 같다. 경제가 [그림 11-12]의 *A*점에서 단기균형에 있다 하더라도 거기에 머물러 있지는 않을 것이다. 그 이유는 *A*점에서 경제가 침체 갭을 경험하고 있기 때문이다.

2) 인플레이션의 조정

위에서 살펴본 것처럼 침체 갭이 존재할 때 기업들은 그들이 원하는 만큼 판매하지 못하고 있으며 따라서 생산물 가격을 인상하는 속도를 늦추게 된다. 결국 침체 갭과 관련된 낮은 수준의 총수요는 인플레이션율을 낮추게 된다. 침체 갭에 반응하여 인플레이션이 조정되는 것은 [그림 11-13]에 그래프로 나타나 있다. 인플레이션이 하락하면 *SAS*곡선은 아래로 이동한

---

5) 단기균형: 인플레이션이 과거의 기대 및 가격결정에 의해 결정된 값과 같고 총생산이 그 인플레이션율과 일치하는 단기 균형총생산의 수준과 같을 때의 상황; 그래프에서 단기균형은 *AD*곡선과 *SAS*곡선의 교차점에서 달성된다.

그림 11-13 침체 갭이 존재할 때 인플레이션의 조정

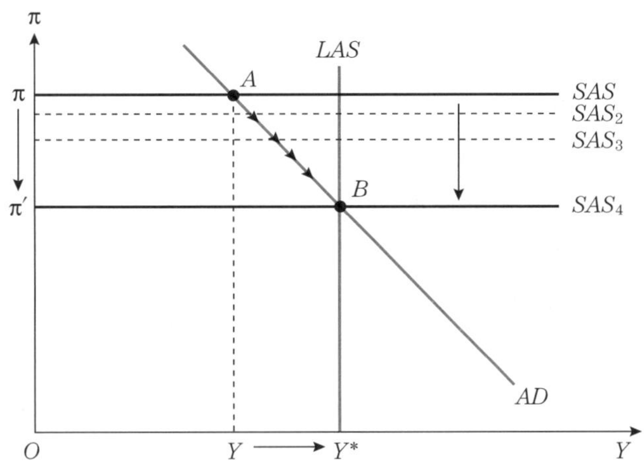

다. 인플레이션 관성 때문에 인플레이션은 점차 하향 조정된다. 예를 들어, *SAS*곡선은 SAS_2곡선으로 다음에는 SAS_3곡선으로 이동하게 될 것이다. 침체 갭이 존재하는 한 *SAS*곡선은 계속적으로 아래로 이동할 것이다. 따라서 *SAS*곡선은 [그림 11-13]의 *B*점에서 *AD*곡선에 교차할 때까지 하향 이동할 것이다. *B*점에서 실제 총생산은 잠재 총생산과 같고 침체 갭은 제거된다. 결과적으로 최종적인 *SAS*곡선은 SAS_4라고 이름이 붙어져 있다. *B*점에서는 인플레이션에 대한 더 이상의 압력이 없기 때문에 인플레이션은 더 낮아진 수준에서 안정화된다. [그림 11-13]의 *B*점으로 표시된 상황에서는 인플레이션이 안정적이고 실제 총생산이 잠재총생산과 일치하여 경제의 장기균형[6]이라고 부른다. 장기균형은 *AD*곡선, *SAS*곡선, *LAS*곡선이 모두 한 점에서 교차할 때 발생한다.

[그림 11-13]은 침체 갭이 존재할 때 인플레이션율이 하락하는 경향이 있다는 중요한 점을 예시하고 있다. 그림은 또한 인플레이션이 하락함에 따라 단기균형점이 *AD*곡선을 따라 아래로 이동하여, 단기 균형총생산이 *Y*에서 *Y**로 점차 증가하게 됨을 보여주고 있다. 총생산의 이러한 증가 이유는 인플레이션이 하락함에 따라 실질이자율을 하락시키는 중앙은행의 형태

6) 장기균형: 실제 총생산과 잠재총생산이 일치하고 인플레이션율이 안정된 상황을 말하며 그래프에서 장기균형은 *AD*곡선, *LAS*곡선이 모두 한 점에서 교차할 때 달성된다.

때문이다. 하락하는 인플레이션은 불확실성을 감소시키는 방법 등 여러 방법으로 총지출과 총생산을 자극한다. 총생산이 증가함에 따라 오쿤의 법칙에 따라 총생산 갭에 비례적으로 경기적 실업이 또한 감소한다. 인플레이션과 실질이자율이 하락하고 총생산이 증가하여 실업률이 하락하는 이러한 과정은 경제의 장기균형점인 [그림 11-13]의 *B*점에서 경제가 완전고용에 도달할 때까지 계속된다.

최초의 단기균형인 *A*점에서 침체 갭이 존재하여 인플레이션에 대한 하락 압력으로 작용한다. 인플레이션이 점차 하락함에 따라 *SAS*곡선은 *SAS*에 도달하고 실제 총생산이 잠재총생산과 일치할 때까지(*B*점) 점차 하향이동한다. 일단 침체 갭이 제거되면 인플레이션은 π에서 안정화되고 경제는 *AD*곡선, *LAS*곡선, SAS_4곡선의 교차점(*B*점)에서 장기균형에 도달한다.

침체 갭 대신에 경제가 잠재총생산보다 더 큰 총생산을 가진 확장 갭이 있다면 어떤 일이 발생하겠는가? 확장 갭의 경우에는 기업들이 높은 수요에 대하여 비용이 상승하는 것보다 더 빨리 가격을 인상함으로써 반응하기 때문에 인플레이션율을 상승하게 한다. 그래프 용어로 말하면, 확장 갭으로 인해 *SAS*곡선이 시간에 따라 위로 이동한다. 인플레이션과 *SAS*곡선은 경제가 실제 총생산과 잠재총생산이 같아지는 장기균형에 도달할 때까지 계속 상승할 것이다. 이러한 과정은 [그림 11-14]에 그려져 있다. 초기에

그림 11-14 확장 갭이 존재할 때 인플레이션의 조정

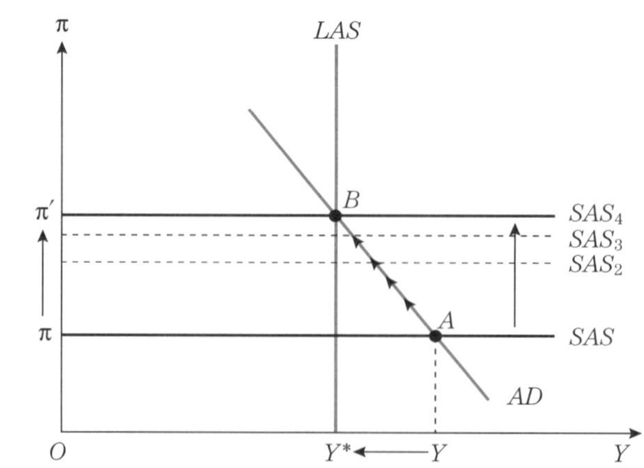

경제는 $Y>Y^*$(확장 갭)인 A점에서 단기균형에 있다. 확장 갭으로 인해 인플레이션이 시간에 따라 상승한다. 그래프로 보면 단기 총공급곡선은 SAS에서 SAS_2로, 그 다음에는 SAS_3으로 위로 이동한다. SAS곡선이 상승함에 따라 단기 균형총생산은 감소한다. 이는 인플레이션이 상승할 때 중앙은행이 실질이자율을 인상하기 때문에 나타나는 결과이다. 결국 SAS곡선은 AD곡선 및 LAS곡선과 교차하는 B점에서 SAS_4에 도달한다. 이 B점은 경제가 총생산 갭이 없고 안정적인 인플레이션을 나타내는 장기균형에 도달하는 점이다. [그림 11-14]를 부연설명하기로 하자. 최초의 단기균형인 A점에서 확장 갭이 존재한다. 인플레이션은 점차 상승하게 되고(SAS곡선의 상향이동) 총생산은 감소한다. 이 과정은 경제가 장기균형 B점에서 인플레이션이 안정화 되고 총생산 갭이 제거될 때까지 계속된다.

3) 경제의 자기조정

[그림 11-13]과 [그림 11-14]를 이용한 분석은 한 가지 중요한 논점을 제시하고 있다. 다시 말하면 충분한 시간이 주어지면 총생산 갭은 통화금융정책이나 재정정책의 변화(중앙은행의 정책반응함수에서 구체화된 실질이자율의 변화 이외의 다른 정책)없이 사라지는 경향이 있다. 확장 갭은 인플레이션의 상승에 의해 제거되며 침체 갭은 인플레이션의 하락에 의해 제거된다. 이러한 결과는 자동조정 메카니즘을 포함하고 있지 않은 기본적 케인즈 모형과 뚜렷이 대조된다. 이와 같은 결과의 차이는 기본적 케인즈 모형은 가격이 조정되지 않는 단기에 초점을 두고 있고 장기간에 걸쳐 발생하는 가격과 인플레이션의 변화를 고려하고 있지 않다는 사실에 기인한다.

경제의 자기조정 경향은 총생산을 안정화시키기 위해 공격적인 통화금융정책과 재정정책이 필요하지 않다는 것을 의미하는가? 이 질문에 대한 답변은 자기조정과정이 발생하는 속도에 결정적으로 의존한다. 장기간 동안 실제 총생산이 잠재총생산과 차이가 나도록 자기조정이 매우 천천히 일어난다면 통화금융정책과 재정정책의 적극적인 사용은 총생산을 안정화시키는 데 도움을 준다. 그러나 자기조정이 빠르다면 실제 정책 결정과정의 경우에 정당화 되지 않을 것이다. 실제로 경제가 완전고용에 빨리 복귀한다면 정책결정자들의 지출과 총생산을 안정화시키려는 시도들은 예를 들어, 실제 총생산이 잠재총생산을 "과도하게 넘어서게 하는(overshooting)" 경우처럼 이득보다는 해가 되는 것으로 끝날 수 있다.

특정한 경제에서 자기조정이 이루어지는 속도는 장기계약의 일반화의 정도와 생산물시장과 노동시장의 효율성 및 유연성을 포함하는 여러 가지 요인에 의존한다. 그러나 합리적인 결론은 초기의 총생산 갭이 클수록 경제의 자기조정과정은 더 길어지게 된다. 이러한 관찰은 비교적 작은 총생산 갭을 제거하는 데에는 적극적인 안정화정책을 사용하지 말아야 하지만, 실업률이 매우 높을때 총생산 갭을 치유하는 데에는 안정화정책은 매우 유용할 수 있다는 것을 시사한다.

제 5 절 모형의 활용

1. 인플레이션의 원인

앞에서 인플레이션이 총생산 갭에 반응하여 상승할 수도 있고 하락할 수도 있다는 것을 알게 되었다. 그러나 인플레이션에 변화를 일으키는 총생산 갭을 만들어내는 것은 무엇인가? 인플레이션에 영향을 줄 수 있는 요인들에는 총생산 갭 이외의 것들이 있는가? 본 절에서는 AD–AS모형을 이용하여 인플레이션의 궁극적인 원인을 찾아보고자 한다. 먼저 얼마나 과도한 총지출의 증가가 있어야 인플레이션이 발생될 수 있는가를 논의하고 그 다음에는 경제의 공급측면을 통하여 작용하는 요인들에 대하여 살펴본다.

(1) 과도한 총지출

실제로 인플레이션의 한 가지 중요한 원인은 과도한 총지출이다. 또는 좀 더 일상적인 표현으로 말하면 "너무 적은 재화를 뒤쫓는 너무 많은 지출"이다. 군비증강과 인플레이션을 예로 들어보자. 전쟁과 군비증강은 때때로 인플레이션의 상승과 관련되어 있다. 군비증강에 의해 발생된 인플레이션의 상승을 막기 위하여 중앙은행이 어떤 일을 할 수 있는가? 군사장비에 대한 지출 증가는 경제의 생산 능력에 비해 총수요를 증가시키기 때문에 전쟁과 군비증강은 잠재적으로 인플레이션의 원인이 된다. 매출 증가에 대해서 기업들은 가격을 더 빨리 상승시켜 결국 인플레이션율을 높인다.

[그림 11-15]의 두 그림은 이 과정을 예시하고 있다. 먼저 [그림 11-

그림 11-15 인플레이션의 원인인 전쟁과 군비증강

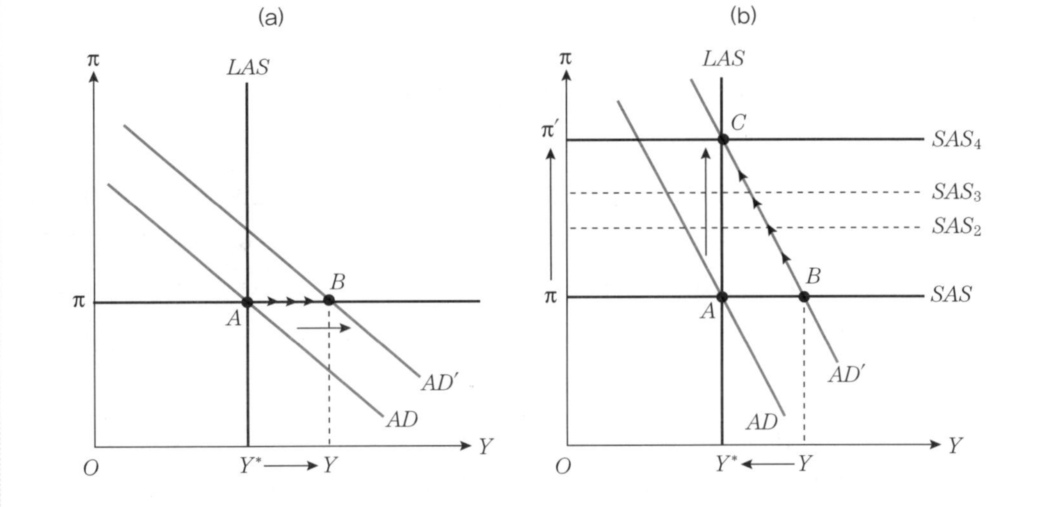

15](a)를 보자. 경제가 초기에 *AD*곡선과 *SAS*곡선 각각에 교차하는 *A*점에서 장기균형에 있다고 가정하자. *A*점은 총생산이 잠재 총생산과 같고 안정적인 인플레이션을 갖는 장기균형점이다. 이제 정부가 군사장비에 더 많은 지출을 하기로 했다고 가정하자. 군비지출의 증가는 정부지출 *G*의 증가이며 지출의 외생적 증가이다. 주어진 인플레이션 수준에서 지출의 외생적 증가는 *AD*곡선을 오른쪽으로 이동시켜 단기 균형총생산을 증가시킨다는 것을 앞에서 알아보았다. [그림 11-15](a)는 군비지출 증가의 결과로서 총수요곡선이 *AD*에서 *AD*′로 이동하는 것을 보여준다. 경제는 *AD*′이 *SAS*와 교차하는 새로운 단기균형인 *B*점에서는 실제 총생산이 잠재적인 수준보다 높아져 $Y>Y^*$이 되기 때문에 확장 갭이 나타남을 주목하기 바란다. 인플레이션은 관성이 있고 단기에는 변화하지 않기 때문에, 정부지출 증가의 즉각적인 효과는 총생산을 증가시킬 뿐이다.

그러나 인플레이션은 무한히 같은 수준에 머물러 있지 않기 때문에 그 과정은 거기에서 멈추지 않는다. *B*점에서 확장 갭이 존재하여 인플레이션이 점차 상승하기 시작할 것이다. [그림 11-15](b)에서 인플레이션의 이러한 증가는 *SAS*곡선을 최초의 위치에서 연속적으로 높은 수준으로 이동시켜 결국에는 SAS_4에 이르게 함을 보여주고 있다. 인플레이션이 총생산 갭

을 제거하기에 충분한 수준인 π'로 올랐을 때(C점) 경제는 장기균형으로 돌아오게 된다. 군비증강에 의해 창출된 총생산의 증가는 단지 일시적임을 알 수 있다. 장기에서 실제 총생산은 잠재 총생산 수준으로 돌아왔지만 인플레이션은 상승하였다.

[그림 11-15]를 다시 한 번 설명해 보자. 그림 (a)를 살펴보면 군비지출의 증가는 총수요곡선을 AD에서 AD'로 오른쪽 이동시킨다. 새로운 단기균형인 B점에서 실제 총생산은 잠재총생산 Y^*보다 높게 증가하여 확장 갭을 창출한다. 그림 (b)에서 이러한 갭은 인플레이션의 증가로 이어지고 이것은 SAS에서 결국 SAS_4까지 이동하는 SAS곡선의 상향 이동으로 나타나 있다. 새로운 장기균형인 C점에서 실제 총생산은 잠재총생산 수준으로 다시 낮아졌으나 인플레이션은 π'로 원래보다 높아졌다.

중앙은행은 높아진 인플레이션에 반응하여 실질이자율을 올리고 있다. 결과적으로 투자가 감소할 것이다. 이러한 현상을 정부지출의 증가가 장기에서 투자를 구축한다고 표현하였다. 즉 구축효과가 나타난 것이다. 중앙은행은 군비지출의 증가에 의해 유발된 인플레이션의 상승을 막을 힘을 가지고 있는가? 대답은 "그렇다"이다. 앞에서 중앙은행이 목표 인플레이션을 낮추려는 결정은 통화금융정책 반응함수를 위로(왼쪽) 이동시킨다는 것을 보았다. 따라서 중앙은행이 군비증강이 진행되면서 공격적으로 수축적인 통화금융정책을 편다면(반응함수를 이동시키면) 정부지출의 증가에 의해 발생한 AD곡선의 우측 이동을 되돌릴 수 있다. AD곡선의 우측 이동을 상쇄함으로써 인플레이션의 결과를 가져오는 확장 갭의 발생을 피할 수 있다. 각 인플레이션 수준에서 한국은행이 설정하는 더 높은 실질 이자율은 소비지출과 투자지출을 가소시키기 때문에 중앙은행의 정책이 효과를 발휘한다. 민간 지출의 감소는 정부의 수요증가를 상쇄하여 군비지출의 인플레이션 효과를 제거 또는 적어도 완화시킨다.

그런데 군비증강의 결과로 나타나는 인플레이션을 회피한다는 것이 군비증강의 사회적 비용이 없는 것으로 결론내려서는 안 된다. 중앙은행이 목표 인플레이션을 낮출 때 중앙은행은 [그림 11-15]에서보다 더 빨리 실질이자율을 증가시킨다. 결과적으로 경제는 Y^*에 더 빨리 복귀하며, 소비와 투자 또한 더 빨리 최종 수준으로 감소된다. 국가의 총생산의 더 많은 부분이 군비 목적으로 투입될 수 있도록 민간부문은 자원을 양보해야만 한다. 이러한 자원의 감소는 현재의 생활수준을 하락시키고(소비를 감소시켜)

미래의 생활수준도(투자를 감소시켜) 하락시킨다.

총생산 갭이 인플레이션의 점진적인 변화를 유발하지만 때때로 경제적 충격이 비교적 빠른 인플레이션의 상승이나 하락을 유발할 수 있다. 가격들에 대한 그러한 충격을 인플레이션 충격이라고 부르는데, 이에 대해 살펴보자.

(2) 인플레이션 충격

인플레이션 충격이란 그 나라의 총생산 갭과 관련이 없이 인플레이션의 정상적인 행동에 발생하는 갑작스러운 변화이다. 1974년의 급격한 유가 상승과 같이 인플레이션의 상승을 유발하는 인플레이션 충격은 부의 인플레이션 충격이라고 부른다. 1986년에 발생한 유가의 급격한 하락과 같이 인플레이션을 하락시키는 인플레이션 충격은 긍정적 인플레이션 충격이라고 부른다. [그림 11-16]은 부의 인플레이션 충격의 효과를 보여주고 있다. 인플레이션 충격이 발생하기 전에 경제는 *AD*곡선, *LAS*곡선, *SAS*곡선이 교차하는 *A*점에서 장기 균형에 있었다. *A*점에서는 실제 총생산과 잠재 총생산 Y^*이 같으며, 인플레이션은 π'로 상승하고 총생산은 Y^*에서 Y'로 감소한다. 따라서 인플레이션 충격은 최악의 가능한 시나리오를 만들어 낸다. 즉, 높은 인플레이션과 침체 갭이 공존하는 스태그플레이션(stagfla-

그림 11-16 부정적 인플레이션 충격 효과

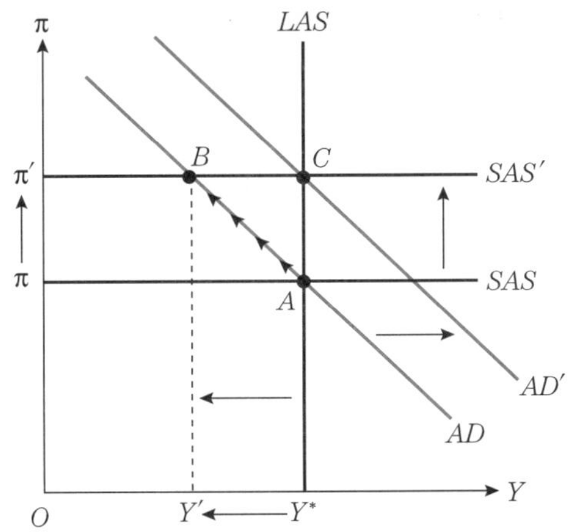

tion)이 나타난다.

[그림 11-16]을 부연설명해보자. 장기균형인 A점에서 출발하여 부정적 인플레이션 충격은 현재의 인플레이션을 직접 상승시켜 SAS곡선을 빠르게 SAS'까지 상향 이동시킨다. 새로운 단기균형인 B점에서 인플레이션은 π'로 상승하고 산출은 Y'로 감소하여 침체 갭을 만들어낸다. 중앙은행이 아무것도 하지 않는다면 결국 경제는 A점으로 돌아와 원래의 인플레이션율을 회복하지만 그 과정에서 장기 침체를 경험한다. 중앙은행은 통화금융정책 반응함수를 하향 이동시켜 통화금융정책을 완화하여 총수요 곡선을 AD'까지 이동시키고 C점의 완전고용으로 더 빨리 복귀할 수 있다. 이러한 전략의 비용은 인플레이션이 더 높은 수준에 머무르게 된다는 것이다.

부정적 인플레이션 충격은 거시경제 정책결정자들에게 딜레마를 만들어낸다. 인플레이션 충격 후에 통화금융정책과 재정정책이 변화가 없었다고 가정하자. 인플레이션 충격 이후 곧 경제는 높은 인플레이션이 발생하는 [그림 11-16]의 단기균형인 B점에 도달할 것이다. B점에 존재하는 침체 갭 때문에 결국 인플레이션은 침체 갭이 제거될 때까지 하락하기 시작한다. 그래프에서 이러한 하락은 SAS곡선의 하향 이동, 즉 SAS'에서 SAS로의 복귀로 나타난다. 인플레이션이 원래 수준인 π로 돌아가고 총생산이 잠재 총생산과 같아지는 A점에서 장기균형이 회복될 때만 인플레이션은 하락을 멈추게 될 것이다.

시장에 맡기는 "무대책(자유방임)"정책은 궁극적으로 총생산 갭과 인플레이션의 상승을 제거하겠지만, 그로 인해 침체는 길어질 수 있다. 결과적으로 정책결정자들은 좀 더 확장적인 재정정책을 수행하거나 또는 완화된 통화금융정책을(더 정확히 말하면 목표 인플레이션을 올리고 이에 따라 통화금융정책 반응함수를 아래쪽으로 이동시켜) 선택함으로써 침체 갭을 더 빨리 제거하려는 선택을 할 수 있다. 예를 들어 중앙은행의 목표 인플레이션율 인상은 총수요곡선을 AD에서 AD'로 오른쪽 이동시켜 경제를 새로운 장기균형인 [그림 11-16]의 C점에 이르게 한다. 이러한 확장정책은 총생산이 완전고용 수준으로 더 빠르게 복귀하는 데 도움을 주지만, 그림이 보여주고 있듯이, 인플레이션이 새로운 높은 수준에서 안정화되는 것을 용인하는 것이다.

앞에서 배운 인플레이션과 통화증가율 사이의 장기적 관계에 대해서 약간만 추가로 논의해보자. 인플레이션 충격의 예는 인플레이션이 항상 과도한 통화증가에 의해 유발되는 것이 아니라는 것을 보여준다. 단기적으로 인플레이션은 다양한 요인들에 의해 발생할 수 있다. 그러나 본서의 분석은 통화금융정책의 완화가 없더라도 인플레이션 충격과 같은 요인들 때문에 발생한 인플레이션은 결국 사라지게 될 것임을 보여준다. 반면에 지속적인 인플레이션은 통화금융정책의 완화, 즉 정책결정자들이 화폐공급을 빠르게 증가하도록 허용하는 것을 요구한다.

(3) 잠재총생산에 대한 충격

1970년대 유가 상승이 선진국 경제에 미치는 효과를 분석함에 있어 유가 충격에도 불구하고 잠재총생산에 변화가 없다고 가정하였다. 그러나 그 기간 동안 유가의 급격한 상승은 아마도 경제의 잠재총생산을 변화시켰을 것이다. 예를 들어, 유가가 상승하면서 많은 회사들은 에너지 효율이 떨어지는 장비들은 제거하고 "연료를 많이 소비하는" 오래된 자동차들을 폐기하였다. 더 적어진 자본재는 더 적은 잠재총생산을 의미한다.

유가 상승이 잠재총생산을 감소시켰다면 인플레이션에 대한 영향은 복합적이 된다. [그림 11-17]은 잠재총생산의 갑작스런 감소가 경제에 미치는 효과를 보여주고 있다. 편의상 그림은 잠재총생산 감소의 효과만을 포함하고 있으며 인플레이션 충격의 직접적 효과는 포함하지 않고 있다.

경제가 장기균형 *A*점에 있다고 가정하지. 그리고 잠재 총생산이 갑자기

그림 11-17 잠재총생산에 대한 충격의 효과

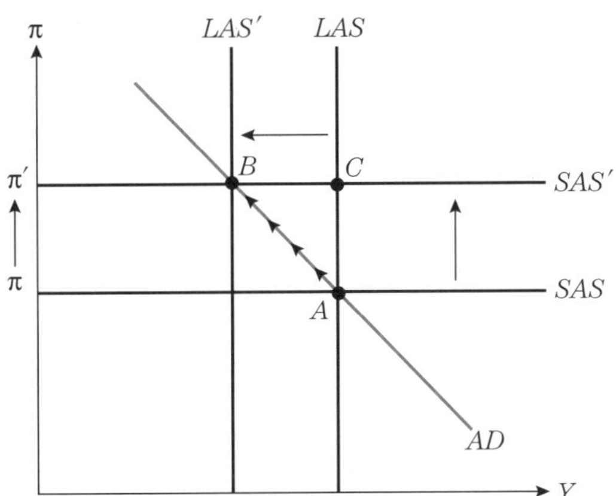

Y^*에서 $Y^{*\prime}$으로 감소하여 장기 총공급곡선이 LAS에서 LAS'로 왼쪽으로 이동하였다고 가정하자. 잠재총생산의 이와 같은 감소 후에 경제는 여전히 장기균형 A점에 있는가? 대답은 "그렇지 않다"이다. 왜냐하면 그 점에서 총생산은 이제 잠재 총생산을 초과하기 때문이다. 다시 말하면 확장 갭이 발생하엿다. 이 갭은 계획된 총지출이 변하지 않았지만 기업들이 재화와 서비스를 공급하는 능력이 감소하였다는 사실을 반영한다. 앞에서 살펴본 것처럼 확장 갭은 인플레이션의 상승으로 이어진다. [그림 11-17]에서 인플레이션의 상승은 SAS곡선의 상향 이동으로 나타나 있다. 결국 SAS곡선은 SAS'에 도달하고 경제는 B점에 새로운 장기균형에 도달한다. 왜 B점이 단지 단기균형이 아니라 장기균형이 되는가? B점에서 총생산은 새로운 낮은 수준의 잠재 총생산 $Y^{*\prime}$로 감소하고 인플레이션은 π'로 상승한다.

잠재총생산의 급격한 변화와 인플레이션 충격을 총공급충격이라고 부른다. 앞에서 살펴본 것처럼 두 경우 총공급충격은 낮은 총생산과 높은 인플레이션으로 이어지며, 따라서 정책결정자들에게 어려운 도전이 된다. 두 종류의 총공급충격 사이의 차이점은 부의 인플레이션 충격과 관련된 총생산 감소는 일시적이지만(경제가 새로운 장기균형에 도달한 이후에도) 총생산이 낮은 수준에 머무른다. [그림 11-17]에 대하여 요약해 보기로 하자. 경제가 원래 장기균형인 A점에서 있었는데 잠재총생산이 Y^*에서 $Y^{*\prime}$으로 감소하여 확장 갭이 발생하였다고 하자. 인플레이션이 상승하고 단기 총공급곡선이 SAS에서 SAS'로 상향 이동한다. 새로운 장기균형이 B점에서 달성되는데 이 점에서 실제 총생산은 낮아진 새로운 잠재총생산 수준 $Y^{*\prime}$와 같고 인플레이션은 π'로 상승한다. 이것은 잠재총생산의 감소 결과이기 때문에 총생산의 감소는 영구적이다.

잠재총생산에 대한 긍정적 충격의 효과는 부정적 충격의 효과를 보여준 [그림 11-16]과 반대이다. 잠재총생산에 대한 긍정적 충격은 LAS곡선을 오른쪽으로 이동시켜 단기에 침체 갭을 발생시킨다. 즉, 새로운 더 높은 잠재총생산 수준(Y^*)보다 총생산(Y)이 낮다. 따라서 SAS곡선의 하향 이동을 반영하여 인플레이션율이 낮아진다. 새로운 장기 균형에서 총생산은 원래보다 더 높아지고 인플레이션은 낮아진다. 이러한 결과들은 흔히 말하는 '신경제, IT경제'와 일치한다.

2. 인플레이션의 억제

인플레이션을 낮추기 위한 수축적인 통화금융정책의 단기 및 장기 효과들을 예시하기 위하여 앞에서 살펴본 모형을 확장하는 것으로 인플레이션 억제정책을 살펴보려고 한다. 그리고 모형을 사용하여 경제가 총수요 충격 또는 총공급 충격을 받았을 때 어떻게 중앙은행이 낮은 인플레이션을 유지할 수 있는지를 논의하고, 통화금융정책이 더 효과적이 될 수 있는 방법들을 서술하고자 한다.

(1) 높은 인플레이션 억제

높은 인플레이션율 또는 완만한 인플레이션율조차도 경제적으로 비용을 발생시킨다. 인플레이션이 너무 높다면 정책결정자들은 무엇을 해야 하는가? 총수요곡선을 왼쪽으로 이동시키는 정책들에 의해 인플레이션이 둔화될 수 있다. 그러한 정책들은 낮은 인플레이션으로 생산성과 경제성장에서의 장기적인 이득을 만들어내지만 총생산의 감소와 실업률 상승이라는 커다란 단기적 비용을 초과할 가능성이 높다. 여기서는 반인플레이션 통화금융정책의 효과에 관하여 살펴보기로 하자.

[그림 11-18]은 반인플레이션 통화금융정책의 단기와 장기효과를 보여주고 있다. [그림 11-18](a)에서는 "경기안정화정책"에서 소개된 중앙은행의 통화금융정책 반응함수를 보이고 있다. 앞에서 본 중앙은행의 통화금융정책 반응함수는 다음과 같다.

$$r=r^*+g(\pi-\pi^*)$$

[그림 11-18](a)에서 *MF*로 표시된 선은 초기 목표 인플레이션율 10%에 대응하는 통화금융정책 반응함수를 나타낸다. 실질이자율 목표수준에 있을 때 식 (11-1)은 실제인플레이션율 r이 중앙은행의 목표실질이자율 r^*와 같게 됨을 나타낸다. 따라서 [그림 11-18](a)의 A점에서 $\pi=\pi_1^*=10\%$, $r=r^*$이다.

[그림 11-18](b)에서는 통화금융정책 반응함수를 $AD-AS$ 모형과 연결시키고 있다. 최초의 균형인 A점은 최초의 총수요곡선 AD와 최초의 단기 총공급곡선 SAS의 교차점이기 때문에 단기균형을 표시하고 있다.

그림 11-18 반인플레이션 통화금융정책의 단기 및 장기효과

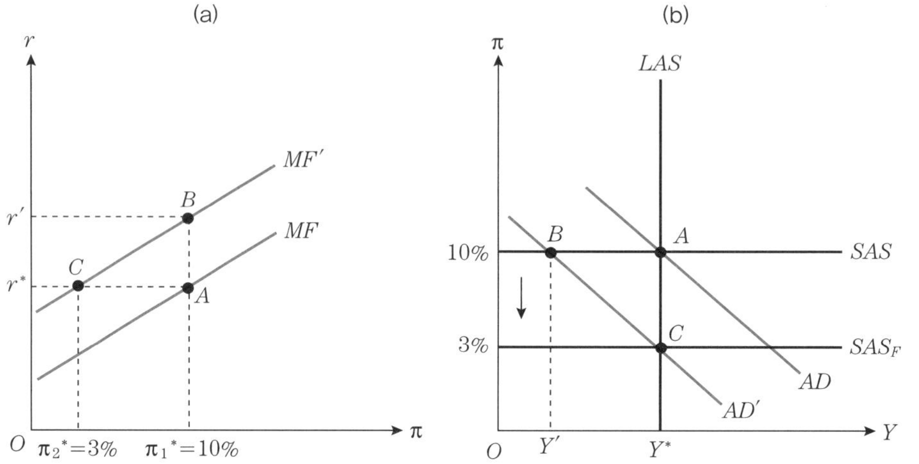

A점은 총수요곡선 AD와 장기총공급곡선 LAS의 교차점에 위치하고 있기 때문에 또한 장기균형이기도 하다. 결과적으로 A점에서 실제 총생산은 잠재총생산과 같다($Y=Y^*$). [그림 11-18](a)에서 가로축으로 표시되는 인플레이션은 [그림 11-18](b)에서는 세로축에 표시되어 있음을 유의하라.

중앙은행이 높은 인플레이션이 경제성과와 장기 경제성장에 방해가 되고 있다고 하자. 결과적으로 중앙은행은 장기 목표인플레이션율을 10%가 아닌 3%로 낮추는 긴축적인 통화금융정책을 채택하기로 결정하였다. 긴축적 통화금융정책 채택의 경제적 효과는 단기와 장기에서 매우 다르다. 중앙은행은 목표 인플레이션율을 낮춤으로써 인플레이션을 하락시키기 시작한다. [그림 11-18](a)에서 중앙은행이 목표인플레이션율을 3%로 낮추었다고 가정한다. 앞에서 살펴본 것처럼 통화금융정책 반응함수는 C점에서 $\pi=\pi^*=3\%$일 때 $r=r^*$가 되도록 [그림 11-18](a)의 MF에서 MF'로 왼쪽으로(위로) 이동할 것이다. 그러나 경제는 A점에서 C점으로 바로 이동하지 않는다. 최초의 인플레이션율 10%에서 중앙은행은 먼저 실질이자율을 B점의 r'으로 상승시켜야 한다.

실질이자율의 상승은 소비지출과 투자지출을 감소시켜 각 인플레이션율 수준에서 총수요를 감소시키고 총수요곡선을 [그림 11-18](b)의 AD에서

AD'으로 이동시킨다. 중앙은행의 정책 행동 이후에 AD'곡선과 SAS곡선은 새로운 단기균형인 B점에서 교차한다. 실제 총생산은 Y'으로 감소하여 잠자 총생산 Y^*보다 적게 된다. 다시 말하면 중앙은행의 행동은 침체갭이 발생하는 것을 허용한 것이며, 실업률은 자연실업률보다 높게 될 것이다. 그러나 B점에서 인플레이션율은 여전히 10%이다. 따라서 단기에서 통화수축은 경제를 침체에 빠뜨리지만 인플레이션 관성 때문에 인플레이션율에 미치는 효과는 미미하다.

반인플레이션 정책으로 변화된 통화정책의 단기적 효과는(총생산 감소, 실업률 상승, 인플레이션은 (거의) 불변) 좋지 않으며 왜 그러한 정책 전환이 초기 단계에서 종종 인기가 없는지 설명해준다. 다행히 경제는 B점에 무한히 머물러 있지 않을 것이다. 기업들은 약한 수요에 당면할 때 가격을 인상하는 것을 더 싫어할 것이기 때문에 B점에서 침체 갭의 존재는 결국 인플레이션을 하락시키는 원인이 된다.

침체 갭의 결과로 결국 나타나는 인플레이션의 하락은 [그림 11-18](b)에서 단기 총공급곡선이 SAS에서 SAS_F로 점진적으로 하향 이동하고 [그림 11-18](a)에서 새로운 통화금융정책 반응함수 MF'를 따라 이동하는 것으로 나타나 있다. 경제가 [그림 11-18](a)의 B점에서 C점으로 이동함에 따라 인플레이션이 하락한다. 이것은 중앙은행이 새로운 통화금융정책 반응함수에 머물러 있으면서(낮은 목표 인플레이션율) 실질이자율을 r'에서 r^*로 낮추는 것을 가능하게 해 준다. 이러한 실질이자율의 감소는 투자를 침체되었던 수준으로부터 증가시키고 총생산을 잠재총생산 수준으로 복귀시켜 [그림 11-18](b)의 AD'을 따라 B점에서 C점으로 이동하는 것으로 나타난다. 인플레이션은 경제가 두 그림에서 장기균형인 C점에 도달할 때까지 계속 하락할 것이다. C점에서 실제 총생산은 잠재총생산 수준으로 복귀하고, 인플레이션율은 새로운 목표 인플레이션율 3%에서 안정화되며 실질이자율은 다시 목표수준인 r^*와 같게 된다.

따라서 수축적 통화금융정책의 채택은(중앙은행의 목표 인플레이션율 하락으로 반영된) 장기적인 이득을(인플레이션의 영구적인 감소) 달성하기 위해 단기적인 고통을(총생산 감소, 실업률 상승, 일시적으로 높은 실질이자율) 부과한다. 그러나 장기적으로 긴축적 통화금융정책의 채택은 인플레이션의 하락을 가져오지만 실질 총생산이나 실질이자율에는 영향을 미치지 않는다. 중앙은행의 목표 인플레이션율 변화는 통화금융정책 반응함수를 이동시킨다는 것을 기억하기 바란다. 통화금융정책 반응함수의 이동은 *AD*곡선을 이동시킬 것이다. 긴축적인 통화금융정책의 채택은(*MF*의 위쪽 또는 왼쪽 이동) *AD*곡선을 좌측으로 이동시킨다. 확장적인 통화금융정책의 채택은(*MF*의 아래쪽 또는 오른쪽 이동) *AD*곡선을 우측으로 이동시킬 것이다.

[그림 11-18]을 요약하면 다음과 같다. (a) 최초에 경제가 장기균형인 *A*점에 있다. 실제 인플레이션이 중앙은행의 목표 인플레이션율인 10%와 같고 실질이자율은 목표 실질이자율인 r^*이며 실제 총생산은 잠재총생산과 같다. 중앙은행이 목표 인플레이션율을 3%로 감소시킨다면 통화금융정책 반응함수 *MF*는 *MF′*로 왼쪽(위쪽)으로 이동한다. 이로 인해 최초의 인플레이션율 10%에서 r'으로 실질이자율의 상승이 요구된다. (b) 통화금융정책 반응함수의 이동은 총수요곡선을 *AD*에서 *AD′*으로 이동시키고 경제는 *B*점에서 새로운 단기균형에 도달한다. 총생산은 Y'으로 감소하지만 인플레이션은 변하지 않는다. *B*점에서 존재하는 침체 갭은 결국 인플레이션을 하락시키는 원인이 되며 *SAS* 곡선을 아래로 이동시킨다. 장기균형은 *C*점에서 달성되는데 이 점에서 실질 총생산은 잠재총생산으로 회귀하고 인플레이션은 새로이 낮아진 목표 인플레이션을 3%로 하락하며 실질이자율이 목표수준인 r^*로 회귀한다.

(2) 낮은 인플레이션 유지

여기서는 낮은 인플레이션 환경에서 중앙은행의 정책 선택에 대하여 살펴본다. 경제의 교란요인들이 총지출에서의 충격에 의한 것인지 또는 총공급 충격에 의한 것인지에 따라서 정책대응과 반인플레이션 정책들의 결과가 어떻게 달라지는지를 예시한다.

1) 총지출 충격에 대한 대응

통화금융정책의 변화가 *AD*곡선을 이동시키는 유일한 요인은 아니다. *AD*곡선은 재정정책의 변화와 다른 지출의 외생적 변화에도 반응하여 이동한다. [그림 11-19]에서 보는 것처럼, 이러한 총지출의 변화가 영구적이라면 중앙은행은 목표 실질이자율을 변화시키는 경우에만 장기에서 인플레이션을 원래의 목표 인플레이션율 수준에 유지할 수 있을 것이다.

이러한 중요한 점을 이해하기 위하여 앞 장에서 살펴본 재정정책의 변화의 효과에 대한 분석을 다시 살펴보기로 하자. [그림 11-19](b)는 군비

그림 11-19 총지출 변화 후 낮은 인플레이션 유지

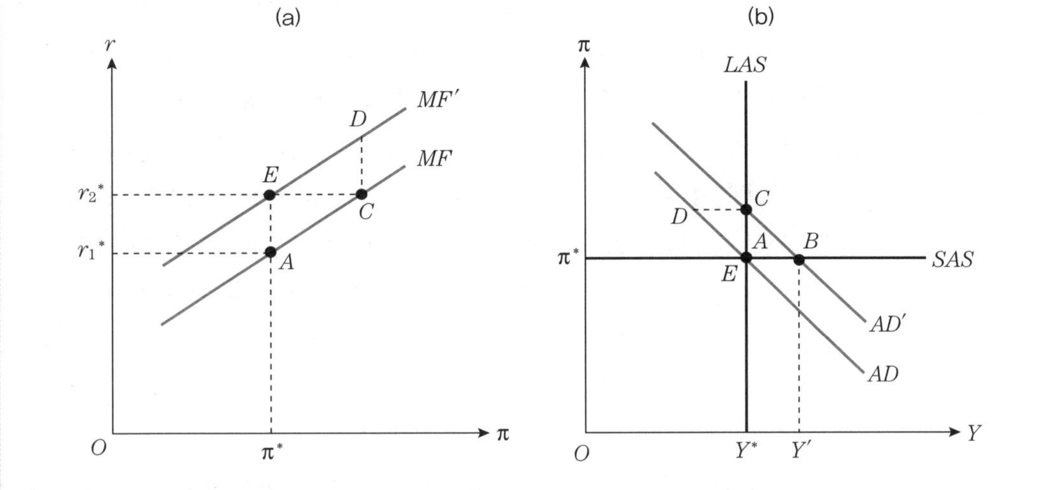

지출 증가의 효과를 분석한 [그림 11-18]의 상황을 보여주고 있다. 전과 같이 총생산이 잠재총생산 Y^*와 같고 인플레이션이 안정적인 A점에서 논의를 시작한다. [그림 11-18](a)에서 이러한 상태는 실제 인플레이션율 π가 중앙은행의 목표 인플레이션율 π^*와 같고, 실제 실질이자율 r이 중앙은행의 목표 실질이자율 r_1^*와 같은 중앙은행의 통화금융정책 반응함수 위의 A점에 해당한다.

이제 군비지출의 증가가 총수요곡선을 오른쪽으로 이동시켰다고 가정하자. AD곡선의 이동은 조세감면, 소비지출이나 투자지출의 갑작스런 증가로부터 발생할 수도 있다. 중앙은행이 통화금융정책 반응함수를 변화시키지 않는다면 경제는 [그림 11-19](b)의 A점에서 B점으로 이동한다. 실질 GDP가 증가하고 확장 갭이 발생하지만 초기에는 인플레이션이 변화하지 않는다. 그러나 시간이 지남에 따라 SAS곡선은 확장 갭에 반응하여 위로 이동하게 된다. 그 결과로 인플레이션이 상승하기 시작할 것이다.

이 시점에서 중앙은행은 선택을 해야 한다. 인플레이션이 목표 수준보다 높게 상승하는 것을 허용한다면 경제는 [그림 11-18](a)와 [그림 11-19](b)에 있는 C점으로 점차 이동할 것이다. 그러나 C점에서 인플레이션과 실질이자율은 중앙은행의 목표 수준(π^*와 r_1^*)을 초과하게 된다.

그러나 중앙은행은 목표 실질이자율을 r_2^*로 상승시켜 인플레이션의 상승을 막을 수 있다. 통화금융정책 반응함수는 실제 인플레이션율과 중앙은행의 목표 인플레이션율을 일치시키고, 실질이자율이 중앙은행의 목표 실질이자율과 같아지도록 그려졌다는 것을 기억하기 바란다. 결과적으로 중앙은행의 목표 실질이자율의 상승은 중앙은행의 통화금융정책 반응함수를 MF에서 MF'으로 위로(왼쪽으로) 이동시킬 것이다. 중앙은행의 통화금융정책 반응함수의 이러한 이동은 총수요곡선을 AD로 복귀시키게 된다. 총생산은 잠재 총생산으로 회귀하고 인플레이션은 결국 [그림 11-19](a)와 [그림 11-19](b)의 E점, π^*로 복귀할 것이다. 중앙은행이 어떻게 하든 총생산은 잠재총생산으로 돌아오게 되지만, 중앙은행은 목표 실질이자율을 상승시키는 정책을 시행하여 인플레이션이 영구적으로 상승하는 것을 막을 수 있다.

경제가 B점에서 C점으로 이동할 때까지 중앙은행이 r^*를 상승시키지 않는다면 중앙은행은 일시적으로 실질이자율을 [그림 11-19](b)의 D점으로 상승시켜야 한다. 그러면 경제는 [그림 11-19](b)의 잠재 총생산 수준인 E점으로 돌아올 때까지 빠른 성장 기간과 그 이후의 경기수축의 기간을 경험하게 될 것이다. 그러나 중앙은행은 더 빨리 행동을 취하기로 결정하여 인플레이션의 상승과 총생산의 호황-불황 변동을 피할 수 있다. 중앙은행은 목표 실질이자율을 즉시 상승시켜 선제적으로 행동할 수 있다. r^*의 이러한 증가는 통화정책 반응함수를 즉시 위로 이동시키게 될 것이다. 최초 총지출의 증가가 총수요곡선을 AD에서 AD'으로 이동시키지만 중앙은행의 선제적인 행동은 총수요곡선을 다시 AD로 복귀시킬 것이다. 결과적으로 경제는 완전고용 수준에 머무르고 인플레이션이 최초의 수준에서 변하지 않을 수 있다. 총생산은 잠재 총생산에서 안정화될 수 있고 인플레이션이 낮게 유지될 수 있다.

앞에서 살펴본 것처럼 재정정책의 변화가 총지출의 다른 변화들은 장기에서 실질총생산을 변화시키지 않는다. 그러나 인플레이션은 중앙은행이 인플레이션이 변화하는 것을 용인할 경우에만 변한다는 것을 알 수 있다. 때때로 경제학자들은 충격의 효과가 발생하는 것을 허용하는 정책을 말할 때 수용이라는 용어를 사용한다. 이 예에서 중앙은행의 수용정책은 총지출 충격이 단기에서 총생산을 증가시키고 장기에서 인플레이션을 상승시키는 것을 허용하는 것이다. 그러나 중앙은행은 총지출 충격을 수용하지 않고 목표 실질이자율을 상승시켜 총생산과 인플레이션에 대한 효과를 막을 수 있다.

왜 중앙은행은 안정적인 총생산과 인플레이션을 유지하기 위하여 실질이자율 목표를 상승시켜야 하는가? 실질이자율은 장기에서 저축과 투자에 의해 결정된다. 군비지출의 증가 또는 정부지출의 다른 증가는(또는 순조세의 감소) 정부의 재정적자를 증가시킬 것이다. [그림 11-19]에서 살펴본 것처럼 정부 재정적자의 증가는 장기적으로 국민저축을 감소시키고 실질이자율을 상승시킨다. 장기적인 인플레이션 상승을 피하기 위하여 중앙은행은 목표 실질이자율을 저축과 투자시장의 장기균형과 일치되는 수준으로 상승시켜야 한다.

이 모형은 예상치 못한 지출의 감소를 분석하는 데에도 사용될 수 있다. 잠재총생산에서 다시 시작하여 지출의 감소는 총수요곡선을 왼쪽으로 이동시킬 것이다. 중앙은행은 실질이자율 목표를 하락시켜 이러한 이동에서 발생하는 침체 갭을 제거할 수 있다. 다시 실질 GDP는 잠재총생산 수준으로 돌아오고, 인플레이션은 중앙은행의 목표 인플레이션율로 복귀한다.

[그림 11-19]를 요약해 보기로 하자. 최초에 경제가 장기균형인 A점에 있다. 실제 인플레이션이 중앙은행의 목표 인플레이션율 π^*와 같고 실제 총생산은 잠재 총생산 Y^*과 같다. 총지출의 증가는 AD곡선을 AD'으로 이동시킨다. 단기에서 실질 GDP는 Y'으로 증가하지만 인플레이션은 변하지 않는다. 확장 갭은 인플레이션 상승으로 이어져 SAS곡선을 상향 이동시킨다. 중앙은행이 인플레이션의 상승을 수용한다면 경제는 장기에서 C점으로 이동한다. 인플레이션은 높아지고 실제 총생산은 잠재 총생산 수준으로 복귀한다.

그러나 중앙은행이 인플레이션이 목표 수준을 초과하는 것을 원하지 않는다면 목표 실질이자율을 r_2^*로 상승시킬 수 있다. 이로 인해 통화금융정책 반응함수는 MF'으로 이동하고 총수요곡선은 AD로 다시 되돌아온다. 실제 총생산은 장기에서 다시 잠재 총생산 수준과 같게 될 것이지만 인플레이션은 목표 수준 π^*로 돌아오게 된다.

2) 총공급 충격에 대한 반응

총수요에 대한 충격은 중앙은행이 인플레이션과 총생산 안정화 중 한 가지를 선택하도록 요구하지 않지만 총공급에 대한 충격은 그러한 딜레마

그림 11-20 부정적인플레이션 충격 이후에 낮은 인플레이션을 유지하는 방법

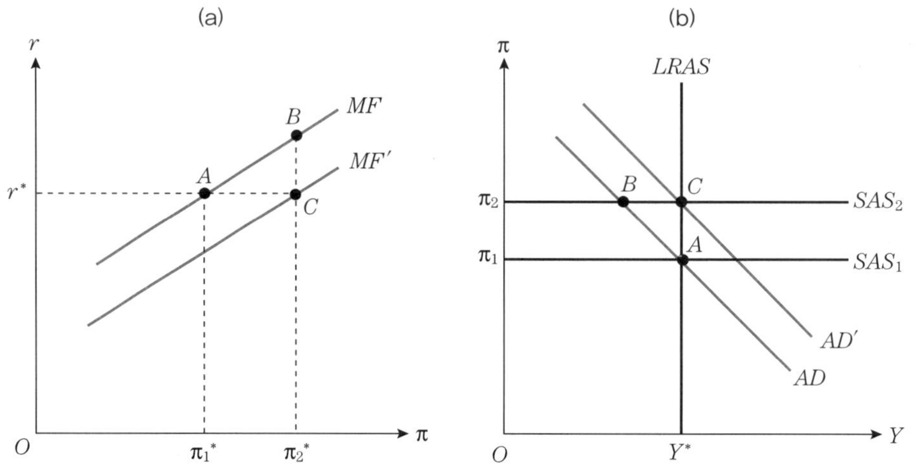

를 만들어낸다. 중앙은행이 최초의 목표 인플레이션을 그대로 유지한다면 경제는 오래 지속되는 침체 갭이나 확장 갭을 경험할 것이다. 반면에 중앙은행이 잠재 GDP로 빨리 회복하기를 원한다면 인플레이션 목표를 변화시켜야 한다.

이러한 상황은 [그림 11-20]에 나타나 있다. 경제는 두 그림의 A점에서 $Y=Y^*$, $\pi=\pi^*$, $r=r^*$인 상태에서 시작한다. 이제 부정적인 플레이션 충격이 단기 총공급곡선을 [그림 11-20](b)의 SAS_1에서 SAS_2로 이동시켰다고 가정하자. 단기에서 경제는 B점으로 이동하여 인플레이션의 상승과 침체 갭이 발생한다.

이 시점에서 중앙은행은 앞의 장에서 소개하였던 딜레마에 당면하게 된다. 경기침체를 피하기를 원한다면 중앙은행은 목표 인플레이션율을 π_2^*로 상승시킬 수 있다. 이것은 통화금융정책 반응함수를 아래 방향인(오른쪽으로) MF'로 이동시킬 것이며, 총수요곡선을 오른쪽 AD'로 이동시킬 것이다. 총생산은 잠재총생산과 일치하는 C점으로 빨리 복귀하지만 인플레이션은 영구적으로 높아진다. 총공급 충격으로 나타나는 처음의 인플레이션 상승은 두 번째 단계의 인플레이션의 상승을 초래할 것이다. 두 번째 단계에서는 최초의 인플레이션 상승이 인플레이션에 대한 기대로 이어진다. 근로자들과 기업들은 가격들이 계속 상승할 것으로 예상할 것이고, 따라서 임금과 가격의 계속된 상승을 압박할 것이다. 결과적으로 더 높은 인플레이션율이 지속될 것이다.

이와 달리 경제가 부의 인플레이션 충격을 받을 때 중앙은행은 원래의 목표 인플레이션율을 유지함으로써 인플레이션이 영구적으로 높아지는 것을 막을 수 있다. 그렇게 함으로써 중앙은행은 두 번째 단계의 인플레이션 상승을 회피할 수 있고 인플레이션의 상승이 영구적이 되는 것을 막을 수 있다. 중앙은행이 통화금융정책을 변화시키지 않는다면(통화금융정책 반응함수가 이동하지 않는 경우) B점에서 존재하는 침체 갭은 점차 SAS곡선을 SAS_1으로 돌아오게 하고 경제는 장기에서 A점으로 돌아올 것이다. 인플레이션은 최초의 값으로 회복되고 실질 GDP는 잠재 GDP 수준으로 돌아온다. 그러나 그 사이에서 경제는 경기침체를 경험한다.

이러한 두 가지 정책 대안 중 어느 것을 따를 것인가를 선택하는 데 있어 중앙은행은 통화금융정책을 변화시키지 않는다면 경제가 잠재 수준(A점)으로 돌아가는데 얼마나 긴 시간이 걸릴 것인가를 알고 싶을 것이다. 그에 대한 대답은 부의 인플레이션 충격이 침체 갭을 발생시켰을 때 단기 총공급곡선이 아래로 이동하는 속도에 의존한다. SAS곡선이 아래로 이동하는 속도가 빠르다면 경기침체는 아마도 짧을 것이기 때문에 중앙은행은 목표 인플레이션율을 π^*에서 변화시키지 않을 가능성이 높다. 반면에 SAS곡선이 매우 천천히 아래로 이동한다면 중앙은행은 장기적인 경기침체를 피하기 위해 목표 인플레이션율을 높이고 싶을 것이다.

역설적으로 부의 인플레이션 충격 후에 SAS곡선이 아래로 이동하는 속도는 중앙은행이 어떻게 행동할 것인가에 대한 일반 사람들의 기대에 부분적으로 의존한다. 중앙은행이 원래의 목표 인플레이션율을 유지할 것이라고 사람들이 확신한다면 미래의 인플레이션에 대한 사람들의 기대는 인플레이션이 일시적으로 상승한다 하더라도 변하지 않을 것이다. 이런 경우 사람들의 인플레이션에 대한 기대가 고정되어 있다고 말한다. 부의 총공급 충격이 인플레이션을 상승시킬 때 고정된 기대를 가진 사람들은 인플레이션이 바로 최초의 수준으로 떨어지도록 중앙은행이 행동할 것이라고 믿고 있다고 하자. 근로자들은 인플레이션을 추가적으로 발생시키는 임금상승을 요구할 가능성이 적고 기업들도 가격을 인상할 가능성이 적다. 두 번째 단계의 인플레이션이 제거될 것이고 SAS곡선이 더 빨리 SAS_1으로 이동하며 총생산은 잠재총생산 수준으로 더 빨리 복귀하게 된다. 인플레이션에 대한 기대가 고정되어 있다면 경기침체가 발생하더라도 기간이 짧을 것이기 때문에 중앙은행은 목표 인플레이션율을 변화시키지 않는 것이 낫다.

반면에 중앙은행이 과거에 높은 인플레이션율을 자주 수용하였다면 인플레이션에 대한 기대는 고정되어 있기 어렵다. 일반 사람들이 중앙은행이 목표 인플레이션율을 상승시킬 것이라고 믿는다면 미래의 인플레이션에 대한 기대는 높아질 것이다. 그러면 근로자들은 더 큰 임금인상을 요구하고 기업들은 가격을 더 빨리 인상할 것이다. 그런 경우에 *SAS*곡선은 아래로 더 천천히 이동할 것이며 완전고용으로의 복귀는 늦어질 것이다. 따라서 중앙은행이 원래의 목표 인플레이션율을 유지할 것이라는 것을 일반 사람들에게 확신시키는 것이 매우 중요하다.

[그림 11-20]을 요약해 보자. 최초에 경제의 실제 인플레이션은 중앙은행의 초기의 목표 인플레이션율인 π_1^*이고 실제 총생산이 잠재총생산, Y^*로 장기균형인 *A*점에 있다. 유가상승 또는 다른 부의 인플레이션 충격은 곡선을 SAS_2로 위로 이동시킨다. 중앙은행이 공급 충격을 수용한다면 목표 인플레이션율을 π_2^*로 상승시킨다. 이것은 통화금융정책 반응함수를 MP'로 아래로(우측) 이동시키고 *AD*곡선도 또한 AD'으로 이동한다. 경제는 빠르게 *C*점으로 이동하며 침체가 나타난다면 짧을 것이다.

그러나 중앙은행이 목표 인플레이션율을 변화시키지 않는다면 통화금융정책 반응함수나 총수요곡선은 이동하지 않는다. 단기에서 *B*점으로 이동하고 실질 GDP는 감소한다. *B*점에서 발생한 침체 갭은 실질 총생산이 다시 잠재 수준으로 돌아오고 인플레이션도 이전의 목표 수준인 *A*점으로 하락할 때까지 *SAS*곡선을 점차 아래로 이동시킬 것이다.

12

chapter >>>>

통화금융정책의 수행

C/H/A/P/T/E/R 12

통화금융정책의 수행

통화금융정책은 통화당국이 통화량 또는 이자율의 변화를 통해서 설정된 목표를 달성하고자 시도하는 일련의 경제안정화 조치를 말한다. 다시 말하면, 통화금융정책이란 민간 경제주체들이 보유하고 있는 금융자산의 구조를 변화시킴으로써 궁극적으로 완전고용, 물가안정, 국제수지 개선, 경제성장 등의 목표를 달성하기 위해 통화당국, 즉 중앙은행이 수행하는 경제정책이다. 정부의 재정정책과 더불어 가장 대표적인 경제정책으로서 통화량 관리뿐만 아니라, 그 지출에 영향을 미치는 모든 공적 행위의 영역까지 통화금융정책의 범주로 볼 수 있는 것이다.

통화금융정책은 '통화' 나 '이자율' 에만 관련된 정책이 아니다. 통화금융정책은 통화나 이자율의 조정을 통해 신용은 물론 민간 금융자산의 포트폴리오에 영향을 미친다. 따라서 궁극적으로는 실물경제에까지 영향을 끼치게 된다. 이와 같은 통화금융정책은 통화, 신용, 이자율, 금융자산 등과 밀접하게 관련된다. 이는 신용경제의 발달과 경제주체의 기대형성이 갖는 중요성을 반영하는 것이다. 이 책에서는 원칙적으로 '통화금융정책' 이라는 용어를 상용하되, 필요에 따라 '통화신용정책', '통화정책', '화폐금융정책' 그리고 '금융정책' 이라는 용어도 혼용될 것이다.

제 1 절 통화금융정책의 체계와 시차

1. 통화금융정책의 운영체계

통화금융정책은 왜 필요한 것인가? 만약 지금까지 우리가 살펴본 금융시장이 완전하다면 아마도 통화금융정책은 필요하지 않을 것이다. 모든 금융거래가 원활하게 이루어지고 이자율이 적정수준을 유지하여 투자 · 저축이 바람직한 수준에서 이루어진다면, 중앙은행의 통화금융정책은 필요하지 않기 때문이다.

그러나 우리는 금융시장이 다른 실물부문의 시장들이 그러하듯이, 본질적으로 불안정을 내포하고 있음을 앞에서 살펴보았다. 그렇다면 금융시장의 불안정성에 따라 중앙은행의 정책적 개입이 필요한 까닭은 무엇인가?

우선 실물부문의 재화가 생산 · 소비되는 과정에서 거의 예외 없이 자금부족 또는 예기치 못한 자금경색이 발생하기 마련이다. 이때 중앙은행은 화폐와 신용을 원활하게 공급함으로써 이를 해소할 책임을 갖는다. 한편 좀 더 거시적으로 볼 때, 실물경제에서 인플레이션이나 경기불황 · 대규모 실업 등이 발생하면, 중앙은행은 통화 · 신용 · 이자율 등을 상황에 맞추어 적절히 조정해야 할 책임이 있다.

로오자(R. Roosa)는 중앙은행의 역할을 수동적 역할과 능동적 역할로 구분하였다. 수동적 역할은 금융시장의 질서를 유지하는 기능을 말한다. 능동적 역할은 단순히 국민의 안정적인 경제생활에 기반을 마련할 수 있도록 금융시장을 안정시키는 것에서 한 걸음 더 나아가, 실물경제를 바람직한 방향으로 이끌 수 있도록 적극적으로 금융시장의 상태를 조절하는 것을 말한다.

흔히 많은 사람들은 통화금융정책이란, 중앙은행이 통화량을 결정하는 것이라고 생각한다. 또는 통화금융정책이 통화량과 이자율 중 어느 하나를 결정하는 것이라고도 생각한다. 그러나 통화금융정책은 통화량을 조절하는 것뿐만 아니라, 민간 금융자산의 포트폴리오에도 영향을 미치는 것으로 이해되어야 한다. 그런데 포트폴리오가 결정된다는 것은 곧 이자율 결정을

그림 12-1 통화정책의 운영체계

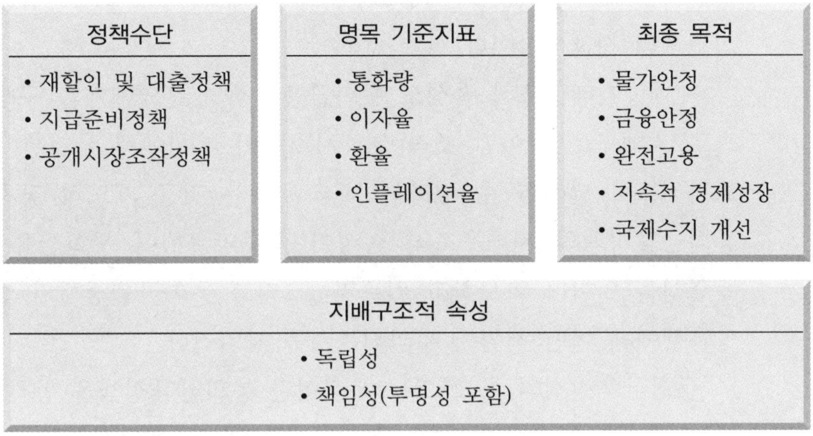

의미하므로, 통화금융정책의 집행은 통화량이냐 아니면 이자율이냐와 같은 단순한 양자택일의 문제가 아니다.

[그림 12-1]에 나타난 것처럼, 현실적으로 통화금융정책의 운영체계는 일반적으로 통화금융정책의 최종목표, 명목기준지표, 정책수단 그리고 지배구조의 속성인 4단계 중층구조로 이루어져 있다. 통화금융정책은 낮은 인플레이션, 지속적인 경제성장, 국제수지 균형 등 거시경제지표의 안정적 운영이라는 거시적 목적과 금융 거래 및 지급시스템 등 금융제도의 안정성 유지라는 미시적 목적을 갖는다.

둘째, 중앙은행은 통화금융정책의 목적인 물가안정을 담보하기 위해 물가안정과 관련된 명목변수들 중 하나의 명목변수를 정해 목표치를 부여한 후 이 목표변수를 집중적으로 관리한다. 이와 같은 목표변수가 명목 기준지표로서, 통화금융정책 운영체제의 한 구성요소가 된다.

명목 기준지표에는 통화량, 이자율, 환율, 그리고 인플레이션율 등이 있다. 이 중 통화량, 이자율과 환율은 각기 통화금융정책의 중간목표변수에 해당한다. 통화금융정책의 중간목표란 최종 목적을 달성하기 위해 중앙은행이 정책의 목표변수보다 더욱 직접적으로 영향을 미칠 수 있는 경제변수를 말한다. 예를 들어 물가안정이 통화금융정책의 최종목적이라 한다면, 물가수준(현실적으로 인플레이션)은 통화금융정책의 최종 목표변수가 된다.

셋째, 통화금융정책의 수단이란 통화금융정책의 최종 목표(또는 중간목표)를 통제 · 조절하기 위하여 중앙은행이 직접 이용할 수 있는 정책도구를 말한다. 예를 들어 공개시장조작, 재할인, 그리고 법정지급준비율 등이 통화정책의 정책수단이다.

넷째, 지배구조적 속성도 통화금융정책의 운영체계를 구성한다. 일반적으로 지배구조란 어떤 조직이나 시스템이 자신에게 부과된 책무와 목적을 효과적으로 달성할 수 있도록 보장해 주는 각종 제도적 장치를 통칭한다. 통화금융정책의 지배구조적 속성이란 중앙은행이 통화금융정책 운영상의 독립성을 얼마나 확보하고 있는지, 그리고 통화금융정책의 성과에 관해 중앙은행에게 어떤 책임이 부과되는지를 가리킨다.

통화금융정책의 목표 또는 목적이란 통화금융정책을 통하여 도달하고자 하는 국민경제의 바람직한 상태를 의미한다. 예컨대 물가안정, 완전고용 실현, 국제수지 균형, 지속적 경제성장 등이 중요한 목표가 된다.

통화금융정책의 표적 또는 중간목표란, 통화금융정책의 목적을 달성하기 위해 중앙은행이 정책의 목표변수보다 더욱 직접적으로 영향을 미칠 수 있는 경제변수를 말한다. 예를 들어 물가안정이 통화금융정책의 목표라고 한다면, 물가수준은 통화금융정책의 목표변수가 된다. 그러나 이때 중앙은행은 목표변수(물가수준)를 직접 통제할 수 없기 때문에, 물가수준과 밀접한 관련성을 가지면서도 직접 통제할 수 있는 다른 경제변수들을 찾아내고자 한다. 이 변수에 영향을 미침으로써 궁극적으로 물가수준을 바람직한 수준으로 유도하고자 할 것이기 때문이다. 즉, 통화량이 물가수준과 밀접한 관련성을 갖는다면 중앙은행은 물가수준보다 상대적으로 통제하기 수월한 통화량을 통화금융정책의 표적 또는 중간목표로 삼는다.

통화금융정책의 수단 또는 운용목표란, 통화금융정책의 중간목표를 통제 · 조절하기 위하여 중앙은행이 직접 이용할 수 있는 정책도구를 말한다. 예를 들어 통화량이 통화금융정책의 목표변수라고 한다면, 공개시장 조작 · 재할인 · 법정지급준비율 등은 통화금융정책의 정책수단이 된다.

2. 통화금융정책의 목표

여기서 통화금융정책의 목표란 통화당국이 통화금융정책의 수행을 통해서 궁극적으로 달성하려는 목적을 말한다. 이러한 목표들에는 완전고용,

가격안정, 경제성장 그리고 환율의 안정 등이 있다. 그러나 통화금융정책의 시행을 통하여 이러한 목표를 모두 달성할 수는 없다. 즉 정책시행을 통한 어느 한 가지 목표달성의 노력은 필연적으로 다른 목표를 동시에 달성하지 못하도록 하는 정책목표 간의 상충을 발생시킨다.

1997년 12월 31일 한국은행법이 개정되면서 한국은행의 목적 및 기능이 변화되었다. 종전 한국은행법이 규정하고 있는 중앙은행의 목적은 물가안정(통화가치 안정)과 금융안정 · 경제발전 등을 뒷받침하는 것이었다. 반면 새로 개정된 한국은행법에서는 물가안정 달성이 중앙은행의 최우선 목표라는 점을 명백히 규정하고 있다.

사실 통화가치 안정은 통화금융정책의 목표 중에서 가장 오래된 것이다. 물가안정이란 금본위제에서는 통화의 대외적 가치 안정을 의미했고, 관리 통화제도로 넘어와서는 통화의 대내적 가치 안정을 의미했다. 이를테면 케인즈는 그의 『화폐론』에서 소비자의 구매대상인 소비재 가격의 안정이 통화금융정책의 목표라고 보았다.

이러한 측면에서 최근 중시되고 있는 통화금융정책의 목표로는 금융시장의 안정성 유지를 들 수 있다. 금융시장의 안정성이란 금융시장에서 경제주체가 묵시적 · 명시적으로 합의된 금융거래의 질서를 유지하는 것으로 해석할 수 있다. 금융시장에서는 시장참여자들이 장래에 대해 갖는 기대가 금융자산의 수급에 대단히 큰 영향을 미친다. 이때 기대는 케인즈가 설명한 바와 같이 급격하게 변동할 수도 있다. 따라서 기대의 급격한 변동에 따라 금융자산의 가격이 폭등하거나 폭락하면, 고용이나 경제성장의 원천인 투자 지출구조가 왜곡될 수 있다.

통화금융정책의 또 다른 목표로는 완전고용 달성과 지속적인 경제성장 유지를 들 수 있다. 1930년대 대공황을 겪은 이후, 자본주의 선진국들은 높은 고용수준 유지를 통화금융정책의 최우선 과제로 인식해 왔다. 실제로 미국을 비롯한 거의 대부분의 선진국에서 정부는 고용을 원하는 모든 노동자들에게 취업기회를 제공할 의무를 갖는다는 것을 입법화하고 있다. 이처럼 높은 고용 수준이 유지되면 장기적으로 지속적인 경제성장이 가능해질 것이다.

그렇다면 중앙은행은 통화금융정책을 통해서 어떻게 실업수준을 낮출 수 있는가? 물론 중앙은행이 노동시장에 개입할 수는 없다. 하지만 총수요, 특히 투자수요를 진작하여 고용증가를 유발하는 간접적인 방법을 취할 수 있다. 한편 통화금융정책으로 지속적인 경제성장을 유도하기는 매우 어렵다.

단기적으로 통화금융정책은 경제성장에 큰 영향을 미칠 수 없기 때문이다. 하지만 예를 들어 투자가 통화금융정책에 영향을 받는다면, 비록 그 효과가 단시일 내에 직접적으로 나타나지는 않겠지만, 궁극적으로는 지속적인 경제성장을 이끌어낼 수도 있다. 따라서 통화금융정책은 단기적으로는 완전고용을 달성하는 것만 아니라, 장기적으로는 투자의 증감을 통하여 경제성장을 촉진하는 것을 목표로 삼는다.

그 외에 통화금융정책의 목표로 국제수지 개선을 들 수 있다. 통화금융정책은 수출에 대해서는 큰 영향을 미칠 수 없다. 그러나 수입은 국내 경제활동의 일반적인 수준에 따라 결정되므로, 통화금융정책은 국제수지에 간접적인 영향을 미칠 수 있다. 즉, 수입이 지나치게 확대되면 통화금융정책을 통해 총수요를 억제할 수 있다. 뿐만 아니라 중앙은행은 무역수지와 관련해 통화금융정책을 수행하는 과정에서 국가간 자본이동 관계를 고려해야만 한다. 긴축적 통화금융정책은 이자율을 올려 해외로부터 자본 유입을 가져오고, 반대로 팽창적 통화금융정책은 이자율을 내려 자본의 해외유출을 유발하기 때문이다.

통화금융정책의 목표들은 서로 상충될 수 있다. 예를 들어 국내 실업률이 높은 동시에 수입이 지나치게 확대되었다고 하자. 이때 고용을 증가시키기 위해서는 총수요 확대정책이 필요한 반면, 과다한 수입을 억제하기 위해서는 오히려 총수요 긴축정책이 바람직할 것이다. 뿐만 아니라 우리는 고용증가와 물가안정이라는 목표가 적어도 단기적으로는 상충관계를 갖는다는 사실을 필립스 곡선을 통해 알고 있다. 또한 물가안정과 경제성장이라는 목표들이 서로 갈등을 일으키는 경우도 흔히 경험할 수 있다. 따라서 통화금융정책의 여러 가지 목표를 조화롭게 달성하기 위해서는 국내 및 국외의 경제상황을 면밀히 분석하고 가장 적절한 수단을 동원할 수 있어야 한다.

경제성장 목표와 여타 목표들 간의 잠재적인 상충관계를 이해하기 위해서 필요상충과 정책상충을 구분해야만 할 필요가 있다. 필요상충이란 어느 하나의 목표달성이 필연적으로 다른 목표를 달성하지 못하게 하는 상황을 말한다. 이의 가장 좋은 예는 필립스 곡선이 제시하고 있는 물가상승률과 실업률 간의 관계이다. 그리고 정책상충이란 두 목표들 간에 필요상충이 존재하는 것이 아니라 통화금융정책이 두 가지 목표들을 동시에 추가할 수 없는 상황을 말한다.

예를 들면 경제성장과 물가안정간의 상충은 정책상충인 것이다. 경제가 높은 인플레이션율과 낮은 성장률이라는 상황에 처해 있는 경우, 통화당국이 통화긴축을 통해 인플레이션을 통제하려면 높은 이자율이 초래되어 투자가 위축됨으로써, 이는 다시 경제성장을 저해하는 요인으로 작용한다. 반면에 만약 통화당국이 경제성장을 촉진시키기 위해서 통화금융 완화정책을 쓴다면, 낮은 이자율이 초래되어 인플레이션을 더욱 자극하게 될 것이다.

3. 통화금융정책의 시차

(1) 시차의 문제

통화주의자는 왜 경제안정화를 위한 정부의 개입이 경제의 불안전성을 오히려 확대시킨다고 보는 것인가? 그것은 안정화 정책의 효과가 나타나는데 길고 가변적인 시차가 있기 때문이다. 프리드먼이 미국경제에 대해 연구한 바에 의하면 통화 공급증가의 총생산 증가효과는 3개월에서 18개월에 이르기까지 길고 가변적으로 나타난다. 안정화 정책의 효과는 짧고 확정된 형태로 나타나는 것이 이상적이다. 효과가 나타나는 시차가 길더라도 확정된 형태로 나타난다면 안정화 정책은 경기변동의 진폭을 완화시키는 소기의 역할을 수행할 것이다. 그러나 안정화 정책은 일단 실시되면 효과가 나타나기까지의 시차가 길뿐이다. 그 시차도 일정하게 확정되어 있는 것이 아니라 다양하게 가변적으로 나타나기 때문에 문제가 된다. 더욱이 안정화 정책을 실시하기까지에도 실시의 당위성에 대한 인식이 공유되기까지 적지 않은 시간이 소요된다.

통화금융정책의 목적은 경제안정을 제고시키는 데 있다. 이에 관한 전통적인 견해는 통화금융정책이 경제가 활성화되지 않을 때는 이를 자극하고, 경제가 활성화되는 경우에는 이를 완화시킨다는 것이다. 통화금융정책의 효과가 실제로 나타나게 될 때까지 소요되는 긴 시차는 통화금융정책이 본래에 의도했던 바와는 달리 반대로 작용할 수도 있다는 것을 의미한다. 즉 인플레이션기에는 경제를 자극하고 불황기에는 경제를 더욱 침체시킬 수 있다는 것이다.

이를 보다 분명히 하기 위해서 통화금융정책이 단 하나의 명확한, 예컨대 경기변동 제거와 같은 목표를 갖고 있고, 또 통화금융정책이 이 목표를 달성하는 데 충분히 강력한 힘을 갖고 있다고 해보자. 그리고 또한 현재 시점에서 수행한 통화금융정책은 지금부터 18개월이 지나기 전까지 어떠한 효과도 발생시키지 못한다고 가정해 보자. 현재의 경제여건을 근거로 하여 통화당국이 어떤 정책결정을 내린다면 결과가 과연 어떻게 나타날 것인가에 대한 의문이 제기된다.

만약 현 경제여건이 불황에 처해 있는 경우라면 적절한 통화금융정책은 통화금융 완화정책이 될 것이지만, 통화금융정책이 최종적으로 효과를 발휘하게 되는 시점인 18개월이 지나기 이전에 여건이 변화하여 경제가 호황국면으로 전환할 수도 있다. 이 경우 현시점에서 시행한 통화금융 완화정책은 1년 6개월 후 여건의 변화로 도래된 호황기에 오히려 경제를 자극하게 되어 인플레이션을 초래할 수도 있게 된다.

그러나 반대의 경우도 성립한다. 즉 현재의 경제여건이 과열된 호황국면이라면, 통화금융당국은 이러한 과열국면을 진정시키기 위해서 통화금융 긴축정책을 시행할 것이다. 그러나 18개월이 지나기 이전에 경제 여건이 변하여 불황국면으로 전환된다면 통화 긴축정책은 경제를 오히려 더욱 침체시키고 또한 실업을 더욱 조장하는 결과를 초래하게 된다. 그러므로 통화금융정책 시행에 있어서 장기시차의 가능성은 오히려 경제여건의 불안정을 초래할 가능성도 존재하는 것이다. 즉 경기변동의 폭을 좁히기보다는 오히려 크게 만들 수도 있는 것이다.

만약 통화금융정책이 시행된 시점부터 실제로 효과를 나타내기까지 이처럼 장기적인 시차가 존재한다면, 통화당국은 현재시점에서 발생하는 경제여건에 근거하는 것보다는 미래시점에서 발생할 것으로 예상되는 경제여건에 근거해서 정책적 결정을 내리는 것이 바람직하게 된다. 그러나 미래시점의 경제여건에 대해 예측능력이 그리 높지 않기 때문에, 이는 결코 쉬운 일이 아니다. 그러나 이에 관련된 다양한 계량모형들이 지속적으로 개발되고 있으므로 머지않아 통화당국이 상당한 기간을 소요하는 통화금융정책의 효과를 측정할 수 있는 능력을 갖게 될 것으로 예상된다.

그러나 문제가 여기에서 끝나는 것이 아니다. 즉 통화금융정책의 시차문제는 시차가 길 뿐만 아니라 변환한다는 것, 즉 시차의 길이가 불확실하다는 사실이다. 어느 것은 6개월 또 어느 것은 16개월이 될 수도 있다는 것이다. 만약에 이것이 사실이라면 시차문제는 정확한 경제예측만으로 해결될 수 있는 것이 아닌데, 이는 경제여건이 지금부터 6개월 이후보다는 16개월 후에 더욱 달라질 수도 있고 또한 당국은 현재 시점에서 결정을 하기 위해 어느 기간을 근거로 해야 할지를 알아야 하기 때문이다

(2) 시차의 종류

통화금융정책의 적절한 수행을 위해서는 시차문제의 중요성을 면밀히 파악할 필요가 있는데, 통화금융정책의 시차는 일반적으로 두 가지, 즉 내부시차와 외부시차로 구분된다(그림 12-2 참조).

1) 내부시차

통화금융정책의 내부시차는 통화금융정책의 행위가 필요한 시점과 그 행위가 실제로 취해진 시점 사이에 경과되는 시간을 말한다. 내부시차는 정책의 필요성을 인지하고 적절한 정책을 시행하는 데까지 걸리는 시간으로 ① 경제의 교란요인을 정확히 인지하는 데 소요되는 인지시차, ② 정책의 필요성을 인지하고 구체적으로 어떤 정책을 어느 정도 써야 하는지 결정을 내리기까지의 정책결정시차, ③ 결정된 정책이 실행되기까지의 정책시행시차로 구분된다. 예컨대, 경제가 5월에 호황에서 불황으로 전환되었으나 통화긴축에서 통화완화로의 통화금융정책 전환이 9월에야 이루어졌다

그림 12-2 통화금융정책의 시차

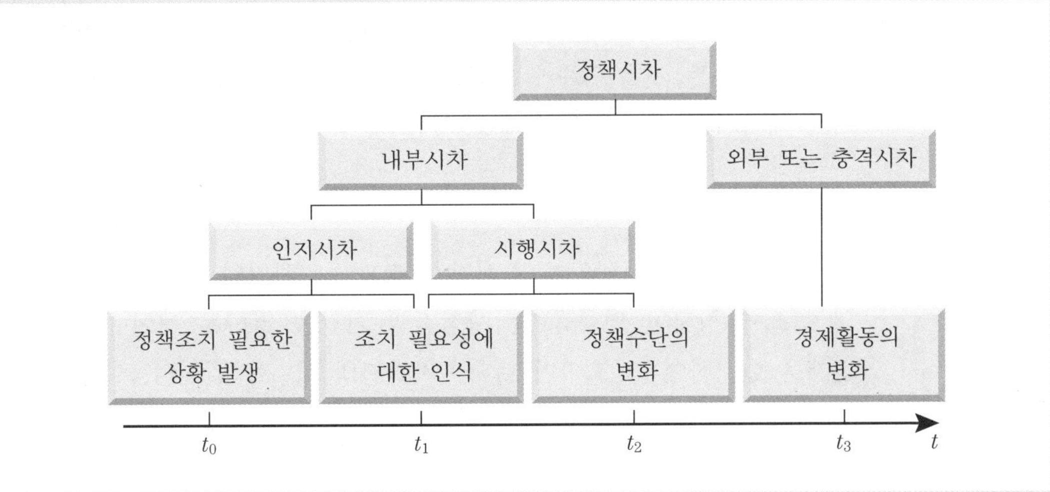

면, 내부시차가 4개월이라고 말할 수 있다. 이러한 내부시차는 다시 인지시차와 시행시차로 분류할 수 있다.

경제가 수축국면에 접어들기 시작할 때 경기활성화 정책을 써야 하는가, 쓴다면 어느 정도로 써야 하는가에 대한 의견의 일치를 보기는 어렵다. 경제가 수축국면이 한창 진행되고 나서야 활성화 정책의 필요성에 대한 인식이 서서히 생기는 것이 일반적이다. 이처럼 현실 경기상태를 정확히 인식하는 데 소용되는 시차를 인지시차라 한다. 경제활성화의 필요성을 인식하더라도 구체적인 정책으로 나타나기까지 또 시간이 걸린다. 활성화 정책을 어떻게, 어느 정도까지 써야 하느냐에 대해 각 정책부서가 의견을 조정하고 합의를 이루는 작업에 시간이 소요되기 때문이다. 경제상황을 인식하여 구체적인 정책을 실시할 때까지 걸리는 시차를 시행시차라 한다. 인지시차와 시행시차를 합쳐서 내부시차라 부른다.

먼저 인지시차는 실제 정책시행이라는 행위가 필요한 시점과 그 정책시행의 필요가 인지된 시점 사이에 소요되는 기간을 말한다. 만약에 경제가 5월에 하강하기 시작하였으나 이러한 사실을 7월에 이르도록 알지 못하고 지속될 수 있다. 인지시차가 존재하는 이유는 첫째, 정책수립과 시행을 위해 필요한 자료는 즉각적으로 수정, 조직, 정리될 수가 없다는 점으로, 주로 정책입안자들에 이용가능한 자료는 한달 또는 그 이전에 발생된 과거의 것일 경우가 많다. 둘째, 경제자료에 대한 해석방법이 아직은 체계적으로 정리되어 있지 않다는 사실이다.

다음으로 시행시차는 정책시행의 필요성이 인식된 시점과 그 정책시행이 실제로 이루어진 시점간의 기간을 말한다. 예를 들어, 경제가 전환시점에 당도했다는 것을 7월에 인식은 되었으나 이에 대한 교정행위가 9월에 이를 때까지 취해지지 않을 수도 있는 것이다.

2) 외부시차

외부시차란 특정행위가 취해진 시점과 그 행위의 효과가 통화금융정책의 목표에 상당한 영향을 준 시점간의 기간을 말하는 것이다. 즉 안정화 정책을 실시하여 그 효과가 나타나기까지의 시차를 말한다. 예를 들어, 중앙은행은 9월에 통화긴축에서 통화금융 완화정책으로 전환하였으나, 이러한 행위가 다음 해 8월에 이를 때까지 실업률에 영향을 미치지 못할 수도 있다. 외부시차의 길이는 부분적으로는, 예를 들면 여러 산업체들 간의 상

그림 12-3 외부시차

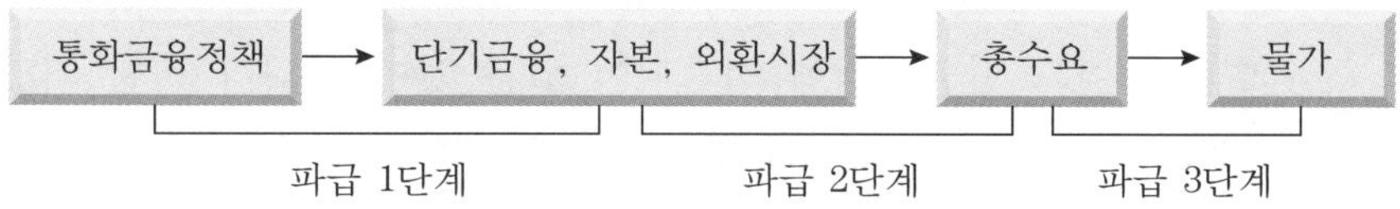

호 의존적인 여건 등과 같은 경제구조에 달려 있다. 그러나 이는 소비자 및 생산자의 기대 또는 정치적 사건과 같은 외부적 요인들에 의존하기도 한다.

외부시차가 길고 가변적일 뿐 아니라 내부시차도 길고 가변적이다. 따라서 이런 시차를 두고 나타나는 경제활성화 정책의 효과는 경제가 저점을 통과하여 이미 회복국면에 들어서 있을 때에야 나타나기 쉽다. 그러면 자생적인 경기회복의 힘에 인위적인 경기부양의 힘이 가세하여 경제는 과열되기 십상이다. 마찬가지 방식으로 경제과열을 진정시키기 위한 긴축정책은 경제가 정점을 통과하여 후퇴국면에 있을 때 효과를 발휘함으로써 긴축정책을 실시하지 않을 때보다 경기침체의 골을 더 깊게 만들기 십상이다

3) 시차의 측정

통화금융정책 시차의 길이에 대한 추정이 다양하게 시도되었으나 성공하지 못하였고, 그 결과들은 서로 상충되는 것으로 나타났다. 어느 정도까지는 필연적으로 조사자의 주관적 판단에 의존하고 있기는 하나, 그래도 내부시차의 추정치들이 가장 만족스러운 것들로 나타났다. 조사자는 첫째, 통화금융정책 수행상의 이동이 필요한 시점이 어느 시점인지, 둘째, 어느 시점에서 통화금융정책의 이동이 실제로 이루어져야 하는지에 대한 것들을 결정해야 한다. 그러나 이들 시점들은 어느 것도 분명치 않다. 그럼에도 불구하고 대부분의 연구들은 내부시차는 비교적 짧은 것으로 지적하고 있는데 통상 2개월 또는 3개월일 가능성이 높은 것으로 지적되고 있다.

또한 통화금융정책의 외부시차에 대한 추정치에 대해서도 논란이 많다. 즉 일부 연구결과는 그것이 5~6개월로 짧다고 하는 반면에, 어떤 연구결과들은 18개월을 초과하는 것으로 지적하고 있다. 따라서 통화금융정책의

시차는 6개월에서 2년에 이르는 기간일 가능성이 매우 높다.

통화금융정책 시차의 길이를 측정하는 데는 여러 가지 어려운 점들이 있는데, 이러한 어려움들 가운데 가장 중요한 것은 첫째, 통화금융정책의 효과가 어느 단일시점에 집중되어 있는 것이 아니라 어떤 기간에 걸쳐 확산되어 있다는 점이다. 둘째, 어떤 효과들은 직접적이고 또 즉각적인 반면에, 다른 효과들은 간접적이고 또 지연적이라는 것이다. 셋째, 경제구조가 완전하게 알려진 것이 아니기 때문에 정책변화와 목표변화 간에 불확실한 통계적 관계가 초래된다는 점이다. 현재 시점의 실업률 하락이 1년 전에 실시한 통화금융 완화정책에서 기인한 것일 수도 있고 또한 그렇지 않을 수도 있는 것이다.

반면에 다른 한편으로는 재정정책이 통화금융정책의 대안적인 정책이므로 어느 정책이 보다 짧은 시차를 갖느냐 하는 의문이 제기된다. 통화금융정책의 경우에서와 마찬가지로, 재정정책에 대한 시차구조의 연구도 상충되는 추정치들의 결과를 초래하고 있다. 여러 가지 분석상의 증거들을 종합해 보면 재정정책의 외부시차는 통화금융정책의 시차보다는 짧다고 제시되고 있으나 이러한 결론은 확정적인 것이 아니다. 그러나 분명한 것은 재정정책의 내부시차는 매우 길다는 것인데, 그 이유는 재정정책의 수립과정이 국회에 의해 이루어지고, 또 때로는 국회의 태도가 정책당국의 의지에 비해서 적극적이 아닐 수 있기 때문이다.

제 2 절 통화금융정책의 구조와 전략

통화금융정책은 물가안정, 경제성장, 완전고용, 국제수지 균형 등과 같은 목표를 달성하기 위해서 통화, 신용 및 이자율과 같은 금융관련 변수에 영향력을 행사하는 정책이다. 통화금융정책과 관련하며 통화당국의 정책수단과 통화금융정책의 목표 사이에는 필연적으로 갭이 존재하게 되는데, 이들 간의 연계구조를 통화금융정책의 구조라 한다(그림 12-4 참조). 즉 이는 정책수단과 정책목표 간의 연결관계를 지칭하는 것으로, 이들 간에 위치하는 금융변수를 통화금융정책의 중간변수라 한다.

이 중간변수에는 다시 통화당국의 정책수단에 보다 가까이 위치하여 통

그림 12-4 통화금융정책의 구조

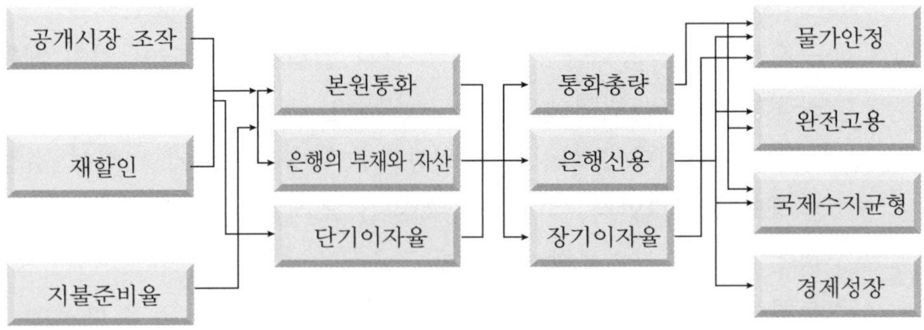

화금융정책의 영향을 단기에 받는 조작목표와 통화금융정책의 목표에 가까이 위치하여 보다 뒤에 받는 중간목표가 있다. 조작목표에는 본원통화, 단기이자율 및 은행의 자산과 부채가 그리고 중간목표에는 각종 통화총량, 은행신용 및 장기이자율 등이 포함된다.

1. 통화금융정책의 조작목표

통화금융정책의 수단이란 통화금융정책의 지표 또는 표적을 통제하고 조정하기 위해서 통화금융당국이 직접 이용할 수 있는 정책도구를 말한다. 통화금융정책의 지표 또는 표적이란 통화금융정책의 목표를 달성하기 위하여 통화금융당국이 통화금융정책의 목표연수보다 더욱 직접적으로 영향을 끼칠 수 있는 경제변수를 의미한다. 예를 들면, 물가안정이 통화금융정책의 목표라고 한다면 물가수준은 통화금융정책의 목표변수이다. 정책당국은 물가보다 더 직접적으로 통제할 수 있는 통화량을 변화시킴으로써 물가수준을 바람직한 방향으로 유도할 수 있다. 따라서 통화량이 바로 통화금융정책의 표적 또는 지표가 된다.

통화금융정책의 지표인 통화량을 통제하기 위해서 통화금융당국이 이용할 수 있는 정책적 도구를 통화금융정책의 수단이라고 한다. 만약 통화량이 통화 금융정책의 표적 또는 지표라고 본다면, 통화금융수단은 공개시장조작, 재할인율 정책, 법정 지급준비율 정책 등이 있다. 법정 지급준비 제도하에서 중앙은행은 일반은행으로 하여금 그 예금의 일정비율에 해당하는 액수를 현금으로 보유할 것을 법적으로 요구하고 있다.

통화금융정책의 지표 또는 표적은 근사표적과 중간표적으로 구별된다. 근사표적이란 통화금융정책의 수단과 밀접히 연결되어 있기 때문에 통화금융정책 수단의 변화에 의하여 즉각적인 영향을 받는 변수이다. 우리는 화폐공급분석에서 통화량은 본원통화량과 통화승수에 의하여 결정된다는 변수라고 살펴보았다. 따라서 통화량을 조정하려면 본원통화량을 통제하여야 하기 때문에 본원통화량이 통화금융정책의 근사표적이 된다. 중간표적이란 통화금융정책의 목표에 보다 더 밀접이 연결되어 있기 때문에 통화금융정책의 수단을 목표에 연결해 주는 변수들이다.

통화량과 이자율이 중간표적이 되는데, 이 중간표적을 통화금융 지표라고 한다. 중앙은행이 통화금융 지표를 선정할 때에 다음과 같은 두 가지 점을 고려해야 한다. 하나는 중앙은행이 잘 통제할 수 있어야 중간표적 또는 통화금융 지표로서의 역할을 할 수 있다는 것이다. 다른 하나는 통화금융 지표가 통화금융정책의 기본방향을 잘 반영할 수 있어야만 한다.

케인지언들은 통화금융 지표로 이자율을 선택하라고 주장하는 데 반하여 통화주의자들은 통화량을 통화금융 지표로 삼아야 한다고 주장한다. 케인지언들은 통화량이 내생변수이기 때문에 통화금융 지표로서 적절하지 않다고 하는 반면에 통화주의자들은 통화량이 외생변수라고 하면서 통화금융 지표로 적절하다고 한다. 또한 케인지언들은 이자율을 짧은 시차 내에서 통화금융당국이 비교적 잘 조정할 수 있으므로 통화금융 지표로서 적절하다고 하는 것이다. 반면에 프리드먼과 같은 통화주의자들은 통화량을 증가시키면 이자율이 단기적으로 하락하지만 장기적으로는 원상으로 회복되기 때문에 이자율을 통화금융 지표로 삼아서는 안 된다고 하는 것이다.

통화금융정책의 조작목표는 통화금융정책 수단과 중간목표를 연결시키는 역할을 수행하는 것이며, 이러한 역할을 충실히 수행하기 위하여 다음과 같은 속성을 갖추어야 한다. 첫째, 조작목표는 정책수단과는 물론 중간목표와도 안정적이며 긴밀한 관계를 갖고 있어야만 한다. 둘째, 조작목표의 크기나 변동치는 객관적으로 관측될 수 있어야 한다. 셋째, 조작목표는 정책수단에 의해서만 주로 영향을 받아야만 하고, 아울러 정책수단과 비정책 수단에 의한 영향이 구분될 수 있어야만 한다.

2. 통화금융정책의 중간목표 설정

중앙은행은 제반 통화금융정책 수단들의 조작을 통해 간접적으로만 최종 목적에 영향력을 행사할 수 있다. 즉 중앙은행은 통화금융정책 수단을 조작하여 일차적으로 조작목표를 변동시키고, 이렇게 변동된 조작목표는 중간목표에 영향력을 행사하게 된다. 이는 다시 통화금융정책의 목표에 영향을 끼치는 간접적인 과정을 통하여 통화금융정책이 수행되는 것이다. 따라서 중간목표로 적절한 변수를 선정하여 운용하는 것이 통화금융정책의 목표 달성에 매우 중요하다.

(1) 통화금융정책의 중간목표: 통화량과 이자율

통화금융정책의 중간목표는 물가, 국민소득, 국제수지 등 통화금융정책의 최종목표에 근접하여 그 변동이 통화금융정책의 목표(변수)에 영향력을 행사할 것으로 기대되는 통화금융 관련변수를 지칭한다. 이러한 역할을 효과적으로 수행할 수 있는 중간목표는 다음과 같은 속성을 갖추어야 한다. 첫째, 통화금융정책의 최종목표와는 안정적이고 예측이 가능한 관계를 가져야만 한다. 둘째, 정책수단이나 조작목표의 영향력을 최종목표가 받기 이전에 신속히 받아야만 한다. 셋째, 즉각적인 관찰이 가능해야만 한다. 넷째, 정책적 요인과 비정책적 요인에 의한 영향을 구분할 수 있어야 한다.

통화금융정책의 중간변수로서 이상의 조건을 충족시키는 통화금융 변수로는 양적인 변수로서의 총량(통화량, 본원통화, 국내신용)과 가격변수로서의 이자율(장단기 이자율, 주식수익률 등)을 지적할 수 있는데, 문제는 이들 두 변수들을 동시에 통제할 어느 하나만을 선택하여 운용해야만 한다는 데 있다.

[그림 12-5]는 화폐시장에서 결정되는 균형통화량과 균형이자율을 도시하고 있다. 이제 통화당국이 통화량과 이자율을 각각 M_S^0와 r_0 수준에서 유지시키려 하는데 화폐수요가 어떤 요인에 의해 M_d^0에서 M_d^1수준으로 이동했다고 하자. 이러한 여건에서 통화당국이 통화량을 M_S^0수준에 고정시키려 한다면 M_S^0곡선과 M_d^1곡선이 만나는 A점에서 균형을 이루게 된다. 이때 통화량 수준은 전과 같이 M_S^0수준에 머물게 되지만, 이로 인해 이자율 수준은 r_0에서 r_1 수준으로 상승하게 된다. 반대로 통화당국이 이자율을 r_0

그림 12-5 통화량과 이자율 조정

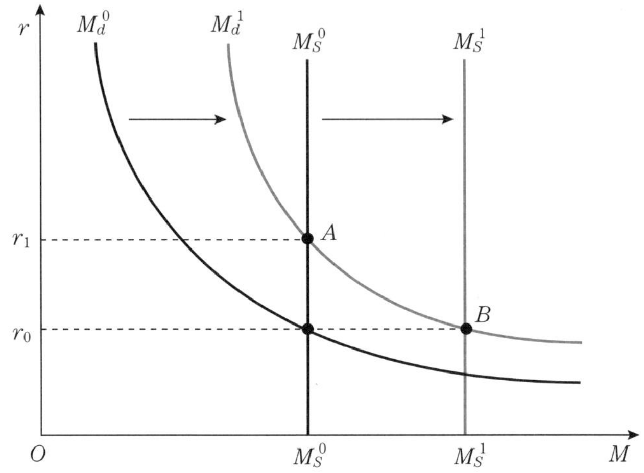

수준으로 유지시키고자 한다면 B점에서 균형이 이루어짐에 따라 통화량은 M_S^0 에서 M_S^1 수준으로 증대되어야 한다. 통화당국은 이렇게 통화량과 이자율 수준을 동시에 원하는 수준에서 고정시킬 수 있도록 통제할 수는 없다.

화폐수요에 교란이 발생했을 때 통화당국은 통화량 문제를 위해, 이자율이 시장에서 자율적으로 결정되도록 하거나 또는 이자율 통제를 위해 통화량이 시장에서 자율적으로 결정되도록 할 수밖에 없다. 따라서 통화당국은 통화금융정책의 중간목표로서 통화량과 이자율 중 어느 하나만을 택할 수밖에 없다. 1970년대 중반 이래 많은 국가들에서 만연된 인플레이션과 통화론자들의 영향으로 인해 통화량을 통화금융정책의 중간목표로 선정하여 운영해 왔는데, 우리나라의 경우도 예외는 아니다. 이제 두 가지 이론모형을 통해 통화금융정책의 중간목표로서의 이자율을 체계적으로 비교 · 분석해 보기로 한다.

(2) 불확실한 여건하에서 정책수단의 선정

풀(W. Poole)은 정책당국이 사용할 수 있는 두 가지 정책, 즉 재정정책과 통화금융정책을 비교하면서 실물부문과 금융부문이 불안정한 정도에 따라 중간목표로 통화량을 선택할 것인지 아니면 이자율을 사용할 것인지를 결정해야 한다고 주장한다. 그에 따르면 일반적으로 사용되는 대표적인 중간목표인 통화량이나 이자율 중 어느 것이 우월한지는 각 부분의 불확실성에 따라 결정된다는 것이다.[1)]

통화금융정책은 이를 통해 달성하고자 하는 목표들 간에 상충적이고 시차 역시 가변적이라는 의미에서 근본적인 경제관계에 대한 정확한 지식이라는 측면에서 볼 때 매우 불확실한 여건하에서 수행되는 것이다. 그러므로 예를 들면 화폐 공급함수나 화폐 수요함수, 소비함수 또는 투자함수의 한계효율 등에 대해 일반적인 본질을 알고 있다고 할지라도, 정확한 계수들에 대해서는 알지 못하고 있다. 바꾸어 말하면, 케인지언 모형에서 *IS*와 *LM* 곡선의 위치나 기울기에 대해 정확히 알지를 못하고 있는 것이다. 그리고 이러한 문제들에 대해서 우리가 갖고 있는 정확하지 못한 지식은 통화당국이 통화금융정책의 시행을 통해 경제안정화를 시도하려는 경우에 이자율 통제에 의할 것인지 또는 통화량 통제에 의할 것인지의 결정에 지대한 영향을 주게 된다.

이제 통화금융정책의 목표가 GDP의 변동을 최소화하는 것이라 가정하였을 때 통화량 또는 이자율 중 어느 것이 더 바람직한 통화금융정책의 중간목표인가를 *IS*–*LM* 분석을 통해 살펴보기로 한다. 풀에 의하면, 통화금융정책의 목표가 GDP의 변동을 최소화하려는 데 있다면 중간목표로 통화량과 이자율 중 어느 하나를 선택할 것인가 하는 것은, 화폐시장과 재화시장 중 어느 시장이 통화금융정책 이외의 다른 것으로부터 영향을 더 많이 받느냐에 달려 있다고 한다.

이러한 문제의 본질을 파악하기 위하여 이제 다음과 같은 세 가지 경우를 살펴 보기로 한다. 첫째, 통화당국이 *IS* 함수에 대해서는 확실히 알고 있으나 *LM* 함수에 대해서는 불확실하게 알고 있는 경우, 둘째, 통화당국이 *LM* 함수에 대해서는 확실히 알고 있으나 *IS* 함수에 대해서는 불확실하게 알고 있는 경우 그리고 통화당국이 *LM*과 *IS* 함수 모두에 대해서 불확실하게 알고 있는 경우 등이다.

경우 1: *IS* 함수의 확실성과 *LM* 함수의 불확실성

LM 곡선은 화폐의 수요와 공급이 일치하는 모든 점들, 즉 화폐부문에

---

1) W. Poole, "Optimal Choice of Monetary Policy Instruments is a Simple Stochastic Macro-Model," *Quarterly Journal of Economics* 84, May 1970.

그림 12-6 *LM* 함수에 있어서의 불확실성

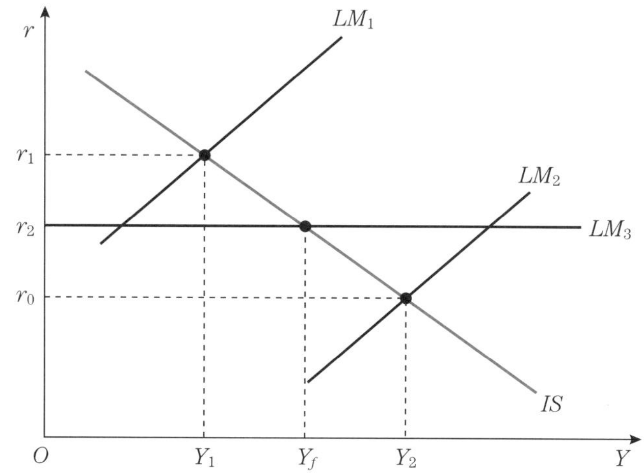

있어서의 모든 균형점들의 궤적을 나타내는 것이다. 이러한 균형점들에 내재되어 있는 것은 통화승수, 은행제도의 지급준비 베이스, 거래적 화폐수요 그리고 유동성 선호곡선 등과 같은 경제변수들로 이러한 경제변수들 중의 일부 또는 전부는 분명히 시간의 흐름과 경제여건의 변화와 함께 변하게 되며 이에 따라 *LM* 곡선을 이동시키게 된다.

그러므로 [그림 12-6]에서는 *IS* 곡선에 대해서 확실히 알고 있다고 전제하여 *IS* 곡선 하나만을 도시하였고, 반면에 *LM* 곡선은 불확실한 것으로 가정하여 두 개의 LM_1 곡선과 LM_2 곡선을 도시하였다. 즉 *LM* 곡선은 이 둘 모두가 될 수도 있으며 또는 이들 중 어느 하나가 될 수도 있다.

이제 중앙은행의 임무가 완전고용 소득수준 Y_f를 달성하는 것이라 한다면 다음과 같은 질문을 할 수 있을 것이다. 소득수준 Y_f를 달성하기 위해 이자율을 통제할 것인가? 또는 통화량을 통제할 것인가? 이러한 질문에 대한 답은 다음과 같이 설명될 수 있다.

만약 통화량의 통제를 통해 소득수준 Y_f를 달성하고자 한다면 그 결과 얻을 수 있는 소득수준은 Y_1과 Y_2 사이가 될 것이다. 바꾸어 말하면 통화량의 조정을 통해서 소득수준 목표 Y_f를 달성할 수 없고, 오히려 인플레이션(예, Y_2)이나 또는 실업(예, Y_1)을 초래할 위험이 발생한다. 이렇게 되는 이유는 통화금융정책수단으로 통화량을 조절할 경우 *LM* 곡선이 어디에 위치하게 될지 모르는 불확실성이 지속되고 있으며, 이에 따라 소득수준의 결정이 불확실하게 되는 것이다.

이제 반대로 통화금융정책 수단으로 이자율을 사용했다고 가정해 보면 *LM* 곡선은 [그림 12-6]에서 LM_3와 같이 수평이 될 것이다. LM_3가 적절한 *LM* 곡선이 되는 이유는 중앙은행이 언제나 정부 채권시장에서 이자율 수준을 어느 수준에 고정시킬 수 있도록 채권의 매매를 통해 목표이자율 수준을 달성할 수 있기 때문이다. 중앙은행으로서는 간단히 고정된 이자율 수준에서 무한대로 정부채권을 판매 또는 구매하면 되는 것이다. 이렇게 되면 채권가격은 변하지 않게 되고, 또한 채권의 수익률도 변하지 않는다. 이러한 방법을 중앙은행은 주어진 이자율 수준에서 화폐공급을 완전히 탄력적인 것으로 만들 수 있으며, 그 결과로 인해 수평의 *LM* 곡선이 도출된다. 이 경우 타당한 *LM* 곡선인 LM_3를 이용하면 소득수준 Y_f 를 달성할 수 있다는 점에 유의해야 한다. 즉 통화량정책 대신에 이자율 정책을 이용하여 Y_f 를 달성할 수 있는 것이다.

경우 2: *LM* 함수의 확실성과 *IS* 함수의 불확실성

이제 *IS* 곡선의 본질에 대해서는 불확실하게 알고 있는 반면에 *LM* 함수의 본질에 대해서는 확실히 알고 있는 경우에 대해서 살펴보기로 한다. *IS* 곡선은 투자와 저축이 동일한 실물부문의 모든 균형점들을 나타내는 것이다. [그림 12-7]에는 위에서와 마찬가지인 논리로 두 개의 *IS* 곡선과 하나의 *LM* 곡선이 도시되어 있다. *IS* 곡선의 정확한 위치에 대한 이러한 불확실성의 이유는 이자율과 투자(*MEI* 곡선)와의 관계, 일반대중의 소비욕망(소비함수)이나 정부지출 또는 조세정책 등의 본질에서 불확실성이 존재하기 때문이다. 이 경우에도 동일한 질문이 가능한데, 즉 완전고용 소득수준인 Y_f 를 달성하기 위해 중앙은행은 통화량을 통제해야 할지 아니면 이자율을 통제해야 하는지에 대한 질문이 제기된다.

그림에서 중앙은행이 정책수단으로 통화량을 이용한다면, LM_1 곡선은 타당성이 있는 *LM* 곡선이 된다. LM_1 곡선이 *IS* 곡선을 Y_2와 Y_3 사이에서 교차하여 국민 소득수준이 이 사이에 위치하게 된다는 것이 분명하다. 그러나 만약에 중앙은행이 정책수단으로 이자율을 사용한다면 LM_2가 타당성 있는 *LM* 곡선이 된다. LM_2가 타당한 *LM* 곡선인 경우, 국민 소득수준은

그림 12-7 *IS* 함수에 있어서의 불확실성

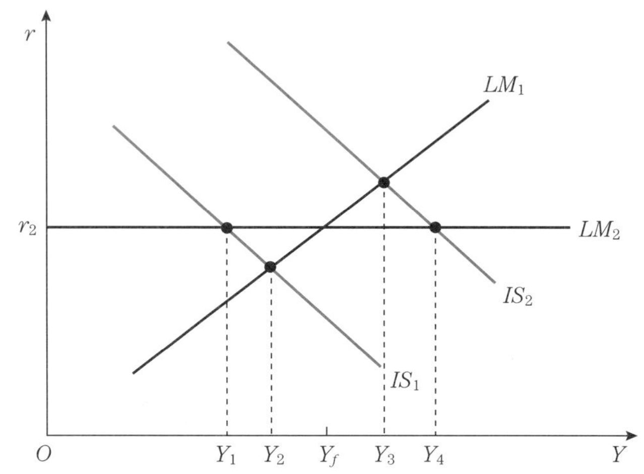

Y_1과 Y_4 사이에 위치하게 된다. 그러므로 이들 두 정책수단들 중 어느 것도 완전고용 수준(Y_f)을 정확히 달성하지 못한다 할지라도 통화량을 통제하는 것이 Y_f를 중심으로 한 범위가 작다는 의미에서 보다 근사한 것이라 할 수 있다. 그러므로 *IS* 곡선의 본질이 불확실한 반면 *LM* 곡선의 본질이 확실하다면, 중앙은행은 통화금융정책을 수행하는 데 있어서 정책수단 변수로서 통화량을 사용해야만 한다.

경우 3: *IS* 함수와 *LM* 함수가 모두 불확실한 경우

이는 보다 일반적인 경우로 [그림 12-6]과 [그림 12-7]을 통합한 [그림 12-8]과 [그림 12-9]를 이용하여 분석할 수 있다. *IS* 곡선과 *LM* 곡선 모두에 대해서 불확실하게 알고 있는 경우 중앙은행이 정책수단으로 이자율을 이용해야 할지 또는 통화량을 이용해야 할지의 여부는 어느 곡선이 보다 안정적이냐에 달려 있다. [그림 12-8]은 *LM* 곡선이 보다 안정적이라는 가정하에 도시되었는데, 이 경우에 중앙은행은 정책수단으로 통화량을 사용해야만 한다. 이는 중앙은행이 통화량을 사용하게 되면, 소득은 Y_2와 Y_3 사이에서 변동하는 반면에 중앙은행이 이자율(LM_3)을 이용하면 소득은 훨씬 범위가 넓은 Y_1과 Y_4 사이에서 변동한다는 사실에서 알 수 있다. 그 반

그림 12-8 *IS*와 *LM* 함수에 있어서의 불확실성: *LM* 함수가 보다 안정적인 경우

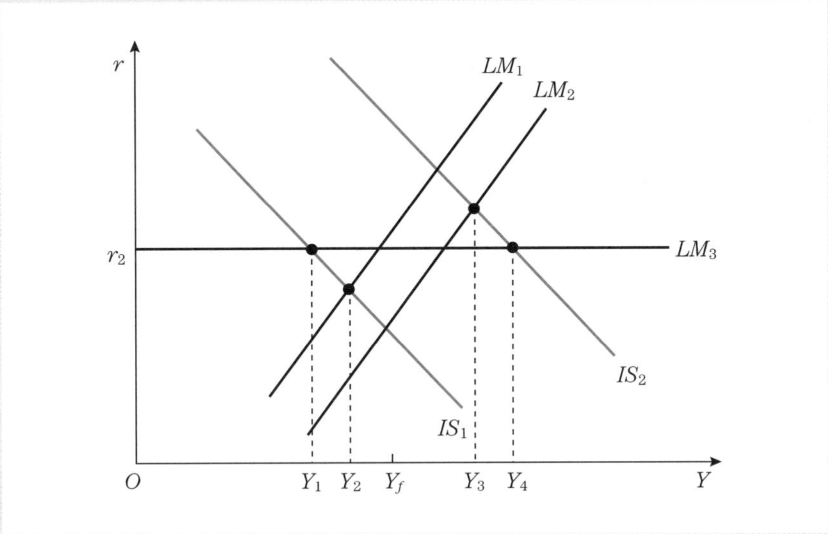

그림 12-9 *IS*와 *LM* 함수에 있어서의 불확실성: *IS* 함수가 보다 안정적인 경우

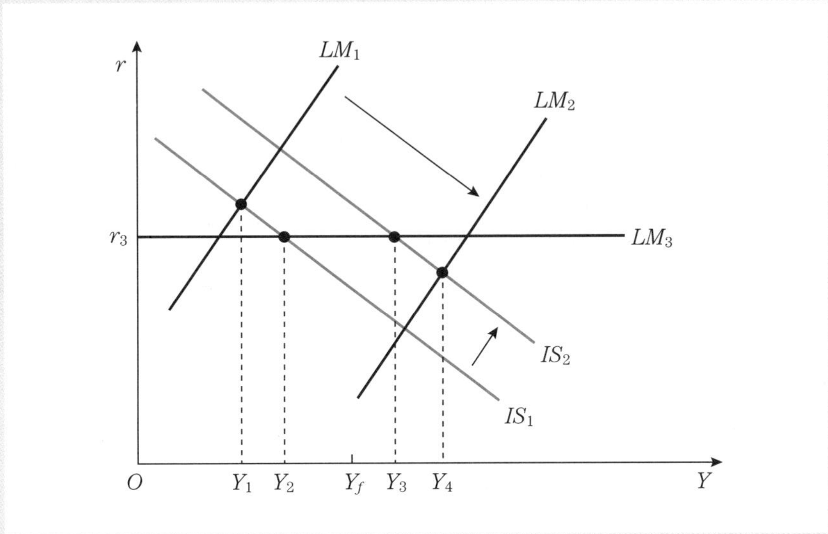

대의 경우가 [그림 12-9]에 도시되어 있는데, 이 경우에는 *IS* 곡선이 보다 안정적이며, 따라서 적절한 정책수단은 이자율이다. 그러므로 이 경우에는

그림 12-10 재화시장의 교란과 중간목표

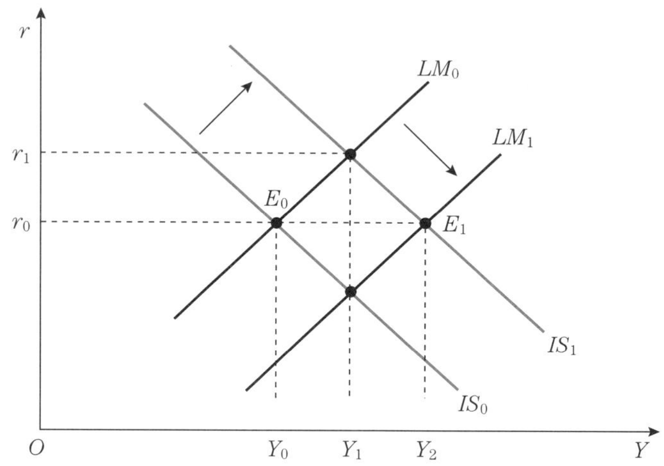

정책변수로 이자율을 사용하는 것이 국민소득을 안정적인 보다 좁은 범위 안으로 유도할 수 있는 것이다.

풀(Poole)에 따르면 중간목표의 선택은 화폐시장과 재화시장의 상대적인 안정성에 달려있다. [그림 12-10]에서 재정지출이 증가하여 재화시장에 교란이 생기면 *IS* 곡선은 IS_1으로 이동한다. 이때 통화금융당국이 통화량을 중간목표로 삼고 화폐공급을 일정수준(LM_0)으로 고정시키면서 이자율의 변동을 허용하면 국민소득은 Y_1으로 증가한다. 그러나 이자율을 중간목표로 삼고 이자율을 r_0에 유지하면서 통화량을 증가시키면 *LM* 곡선은 LM_1으로 이동하고 국민소득은 Y_2까지 증가한다. 그러나 이자율을 중간목표로 삼고 이자율 r_0에 유지하면서 통화량을 증가시키면 *LM* 곡선은 LM_1으로 이동하고 국민소득은 Y_2까지 증가한다. 재화시장이 변동하는 상황에서 국민소득의 변동을 최소화하려면 통화량을 중간목표로 정하고 이자율의 변동을 허용하는 것이 바람직하다.

이제는 화폐시장에 교란이 발생한 경우를 살펴보기로 하자. [그림 12-11]에서 화폐수요가 감소하여 화폐시장에 변동이 생기면 *LM* 곡선은 LM_0에서 LM_1으로 이동하게 된다. 만일 통화량을 고정시키면 이자율은 r_0에서 r_1으로 하락하여 국민소득은 Y_1으로 증가하게 된다. 반면 이자율을 r_0 수준

그림 12-11 화폐시장의 교란과 중간목표

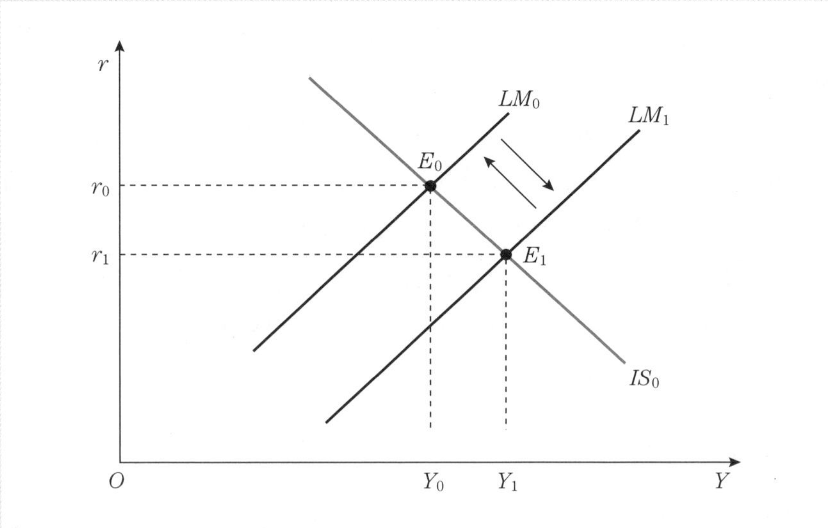

에서 안정시킬 목적으로 화폐수요 감소에 대응하여 화폐공급을 줄이면 LM 곡선은 LM_1에서 LM_0로 복귀하게 되어 국민소득은 Y_0로 되돌아 간다. 화폐시장이 불안정한 가운데 국민소득을 안정시키기 위해서는 이자율을 통화금융정책의 중간목표로 하는 것이 효율적이다. 이와 같이 통화금융정책의 최종목표가 국민소득 변동의 최소화에 있는 경우 중간목표로 통화량과 이자율 가운데 어느 것을 택할 것인가는 재화시장과 화폐시장의 상대적 안정성에 달려 있다.

이상의 분석을 통해, 통화금융정책의 목표가 GDP의 변동을 최소화하여 경제안정을 달성하는 데 있다면, 통화금융정책의 중간목표로 통화량 또는 이자율을 선택하는 문제는 재화시장 여건과 화폐시장 여건, 즉 IS–LM 곡선의 상대적 안정성에 달려 있다. 따라서 통화금융정책의 중간목표로 케인지언이 이자율을 선호하는 것은 그들이 통화수요를 불안정한 것으로 보기 때문에, 그리고 통화론자가 통화량을 선호하는 것은 통화수요가 안정적인 것으로 보기 때문이다.

위의 논의를 요약하면 다음과 같은 결론을 내릴 수 있다. 통화금융정책 수단의 선정에 관한 분석은 케인지언과 통화론자들 간의 논쟁에서 중요한 문제가 되는데, 이 논쟁의 초점은 통화금융정책에 관한 통화금융정책을 수행하는 데 있어서 정책수단으로 이자율을 이용할 것인지 또는 통화량을 이용할 것인지의 여부에 집중되었다.

통화론자들은 화폐 수요함수가 매우 안정적인 경제관계이고 따라서 *LM* 곡선도 마찬가지로 안정적이므로 통화금융정책은 통화량의 증가율을 통제함으로써 수행되어야 한다고 주장한다. 반면에 케인지언들은 통화 수요함수를 잠재적으로 불안정한 경제관계로 보고, 중앙은행은 이자율 통제에 관심을 집중시켜야 한다고 주장하고 있다. 이렇게 학파간의 첨예하게 대립된 상이한 주장이 있는 가운데 중앙은행은 정책수단으로 이자율과 통화량 중 어느 것 하나에만 의존하기보다는 이들 모두를 상황에 따라 교대로 사용하고 있는 것이 현실이다.

(3) 빅셀의 물가 불확정성

다음으로 통화금융정책의 목표가 물가안정에 있다고 가정하고, 이제 상기 가정에서의 중간목표(통화량 또는 이자율)의 선정문제를 분석하기로 한다. 통화금융정책의 최종목표가 물가안정에 있다는 전제하에 중간목표의 선정문제를 고전학파의 거시경제 모형을 이용하여 화폐공급의 결과를 살펴보기로 한다. 편의상 *IS* 함수식을 소비함수, 투자함수 및 국민소득 항등식으로 구분한다.

$$Y=f(N) \qquad (12-1)$$

$$W/P=f(N) \qquad (12-2)$$

$$N=h(W/P) \qquad (12-3)$$

$$C=C(T-T,\ r) \qquad (12-4)$$

$$I=I(Y,\ r) \qquad (12-5)$$

$$Y=C+I+G \qquad (12-6)$$

$$M/P=L(Y,\ r) \qquad (12-7)$$

식 (12-1)은 경제 내의 유일한 재화인 Y의 생산함수이고, 식 (12-2)는 모든 기업들이 동일한 생산기술을 보유하고 있다는 가정하에서의 노동 수요함수이다. 식 (12-3)은 노동의 공급함수로써 노동의 공급을 나타내고 식 (12-4)는 소비함수로써 민간소비가 가처분 소득과 이자율의 함수임을 나타내고 있다. 식 (12-5)는 투자함수로써 소득과 이자율의 함수임을 가리키고 있으며 식 (12-6)과 (12-7)은 각각 국민소득의 항등식과 화폐시장의 균형조건식을 나타내고 있다.

1) 중간목표로 통화량을 선정한 경우

이 경우에는 상기 모형에서 Y, N, W, P, C, I, r이 내생변수이고, G, T, M은 외생변수가 되는데, 식 (12-1), (12-2), (12-3)에서 Y, N, W/P가 결정되고 (12-4), (12-5), (12-6)에서 C, I, r이 결정된다. 그리고 끝으로 식 (12-7)에서 P가 결정된다.

2) 중간목표로 이자율을 선정한 경우

이 경우에는 M이 내생변수가 되고 r이 외생변수가 된다. 그리고 그 이자율 수준에서 대출수요가 있는 한 제한없이 화폐를 공급한다고 하자. 식 (12-1), (12-2), (12-3)에서 Y, N, W/P가 결정되고, 식 (12-4), (12-5), (12-6)의 세 방정식에서 내생변수가 C와 I 두개뿐이므로 답이 존재하지 않는 문제가 생기며, 식 (12-7)에서는 물가 P와 통화량 M의 비율 M/P만이 결정되고 M과 P의 구체적인 값은 결정되지 않는 불확실성의 문제가 발생한다.

이와 같이 고전학파 거시경제 모형에서 이자율을 고정시키고 통화량을 내생화하면 물가가 확정되지 않는 현상이 발생하는데, 이를 빅셀의 물가 불확정성(Wicksell's Indeterminacy)이라 한다. 즉 빅셀의 불확정성은 통화금융정책의 목표가 물가안정에 있는 경우, 이자율보다는 통화량을 통화금융정책의 중간목표로 선정하는 것이 효율적임을 지적하는 것이다.

그러나 사전트(T. Sargent)가 지적한 바대로 식 (12-4)의 소비함수에 부의 효과를 반영하여 정부채권(B)을 설명변수로 추가하면 식 (12-4)는

$$C=C(Y-T,\ r,\ (M+B)/P,\ r) \qquad (12-8)$$

이 되는데, 식 (12-4), (12-5), (12-6), (12-7)에서 C, I, M, P가 유일하게 결정된다. 이렇게 되면 고전학파의 모형에서도 이자율이 외생화될 때 문제가 되는 불확정성이 해결될 수 있다.

(4) 물가 목표관리제도

물가 목표관리제도란 정책당국이 최종목표인 물가안정에 대해 명시적으로 목표를 설정하고, 통화량, 이자율, 환율, 기대 인플레이션 등 다양한

정보변수를 활용하여 장래의 실제 인플레이션과 목표 인플레이션과의 괴리를 축소시켜 나가는 정책방식을 말한다. 물가 목표관리제도는 중간목표 전략을 통한 통화금융정책과는 전혀 다른 특징을 갖는다. 먼저 통화금융정책의 목적이 물가안정이라는 단 하나의 목표로 일원화되었다. 또한 화폐공급증가율과 같은 하나의 변수를 중간목표로 설정하고 정책을 수행하는 것이 아니라, 오직 최종 인플레이션율의 목표치 달성을 위하여 사용 가능한 모든 정책수단을 동원한다.

물가 목표관리제도는 정부 단독으로 또는 정부 및 중앙은행의 합의로 결정된 인플레이션 목표를 공표하는 것에서부터 시작된다. 이러한 인플레이션 목표치의 공표는 통화금융정책의 수립과 운용과정에서의 투명성을 향상시키고 사후적으로 정책에 대한 평가를 단순화시켜 중앙은행의 책임감을 높일 수 있다는 장점이 있다.

이렇게 공표된 인플레이션 목표치에 대해 중앙은행은 명시적인 중간목표를 설정하지 않고, 금리 · 환율 · 실업률 등 다양한 정보변수를 활용하여 최종 목표인 물가안정을 달성하고자 한다. 따라서 물가 목표관리제도의 성패 여부는 인플레이션 예측의 정확성에 크게 좌우된다. 한편 이 제도를 실제로 시행할 때는 일반적으로 단기이자율 중 콜금리를 이용하여 정책목표를 달성하는 것으로 알려져 있다.

현재 물가 목표관리제도를 채택하고 있는 나라는 뉴질랜드(1990년 도입), 캐나다(1991), 스웨덴(1993), 핀란드(1993), 호주(1993), 이스라엘(1993), 스페인(1994) 등을 들 수 있다. 이 제도를 도입하게 된 직접적인 배경은 나라마다 다소 차이가 있다. 우선 뉴질랜드 · 캐나다 · 호주 · 스페인에서는 통화량 중간목표 방식의 유용성 저하에 따른 대안으로 이 제도를 채택하였다. 반면 스웨덴 · 핀란드에서는 유럽환율 조정메커니즘 위기 이후 변동환율제도로 이행한 것을 계기로 이 제도를 도입하게 되었다.

그러나 이처럼 각국에서 채택하고 있는 물가 목표관리제도에 대해서 몇 가지 문제점이 제기되고 있다. 첫째, 미시킨(Mishkin)과 포젠(Posen)은 통화금융정책의 효과란 애초에 불확실한 것이기 때문에 인플레이션을 제대로 통제할 수 없다는 점을 지적한다. 게다가 통화금융정책과 물가상승률 사이에는 긴 시차가 존재하기 때문에, 인플레이션 목표를 달성하기 위한 통화금융정책의 성공 여부를 공정하게 평가하기가 어렵다는 것이다.

둘째, 이러한 물가 목표관리제도를 통해 목표로 하는 물가상승률을 달성했다고 할지라도, 그에 따른 희생이 너무 클 수 있다는 점도 지적된다. 즉, 물가안정을 위해 지나친 고용수준 하락을 감수해야만 한다면, 그것이 과연 경제 전체적으로 볼 때 바람직한 것인지 의문이다. 한편 이러한 주장에 대한 반론도 제기되고 있다. 우선 첫 번째 문제점은 단순히 물가 목표관리제도만의 문제점이 아니라는 것이다. 즉, 일반적인 통화금융정책 전반에 걸쳐 발생하는 문제이며, 이를 너무 과장하여 물가 목표관리제도에 적용시켜 설명해서는 안 된다는 지적이다.

두 번째 문제점에 대해 굿하트(Goodhart)는 각국의 경험적인 사례를 제시하며 이를 반박한다. 이론적으로 중앙은행이 독립적이면 독립적일수록 물가안정에 절대적 우선순위를 둘 것이다. 하지만 중앙은행은 실제 인플레이션과 목표 인플레이션 사이의 괴리뿐만 아니라 실제 GDP와 잠재 GDP 간의 괴리에도 반응한다. 예를 들어 공급충격이 있을 때, 물가안정에만 초점을 맞춘 통화금융정책은 산출부문의 과도한 불안정성을 초래하기 때문에, 중앙은행도 이를 자연스럽게 고려할 수밖에 없다는 것이다. 즉, 산출변동성과 인플레이션의 상충관계가 중앙은행으로 하여금 인플레이션 목표와 산출 목표를 동시에 고려하게끔 만든다는 것이다. 따라서 물가 목표관리제도를 채택한 나라의 중앙은행이 오직 물가상승률에만 집착하여 생산물시장의 왜곡을 도외시한다는 비판은 너무 과장되었다는 것이다.

물가 목표관리제도가 여러 나라에 도입된 것은 최근의 일이다. 따라서 현실 적응성 여부는 좀 더 지켜봐야 할 것이다. 다만 물가 목표관리제도는 통화금융정책 이론에 대한 가장 큰 논쟁거리 중 하나인 '재량과 준칙'이라는 주제와 관련하여 색다른 문제를 제기하고 있다.

제 3 절 대안적 통화금융정책

만약 통화금융정책이 일정시점이 지난 후에만 경제에 영향을 미친다면, 중앙은행은 두 가지 방법 중 하나를 선택해야만 하는 기로에 직면하게 되는데, 하나는 설정된 통화금융정책의 근간은 그대로 둔 채, 그 수행전략만을 개발하는 것으로, 이는 이미 앞에서 다루었다. 두 번째 선택은 통화금융정책의 설정방법 자체를 근원적으로 바꾸지 않으면 안되는 것이다. 예를 들면, 경제의 여타 부문에 어떤 일이 발생하면 매년 일정비율로 중앙은행이 통화량을 증대시키는 것이다. 이 경우 정책의 목표 또는 정책의 수단에 대해서는 관심을 둘 필요가 없다. 즉 적절한 연간 통화증가율에 대한 결정이 일단 이루어지게 되면, 통화금융정책은 이렇게 결정된 통화증가율 수준에서 고정되어진다.

이제 대안적인 통화금융정책에 대해 살펴보기로 한다. 이를 위해 먼저 재량적 통화금융정책에 대해 살펴본 다음, 고정적인 통화금융 완화정책과 통화공급량의 변화를 일정비율로 유지하자는 제안 그리고 각 예금은행들이 100%의 지급준비율을 보유하도록 함으로써 예금은행의 근본적인 성격을 변화시키는 제안에 대해서 고찰하기로 한다.

1. 재량적 통화금융정책

경제여건 변화에 따라 금음정책 당국자가 재량권을 가지고 수행하는 통화금융정책을 재량적 통화금융정책이라 한다. 이 정책은 통화금융정책 당국이 경기변동을 상쇄시키기 위하여, 인플레이션이 심할 때에는 통화금융을 긴축시키고, 불황기일 때는 통화금융 완화정책을 시도하는 것이기 때문에, 때로는 경기대책용 통화금융정책 또는 바람막이 정책이라고도 한다.

대부분의 경제학자들과 모든 중앙은행 당사자들은 재량적 통화금융정책을 선호하고 있는데 그 근본적인 이유는 첫째, 경제에 있어서 주요 교란들의 원천이 실물부문에서 발견될 수 있다고 믿고 있다는 데 있다. 이는 근본적으로 케인지언들의 견해인데, 이 견해에 따르면 경제는 내재적으로 불안정적이며 투자지출이 매우 변덕스러운 행태를 보이고, 또 이러한 불규칙적 행태는 경제전반에 파급됨으로써 그 결과로 경기변동이 나타난다는 것이다.

만약 경제가 내재적으로 불안정하고 또 이러한 불안정성의 원천이 경제의 실물부문에 있다면, 통화금융정책은 재량적이어야만 한다는 논리가 성립한다고 대부분의 경제학자들은 믿고 있다. 이 경우 통화금융정책은 실물부문에서의 변화를 한정시키는 데 가장 적절하게 이용될 수 있고, 그리고 이러한 변화들이 본질적으로 불규칙하다는 것은 통화금융정책이 경제안정화를 적절히 달성할 수 있는 수단으로 증명되지 못했다는 것을 의미한다. 즉 인간의 현명한 대응적인 판단을 필요로 한다는 것이다.

재량적 통화금융정책을 주장하는 두 번째 이유는 경제체제가 너무 복잡하여 그것이 어떻게 작용하는지에 대해서 우리가 갖고 있는 지식은 너무나 한정적이며 또 잘못으로 인한 결과가 통화금융정책에만 의존하기에는 너무나 중요한 것이라는 점이다. 즉 간단히 통화준칙만으로 금융부문의 모든 다양한 기관들과 제반 여타 시장들 간의 복잡한 상호작용을 다룰 수 없다는 것이다.

재량적 통화금융정책에 대한 비판론자들에 의하면 경제는 본질적으로 너무 복잡하여 어느 개인 또는 일단의 사람들이 이를 전체적으로 파악하는 것은 어렵다고 주장한다. 따라서 재량적 통화금융정책은 일을 잘되게 하기보다는 그르칠 수도 있다는 것이다. 우선 길고도 가변적인 시차가 존재할 뿐 아니라, 목표에 대한 혼란과 같은 문제점에 대한 보유 지식의 불완전성 등은 불가피하게 판단상의 오류를 초래한다는 것이다.

2. 통화준칙

재량적 통화금융정책에 대한 또 하나의 대안은 중앙은행에 의한 화폐공급 형태에 일종의 고정된 규칙을 설정하자는 것이다. 이러한 통화준칙에 대한 제안은 프리드먼에 의해 제안된 통화준칙으로서, 중앙은행은 매년 3~5%의 범위 내에서 통화를 증대시켜야 한다는 것이다. 그의 통화준칙 주장의 주안점은 '일정률의 통화량 증대'에 있는 것이다. 프리드먼이 주장한 이러한 일정비율의 통화량 증가는 두 가지 부분으로 구분될 수 있는데 첫째, 이로부터 정의 이득을 유도할 수 있다는 것, 즉 경제가 보다 더 역할을 잘할 수 있다는 긍정적 측면과, 둘째, 중앙은행이 재량에 의해 자의적으로 통화금융정책을 입안하여 수행할 수 없다는 부정적인 측면으로 나누어진다.

(1) 통화준비의 긍정적 측면

프리드먼은 GDP의 변동이 일차적으로 통화공급의 증가율 변동에서 기인하는 것으로 보았다. 이로부터 만약에 통화공급이 완만한 성장경로를 따라 변한다면 GDP도 같은 크기로 증대한다는 논리가 성립된다. 프리드먼은 거시경제의 모든 불안정성이 이 준칙에 의해 제거되는 것은 아니고, 일부는 여전히 그대로 남아 있게 된다는 점을 인정하고 있다. 그러나 그는 경제의 실물부문은 주로 안정적으로 되고, 또 통화교란이 없는 경우에 경기변동의 정점과 저점 폭이 크지 않다고 보았다.

프리드먼이 주장하는 통화준칙의 또 다른 이점은 이것이 불안정적 기대를 제거하는 경향이 있다는 사실이다. 프리드먼은 기업인들이 그 자신의 회사일에 대한 불확실성뿐만 아니라 가격수준에 있어서의 일반적이고 또 불규칙적인 움직임에 대한 불확실성도 극복해야 한다고 주장한다. 화폐공급에 있어서 일정한 증가율은 최소한 이러한 불안정성을 극소화할 수 있는 것이다. 프리드먼이 마지막으로 주장하는 이점은, 경제에 있어서 정부의 간여를 감소시킬 수 있다는 점이다.

(2) 통화준칙의 부정적 측면

만약 통화량 증가율이 GDP에 강력한 영향을 미칠 수 있다면, 경제의 모든 불안정성을 제거하기 위해 통화금융정책을 사용하는 것이 최선인가 하는 질문에 대한 프리드먼의 대답은 매우 실용적인 것이다. 그는 이론적인 측면에서 재량적 통화금융정책이 통화준칙보다 선호되는 것으로 본다. 그러나 이는 어디까지나 이론이고, 실제적으로는 통화당국자들은 상충되는 목표들을 제시하고 있고 또 일반적인 경향은 정치적 여건에 따라 어느 한 목표에서 다른 목표로 전환된다는 것이다. 실제적으로 통화금융정책의 효과에는 시차가 있고 불확실하며 따라서 경제를 보다 안정적으로 하기보다는 덜 안정적으로 만든다는 것이다.

실제로 역사적 기록들을 참고해 보면 중앙은행은 연속적으로 중대한 판단오류를 범한 경험이 있음을 볼 수 있다. 그러므로 프리드먼의 주장은 준칙이 완전하게 작용한다는 것이 아니라 그것이 재량적 통화금융정책보다 더욱 효과적으로 작용한다는 것이며, 최소한 통화준칙이 현재의 재량적 통화금융정책보다 우수하다는 것이다.

(3) 통화준칙에 대한 비판

대부분의 경제학자들은 프리드먼의 통화준칙에 대한 제안을 받아들이기보다는 비판적인 입장을 취하는데 그 이유는 여러 가지이다. 첫째, 가장 중요한 이유로 거시경제에 대한 케인지언의 분석은 경제의 실물부문을 내재적으로 불안정한 것이라고 보는 데 있다. 이 경우 통화준칙은 경제를 혼란에 빠트리는데, 즉 경기변동의 극한 상황에서 경제를 보호할 수 없도록 한다는 것이다. 호황과 침체는 프리드먼의 통화준칙하에서 동일한 것으로 다루어진다. 즉 통화당국은 모든 경우에 공히 일정비율로 통화공급을 팽창시키는 것이다. 그러나 프리드먼은 그의 통화준칙이 채택된다면 경기변동의 극한상황이 제거된다고 주장하고 있다. 이러한 결론은 통화와 국민소득 간의 관계에 대한 분석에 근거하고 있다고 비판자들은 주장한다. 그리고 그의 이론 또는 그가 제시한 증거 중 어느 것도 경제안정화를 위한 융통성 있는 수단으로서 재량적 통화금융정책을 포기시키도록 유도하는 어떠한 강력한 보장도 제공해 주지 못하고 있으며, 통화량 변화와 소득변화 간의 인과관계 또한 증명되지 않았다고 비판자들은 주장한다.

상기 논의와 관련해서 비판자들은 통화준칙에의 집착이 유통속도의 변화에 대처하여 경제를 무기력하게 만든다고 주장하고 있다. 현금통화와 요구불예금의 증가율에 엄격한 한계를 설정한다는 것은 일반대중의 자산구성에 있어서 근사 화폐자산의 대체를 고무시키고, 또 사람들이 그렇게 대처함으로써 유통속도는 상승하게 된다. 예를 들어, 만약 사람들이 예비적 화폐수요를 충족시키기 위해 금융기관의 저축성 예금계정을 이용하게 되면 통화의 유통속도는 상승하게 된다.

유통속도에 있어서의 큰 변화가능성은 화폐공급의 증가율이 변하지 않는다 할지라도 GDP에 있어서의 큰 변화가능성을 가져온다. 이러한 관계는 교환방정식 $MV=PT$를 통해서 고찰할 수 있다. 그런데 이 식에서는 통화량(M)이 불변할지라도 유통속도(V)의 변화가 국민소득(PT)을 변화시키게 된다. 더욱이 유통속도의 하향 움직임은 가격수준이 하방 경직일 경우 실업을 만연시키게 되므로 일정한 통화증가율은 통화부문에서 발생하는 주요 경제적 교란 가능성마저도 제거할 수 없게 된다고 비판자들은 주장한다.

이상의 논의를 종합하면, 프리드먼의 통화준칙에 대한 제안은 그가 주장하고 있는 것처럼 보다 효율적으로 경제안정을 유도하지 못한다는 점에서 비판을 받고 있다. 투자의 이동으로 인해 실물부문에서 그리고 유통속도의 변화로 인해 통화부문에서 주요 불안정적 사건들이 여전히 발생한다는 것이다. 이 통화준칙의 주요결과는 통화당국자들을 경제의 하강과 상승국면에 건설적인 처방을 내릴 수 없도록 손발을 묶어 놓을 따름이라고 주장한다.

3. 100% 지급 준비제도

1935년 피셔는 미국 예금은행들의 본질에 근본적인 변화를 제안하였는데, 그의 주장은 예금은행이 예금채무에 대하여 100%의 현금 지급준비를 보유하도록 하자는 것이었다. 이 제안의 근본 배경은 1930년대와 같은 금융위기를 막기 위해 은행제도의 안전성을 제고시키는 방안으로 제의되었던 것이다. 그러나 피셔의 이러한 본래의 의도와는 달리 프리드먼은 중앙은행에 통화공급에 대한 절대적 통제력을 부여하기 위한 방안으로 이를 주장하였다.

(1) 100% 지급 준비은행 제도

이러한 제안이 어떻게 작용할 것인가에 관련된 일반적인 견해는, 오늘날 우리가 이용하고 있는 예금은행이 다음과 같은 두 가지 종류로 다시 구분된다는 점이다. 하나는 요구불예금만을 취급하는, 즉 통화의 저장소 역할을 하는 기관으로 이 기관은 요구불예금을 근거로 하는 매출이나 투자행위가 일체 금지되고, 따라서 그들이 받은 요구불예금은 전액 은행의 금고나 중앙은행에 보관시키는 기능만으로 국한시켰다. 따라서 이들에게는 예금의 접수와 수요결제만이 주요 업무가 된다. 둘째는 대출기관인데, 이는 정기예금과 증권의 판매나 공모 등을 통해 자금을 대출에 이용하는 역할을 담당하게 된다.

(2) 100% 지급 준비은행 제도의 장점

이 제안의 가장 중요한 이점은 중앙은행에 통화공급에 대한 절대적 통제력을 제공한다는 사실이다. 즉 이 제안은 중앙은행이 갖고 있는 세 가지 통화 통제수단 중 두 가지를 제거시킨다는 점에 유의해야 하는데, 지급준비율 변화 수단은 100%의 지급준비로 해서 제거된다는 것을 말하고 있다. 따라서 예금은행은 유동성 보유의 필요를 느끼지 않게 되고 또 대출이 금지되어 있어 중앙은행으로부터의 차입 역시 제거된다. 이 경우 중앙은행이 행사할 수 있는 통화 통제수단으로는 공개시장 조작만이 남게 되는데, 이를 이용하여 중앙은 행은 통화공급을 완전히 통제하게 된다.

(3) 100% 지급 준비은행 제도의 단점

만약에 이 제안이 채택된다면, 예금은행의 이윤도 역시 제거된다. 따라서 예금은행은 예금수취에 대해 높은 수수료를 부과하게 될 것이고, 또 이렇게 되면 사람들은 요구불예금을 이용하지 않을 것이다. 프리드먼은 이에 대해, 중앙은행이 예금은행에 이자 등의 보조금 등을 제공해 줄 것을 제안하고 있다. 100% 지급은행 제도가 법제화될 가능성은 전무하다. 이렇게 되었을 때 즉각적인 비용부담은 불가피하며 또 이 제도도입의 궁극적인 이득이 너무나 추상적이고 정치적 지원을 받기가 어렵기 때문이다.

제 4 절 통화금융정책의 파급경로(전달경로)

통화금융정책이 실물경제에 영향을 미치고 파급경로에는 금리경로(이자율경로), 자산가격경로, 환율경로, 신용경로 그리고 기대경로 등이 있다. 이들 각 경로의 상대적 중요성이 국민경제의 발전정도, 금융부문의 구조, 경기변동의 국면 등에 따라 달라지는 것은 물론이다. 예를 들어 금융시장이 발달할수록 이자율경로와 자산가격경로의 중요성은 더해지고, 금융자유화와 금융혁신으로 기업과 가계의 자금조달원이 다양해질수록 신용경로의 중요성은 줄어든다. 이들 각 경로를 자세히 살펴보기로 하자. 통화금융정책의 파급경로를 그림으로 나타내면 [그림 12-12]와 같다.

1. 금리경로(이자율경로)

정부가 확장적 통화금융정책의 일환으로 화폐의 공급량을 증가시키면, 화폐의 초과공급에 의해서 이자율이 하락하고 그것은 재화시장에서 투자를 증대시켜 승수효과에 따라 국민소득을 증가시키는 직접적 효과를 초래한다. 그런데 국민소득의 증대는 화폐시장에서 거래적 화폐수요를 증대시키고, 그것은 이자율에 상승압력을 가한다. 이자율 상승은 다시 재화시장에서 투자를 감소시키고 그것은 승수효과에 의해 국민소득을 감소시키는 간접적 효과를 초래한다. 그래서 이자율은 하락하기는 하였지만, 원래의 화

그림 12-12 통화정책의 파급경로

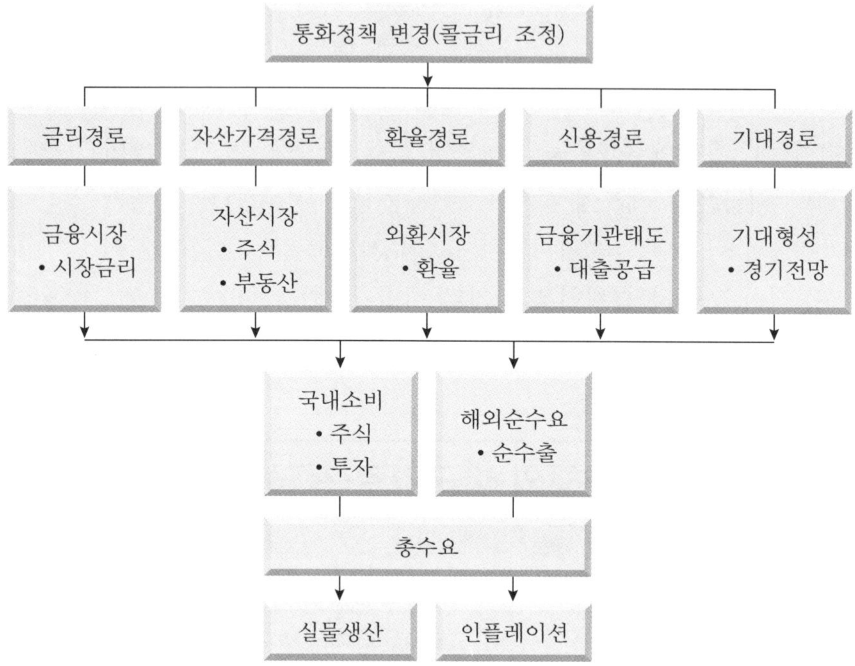

폐공급량 증대로 하락하였던 수준보다는 약간 상승한 수준이고, 국민소득은 증대하되 원래의 증가하였던 수준보다는 낮게 증가한다. 결과적으로 화폐공급량 증대는 이자율을 하락시키고 국민소득을 증대시키는 정책효과를 초래한다. 그것은 직접효과가 간접효과보다 클 것이기 때문이다. 일반적으로 통화금융정책의 파급경로를 나타내면 다음과 같다.

$$\Delta M\uparrow \Rightarrow \Delta i\downarrow \Rightarrow \Delta I\uparrow \Rightarrow \Delta Y\uparrow \Rightarrow EDM\uparrow \Rightarrow \Delta i\uparrow \Rightarrow \Delta I\downarrow \Rightarrow \Delta Y\downarrow$$

직접적 효과　　　　　　　　　　간접적 효과

현대 화폐수량설이 제시하고 있는 통화금융정책 효과의 파급경로를 중앙은행이 명목통화량을 증가시킨 경우를 상정하여 살펴보자. 프리드먼은 부를 배분하여 보유할 수 있는 자산형태로 통화, 채권, 주식, 실물자산, 인간 자본의 5가지로 보았고, 부는 금융자산의 수익률과 실물자산의 한계수익률이 일치하도록 배분할 것이라고 생각하였다. 만약 어느 자산, 예를 들어 채권수익률이 여타 자산에 비해 높다면 여타 자산에 대한 수요를 감소시키고 대신 채권수요를 하락시킬 것이다. 그러한 대체행위는 채권가격 상승을 초래하여 수익률을 하락시킬 것이다. 이러한 자산 선택과정에서 화폐는 여타 금융자산 및 실물자산과 대체관계가 있다고 보아서 화폐수요는 여타 자산의 한계수익률과 역관계가 있다고 상정하고 있다. 그러므로 프리드먼의 파급경로의 핵심 역시 자산 선택이론에 근거하고 있다.

장 · 단기 이자율은 통화금융정책이 실물부문에 영향을 미치는 대표적인 경로이다. 중앙은행이 공개시장조작 등으로 화폐공급을 확대하여 단기금리를 낮추면 장기금리와 은행금리도 함께 하락하여 기업투자와 가계소비가 늘어나고, 이는 총생산의 증대로 이어진다. 금리경로는 두 단계로 구분할 수 있다. 첫째는 통화금융정책이 금융시장 내에서 단기금리, 장기금리 및 은행금리로 순차적으로 파급되는 과정이다. 둘째는 전반적인 금리변화가 소비, 투자 등 실물부문으로 파급되는 과정이다. 금리경로가 제대로 작동하려면 이론적으로 이 두 단계가 모두 원활하여야 하지만, 현실에서는 반드시 그런 것만은 아니다.

이 과정을 좀더 자세히 살펴보기로 한다. 예를 들어 중앙은행이 정책금리 목표수준을 인하한다고 가정하자. 이에 따라 중앙은행은 지준(본원통화) 공급을 새롭게 늘릴 것이고, 그로 인해 화폐와 다른 유가증권 간의 수익률 균형이 깨어진다. 그러면 사람들은 초과 보유하게 된 화폐를 처분하고, 화폐와 가장 가까운 대체관계를 가진 자산인 단기증권(만기 90일 이내의 양도성예금증서나 기업어음 등)에 대한 수요를 늘린다. 그 결과 단기증권의 가격은 상승하고 단기 이자율은 하락한다.

이제 단기증권은 가격이 비싸지고 수익률이 떨어진 반면, 장기증권(국고채나 회사채 등 만기 1년 이상의 장기증권)은 상대적으로 가격은 저렴하고 수익률이 높은 상황이 되었다. 따라서 대부분의 경제주체들은 단기증권을 팔거나 보유하고 있던 화폐를 포기하고, 장기증권을 사려고 할 것이다. 이러한 현상은 장기증권의 가격을 상승시키고 장기 이자율을 하락시킨다.

한편 은행은 예금으로 자금을 조달하여 이를 주로 대출과 장 · 단기채권으로 운용한다. 그런데 장 · 단기채권 수익률이 낮아지면, 은행이 상대적으로 채권투자보다는 대출을 늘리게 되어 대출이자율이 하락한다. 그에 따라 은행의 수익이 낮아지므로 예금이자율도 하락한다. 기업은 자금을 조달하기 위해 회사채를 발행하거나 은행대출을 이용한다. 그런데 회사채 수익률이 감소하고 대출이자율이 하락한다면 자금조달비용이 덜 들게 된다. 따라서 기업은 실물투자를 늘릴 유인을 갖게 된다. 그러므로 장기 이자율 및 대출이자율 하락은 투자수요의 증가로 이어져 경제성장과 물가 상승 등 확장적인 효과를 나타낼 것이다.

이상의 전체 과정이 금리경로이다. 그러나 금리경로는 여러 자산 간 대체관계의 고리가 너무 길고 그 강도가 불확실하다. 즉, 화폐 → 단기증권 → 장기증권 → 실물자산의 파급과정에는 세 개의 고리가 존재한다. 이 중 화폐 → 단기증권의 고리는 상당히 견고한 것으로 흔히 간주된다. 하지만 단기증권과 장기증권 사이와 장기증권과 실물자산 사이의 대체관계는 그리 강하지 않은 것으로 알려져 있다. 이는 단기증권 → 장기증권의 고리와 장기증권 → 실물자산의 고리가 견고하지 않을 수 있음을 의미한다.

먼저 단기증권 → 장기증권의 고리에 대해 살펴보자. 우리가 앞에서 공부했던 유동성 프리미엄이론에 따르면, 장기 이자율은 현재의 단기 이자율과 앞으로 예상되는 단기 이자율들의 평균치에 유동성 프리미엄을 더한 것이다. 그런데 앞으로 예상되는 단기 이자율이란 결국 인플레이션 기대에 의존한다. 그러므로 장기 이자율의 움직임은 향후 인플레이션 기대와 유동성 프리미엄에 따라 단기 이자율의 움직임과 괴리를 보일 수도 있다.

이번에는 장기증권 → 실물자산의 고리에 대해 살펴보자. 케인즈에 의하면 투자의 한계효율이 이자율보다 높을 때 투자가 이루어진다. 그런데 투자의 한계효율에는 자본의 한계생산성과 같은 실물적 요인뿐만 아니라 미래에 대한 전망 같은 심리적 요인도 무시할 수 없는 영향을 미친다. 따라서 기업가가 투자전망이 불투명하다고 본다면, 장기 이자율이 하락한다고 투자를 늘리지는 않을 것이다. 또한 한꺼번에 목돈이 드는 주택이나 내구소비재의 구입이 금융비용에 민감한 것은 사실이지만, 그렇다고 소득전망이나 고용전망이 좋지 않은 상황에서 금리가 낮다는 이유 하나만으로 가계가 내구재 소비를 늘리지도 않을 것이다.

지금 살펴본 여러 가지 이유로 인해 단기증권 → 장기증권의 고리와 장기증권 → 실물자산의 고리 가운데 어느 하나라도 느슨해진다면 통화금융정책이 이자율을 통해 실물부문에 영향을 미치기는 어렵게 된다. 일반적으로 중앙은행이 공개시장조작 등을 통해 정책금리를 인하하면 총수요가 증가하여 경제성장과 고용증진에는 도움이 되지만, 다른 한편으로는 물가상승의 압력과 경상수지의 악화 요인으로 작용한다.

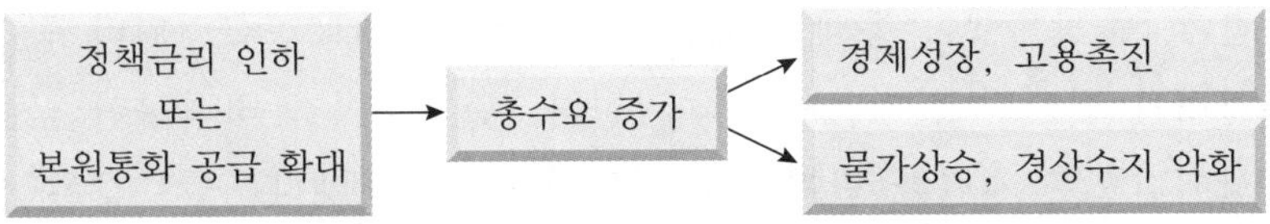

반대로, 정책금리의 인상은 총수요를 위축시키는 경제성장과 고용에는 부정적인 영향을 주지만 물가안정과 경상수지에는 도움이 된다.

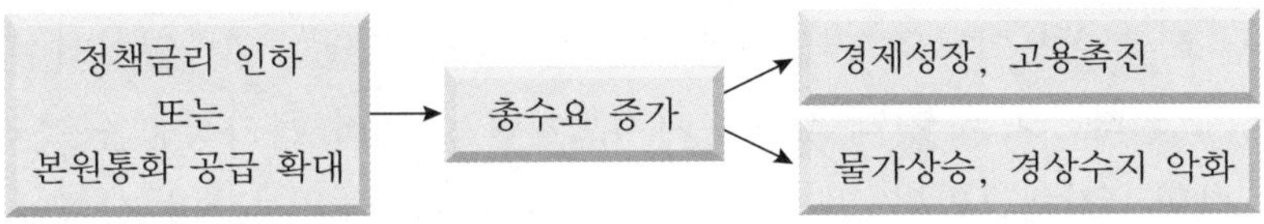

그러나, 수직의 장기 필립스 곡선이 시사하듯이 통화금융정책은 장기적으로 경제성장이나 고용에는 영향을 미치지 않고 오직 물가에만 영향을 준다. 즉, 물가상승에 대한 기대가 명목임금에 신축적으로 반영되어 물가와 실업률 간의 상충관계가 사라지고, 자연실업률의 수준에서 수직인 형태를 나타내게 됨으로써 당초 의도한 고용확대의 효과는 없어지고 물가만 상승하게 된다.

(장기)

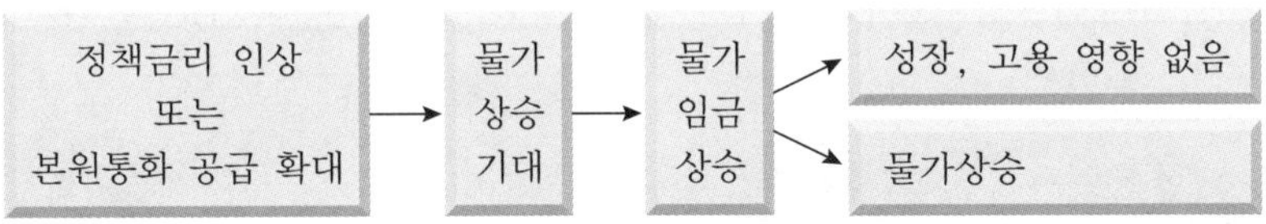

이러한 정책금리의 조정이 영향을 미치는 금리경로는 두 단계로 구분할 수 있다. 첫 단계는 금융시장 내에서 전반적인 금리 변화가 일어나는 과정이고, 다음 단계는 전반적인 금리 변화가 소비, 투자 등 실물부문으로 파급되는 과정이다.

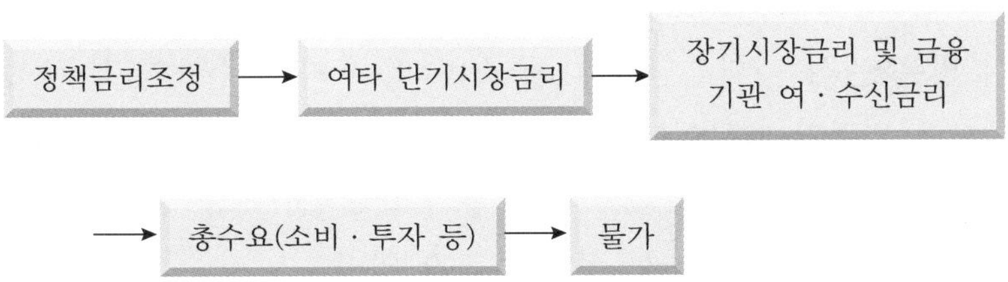

예컨대, 중앙은행이 통제 가능한 본원통화를 확대 공급하거나 공개시장조작 금리를 낮추면 단기금리가 하락한다. 단기금리가 하락하면 금융기관들은 상대적으로 저렴한 단기자금을 차입하여 회사채나 국채 같은 장기채권에 투자하려 할 것이고, 이러한 수요증가는 채권가격의 상승, 즉 장기금리의 하락을 가져온다. 한편 은행은 자금을 대출이나 채권투자로 운용하는데, 채권금리가 낮아지면 운용수익률을 높이기 위해 대출을 늘리려 할 것이고, 그 결과 대출금리도 떨어지게 된다. 대출금리와 회사채 금리는 기업의 자금조달 비용이므로 기업들은 자금을 싸게 조달할 수 있어서 투자를 확대하게 된다. 이는 경제성장을 가져오지만 아울러 물가상승을 초래하게 된다. 다만, 정책금리의 변경 영향은 그때 그때 금융시장의 상황에 따라 달라질 수 있다.

예컨대 콜금리목표의 인상을 예상하여 시장금리가 앞서 상승한 경우에는 실제의 조치 이후 시장금리가 종전 수준을 유지하게 되고, 콜금리 목표를 지나치게 선제적으로 인상할 경우에는 시장 참가자의 과민 반응을 유발하여 시장금리가 급등하고 이에 따라 금융기관의 여 · 수신금리가 큰 폭으로 상승할 수 있다. 또한, 콜금리 목표를 인상할 때 금융기관의 자금사정이 풍부할 경우에는 여 · 수신 금리의 조정이 지연되고, 그 폭도 줄어든다. 그리고 콜금리 목표를 조정할 때 시장 참가자의 경제성장 및 물가에 대한 기대가 변화하면, 장기 시장금리가 반대 방향으로 변동하기도 한다.

콜금리 인상 → 경제성장의 둔화 및 물가안정 예상 → 장기시장금리의 하락

2. 자산가격경로

통화금융정책은 주식이나 부동산과 같은 자산의 가격을 변화시킴으로써 실물경제에 영향을 끼칠 수 있다. 자산가격경로가 중시하기 시작한 것은 가계의 주식이나 부동산 보유가 늘어나고 기업도 주식발행을 통한 자금조달에 더 많은 관심을 기울임에 따라 소비 및 투자가 주가와 부동산가격의 영향을 받게 되었기 때문이다. 자산가격경로에는 주가 변동이 기업 투자에 미치는 영향에 관한 토빈의 q 이론과 주가 및 부동산 가격의 변동이 가계의 소비에 미치는 영향에 관한 부의 효과가 있다.

(1) 토빈의 q

토빈의 q란 주식시장에서 평가된 기업의 시장가치를 기업의 실물자본 대체비용으로 나눈 비율을 말한다. 확장적 통화금융정책으로 토빈의 q가 높아지면서 초래되는 확장적 통화금융정책의 효과를 '토빈의 q효과'라고 하는데, 토빈(J. Tobin)의 q는 다음과 같이 정의된다.

$$\text{토빈의 } q = \frac{\text{기업의 시장가치}}{\text{기업의 실물자본 대체비용}}$$

금리 인하(통화공급의 증가)로 주가가 상승하면 기업의 시장가치가 증대되어 q가 상승한다. 예를 들어 q가 상승하여 1보다 커졌다고 하자. 이것은 기업이 기계와 같은 실물자본을 구입하여 가동하면 그 실물자본의 구입비용보다 더 큰 미래수익을 거둘 수 있을 것으로 주식시장이 평가한다는 의미이다. 이러한 주식시장의 평가는 주가 상승으로 반영되어 기업의 시장가치를 높이게 된다. 이런 경우 기업은 주식을 발행하여 투자를 늘릴 것이다.

금리 인하가 주가 상승을 통해 투자의 증가로 나타나는 데에는 두 가지 난관이 있을 수 있다. 우선, 통화공급 증가가 금리 하락을 통해 과연 주가 상승을 가져올 것인가 하는 문제이다. 특히 소규모 개방경제의 경우, 주가에는 경기전망과 기업의 미래 수익성은 물론 선진국의 주식시장 상황과 외국인 주식투자 동향 등이 종합적으로 반영된다. 만약 다른 조건이 전반적으로 비관적인데 금리가 하락했다고 해서 반드시 주가가 상승한다고 보기는 어렵다. 또 하나의 문제는 통화공급의 증가로 토빈의 q 값이 상승한다고 해도 여기에 대해 실물투자활동이 얼마나 민감하고 신속하게 반응할 것인가 하는 문제이다. 단기적인 기업의 시장가치 변화가 투자활동에 중대한 영향을 미치리라고 기대하기는 어렵다. 투자란 단기적인 기업의 시장가치 상승보다는 장기적 경제전망에 의해 더욱 좌우되는 것이기 때문이다.

우리나라와 같이 해외여건의 영향을 많이 받는 소규모 개방경제에서는 주가가 국내 통화금융정책의 변화보다 미국 등 선진국의 주가 변화에 더 민감하게 반응하기도 한다. 또한 주가변동이 투자로 연결되고 고리에서도, 주가는 단기적 등락이 매우 심한 반면 투자는 투자결정에서 실행에 이르기까지 상당한 시간이 소요되므로, 실제기업이 얼마만큼이나 주가변동을 고려하면서 투자행위를 할 것인지도 의문으로 남는다.

(2) 부의 효과

토빈의 q이론이 투자에 대한 주가변화의 영향을 분석한 것이라면, 자산효과는 일반인들이 보유하고 있는 주식의 가격변화가 소비에 미치는 영향에 관한 것이다. 주가 상승은 기업의 투자뿐만 아니라 소비에도 영향을 미칠 수 있다. 주가의 전반적 상승으로 가계가 보유하는 주식의 가치가 상승하면 가계는 그만큼 부유해진다. 따라서 소비를 늘리게 되는 것이다. 이것은 주가 상승에 의한 부의 효과이다.

주가 상승에 의해서만 부의 효과가 발생하는 것은 아니다. 호트리는 자산 간 대체를 설명하면서 채권 및 주식의 가격 상승이 이들과 대체관계에 있는 실물자산의 가격 상승을 가져온다고 설명하였다. 이 때 실물자산 중에는 구체적으로 부동산도 포함된다. 화폐공급의 증가로 주택가격이 상승하면 주택의 시장가치가 대체비용(신규 건축비용)보다 커져 주택의 토빈의 q가 상승하며, 이에 따라 신규 주택건설이 늘어나 생산이 증대하며, 또한 주택 및 토지는 부의 주요 구성요소이기 때문에 통화량이 증가해 주택 및 토지가격이 상승하면 부가 증대되어 소비 및 생산이 증대할 것이기 때문이다. 금리 하락과 통화량 증가가 실물자산 중 토지나 주택에 대한 수요도 늘린다면 이들 부동산의 가격도 상승한다. 가계가 보유하는 부동산 가치가 상승하면 가계는 그만큰 부유해진다. 따라서 가계는 소비를 늘리게 된다.

주식이든 부동산이든 가격이 상승할 때 이를 실제로 처분하여 자본이득을 실현했는지 여부에 다라 소비에 미치는 영향이 달라지는 것은 물론이다. 실물자산의 가격이 장부상으로는 상승했어도 이를 처분하지 않아 이익이 실현되지 않은 상태에서는 일반적으로 소비의 커다란 증가를 기대하기란 어렵다. 지금 당장은 미실현 자본이득이 양(+)이더라도, 앞으로 가격이 불리하게 움직여 자본이득이 영(0)이거나 심지어 음(−)이 될 위험도 존재하기 때문이다.

그러나 부동산가격이 상승하는 경우에는 그 부동산을 담보로 하여 이전보다 더 큰 액수의 은행대출이 가능해진다. 이런 때에는 가계가 부동산을 실제로 처분하지 않더라도 은행대출액 증가를 통해서 소비지출을 할 수 있다. 부동산 가격상승에 따른 부의 효과는 주가 상승에 따른 부의 효과보다 더 큰 것으로 알려져 있다.

토빈의 q와 부의 효과를 요약해보면 다음과 같다.

통화금융정책이 주식이나 부동산 등 자산가격의 변동을 초래하여 실물경제에 영향을 미치는 경로이다 가계의 자산 보유가 늘어나고 주식시장을 통한 기업의 자금조달이 증가하면서 소비자와 투자자가 자산가격의 영향을 받게 되자 주목받게 된 경로로서, 토빈의 q이론과 부의 효과를 통해 설명할 수 있다.

토빈의 q란 주식시장에서 평가된 기업의 시장가치를 기업의 실물자본 대체비용으로 나눈 비율을 말한다. 금리 인하로 주가가 상승하면 기업의 시장가치가 높아져 토빈의 q가 상승한다. 이 경우 기업은 높은 가격에 주식을 발행하여 상대적으로 싼 비용으로 실물자산에 투자함으로써 이윤을 늘릴 수 있기 때문에 기업들의 투자가 늘어난다. 즉, '금리인하 → 주가상승 → 기업의 시장가치 증가 → 토빈의 q 상승 → 기업의 투자 확대'의 관계가 성립하는 것이다. 그러나 금리 인하가 주가 상승으로 연결되는 단계와, 그리고 주가변동이 투자로 연결되는 고리에 대해서는 논란의 여지가 있다.

한편 부의 효과는 주식의 가격변화가 소비에 미치는 영향을 일컫는 말이다. 금리 하락과 통화량의 증가로 보유하고 있는 주식이나 부동산의 가격이 오르면 개인들은 이전보다 부유해진 것으로 생각하여 소비 지출을 늘릴 가능성이 커진다.

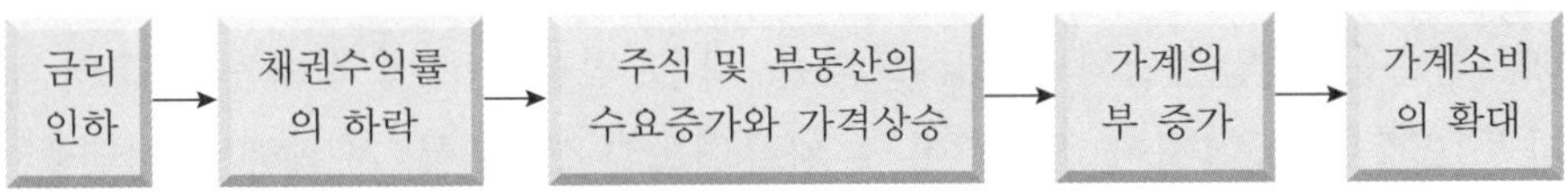

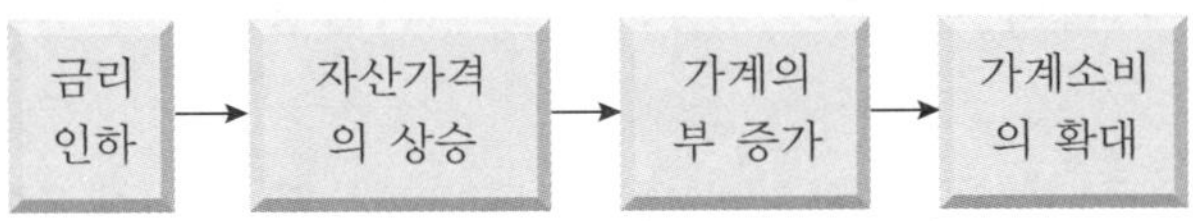

(3) 환율경로

국제화가 진전되고 자유변동환율제도는 채택하는 나라들이 늘어남에 따라 환율경로에 대한 관심이 높아지고 있다. 환율경로는 국내금리 변화가 환율을 변화시키는 것이다. 이는 투자자들이 국내통화표시 금융자산과 해외 통화표시 금융자산을 선택하는 과정에서 발생한다. 금융투자자들이 달러화(외화)표시 금융자산과 원화(자국통화)표시 금융자산으로 포트폴리오를 구성한다고 하자. 어떤 이유로 국내 금리가 상승하면 원화표시 금융자산의 수익률이 상대적으로 상승하므로, 투자자들은 원화표시 금융자산을 매입하기 위해 달러화를 팔고 원화를 사려고 할 것이다. 그 결과 외환시장에서는 원화에 대한 초과수요(달러화의 초과공급)가 발생하여 원화가치가 상승하고 환율이 하락한다.

환율 하락은 어떤 영향을 가져오는가? 우선, 국내에서 생산된 재화(수출재)의 달러화 표시 가격을 올려 수출재의 국제경쟁력을 약화시키고, 외국에서 생산된 재화(수입재계)의 원화 표시 가격을 낮춘다. 그러므로 환율 하락은 순수출(수출−수입)의 감소를 통해 국내의 인플레이션 압력을 낮춘다. 둘째, 수입재가 최종재인 경우에는 환율 하락에 기인하는 수입재의 국내가격 하락이 국내 인플레이션을 직접적으로 낮추게 된다. 만약 수입재가 생산과정에 투입되는 원재료 또는 중간재인 경우에는 환율 하락으로 인한 수입재의 국내가격 하락이 궁극적으로 최종재의 가격 하락을 유도하므로 간접적으로 국내 인플레이션을 낮추게 된다. 이와 같은 환율 효과의 강도는 그 국민경제가 국제교역에 의존하는 정도에 달려 있다. 요컨대 환율 하락은 직·간접적으로 국내 인플레이션을 낮추는 데 기여한다. 이것은 긴축을 위해 정책금리를 인상한 중앙은행의 원래 정책의도에 부합하는 것이다.

이처럼 환율경로가 제대로 작동하려면 애초에 환율이 중앙은행의 통화정책에 대해 정상적으로 반응해야 한다. 그러나 소규모 개방경제일수록 환율이 국내 요인보다는 해외 요인에 의해 움직이는 경우가 많다. 다시 말해, 환율은 중앙은행의 정책의도와는 다른 방향으로 움직이는 경우가 많다. 1997년 동아시아 위기 이후 자유변동환율제도를 채택하는 나라들이 세계적으로 늘어났다. 이에 따라 더 많은 중앙은행들이 환율경로에 관심을 기울이게 되었다.

예를 들어 우리나라의 국내금리가 하락하면 원화로 표시된 정기예금의 수익률이 떨어지게 된다. 그러면 사람들은 상대적으로 수익률이 높아진 달러화 표시 외화예금을 매입하기 위해 원화를 팔고 달러를 사야 한다. 이는 원화의 초과공급과 달러화의 초과수요를 가져와 원화의 가치를 떨어뜨리게 된다. 이러한 원화 환율의 상승은 다음과 같은 세 가지 경로를 통해서 실물경제에 영향을 미친다. 첫째, 환율상승은 달러로 표시한 수출품가격을 낮추는 대신 원화로 표시한 수입품 가격을 상승시킨다. 둘째, 환율상승은 수입품가격을 높여 곧바로 국내물가에 영향을 미친다. 국제원유가격이 배럴당 100달러에서 변함이 없더라도 환율이 달러당 1,000원에서 1,200원으로 상승하면 국내 석유류 가격은 20% 오른다. 셋째, 환율변동은 기업이나 금융기관들의 외화자산과 부채가치를 변화시켜 재무구조에 중대한 영향을 미친다. 예를 들어 환율이 급등하면 해외부채가 많은 기업은 상환부담이 커져 수익성이 악화된다.

환율경로를 요약해보면 다음과 같다. 환율경로는 경제 규모가 작고 대외 개방폭이 큰 나라에서 뚜렷이 나타나는 경로이다. 이 경로는 국내 금리의 변화가 환율을 변화시키는 단계와, 환율의 변화가 경상수지, 수입물가, 재무구조의 변화에 영향을 미쳐 실물경제에 영향을 미치는 단계로 구분해 볼 수 있다. 먼저 중앙은행의 확장적 통화금융정책에 의해 금리가 낮아지면 자국통화로 표시된 자산의 수익률이 외화로 표시된 자산의 수익률보다 상대적으로 떨어지므로, 경제주체들은 수익률이 유리한 외화표시 자산의 비중을 높이려고 할 것이다. 이는 다시 자국통화의 수요 감소와 외화의 수요 확대를 통하여 환율절하를 초래한다. 환율절하는 수입물가에 직접적인 상승압력으로 작용할 뿐 아니라 수출가격의 하락화 수입 가격의 상승을 통해 수출입 및 경상수지에도 영향을 마친다. 또 환율의 변동은 기업이나 금융기관들의 재무구조에 심각한 영향을 미쳐서 실물경제의 흐름을 바꾸기도 한다.

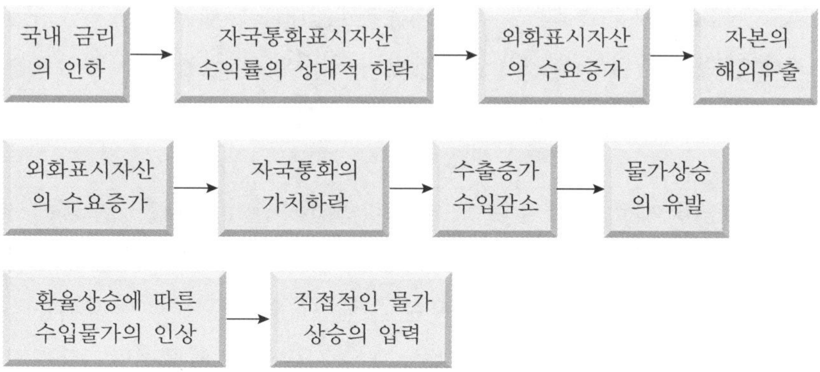

이러한 환율경로 중 두 번째 단계는 상대적으로 명확한 논리를 가지고 있으나, 첫 번째 단계에 대해서는 의문의 여지가 있다. 예컨대 우리나라의 경우 외국인의 국내채권 투자 및 내국인의 해외채권 투자가 미미하고, 원화 환율이 일본 엔화 환율 등 해외 경제 여건에 민감하게 반응하는 경향이 있기 때문에 통화금융정책(정책금리 조정)의 환율경로에 대한 유효성은 미흡하다. 또한, 외국인의 증권투자가 채권보다 주식을 통해 이루어지고 있어,

금리인하시 국내주가의 상승을 통한 외국인 투자 자금의 유입 확대로 원화 가치를 상승(원화환율 하락)시키는 반대 효과도 발생한다.

(4) 신용경로

신용경로는 통화금융정책에 변화가 있을 경우, 신용시장에서의 정보의 비대칭성으로 인해, 은행 등의 대출형태가 달라지면서 투자 및 생산에 영향을 미치게 되는 통화금융정책의 파급경로이다. 여기에는 은행대출경로와 대차대조표 경로 등이 있다. 신용경로는 통화금융정책의 양적인 측면, 다시 말해 은행대출에 영향을 미쳐 실물경제에 파급되는 과정을 말한다.

어떤 영세기업이 수익성 높은 투자계획을 갖고 있다고 하자. 이 기업은 투자계획을 실현시키기 위하여 자금을 필요로 하며, 누구든지 이 기업에 투자를 하면 많은 수익을 얻을 수 있다. 그러나 영세기업이 직접 금융시장에서 자금을 조달하기란 그리 쉽지 않다. 왜냐하면 자금을 얻기 위해서는 자신의 투자계획이 훌륭하고 신용도가 높다는 사실을 투자자들이 믿도록 해야 하는데, 여기에는 많은 비용이 소요되기 때문이다.

따라서 이 기업은 직접금융시장에서 자금을 조달하기보다는 은행에서 대출을 받으려 할 것이다. 그러나 은행대출에도 대출이자율 이외에 비가격대출조건(대출심사, 고객과의 장기 거래관계, 대출에 대한 담보, 신용상태에 대한 조사)이 뒤따른다. 이것은 금융기관의 입장에서 신용도가 떨어지는 고객과의 거래에서 발생할 수 있는 손해를 사전에 막기 위한 조치라고 할 수 있다.

[그림 12-13]에서 자금의 수요곡선과 공급곡선이 만나는 점 E에서 시장의 균형 대출량 L_0와 균형이자율 r_0가 결정된다. 그런데 은행이 r_0의 이자율을 적용했을 때 자금을 꾸러 오는 사람들 중에는 r_0의 이자비용을 충분히 감당할 수 있는 건전한 투자안을 가진 사람들도 있겠지만, 그렇지 못한 위험한 투자안을 가진 사람들도 다수 포함되어 었을 것이다. 하지만 은행은 누가 누구인지 분별할 능력이 없거나, 비록 분별할 수 있더라도 그렇게 하는 데 비용이 너무 많이 들 수 있다. 이런 경우 은행은 차라리 이자율 수준을 r_c로 낮추는 대신 L_1만큼만 대출하는 방법을 사용하게 된다

균형이자율보다 낮은 수준에 고정되어 있는 이자율 r_c 에서는 (L_2-L_1) 만큼의 자금 초과수요가 존재한다. 이렇게 초과수요 (L_2-L_1)가 존재하는 상황을 신용할당이라 부른다. 신용할당은 현실에서 쉽게 관찰되며, 은행은

그림 12-13 신용할당을 통한 정보의 비대칭성 극복

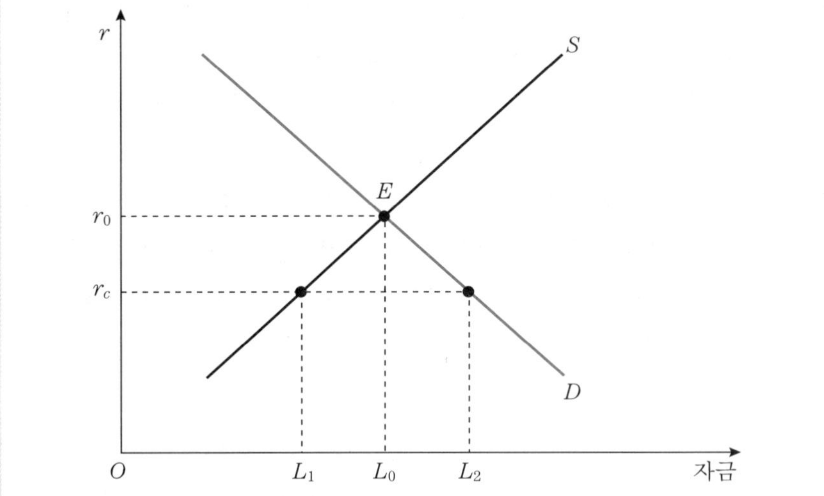

가격의 경직성을 수용하는 대신 기존 신용거래내역이나 담보물 가치 등 비가격기준에 의해 대출 여부와 대출량을 결정하게 된다. 정보의 비대칭성이 존재하는 경우, 균형이자율 수준보다 낮은 이자율에서 비가격 기준으로 대출량을 결정하는 할당을 통해 통화금융정책의 효과를 얻을 수 있다.

영세기업을 비롯하여 금융시장에서 쉽게 자금을 조달할 수 없는 중소기업과 가계 등은 대규모 자금조달 수단이 없기 때문에 은행대출에 많이 의존할 수밖에 없다. 따라서 은행대출 총액이 변동한다면 중소기업이나 가계 등의 자금이용 가능성이 직접적으로 영향을 받아 투자 또는 소비에 영향을 미치게 된다.

이와 같이 통화금융정책이 은행대출 총액의 변동을 통해 총수요에 영향을 주게 되는 경로를 신용경로라 부른다. 신용경로는 정보의 비대칭성이 존재할 때 은행대출이 기업의 신용이용 가능성에 영향을 미침으로써 이자율 등의 변수에 영향을 미치지 않고 총수요에 직접적인 영향을 줄 수 있음을 보여준다. 이 경로는 기존의 통화의 이자율을 통한 경로가 불확실하더라도 통화금융정책이 계속 유효할 수 있음을 설명해 준다는 점에서 의의를 갖는다. 통화금융정책의 전달경로로서 신용경로의 중요성을 강조하는 견해를 신용중시 견해라 부른다.

그러나 최근에는 규제완화 덕분에 은행들이 자금을 조달할 수 있는 다양한 금융수단이 나오게 되었고, 금융국제화 덕분에 국제금융시장을 통해 은행들이 대출자금을 용이하게 확보하게 되었다. 따라서 국내적으로 긴축적 통화정책이 시행된다고 하더라도 은행의 대출여력에는 큰 영향이 없을 수도 있게 되었다. 그 결과 통화금융정책의 전달경로로서 신용경로의 현실적 중요성은 과거에 비해 감소하였다.

이 밖에도 통화금융정책은 가계와 기업의 대차대조표, 즉 자산상태와 부채상태를 변동시킴으로써 소비와 투자에 영향을 미친다. 예를 들어 기업의 부채비율이 높은 상황에서 통화금융정책을 긴축적으로 운용하여 금리가 상승하면, 기업의 금융비용이 급증하면서 현금흐름이 악화되어 투자가 위축되고 기업도산이 발생할 가능성이 있다. 따라서 인플레이션이 우려되어 통화금융정책 기조를 전환할 필요성이 높다고 판단되더라도 기업의 부채비율이 높을 경우 이를 실행에 옮기는 데 한계가 있다. 다시 말해 기업의 불건전한 재무상태는 통화금융정책을 제약하는 요인이 된다. 이와 같은 통화금융정책의 대차대조표 경로는 유사한 파급경로를 거쳐 가계의 내구재 및 주택 구입과 같은 소비지출에도 영향을 미친다.

위에서 설명한 신용경로를 요약해 보면 다음과 같다. 신용경로의 경우는 통화금융정책의 변화가 신용시장에서 정보비대칭성으로 인해 기업 및 가계에 대한 금융기관의 대출 태도를 달라지게 하고, 그 결과 소비 및 투자에 영향을 미쳐 총수요와 물가에 영향을 주는 과정이다. 여기에는 대출경로와 대차대조표경로 등이 있다. 화폐 공급이 증가하면 은행 등의 대출여력이 늘어나 이전에는 대출을 기피했던 경제주체에 대한 대출을 늘릴 수 있으므로, 이들 부문에서의 경제활동이 활발해져 신용경로가 작동하게 된다. 반대로 통화 공급이 줄어들면, 이는 은행 등의 대출 재원의 감소로 이어져 은행 대출에 의존하는 경제주체들의 전반적인 경제활동이 위축될 수 있다.

하지만 과거와 달리 금융시장의 발달로 금융기관들이 국제금융시장 등 다양한 통로를 통해 자금을 조달할 수 있기 때문에, 이러한 통화금융정책 파급경로의 유효성은 크게 약화되고 있다. 그러나 금융시장의 발달이 더디고 정책당국의 신용규제가 강한 개발도상국의 경우에는 이러한 신용경로가 아직도 중요한 역할을 하고 있다.

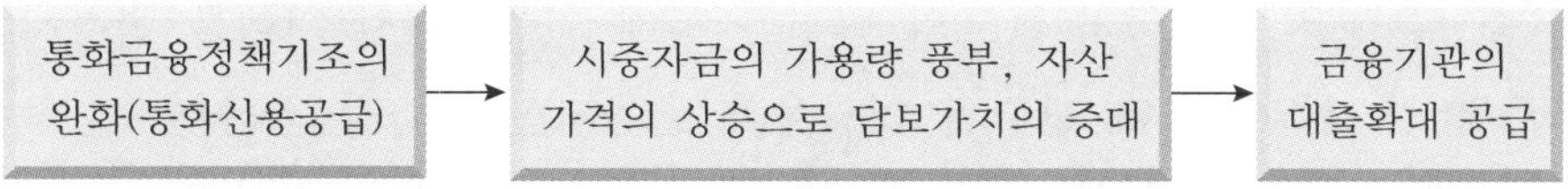

통화금융정책은 또한 가계와 기업의 자산부채 상태, 즉 대차대조표를 변동시킴으로써 소비와 투자에 영향을 미칠 수 있다. 예컨대 긴축통화금융정책으로 금리가 오르면 기업의 미래 매출과 현금 흐름이 약화되고 부채부담이 커져 재무상태가 악화된다. 이에 따라 기업의 자금조달이 어려워지면 경제활동이 위축된다. 가계의 내구재 및 주택 구입 등과 같은 소비지출도 이와 유사한 파급경로를 거친다.

(5) 기대경로

기대경로의 경우는 통화금융정책의 기조변경이 경제주체들의 경제성장 및 물가전망에 대한 기대 변화를 가져와, 파급 경로상의 각종 금융변수의 변동으로 반영되거나 직접 소비, 투자, 물가 등에 영향을 주는 과정이다. 기대 경로가 원활히 작동될 경우 통화금융정책의 파급 시차가 축소되고 정책효과가 확대되기 때문에 최근 이 경로의 중요성이 강조되고 있다. 우리나라의 경우 외환위기 이후 금리 정책에 대한 금융시장의 관심이 크게 높아지면서 기대경로에 의한 정책파급 효과가 확대되고 있다.

특히, 2000년대에 들어 금융시장의 불확실성이 높아지고 통화당국과 시장간의 정보비대칭성이 심화되면서, 시장기대가 종전과 같이 자산가격, 환율, 신용 등과 같은 상호 독립적인 파급경로 중의 하나로 분석되기보다는, 다른 파급경로들에 앞서 작동하고 오히려 이들에게 영향을 미치는 관계로 분석되기도 한다. 즉, 기존의 파급경로의 분석에서는 콜금리의 조정이 여타 시장금리, 자산가격, 신용, 환율 그리고 시장기대를 변화시키고, 이들이 각자의 경로를 통해 총수를 변화시켜 물가와 같은 실물경제의 변수에 영향을 미치는 것으로 해석해 왔다.

그러나 시장기대의 역할을 강조하는 최근의 파급경로 분석에서는, 중앙은행의 콜금리 조정이 시장의 기대를 먼저 변화시키고 이것이 다시 여타 파급경로(장기금리, 자산, 가격, 신용, 환율 경로)에 영향을 미치는 것으로 해석하며, 이들 경로를 통해 총수요가 변화되고 이어서 물가의 조정이 이루어진다고 분석한다.

중앙은행은 정책금리 목표의 변경을 통해 인플레이션 기대를 변경시킴으로써 각 전달경로에 관련된 이자율과 금융자산가격 등 금융변수, 총수요, 그리고 물가에 영향을 줄 수 있다. 이것이 통화정책의 기대경로이다. 과거에는 중앙은행이 경제주체의 인플레이션 기대를 적극적인 조절의 대상으로 간주하지는 않았었다. 그러나 경제주체들이 통화금융정책을 신뢰할수록 중앙은행이 시장의 인플레이션 기대를 그만큼 더 쉽게 낮출 수 있어서 통화금융정책의 파급시차도 단축하고 디스인플레이션의 거시경제적 비용도 줄일 수 있다는 신뢰성 견해가 나오게 되었다.[2] 반대로 현실에서는 이에 따라 선진국을 포함한 다수 국가의 중앙은행은 기대경로의 활성화를 통해 적극적이고 직접적인 방식으로 물가안경을 도모하게 되었다. 이들은 자신의 통화금융정책에 대한 경제주체의 신뢰성과 투명성을 바탕으로 인플레이션 기대를 조절하여 경제주체의 임금 및 가격 결정 행동을 적극적으로 유도하고 있다. 우리가 이 장에서 공부한 물가안정목표제가 바로 이와 같은 방식의 통화정책 운영체계이다.

그런데 경제주체의 인플레이션 기대가 실제 인플레이션에 중대한 영향을 미치게 되는 이유는 무엇인가? 가계와 기업이 금기에 내리는 소비와 투자에 관한 결정은 미래 인플레이션에 대한 예상에 기초한다. 그런데 중앙은행의 통화금융정책은 미래 인플레이션에 중요하다. 따라서 중앙은행은 자신의 통화금융정책 목표와 방향 및 의도, 그리고 인플레이션 전망을 시장에 투명하게 밝힘으로써 경제주체가 형성하는 인플레이션 기대를 중앙은행 자신이 의도한 인플레이션 목표에 부합하도록 노력한다. 이렇게 형성된 인플레이션 기대 하에 경제주체는 금기의 소비와 투자에 관한 의사결정을 내린다. 이렇게 하여 결과적으로 실현되는 인플레이션은 중앙은행의 당초 인플레이션 목표와 경제주체의 인플레이션 기대에 상당히 근접하거나 일치하게 될 것이다. 이런 이유로 기대경로가 중요하다.

---

2) 디스인플에이션이란 인플레이션을 낮추는 정책, 즉 인플레이션 수속정책(收束政策)을 의미한다. 신뢰성 견해는 신속한 디스인플레이션이 정책 신뢰성의 확보에 유리하다고 본다.

제 5 절 신용중시와 신용경색

1. 신용 중시론

고전학파, 케인지언 및 통화론자의 이론은 모두 통화금융정책의 효과가 통화량의 변동을 통하여 나타난다고 보기 때문에, 통화 중시론이라고 볼 수 있다. 통화금융정책의 파급과정에서 통화만이 중요하다고 보는 것은 은행의 지급준비금이 줄어들어 대출공급 여력이 감소하는 경우에도 은행은 다른 금융자금을 조달하여 기존의 대출활동을 계속 수행할 수 있기 때문이다. 은행의 대출공급이 줄어들더라도 기업은 은행대출 이외의 여타 금융수단(직접금융 등)을 이용하여 대출감소를 완전하게 상쇄할 수 있다고 본다. 통화 중시론은 은행대출이 여타 금융자산과 완전한 대체관계를 갖고 있다고 가정하여 은행대출의 독립적인 역할을 고려하지 않는다.

신용 중시론[3]은 통화금융정책이 통화량뿐 아니라 은행대출의 변동을 통해서도 파급된다고 주장한다. 통화 중시론이나 신용 중시론 모두 통화금융정책의 효과가 통화량 변동을 통하여 나타난다는 점에서 의견의 차이가 없으나, 신용 중시론은 통화금융정책의 파급과정에서 은행대출의 역할도 중요시한다. 왜냐하면 많은 기업은 은행이 공급하는 신용에 주로 의존해야 하며 다른 시장을 통해 자금을 조달하기가 매우 어렵다고 보기 때문이다. 규모가 크고 신용이 좋은 기업은 상업어음 시장이나 채권시장 등에서도 필요한 자금을 차입할 수 있으나 규모가 작고 신용도가 취약한 중소기업은 주로 은행대출에만 의존할 수밖에 없다. 신용 중시론에 따르면 통화금융정책은 [그림 12-14]에서와 같이 통화 중시론에 의한 파급경로 이외에도 직 · 간접 신용경로를 통하여 파급되기 때문에 그 효과가 증폭된다.

먼저 직접적인 신용경로를 보기로 하자. 은행의 지급준비금이 대출에 직접 영향을 미친다면 통화금융정책은 직접적인 신용경로를 통하여 파급된다. 중앙은행이 통화긴축을 실시하면 은행의 지급준비금은 물론 은행부문

3) 신용 중시론은 초기에 루사(R. Roosa), 멜쩌(A. Meltzer), 브루너(K. Brunner) 등이 주장하였으나 최근에는 블라인더(A. S. Blinder), 스티글리츠(J. Stiglitz), 버냉키(B. S. Bernanke) 등에 의하여 크게 부각되고 있다.

그림 12-14 신용 중시론의 통화금융정책 파급메커니즘

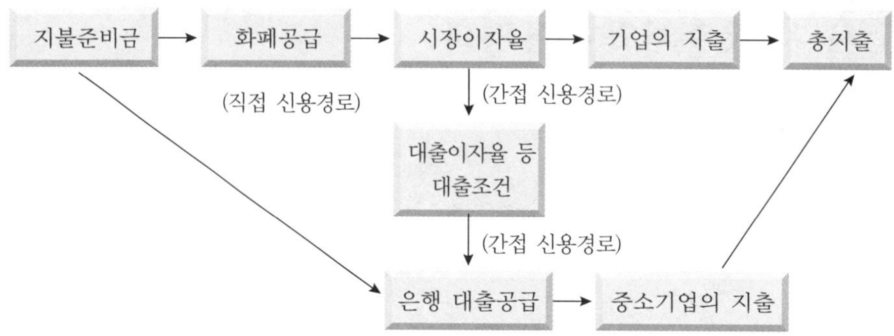

전체의 예금이 줄어들게 된다. 예금이 감소하면 은행은 대출이나 유가증권의 보유를 줄이게 된다. 은행의 대출이 감소하면 은행대출에 주로 의존하는 차입자(가계 및 중소기업 등)는 당초 계획한 지출을 축소하지 않으면 안된다. 긴축적인 통화금융정책이 직접 신용경로를 통해 파급된다면 기업의 지출은 통화중시론에서 상정하는 것보다 큰 폭으로 감소하기 때문에 통화금융정책의 효과는 증대된다고 할 수 있다. 통화중시론에서는 통화긴축으로 은행대출이 줄어들면 차입자는 은행대출 감소를 다른 조달수단을 통해 상쇄한다고 가정하기 때문에 통화금융정책의 효과는 신용 중시론에 비하여 작다. 직접적인 경로는 시장이자율과 관계없이 직접 작용한다는 것이 특징이므로 통화금융정책의 변경이 없더라도 작용할 수 있다. 예를 들어 은행이 통화금융정책과 무관하게 대출을 줄이면 위에서 설명한 과정에 의해 경제활동은 위축된다.

다음으로 간접 신용경로를 보기로 하자. 통화금융정책은 간접경로에 의해서도 그 효과가 증폭된다. 간접 신용경로는 [그림 12-14]에서와 같이 통화긴축의 영향으로 시장이자율이 상승하고 은행의 대출이자율이 보다 큰 폭으로 상승하는 경우에 작용하게 된다. 예를 들어 중앙은행이 통화긴축을 위해 은행의 지급준비금을 감소시키면 시장이자율은 상승하게 된다. 시장이자율이 상승하면 은행은 대출이자율을 인상하지 않을 수 없다. 통화 중시론의 경우 대출이자율은 시장이자율 상승에 따른 자금 조달비용의 증가분만큼 상승한다고 가정한다. 왜냐하면 은행이 자금 조달비용의 증가분 이

상으로 대출이자율을 올리면 기업은 다른 시장에서 필요한 자금을 조달할 수 있다고 보기 때문이다.

신용 중시론의 경우 은행의 대출이자율은 시장이자율이 상승한 것보다 더 높게 상승한다. 왜냐하면 시장이자율이 상승하면 금리부담의 증대로 인해 차입자들의 상환불능 위험이 높아지기 때문이다. 상환불능 위험이 높아지면 은행은 차입자에 대해 담보의무나 만기조정 등 비가격 대출조건도 더욱 강화하게 된다. 은행은 대출이자율을 인상하고 대출조건을 강화하게 된다. 은행은 대출이자율을 인상하고 대출조건을 강화하는 과정에서 은행에 의존하는 중소기업에 대한 대출을 삭감할 것이므로 중소기업의 투자지출이 감소하게 되고 총지출이 추가적으로 줄어들게 된다. 직접적인 신용경로 외에 간접적인 신용경로에 의해서도 통화금융정책의 효과가 더욱 증폭된다는 것을 알 수 있다.

지금까지 보아 온 전통적인 *IS*–*LM* 모형은 은행의 자산과 부채를 비대칭적으로 다루고 있다. 은행의 부채인 통화는 총수요의 결정에 있어서 특별한 역할을 수행하는 데 반하여 은행의 자산인 대출금은 채권 등 여타 금융자산과 동일한 것으로 취급되고 있다. 총수요를 결정하는 데 있어서 은행신용(대출금)의 독립된 역할을 밝히기 위해서는 기존의 *IS*–*LM* 모형을 수정하여 은행신용을 통화 및 채권과는 다른 별개의 자산으로 포함시켜야 한다.

버냉키(B. Bernanke)와 블라인더(A. Blinder)의 모형에 따라 *IS*–*LM* 모형에 은행 대출시장을 추가하여 통화금융정책의 효과를 분석해 보기로 하자.

은행 대출금에 대한 수요(L_d)와 공급(L_s)은 은행대출 이자율(r_L), 채권이자율(r), 경제활동 수준(y), 은행예금(D) 및 필요 지급준비율(z) 등에 의하여 결정되므로 다음과 같이 나타낼 수 있다.

$$\begin{aligned} L_d &= L_d(r_L,\ r,\ y) \\ L_s &= \lambda(r_L,\ r)\ D(1-z) \end{aligned} \qquad (12-9)$$

식 (12–9)로부터 은행 대출시장의 균형조건은

$$L_d(r_L,\ r,\ y) = \lambda(r_L,\ r)\ D(1-z) \qquad (12-10)$$

와 같고, 화폐의 수요와 공급은 다음과 같이 나타난다.

$$M_d = L(y, r)$$
$$M_s = k_0(r)R \qquad (12-11)$$

편의상 통화는 은행예금만으로 구성되어 있다고 전제하고 현금은 고려 대상에서 제외한다. 통화승수 모형(k_0는 통화승수)에 의한 통화공급은 은행 지급준비금(R)과 이자율(r)에 의하여 결정된다. 화폐시장의 균형조건은

$$L(y, r) = k(r)R \qquad (12-12)$$

이 되고, 마지막으로 은행 대출시장의 역할을 반영한 재화시장은

$$y = y(r, r_L) \qquad (12-13)$$

로 나타낼 수 있으며, 식 (12-10)의 오른쪽 항에 있는 D(여기서는 통화량)를 화폐시장의 균형조건에서 얻은 통화량($k(r)R$)으로 바꾸면

$$L_d(r_L, r, y) = \lambda(r_L, r)\ R(1-z) \qquad (12-14)$$

를 얻을 수 있다. 이 식을 전미분하여 r_L에 관하여 정리하면

$$r_L = \varphi(r, y, R) \qquad (12-15)$$

을 얻게 되는데, 이 식을 식 (12-13)에 대입하면 y가 지불준비금(R)에 의해서도 영향을 받는다는 것을 알 수 있다.

$$y = [r, \varphi(r, y, R)] \qquad (12-16)$$

[그림 12-15]은 *IS* 곡선에 신용(은행대출)을 반영한 *ISL*-*LM* 곡선을 얻게 되는 것을 나타낸 그림이다. *ISL*-*LM* 체계에서 통화금융정책이 y 및 r에 미치는 효과를 보기로 하자. 만약 중앙은행이 통화금융정책 수단을 확장적인 방향으로 운용하면 은행의 지불준비금(R)이 증가하게 되어 화폐공급이 통화 승수배만큼 증가함과 동시에 은행의 대출공급도 증가하게 된다. [그림 12-15]에서 R이 증가하면 *LM* 곡선은 물론 *ISL* 곡선도 오른쪽으로 이동하기 때문에 y는 y_1으로 증가하게 되는데, y가 증가하는 규모는 전통적인 *IS*-*LM* 모형에서보다 크다. 통화금융정책이 보다 더 확장적인 결과를 가져오는 것은 신용경로를 통화금융정책의 파급메커니즘에 추가하였기 때문이다.

그림 12-15 은행 대출시장과 통화금융정책의 효과

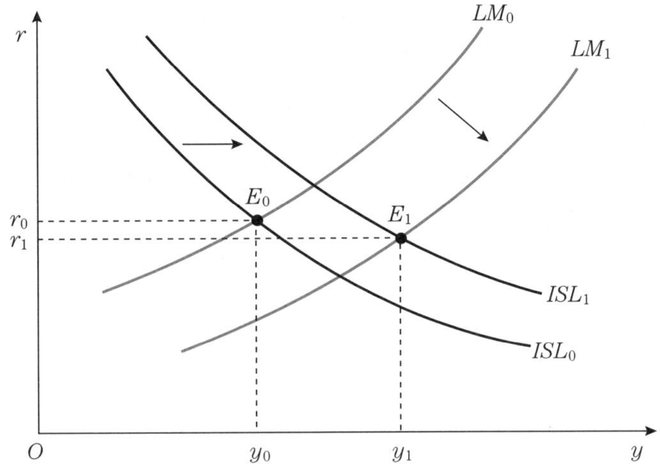

한편 R의 증가에 따른 이자율(r)의 하락폭은 y의 경우와는 대조적으로 *IS*–*LM* 모형에서보다 크지 않을 가능성이 높다. 왜냐하면 R의 확대로 화폐공급이 증가하지만 y가 보다 크게 증가하여 거래를 위한 화폐수요도 *IS*–*LM* 모형의 경우보다 더 크게 증가함으로써 이자율 하락폭이 둔화될 수 있기 때문이다.

ISL–*LM* 곡선은 전통적인 *IS* 곡선과는 달리 통화금융정책의 변경에 따른 은행의 지불준비금(R) 변동만으로도 이동하게 되는데 그 이유는 지급준비금의 변동이 은행대출의 공급과 수요를 변동시킴으로써 기업의 지출에 영향을 미치기 때문이다. 유동성 함정으로 *LM* 곡선이 수평인 경우에도 통화금융정책은 *ISL* 곡선을 이동시키기 때문에, 이자율과 소득수준에 영향을 미칠 수 있다.

2. 신용 경색이론

신용경색 현상은 전통적인 통화 중시이론으로 설명할 수 없을 뿐만 아니라 통화금융정책의 효율성을 제약한다는 점에서 최근 많은 관심을 모으고 있다. 신용경색은 우리나라를 비롯한 여러 동남아 국가에서는 외환위기와 함께 심각한 현상으로 제기되었지만 미국에서는 이미 1990~91년 중 겪

표 12-1 신용경색의 유형과 원인

유 형	원 인
은행의 자금공급 여력 감소	긴축적인 통화정책 감독당국의 감독강화(BIS 비율 적용 등) 예금이탈
은행의 자발적인 여신기피	신용리스크 증대 부동산 가격의 하락 전염효과(다른 은행의 도산) 과잉대출에 대한 조정

었던 경기 침체를 계기로 크게 부각되었다. 당시 연방준비은행은 경기침체를 벗어나기 위해 단기금리를 20년 만에 최저수준으로 유지하였으나 경기회복의 징후는 나타나지 않았다. 연구결과에 따르면 금융기관의 신용공급 감소로 인한 신용경색이 연방준비은행의 확장적 통화금융정책이 경제에 미치는 파급경로를 가로막음으로써 통화금융정책의 효율성이 낮아졌던 것이라고 결론을 내렸다. 그 후 신용경색에 대한 관심과 연구가 계속되고 있다.

신용경색은 주어진 대출금리하에서 은행의 대출여력이 감소하거나 대출여력이 있음에도 불구하고 은행이 대출을 기피하는 현상을 가리킨다. 연방준비은행의장인 버냉키(Bernanke) 등은 실질 금리수준과 차입자의 신용이 일정한 상태에서 은행의 대출 공급곡선이 좌상향으로 이동하는 현상이라고 정의하고 있다. 이와 같이 신용경색은 수요 측면이 아니라 공급 측면에서 파악한 개념으로서 먼저 발생하는 신용 위축현상은 신용경색으로 보지 않는다. 신용경색의 형태로는 금융기관의 대출 공급여력 감소와 자금공급 여력이 있으면서도 자발적인 여신기피 등으로 나누어 볼 수 있다(표 12-1 참조).

첫째, 은행의 대출 공급여력 감소는 통화당국의 긴축정책, 부실여신 증가에 따른 금융기관의 자본잠식, 금융감독 당국의 BIS 자기자본비율 준수 의무강화, 예금보험 범위 축소에 따른 예금이탈 등에 기인한다.

둘째, 금융기관의 자발적인 여신기피 현상은 기업의 구조조정을 추진하는 과정에서 초래되는 신용리스크 증대, 고금리로 인해 차입자가 보유하고 있는 부동산 등 자산가격이 하락하면서 초래되는 담보가치 저하, 대출에 비해 안전성과 유동성이 높은 정부발행 채권 등에 대한 선호증대[4] 등에 기인

4) 대출의 경우 BIS가 부여한 위험 가중치가 100인 데 비해 국공채는 0이기 때문에 은행들은 BIS 비율 준수를 위해 기업 대출을 늘리기보다는 국채를 보유하려는 성향을 나타낸다. 신용

표 12-2 신용경색의 판단기준

기 준	지 표
양 적 기 준	대출금의 절대량(증가규모, 증가율 추이 등) 실질대출금(명목대출금/물가) 대출금/정상 GDP 등
질 적 기 준	금리수준 대출 만기구조 담보 요구정도
정 황 적 기 준	은행의 대출태도 변화 등

한다고 말할 수 있다.

신용경색의 유무를 판단하는 데에는 양적 및 질적 기준, 서베이 방식 등이 이용되고 있다(표 12-2 참조). 양적 기준으로는 대출금이 변동. 물가나 대출수요 요인에 의한 변동을 제거한 실질 대출금의 변동 및 경상 GDP에 대한 대출금의 비중 등이 주로 이용된다. 질적 기준으로는 추가담보 요구 등과 같은 비가격 대출조건의 변화, 금리수준의 변동, 은행의존도가 높은 차입자의 신용리스크 프리미엄, 대출의 만기구조, 금리수준별 대출금의 분포동향 등이 사용된다. 서베이 방식으로는 금융기관 여신 담당직원들을 대상으로 하는 대출 태도 변화에 대한 설문조사 및 차입자를 대상으로 하는 은행대출 이용 정도에 대한 설문조사 등이 사용된다.

M_2 및 M_3 등과 같은 통화총량을 신용경색 여부를 판단하는 기준으로 이용하는 데에는 한계가 있다. 앞에서 본 통화량은 네 가지 부문(정부, 민간, 해외 및 기타)을 통해 공급되기 때문에 민간부문에 대한 은행의 대출공급 감소가 현저한 경우에도 여타 부문에서의 통화공급이 증가한다면 통화총량에 의해서는 신용경색 현상을 감지하기 어렵다.

신용경색 시기에 통화금융정책이 실물경제에 영향을 주는 파급메커니즘을 금리경로와 대출경로로 나누어 보기로 하자. 모서[5](P. Mosser)에 따르면 1990년대 초 미국의 경험에서 보는 바와 같이 신용경색 현상이 일어나면 통화금융정책의 파급경로가 차단(=로 표시)되는 경우를 세 가지로 나눌 수

경색기에는 이처럼 안전성을 중시하는 방향으로 은행의 자금운용이 변화하는데, 이를 fight-to-quality(또는 fight-to-safety) 현상이라고 부른다.

5) Partricia C. Mosser, "Influence of the Credit Crunch on Aggregate Demand and Implication for Monetary Policy," in *Studies on Causes and Consequences of the 1989~92 Credit Slowdown,* FRB of New York, Fed. 1994, pp. 259~299.

그림 12-16 통화금융정책의 파급메커니즘

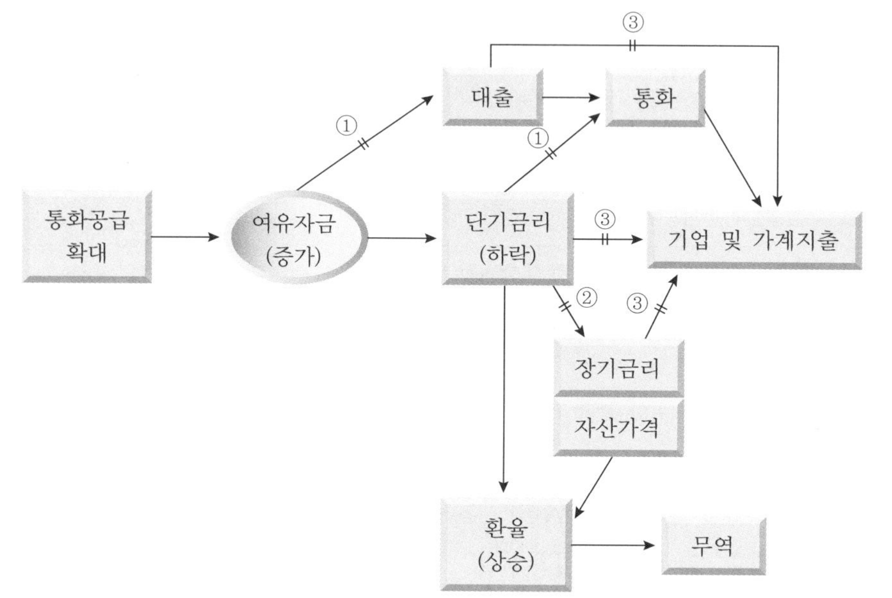

있다(그림 12-16 참조).

[그림 12-16]에서 ①은 금융기관의 여유자금이 증가하고 단기금리가 하락하는 데도 불구하고 부실자산의 상각이나 BIS 자기자본비율의 강화 또는 우려되는 재무 건전성의 악화 등으로 인해 여유자금이 대출 및 통화량 증가로 이어지지 않은 것이다. ②는 금융시장의 불확실성과 인플레이션 및 재정적자의 발생에 대한 예상 등으로 단기금리의 변동이 장기금리 변동으로 연결되는 금리경로가 작동하지 않은 것을 나타낸다. ③은 가계와 기업의 재무구조 악화 등으로 시용위험이 증가함에 따라 대출경로가 제대로 작동하지 않음을 의미한다.

앞에서 본 버냉키와 블라인더의 *ISL–LM* 모형을 이용하여 통화금융정책이 경제활동 수준에 미치는 영향을 세 가지로 나누어 살펴보기로 한다. 긴축적인 통화금융정책으로 인해 은행 대출여력이 감소하는 경우, 통화금융정책에 변화가 없음에도 불구하고 은행이 자발적으로 여신을 기피하는 경우 또는 신용경색하에서 확장적인 통화금융정책의 경우로 나누어 보자.

우선 [그림 12-17]은 긴축적인 통화금융정책으로 인해 은행의 대출여력

그림 12-17 긴축적인 통화금융정책과 가용재원 축소의 효과

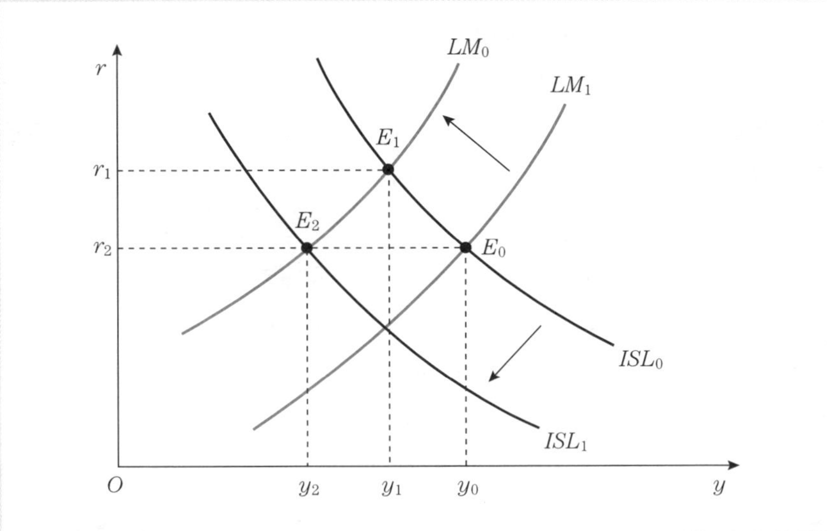

그림 12-18 통화금융정책 불변과 대출기피의 효과

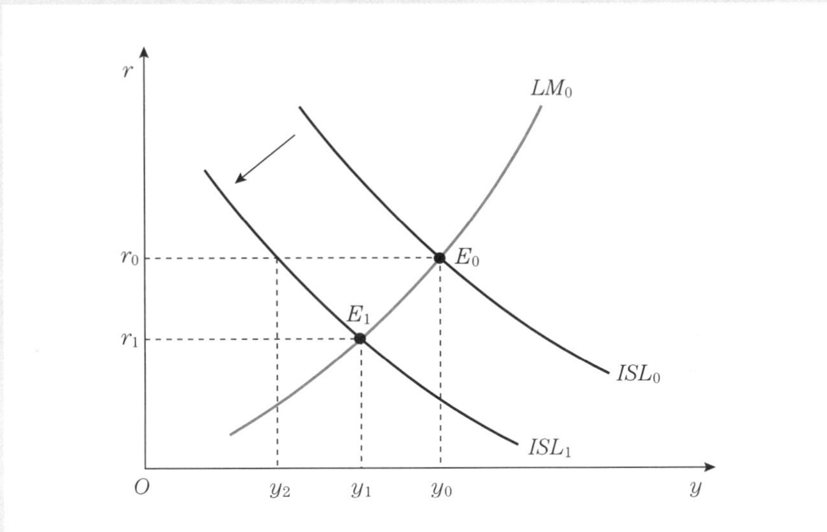

이 감소한 경우이다. 이때는 감소와 대출 감소가 동시에 나타나게 된다. LM 곡선이 좌상향으로 이동($LM_1 \rightarrow LM_0$)하고 IS 곡선에 은행대출(신용)을 반영한 ISL 곡선도 좌하향으로 이동($ISL_0 \rightarrow ISL_1$)하게 된다. 전통적인 IS–

LM 모형에 따르면 경제수준은 y_0에서 y_1으로 위축되지만 $ISL-LM$ 모형에서는 y_2까지 하락하게 된다.

그 다음 [그림 12-18]은 통화금융정책이 변하지 않은 상황에서 자금여력이 있음에도 불구하고 기업의 신용위험 증대, 차입자의 담보가치 저하 등을 이유로 은행이 대출을 기피함에 따라 은행대출이 감소하는 경우를 가리킨다. LM 곡선은 변동하지 않고 ISL 곡선만 좌하향으로 이동($ISL_0 \rightarrow ISL_1$)하게 된다. 전통적인 $IS-LM$ 모형에 따르면 경제는 y_0에서 그대로 유지되지만 $ISL-LM$ 모형에서는 경제활동이 y_1으로 위축된다. 더욱이 초기 균형상태(E_0)의 금리수준(r_0)에서 신용할당이 도입되면 y_2 까지 축소된다.

한편 신용경색기에는 확장적인 통화금융정책으로 본원통화가 증가해도 반드시 은행대출이 늘어나는 것은 아니다. 본원통화 공급이 늘어나더라도 은행은 대출보다는 국공채 등 신용위험이 낮고 유동성이 높은 채권에 대한 투자를 확대시키기 때문에 대출경로를 통한 통화금융정책의 파급 효과를 기대하기가 어려워진다. [그림 12-19]에서 신용경색기에는 본원통화의 공급이 증가해도 ISL 곡선이 우측으로 이동하지는 못한다. 이와 같이 대출공급 경로가 봉쇄되는 상황에서는 파생통화의 창출도 불가능해지므로 LM 곡선의 움직임은 거의 없거나 오른쪽으로 이동하더라도 그 폭이 매우 작다.

그림 12-19 신용경색하에서의 확장적인 통화금융정책의 효과

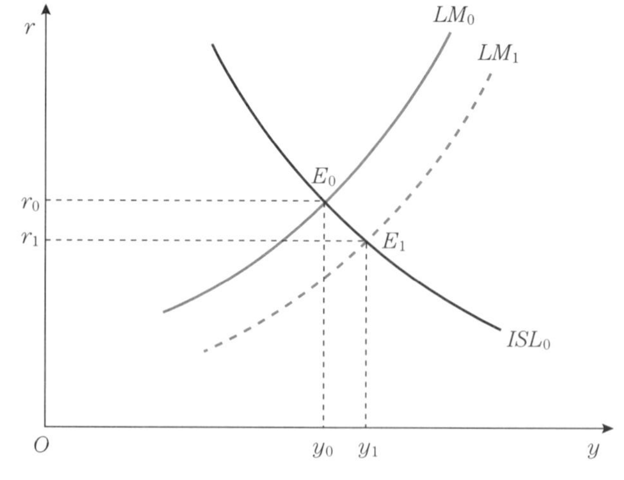

13

chapter >>>>

통화와 인플레이션

C/H/A/P/T/E/R 13

통화와 인플레이션

제 1 절 인플레이션에 관한 견해

경제학자들이 실제로 관심을 기울이며 걱정하는 경우의 인플레이션은 상당한 기간동안 지속적이고 급속한 물가상승 현상을 말한다. 따라서 일시적인 정부지출증가나 일시적인 비용상승은 물가를 지속적으로 상승시키기가 힘들기 때문에 인플레이션의 원인이 될 수 없으므로 결국 인플레이션은 지속적인 통화의 증가로 인해 발생한다고 말할 수 있다. 이 점에 대해 케인지언이나 통화주의자 모두 통화량의 지속적인 증가(좀 더 완화하면 급격한 화폐금융의 증가)가 총수요 확대와 물가상승, 기대물가상승, 총공급곡선의 이동을 연쇄적으로 촉발하여 물가수준을 지속적으로 높은 비율로 상승시켜 인플레이션을 초래한다고 생각하고 있다.

프리드먼(Friedman)은 인플레이션의 원천이 높은 통화공급의 지속적인 증가율에 있기 때문에, 통화증가율을 낮은 수준으로 감소시키면 인플레이션을 예방(또는 감소)할 수 있다고 주장하였다. 인플레이션을 급격한 물가수준이 지속적으로 상승하는 것으로 정의하는 한 통화론자들이나 케인지언 모두는 인플레이션이 화폐적 현상이라는 프리드먼의 주장에 동조하는 것으로 볼 수 있다. 인플레이션이 화폐적 현상이라는 프리드먼의 주장은 매우 단정적인 것이다. 즉, 한 나라의 인플레이션율이 상당한 기간 동안에 매우 높은 수준으로 지속된다면, 그 나라의 통화량 증가율은 극히 높다는 것이다.

인플레이션은 화폐적 현상이라는 프리드먼의 제안이 실제로 의미하는 것은 물가수준의 상승 움직임이 지속적인 경우에만 통화적 현상이라는 것이다. 이렇게 인플레이션을 지속적이고도 급격한 물가수준의 상승으로 정의한다면, 그들이 통화론자이거나 또는 케인지언이건 간에 모든 경제학자들은 화폐만이 인플레이션의 주범이라는 프리드먼이 제안에 동의하게 될 것이다.

1. 통화론자들의 견해

먼저 통화론자들의 분석방법을 활용하여 통화공급이 지속적으로 증대될 때, 어떤 결과가 발생하는가를 [그림 13-1]을 통하여 살펴보기로 한다. 초기단계에 경제가 총수요곡선 AD_1과 AS_1이 접하고, 자연율 수준의 생산 Y_N과 물가수준 P_1이 교차하는 점 a에 위치하고 있다고 해보자.

이제 1년 동안에 걸쳐 통화공급이 서서히 증대된다면 총수요곡선은 AD_2로 이동하게 된다. 이렇게 되면 경제는 비록 일시적이기는 하지만 균형점이 a점으로 이동하고, 생산수준도 자연율 수준을 능가하여 Y_1으로 증대하게 될 것이다. 그렇지만, 이에 따라 초래되는 자연율 수준 이하로의 실업률 감소는 임금수준을 상승시키게 되어 결국, 총공급곡선은 곧바로 왼

그림 13-1 지속적인 통화량 증대에 대한 반응

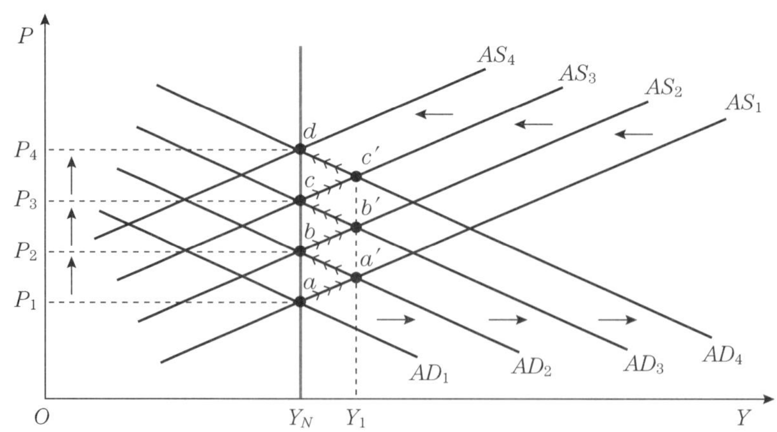

쪽으로 이동하게 된다. 이러한 공급곡선의 왼쪽 이동은 장기 공급곡선과 자연율 생산수준으로 복귀하는 AS_2에 이를 때 멈추게 된다. 이렇게 이루어진 새로운 균형점 b점에서 c점으로 이동하고 물가수준은 P_1에서 P_2로 상승하게 될 것이다. 이렇게 통화공급이 매년 지속적으로 상승하게 되면 물가수준은 점점 더 계속적으로 상승하게 된다. 즉, 통화공급이 계속되는 한 이러한 과정은 지속될 것이고 또한 인플레이션이 발생하게 된다.

통화론자들은 통화량 증대라는 이유 이외에 또 다른 요인들에 의해서 지속적으로 물가수준이 상승할 것으로는 믿지 않고 있다. 통화론자들의 분석에서는 통화공급이 총수요곡선의 이동을 초래하는 유일한 원천으로 보고 있다. 즉 통화론자들의 분석에 의하면 급격한 인플레이션은 높은 통화량 증대에서 기인한다는 것이다.

2. 케인지언의 견해

케인지언의 분석도 마찬가지로 지속적인 통화량 증대는 [그림 13-1]에서와 같이 총수요곡선과 총공급곡선에 동일한 영향을 준다. 따라서 급격한 통화량증대는 물가수준을 지속적으로 상승시키는, 즉 인플레이션을 조장시키는 이유가 된다는 통화론자들의 주장과 동일하다는 결론을 내릴 수 있다.

통화론자들의 경우에서와 마찬가지로, 통화량 이외의 다른 어떤 요인들이 높은 인플레이션을 야기시킬까 하는 질문에 대해서 케인지언들의 답도 역시 부정적이다. 이러한 것은 케인지언의 분석에서 통화공급 이외에도 재정정책과 공급충격 등의 요인들의 총수요와 총공급에 영향을 미친다는 논리와는 괴리가 있는 것이다. 이제 어떤 이유에서 케인지언들도 역시 높은 인플레이션을 화폐적 현상으로 보는지에 대해 살펴보기로 하자. 이를 위해 높은 통화증가율이 없다는 전제하에 케인지언의 분석에서 여타 요인들이 높은 인플레이션을 초래하는지의 여부를 살펴보기로 하자.

(1) 재정정책 그 자체가 인플레이션을 조장하는 것인지의 여부

이 문제에 답을 하기 위해 단 한 번의 정부지출 증대가 총생산과 물가수준에 미치는 영향을 나타내고 있는 [그림 13-2]를 이용하기로 한다. 초기 단계에 경제는 자연율 생산수준 Y_N과 물가수준이 P_1인 점 a에 위치하고 있다 하자. 그러면 정부지출의 증대는 총수요곡선을 AD_2로 이동시키게 되

그림 13-2 정부지출 증대의 효과

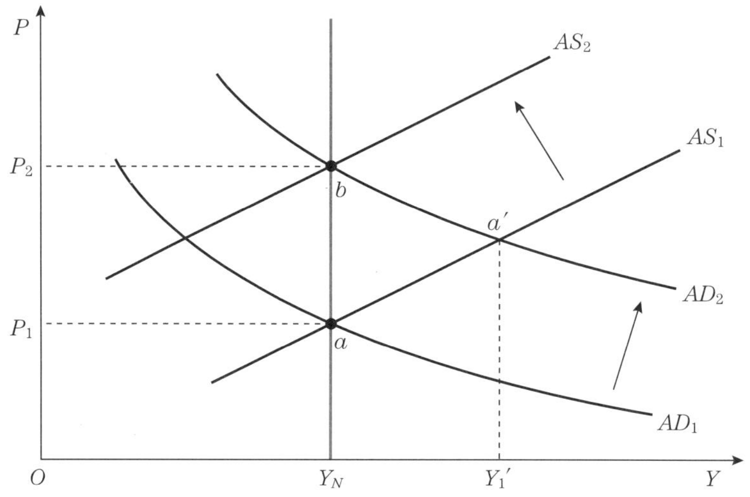

고, 이에 따라 총생산은 자연율 수준을 능가하는 Y_1수준으로 이동하며 균형은 점 a에서 이루어지게 된다. 그리고 총공급곡선은 궁극적으로는 AS_2로 좌측 이동하여 총수요곡선 AD_2와 교차하는 점 b에서 멈추게 될 것이다. 점 b에서는 또 다시 자연율 수준에서 생산이 이루어지고 물가수준은 P_2로 상승하게 된다.

이렇듯 단 한 차례의 정부지출 증대는 물가수준의 상승을 초래한다. 인플레이션은 어떻게 될까? 균형이 a에서 a'으로 그리고 b로 이동하게 됨에 따라 물가수준이 상승하는 정(+)의 인플레이션율이 초래된다. 그러나 최종적으로 점 b에 도달하게 되면 인플레이션율은 다시 0이 된다. 이러한 과정을 통하여 단 한 차례의 정부지출 증가는 일시적으로만 물가수준의 상승을 초래할 뿐, 물가수준이 계속적으로 상승하는 인플레이션을 초래하지는 않는 것이다.

그러나 만약에 정부지출이 계속적으로 증대했다면 물가수준은 계속적으로 상승하게 될 것이다. 바로 이러한 점은 케인지언의 분석이 인플레이션은 언제나 통화량 증대에서 초래된다는 프리드먼의 주장을 받아들이지 않게 하는 것이다. 이러한 논의와 관련된 문제점은 정부지출을 지속적으로 증대시킨다는 것이 불가능한 정책이라는 것이다. 즉 정부가 지출할 수 있는 수준에는 한계가 있는 것이다.

재정정책의 다른 측면, 즉 세금감면이 인플레이션을 초래할까? 그에 대한 답도 역시 부정적이다. [그림 13-2]를 이용하여 분석하면 단 한 차례의 세금감면은 단 한 번의 물가수준의 상승을 초래함으로써 이러한 인플레이션의 상승은 일시적인 것에 지나지 않게 된다. 즉 세금감면을 지속적으로 단행함으로써 물가수준을 상승시킬 수 있으나, 세율이 0이 되어 더 이상 세금을 감면해 줄 수 없을 때에는 이러한 세금감면 절차를 중지할 수밖에 없는 것이다. 따라서 케인지언의 분석은 높은 인플레이션이 재정정책 하나만으로는 초래되지 않는다는 것을 지적하는 것이다.

(2) 공급 측면의 여건이 인플레이션을 초래하는 것인지의 여부

공급충격 때문에 그리고 근로자들이 임금인상 요구가 총공급곡선을 왼쪽으로 이동시키게 되므로, 혹자는 공급 측면의 여건변화 그 자체가 인플레이션을 초래하는 것으로 생각할 수도 있으나 실제로는 그렇지 않다. 예컨대 석유 금수조치와 같은 석유가격의 상승을 초래하는 부(−)의 공급충격이 발생되었다. [그림 13-3]에서와 같이 이러한 부의 공급충격은 총공급곡선을 AS_1에서 AS_2로 이동시킨다. 이 때 만약 통화량 수준은 변하지 않고

그림 13-3 공급충격에 대한 반응

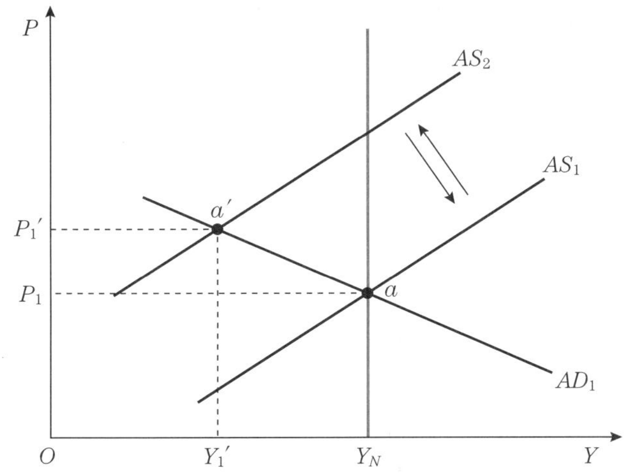

총수요곡선이 AD_1에 머무르게 된다면 총생산은 자연율 수준 이하인 Y_1에 그리고 보다 높은 물가수준인 P_1에 위치하는 점 a로 이동하게 된다. 이제 총공급곡선은 자연율 수준을 능가하는 실업의 발생으로 인해 다시 AS_1으로 복귀하게 되고, 또 AD_1을 따라 점 a'에서 점 a로 이동하게 된다. 따라서 공급충격의 순효과는 초기 물가수준에서 완전고용을 이루도록 하고 인플레이션을 초래하지 않는다는 것이다. 즉 물가수준은 일시적으로 상승할 것이지만, 인플레이션을 초래하지 않는다. 따라서 상기의 분석을 통해 도출할 수 있는 결론은 공급 측면의 여건변화가 높은 인플레이션의 원천이 아니라는 것이다.

위의 총수요와 총공급 분석의 결과는 인플레이션 절차에 대한 케인지언과 통화론자의 분석이 실제로 크게 차이가 나지 않는다는 것이다. 이들 모두는 높은 인플레이션이 높은 통화증가율에서만 기인하는 것으로 믿고 있다. 인플레이션을 지속적이고도 급속한 물가수준의 상승을 의미하는 것으로 이해한다면, 대부분의 경제학자들은 인플레이션은 언제 어디에서나 화폐적 현상이라는 프리드먼의 주장에 동의하는 것이다.

제 2 절 인플레이션의 모형

1. 인플레이션 갭 모형

케인즈는 재화와 용역에 대한 총수요와 총공급 간에 차이(갭)가 발생하면 인플레이션을 야기시킨다는 인플레이션 갭 모형을 제사하였다. 그리고 이러한 인플레이션 갭의 논리는 인플레이션 갭 모형을 제시하였으며, 인플레이션에 관한 수요견인 이론의 근거가 되었다. 인플레이션 갭 모형은 [그림 13-4]에서와 같이 수요곡선을 이용하여 설명할 수 있다. 초기의 총수요곡선 AD_0가 자발적 지출증대로 인해 AD_1으로 이동하였다고 가정해 보자. 그러나 새로운 총수요곡선 AD_1에 따른 소득수준은 Y_1으로서 이는 완전고용수준(Y_f)을 능가하는 것으로 실현될 수 없는 소득수준이다. 즉, 총수요곡선의 AD_1으로의 이동은 완전고용 생산수준을 능가하는 총수요를 초래하여 ab만큼의 인플레이션 갭을 발생시키는데, 이는 궁극적으로 물가와 임금

그림 13-4 인플레이션 갭

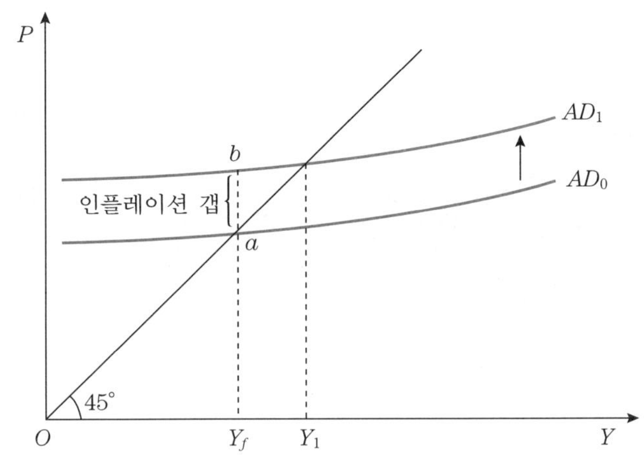

의 상승을 초래하게 된다.

이렇게 인플레이션 갭이 존재할 때 발생되는 물가상승은 지속적인 것일까? 또는 일시적인 것일까? 인플레이션 갭이 존재할 때 물가상승은 계속될 것이므로, 이 문제에 답은 과연 이러한 물가상승이 인플레이션 갭을 제거시킬 수 있느냐 하는 것으로 귀착된다.

이제 물가상승이 인플레이션 갭을 제거하는 가능한 경로들에 대해 살펴보기로 하자. 첫 번째, 경로는 통화공급과 연계해서 살펴볼 수 있는데, 케인지언의 화폐수요 분석체계에서 물가수준의 상승은 거래적 화폐수요의 증대를 초래함으로써, 이 때 증대되는 화폐수요에 맞추어 통화량이 증가하지 않게 되면 이자율의 상승이 초래된다. 만약에 투자지출이나 소비지출이 이자율에 대하여 탄력적이라면 상기한 이자율의 상승은 총수요를 감소시키고 [그림 13-4]에서 총수요곡선의 하방이동(AD_1-AD_0)을 초래하여 인플레이션 갭은 제거된다.

인플레이션 갭이 제거될 수 있는 두 번째 경로는 총수요증대로 인한 물가상승으로 한계 소비성향이 높은 저소득층에서 한계 소비성향이 낮은 고소득층으로의 소득 재분배가 실현되면 총수요가 감소하게 되고 따라서 인플레이션 갭이 제거될 수 있다. 이러한 인플레이션 갭의 제거경로는 [그림 13-5]에서와 같이 $IS-LM$곡선을 이용해서도 설명할 수 있다. 초기 균형상

그림 13-5 물가상승과 인플레이션 갭

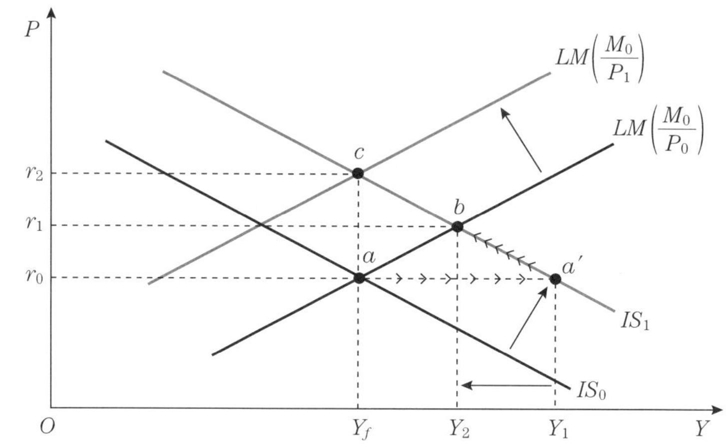

태에서, 즉 IS_0 곡선과 $LM(M_0/P_0)$곡선이 교차하는 점 a에서 균형이자율 수준은 r_0 그리고 완전고용 실질 소득수준이 Y_f였다. 이제 자발적 지출증대가 발생하여 IS_0 곡선이 IS_1곡선으로 이동하였다면, 현재의 이자율 수준 r_0에서 재화시장의 균형을 위한 소득수준은 Y_1이어야 하나, 화폐시장의 균형을 위한 실질 소득수준은 전과 마찬가지로 Y_f이다. 따라서 재화시장과 화폐시장이 동시에 균형을 이루기 위해서는 이자율이 r_1 그리고 소득수준은 Y_2가 되어야만 한다. 그러나 Y_2는 완전고용 수준의 실질 국민소득 수준인 Y_f보다 높은 수준으로 Y_f와 Y_2의 갭이 곧 인플레이션 갭이다. 따라서 지출증대에서 비롯된 총수요의 증대는 Y_f에 영향을 줄 수 없으므로 물가상승을 초래하게 될 것이다.

그러나 다른 한편으로는 명목통화량이 M_0로 불변인 상황에서 물가가 P_0에서 P_1으로 상승하면 실질 통화잔고가 M_0/P_0에서 M_0/P_1으로 하락하여 LM곡선을 좌측 이동시키게 된다. 그 결과 이자율은 상승하고 실질소득은 하락하여 마침내 IS_1곡선과 $LM(M_0/P_1)$곡선이 교차하는 점에서 이자율은 r_2이고, 실질소득은 Y_f가 되어 인플레이션 갭이 제거된다.

2. 통화론자의 인플레이션 모형

통화론자들의 인플레이션 모형은 다음과 같이 인플레이션율이 초과수요와 기대 인플레이션율에 의하여 결정된다고 가정하고 있다.

$$\pi = a(ED) + b\pi^e \quad (a>0,\ b=1) \qquad (13-1)$$

여기서 π는 인플레이션율, ED는 초과수요, π^e는 기대 인플레이션율이다.

식 (13–1)의 π^e는 적응적 기대에 따르는 경우, 식 (13–2)에서처럼 인플레이션율에 의하여 결정되므로, 결국 π^e는 과거의 초과수요로부터 영향을 받는다고 할 수 있다.

$$\pi^e_t - \pi^e_{t-1} = \lambda(\pi_{t-1} - \pi^e_{t-1}) \qquad (0<\lambda<1)$$

$$\pi^e_t = \lambda\pi_{t-1} + (1-\lambda)\pi^e_{t-1}$$

$$= \pi_{t-1} + (1-\lambda)[\lambda\pi_{t-2} + (1-\lambda)\pi^e_{t-2}$$

$$= \pi_{t-1} + \lambda(1-\lambda)\pi_{t-2} + (1-\lambda)^2\pi^e_{t-2}$$

....

$$\pi^e_t = \lambda\pi^e_{t-1} + \lambda(1-\lambda)\pi_{t-2} + (1-\lambda)^3\pi^e_{t-3} + \cdots \qquad (13-2)$$

여기서 초과수요는 자연실업률 수준에서의 생산 및 고용수준을 나타내는 생산과 고용의 자연수준을 초과하는 수요를 가리킨다.

그렇다면 무엇이 초과수요를 야기시키느냐 하는 것이 문제이다. 이에 대한 답으로 통화론자들은 초과수요가 과다한 화폐공급에서 발생한다고 한다. 예컨대 기술진보 등으로 생산의 증대가 발생하여 실질 화폐수요가 증대하면 이에 대응하는 실질 화폐공급의 증대가 뒤따라야 한다. 그러나 이때 실질 화폐공급의 증가율이 실질 화폐수요의 증가율을 능가하게 되면, 초과수요는 다음과 같이 실질 화폐공급 증가율($\dot{M}-\pi$)과 자연수준의 생산증가율($\dot{Y}_N$)의 차이로 기술할 수 있다.

$$ED = (\dot{M} - \pi) - \dot{Y}_N \qquad (13-3)$$

그리고 통화론자의 주장에 따르면 장기적으로는 기대 인플레이션과 실제 인플레이션율이 일치하게 되므로 식 (13–1)에서 초과수요가 없어지게 된다. 식 (13–3)을 $ED=0$으로 하여 정리하면 다음과 같이 기술할 수 있다.

$$\pi = \dot{M} - \dot{Y}_N \qquad (13-4)$$

여기서 $\dot{Y}_N$은 자연수준 생산의 증가율, π는 인플레이션, $\dot{M}$은 명목 통화공급 증가율이다. 즉, 인플레이션의 장기적 균형치는 명목 화폐공급의 증가율($\dot{M}$)과 자연수준 생산증가율($\dot{Y}_N$)간의 차이에 의하여 결정된다는 것이다.

통화론자의 인플레이션 모형에 따르면 화폐공급의 증가는 인플레이션의 충분조건이 된다. 이러한 결론의 식 (13-4)의 타당성 여부, 즉 자연수준 생산의 증가를 초과하는 명목 화폐공급의 증가가 과연 초과수요를 초래하는가에 달려 있다고 말할 수 있다. 화폐공급이 증가해도 유통속도가 불안정하고 유휴자금으로 퇴장되어 지출에 아무런 영향을 미치지 않으면 화폐공급의 증가가 인플레이션의 충분조건이 되지 못한다.

다음으로 화폐공급의 증가가 인플레이션의 필요조건인지를 필립스곡선을 이용하여 살펴보기로 하자. 경제가 자연실업률(U_N)수준에서 장기균형을 이루고 있으며, 기대 인플레이션율과 실제 인플레이션율이 동일할 뿐 아니라 인플레이션율도 0이 되는 경제상태에서 기업들이 투자를 증대시킨 결과 초과수요가 발생하면, [그림 13-6]에서 경제는 U_N으로부터 $SPC(\pi^e=0\%)$로 표시된 단기필립스곡선을 따라 실업률 U_1, 인플레이션율 3%인 c까지

그림 13-6 단기필립스곡선

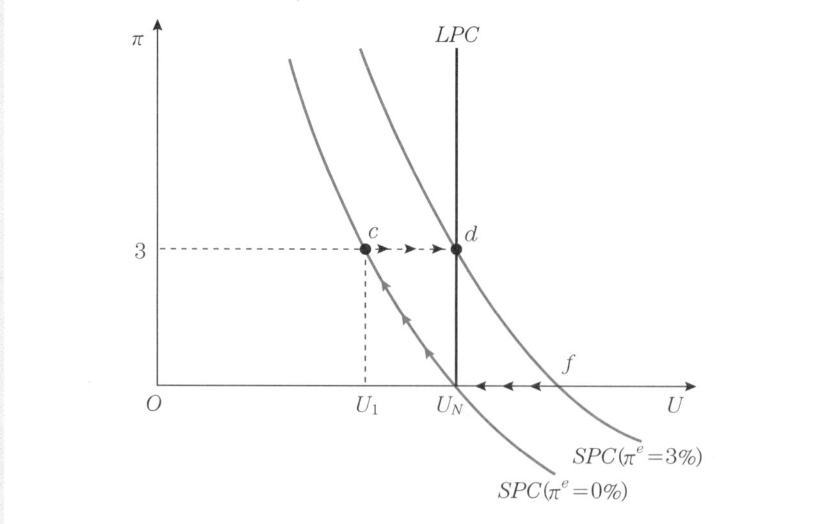

이동하게 된다고 가정한다. 그러나 적응적 기대가설에 따라 일정기간 후 실제 인플레이션율과 기대 인플레이션율 간의 괴리가 없어지면, 단기 필립스곡선이 $SPC(\pi^e=3\%)$로 이동하여 경제는 점 c에서 자연실업률 수준인 d로 되돌아 간다.

점 d에서 인플레이션은 3%수준이므로 화폐공급의 증가가 없는 한 경제주체가 보유하고 있는 실질통화량은 감소하게 되어 이자율은 상승하고 지출은 줄어들 것이다. 지출이 감소하면 경제는 필립스곡선 $SPC(\pi^e=3\%)$를 따라 d에서 f로 이동한다. 기대 인플레이션율이 모두 0이 되면 경제는 f점에서 자연실업률인 U_N으로 되돌아오게 된다. 따라서 화폐공급의 확대가 없는 한 어떠한 인플레이션도 일시적인 현상에 불과하다고 말할 수 있다. 화폐공급의 증가가 인플레이션의 유일한 원인은 아닐지라도 필요조건이라는 통화론자의 견해에 많은 경제학자들은 찬성하고 있다.

이제 장기적으로 자연율 수준에 복귀하는 조정과정에 대해 필립스곡선이 함축하고 있는 의미는 [그림 13-7]을 이용하여 설명할 수 있다. 여기서 $SPC(\pi^e=0\%)$, $SPC(\pi^e=2)$곡선은 단기의 필립스곡선이다. 이 곡선은 노동공급측의 예상 인플레이션율이 일정하다는 전제하에서 도출되었고, 이 경우 물가가 안정적($\pi^e=0$)인 것으로 가정하였다. 앞에서 통화량의 증가율이

그림 13-7 단기 및 장기필립스곡선

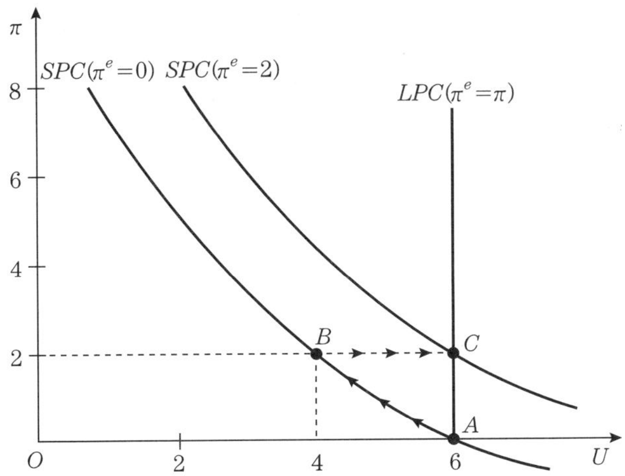

3%에서 5%로 상승하면 단기에 있어서 경제가 A점에서 B점으로 이동하는 과정에 대해서는 이미 분석한 바 있다.

노동공급자들이 물가가 상승하고 있다는 사실을 예상하게 됨에 따라 필립스곡선은 우상방향으로 이동하게 된다. 따라서 노동공급자들은 화폐임금이 높은 비율로 상승하리라고 예상하게 되며, 그 결과 주어진 실업률 수준에 대해서 이전보다 높은 인플레이션율에 대응하게 된다. 만약 5%의 비율로 화폐가 계속 증가한다면 경제는 6%의 자연실업률로 복귀한다. 그러나 최초의 안정된 물가수준 대신 2%의 인플레이션율이 발생한다. [그림 13-7]에서 보면 이와 같은 장기조정은 경제를 B점에서 C점으로 이동시킨다.

정책입안자가 이러한 6%의 자연실업률로 복귀에 만족하지 않고 실업률을 자연율 이하로 낮추려는 목표를 계속 추구한다면 통화량 증가율을 다시 상승시킬 것이다. 이번에는 통화량의 증가율을 5%에서 7%로 상승시킨다고 가정하자. 이와 같이 총수요를 더욱 확장시키는 경우에 나타나는 효과는 [그림 13-8]에 설명되고 있으며, 앞에서와 같은 방식으로 분석할 수 있다. 즉, 노동공급자가 보다 높은 인플레이션율의 상승을 예상하게 될 때까지 고용은 증대하게 된다. 경제는 그림에서 보는 바와 같이 실업률이 자연

그림 13-8 실업률을 자연율 이하로 고정시키고자 시도하는 경우의 효과

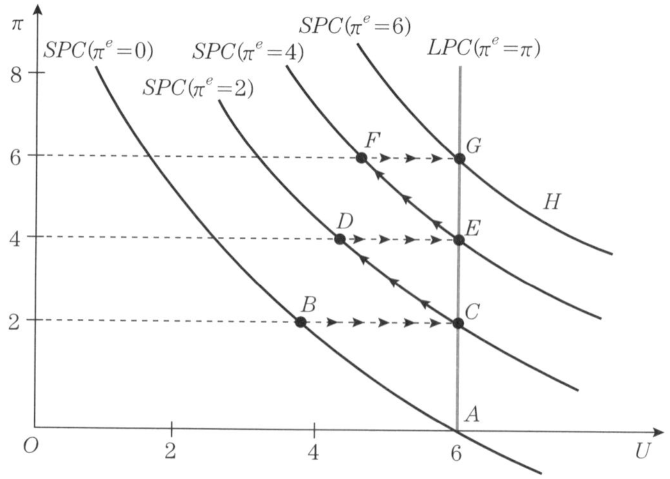

율 이하인 D점으로 이동한다.

얼마 후 노동공급자들은 화폐량이 7% 증가하는 데 상응하는 보다 높은 인플레이션율을 예상하게 된다. 단기 필립스곡선은 $SPC(\pi^e=4)$로 표시한 곡선으로 이동하고 경제는 자연실업률 수준으로 복귀한다. 이 때 인플레이션율은 4%(7%의 화폐스톡 증가율에서 3%의 실질 소득증가율을 뺀 것)로 증가된 상태가 된다. 이제 [그림 13-8]에서 경제는 D점에서 E점으로 이동한다. 만약 정책입안자가 실업률을 자연율 이하로 고정시키고자 한다면 통화량 증가율을 다시 9%로 증가시켜야 한다. 이는 단기적으로 경제를 F점에 이동시키지만, 장기적으로는 더 높은 인플레이션을 가져오는 G점으로 이동시키게 된다.

마침내 정책입안자는 실업보다 인플레이션이 보다 심각한 문제라고 결론짓기에 이르게 된다. 따라서 인플레이션의 가속화는 중지될 것이다. 그러나 인플레이션이 오랫동안 지속되면 인플레이션 기대심리가 경제체계 내에 고착화된다. 그림의 G점에서 확장적인 총수요정책은 예상 인플레이션율을 6%(9% 화폐증가율에서 3%의 실질 소득증가율을 뺀 것)으로 상승시켰다. 인플레이션율을 둔화시키기 위해 통화량 증가율을 낮춘다고 하더라도, 예를 들어 최초의 인플레이션을 유발하지 않는 3% 수준으로 완전히 복귀시킨다고 하더라도 경제를 즉각 최초의 A점으로 회복시키지는 못한다. 단기적으로 경제는 6%의 예상 인플레이션에 해당하는 단기 필립스곡선을 따라 움직인다.

예를 들면 [그림 13-8]에서 경제는 높은 인플레이션율과 자연율 이상의 실업률을 수반하는 H점에 놓이게 된다. 노동공급자가 인플레이션율이 증가되었음을 인식하여 화폐임금의 보다 빠른 상승률을 요구하는 데 시간이 걸렸던 것과 마찬가지로 노동공급자들이 둔화된 인플레이션율을 인식하고 이러한 물가안정에 대응하는 수준으로 화폐임금을 조절하는 데에도 시간이 소요된다. 통화주의자의 견해에 따르면 그런 동안 경제는 높은 인플레이션과 높은 실업을 감수해야만 한다는 것이다.

통화주의자의 견해에 따르면 확장적 통화금융정책은 단지 일시적으로 실업률을 자연율 이하로 하락시킬 수 있다. 약간 다르게 설명하면 오직 단기에 있어서만 실업과 인플레이션 간에 상충관계가 존재한다. [그림 13-7]과 [그림 13-8]에서 주어진 예상 인플레이션율에 대해서 도출된 우하향하는 기울기의 단기 필립스곡선은 실업과 인플레이션 간의 단기적 상충관계를 나타내고 있다. [그림 13-7]과 [그림 13-8]에서 보는 바와 같이 예상 인플레이션율이 실제 인플레이션율로 조정될 만큼($\pi=\pi^e$) 충분히 시간이 경과한 경우의(인플레이션이 완전히 예상된 경우의) 인플레이션과 실업 간의 관계를 나타내 주는 장기 필립스곡선은 수직이다.

프리드먼의 실업과 산출량에 대한 자연율 이론은 장기에 있어서 통화량의 변화가 주로 물가수준과 여타의 명목변수들에만 영향을 미친다는 통화주의자의 주장에 대한 이론적 기초가 된다. 장기적으로 산출량 및 고용량과 같은 실물변수들은 그 자연율 수준으로 조정되는 데 시간이 소요된다. 산출량과 고용량의 자연율 수준은 생산요소(노동과 자본)의 공급과 기술수준과 같은 실물변수에 의존한다.

자연실업률이론은 정책입안자가 자의적으로 결정한 목표에 실업률을 고정시킬 수 없다는 것을 의미한다. 총수요의 증가율을 상승시킴으로써 실업률을 자연율 이하로 낮추려는 시도는 오로지 단기에 있어서만 성공적이다. 실업률은 점차 자연율로 복귀되고 확장적 정책의 효과는 궁극적으로 보다 높은 인플레이션율로 나타난다. 통화주의자들은 자연율 이론이 비개입주의적 정책, 즉 그들이 주장한 일정한 화폐증가율 정책을 강력하게 뒷받침해 준다고 믿고 있다.

제 3 절 인플레이션의 원인

제 2 절의 논의를 통해 급격한 인플레이션이 초래되기 위해서는 인플레이션 발생에 앞서 높은 통화증가율이 이루어져야만 하는 것에 대해서는 알고 있다하여도, 왜 인플레이션적 통화금융정책이 야기되는지 이해할 수 있을 때까지는 여전히 인플레이션이 발생하는 이유에 대해서 알지를 못하는 것이다. 거의 모든 사람은 경제에서 어떠한 이유 때문에 인플레이션을 자주 접하게 되는지, 어째서 정부가 인플레이션 통화금융정책을 시행하고 있는지를 모르고 있다. 인플레이션을 바람직한 것으로 생각하지 않고, 또 인플레이션이 그 자체의 이유 때문에 발생하는 것이 아니기 때문에 정부가 어떤 목적을 달성하기 위한 방안의 일환으로 높은 통화증가율과 인플레이션이 초래되는 정책을 시행하게 된다. 이제 가장 일반적인 인플레이션 요

인인 정부정책들에 대해 살펴보기로 하자.

많은 경우 인플레이션을 초래하는 정부정책이 달성하고자 하는 일차적인 목표는 고용증대이다. 이 경우에 두 가지 형태의 인플레이션이 야기되는데, 첫째는 부의 공급충격 또는 노동조합의 임금 인상요구 등에서 비롯되는 비용상승 인플레이션이고, 둘째는 총수요의 우측 이동을 초래하는 정책의 추구에서 비롯되는 수요견인 인플레이션이다. 이제 총수요와 총공급 분석방법을 이용하여 정부정책의 고용증대 목표가 어떻게 이들 두 가지 형태의 인플레이션을 초래하는지에 대해 살펴보기로 한다.

1. 비용상승 인플레이션

[그림 13-9]에서는 경제가 총수요곡선 AD_1과 총공급곡선인 AS_1이 교차하는 점 a에서 초기균형을 이루고 있다 하자. 이제 근로자들이 실질 임금 인상을 원하든가 아니면 인플레이션이 높을 것으로 예상하고, 이 인플레이션과 보조를 맞추기 위해 임금 인상 요구를 결정했다고 하자. 이에 따라 초래된 임금상승의 효과는 총공급곡선을 AS_2로 좌측 이동시킨다. 이 때 정부의 재정정책과 통화금융정책이 변하지 않았다면, 경제는 총공급곡선 AS_2와 총수요곡선 AD_1이 교차하는 점 a로 이동하게 된다. 이 경우 총생산은

그림 13-9 비용상승 인플레이션

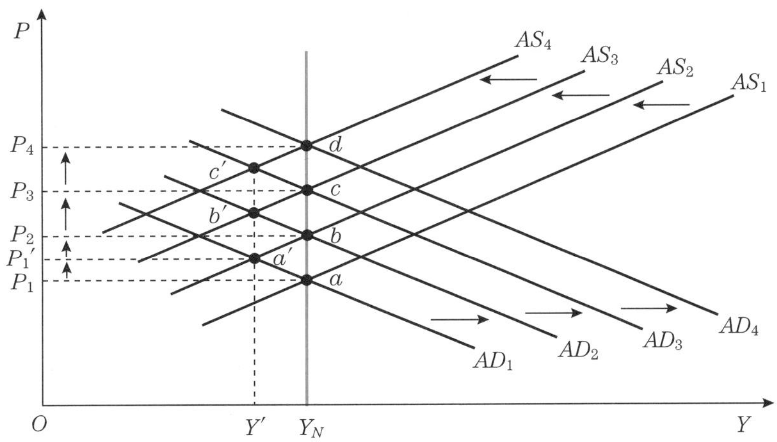

자연율 생산수준인 Y_N 이하인 Y'으로 감소하게 되고 물가수준은 P_1수준으로 상승하게 된다.

그리고 비용상승에 따른 인플레이션은, 실질 화폐잔고를 M/P_1수준에서 M/P_1수준으로 감소시키게 되고, 이러한 감소는 화폐수요의 증대를 초래하여 이자율을 상승시키게 되는 한편, 이자율의 상승으로 총수요는 하락하고 또 이에 따라 생산 및 고용의 감소가 초래된다. 따라서 비용상승에서 기인하는 일차적인 반응은 일반 물가수준의 상승을 동반하는 생산과 고용의 감소, 즉 스태그플레이션을 발생시키는데 이로 인한 비용상승의 일차적인 효과는 a점에서 a'점으로의 이동이다.

이러한 여건에서 고용증대를 달성하고자 하는 정책당국자는 어떠한 조치를 취할 것인가? 총생산 규모의 감소와 이로 인한 실업증대로 인해 정책당국자는 AD_2로 총수요를 증대시키는 정책을 시행하게 될 것이고, 이에 따라 점 b에서 균형을 이루어 총생산은 Y_N 수준을 회복하지만 물가수준은 P_2로 상승하게 된다. 이로 인해 임금수준이 인상되었던 근로자들은 그런대로 임금수준을 유지하게 된다. 정부는 개입을 통해 더 이상의 실업이 발생하지 않도록 하였고, 또한 높은 임금수준이라는 목표를 달성하게 되었다. 실제로 정부가 높은 임금수준을 원하는 근로자들의 요구에 굴복했기 때문에 고용증대 목표를 내세우는 정책을 때로는 순응정책이라 한다.

임금 인상요구가 지속되고 또 이로 인해 총공급곡선이 다시 왼쪽으로 이동하여 실업과 인플레이션이 발생하면, 정책당국자는 다시 총수요곡선의 오른쪽 이동을 가져오는 정책을 시행하여 경제를 다시 완전고용 생산수준으로 회복시키게 된다. 이때의 균형점은 [그림 13-9]에서 c가 되고 물가수준은 P_3가 된다. 이러한 과정이 계속되면, 그 결과는 지속적인 물가수준의 상승, 즉 비용상승 인플레이션이 초래된다. 이러한 스태그플레이션을 피하기 위해 통화량을 증대시키게 되면, 총수요곡선은 AD_1에서 AD_2로 이동하게 되어 이는 생산증대($Y \rightarrow Y_N$)와 함께 물가수준의 추가적인 상승(P_2)을 초래하는, 즉 균형점 a에서 b로의 이동으로 나타난다. 즉 비용상승 인플레이션의 조정경로는 a점에서 a'점을 거쳐 궁극적으로는 b점으로의 이동이 나타난다.

비용상승 인플레이션의 경우 통화금융정책이 어떤 역할을 수행하게 될까? 비용상승 인플레이션은 총수요곡선의 우측 이동이 지속적으로 이루어지는 경우에 야기된다. 케인지언의 분석체계 내에서는 [그림 13-9]에서 보는 것처럼 AD_2로의 총수요곡선의 초기이동은 단 한 차례의 정부지출 증대나 또는 단 한 차례의 조세감면으로 이루어진다. 그러나 AD_3로의 수요곡선의 우측 이동을 가져오는 단계 그리고 또 다음 단계로의 이동은 어떤가? 정부지출과 조세감면의 한계치는 이러한 팽창적 재정정책을 계속적으로 사용할 수 없게 만든다. 따라서 총수요곡선의 우측 이동을 지속시킬 목적으로 재정정책을 계속 시행할 수 없다. 그러나 화폐공급을 지속적으로 증대시킴으로써, 즉 통화증가율을 증가시킴에 따라 총수요곡선을 계속적으로 우측 이동시킬 수 있다. 따라서 비용인상 인플레이션은 화폐적 현상인데, 왜냐하면 비용상승 인플레이션이 보다 높은 통화증가율을 허용해 주는 통화당국의 순응정책 없이는 야기될 수 없기 때문이다.

2. 수요견인 인플레이션

고용증대 목표는 또 다른 방법으로 인플레이션적 통화금융정책을 유도한다. 경제가 완전고용 상태에서 운용되는 경우라 할지라도 근로자와 고용주의 연계를 어렵게 하는 노동시장의 마찰적 여건 때문에 실업이 언제나 존재한다. A회사에서 근무하다 실직한 근로자가 타지역에 위치한 B회사에서 신규채용을 하는지의 여부에 대해서는 모를 수밖에 없다. 따라서 경제가 자연율 수준의 실업상태인 완전균형 수준에서 운용될 때에도 실업률 수준은 0보다 높게 된다. 만약에 정책당국자가 실업률 목표를 자연실업률 수준 이하로 매우 낮게 설정했다면, 이는 통화증가율을 보다 높게 설정하도록 하는 과정을 거치는 정책을 통하여 인플레이션을 초래하게 만든다. 이제 총수요와 총공급 곡선을 이용하여 수요견인 인플레이션에 대해 살펴보기로 한다.

만약에 정책당국이 자연실업률 수준(통상 6%) 이하로 실업률 목표를 설정(예, 4%)했다면, 정책당국은 잠재 GDP 규모를 능가하는 수준의 총생산 규모를 달성하기 위해 노력할 것이다. 이 목표 생산수준은 [그림 13-10]에서 Y_T로 표시되어 있고, 또 경제가 초기단계에 점 a에서 균형을 이루고 있다고 하자. 균형점 a는 잠재 GDP수준이긴 하나 목표 생산수준 Y_T보다는 낮은 수준이다. 실업률 수준 목표 4%를 달성하기 위해서, 정책당국자들은 총수요를 증대시키는 정책을 시행할 것이고, 이러한 정책의 효과는 총수요곡선이 AD_2에 이를 때까지 총수요곡선을 이동시키고 또 경제를 점

그림 13-10 수요견인 인플레이션

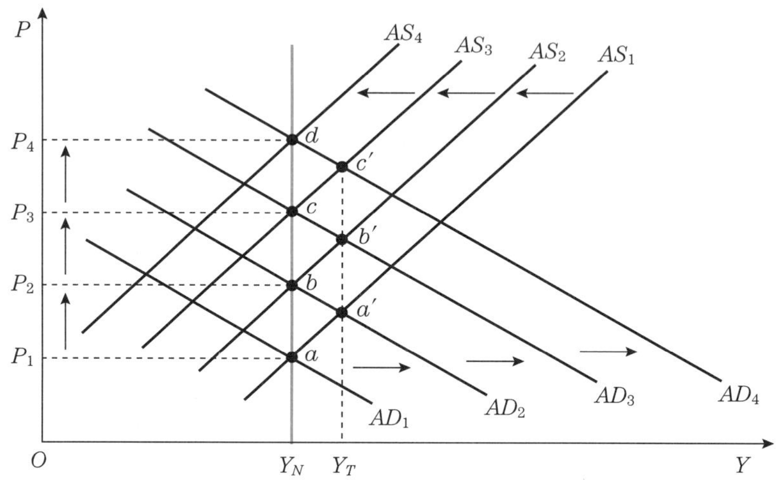

a에서 균형이 이루어지도록 한다. 이때 총생산은 Y_T가 되고 4%의 실업률 목표가 달성된다.

이렇게 총수요가 증대하여 총수요곡선이 AD_1에서 AD_2로 우측 이동하였다면 주어진 물가수준 P_1에서는 초과수요가 발생되고, 또 이러한 초과수요의 증대는 일반 물가수준을 상승시키는 요인이 된다. 다른 한편으로 초과수요의 발생으로 기업은 보다 높은 임금수준으로 고용을 증대시키게 된다. 즉 명목임금의 상승과 고용증대가 이루어진다. 따라서 경제는 a에서 a'점으로 이동하게 되며, 이렇게 됨으로써 생산량은 Y_N 수준을 능가하는 수준으로 확대되고 물가상승도 동시에 발생하게 된다. 이와 같은 명목임금의 상승과 물가상승은 노동자의 예상 물가수준의 상승을 초래하고 궁극적으로 실질임금의 하락을 초래하게 되는데, 즉 이 새로운 b에서는 실질임금이 점 a와 동일하지만 명목임금과 물가수준은 점 a에서 보다 높다.

만약 목표실업률이 잠재실업률 6% 수준에서 설정되었다면 아무런 문제가 없다. 그러나 Y_T에서의 4%의 실업률은 자연실업률 수준 이하이기 때문에, 임금수준이 상승하고 총공급곡선은 AS_2로 이동하여 경제를 점 a'의 상태에서 점 b로 이동시킨다. 이제 경제는 6%의 자연실업률 수준으로 복귀하게 되지만 물가수준은 P_2로 상승하게 된다. 이쯤에서 멈출 수도 있지만 실업률이 또 다시 목표실업률 수준을 상회하고 있기 때문에 정책당국자들은 점 b'에서 목표생산량 수준을 달성할 수 있도록 다시 총수요곡선을 AD_3로 우측 이동시키게 된다. 그리고 이러한 전반적인 결과는 점진적으로 물가수준을 상승시키는, 즉 인플레이션을 야기시키는 것이다.

정책당국자들이 어떻게 계속적으로 총수요곡선을 우측 이동시킬 수 있을까? 이미 상기한 논의를 통하여 이를 정부지출이나 세금감면에 의한 재정정책과 관련하여 높은 통화증가율의 유지라는 확장적 통화금융정책에 의해서 달성할 수 있다. 지나치게 높거나 낮은 GDP 성장률을 설정하고 이를 달성하려 하는 것은 인플레이션적 통화금융정책의 원천이 되며 정책당국자들이 어떻게 하는 것은 의미없는 일이다. 즉 이를 통한 총생산 증대에서 기인하는 편익보다 오히려 인플레이션에서 기인하는 부담이 클 수 있기 때문이다. 그러나 정책당국자들이 목표실업률이 자연실업률보다 낮은 것을 알지 못하고 정책을 시행하였다면, 당국자들이 그들의 잘못을 인식하기 전에 [그림 13-10]에서 진행된 과정들이 발생하게 될 것이다.

총수요곡선이 우측 이동을 초래하는 정책의 추구에서 결과되는 인플레이션을 수요견인 인플레이션이라 한다. 이와는 대조적으로 근로자들의 요구에 의해 급격히 임금수준이 인상되었을 때에는 비용상승 인플레이션이 야기된다. 그러면 실제로 이들을 구분하는 것은 용이한 일인가? 상기 논의를 통해 우리는 두 가지 형태의 인플레이션 모두가 높은 통화량 증대와 관련되어 있고, 따라서 통화량 증대라는 측면에서 이들을 구분할 수는 없다. 그러나 [그림 13-9]와 [그림 13-10]에서 수요견인 인플레이션은 실업률이 자연실업률 수준보다 낮은 수준에 있는 기간과 연관되어 있고 반면에 비용상승 인플레이션은 실업률이 자연실업률보다 높은 수준에 위치하는 기간과 연계되어 있다. 어떤 형태의 인플레이션이 발생했는지를 결정하기 위해 실업률이 자연실업률 수준보다 높은지 또는 낮은지를 살펴보아야 한다. 이는 경제학자들과 정책당국자들이 자연실업률을 실제로 어떻게 측정하는지를 알고 있다면 매우 용이한 일이지만, 불행히도 이 문제는 아직까지 명쾌하게 해결되지 못하고 있다.

이에 더해 비용상승 인플레이션과 수요견인 인플레이션을 구분하는 것은 비용상승 인플레이션이 수요견인 인플레이션으로부터 야기될 수도 있기 때문에 더욱 모호한 것이다. 즉 수요견인 인플레이션이 높은 인플레이션율을 초래할 때, 기대 인플레이션은 궁극적으로 상승하게 될 것이고, 또 근로자들은 실질임금이 하락하지 않도록 보다 높은 임금상승을 요구하게 될 것이다. 이러한 방법으로 수요견인 인플레이션은 비용상승 인플레이션을 조정할 수 있다.

3. 예산적자와 인플레이션

통화와 인플레이션에 대한 상기 논의는 예산적자가 또 하나의 인플레이션과 통화금융정책의 원천임을 제시하고 있다. 정부는 일반대중에게 채권을 판매함으로써 또는 화폐발행을 통해 예산적자를 메우기 위한 자금을 조달할 수 있다. 채권판매는 본원통화에 직접적으로 영향을 미치지 않기 때문에, 이것이 총수요에 미치는 효과는 분명치 않고 또 인플레이션과는 관계가 없다. 그러나 이와는 대조적으로 화폐발행은 총수요에 여향을 주고 또 인플레이션의 원인이 된다.

위에서의 논의를 통해 통화량이 지속적으로 상승할 때에만 인플레이션이 발생하였음을 보았다. 그렇다면 화폐발행을 통해서 재정지원된 예산적자도 인플레이션을 초래할까? 만약에 예산적자가 상당기간 지속되는 경우에는 그렇다라고 대답할 수 있다.

첫 번째 기간중에 만약 예산적자를 해소하기 위해 화폐발행을 통해 재정지원을 하였다면, 화폐공급은 증가하게 될 것이고 총수요곡선은 우측 이동하고, 또 물가수준은 상승하게 된다. 다음 기간에도 여전히 예산적자 상태가 지속된다면 예산적자는 처음 기간과 마찬가지로 화폐발행에 의해 또 다시 우측 이동하여 물가수준을 더욱 더 상승시키게 될 것이다. 재정적자가 지속되고 또 정부가 화폐발행을 통하여 재정적자를 메워가는 한 이러한 과정은 계속될 것이다. 즉 지속적인 예산적자를 화폐발행을 통해 메우려고 하는 것은 지속적인 인플레이션을 초래하게 될 것이다.

이러한 과정에서 중요한 것은 예산적자가 지속적이라는 것이다. 만약에 예산적자가 일시적인 것이라면, 단 한 차례 정부지출을 증대시키는 것과 유사한 상황이 되어 인플레이션을 초래하지 않는다. 예산적자가 야기되는 기간 동안에, 이를 자금지원하기 위한 통화증대가 일어날 것이고 그 결과 총수요곡선의 우측 이동이 물가수준을 상승시키게 할 것이다. 만약 예산적자가 다음 기에 제거된다면, 더 이상 화폐를 발행하여 이를 재정지원할 필요가 없게 된다. 총수요곡선은 더 이상 이동하지 않게 될 것이고 또 물가수준의 상승은 계속되지 않을 것이다. 따라서 일시적인 예산적자에서 기인하는 단 한 차례의 통화량 증대는, 단 한 차례의 물가수준 상승만을 초래할 뿐 인플레이션으로 연계되지는 않는다.

요약하면 예산적자는 일시적인 것이 아닌 지속적인 경우에 한해서만 그리고 정부가 그 예산적자를 채권판매에 의한 것이 아니라 화폐발행을 통하여 재정지원을 하는 경우에만 지속적인 인플레이션의 원천이 될 수 있다. 만약에 인플레이션이 예산적자의 결과라면, 정부는 왜 많은 경우에 지속적인 예산적자를 해소하기 위해 화폐발행을 통해서 재정지원을 하는 것일까? 이에 대한 답이 정부의 예산적자가 어떻게 인플레이션을 초래할 수 있을까 하는 것을 이해하는 열쇠이다.

제 4 절 인플레이션에 대한 처방

1. 통화팽창의 원인

(1) 재정적자의 누적

정부의 일회적인 지출증가는 일시적으로 물가를 크게 상승시킬 수 있으나 지속적으로 물가를 상승시킬 수는 없다. 그거나 정부지출이 지속적으로 늘어난다면 물가 역시 지속적으로 상승할 것이다. 하지만 정부지출의 지속적인 증가가 실현 가능한 정책인가? 이 문제는 정부적자의 지속가능성에 관한 것으로 논의가 지속되고 있지만, 적어도 정부는 GDP의 100%보다 많이 지출할 수 없다는 제약이 있으므로 실현 가능한 정책이 아니라고 보면 된다. 균형예산에 대한 제약과 의회의 억제감시기능에 의해 그런 것은 불가능하다. 마찬가지로, 지속적인 조세 감면을 통한 지출증가 역시 물가상승을 지속화시키지 못한다. 따라서 물가가 일시적으로 상승하지만 지속적 상승은 아니다. 인플레이션율은 다시금 0%가 되어 인플레이션은 나타나지 않는다. 물가가 새로운 수준으로 도달하는 과정에서만 물가상승률이 0보다 크게 된다.

그러나 정부의 적자 재정지출이 지속된다면 문제는 다르다. 정부가 국채를 중앙은행으로 하여금 매입(인수)하도록 하면 본원통화를 증가시킨다.

이는 직접 돈을 찍어내는 방식이 아니라도 결국 통화량을 증가시키므로 적자의 화폐화라고 한다. 물론 중앙은행을 좌지우지하는 권한을 지닌 후진국의 경우 국채발행이 어려우므로 아예 돈을 찍어내도록 할 수도 있다. 화폐발행에 따른 정부의 추가적인 수입은 주조차익인데, 이는 흔히 인플레이션 조세라고 한다. 이로 인해 초인플레이션이 발생하고 극심한 경제혼란을 초래한다. 초인플레이션은 통상 연간 100%를 넘는 물가상승현상을 말한다.

논의를 단순화시키면 인플레이션은 통화측면에서 그 원인을 찾아보는 것으로 충분하다. 그런데, 인플레이션은 모두가 혐오하는 현상임에도 불구하고 선진국에서조차 인플레이션은 지속되는가? 다시 말해 '인플레이션 유발적인 통화정책'의 원인은 무엇인가? 무엇보다 현실적인 첫 번째 이유는 높은 고용목표이다. 고용목표를 높게 설정(또는 실업률을 낮게 설정)하는 일종의 '과욕'에 있다. 고용목표를 과도하게 높게 설정하여 개입주의적 정책을 추진하면 노동시장 및 요소시장 전반의 초과수요를 불러일으켜 임금, 이자율, 원자재 가격 등의 상승을 초래한다. 즉 '비용인상형' 인플레이션을 유발하게 된다. 나아가 잠재실업률을 밑도는 낮은 실업률을 추구하는 정책은 결국 높은 통화팽창으로 나아가는 단계로 이행하게 된다. 이러한 재화시장 전반의 초과수요는 '수요견인형' 인플레이션을 유발하게 된다. 보통 이 두 가지 인플레이션은 구분하기 힘들며, 동시적으로 또는 순차적으로 이어서 나타나게 된다.

(2) 성장위주의 경제정책

고용촉진과 경제성장의 촉진을 최우선 목표로 할 경우 지속적으로 통화공급을 확대하고자 한다. '성장통화'라고 불리는 이런 통화와 공급은 자칫 장기적으로 인플레이션만을 가속화시키는 부작용을 중남미 경제에서 흔히 확인할 수 있다. 인플레이션은 경제의 장기 성장잠재력을 저해하는 것은 경제원론적인 사실이지만 세계각국의 평균적인 경험도 이런 사실을 확인시켜 주고 있다. 특히 인플레이션이 높았던 국가의 경우 이런 현상은 매우 뚜렷하다.

고용수준의 목표가 지나치게 높은 경우도 그것을 달성하기 위해 지속적으로 총수요를 확대하므로 지속적인 인플레이션을 초래한다. 또한 비용인상에 따른 산출감퇴와 고용감퇴가 나타나는 경우 높은 고용목표와 고도성장 위주의 정책당국은 실업증대와 저성장을 해소하기 위해 총수요확대정책을 실시하면(임금상승과 물가상승을 받아들였다는 의미에서 수용정책이라 한다) 비용상승에 의해 촉발된 물가상승을 지속시키게 된다.

의도적인 경우 이런 정책은 결국 인플레이션 부담만 가중시킬 것이다. 그러나 때로는 자연실업률 자체를 정확히 계산할 수 없기 때문에 정책당국의 실업률목표가 자연실업률수준보다 낮게 책정한 결과로 인한 것일 수도 있는데, 이 경우는 인식하지 못한 결과로 나타난다. 인식하였을 때는 이미 인플레이션이 경제전반에 확산되어 버릴 것이다.

결국 너무 높은 고용목표 내지 성장목표는 총수요확대정책(팽창정책) 위주로 정책기조를 정하게 되어 수요견인 인플레이션을 유발한다. 또한 고도성장목표로 인한 수요견인 인플레이션은 비용인상 인플레이션도 촉발시킨다. 왜냐하면 높은 인플레이션과 높은 인플레이션 기대는 노동자의 임금인상 요구를 초래하여 실질임금과 실질비용을 증가시키기 때문이다. 임금 이외 생산비용의 일시적 상승은 정부의 수용정책으로 인해 영속적인 인플레이션으로 이어진다. 단, 인플레이션 기대심리가 확산되면 문제는 보다 심각해진다.

다른 각도에서 인플레이션이 지속되는 이유를 생각해보자. 바로 자연실업률 가설에 기초한 설명이다. 정부가 자연실업률 수준보다 낮은 실업률을 달성하기 위해 통화량을 확대한다면 일시적으로 가능하나 이 과정에서 인플레이션은 높아진다. 그리고 다시 원래수준의 실업률로 복귀한다. 여기서 다시 재차 동일한 정책을 구사하면 결국 계속해서 지속적으로 높은 인플레이션이 지속된다.

2. 인플레이션에 대한 처방

인플레이션에 대한 처방을 말하기는 간단하지만 실행하기는 어렵다. 화폐량의 과도한 증가가 인플레이션의 유일한 중요 원인이듯 화폐증가율의 감소가 인플레이션의 유일한 중요 처방이다. 그것은 아주 쉬운 일이다. 즉, 정부가 화폐의 증가 속도를 늦추기만 하면 된다. 문제는 무엇을 해야 하는지를 몰라서가 아니라, 필요한 조치를 취할 만한 정치적 의지가 있느냐 하는 점이다. 인플레이션이라는 질병이 일단 중증에 이르면 이를 치유하는 데 오랜 시간이 걸리고 고통스러운 부작용이 따르게 된다.

이것을 이해하는 데 도움이 되는 교훈적인 비유는 인플레이션과 알콜 중독을 비교하는 것이다. 알콜 중독자가 술을 마시기 시작하면 처음에는 기분이 좋아진다. 그러나 다음 날 아침 숙취상태에서 깨어날 때에야 비로소 나쁜 효과가 나타난다. 그래서 그는 때때로 「해장술」로 숙취를 푸는 유혹을 물리칠 수 없다.

이 비유는 인플레이션의 경우에도 딱 들어맞는다. 한 나라가 인플레이션 과정에 처음 들어설 때 시초의 효과는 좋게 보인다. 화폐의 증가분은 그 처분권을 가진 자가 누구이건 간에 다른 어느 누구의 지출감소를 강요하지 않고서도 지출을 증가할 수 있게 한다. 이에 따라 일자리가 늘어나고 사업은 활기를 띠고 거의 모든 사람들은 행복하다. 이것은 좋은 효과이다. 그러나 그러다가 지출증가로 물가상승이 나타나기 시작한다. 노동자들은 임금은 상승하였지만 그 구매력의 감소를 알게 된다. 또한 사업가들은 생산비의 상승으로 매출이 증가하였더라도 제품의 가격상승 없이는 예상했던 만큼 수지가 맞지 않는다는 점을 알게 된다. 가격인상, 수요 감퇴, 스태그네이션과 결합된 인플레이션과 같은 나쁜 효과들이 나타나고 있다. 알콜 중독자의 경우처럼 화폐증가를 더욱 가속화시키고 싶은 유혹이 생긴다.

알콜 중독과 인플레이션 사이의 유사성은 처방에서도 발견된다. 알콜 중독에 대한 처방은 말하기 간단하다. 즉, 금주이다. 그러나 이 처방은 실행하기 어렵다. 그 이유는 이 경우에는 나쁜 효과가 먼저 나타나고 좋은 효과가 나중에 나타나기 때문이다. 금주를 결행하는 알콜 중독자는 처음에는 심한 거부반응 통증을 느끼다가 점차 더 이상 한잔 더 마시고 싶은 거의 물리치기 어려운 욕망을 느끼지 않게 되는 행복한 상태로 된다. 인플레이션의 경우도 마찬가지다. 화폐증가율 감소에 따른 시초의 효과로 경제성장 둔화, 그리고 인플레이션은 크게 진정되지 않은 채 일시적인 실업증대가 나타난다. 1~2년이 지나서야 비로소 인플레이션의 진정, 건전한 경제, 비인플레이션적 성장촉진의 잠재력과 같은 좋은 효과들이 나타나기 시작한다.

치유에 따라 고통스러운 부작용이 있다는 것이 알콜중독이나 인플레이션 국가가 중독증을 끝내기 어려운 이유 중 하나이다. 그러나 적어도 질병 초기단계에는 보다 중요한 또 하나의 이유가 있는데, 그것은 중독증을 끝내고자 하는 간절한 욕망이 없다는 것이다. 음주자는 술을 즐기며, 자신이 진짜 알콜중독자라고 스스로 인정하기를 꺼리고, 자기가 처방약을 먹기를 원하는지에 대하여 확신이 서질 않는다. 인플레이션의 국가도 마찬가지 입장이다. 인플레이션이 이례적이거나 외부의 여건 때문에 유발된 일시적이고 가벼운 문제이며 스스로 사라져 버릴 것이라고 믿고 싶은 유혹이 있다.

더구나 다수의 사람들은 인플레이션에 대하여 싫어하지 않는다. 우리가 구매하는 상품의 가격이 하락하거나, 적어도 가격인상을 멈추는 것을 좋아한다는 것은 당연하다. 그러나 우리는 우리가 판매하는 상품의 가격이 상승하면 좋아한다. 인플레이션이 대단한 파괴력을 발휘하는 하나의 이유는 이것이 발생할 경우 이익을 얻는 편과 손해를 보는 편이 생겨 사회가 승자와 패자로 양분되기 때문이다. 승자들은 자기에게 돌아오는 이익을 자신의 통찰력, 신중, 창의성 덕분에 생긴 당연한 결과라고 간주한다. 그들은 그들이 통제할 수 없는 요인들의 탓으로 간주한다. 우리 거의 모두는 인플레이션을 반대한다고 주장할 것이다. 그러나 일반적으로 우리의 진정한 본심은 인플레이션이 우리에게 미치는 나쁜 영향에 대해서만 반대하는 것이다.

정부지출 증가가 과도한 화폐증가에 이바지할 수 있듯이 정부지출의 감소는 화폐감소에 기여할 수 있다. 우리는 여기서도 정신분열증세를 보이는 경향이 있다. 우리에게 혜택을 주는 항목이 아니라는 조건 하에서 우리는 모두 정부지출 감소를 원한다. 다른 사람들에게 조세가 부과된다는 조건 하에서 우리는 모두 재정적자 감소를 원한다.

3. 처방의 부작용

우리는 다음과 같은 이야기를 종종 듣게 된다. 즉, 우리가 당면하고 있는 진정한 선택문제는 높은 인플레이션이나 아니면 높은 실업이냐의 양자택일이며, 인플레이션을 치유하여 낮은 수준에서 유지하기 위해서는 무한정하게 경제성장 둔화와 실업증대를 감수할 수밖에 없다는 사실을 받아들여야 한다는 이야기 말이다. 높은 인플레이션율과 높은 실업률이 동시에 나타났다. 어떻게 이럴 수가 있을까?

그 해답은 저성장과 고실업이 인플레이션의 처방이 아니라는 것이다. 저성장과 고실업은 성공적인 인플레이션 처방의 부작용이다. 경제성장을 억제하고 실업을 증가시키는 정책 가운데 많은 것들은 동시에 인플레이션을 가속시킬 수 있다. 미국이나 우리나라가 채택해 온 정책 가운데 일부 정책들, 즉 물가와 임금의 간헐적 통제, 기업에 대한 정부간섭 확대 그리고 이와 수반한 정부 지출의 점진적 증대와 화폐증가의 가속화 등이 그러하다.

다른 또 하나의 의학적 비유가 아마도 처방과 부작용의 차이를 분명히 해줄 것이다. 당신이 급성맹장염에 걸렸다고 가정해 보자. 의사는 당신에게 맹장수술을 권유하면서 수술 후에는 일정 기간 동안 입원해야 한다고 경고한다. 이때 당신은 수술을 거절하고 고통이 덜한 치료를 받으면서 지정된 기간 입원한다. 참으로 바보스러운 것이지만 이는 부작용으로서의 실업과 처방으로서의 실업의 차이를 혼돈하는 것과 세세한 구석까지 딱 들어맞는 충실한 비유이다.

인플레이션에 대한 처방의 부작용은 고통스럽다. 따라서 부작용의 발생 원인을 이해하고 이를 완화시킬 수 있는 방법을 모색하는 것이 중요하다. 부작용 발생의 근본 원인은 화폐증가율의 가변성 때문에 가격체계를 통해서 전달하는 정보에 「잡음」이 끼어드는 데 있다. 경제 주체들은 이 잡음을 잘못 해석하여 부적절한 반응을 보이게 되는데, 이 부적절한 반응이 바로 잡히는 데 상당한 시간이 걸린다.

우선 인플레이션적인 화폐증가가 발생하는 경우 어떤 일이 일어나는가를 상정해 보자. 재화나 노동이나 기타 용역을 판매하는 사람들은 정부지출 증가의 재원이 화폐증발로 마련되었는지 다른 방법으로 마련되었는지 구별할 수 있다. 예를 들어, 소매상들은 종전 가격수준에서 상품이 더 많이 팔리고 있다는 것을 알게 된다. 이들의 처음 반응은 도매상들에 주문량을 늘리는 것이고, 도매상들은 그들대로 제조업체에 주문을 늘리는 식으로 연달아 영향이 파급된다. 만일 상품의 수요증가가 다른 부문의 수요 감소를 대가로 하여 이루어진 것이라면, 예컨대 수요증가가 화폐증발에 의한 것이 아니고 정부지출의 감소를 대가로 한 것이라면, 한 종류의 상품에 대한 주문량의 증가는 다른 종류의 상품에 대한 주문량의 감소와 함께 나타날 것이다. 한 상품의 가격은 상승하고 다른 상품의 가격은 하락할 것이다. 그러나 평균물가는 변화할 까닭이 없을 것이다.

수요증가가 화폐증발에 의한 경우는 사정이 전혀 다르다. 이 경우에는 대부분의 재화와 용역에 대한 수요가 동시에 증가하며 총지출이 증가한다. 그러나 소매상들은 이러한 사정을 모른다. 앞의 경우와 마찬가지로 그들은 처음에는 동일한 판매가격을 유지하면서 판매량 증가에 만족한다. 동일가격으로 상품재고를 다시 충당할 수 있다고 믿는 동안에는 그렇다. 그러나 이제 소매상 경로로부터의 주문 증가가 정부 경로로부터의 주문 감소로 상쇄되지 않는다. 따라서 상품의 주문 증가로 생산에 필요한 노동력과 원자재의 수요가 증가함에 따라 노동자와 원자재의 생산자들의 처음 반응은 소매상들의 그것과 비슷할 것이다. 즉, 그들이 제공하는 노동력과 원료의 수요가 지속적으로 실제로 증가했다고 믿고 더 오래 일하고 더 많이 생산하고 가격도 인상시킬 것이다.

그러나 이번에는 상쇄 작용이 없다. 수요증가에 대응한 수요구조는 항상 변한다. 즉, 일부 품목의 가격은 상승하고 다른 일부 품목의 가격은 하락하기 마련이다. 일반적인 수요증가의 신호가 상대적인 수요변화를 알리는 특정한 신호들로 착각될 것이다. 바로 이 때문에 화폐증가 가속화의 시초의 부작용으로 경기가 좋고 고용이 증가한 것처럼 보이게 된다. 그러나 조만간 화폐증가율의 변화로 야기된 잡음 방해를 뚫고 올바른 신호가 전달된다.

이렇게 됨에 따라 노동자, 제조업자, 소매상들은 모두 속았다는 사실을 깨닫게 된다. 그들은 자기네가 개별적으로 판매하는 소수 품목의 수요증가에 대하여 처음 반응을 보일 때에는 수요증가가 그 품목들에만 나타난 것이며, 그들이 구매하는 다수 품목의 가격에는 별로 영향이 없으리라는 잘못된 생각을 가지고 있었다. 잘못을 깨달을 때, 그들은 수요증가에 대응할 뿐만 아니라 그들이 구매하는 재화의 가격상승을 감안하기 위하여 임금과 가격을 더욱 인상시킨다. 이렇게 되면 경제는 그 자체가 인플레이션의 원인이 아니고 결과인 물가와 임금이 악순환하는 나선(螺線)운동 과정을 시작하게 된다. 만일 더 이상의 화폐증발이 없다는 고용과 생산에 대한 시초의 자극은 반대 방향의 움직임으로 대체된다. 즉, 고용과 생산은 모두 고임금과 고물가에 따라 감소 추세에 놓이게 된다. 비유한다면, 음주 후 처음에 느낀 행복감에 이어 숙취가 나타난다.

이와 같은 반응들이 나타나기까지는 시간이 걸린다. 미국, 영국을 비롯한 일부 서방국가에서 지난 1세기 이상의 경험을 통하여 나타난 사실로써 보면 화폐증가의 가속화가 경제 전반에 영향을 미쳐 경제성장과 고용증대 효과를 초래하기까지는 대체로 6~9개월이 소요되었다. 또한 화폐증가가 물가수준에 상당한 영향을 미쳐 인플레이션이 유발되거나 가속되는 데에는 다시 12~18개월이 경과했다. 시간 자체가 이렇게 길었던 까닭은 이 국가들이 전쟁기간을 제외하고는 대체로 화폐증가율이 매우 가변적이었던 경험을 겪지 않았기 때문이다. 2차대전 직전의 영국의 도매물가는 200년 전 수준과 대체로 비슷했고, 미국의 경우 100년 전 수준과 대체로 비슷했다. 2

차대전 이후의 인플레이션은 이들 나라에게는 새로운 현상이다. 이 나라들은 2차대전 이전에도 많은 물가변동을 경험하였으나 결코 물가변동이 한쪽 방향으로만 오래 지속된 적이 없었다.

화폐증가의 둔화에 이어 전개되는 일련의 사태발전 과정도 방향만 반대일 뿐 앞에서 설명한 것과 같다. 처음의 지출감소는 특정 생산물에 대한 수요 감소로 해석되고, 이것은 일정한 시간 경과 후에 생산과 고용의 감소를 유발한다. 다시 일정한 시간 경과 후에 인플레이션이 둔화되고, 이는 고용과 생산의 증가를 수반한다. 말하자면 알콜 중독자가 거부반응 고통의 최악단계를 넘어 이제는 만족스런 금욕상태로 호전되고 있는 셈이다.

이러한 모든 조정들의 통화증가율과 인플레이션의 변화에 의해 작동된다. 만일 화폐증가율이 높지만 일정하게 유지되어, 예컨대 물가가 매년 10%씩 상승한다면 경제는 이제 조정될 것이다. 모든 사람들이 10%의 인플레이션율을 예상하게 될 것이고, 이자율도 대출자에게 인플레이션을 보상해 주기 위하여 10%포인트 더 상승할 것이고, 세율도 인플레이션을 감안하여 조정될 것이고, 이렇게 모든 변수들이 조정될 것이다.

이러한 인플레이션의 피해는 적을 것이다. 그렇다고 어떤 긍정적 기능을 한다고 말할 수도 없다. 그것은 다만 경제관계에 불필요한 복잡성을 도입할 뿐일 것이다. 또한 더욱 중요한 점은 이와 같은 상황은, 비록 그 발생 가능성은 의문시되지만, 아마도 안정성이 없을 것이다. 만일 10%의 인플레이션을 유발하는 것이 정치적으로 유리하고 실현 가능하다면, 인플레이션이 그 수준에서 정착될 때 인플레이션율을 11%나 12%, 혹은 15%로 올리고 싶은 유혹은 강할 것이다. 0%의 인플레이션은 정치적으로 실현 가능한 목표이지만 10%의 인플레이션율은 그렇지 못한다.

4. 부작용의 완화

역사적으로 살펴보면, 경제성장의 둔화와 보통 이상의 높은 실업을 일시적으로 초래하지 않고 종식된 인플레이션의 예를 알지 못한다. 이것이 인플레이션 처방의 이러한 부작용을 피할 방도가 없다는 판단에 대한 경험의 기초이다. 부작용을 완화시킬 수 있는 가장 중요한 방법은 사전에 정책을 고시하고 그것을 고수함으로써 점진적으로 그러나 일정하게 인플레이션을 늦추어 정책의 신뢰성을 얻도록 하는 것이다. 이것은 보통 정도의 인플레이션의 경우에는 실현 가능하다. 그러나 초인플레이션은 제쳐 놓고, 높은 인플레이션 경우에도 실현 가능하지 않다. 이러한 경우에는 오직 충격요법만이 실현 가능하다. 즉, 환자의 병이 너무 깊어 장기적 치료를 지탱하기만 어렵다.

점진주의와 사전 예고가 필요한 이유는 사람들에게 경제관계를 재조정할 수 있는 시간을 주고 재조정하도록 유도하기 위해서이다. 고용, 자금대차, 생산 또는 건설 착수에 있어서 장래에 있음직한 인플레이션율에 대한 예상을 기초로 삼아 장기계약을 체결하는 사람들이 많다. 이러한 장기계약들 때문에 인플레이션의 급속한 진전이 어려워진다. 왜냐하면 빠른 치료를 강행하면 많은 사람들에게 과중한 부담을 안겨주게 되기 때문이다. 충분한 시간을 주면 이미 체결된 계약들은 만료되거나 갱신되거나 새로이 협상되기 마련이고, 그때 새로운 상황에 맞게 조정될 수 있기 때문이다. 그러나 점진주의의 경제적 이득은 정치적 불이익에 의해 부분적으로 또는 전적으로 상쇄된다. 위기상황은 충격요법을 지지할 정치적 의지를 만들어 낼 수 있다. 그러나 그 정치적 의지는 장기간의 조정과정 동안에 소멸될 수 있다.

인플레이션 치유의 나쁜 부작용을 완화하는 데 유효성이 증명된 또 하나의 방법은 장기계약 속에 인플레이션에 대한 자동조정장치, 이른바 연동조항(escalator clauses)을 포함하는 것이다. 이러한 계약은 시간당 임금의 증가를 일정한 증가율(예를 들어, 2%)에 인플레이션율이나 인플레이션율의 몇 분의 1을 합하여 계산하도록 규정한다. 이렇게 함으로써 인플레이션이 낮으면 명목임금의 증가도 낮아지고, 인플레이션이 높으면 명목임금 증가도 높아진다. 그러나 그 어떤 경우에도 임금의 구매력은 동일하다.

또 하나의 예는 부동산 임대계약이다. 임대료를 고정된 명목금액으로 책정하지 않고 인플레이션율에 따라 명목임대료가 매년 조정되도록 명시하는 것을 계약의 내용으로 할 수 있다. 소매점포 임대계약의 경우 때때로 점포의 총수입의 일정 비율을 임대료로 책정하는 방법이 채택되기도 한다. 이러한 계약에는 연동조항이 명시적으로는 없지만 암묵적으로는 포함되어 있다. 왜냐하면 소매점포의 총수입은 인플레이션에 따라 증가하는 경향을 가지기 때문이다.

또 다른 예는 자금대차계약이다. 대출의 전형적 형태는 일정 기간 동안 일정 금액을 일정한 연리로, 예컨대 1,000달러를 연 10%의 이자율로 빌려주고 받는 것이다. 다른 방법은, 4%에 인플레이션율을 합한 것을 이자율로 책정함으로써 만일 인플레이션율이 5%이면 이자율은 9%, 만일 인플레이션율이 10%이면 이자율은 14%가 되도록 한다. 거의 동일한 다른 방법은 상환해야 할 대출원금을 일정한 화폐금액이 아니라 인플레이션에 조정된 화폐금액으로 책정하도록 하는 것이다. 앞의 간단한 예에서 차입자의 부채는 시초는 1,000달러가 인플레이션율만큼 증가한 원금과 4%이자를 합친 것으로 될 것이다. 인플레이션율이 5%인 경우 차입자의 부채는 1,050달러 원금과 4%이자를 합친 것으로 되고, 인플레이션율이 10%인 경우엔, 1,100달러 원금과 4%이자를 합친 것으로 된다.

이러한 연동조항들은 화폐증가의 둔화와 그 이후 임금과 물가의 조정 사이의 시간 지체 기간을 단축한다. 이와 같이 연동조항은 과도조정기간을 단축하고 부작용을 감소시킨다. 그러나 연동조항은 결코 만병통치약이 아니다. 모든 계약을 연동시키는 것은 불가능하고, 어느 계약의 연동화에도 비용이 따른다. 화폐 사용의 커다란 이점은 바로 거래를 적은 비용으로 효율적으로 이루어질 수 있도록 하는 능력에 있다. 연동조항은 이러한 이점을 감소시킨다. 인플레이션도 없고 연동조항도 없는 것이 훨씬 좋은 상태이다.

연동조항에는 하나의 예외가 있다. 연동조항은 연방정부 부문에서 바람직한 영구적 조치이다. 사회보장을 비롯한 퇴직수당, 의회의원들이 봉급을 포함한 연방 공무원의 봉급, 그 밖의 많은 정부지출 항목들이 현재 인플레이션에 대해 자동적으로 조정되고 있다. 그러나 아직 연동조항이 적용되지 않고 있는 두 가지 두드러진 용서할 수 없는 사례가 있는데, 자본이득 과세와 지급이자 과세와 같을 일부 조세항목들의 경우와 정부지출의 경우이다. 개인세와 법인세가 인플레이션에 대해 조정한다면 국민의 동의없이 인플레이션에 따라 높은 조세를 부과하는 일이 근절될 것이다. 이는 결국 「국민의 동의없는 조세」를 중단시킬 것이다. 이렇게 함으로써 연동조항은 인플레이션으로부터의 정부수입을 감소하고 따라서 정부가 인플레이션을 유발시킬 유인이 줄어들 것이다.

정부차입이 인플레이션 영향을 받지 않도록 해야 한다는 주장도 역시 강력하다. 최근 수십 년 동안 장기국채의 구입을 투자대상으로 인기없게 만든 것이 인플레이션인데, 이것을 발생시킨 것이 바로 미국 정부였다. 정부가 국민에 대하여 공정 · 정직하기 위해서는 장기 정부차입에 연동조항에 도입해야 한다.

때때로 물가 및 임금의 규제가 인플레이션의 처방책으로 제안된다. 그러나 최근에 이러한 규제조치들이 인플레이션의 처방이 될 수 없다는 것이 명백해짐에 따라 이제는 그것들이 처방의 부작용을 완화시킬 수 있는 수단으로 주장되고 있다. 이러한 주장에 따르면 정부가 인플레이션 억제에 진지하다는 것을 국민에게 보여 주고, 이를 통하여 장기계약 내용 속에 포함되는 미래의 인플레이션율에 대한 예상을 낮춤으로써 효과를 발휘할 수 있다고 한다.

그러나 물가 및 임금규제는 이러한 목적에 역효과를 준다. 이러한 규제조치들은 가격구조를 왜곡시켜 경제체계의 효율성을 감소시킨다. 결과적으로 나타나는 산출량 감소는 인플레이션 처방에 따른 불리한 부작용을 감소시키기는 커녕 오히려 증가시킨다. 물가 및 임금규제는 노동력이 낭비를 초래하는데, 그 이유는 가격구조가 왜곡되고 규제조치를 수립·집행·회피하는 데 막대한 노동력이 소모된다는 것이다. 이러한 부작용은 규제가 강제적이건, 자발적이건 간에 마찬가지로 나타난다.

실제에 있어서 물가 및 임금규제는 거의 항상 긴축재정·금융정책의 보완수단이기보다는 대체수단으로 이용되어 왔다. 이러한 경험에 비추어 시장 참가자들은 물가 및 임금규제의 시행을 인플레이션율의 하락이 아니라 상승의 신호로 받아들이게 되었다. 이에 따라 예상 인플레이션이 수그러들기보다는 오히려 부풀어 오르게 되었다.

물가 및 임금의 규제는 그 시행 직후 단기간 유효하게 보이는 수가 있다. 규제조치 시행 직후에는 생산품목의 질 낮추기, 서비스 없애기, 노동자 직급 올리기 등과 같은 가격 및 임금인상의 간접수단들이 많기 때문에 물가지수에 들어가는 가격, 즉 정가는 낮게 유지된다. 그러나 시간이 지나면서 이러한 쉬운 규제회피 수단들이 다 동나고, 왜곡이 누적되고, 규제에 눌린 압력이 폭발점에 이르게 됨에 따라 역효과가 점차 약화되고 규제프로그램이 실패하게 된다. 그 최종적 결과는 인플레이션의 하락이 아니라 상승이다. 지난 4세기의 경험을 돌이켜 보면, 물가 및 임금규제가 반복적으로 이용된 까닭을 설명하는 것은 정치인과 유권자들이 생각하는 시야가 짧다는 것, 오직 그것 하나밖에 있을 수 없다.

5. 물가안정을 위한 제도개혁

물가의 상승 · 하락이 반복됨에 따라 물가를 안정시키기 위한 제도개혁의 방안들을 제시 · 분석하는 방대한 문헌들이 등장하게 되었다. 제시된 방안의 요점은 화폐증가율이 상대적으로 일정하게 유지되도록 보장해야 한다는 것이다. 최근에 로버트 헤츨(Robert Hetzel)은 기발한 방안을 제시하였는데, 이는 정치적 실현 가능성이 높으면서도, 정부의 인플레이션 편향을 억제하는 유효성이 높은 것으로 보이는데, 그의 제안 내용은 다음과 같다.

재무성이 각 만기 기간의 채권 발행을 표준채권과 물가연동채권으로 구분하도록 법적 근거가 마련되어야 한다. 물가연동채권의 이자 및 원금 지급은 물가지수에 연결된다. 재무성은 두 종류의 채권을 규모로 발행하도록 요구될 것이다. 일정한 명목금액으로 지급하는 표준채권의 시장수익률은 인플레이션을 조정한 실질수익률과 투자자들의 예상 인플레이션율의 합이다. 이와 대조적으로 구매력 불변금액으로 이자를 지급하는 물가연동채권의 시장수익률은 실질수익률뿐이다. 이 두 종류의 채권 수익률 차이는 만기까지 투자자들의 예상 인플레이션율을 나타낼 것이다.

헤츨은 그의 제안 설명에서 다음과 같이 지적한다. 금융정책 조치와 인플레이션 사이의 긴 시차가 존재하기 때문에 특정한 정책과 인플레이션율을 연결하여 생각하기 어렵다.

표준채권과 물가연동채권의 수익률 차이 변화로 나타나는 예상 인플레이션의 변화를 보면 정부가 현재 금융정책 조치를 취하거나 아무 조치를 취하지 않은 것이 앞으로 예상되는 인플레이션 유발적 정책에 대하여 유용한 제동작용을 할 것이다. 시장에서 인플레이션 유발적 정책에 대하여 유용한 제동작용을 할 것이다. 시장에서 인플레이션 유발적이라고 평가한 연방준비제도의 조치는 표준채권 수익률을 즉각적으로 상승시키고 표준채권과 연동채권의 수익률 차이를 확대시킬 것이다. 이 경우 표준채권의 보유자들은 자본 손실을 보게 될 것이나, 연동채권 보유자들은 그렇지 않을 것이다. 사실, 미래에 명목화폐로 지불받게 될 채권자들은 모두 자본 손실의 위협을 느낄 것이다. 특정한 금융정책 조치와 예상 인플레이션의 상승을 연결하여 생각하기 쉽게 된다면, 이에 자극받아 채권자들이 압력을 발휘하게 될 것이고, 이렇게 되면 단기적 생산증가와 물가안정을 맞바꾸려는 정치적 압력을 중화시키는 결과를 초래할 것이다.

이와 마찬가지로 중요한 점은 예상 인플레이션에 대한 시장의 평가척도가 있다면, 그것은 연방준비 제도의 조치를 항시 모니터하며 책임을 추궁할 수 있게 할 것이라는 사실이다. 현재에는 이것이 어려운데, 그 이유는 헤츨이 언급한 바와 같이 연방준비 제도와 시장 반응 사이에 「긴 시차」가 존재하기 때문이다. 시장평가척도는 연방준비 제도에 대해서도 그 운용의 길잡이가 될 정보를 제공하게 될 것이다. 현재는 그러한 길잡이 정보가 없다.

로버트 헤츨의 제안을 확장한다면 연방준비은행으로 하여금 두 종류 채권의 이자율 차이를 일정 한도(예컨대, 3% 포인트) 이내로 유지하도록 입법화하는 것이다. 이는 의회가 현행법상의 어느 규정보다 훨씬 구체적인 금융정책의 지침을 보유하게 할 것이다. 최근에는 연방 준비제도가 인플레이션율 0%를 목표로 하게 하자는 제안들이 있었다. 그 목표는 바람직하지만 이러한 요구는 효과적으로 모니터될 수도 없고 시행될 수도 없다. 역시 그 이유는 현재의 통화 당국자들의 실책의 책임이 본인이 아니라 후임자들에게 돌아가게 만드는 '긴 시차'가 있기 때문이다. 두 이자율 차이를 근거로 어떤 책임조항을 두는 방안을 택한다면 이러한 문제는 발생하지 않는다. 이러한 책임조항을 준수하지 못하는 경우에는 해임이나 감봉과 같은 확실한 제재조치로 응징하여야 한다.

찾아보기

ㅂ

ㅅ

ㅇ

ㅈ

ㅎ

심경섭

단국대학교에서 경영학학사학위, 미국 위스콘신대학교에서 경제학석사학위, 그리고 영국 런던대학교에서 경제학박사학위를 취득하였다. 저자의 전공분야는 화폐금융론, 국제금융론이며, 국제무역이론과 경제발전론에도 많은 관심을 갖고서 연구활동을 하고 있다. 저서로는 『경제학원론』(2001), 『화폐와 금융: 이론과 정책』(2003), 『경제발전론』(2003), 『국제금융론』(2004), 『화폐금융론』(2004), 『금융시장의 이해』(2005), 『경제학원론』(2005), 『경제경영수학입문』(2006), 『금융제도와 금융시장』(2007), 『경제학원론』(2009) 등과 다수의 논문들이 있다. 현재는 단국대학교 경제학부 교수로 재직중이며 경제무역학부장, 산업연구원원장, 경영대학원 원장직을 역임하였다. 사법시험 출제 및 시험위원, 행정고등고시 출제 및 시험위원, 외무고등고시 출제 및 시험위원, 입법고등고시 출제 및 채점위원, 사무관 승진시험 출제 및 시험위원, 국회 5급 승진시험 출제 및 채점위원, 7급 공무원시험 출제 및 시험위원, 지방공무원시험 출제위원, 변리사시험 출제위원, 공인노무사시험 출제위원, 그리고 증권분석사 출제위원 및 채점위원을 역임하였다.

고재철

조선대학교에서 경제학학사학위를 취득하고 단국대학교에서 경영학석사학위를 취득하였다. 단국대학교 대학원 경제학과 박사과정을 수료하였으며 금융분야에 관심을 가지고 연구활동을 하고 있다. 그리고 신용보증기금 지점장을 역임하였고 현재 동부채권관리센터 부장으로 재직중이며 경원대학교와 안양대학교에 출강중이다. 주요저서로는 『국제금융의 이해』(2007), 『새경제학원론』(2007)이 있으며, 주요논문으로는 「한 · 일 신용보증제도에 대한 고찰」, 그리고 「아담 스미스 경제사상의 재음미」, 「하이에크의 경제학 방법론에 관한 연구」(2008) 등이 있다.

김용재

한양대학교에서 교육학석사학위를 취득하고 연세대학교 경영대학원 최고 경영자 과정과 서울대학교 행정대학원 국가정책과정을 수료하였다. 단국대학교 대학원 경제학과 박사과정을 수료하였으며 국제금융과 프로젝트 파이낸싱에 많은 관심을 갖고서 연구활동을 하고 있다. 현재 단국대학교 경제학과에 출강하고 있으며 재무전문 CEO로 대연진흥(주)과 명지종합개발(주)의 대표이사를 맡고 있다. 주요저서로는 『국제금융의 이해』(2007), 『새경제학원론』(2007), 『금융의 이해』(2008), 『경제학원론』(2009)이 있으며 논문으로는 「음악적 기능을 통한 개인의 생산성 향상 연구」(2004), 「국가문화정책의 문제점 연구」(2007), 「아담 스미스의 경제사상에 관한 연구」(2008), "A Study of Smith's Philosophical Implications of Propriety" 등이 있다.

이명훈

단국대학교에서 이학학사학위와 경제학석사학위를 취득하였고, 필리핀 De La Saile Arantea 대학교에서 경영학박사학위를 취득하였다. 전공분야는 부동산 및 주택금융론이며, 특히 프로젝트 파이낸싱(PF)에 많은 관심을 가지고 연구활동을 하고 있다. 주요저서로는 『부동산과 사람들』, 『부동산 정보찾기 노하우』, 『국제금융론』(2006), 『현대경제학입문』(2007), 『금융제도와 금융시장』(2007) 그리고 『금융의 이해』(2007) 등이 있다. 서울 벤처 정보대학원 대학교의 외래교수와 단국대학교 경제학부 및 경영대학원의 외래교수로서 지역경제론, 도시경제론, 그리고 금융학원론을 강의하였다. 또한, 주식회사 춤조아 테크 회장으로 재직중이다.

이장희

단국대학교에서 행정학사학위, 건국대학교의 부동산학 석사학위를 취득하였고, 단국대학교 대학원에서 경제학 박사학위를 취득하였다. 저자의 전공분야는 화폐금융이론이며, 국제금융이론과 부동산금융에 많은 관심을 갖고서 연구활동중이다. 주요저서로는 『금융의 이해』(2006), 『현대 경제학입문』(2007), 『새경제학원론』(2007) 등이 있으며 논문으로는 「하이에크의 자생적 질서론과 화폐제도에 관한 연구」(2008)가 있다. 경력사항으로 국민은행 연수원 교수를 역임하였으며 현재 국민은행 지점장으로 재직중이다.

정상진

단국대학교에서 경제학석사학위와 경제학박사학위를 취득하였다. 저자의 전공분야는 국제금융론이며, 노동경제학과 산업조직론에 많은 관심을 갖고서 연구활동을 하고 있다. 주요논문으로 「우리나라 유통산업의 발전에 관한 연구」(2001), 「한국노동시장의 남녀성별 분석화와 임금격차」(2005)가 있다. 주요저서로는 『국제금융론』(2006)이 있다. 단국대학교 상경대학, 경상대학 경제학부와 선문대학교 국제경제학부 그리고 영동대학교에 출강하고 있으며, 경제학원론, 산업조직론, 거시경제론, 한국경제론 등을 강의하고 있다.

화폐금융론

2009년 2월 5일 초판 인쇄
2009년 2월 10일 초판 1쇄발행

저 자 심 경 섭 외
발행인 배 효 선
발행처 도서출판 法 文 社

413-832 경기도 파주시 교하읍 문발리 526-3
등록 1957년 12월 12일 / 제2-76호(윤)
전화 (031)955-6500~6 Fax (031)955-6525
e-mail(영업): bms@bobmunsa.co.kr
(편집): edit66@bobmunsa.co.kr
홈페이지 http : //www.bobmunsa.co.kr
조 판 성 지 이 디 피

정가 30,000원 ISBN 978-89-18-13049-1